신학의 순례자를 위한

신학입문

| 개정증보판 |

침례교신학연구소 편

침례신학대학교출판부

발간사

「신학입문」 개정증보판 출판을 축하하며

　2004년 10월에 처음 출판되었던 「신학입문」을 10년만에 개정하여 증보판을 발행하게 되었습니다. 지난 10년간 「신학입문」은 신학의 학문세계로 첫 발걸음을 내딛는 우리 대학교 신학생들에게 필수불가결한 지침서 역할을 훌륭히 감당하였습니다. 그 당시 우리 대학교 신학과 교수 전원이 집필하였던 「신학입문」은 20명의 교수가 각자의 전공을 소개하면서 신학 전체를 이해하도록 만드는 획기적인 팀티칭(team teaching) 개념으로 기획되었습니다. 근대 이후 급격히 팽창한 신학 지식에 대한 적절한 소개와 이해를 위하여서는 이처럼 여러 교수들이 협력하여 강의하는 것이 더욱 효과적이라는 공감대가 형성되었기 때문이었습니다.

10년 전 신학과 교수들의 이러한 결정은 시기적절했을 뿐만 아니라 매우 효과적이었음이 증명되었습니다. 「신학입문」이 학생들에게 신학 전반을 소개하는데 유용하게 쓰여지는 것에 자극받은 타 신학교에서도 이와 비슷한 시도가 이어졌기 때문입니다. 실제로 외국에서도 이처럼 신학이라는 학문의 넓은 지형을 일괄적으로 개괄하는 저서를 찾아보기란 쉽지 않은 일입니다.

　「신학입문」은 신학생들이 신학세계를 탐구하기 위한 지도(map)로서 기획된 책입니다. "지도(地圖)는 지형(地形)이 아니다"(Map is not territory)라는 격언이 있습니다. 지형이란 계곡과 초원, 바위와 수풀, 산과 강처럼 실제 풍경을 구성하고 있는 극히 현실적인 공간입니다. 반면 지도는 실재적 지형을 등고선, 부호 등을 이용하여 도식화한 상징입니다. 지도는 추상화 작업을 거친 요약기호에 불과하다는 약점을 가지지만 그 대신 지형 전체를 일목요연하게 보여줄 수 있는 장점을 가지고 있습니다. 문자 그대로 '새의 눈'처럼 전체를 조감(鳥瞰)할 수 있게 해주는 것이 바로 지도의 힘입니다.

　신학의 학문세계는 지난 수천 년 동안 형성되어 온 경이로운 업적으로 가득찬 광대한 풍경을 자랑합니다. 우리가 평생을 걸쳐 탐구해도 극히 일부분을 알 수 있을뿐이라고 고백할 만큼 신학의 지형은 넓고 높고 깊습니다. 따라서 신학세계를 제대로 여행하기 위해서는 반드시 안내가 필요하고 「신학입문」이 바로 그 역할을 담당하는 지침서입니다. "신학의 순례자를 위한"이라는 부제(副題)가 말해주듯 「신학입문」은 신학여행을 지도(指導, guide)하기 위한 지도(地圖, map)입니다.

　강산도 변한다는 10년인데 특히 우리 대학교에는 그동안 많은 변화가 있었습니다. 무엇보다 신학과 교수진에 새로운 분들이 많이 보강되어 더욱 다양하고 심도 깊은 학문공동체를 형성하게 되었습니다. 다시

한 번 신학과 교수 전원이 지혜와 지식을 합하여 「신학입문」 개정증보판을 출판하기로 마음을 모았습니다. 우리 대학교 신학생들뿐만 아니라 다른 교단의 학생, 목회자들이나 평신도들에게도 신학을 이해하기 위한 좋은 지침서가 되리라 확신합니다. 수고하신 신학과 교수님 모두에게 감사의 말씀을 드리며 진심으로 축하의 마음을 전합니다.

2015년 2월 5일
침례신학대학교
총장 • **배국원**

개정증보판을 내면서

「신학의 순례자를 위한 신학입문」이 처음 출간된 지 10년이란 세월이 흘렀습니다. 그 동안 본서는 우리 학교 학생들과 신학공부에 뜻을 둔 독자들로부터 많은 사랑을 받았습니다. 지난 10년 사이에 신학과 교수들 가운데 은퇴를 하신 분들도 있고 여러 가지 사유로 학교를 떠나신 분들도 있습니다. 동시에 우리 학교 신학과 교수진에 새로 참여하신 분들도 있습니다. 침례교신학연구소에서는 이러한 사정들을 감안하여 2014년 여름부터 본서의 개정증보판 출간을 기획하게 되었습니다.

초판에 참여하지 않았던 아홉분의 교수들에게는 자신의 전공분야 내에서 주제를 정하여 새로운 원고를 쓰시도록 부탁을 드렸고, 초판에 기고를 했던 열네분의 교수들에게는 그 내용을 수정 보완해 주실 것을 요청했습니다. 가능하면 다른 교수들의 글과는 중복되지 않는 주제를 선정하시도록 했습니다. 더 많은 교수들이 집필진에 참여했기 때문에 독자들은 더 넓어진 신학의 지평을 경험할 수 있을 것입니다. 그 내용도 학부 신학과 1-2학년, 신학대학원 1학년 수준의 학생들이 평이하게 읽고 신학의 전체적인 그림을 머릿속에 그릴 수 있도록 했습니다.

우리 학교의 공식적인 명칭은 "침례신학대학교"(KBTUS, Korea Baptist Theological University/Seminary)입니다. 신학교면서 동시에 대학교며 대학교면서 동시에 신학교입니다. "대학교"이기 때문에 다양한 학문분야에 대해서 열린 마음의 자세를 가져야 합니다. 다양한 교양서적들을 읽고 성경원어들과 외국어들을 공부하며 신학수업을 위한 기초를 다져야 합니다. 동시에 "신학교"이기 때문에 성서의 가르침과 성령의 인도하심을 받으며, 하나님과 인간을 향하신 하나님의 뜻을 깨달아 알고 실제의 삶과 목회사역에서 실천해야 합니다. 동시에 우리 학교는 기독교한국침례회에 속한 "침례교 학교"이기 때문에 침례교 신앙과 신학 그리고 침례교 역사에 대한 충분한 이해를 가지는 것도 필수적입니다. 본 개정증보판은 이러한 필요들을 어느 정도 만족할만하게 충족시켜 주고 있습니다.

또한 본서는 「신학입문」이라는 수업과목의 주교재로 사용될 것입니다. 신학과나 신학대학원 1학년 학생들이 본격적인 신학여정에 들어서기 전에 신학의 전체 숲을 볼 수 있도록 하는데 좋은 텍스트북이 되리라 생각됩니다. 또한 하나님으로부터 소명을 받고 신학의 순례에 첫 발을 내디디려는 독자들에게는 "거룩한 여행"을 위한 지도(map) 혹은 안내서(guidebook)의 역할을 충분히 하게 될 것입니다. 개정증보판의 원고수집과 편집 등을 위해서 많은 수고를 하신 유정모 박사님(침례교신학연구소 연구원/간사)과, 침례신학대학교 출판부장 유재성 교수님과 이정훈 편집장님, 그리고 바쁘신 가운데에서도 인쇄와 제본을 담당해

주신 청림기획의 김동덕 사장님께 깊은 감사를 드립니다. 「신학의 순례자를 위한 신학입문」 개정증보판을 통해서 신학생들은 물론 신학에 뜻을 둔 "부르심 받은 하나님의 종들"이 큰 설레임을 경험하고 지적 영적 호기심을 가지게 될 것을 기대합니다.

2015년 2월 5일
침례교신학연구소 소장
역사신학/교회사 교수 • **김승진**

엮은이의 글

　신학을 처음 공부하는 학생들을 위한 안내서가 필요하다는 생각을 하게 된 것은 꽤 오래 전부터였다. 우리 신학대학교의 경우 교과과정 상 학부든 신대원이든 신학 전반에 대한 이해가 없는 상태에서 직접 조직신학이나 성서신학 등을 배운다. 그러다 보니 전체 숲을 그리지 못한 상태에서 각각의 나무만 보는 것이 아닌가 하는 의구심이 간혹 든 적이 있었다. 그리고 학생들도 전반적인 예비지식 없이 조직신학개론이나 교회사개론 등을 수강하는 것이 부담이 되는 눈치였다. 따라서 신학 전반을 한 눈에 볼 수 있는 책이 필요하다는 생각을 하게 되었다.

　「신학입문」(神學入門)을 기획하게 된 것은 바로 이런 필요성 때문이다. 이 책은 침례신학대학교의 신학 전공교수들이 모두 참여하여 자신의 전공 과목 가운데 하나를 초학자(初學者)에게 소개하는 형식으로 꾸며졌다. 그러나 책의 구성 때문에 어떤 교수에게는 자신이 주력하는 전공 과목이 아닌 분야를 부탁하기도 했다. 분야마다 현재까지의 연구 동향, 학습해야 할 주요 내용, 쟁점이 되는 문제, 앞으로 풀어야 할 과제 등을 공통된 내용으로 삼았다. 책의 통일성과 일관성을 위해서 필진에게 다소 까다롭게 글의 내용과 형식을 제한했음에도, 성심껏 최선을 대해 옥고를 보내주신 교수님들과 발간사를 써주신 총장님께 이 자리를 빌어 감사를 드린다. 특히 처음 기획단계에서부터 마지막 출판까지 전체 과정을 잘 이끌어준 침례교신학연구소 간사 석종준 목사님과 그를 도와 교정에 참여했던 이정선, 서현석 전도사님, 그리고 출판을 기꺼이 허락하고 아름다운 책으로 태어나게 해준 대학출판부장 우택주 교수님과 이정훈 편집장님에게도 감사의 마음을 전한다.

이 책은 학부 1-2학년이나 신학대학원(M.Div.) 1학년들에게 신학 전반을 이해하기 위해 활용될 수 있다. 필요하다면 교과과정에 "신학입문"이라는 과목을 신설하여 교수들이 함께 강의하는 것도 가능하다. 또한 일반 성도들 가운데 신학에 관심을 가지고 있는 사람에게도 이 책은 좋은 신학 안내서가 될 것이다. 부제에서 언급한 것처럼, "신학의 순례자"라면 누구에게라도 이 책이 유용한 신학의 보고(寶庫)가 되리라 생각한다. 「신학입문」 가운데는 침례교의 역사와 신학을 직접 다룬 주제도 있지만, 대개 복음주의적 관점에서 일반적인 신학을 분야별로 소개한 것이다. 따라서 이 책은 교파를 초월해서 읽혀져도 좋을 것이라 믿는다. 이 책이 읽는 모든 이에게 신학에 대한 어두움과 막연함의 첫 장막을 걷어내고[擊蒙] 일목요연하게 신학함의 진수를 밝혀주는[要訣] 소중한 자료가 되기를 바란다.

2004년 12월 25일
침례교신학연구소
소장 • **김용복**

신학입문
신학의 순례자를 위한

발간사 「신학입문」 개정증보판 출판을 축하하며 • 배국원	3
개정증보판을 내면서 • 김승진	6
엮은이의 글 • 김용복	9
서 론	13
이해를 찾는 신앙 • 배국원	

제1부 성서신학   35
- 제1장 구약학 • 이형원   37
- 제2장 구약성서의 정경화 과정, 해석학과 구약신학 • 우택주   57
- 제3장 신약성서신학 • 김광수   87
- 제4장 신약언어와 사본, 정경 • 장동수   113
- 제5장 복음서와 사도행전 • 김선배   143
- 제6장 서신서와 계시록 • 신인철   167

제2부 역사신학   191
- 제7장 교회사 • 남병두   193
- 제8장 기독교사상사 • 김용국   215
- 제9장 침례교회사 • 김승진   241
- 제10장 한국교회사 • 장수한   265

제3부 체계신학 287

    제11장 조직신학 · 근광현   289
    제12장 침례교신학 · 김용복   313
    제13장 현대신학 · 윤원준   337
    제14장 종교철학 · 정승태   361
    제15장 철학적 해석학 · 김종걸   385
    제16장 기독교 윤리학 · 김병권   409

제4부 실천신학 433

    제17장 목회학 · 이명희   435
    제18장 설교학 · 문상기   461
    제19장 목회상담학 · 양병모   493
    제20장 선교학 · 이현모   517
    제21장 선교역사 · 안희열   541
    제22장 한국교회와 세계복음화의 남은 과제 · 최원진   569

필자 소개   589

* 각 장(章)마다 "추천하고 싶은 책"이 수록되어 있습니다.

서론

이해를 찾는 신앙

총장, 종교철학 교수 | **배국원**
kwbae@kbtus.ac.kr

I. 신학의 즐거움과 두려움

　세상에는 참으로 많은 학문이 있다. 대학교에 개설되어 있는 학과의 명단만 살펴보아도 낯설고 신기한 이름들이 너무 많다. 생소한 이름의 학과마다 또 다시 더욱 생소한 이름의 세부 연구영역으로 구성되어 있을 터이니 이 모든 것을 합하면 과연 얼마나 많은 전문분야와 학문들이 존재하는지 알기 힘들다. 그런 의미에서 학문의 전당으로서 '대학'은 큰 축복의 장소이다. 대학(university)이란 이처럼 무수한 학문들을 가르치고 배우는 통합의 장, 즉 '하나의 진실된 담론의 장소'(uni-versity)이기 때문이다. 학문의 세계가 얼마나 한없이 넓고 깊은지를 실감하기 원한다면 대학의 도서관을 방문할 필요가 있다. 가령 천만 권이 넘는 장서를 보유하고 있다는 하버드대학이나 예일대학 도서관의 미로(迷路)와 같은 서가(書架)에 꽂혀 있는 낡은 전문서적들은 학문세계의 깊이와 넓음, 그 엄숙함과 겸손함을 웅변해 주고 있다.

대학에서 가르치는 수많은 학문들 가운데 가장 독특한 학문 중의 하나가 바로 '신학'이다. 물론 세상의 모든 학문은 그 자체로 특별하고 고유한 연구영역을 가진 독특한 학문들이다. 그러나 신학과 다른 학문들과의 중요한 차이점은 바로 그 연구대상의 차이에 놓여 있다. 즉 대부분 학문이 연구하는 고유한 대상이 모두 구체적으로 명시될 수 있는 것인데 반해 유독 신학이 연구하는 대상은 구체적 사물이나 현상이 아니라는 사실에 주목할 필요가 있다. 신학은 문자 그대로 '신에 대한 학문'이며 신학에서 연구하는 '신'은 다름 아닌 절대자 하나님, 곧 이 세상 어떤 사물과도 비교할 수 없는 특별한 초월적 존재로서의 하나님을 지칭하기 때문이다.

다른 학문과 달리 신학이 초월자, 절대자, 전능자이신 하나님을 연구하는 학문이라는 사실이야말로 신학을 연구하는 사람들에게 무한한 감동과 기쁨의 원천이 된다. 인간의 심리를 연구하는 심리학자나 생명의 생태를 연구하는 생물학자, 나아가 미세한 바이러스 세계를 탐구하는 미생물학자와 광대한 우주를 관찰하는 천체물리학자 모두 전문학자로서 자신의 연구대상에 대한 특별한 감흥과 환희가 있을 것이다. 그러나 세상 어떤 학자보다도 신학자는 세계의 모든 사물과 현상의 근원이 되시는 하나님에 대한 비밀을 연구하는 사람이라는 사실에서 비교할 수 없을 만큼 더욱 큰 즐거움과 감격을 누린다. 모든 것의 본질이 되시는 본질적 존재에 대한 본질적 연구, 모든 사물의 근원적 존재에 대한 근원적 탐구가 곧 신학이라는 자부심이야말로 신학자의 으뜸가는 자랑이다.

그러나 이와 동시에 신학의 연구대상이 절대자 하나님이라는 사실은 신학자에게 절대적으로 겸손해야 할 것을 지시한다. 인간이 아무리 드높은 지성과 방대한 지식을 자랑한다 하더라도 초월자 하나님은 모든 학문체계를 초월하는 분이시며, 특히 신학자들이 이루어 놓은 어떠한 신학체계도 초월하시는 분이기 때문이다. 따라서 신학자는 하나님을 연구한다는 사실로부터 큰 기쁨을 누림과 동시에 엄청난 두려움을 느끼지 않을 수 없다. 그것은 우리가 알고 있는 하나님의 비밀이 언제나 제한적일 수밖에 없다는 것, 그리고/그러나 그 제한적 성격을 잊어버리고 절대화하게 될 때, 어느 학문보다도 큰 위험부담이 뒤따르게 된다는 두려움이다. 한 마디로 말해 하나님은 절대자이시지만 그에 대한 우리의 신학적 지식은 결코 절대적일 수 없다. 수많은 위대한 신학자들이 자신이 이룩한 신학체계가 결국 '나그네 신학'(*theologia viatorum*)에 불과하다고 고백하는 이유가 여기 있다.

초월자 하나님에 대한 연구로서 신학이 가지는 즐거움과 두려움의 이중성을 가장 잘 표현한 용어 중 하나가 바로 루돌프 옷토(Rudolf Otto)의 '두렵고도 황홀한 신비'(*mysterium tremendum et fascinans*)이다. 유명한 종교학자이자 신학자였던 옷토는 거룩함(*Das Heilige*, holiness)의 본질이 곧 두려움과 동시에 황홀감을 주는 신비라고 지적한 바 있다. 현대 종교학자들은 옷토가 말한 거룩함의 본질이 지나치게 서구적, 기독교적이라서 다른 종교에 적용하기 힘들다고 비판한다. 그러나 종교학자로서 옷토의 약점은 동시에 신학자로서 장점이 된다는 사실에 주목할 필요가 있다. 즉 옷토의 거룩함은 다름 아닌 '전적(全的)인 타자(他者)'(*Das ganz Andere*, The Wholly Other)인 절대자 하나님 앞에서 느끼는 이중적 감정을 형상화한 것이기 때문이다. 그의 '전적인 타자' 개념이 종교학자들에게는 비난의 대상이 되었지만 오히려 신정통주의 신학자들에게 감격적 구호로 받아들여지게 되는 이유가 여기 있다. 신학이야말로 '두렵고도 황홀한 신비'를 주는 학문이라는 뜻이다.

이러한 설명이 지나치게 전문적인 용어들로 점철되어 있어 부담스럽다면 차라리 구약성서의 이사야 선지자를 통해 신학자가 느끼는 두렵고도 황홀한 신비를 짐작할 수 있을 것이다.

내가 본즉 주께서 높이 들린 보좌에 앉으셨는데… 스랍들은… 서로 불러 이르되 거룩하다, 거룩하다, 거룩하다 만군의 여호와여 그의 영광이 온 땅에 충만하도다…. 그 때에 내가 말하되 화로다 나여 망하게 되었도다. 나는 입술이 부정한 사람이요 입술이 부정한 백성 중에 거주하면서 만군의 여호와이신 왕을 뵈었음이로다 하였더라. 그 때에 그 스랍 중의 하나가 부젓가락으로 제단에서 집은 바 핀 숯을 손에 가지고 내게로 날아와서 그것을 내 입술에 대며 이르되 보라 이것이 네 입에 닿았으니 네 악이 제하여졌고 네 죄가 사하여졌느니라 하더라(사 6:1-7).

여호와의 거룩한 위엄 앞에서 멸망하고 말 것 같았던 이사야의 두려움은 그의 부정한 입술을 스랍이 숯불로 지지는 황홀한 환상을 통해 극복되었다. 그런 다음에야 이사야는 바로 그 부정한 입술을 통해 하나님의 지식을 사람들에게 전할 수 있음을 깨닫게 된다. "주 여호와께서 학자들의 혀를 내게 주사 나로 곤고한 자를 말로 어떻게 도와 줄 줄을 알게 하시고 아침마다 깨우치시되 나의 귀를 깨우치사 학자들 같이 알아듣게 하시도다"(사 50:4). 여기서 이사야 선지자는 신학자들의 이른바 원경험(原經驗, *Urerlebnis*, original experience)을 제시하고 있다고 할 수 있을 것이다.

II. 신학의 역설성

우리가 신학을 한다는 것은 이와 같이 하나님에 대한 즐거움과 두려움의 역설을 경험한다는 의미이다. 사실 신학이라는 학문은 철두철미하게 역설적인 학문이다. 무엇보다도 먼저 유한한 존재인 인간이 무한한 하나님을 알 수 있고 말할 수 있다는 기본 명제가 근본적으로 모순처럼 비쳐진다. 철학자들이 지적하듯 무한과 유한이라는 서로 다른 범주를 혼동하는 이른바 범주론적 오류(categorical mistake)의 대표적 예가 신학일지도 모른다. 따라서 어떤 의미에서 '신학'이라는 말 자체가 모순이고 오류라는 지적도 타당하다. '절대자 신'(ta theos, the God)에 대한 '인간의 지식'(logos, knowledge-talk)이라는 뜻으로 합성된 단어가 바로 '신학'(theology, God-talk)인데 이 말은 마치 '둥근 사각형'만큼이나 자가당착적, 이율배반적 표현일 수 있다는 말이다.

그러나 신학의 진정한 역설적 의미는 이러한 근본적 모순에도 불구하고 인간이 하나님을 알 수 있고 말할 수 있다는 확신에 놓여 있다. 그것은 인간이 자신의 능력으로 하나님을 알 수 있어서가 아니라 하나님이 자신을 인간이 알 수 있도록 인간에게 나타내셨다는 확신이다. 하나님이 자신을 나타내심을 일컫는 말이 곧 계시이다. 하나님의 계시에 대한 확신이 없다면 신학은 본질적으로 불가능할 수밖에 없다. 만약 계시에 대한 확신이 없는 신학이라면 그것은 더 이상 하나님에 대한 신학이 아니라 신 개념에 대한 인간의 철학적 사변에 불과할 것이다. "신학은 결국 인간학"이라는 포이에르바하(Ludwig Feuerbach)의 유명한 독설은 신학자들이 언제나 명심하며 스스로의 신학을 반성하는데 활용하여야 할 경구이다. 20세기에 가장 중요한 신학적 운동 가운데 하나였던 '하나님 말씀의 신학'(Wortesgottestheologie, Theology of the Word of God)을 주장한 칼 바르트(Karl Barth)는 포이에르바하의 발언이 가지는 중요성을 직감했던 신학자였다. 그래서 바르트는 신학이란 인간적인 불가능성과 신적인 가능성 사이의 끊임없는 변증법적 긴장 가운데서 생겨나는 역설적 학문이라고 강조한다. "우리는 신학자로서 하나님에 관하여 말해야 한다. 그러나 우리는 사람이기 때문에 하나님에 관하여 말할 수 없다. 우리는 해야 하나 할 수 없다는 이 두 가지를 알아야 하고, 그렇게 해서 하나님께 영광을 돌려야 한다. 그 밖의 모든 것은 어린아이의 장난과 같은 것이다."

유한한 인간이 무한한 하나님을 알 수 있는 체계적 지식(logos)이 곧 신학이다. 아퀴나스(Thomas Aquinas)가 명확히 정의한 것처럼 진정한 신학은 "하나님에 의해 계시되고 하나님을 보여주고 하나님께로 이끄는 학문"이라는 확신이 신학자를 신학자답게 만들 수 있는 것이다. 그런데 인간에게 하나님 지식을 가능하게 하는 가장 역설적인 사건이 다름 아닌 예수 그리스도이다. 단적으로 말해 하나님의 말씀(Logos)이 인간의 몸으로 나타나지 않았다면 하나님에 대한 지식으로서 신학(theo-logos)은 불가능하였으리라는 주장이 기독교 신학의 핵심이다. '진정한 신'이며 '진정한 인간'이라는 역설적 사건의 주인공인 예수 그리스도는 인간과 하나님 사이의 모든 간극을 메우는 유일한 중보자(Mediator)이다. 구속론적으로는 인간의 죄를 대속하며, 존재론적으로는 유한한 존재와 절대적 존재의 '무한한 질적인 괴리'(infinite qualitative distinction)를 극복하고, 인식론적으로는 인간의 절대자에 대한 지식을 가능케 하는 중보자인 것이다. 따라서 기독교 신학은 철저하게 그리스도 중심적(Christocentric) 신학이 되어야만 한다. "누구든지 나를 통하지 않고서는 아버지께로 올 자가 없느니라," "나를 알았더라면 내 아버지도 알았으리라"(요 8:19), "내가 아버지 안에 있고 아버지가 내 안에 계심을 믿으라"(요 14:11), "아버지 외에는 아들이 누군지 아는 자가 없고 아들과 또 아들의 소원대로 계시를 받는 자 외에는 아버지가 누군지 아는 자가 없나이다"(눅 10:22)는 예수의 말씀이 이 사실을 웅변하고 있다.

그러나 오직 예수만을 통하여 하나님을 알 수 있다는 말은 상식적으로 받아들이기 힘든 독선적 주장처럼 들린다. 그 당시 예수로부터 이 말을 들었던 유대인들이 "분개하여," "이를 갈고," "옷을 찢으며," "돌을 집어 던지고," "잡아죽이기"를 원했다는 표현들은 그들이 받았던 충격의 강도를 생생하게 전해 준다. 어떻게 유독 예수 한 사람만이 보편적 절대자 하나님을 완전히 대변하는 독생자가 될 수 있단 말인가? 1세기 유대의 바리새인들과 2세기 로마의 스토아 철학자들로부터 시작하여 17세기 계몽주의자, 18세기 근대철학자, 19세기 회의주의 사상가, 20세기 종교다원주의 신학자에 이르기까지 예수가 하나님의 독생자라는 주장은 끊임없는 충격의 원천이 되었다. 계몽주의 시대의 유명한 문필가였던 레씽(Lessing)은 이 '예수 문제'를 '특수성의 스캔들'(scandal of particularity)이라고 함축적으로 표현하였다: "왜 나사렛 사람 예수의 구체적인 역사적 사건이 그토록 중요한 의미를 지녀야 하는가? 과연 어떻게 우연한 부수적인 역사적 사건으로부터 필연적이고 보편적인 이성적 진리가 도출될 수 있단 말인가?"

중요한 사실은 이 특수성의 스캔들이야말로 기독교 신앙의 초석이라는 점이다. 레씽보다 훨씬 이전에 사도 바울은 이미 그리스도에 대한 믿음이 세상의 상식이나 지식에 역행할 수 있음을 분명히 밝혀 놓았다. "유대인은 표적을 구하고 헬라인은 지혜를 찾으나 우리는 십자가에 못박힌 그리스도를 전하니 유대인에게는 거리끼는 것이요 이방인에게는 미련한 것이로되 오직 부르심을 입은 자들에게는 유대인이나 헬라인이나 그리스도는 하나님의 능력이요 하나님의 지혜니라. 하나님의 미련한 것이 사람보다 지혜 있고 하나님의 약한 것이 사람보다 강하니라"(고전 1:22-5). 십자가에 달린 나사렛 예수를 구세주로 믿는 신앙은 일반 상식적으로 볼 때 분명 어색할 뿐만 아니라 어리석게 여겨지기까지 하지만 그것이야말로 바로 구원에 이르는 지식인 것이다: "너희 믿음이 사람의 지혜에 있지 아니하고 다만 하나님의 능력에 있게 하려 하였노라"(고전 2:5).

바울의 역설적 수사학이 우리에게 분명히 보여주는 것은 바로 신앙의 역설성이다. 실존주의 철학자들이 애용하던 표현처럼 신앙이란 상식적, 합리적이기 '때문에'(because of)가 아니라 비상식적, 반합리적임에도 '불구하고'(in spite of) 받아들이는 결단임을 강조하는 것이다. 실존주의 철학의 창시자 키에르케골(Kierkegaard)은 신앙의 역설적 진리를 현대인이 깨달을 수 있도록 가장 효과적으로 번역한 사람 가운데 하나이다. 레씽이 제기했던 특수성의 스캔들과 오랫동안 씨름했던 키에르케골은 역사적으로 우연하게 보이는 나사렛 예수 사건이 어떻게 확고한 진리가 될 수 있는지에 대한 해답을 신앙의 역설성에서 찾았다. 믿음의 아버지 아브라함으로 대변되는 성경의 신앙인들은 객관적 진리를 추구하지 않고 주관적 진리를 추구한 사람들이었다. 신앙의 세계에서 진정한 진리란 모든 사람을 만족시키는 사실(fact)이 아니라 나 자신이 감격하여 목숨까지라도 바칠 수 있는 진리(truth)라야 한다는 것이다. "참 진리란 주관성이고 주관성이야말로 참 진리이다."

바울의 시대와 키에르케고르의 시대는 무려 1,800년이나 떨어져 있지만 두 사람 모두 그리스도에 대한 불신앙이 팽배하던 시대에 살았다는 공통점을 가지고 있다. 따라서 그들에게 있어 무엇보다 중요한 것은 불신앙의 세상 가운데 신앙의 확신을 가질 수 있는 역설의 논리였다. 그러나 우리의 신앙이 그 역설적 의미를 강조하는데 그치고 만다면 위험할 것이다. 분명히 신앙의 결단은 세상 상식이나 지식에 역행하는 역설적 계기를 가지고 있다. 그렇지만 일단 신앙의 결심이 이루어진 이후에 우리의 믿음은 점차 단련되고 성장하여 나간다. 제임스 파울러(James Fowler)의 신앙발달(faith development) 이론이 잘 보여주는 것처럼 신앙은 여러 단계를 거쳐 더욱 성숙한 믿음으로 성장하기 원한다. 건강한 신앙은 스스로 이해의 지평을 부단히 넓혀 가는 신앙인 것이다.

이해를 추구하는 신앙! 바로 이것이야말로 신학의 역설적 의미를 완성시키는 결론이다. 신학은 신앙에 이해를 더해주는 학문적 활동이다. 예수를 그리스도로 받아들이는 믿음의 역설적 결단을 귀중하게 여기며 그 믿음이 더욱 성장하여서 예수를 보내신 하나님 아버지의 비밀을 더욱 깨달을 수 있도록 지식을 추구하는 지적 노력이다. 거의 모든 사람이 예수 그리스도를 고백하던 신앙의 시대였던 중세 한 가운데 살았던 안셀름(Anselm)은 신앙을 성장시키는 신학의 중요성을 멋진 한 마디로 표현하였다: '이해를 찾는 신앙!'(fides quaerens intellectum, faith seeking understanding!). 그가 살았던 시대는 더 이상 불신앙과 신앙의 갈등에 고민할 필요가 없는 시대였다. 오히려 그 당시의 고민은 신앙과 지성, 신학과 철학을 어떻게 조화시킬 수 있는가에 집중되어 있었다. 이른바 '존재론적 신 존재 증명'이라는 유명한 철학적 논증이 담긴 「프로스로기온」(Proslogion)의 서두에서 안셀름은 무엇보다 먼저 하나님에 대한 감사의 기도와 신앙고백으로 시작한다. 그에게 있어 신앙과 지성은 대립되는 것이 아니라 연속되는 것이라서, 처음에 지성에 역행하는 것 같았던 역설적 신앙은 점차적으로 지성을 이해하는 노력 가운데 성장하게 된다. 신학은 역설적 신앙을 다시 한 번 이해의 길로 이끄는 역설적 작업인 것이다.

III. '신학'의 두 가지 의미

이처럼 절대적 존재에 대하여 유한한 존재가 추구하는 지식으로서의 신학, 초월자 하나님에 대한 신앙이 인간적 이해를 추구한다는 의미로서의 신학은 그 발생적 동기부터 역설적 구조를 가지고 있다. 이제 더욱 흥미로운 사실은 신학이 전개되어 온 역사에도 이와 같은 역설적 성격이 분명히 드러나고 있다는 점이다. 2-3세기 초대교부들, 특히 변증론자(the Apologists)를 중심으로 발생하기 시작하여 현재 21세기에 이르러서도 왕성한 활동을 거듭하고 있는 신학은 무려 2천년에 이르는 장구하고 화려한 이력서를 자랑하고 있다. 그런데 신학의 길고 긴 역사를 관통하는 두 가지 흐름이 있음을 주의해서 살펴볼 필요가 있다.

그것은 '지혜로서의 신학'(theology as wisdom/knowledge)과 '학문으로서의 신학'(theology as discipline/science) 두 가지 구분이다. 가장 간단하게 말해 '신학'의 역사는 전자로부터 후자로 이행되는 변천의 역사라고 에드워드 팔리(Edward Farley)는 진단한다. 초대 교부시절에 신학이란 용어는 주로 하나님에 대한 특별한 지혜와 지식을 지칭하는 의미로 사용되었다. 이후 중세에 들어서면서부터 신학은 하나님을 아는 개인적 지식을 의미하는 이외에도 점차적으로 하나님에 대한 객관적 학문이라는 의미를 더하기 시작하였다. 그러다가 근대에 접어들면서부터 신학은 거의 전적으로 객관적 학문이라는 의미만 가지게 되었다. 결과적으로 '신학'이 원래 의미하였던 개인의 체험적인 신지식(神知識), 곧 하나님에 대한 생생한 경험과 반성의 의미가 실종되어 가고 있다고 팔리 교수는 안타까워한다.

비록 간단한 도식적 설명이지만 이를 통해 우리는 오늘날 신학교육이 가지고 있는 구조적 문제의 핵심을 직시할 수 있다. 이른바 '신앙과 신학'의 괴리는 언제부터인가 신학생과 신학교수들에게 당연한 상식처럼 받아들여지고 있다. '신앙 그리고(and) 신학'이 아니라 '신앙 혹은(or) 신학'이라는 양자택일의 문제라고 인식되고 있는 것이다. 많은 일선 목회자들도 신학교는 신앙을 훈련하는 장소라기보다 학문을 연마하는 곳에 불과하다는 편견을 가지고 있는 듯 보인다. "신학교는 무덤이다"(Seminary is cemetery)라는 미국 교인들의 농담은 씁쓸한 여운을 남긴다. 그러나 "신학대학교 1학년은 목사, 2학년은 집사, 3학년은 평신도, 4학년은 죄인"이라는 한국산 농담은 더욱 잔인하기 그지없다. 사실 무려 100학점이 넘는 '신학' 과목들을 수료하고 졸업하지만 정작 '신'에 대한 확실한 '신학'을 갖지 못하는 오늘날 신학교 졸업생들에 대한 책임은 과연 누구에게 물어야 할 것인가? 오늘날 신학교육이 당면한 고질적 문제점, 즉 체계적 신학학습에도 불구하고 정작 가장 중요한 개인적 신앙체험과 확신을 제공하지 못하는 문제는 역사적으로 깊은 뿌리를 가지고 있다고 할 수 있다.

여기서 중세 때 유명했던 '하나님을 아는 지혜'(sapientia)와 '사물에 대한 지식'(scientia)의 구분을 상기할 필요가 있다. 하나님을 아는 지식과 지혜, 곧 싸피엔치아(sapientia)로 충만했던 중세는 결국 사물에 대한 지식인 스키엔치아(*scientia*)가 강하게 대두되며 그 막을 내리고 말았다. 흔히 중세를 암흑시대(Dark Age)라고 말하지만 정작 중세를 살았던 사람들의 마음만은 하나님의 영광의 빛으로 가득 차 있었다는 사실이 강조되어야 한다. 그러나 근대에 들어서서 세상 사물에 대한 학문적 지식이 증폭되면서 하나님을 찾는 마음이 설자리가 점점 좁아들게 되었다. 이른바 '세속화'(secularization)라고 통칭되는 이 현상은 어원적으로 신성한 공간이 세속적인 활동에 의해 점점 잠식당하는 모습에서 유래되었다. 근대의 가장 큰 특징은 세속화이고 그 최대 피해자는 다름 아닌 신학이라고 할 수 있다. 중세 천년을 밝혔던 하나님을 아는 지식의 불이 점차 사그러 들었을 뿐만 아니라 아예 중세를 밝혔던 신지식(神知識)의 광명 자체가 가짜였고 암흑이었다는 판정을 받게 된 것이다.

인본주의와 휴머니즘의 기치를 내세운 근대 사상가들은 이성의 빛을 마음껏 자랑할 수 있는 시대, 곧 계몽주의(Enlightenment) 시대의 도래를 염원하였다. 온갖 학문들이 발전하기 시작하는 가운데 특히 자연과학의 눈부신 성장이 두드러지게 되었다. 중세 때 *sapientia*보다 열등한 지식으로 생각되었던 *scientia* 즉 과학(science)이 이제 오히려 모든 학문 가운데 가장 뛰어난 지식으로 군림하게 된 것이다. 과학이야말로 모든 지식의 제왕이라는 인식은 전통적 인문학(humanities)의 이름을 인문과학(human sciences)이라고 개명하게 만들기도 하였다. 심지어 하나님을 아는 체험적 지식인 신학마저도 '신학과학'(theological science)으로 창씨개명을 해야 한다는 주장이 제기될 정도로 압박을 받게 되었다.

한 마디로 말해 근대 400여 년 동안의 신학의 역사는 끊임없는 방어와 수세의 역사였다. 도도한 세속화와 세상 학문의 압력으로부터 살아남기 위해 신학은 줄기차게 자신의 존재의미를 변호하지 않으면 안 되었던 것이다. 이를 위해 많은 근대신학자들은 전통적 *sapientia*를 희생

하더라도 새로운 이상인 *scientia*를 포기할 수 없다는 전략적 결정을 내리게 되었다. 그 결과는 '학문으로서의 신학'(theology as discipline/science)의 탄생과 동시에 '지혜로서의 신학'(theology as wisdom/knowledge)의 몰락이었다. 신학자들은 성서비평학, 성서해석학, 비평적 교회사, 지식사회학적 교리사 등 수많은 세부영역들을 개발하며 많은 정보를 축적하는 학문적 성과를 자랑하게 되었다. 또 목회자 양성을 위해서 이런 여러 과목에 대한 교육을 담당하는 전문적 신학교들도 도처에 설립되었다. 그러나 정작 하나님을 체험하는 진정한 지혜는 나날이 고갈되어 가는 듯한 상실감을 우려하는 목소리도 높아져 가게 되었다.

신학의 두 가지 의미의 변천에 관한 이와 같은 간단한 도식적 설명은 물론 많은 문제를 가지고 있다. 오직 두 가지 잣대로 신학의 2000년 역사를 구분한다는 것은 무모하기 그지없는 일인지 모른다. 지혜로서의 신학, 학문으로서의 신학 두 개를 훌륭하게 결합하여 빛나는 신학의 탑을 완성했던 어거스틴, 아퀴나스, 루터, 칼빈, 웨슬리, 멀린스, 바르트, 라너 등 수많은 위대한 신학자들이 그 생생한 반론의 증거가 될 것이다. 그럼에도 불구하고 신학의 전반적 방향, 특히 근대와 현대 신학이 전개되어 온 흐름을 이해하고 오늘날 신학교육이 당면한 위기의식을 진단하기 위해서 위의 도식적 설명은 많은 도움을 준다. 이해를 찾는 신앙으로서의 신학이 가졌던 원래적 의미가 갈수록 퇴색되고 점차 신앙과 신학이 상호배타적 의미로 변질되어 가는 추세에 대한 대응방안을 모색할 수 있는 역사적 이해의 발판을 제공하여 주는 것이다.

최근 들어 전 세계 신학계를 강타하고 있는 '영성'(spirituality)에 대한 열망은 바로 이러한 역사적 맥락 속에서 더욱 잘 이해될 수 있다. 우리가 살고 있는 후기근대 혹은 포스트모던(postmodern) 시대는 문자 그대로 근대(modern)를 뛰어넘은(post) 시대라는 의미이다. 중세를 뛰어넘은 시대가 근대였는데 이제 우리는 그 근대를 다시 뛰어넘은 시대인 후기근대에 살게 되었다는 것이다. 과연 후기근대라는 새로운 상황에서 신학은 어떤 의미를 가지며 신학의 진로는 어떻게 결정될 것인가? 수많은 예측과 제안이 무성한 가운데 유력하게 등장하는 것이 다름 아닌 영성의 회복으로서의 신학을 강조하는 주장이다. 근대에 들어서면서 포기할 수밖에 없었던 *sapientia*를 이제 새로운 후기근대에 이르러 복원하는 것이야말로 가장 시급하다는 외침이다. 초기교부 때와 중세 수도사들의 자랑이었던 싸피엔치아 곧 하나님을 아는 지혜의 새로운 이름이 곧 영성인 것이다. 물론 후기근대가 곧바로 중세로의 회귀가 아닌 것처럼 현대의 영성운동이 곧 중세적 영성을 충실하게 회복한다는 의미로 해석될 필요는 없다. 중세의 교권주의, 형식주의, 스콜라철학은 모두 역사의 유물로 박물관에 안치되고 말았다. 후기근대를 사는 우리에게 필요한 영성은 새로운 시대적 상황에 부응할 수 있는 새로운 영성이다. 학문으로서의 자존심을 세우기 위해 하나님에 대한 체험을 소홀히 하다가 그만 마른 뼈처럼 앙상하게 변한 신학적 심성, 신학적 습성(*habitus*, habit)을 다시 일깨울 수 있는 영성이 요구되는 것이다. 이성의 시대였던 근대가 황혼을 맞으면서 오히려 동이 터오기 시작한 후기근대는 신학에게 새로운 위기이자 기회를 제공하고 있다. 이해를 찾는 신앙이 새롭게 영성을 회복하여 자신의 이름값을 다시 한 번 정립할 수 있는 여명의 시간이 찾아오고 있다. "하나님을 아는 지식이 없어 망해가던 백성"을 안타까워하던 호세아 선지자의 권면이 새삼 새롭게 들리는 시간이 다가오고 있는 것이다: "그러므로 우리가 여호와를 알자, 힘써 여호와를 알자!"(호 6:3).

IV. 신학의 구성

지금까지 우리는 신학의 본연적 의미와 역사, 그리고 미래를 간단하게 살펴보았다. 그렇다면 실제로 신학을 공부한다는 것은 무엇을 의미하는가? 그러나 "신학이란 무엇인가?"라는 단순한 질문에 대한 간단한 대답을 제공하는 일은 점점 더 어려워져 가고 있다. 그것은 학문으로서의 신학이 그동안 너무나 방대하고 심오하게 발전하여 막대한 양의 정보를 성공적으로 축적하게 되었기 때문이다. 심지어 '신학적 백과사전'(theological encyclopedia)이라는 용어를 주장하는 학파가 등장할 정도로 신학은 다양한 분야와 항목에 관한 지식을 자랑하게 되었다.

이러한 어려움에도 불구하고, 아니 보다 정확히는 바로 이런 어려움에 대한 답을 주기 위해 한 권으로 요약한 신학입문서가 바로 이 책이다. 신학을 소개하는 입문서들은 이미 몇 개 있고, 특히 조직신학에 대한 입문서들은 수없이 많이 나와 있다. 그러나 신학이라는 학문활동 전반을 한 권으로 묶어 소개하고 있는 입문서는 국내는 물론 해외에서도 찾아보기 쉽지 않다. 그런 의미에서 이 책은 상당히 야심적인 의도를 가진 획기적인 기획이라고 자평할 수 있다.

이 책에 대한 이해를 돕기 위해, 그리고 신학 전반에 대한 이해를 돕기 위해 간단히 현재 신학교에서 강의되고 있는 신학교육의 구성을 살펴볼 필요가 있다. 오늘날 신학교육은 전 세계를 통해 대체적으로 4개의 큰 영역으로 구성되어 있다. 성서신학, 체계신학, 역사신학, 실천신학의 네 분야가 그것으로서 일반적으로 근대신학의 아버지라고 일컬어지는 슐라이에르마허(Friedriech Schleiermacher) 이후 확립된 구분법이라고 알려져 있다. 이러한 4분법이 정립되기까지는 물론 무수히 많은 시행착오가 있었으며 위에서 말한 '신학'의 두 가지 의미와 연계되어 격렬한 논쟁을 유발하였던 복잡한 역사가 숨어 있다. 또한 지금도 신학 전반을 새롭게 구성하려는 창의적 시도들이 세계 일각에서 꾸준히 진행되고 있는 것도 사실이다. 가령 하버드 대학교 신학부는 타종교와의 대화를 강조하기 위하여 새로운 의미의 종교신학(theology of religions)을 개발하고 성서신학, 전통신학(역사-조직-응용신학), 종교신학 3부제를 시도한 적이 있었다. 다른 신학교들 역시 나름대로 새로운 모델을 열심히 선보이고 있는 중이다.

그렇지만 성서신학, 역사신학, 체계신학, 실천신학의 구분법은 현재로서 가장 보편적으로 인정되고 있는 신학구성이라고 할 수 있다. 4개 영역의 구분이 중요한 것은 신학의 근거가 된다고 인정되는 네 가지 기본 요소인 성경, 전통, 이성, 경험과 대략 상응하기 때문이다. 하나님이 자신을 인간에게 밝히심을 계시라고 할 때 신학자들이 계시의 방법으로 유효하다고 생각하는 네 가지가 곧 성경, 전통, 이성, 경험이다. 이에 맞추어 성서신학, 체계신학, 역사신학, 실천신학이라는 4개 분야의 신학적 탐구활동이 가능하게 되는 것이다.

1) 먼저 성경(The Bible)이 하나님 계시의 원천이라는 사실은 신앙인에게 너무나 자명한 진리이다. '하나님의 말씀'으로서 성경은 기독교 신앙의 최고, 최대, 최초와 최종 권위이다. 따라서 성경에 대한 연구 곧 성서신학(Biblical Theology)은 신학의 근간을 이루는 중요한 분야가 아닐 수 없다. 두말할 필요 없이 성경은 구약과 신약으로 이루어져 있다. 신학을 공부하면서 제일 먼저 듣게 되는 과목이 구약개론과 신약개론이다. 독자들은 이형원 교수와 김광수 교수의 구약학과 신약학에 대한 경륜있는 개관적 설명을 읽으면서 신학에 입문하는 즐거움을 맛볼 수 있을 것이다.

구약과 신약에 대한 더욱 깊은 연구를 위해서는 물론 히브리어와 희랍어에 대한 지식이 필수적이다. 신학교 1학년 시절에는 누구나 모두 이 고색창연한 언어들을 공부하기 위해 진땀을 흘린다. 주변 사람들 눈에는 왠 상형문자를 배우느냐고 이상하게 보일지도 모르지만 정작 신학생들에게는 하나님의 말씀이 기록된 문자를 읽을 수 있다는 기대가 있어 어려움을 이길 수 있다. 기초 히브리어와 기초 희랍어를 마치고 어느 정도 익숙하게 된 다음에 이른바 '원전석의'(原典釋義) 과목, 즉 성서 원전을 직접 읽고 해석하는 과목을 수강하게 되면 대단한 감격을 맛볼 수 있다. 구약의 우택주 교수와 신약의 장동수 교수는 각각 히브리어와 희랍어 전문가로서 친절하게 독자들을 성경 원전의 세계로 초대하고 있다. 구약과 신약의 수많은 사본들과 정경의 형성과정에 대한 중요한 설명도 빼놓을 수 없다.

그러나 히브리어와 희랍어를 능숙하게 구사할 수 있다고 해서 성경을 모두 알았다고 할 수 없다. 원전을 읽을 수 있는 언어적 지식은 기본적으로 필요한 도구이지만 더욱 충분한 이해를 위해서는 구체적인 성경해석에 대한 적용이 필수적이다. 김선배 교수는 복음서와 사도행전, 신인철 교수는 서신서와 계시록에 관한 자세한 설명을 통해 신약성서를 해석하고 이해하기 위한 청사진을 제시한다.

2) 하나님 계시의 두 번째 통로는 전통이다. 하나님은 역사(歷史) 속에서 역사(役事)하시는 전능하신 역사(力士)라고 우리는 고백한다. 즉 하나님은 인간 역사의 진행과정을 통해 우리에게 자신의 섭리와 의지를 밝히 보여주시는 분이다. 다양한 사건들로 수놓아진 역사적 흐름은 전통이라는 직물(織物)이 되어 우리 삶의 자리를 감싸고 있다. 교리의 전통, 사상의 전통, 그리고 예배의 전통 등을 통해 하나님 계시는 살아서 이어져 나간다. 그래서 우리는 역사와 전통을 하나님이 인간을 구속하시는 역사, 곧 '구속사'(Heilsgeschichte, history of salvation)라고 칭한다.

역사신학(Historical Theology)은 역사와 전통 속에 나타난 하나님 구속의 의지와 섭리를 연구하는 분야이다. 신학생들은 먼저 교회사개론 과목을 들으면서 교회의 2천년 역사 속에 발생했던 여러 사건들 및 발전과정과 친숙하게 될 필요가 있다. 남병두 교수는 교회사개론의 의미와 중요성을 친절하고 확실하게 설명하여 준다. 일단 교회사에 나타난 사건들과 자료들에 대한 기본적 이해를 갖춘 다음에 더욱 연구를 거듭할 영역은 교리와 신학사상의 발전에 관한 연구이다. 기독교사상사는 매우 흥미로운 동시에 매우 복잡한 과목인데 독자들은 김용국 교수가 간단명료하게 정리하여 주는 설명을 통해 더 큰 흥미를 발견할 수 있을 것이다. 나아가 침례교 신학생이라면 역시 침례교회의 역사를 확실히 알고 있어야 할 지적 의무가 있다. 김승진 교수는 침례교회사의 큰 흐름을 간략하게 소개함과 동시에 자랑스러운 침례교 정신이 무엇인가를 밝혀주고 있다. 마지막으로 장수한 교수는 우리의 자랑스러운 한국교회 역사와 전통을 개관하면서 신앙의 선조들의 귀한 발자취를 조명한다.

3) 하나님 계시의 세 번째 근거는 이성(理性)이다. 흔히 '신앙과 이성의 문제'라는 상호대립적인 표현에 익숙한 이들에게 이성이 계시의 근거라는 말은 모순처럼 들릴 수 있다. 그러나 그것은 우리가 편협한 의미의 대립적 이성 혹은 근대적 이성만을 생각하기 때문이다. 여기서 말하는 이성은 인간에게 주어진 본연적 기능으로서의 총체적 이성을 의미한다. 인간은 '하나님의 형상'(imago Dei, image of God)을 따라 지음 받았다고 성경은 선포한다. 과연 하나님의 형상이란 무엇을 말하는가? 우선 사람의 겉모양이 하나님의 모습을 닮았다는 뜻이 아니라는 점은 분명하다. 그렇다면 과연 우리의 어떤 모습이 하나님의 형상을 반영한다는 말인가? 신학자들은 세상의 모든 만물 중에서 유독 인간만이 가지고 있는 '이성'(ratio, reason)이 바로 하나님의 형상을 보여준다고 확신하였다. 본연적 의미에서의 이성은 하나님이 인간과 교통하시기 위해 주신 축복의 수단이다. 그러나 신학자들은 인간의 불순종과 교만이 이성의 능력을 약화시키고 악화시켰던 사실도 환기시킨다.

결과적으로 인간의 이성은 비록 완전하지는 않지만 그래도 여전히 유효한 계시의 통로이다. 특히 하나님에 관한 깊은 비밀을 풀어서 언어로 전달하기 위해서 가장 필요한 도구가 바로 이성이다. 신학의 4개 분야 가운데 체계신학(Systematic Theology)은 이성의 사용을 극대화하는 분야이다. 체계신학은 다시 조직신학, 종교철학, 윤리학 등으로 세분된다.

신학을 위한 이성의 효용성은 여러 가지 모습으로 나타난다. 이성의 가장 두드러진 특징 가운데 하나가 조직적, 체계적 특성이다. 일회적, 우발적 답변이 아니라 합리적, 필수적 답변을 요구하는 합리성의 원칙을 적용하여 하나님에 대한 조직적이고 합리적인 담론을 제시하는 분야가 곧 조직신학이다. 그러나 막상 조직신학에 대한 간단하면서도 조직적인 소개를 하는 일은 쉽지 않은데 근광현 교수는 그 임무를 훌륭히 완수하고 있다. 나아가 조직신학은 언제나 현대상황에 반응하면서 새롭게 하나님의 말씀을 해석하여 나가는 사명을 가지고 있다. 따라서 조직신학의 현주소를 파악하기 위하여 반드시 알아야 하는 중요한 분야가 현대신학이다. 윤원준 교수는 다양하고 난해한 현대신학의 흐름을 일목요연하게 정리하여 독자들의 이해를 돕고 있다.

이성이 가진 다른 중요한 기능은 분석과 비판이다. 이성의 비판적 기능을 활용한 신학분야가 곧 종교철학이다. 종교철학은 신학이 풀어야 하는 많은 문제점들을 앞서서 분석하고 비판하는 작업이다. 정승태 교수는 종교철학이 당면한 여러 전통적, 현대적 과제들을 명쾌하게 정리하여 보여주고 있다. 종교철학의 영역 중에서 특별히 현대철학의 중요한 분야이면서 동시에 성경해석에 관건이 되는 분야가 바로 철학적 해석학이다. 김종걸 교수의 해석학에 관한 친절한 설명은 텍스트와 콘텍스트, 본문과 삶의 정황이 변증해 내는 의미의 역동성을 이해할 수 있도록 도와준다.

체계신학의 마지막 분야는 윤리학이다. 칸트(Immanuel Kant)의 유명한 구분처럼 이성은 순수이성과 실천이성 두 가지로 나누어진다. 아주 간단히 말해 순수이성이란 비판과 인식의 기능을 말하고 실천이성은 실행의 기능을 의미한다. 실천이 없는 인식은 공허하고 인식이 결여된 실천은 맹목적이다. 기독교윤리학은 기독교적 삶의 실천방법을 모색하는 분야이다. 우리가 한국인으로서 하나님 말씀을 따라 이 시대를 산다는 것은 과연 어떤 삶의 모습을 의미하는가에 대한 귀한 암시를 김병권 교수의 글을 통해 얻을 수 있다. 마지막으로 체계신학, 그 중에서도 특히 조직신학은 각 교단의 전통 속에서 성장하여 온 역사적 성격을 가지고 있다. 그런 의미에서 침례교 신학생들은 침례교 조직신학의 전통을 확실히 인지하고 있어야 한다. 침례교신학의 역사적 흐름과 특성을 분명하게 제시하고 있는 김용복 교수의 글이 큰 도움과 자부심을 줄 것이다.

4) 마지막으로 하나님 계시가 나타나는 가장 보편적이고 가장 직접적인 통로는 인간의 경험이다. 많은 경우 하나님은 우리에게 직접 임하셔서 자신을 나타내 보여 주신다. 물론 하나님을 직접 눈으로 본 사람은 없으며 앞으로도 없을 것이다. 그러나 우리가 하나님을 볼 수 없다는 것이 그 분을 경험할 수 없다는 뜻은 아니다. 오히려 우리는 눈 이외의 다른 여러 감각기관과 신경체계를 통해 하나님을 경험하는 축복을 누릴 수 있다. 성경에 나타난 믿음의 사람들도 하나님을 직접 보지는 못했으나 어떤 때는 불타는 가시나무 속에서, 어떤 때는 세미한 음성을 통해서, 어떤 때는 꿈을 통해, 어떤 때는 방언을 통해, 심지어 어떤 때는 고난과 인내를 통해 다양한 방법으로 하나님의 임재를 경험하였다. 각 사람 개인적 측면에서 본다면 사실 경험이야말로 가장 확실하게 직접적으로 계시를 확인할 수 있는 통로이다. 내 자신이 확실하게 체험하지 못한다면 성경도, 이성도, 전통도 모두 정작 '나에게' 하나님에 대한 확신을 주지 못하는 껍데기 구호에 불과할 수 있기 때문이다.

그런 의미에서 우리 각자가 하나님을 경험하는 확실한 체험이 무엇보다 중요하다. '거듭 태어난다'(born-again)라는 뜻의 '중생'(重生)을 특별히 강조하는 이유가 바로 여기 있다. 하나님을 만나고, 하나님을 확신하고, 하나님 앞에 다시 태어나는 경험이 있어야만 성경이 그냥 책이 아니라 정말 살아 계신 하나님의 살아 있는 말씀임을 깨달을 수 있는 것이다. 중생의 중요성을 연구하고 실제적으로 적용하는 신학이 실천신학(Practical Theology)으로서 인간 경험의 통로를 통해 하나님의 뜻을 더욱 효과적으로 전달하는 것을 목표로 한다. 하나님이 맡겨주신 성도들을 보살피고(목회학), 중생의 체험을 선포하며(설교학), 성도들의 마음과 삶을 상담하는(목회상담학) 등 여러 방법들을 살펴보는 분야가 실천신학이다.

다른 말로 한다면 실천신학은 더욱 훌륭한 목회자를 만들기 위한 목회신학이다. 목회학개론에 대한 설명을 통해 이명희 교수는 목회자에게 필요한 사명감과 자세에 대한 분명한 각오를 일깨워 준다. 그 다음으로 목회자가 갖추어야 할 소양 가운데 반드시 필요한 과목들인 설교학과 목회상담학에 대해 문상기 교수와 양병모 교수가 구체적이고 실제적인 내용들을 알기 쉽게 전달해 준다. 실천신학의 한 부분이면서도 최근 들어 너무 중요해져서 별도로 취급될 수 있는 분야가 선교학이다. 특히 우리나라가 세계선교의 중심 국가의 하나로 부각되기 시작하면서 선교학의 중요성은 더욱 커져가고 있다. 선교의 꿈을 가진 많은 젊은이들은 이현모 교수의 선교학개론 강의를 읽으면서 다시 한 번 자신의 선교 열정을 확인할 수 있고, 안희열 교수의 선교역사를 읽으면서 앞서간 선교영웅들을 흠모하는 마음을 재삼 다짐할 수 있으리라 기대한다. 마지막으로 최원진 교수를 통해 세계복음화의 남은 과제를 향한 한국교회의 비전과 포부를 같이 나누며 선교의 비전을 공감할 수 있을 것이다.

추천하고 싶은 책

Barth, Karl. 「로마서 강해」. 조남홍 역. 서울: 한들출판사, 1997. 1919년 초판이 발간된 이래 이 책은 20세기 신학의 흐름 전체에 큰 영향을 미쳐 왔다. 20세기 전반부를 풍미했던 신정통주의 혹은 말씀의 신학이 바로 이 책에서 시작되었을 뿐만 아니라 20세기 후반부에 등장하기 시작한 여러 다양한 신학들로부터 최근의 해체신학에 이르기까지 바르트의 「로마서 강해」는 반드시 넘어야 할 신학적 숙제로 자리잡고 있다. 880쪽에 달하는 엄청난 이 책을 다 읽었을 때의 성취감과 청량감을 꿈꾸며 도전하기를 기대한다.

Farley, Edward. *Theologia: The Fragmentation and Unity of Theological Education*. Philadelphia: Fortress Press, 1983. 이 책은 "신학"과 신학교육의 역사, 특히 근대 수백 년간 신학이 자기 본연의 사명을 상실하여 가는 과정을 심층적으로 분석한 역저이다. 그는 근대에 들어서서 신학이 목회자 교육에만 치중해 온 결과 역설적으로 목회자 교육의 빈곤함이라는 부작용을 가져왔다고 고발한다. 여러 신학과목들에 대한 교육이 지나쳐 오히려 진정한 "신학"이 상실되었다는 것이다.

Newman, John Henry Cardinal. *The Idea of a University*. Notre Dame: University of Notre Dame Press, 1982, ori. 1852. 영국의 유명한 추기경이었던 뉴먼이 더블린 대학 총장으로 재직하면서 저술한 이 책은 신설된 더블린 대학이 당면한 여러 어려운 현실여건 가운데서도 "대학"의 이상을 추구하였던 뉴먼의 성찰력이 돋보이는 명저이다. 특히 대학 내에서 학문으로서의 신학의 위상을 정립하기 위한 노력에 주목할 필요가 있다.

Placher, William. *The Domestication of Transcendence: How Modern Thinking About God Went Wrong.* Louisville: Westminster John Knox Press, 1996. "초월의 순화"(馴化)라는 난해한 이름의 이 책은 그 부제, "과연 어떻게 하나님에 대한 근대적 사고가 잘못되어 갔는가?"를 들으면 조금 쉽게 이해될 수 있다. 고전적 유신론이 근대에 들어 철학과 시대사조에 부응하여 변모 혹은 변질되어 가는 과정을 간략하지만 힘있게 서술하고 있다.

제1부

성서신학

제1장
구약학 • 이형원

제2장
구약성서의 정경화 과정, 해석학과 구약신학 • 우택주

제3장
신약성서신학 • 김광수

제4장
신약언어와 사본, 정경 • 장동수

제5장
복음서와 사도행전 • 김선배

제6장
서신서와 계시록 • 신인철

제1장

구약학[1]

구약학 교수 | **이형원**
hwsjlee@kbtus.ac.kr

이 글의 주된 목적은 미래의 교회 지도자들인 신학생들이 그들의 사역을 효과적으로 수행하기 위해 구약성서를 연구할 때 인식하고 있어야 할 사항들과 연구 자세들을 구약학의 세부 분야별로 소개하는 것이다. 이 일을 위하여 구약학의 각 분야에서 다루어졌던 과거의 논의들과 현재 이루어지고 있는 논의의 방향이 각 분야의 서론 부분에서 간

---

[1] 이 글은 1999년에 출간한 「구약성서 해석의 원리와 실제」에 수록된 글을 수정·보완한 것임.

략하게나마 소개될 것이다. 필자는 신학을 시작하는 모든 이들이 신학의 다양한 분야들 중에서도 가장 기초가 되는 성서학, 그리고 그 중에서도 구약학이 제공하는 삶과 신앙을 위한 교훈과 감동들에 중독되어 평생 구약성서를 연구하고, 성도들에게 가르치기를 즐거워하는 행복한 목회자들이 되기를 간절히 기대해본다.

1. 구약성서 고고학

고고학은 고대의 유물들을 연구함으로써 고대인들의 역사와 삶의 모습을 재구성하는 학문이다. 특히 구약성서 고고학은 구약성서에서 언급되는 고대 근동의 여러 지역을 발굴하여 그곳에서 발굴되는 유물들을 통해 구약성서 기록의 역사성을 옹호하고 고대 이스라엘 사회의 전반적인 삶의 모습을 시대별로 재구성하려는 학문적인 시도이다. 그런데 이것은 그 지역적 유사성 때문에 연구의 지역적인 대상을 시리아와 팔레스타인으로 삼고 있는 시로-팔레스타인 고고학(Syro-Palestine Archaeology)과 깊은 연관성을 지니고 있다.

일반고고학자들이 고대 근동의 역사와 삶의 모습에 관심을 가지고, 과학적인 기법으로 팔레스타인 지역을 연구하기 시작한 것은 19세기부터이다. 그러나 비록 초보적인 형태라 할지라도 구약성서 고고학이라는 명칭을 가지고 그 지역을 집중적으로 연구하기 시작한 사람은 올브라이트(William F. Albright)이며, 그 시기는 1930년대부터이다. 그는 19세기 자유주의 신학자들이 주장한 바, 즉 이스라엘 종교는 시대가 지남에 따라 진화했다는 견해를 반박하기 위해 고고학적 연구를 시도했다. 특히 자유주의 신학자들이 자료비평적 견해에 근거하여 구약성서 기록들의 역사성을 부인할 때, 그는 고고학적인 연구 결과를 통해서 그 반대 이론을 내세웠다. 비록 그가 전문적인 고고학자나 성서학자가 아닌 동양학자였지만, 그의 연구 활동과 업적은 그의 뒤를 따른 여러 제자들로 하여금 그의 연구 관심을 이어가도록 하기에 충분했다.

올브라이트에 이어서 구약성서 고고학을 발전시켜 나간 이는 그의 제자였던 라이트(George E. Wright)이다. 그는 1930년대와 1940년대에는 시로-팔레스타인 고고학자로 명성을 얻다가, 1950년대부터는 구약학자로서 인정받게 되었다. 라이트의 독특함은 고고학적 연구 결과를 이용하여 구약성서 본문의 의미를 주석하고 또 신학을 구축하는 것이었다. 그의 대표작인 「행동하시는 하나님」(God Who Acts: Biblical Theology as Recital)에서 언급하고 있듯이, 그는 구약성서에서 언급되는 사건들이 역사적으로 실재했다는 믿음이야말로 성서적 신앙의 기초가 되며, 신학은 "역사 속에서 계시된 하나님의 활동"을 소개하는 것이라고 주장했다. 그러므로 그는 고고학적인 연구 결과를 통해 구약성서 기록의 역사성을 옹호할 뿐만 아니라, 하나님의 활동을 신학적으로 소개하는 데 이용하려는 실용주의적 노력을 기울인 대표적인 학자이다.

고고학과 역사와 신학적 접목을 시도한 라이트에 대해 1960년대의 많은 구약신학자들은 부정적인 반응을 보였는데 대표적으로 폰 라트(Gerhard von Rad), 차일스(Brevard S. Childs), 노트(Martin Noth) 등을 들 수 있다. 그 이유는 그들이, 구약성서가 고대에 일어났던 사건들을 객관적인 역사가의 관점으로 소개하기보다는 신학자적인 관점에서 해석하여 소개한 책이라고 간주하기 때문이다.

1960년대 말기에 프리차드(J. B. Prichard), 드봉(R. de Vaux), 마잘(Benjamin Mazar) 등이 주도하는 가운데 구약성서의 고고학적 연구가 진행되었지만 1970년대에 가서 한때 주춤한 면을 보였다. 데버(William Dever)는 그 이유를 몇 가지로 소개하고 있는데, 첫째로는 그 당시까지의 고고학적 연구가 미국학자들만의 편협한 연구로 그쳤기 때문에 유럽학자들의 동의를 얻지 못하였고, 둘째는 고고학적 연구를 위한 독자적인 이론이나 방법론이 개발되지 않은 상태여서 학문적인 연구로 간주하려 할 때 많은 제한점을 지니고 있었기 때문이다. 셋째로는 고고학의 고유한 기능을 넘어서서 섣불리 신학적 추론까지 추가하여 학자들의 공감대를 형성하지 못했기 때문이다.

이윽고 1980년대에 이르자 이전 시대의 한계를 딛고 일어서려는 노력이 나타나기 시작했다. "신고고학"(New Archaeology)이라 불리는 고고학적 연구방법이 다양한 학문적 연구 관심을 복합하여 구약성서 고고학에 시도되기 시작했다. 그리하여 구약성서에서 언급되는 한 시대의 사회 전반적인 상황을 파악하기 위하여 고고학자, 역사가, 신학자, 문화인류학자, 고대인류학자, 식물학자, 동물학자, 지질학자 등이 공동으로 고고학적 연구에 참여하고 있다. 그 결과로 얻어내려는 것은 고대 이스라엘 사회의 정치, 경제, 사회, 문화, 종교 형태 등에 관한 입체감 있는 이해의 재구성이다. 이러한 신고고학적 연구 관심은 구약성서 시대에 살았던 사람들이 직면했던 실존적인 문제들을 파악하는 데 커다란 도움이 되며, 아울러 그 문제들에 대한 신적인 해답을 유추하려는 구약학자들의 노력에 이바지한다. 그러므로 우리가 현 사회와 미래의 세대들이 맞이할 사회가 직면할 수 있는 삶의 제반 문제들에 대한 신적인 해답을 올바르게 제시하기 위해서는, 구약성서 고고학을 통해 고대 이스라엘 사회의 구성원들이나, 현대의 우리가 공감할 수 있는 삶의 문제들에 대한 인식이 선행되어야 할 것이다. 그리할 때 비로소 우리는 구약성서에서 제시된 신적인 메시지를 오늘날에도 상황에 맞게 선포하게 될 것이다. 특히 위와 같은 연구 목적을 지닌 신고고학적 탐구 작업이 미국학자들을 중심으로 진행되던 과거와는 달리 교파와 민족을 초월하여 세계 여러 곳의 성서 고고학자들과 성서학도들에 의해 주도되고 있는 현실을 고려할 때, 이제는 한국의 신학생들도 이러한 연구 작업에 적극적으로 동참해 볼 만하다고 생각된다.

구약성서 고고학의 추세와 관련하여 한 가지 유의점을 언급한다면, 현재는 구약성서에서 언급되는 사건들과 인물들의 역사성을 가능한 인정하려는 입장에서 고고학적 연구를 시도하는 극대주의자들(maximalists: 예, Kenneth A. Kitchen, Bryant G. Wood, Alan R. Millard, I. Provan, Philips Long, James K. Hoffmeier 등)과, 그 반대로 성서 외적인 자료들의 신빙성을 더 내세우며 구약성서의 사건들과 인물들의 역사성을 부인하는 결과들을 소개하고 있는 극소주의자들(minimalists 혹은 revisionists: 예, Thomas L. Thompson, Peter Lemche, William G. Dever, Israel Finkelstein 등)의 논쟁이 치열하다. 그러므로 구약성서 고고학에 관심이 있는 신학도들은 자신이 접하고 있는 고고학자들의 주장이 어떤 입장에 있는지를 분별할 줄 알아야 하며, 자신이 고고학을 하는 궁극적인 목적이 무엇인지를 인식하고 있어야 한다.

2. 구약성서의 역사적, 사회학적 연구

구약성서에서 언급되는 사건들을 역사적으로 객관성 있게 재구성하려는 의도에서 시도된 역사적 연구는 구약성서, 고대 근동 지역의 자료들(예를 들어, 바빌로니아 연대기, 마리 본문들, 누지 본문들, 우가릿 본문들, 에블라 본문들, 텔 아라드에서 발견된 패각 기록들 등), 그리고 고고학적 유물들을 주된 자료로 하며 시도되고 있다. 특히 1940년대로부터 1960년대에 이르기까지 구약성서의 역사적 연구를 이끌어 온 두 학파가 있는데, 그것은 알트-노트 학파와 올브라이트 학파이다. 이 두 학파는 역사 연구의 방법론을 상이하게 취하고 있었는데, 전자는 구약성서의 기록을 자료비평적, 편집비평적, 그리고 양식비평적 관점에서 비판하면서, 고대 이스라엘의 역사를 재구성하려 했고, 후자는 고고학적 연구 결과를 수용하면서 구약성서적 기록의 진실성을 인정하는 가운데 역사를 재구성하려 했다. 뿐만 아니라, 전자는 구약성서의 기록을 고대 이스라엘에서 발생했던 사건들에 관한 객관적 역사로 간주하기보다는, 그 사건들에 대한 신앙적 반응으로 간주했다. 그러므로 그들은 구약성서의 참된 권위가 그 속에서 언급되는 신앙적 주장에 있다고 보았으며, 이 주장들의 신빙성이 역사적 사건 자체의 객관적인 기록에 의존할 필요가 없다고 보았다. 반대로 올브라이트 학파는 1960년대의 "성서신학 운동"에 발맞추면서, 구약성서에 언급되는 신앙적 주장들의 신빙성은 성서에 기록된 대로 역사 안에서 행해진 하나님의 능력 있는 활동들을 증거하는 데서 비롯되며, 이스라엘의 역사에 관한 구약성서적 기록과 실제적 사건이 필수적으로 연관되어 있다는 주장을 요구하고 있다고 보았다.

그럼에도 불구하고 이 두 학파는 공히 구약성서에서 소개하는 이스라엘 역사의 기록이 전적으로 정확하다고 인식하지는 않는다. 다시 말하여 그것이 과거에 있었던 사건들을 객관적으로 기록한 것이라고 간주하기보다는, 그 사건들을 토대로 한 신학화된 역사로 간주한다. 또한 이 두 학파는 공히 성서외적 자료들이 역사 연구에 유익하다는 점을 인식하고 있다.

알트(Albrecht Alt), 노트(Martin Noth) 폰 라트(Gerhard von Rad) 그리고 위퍼트(M. Weippert) 등으로 이어지는 알트-노트 학파와 올브라이트, 라이트, 브라이트(John Bright) 등으로 이어지는 올브라이트 학파에 속하지 않고 독자적으로 구약성서 역사를 연구하는 학자들도 많이 있다: 카젤(H. S. Cazelles), 아이스펠트(O. Eissfeldt), 엡슨(A. Jepsen), 올린스키(H. M Orlinsky), 로울리(H. H. Rowley), 드봉(R de Vaux). 위에서 언급한 다양한 학자들이 그들 나름대로 구약성서의 역사를 소개하고 있지만 아직도 논쟁점으로 대두되고 있는 분야들이 많은데, 그 대표적인 것들은 다음과 같다: 이스라엘 역사의 시발점은 어디인가? 이스라엘 백성이 가나안 땅에 들어간 때는 언제이며, 그 방법은 어떠했는가? 이스라엘 왕정의 뿌리는 언제부터 싹트게 되었는가? 열왕기서와 역대기서의 연대기의 차이를 어떻게 이해해야 하는가? 에스라와 느헤미야의 활동 연대를 언제로 보아야 하는가?

  이와 같은 다양한 역사적, 연대기적 논의가 계속되고 있던 중에 멘델홀(G. E. Mendenhall)이나 갓월드(Normann Gottwald) 같은 학자들이 구약성서의 역사적 질문들을 사회학적인 질문들로 대체하기 시작했다. 이러한 변화는 그들이 구약성서의 역사적 연구가 제공하는 실존적, 사회변혁적 효과의 한계를 깨달았기 때문이다. 그리하여 고대 이스라엘의 한 시점에서 일어났던 사건이 언제, 어디서, 무엇이, 어떻게, 왜, 누구에 의해서 일어나게 되었는지 묻기보다는 그 사건이 발생하게 된 정치적, 경제적, 사회적, 종교적 배경 등을 묻기 시작했다. 이러한 관심의 전환은 성서 본문이 기록될 수밖에 없었던 사회 전반적인 상황과 그 상황이 내포하는 구체적인 문제들을 파악하는 데 크게 이바지하기 시작했다. 아울러 그 본문에서 제시되는 신적인 해답을 찾아내어 그 본문의 상황과 유사한 현 상황에 적용시켜 현 사회를 구원의 방향으로 변화시키는 데에도 기여했다. 그러므로 오늘날 구약학계에서 활발하게 대두되고 있는 사회학적 연구 관심은 신고고학적인 연구 관심과 연결될 때, 세계 여러 곳에서 야기되는 삶의 구체적인 문제들에 대한 신적인 해결책으로 제시되는 성서적 메시지의 가치를 극대화할 수 있다고 본다. 그러므로 신학도들은 구약성서를 연구할 때, 19세기와 20세기 중반까지 치중되었던 성서의 역사성에 관한 논의나 고대 이스라엘의 역사를 객관적으로 재구성하려는 논의 등에서 진일보해야 한다. 그리고 구약성서를 사회학적으로 연구하는 것과 같이 말씀 선포에 실제적으로 도움이 되는 실용적인 연구에 주의를 기울여야 할 것이다.

3. 구약성서 언어학

구약성서에 대한 언어학적 연구는 성서 히브리어, 아람어, 그밖의 셈족어(고대 가나안어, 우가릿어, 페니키아어 등) 연구와 아울러 구약성서 본문비평과 새로운 번역 작업까지도 포함한다. 이러한 언어학적 연구는 구약성서 본문의 의미를 좀 더 명확하게 이해하려는 학문적인 욕구에서 비롯되기는 했지만, 그 결과로 본문을 읽는 독자들이 하나님의 말씀을 좀 더 바르게 이해하여 삶 속에서 실천하게 하려는 성서해석자들의 실용적인 욕구에 의해 시도되고 있기도 하다. 우리가 접하고 있는 구약성서의 히브리어 본문들이 저자의 원본에 기초한 것이 아니라 고대에 존재했던 여러 다른 사본들에 근거한 것이기에, 고대의 여러 사본들과 번역본들, 그리고 중세 시대의 히브리어 사본들의 내용 등을 비교 연구하여 본문의 문맥에 가장 합당한 의미를 뽑아내는 작업은 참으로 중요하다. 이에 덧붙여, 초대 교부들의 언어학적 연구 결과를 담고 있는 자료들과 중세 시대의 맛소라 학파의 기록들, 교회사에서 성서언어학적 명성을 얻었던 학자들의 주석서와 현대의 여러 번역서 등을 비교 연구하는 작업도 가치 있는 일이다. 만약 성서를 해석하여 설교하는 자가 이와 같은 다양한 본문비평적 연구를 거친 다음에 설교를 시도한다면, 그의 설교는 신선하면서도 힘 있게 될 것이다. 그러므로 구약성서에 대한 이러한 언어학적 연구는 시대의 흐름에 관계없이 구약학의 다른 분야들에 관심을 가지는 자들뿐만 아니라 구약성서를 가르치고 설교하는 자들이 필수적으로 거쳐야 하는 연구 분야이다.

여기에 덧붙여서 오늘날 한국의 기독교계에서 초교파적으로 시도되고 있는 여러 종류의 성서 번역 작업과 개정 작업은 고대 이스라엘 백성에게 제공되었던 구약성서를 현재화하며, 한국화하는 작업이기에 그 중요성을 아무리 강조해도 지나치지 않다. 다양한 독자층을 위해 다양한 성격의 번역서들이 제시될 때 성서가 우리 사회를 변혁시킬 수 있는 가능성은 더욱 커지게 된다. 이와 같은 의미 있는 일에 동참할 수 있게 되기 위해서 신학도들이 지금 준비해야 할 바는 성서 언어와 문법에 관한 지식을 최대한으로 넓혀 나가는 일이다. 여러 현대어를 공부하는 일에도 성실과 열심이 요구되듯이 성서 언어와 문법을 공부하고 여러 원전석의 시간을 통해서 실제로 본문비평 작업과 번역 작업을 연습할 것이 요구된다. 특히 오늘날의 신학도들이 어려운 어학 과목이나 신학 과목들을 기피하는 현상이 보편화된 시점에서 구약성서의 언어학적 연구에 힘쓰자는 필자의 호소가 모든 신학도들에게 하나의 새로운 도전으로 받아들여지기를 바라는 바이다.

4. 구약성서의 문학적 연구

구약성서의 문학적 연구는 주로 세 종류로 분류된다. 그 첫째는 19세기로부터 20세기 중반에 이르기까지 이루어진 것들로서 자료비평적, 양식비평적, 그리고 편집비평적 방법이다. 사실 이것들은 성서 본문의 저자, 기록 연대, 기록 장소, 본문이 기록되기 이전에 구전적 형태로 전해졌던 시기, 본문의 편집 과정과 시기 등에 관한 역사적 질문들을 제기하기 때문에 성서해석의 역사적 분야들로 간주된다. 그러나 자료비평은 본문의 내면에 깔려 있는 것으로 유추되는 다양한 자료들을 그 저자나, 기록 연대나 사상에 따라 분류하려는 노력을 포함하고 있고, 양식비평도 본문으로 기록되기 이전의 구전적 문학양식이 무엇인지를 연구하는 관심을 보이기에 문학적 연구에 포함시킨다. 또한 편집비평도 본문이 구전적 형태로부터 현재의 본문으로 완성되기까지의 전반적인 편집과정을 연구하려하기 때문에 이 범주에 포함시킨다. 이러한 연구 방법들은 각기 그 목적을 달성하기 위해 본문을 다양한 자료에 따라(자료비평), 구전 형태에 따라(양식비평), 혹은 편집 시기에 따라(편집비평) 해부하는 작업을 서슴지 않는다. 그 결과로 성서 본문의 전반적이고도 종합적인 연구를 불가능하게 만든다. 특히 하나의 완전한 본문이 제시하고 있는 신앙적 교훈이나 감동을 연구하려 할 때는 방법론적 한계를 드러낸다.

구약성서의 문학적 연구에 속하는 둘째 방법은 구약성서와 고대 근동 문헌들의 내용과 문체들을 비교 연구하는 것이다. 이 일을 위해 고대 바빌로니아, 누지, 우가릿, 마리, 에블라, 아마르나 등지에서 발견된 문헌들이 연구 대상이 되고 있다. 특히 이러한 문헌들에서 소개되는 종교현상, 율법, 계약 형태, 지혜문학, 시가서 등과 구약성서의 그것들을 비교하여 그 유사점과 차이점을 연구하는 것은 문학적 연구의 독특한 한 분야를 형성하고 있다. 이렇게 비교문헌학적 연구를 통해서 얻을 수 있는 것은 구약성서의 배경이 되었던 고대 근동인들의 사회 전반적인 삶의 모습이다. 그러므로 이러한 연구를 거친 후에 성서 본문의 의미를 해석하거나 성서의 계시성과 독특성을 변증할 때, 더욱 긍정적인 반응을 얻을 수 있을 것이다.

오늘날 구미의 구약학계에서 활발하게 시도되고 있는 문학비평(혹은 신문헌비평)은 구약성서에 대한 문학적 연구의 셋째 방법론이 된다. 문학비평가들은, 성령의 영감을 받은 저자들이 각 시대마다 독특하게 대두되었던 삶의 문제들에 대해 신적인 해결책을 제시할 때, 다양한 문학적인 요소들을 고려하여 메시지를 전달함으로써, 그 교훈과 감동을 극대화시켰다고 간주한다. 다시 말하여, 성서의 저자들이 신학자들이면서도 뛰어난 문학가들이라는 주장이다. 그래서 그들은 성서의 각 본문에 내재하는 다양한 문학적 요소들을 광범위하게 연구하여, 그 교훈과 감동을 현재의 청중들이나 독자들에게 전하고자 한다. 이 일에 임할 때에 그들은 정경화되어 우리에게 전해진 성서 본문이 그 자체로써 우리에게 교훈과 감동을 주기 때문에, 본문 내면에 존재하는 것으로 추정되는 자료나 구전적 형태에 관한 논의를 위해 본문을 해부하지 않는다. 특히 문학비평가들이 성서연구에 적용하는 방법론은 일반 문학가들이 문학 작품을 연구할 때 사용하는 방법들을 포함한다. 예를 들어, 그들은 성서 본문의 장르가 산문(태고 이야기, 족장 이야기, 역사, 묵시 등)에 속할 때에는 본문의 중심인물, 줄거리, 해설자의 관점, 주제적 단어, 사회적 상황 등에 관해 연구한다. 또 본문이 운문(시가서, 예언서, 지혜서 등)에 속할 때에는 세부적 장르, 구조, 운율, 소재, 주제, 이미지, 비유적 언어, 상징법 등에 관해 연구한다. 이러한 복합적인 연구 결과로 얻어내고자 하는 것은, 본문이 독자들에게 제공하는 전인적 감동이다. 여기에서 전인적 감동이란 신앙적 교훈, 영상적 감동, 청각적 감동, 그리고 정서적 감동 등을 포함하는 개념이다. 그러므로 만약 우리가 구약성서를 하나님의 생명력 있는 말씀으로 간주하고 그것이 우리에게 요구하는 것들에 전인적으로 반응하려 한다면, 구약성서의 문학비평적 연구 방법이 합당한 하나의 방법론이 될 것이다. 구약성서 연구를 위한 하나의 종합적 방법으로 간주되는 이 방법이 현재 구미의 구약학계에서 사회학적인 연구 방법과 아울러 하나의 주된 연구 분야로 제시되고 있기에 이 방법에 관한 신학도들의 더욱 깊은 관심과 이해가 요망된다.

5. 구약성서 신학

구약성서 신학이란 구약성서에 나타나는 신학 사상들을 체계적인 형태로 설명하려는 학문적인 시도이다. 사실 이 분야는 구약학에서 가장 많은 토론이 제기되는 분야인데, 각 시대마다 특징적인 논의들이 존재해 왔다. 그것들을 가장 개론적인 형태로 소개한다면, 우선 18세기 말에 가블러(John Gabler)를 시초로 하여 주장된 구약성서 신학의 독자성 논의를 들 수 있다. 그 이전까지만 해도 구약성서 신학은 조직신학이나 교리학의 주장을 변증하기 위해 증거 본문(proof-text)이나 제공하는 정도에 머물렀다. 그러나 가블러를 비롯하여 많은 구약성서 신학자들이 구약성서 신학을 하나의 역사적이고도 합리적인 학문으로 간주해야 한다는 점을 주장하기 시작했다. 그런데 교리학으로부터의 독립을 선언한 구약성서 신학자들이 새롭게 손잡기 시작한 학문들은 다름 아닌 역사와 종교발달사 연구이다. 이 때문에 19세기 초의 구약성서 신학자들은 구약성서로부터 고대 이스라엘 백성의 종교 발달 과정을 시대별로 구분하여 소개하는 것을 주된 과제로 삼았다: 바우어(G. L. Bauer), 바움가르텐(L. F. O. Baumgarten-Crusius), 그람버그(C. W. Gramberg) 등이 이러한 관심을 기울인 대표적인 신학자들이다.

19세기 구약성서 신학의 또 한 줄기를 형성한 것은 칸트, 슬라이에르마허, 그리고 헤겔 등의 철학 사상과 철학 방법론을 가지고 구약성서를 연구한 자들이다. 예를 들어, 드 베테(W. M. L. de Wette)는 칸트의 철학적 관심에 따라 구약성서에서 "거룩한 의지를 지니신 유일하신 하나님의 도덕률"을 찾으려고 노력했다. 카이저(G. C. Kaiser)는 논리적으로 이해될 수 있는 세계보편주의 사상들을 구약성서로부터 뽑아내려고 했다. 또한 바트케(W. Vatke)는 역사적 연구 방법과 헤겔의 변증법적 철학 방법론을 결합시켜 구약성서를 연구하고자 했다.

이렇게 19세기의 구약성서 신학자들이 역사적, 합리적, 철학적 방법론으로 구약성서 신학을 구측함으로써 구약성서의 초자연성이나 하나님의 구속사를 소개하는 면을 등한시했다고 판단한 보수신학자들은 이러한 면들을 강조하는 독자적인 신학 풍토를 형성했다. 헹스텐베르그(E. W. Hengstenberg), 폰 호프만(J. C. K. von Hoffmann), 스토이델(J. C. G. Steudel) 등이 이 무리에 들 수 있다.

20세기에 들어서자 구약성서 신학자들은 구약성서 신학의 방법론에 관하여, 역사와 신앙고백의 관계에 관하여, 구약성서 신학의 핵심에 관하여, 그리고 구약성서 신학과 신약성서 신학의 관계에 관하여 다양하게 논의하기 시작했다. 구약성서 신학의 방법론은 여러가지가 있다. 첫째는 체계적인 방법이다. 이것은 이스라엘 종교의 근원적인 원리들과 구조들을 체계적으로 설명하려는 시도로서, 오토 바브(Otto Baab), 쾰러(L. Koehler), 오토 프록쉬(Otto Procksch), 바톤 페인(J. B. Payne), 아이히로트(Walther Eichrodt) 등이 주창자들이다. 예를 들어, 쾰러는 "하나님," "인간" 그리고 "심판과 구원"이라는 주제를 통하여 구약성서의 신학적 가르침들을 집약시키고 있는가 하면, 아이히로트는 "계약" 사상을 중심으로 구약성서의 전체적 신학 내용을 설명하려 했다. 둘째, 전승사적인 방법(traditional historical method)이 있다. 이것은 폰 라트가 주창한 것으로서, 구약성서 신학의 목적을 구약성서에서 언급되는 실제적 사건 이면에 내포되어 있는 구속사적 선포의 메시지를 찾는 것으로 간주하는 방법이다. 그러므로 그는 본문의 역사성에 관한 연구보다는, 성서 본문을 통해서 전승되어 선포된 구속사적 메시지들을 찾는 데 주력했다. 또 하나의 방법으로 절충적인 것이 있는데, 이것은 체계적인 방법처럼 딱딱한 틀을 형성하기보다는 하나의 보편적인 주제 하에 다양한 신학적 사상들의 중요성을 언급하는 방법이다. 대표적인 학자로는 맥켄지(John L. McKenzie)를 들 수 있는데, 그는 "야웨에 관한 이스라엘 백성들의 경험"이라는 일반적인 주제 하에 제의, 계시, 역사, 자연, 지혜, 정치적, 종교적 기관들 그리고 이스라엘의 미래 등을 논하고 있다.

역사와 신앙고백의 관계에 관한 논의는 아이히로트와 아이스펠트(O. Eissfeldt) 간의 논쟁을 통해 두드러졌다. 전자는 구약성서 종교의 본질이 본문의 역사성을 평가하는 역사비평적 연구를 통해 더욱 명확하게 이해된다고 주장한 반면에, 후자는 본문에서 소개되는 신앙고백을 집중적으로 연구함으로써 가능하다고 보았다. 이러한 논의는 오늘날의 구약성서 신학자들에게서도 계속되고 있다. 구약성서의 여러 신학 사상들을 연결할 수 있는 포괄성을 지님으로써 구약성서에서 가장 중요하게 간주되는 신학 사상이 무엇인가 하는 논의도 오래 지속되어 왔다. 학자들마다 독특한 신학 방법론과 체계 속에서 제각기 다른 핵심 사상을 내세웠다. 아이히로트는 "계약 사상"을, 셀린(E. Sellin)은 "하나님의 거룩성"을, 쾰러는 "주 되신 하나님"을, 윌드버거(H. Wildberger)는 "선택 사상"을, 폰 라트는 "구속사"를 구약성서의 핵심 사상으로 간주했다. 그러나 오늘날 대다수의 구약성서 학자들은 이렇게 하나의 핵심 사상을 중심으로 구약성서를 이해하려는 자세에서 벗어나서 구약성서에 내포되어 있는 다양한 신학적 주제들을 소개하려 한다: 레벤트로(H. G. Reventlow), 헤이스(John Hayes), 바(James Barr) 등이 대표적 주창자들이다. 그 결과 현 삶에서 부각되는 실존적인 문제들에 따라 적절한 신학적 해답을 제공할 수 있는 다양한 주제들을 제시하고 있다. 이러한 추세는 구약성서 신학이라는 학문적 시도가 탁상공론적 성격을 벗어나서 우리의 삶의 문제들을 해결하는 데 기여할 수 있는 실용적인 성격을 지니게 되었다는 점에서 매우 긍정적으로 평가된다. 그러므로 우리는 구약성서에서 언급되는 하나의 핵심 주제만을 강조하기 위해 다른 신학적인 주제들의 가치를 격하시킨 과거 모습에서 벗어나서, 본문이 제공하는 독특한 신학적 주제들을 가감 없이 전하려는 노력을 기울여 나가야 하겠다.

끝으로 구약성서 신학과 신약성서 신학의 관계에 관한 논의는 유형론(typology), 약속과 성취, 구속사, 다양성 속의 통일성, 정경적인 상황 등의 개념들을 통해 진행되고 있다. 그러므로 우리는 구약성서와 신약성서가 공히 하나님의 말씀으로서 인간을 구원하시려는 하나님의 계획을 소개함에 있어서, 그리고 하나님의 백성들이 그분 앞에서 어떤 반응을 보여야 하는지를 교훈함에 있어서 통일된 주제들을 제시하고 있다고 간주하면서, 그것들을 찾아내는 데 노력해야 할 것이다. 예를 들어, 하나님의 주권, 하나님의 백성, 출애굽 경험, 선택과 언약, 심판과 구원, 창조와 재림주, 약속과 성취, 메시아 사상 등이 대표적인 주제들이 될 것이다. 이 분야 역시 오늘날 새롭게 부각되고 있는 연구 분야로서, 특히 신약성서적인 교회를 구축한다는 목적 하에 구약성서의 사상들을 신약성서의 사상들에 종속시켜 버리는 인상을 주고 있는 현 교회의 상황을 바로잡는 데 크게 기여할 수 있을 것이다.

6. 구약성서 해석학

구약성서 해석학은 두 가지 관점에서 논의될 수 있다. 하나는 학문적인 관점이요, 다른 하나는 실용적인 관점이다. 먼저 학문적인 관점에서 해석학을 논할 때 통시적인 해석 방법과 공시적인 해석 방법으로 나누어서 세부적인 방법론을 설명할 수 있다. 통시적인 방법은 주로 성서 본문을 해부하여 그 이면에 존재하는 객관적인 역사를 재구성하고 그것에 준해서 본문의 의미를 파악하려는 의도에서 시도되는 것으로 자료비평, 양식비평, 편집비평 등이 여기에 속한다. 반대로 공시적 방법은 성서 본문 자체가 독자에게 제공하는 다양한 교훈과 문학적인 아름다움을 찾아내려 한다. 이 방법에는 우선 사회학적 비평 방법이 포함된다. 이것은 구약성서 본문에서 암시되는 사회 전반적인 상황을 오늘날 학계에서 인정받는 사회학적 방법들을 통해 분석하여, 그 사회가 직면한 문제점들을 파악하고 이어서 본문에서 제시된 신적인 해결책을 발견한다. 그러고 난 뒤에 그와 유사한 현재 사회 상황에 그 해결책을 적용하려 하는 것이다. 그러므로 이것은 본문의 사회변혁적 교훈을 연구하는 데 합당한 방법이다. 정경비평은 성서 본문이 그리스도인들을 위한 정경으로서 존재해 왔다는 점을 중시하면서 그것이 그들에게 제공하는 신앙적인 교훈을 찾는 데 주력하는 것이다. 한편 수사학적 비평은 성서 본문에서 사용된 수사학적인 기교와 독특한 문체를 연구하는 방법으로서 심미적인 성격을 띠고 있다. 구조주의 비평도 본문에 내포되어 있는 심층구조를 올바로 파악하게 함으로써 독자들이 본문을 올바르게 이해하도록 돕는 심미적 성격을 지닌다. 공시적 해석 방법에서 하나 더 소개해야 할 것은 문학비평이다. 앞에서도 언급한 바 있듯이 이것은 현대의 일반 문학가들이 제시하는 다양한 문학적 질문들을 성서 본문에 적용하여 성서 본문이 독자들에게 제공하는 다양한 교훈과 감동을 복합적으로 찾으려는 노력으로서, 가장 종합적인 성격을 띤 해석 방법이다. 아울러 성서를 해석하여 설교하려 하는 이들에게 가장 유익한 방법 중의 하나이다. 이 시점에서 필자는 미래의 사역지에서 하나님의 말씀을 선포하여 자신들이 속한 공동체를 구원의 방향으로 변화시켜야 할 사명을 지닌 모든 신학도들이 사회학적 비평, 정경비평, 문학비평적 해석 방법 등을 통해 성서의 사회변혁적, 신앙적, 전인격적 교훈과 감동을 찾아내는 데 익숙하게 되기를 바란다.

구약성서 해석학을 실용적인 관점에서 논할 때에는 구약성서를 해석하는 자들이 지녀야 할 전제들과 구약성서 해석을 위한 일반적 단계를 언급해야 한다. 성서해석자들은 성서가 하나님의 말씀으로서 우리의 신앙과 생활에 무오하고 유일한 지침이 되며, 우리를 하나님의 뜻 안에서 교훈하고 책망하고 의로 교육하기에 충분한 능력이 있다는 점을 인식해야 한다. 아울러 우리 자신을 하나님의 말씀 앞에 순종하려는 겸손함도 지녀야 한다.

구약성서 해석을 위한 일반적인 단계에는 적어도 본문의 사회적 상황 연구, 문학적, 수사학적 연구, 신학적 연구, 그리고 전인적인 감동

연구가 포함되어야 한다. 본문의 사회적 상황 연구는 본문에서 암시되는 사회 전반적인 문제와 그에 대한 신적인 해결책을 유추하는 작업으로서, 구약성서에 대한 사회학적인 연구 방법을 시도함으로 가능하게 된다. 본문의 문학적, 수사학적 연구는 본문이 제공하는 신앙적 교훈 연구와 아울러, 그것의 독특한 전달 방식에 관한 연구를 포함한다. 본문의 사회적 상황 연구와 문학적, 수사학적 연구, 그리고 다각적인 신학적 연구가 시도된 후에는 본문이 독자에게 제공하는 전인적인 감동이 무엇인지를 고려하는 작업이 동반되어야 한다. 이러한 단계를 거치게 될 때 비로소 본문의 메시지(what to preach)와 전달 방식(how to preach)이 공히 성서적이 되게 할 수 있으며, 특히 그 메시지가 독자의 지, 정, 의에 작용하는 것이 되게 할 수 있다.

결 론

필자는 신학도들이 구약학의 동향에 대해 개괄적으로 이해하고 나름대로 집중적으로 연구해야 할 분야들에 눈을 뜨도록 하기 위해 이 글을 기록했다. 구약학의 각 분야들이 지나온 길들을 살펴볼 때, 모든 과정이 우리의 하나님 말씀 연구와 선포를 위해서 도움이 되지는 않았다는 점을 간파할 수 있다. 어떤 연구 방법들은 너무나 합리적으로 치우치고 또 어떤 방법은 너무나 역사적인 관점에 치우치다가 구약성서의 역사성이나 영감성을 부정하는 결과들을 제시하기에 그 방법론들을 말씀 선포 사역에 적용하기가 어렵다.

그러나 필자가 이 장 전체를 통하여 소개하고자 한 바는 오늘날 구약학의 각 분야들에서 학문적 논의를 삶의 문제와 결부시키려하는 가운데, 과거보다도 훨씬 실용적인 논의가 진행되고 있다는 점과, 우리가 그것들을 적극적으로 수용할 때 우리의 말씀 선포 사역이 진보될 수 있다는 점이다. 특히 구약성서 고고학, 구약성서의 사회학적 연구, 구약성서 해석학 등의 논의에서 강조한 바 있듯이, 우리는 성서의 세계를 좀 더 전반적으로 이해하기 위해, 그리고 그 결과로 현 사회의 참된 변화를 주도하기 위해 오늘날 구약학계에서 널리 대두되고 있는 사회학적인 연구에 관심을 기울일 필요가 있다. 이와 더불어 구약성서에서 언급되는 수많은 신학적, 실존적 주제들을 문학적 연구, 구약성서 신학 그리고 구약성서 해석학 등을 통해 바르게 찾아내어서, 개인이나 공동체가 당면하게 되는 실존적인 문제들에 대한 신적인 해결책으로 제시할 수 있어야 할 것이다. 그때에야 비로소 우리는 "진리의 말씀을 옳게 분변하여 부끄러울 것이 없는 일꾼으로 인정된 자로 자신을 하나님 앞에"드릴 수 있게 될 것이다(딤후 2:15). 다른 여러 분야의 신학자들도 그러하듯이 구약학자들도 시시때때로 그들의 신학하는 목적과 방법론에 관하여 자기반성과 변화를 시도하고 있고 시도해야 한다. 그러므로 구약학에 관심을 가진 자들뿐만 아니라 구약성서를 해석하여 설교하는 모든 자들은 구약학의 변화 추세를 항상 바르게 인식하며, 그에 대해 합당하게 비판하거나 수용하는 태도를 취해야 할 것이다. 그리고 그것이야말로 미래의 교회를 바르게 이끌어가야 할 신학도들이 신학하는 바람직한 자세일 것이다.

📖 추천하고 싶은 책

이형원. 「구약성서비평학입문」. 대전: 침례신학대학교출판부, 2014. 이 책은 지난 200여 년 동안 구약성서학자들이 구약성서를 해석해온 다양한 방법들을 소개하고 있다. 통시적 해석 방법들과 공시적 해석 방법들의 주된 것들을 이해할 수 있게 해주는 책이다.

Longman, Tremper, III. & Raymond B. Dillard. 「최신구약개론」. 박철현 역. 서울: 크리스챤다이제스트, 2009. 복음주의적 입장에서 구약성서 각 책의 역사적 배경, 문학적 구조 분석, 신학적 메시지, 그리고 신약성서와의 관계 등을 소개해주는 구약개론 책이다. 수많은 구약개론 책들 중에 가장 추천하고픈 책이다.

Bright, John. 「이스라엘 역사」. 박문재 역. 서울: 크리스챤다이제스트, 2006. 구약성서에서 언급하고 있는 고대 이스라엘의 역사를 사회 전반적인 관점에서 소개하고 있는 책으로서 이스라엘 역사에 관한 필독서로 간주된다.

Brisco, Thomas V. 「두란노 성서지도」. 서울: 두란노, 2008. 구약성서에서 언급하고 있는 여러 인물들과 사건들, 그리고 중요한 지역들에 관해 자세하게 설명할 뿐만 아니라 다양한 총천연색의 지도들과 도표들을 통해 일목요연하게 이해하게 해주는 책이다. 교회에서 설교 시간이나 주일학교 강의 시간에 사용할 수 있는 참고도서이다.

Hayes, John H. & Frederick C. Prussner. 「구약성서신학사」. 장일선 역. 서울: 나눔사, 1991. 교회의 역사 속에서 구약성서 신학이 시대마다 어떻게 변천해 왔는지를 주된 학자들의 주장들을 중심으로 자세하게 소개하고 있는 책이다.

Brueggemann, Walter. 「텍스트가 설교하게 하라」. 홍병룡 역. 서울: 성서유니온선교회, 2012. 구약성서의 학적인 연구 결과들을 설교에 어떻게 접목시켜야 하며, 설교의 기본이 무엇이 되어야 하는지를 가르쳐주는 책이다. 평생 설교자의 길을 가기 원하는 신학도들의 필독서이다.

House, Paul H. 「구약신학」. 장세훈 역. 서울: 기독교문서선교회, 2001. 구약성서 각 책에서 독특하게 강조되는 하나님의 성품과 활동, 하나님의 백성들을 위한 신앙적 교훈들을 소개하고 있어 구약성서 각 책으로부터 구약신학에 입각한 시리즈 설교를 할 수 있게 만드는 구약신학 책이다. 복음주의적 구약학자의 관점에서 구약신학을 소개하고 있는 훌륭한 책이다.

Ollenburger, Ben C, Elmer A. Martens & Gerhard F. Hasel. 「20세기 구약신학의 주요 인물들」. 강성열 역. 서울: 크리스챤다이제스트, 2000. 20세기로부터 현재에 이르기까지 구약성서 신학을 이끌어온 20여 명의 뛰어난 학자들의 구약신학 방법론들과 연구 결과들을 소개함으로써 구약신학의 동향을 이해하게 만들어주는 좋은 책이다.

Hubbard, David A. & Glenn W. Barker, eds. *Word Biblical Commentary*. 서울: 솔로몬. 미국의 남침례교단 성서학자들이 중심이 되어 신구약성서 전체를 복음주의적 입장에서 주석하고 있는 주석 시리즈이다. 본문의 히브리어, 헬라어 원문 연구, 문학적 양식과 구조연구, 신학적 메시지, 현 삶의 적용점 등을 소개하고 있는 최고의 주석 시리즈이다.

제2장

구약성서의 정경화 과정, 해석학과 구약신학

구약학 교수 | **우택주**
tjwoo@kbtus.ac.kr

I. 구약성서의 정경화 과정 및 사본과 역본

1. "정경"이란?

유대교, 기독교, 이슬람, 유교, 도교, 불교, 힌두교, 조로아스터교는 모두 경전이 있는 세계의 종교들이다. 그 중에서 유대교와 기독교만이 그 경전을 "하나님의 영감을 받은 책"이라고 주장한다.

정경(canon)은 그리스어 *kanon*(히브리어 *qaneh*, 앗시리아어 *qanu*, 앗카드 *qin*, 우가릿어 *qn* 어근)에서 유래하였다. 원래 의미는 "갈대"이며, 단단하고 곧은 물체라는 뜻이다. 그리스어로는 베 짜는 채, 침대막대기, 곧은 선을 그리는 데 쓰는 막대기나 잣대를 뜻했다. 그러나 모델, 표준, 범례, 경계선, 연대기, 세금 부과표 등을 의미하는 비유로 이 단어를 사용하기에 이르렀다.

신약에서 "canon"은 "규율, 표준"(빌 3:16; 갈 6:16), "한계"(고후 10:13, 15-16)로 번역되었다. 초대교회의 문서에서는 이 단어가 성서법, 이상적인 사람, 신앙의 문서, 교리, 목록, 내용, 성도나 안수 받은 자들의 목록으로 사용되었다. 처음으로 이 단어를 영감 받은 책의 목록이란 의미로 사용한 사람은 오리겐(Origen, 185-254)이다. 그러나 최초로 "정경"이란 의미로 사용한 사례는 367년 알렉산드리아의 감독 아타나시우스가 보낸 부활절 편지에서 신약 27권을 지칭할 때였다.

2. 구약의 정경화 과정

1) 일반적인 견해

구약의 오경은 주전 400년경, 예언서는 주전 200년경, 성문서는 주후 90년의 얌니아 종교회의(Jamnia Council)에서 각각 정경으로 확정되었다는 주장이 일반적으로 받아들여지고 있다. 그러나 오늘날에는 그 얌니아 회의란 모임이 이루어졌는지, 그리고 정경의 범위를 결정한 랍비 제도가 존재했는지에 대하여 이의를 제기하는 학자(J. P. Lewis)들이 있다. 더구나 사해사본(1947년-1961년 발견)의 증거로 이러한 정경화 연대는 조정이 필요해진 상태이다.

2) 히브리 성서의 구조

히브리 성서는 크게 세 부분으로 이루어져 있다. 처음 다섯 두루마리를 토라(tôrâ, 율법)라고 부르고, 그 다음의 전기 예언서(수, 삿, 삼, 왕)와 후기 예언서(사, 렘, 겔, 12예언서)를 네비임(n^{e}bî'îm, 예언서)으로, 마지막에 나오는 11개의 두루마리, 즉 시편, 욥기, 잠언, 다섯 축제의 두루마리(룻, 아, 전, 애, 에), 다니엘, 에스라-느헤미야, 역대기를 가리켜 케투빔(kᵉtûbîm, 성문서)이라고 부른다. 이 세 부분의 첫 머리 글자 T, N, K를 따서 히브리인의 성서를 타낙(Tanak)이라고 부른다.

타낙의 순서는 역사를 살펴볼 때 조금씩 다르게 배열한 것을 알 수 있다. 야곱 벤 하임의 공인 인쇄본문은 오경 5권, 예언서 8권(수, 삿, 삼, 왕, 사, 렘, 겔, 12 예언자), 성문서 11권(시, 잠, 욥, 아가, 룻, 애가, 전도서, 에스더, 다니엘, 에스라-느헤미야, 역대기) 순서로 배열하였다. 그러나 이와 다르게 순서를 배열한 증거로서 요세푸스(Josephus), 오리겐을 들 수 있고, 제롬(Jerom)의 경우는 룻기와 사사기, 예레미야와 예레미야 애가를 각각 한 권으로 묶어 히브리어 알파벳 숫자와 동일한 22권으로 배열하기도 하였다. 이것은 타낙의 부분들이 개별적으로 전해졌고 별도로 읽혔음을 증명한다.

3) 정경화 과정의 증거

주후 1세기 초의 신약성서의 저자들은 "율법과 선지자"를 이미 알고 있었다(마 5:17; 7:12; 22:40; 눅 16:16; 요 13:15; 24:14; 롬 3:21). 성문서의 구분은 여전히 불분명하였다(시락 39:1-3; 마카2서 2:13-14; 눅 24:44; "모세의 율법과 예언과 시편"). 누가복음에서 말하는 "시편"이란 구약성서의 시편을 지칭하지만 현재의 150편을 전부 포함하여 말한 것 같지는 않다. 또 주전 132년에 집회서 44장부터 49장까지에서 저자는 율법과 예언자, 심지어 12예언자를 언급하였고 상당한 분량의 시들을 알고 있다는 증거를 보여준다. 주후 1세기말, 에스드라 4서 14:44-46은 24권으로 이루어진 유대인의 정경을 언급하기에 이른다. 주후 1세기 이후, 유대인 공동체는 일관되게 24권의 숫자를 유지하였다. 에스겔, 잠언, 아가, 전도서, 에스더의 정경성에 관한 토론은 주후 2세기 초까지 이어지다가 결국 정경 속으로 받아들여지게 되었다.

4) 마소라 본문(Masoretic Text, 히브리어로 된 본문을 일컬음)은 주전 6세기 중반까지, 창세기부터 열왕기하까지의 순서/내용이 동일하다. 주전 5세기 중반에 이르러 현재 순서의 오경은 정경화(느 8:1, 2, "모세의 율법의 책," "그 율법")가 이루어진 것으로 보인다. 그러나 예언서의 경우는 그렇지 않다. 티베리아 사본(레닌그라드와 알레펜시스[A], 10세기-11세기)에는 예언서의 순서가 다르게 배열되어 나타나기 때문이다. 알레펜시스 사본[A]은 열왕기하, 이사야, 예레미야, 에스겔, 12예언서 다음에 역대기, 시편, 욥기, 잠언, 룻기, 아가, 전도서, 애가, 에스더, 다니엘서를 배열하였다. 또, 주후 2세기 초의 탈무드는 예레미야, 에스겔, 이사야, 12예언서, 룻기, 시편, 욥기, 잠언, 전도서, 아가, 애가, 다니엘, 에스더, 에스라-느헤미야, 역대기의 순으로 배열하고 있다.

한편, 다섯 축제의 두루마리(메길롯; 룻, 아가, 전도서, 애가, 에스더)를 함께 묶는 관습도 일정하게 유지되지 않았다. 오히려 절기 순서대로 아가(유월절), 룻(칠칠절), 아가(아빕월 9일), 전도서(장막절), 에스더(부림절)의 순서대로 배열하기도 하였다. 그러나 정확한 순서는 지켜지지 않았다.

5) 칠십인역(*LXX*)은 유대인의 히브리성서를 헬라어로 번역한 성경으로서 번역작업은 주전 3세기에 시작되었다. 이 번역본에 따르면 오경 다음에 룻기는 사사기에 이어서 왕국 역사 앞에 위치하고, 곧 이어서 역대기서가 뒤따른다. 특징적인 사항은 칠십인역에는 율법-예언서-성문서의 삼분법이 사라지고, 율법-역사서-성문서-예언서의 사분법적 순서로 배열되어 있다. 12예언서의 경우, 호세아에서 시작하여 말라기로 끝나는 것은 같지만, 여러 사본들의 경우에는 중간에 위치한 예언서들의 배치가 서로 다르게 나타난다. 바티칸 사본(B)은 호세아 다음에 아모스-미가-요엘 순으로 배치하는데 비해서 알렉산드리아

사본(A)은 호세아 다음에 아모스-요엘-오바댜-요나-미가-나훔 순으로 배치하고 있다. 다니엘서의 위치에 관해서도 알렉산드리아 사본(A)과 바티칸 사본은 12예언서 다음에 위치하고, 시나이 사본은 12예언서보다 앞에 위치한다.

6) **구약성서의 정경화 과정을 촉진시킨 요인**들은 무엇이었을까? 얌니아 회의 같은 결정기관의 합의가 있었다고 대답하기보다 신앙공동체의 필요가 보다 결정적 요인이었다고 보인다. 오경과 예언서의 정경화는 별 물의가 없었지만, 성문서의 정경화는 주전 2세기경까지 늦춰졌다. 신앙공동체의 필요란 A.D. 70년에 예루살렘이 재차 파괴된 이후, 바리새적-랍비 유대교는 날로 번성하는 묵시적 문학들과 다른 문헌들 때문에 유일신 신앙에 위협을 느꼈었다. 그래서 이에 대한 대처방안으로서 신앙의 틀을 규정하는 성서의 정경화를 서둘렀을 것이다. 그리고 유대교를 위협하는 주요한 요인 중 하나가 바로 초기 기독교 문헌들이었음도 부인할 수 없다.

7) **구약성서의 주요 두 부분인 오경과 예언서**의 경우는 제2성전시대 동안에 성전 공동체의 중심세력이었던 제사장들에 의해 기록, 보존, 교육되었을 것이므로 그 문서들의 거룩한 영감성과 권위가 이미 부여되었을 것이다. 그럼에도 불구하고 구약의 정경화 과정은 비록 증거는 불충분하지만 신약성서의 정경화 과정에 발생한 다섯 단계의 정경화 과정과 유사한 과정을 거쳤을 것으로 추정된다. 그 다섯 단계란 ① 문서의 작성, ② 성전 제사와 회당 예배에서 지속적인 사용, ③ 사용된 문서들의 수집, ④ 신앙 공동체에게 규범성을 지닌 것으로 인정되는 문서들의 선택, ⑤ 계속된 사용으로 공동체의 지도층에서 공적으로 최종 인준을 받은 문서임을 공포한다.

3. 정경의 종합적 의미와 활용 방향

첫째, 정경은 교회에서 사용하는 참고문헌목록(bibliography)이며, 교회가 예배하고, 설교하며, 교육하는 데 쓰이는 문서이다. 또 논쟁과 분별을 위한 책이기도 하다.

둘째, 정경은 역사적 과정의 축적일 뿐만이 아니라, 모든 시대와 장소에 교회가 내린 신앙적 결단을 표현하고 있다. 선정된 문서들을 통하여 교회는 동일한 전승을 다가올 시대에 전수해야 할 책임이 있다.

셋째, 정경과 교회는 깊은 상관관계가 있다. 교회 없이 정경 없고, 정경 없이는 신앙적 삶의 규범과 의미를 부여하는 경전도 없다.

넷째, 정경의 본질은 닫혀진 것이다. 무제한적으로 늘어나는 정경은 이미 정경이 아니다.

다섯째, 정경은 닫혀졌고 배타적이므로 보편적이고 지속적인 의미를 지닐 수 있다.

여섯째, 정경에 대한 교회의 주장은 개인과 공동체의 삶에 권위를 발휘한다.

일곱째, 정경에는 인간의 목소리뿐만이 아니라 하나님의 목소리도 담고 있다.

여덟째, 구약과 신약은 공히 다양한 정신과 사상을 표현한다. 하나의 단일한 개념과 원리만을 담고 있는 것이 아니다.

아홉째, 정경은 해석학을 이용하여 풀어야 한다. 개인의 자유와 환상은 마음을 열어주고 교회의 맥락에서 성경을 해석하여 하나님의 사역을 이해시키도록 해야 한다.

열째, 정경화 과정에서 알아야 할 사실은 모든 인간의 결정은 정치와 권력이 개입되어 있다는 점이다. 이 과정에서 진리의 분별력은 열악했으며 때로는 신실하지 못한 적도 있다.

또한 이상에서 살펴본 정경화 과정에서 배울 수 있는 신학적 교훈들은 대략 다음 세 가지이다.

첫째, 역사적 과정을 올바로 깨달아야 한다. 초대 교회공의회의 결정들은 끔찍한 것들도 있었고, 고대의 교리 논쟁 속에는 더러운 속임수들도 있었다. 그럼에도 불구하고 단순한 권력추구의 의지를 넘어서서 발휘되는 거룩한 하나님의 성령의 역사가 있었음이 분명하다.

둘째, 정경화의 과정은 역사적이면서도 신학적인 사실이다. 정경화는 예배, 교육, 설교, 친근도 등에 따라 이스라엘 신앙공동체와 교회의 결정에서 비롯된 것이다.

셋째, 정경화에 관한 중요한 일차적 질문은 그 문서들이 인준자들의 동기나 정치적 목적에 기여하는 수단으로서가 아니라, 교회와 신앙공동체에 의미 부여를 했는가 하는 점이다. 이 정경들이 후대의 기독교인에게 무슨 정체성을 부여할 것인가? 이 정경들은 여전히 교회로 하여금 과거의 예수 공동체와 일치하게끔 존재하도록 만드는가? 이 문서들은 모든 정황의 장소와 시간 속에 사는 온 인류를 포용할 역량이 있는가? 이런 질문은 오늘날 하나님의 나라를 전파할 사명을 가진 모든 성서 해석자들이 성서를 앞에 두고 스스로에게 물어야 할 역사적 질문들이다.

4. 사본과 역본

사본이란 원문이 양피지와 파피루스에 기록된 관계로 오래 읽고 간직하다가 낡아서 원문을 읽기가 어려워졌을 경우와 다른 지역 사람들을 위해 여러 개의 원문을 복사한 본문들을 지칭한다. 역본은 다른 언어로 번역하여 읽을 필요가 생겨서 히브리어 원문이나 사본을 대본으로 삼아 번역한 본문을 지칭한다.

1) 사본

a. 마소라 본문 사본(MT)

구약성서의 히브리 본문을 일컫는다. 현재 인쇄되어 나오는 히브리어 성서는 모두 마소라 학자(Masoretes)로 알려진 유대교 학자들이 만든 본문 전승인 마소라에 근거해 있어서 그렇게 부른다. 좁은 의미에서는 갈릴리 바다의 티베리아에 거주했던 마소라 학자들이 전해 온 티베리아 본문전승에 근거한 히브리어 성서본문을 말한다. 현존하는 히브리어 성서 코덱스(책 형태의 인쇄본) 가운데서 가장 오래된 것은 895년에 팔레스틴의 티베리아에서 모세 벤 아세르가 쓰고 모음기호를 붙인 "카이로 예언서"이다. 그 다음으로 오래된 것은 930년경에 완성된 "알렙포 코덱스"인데, 오경과 성문서는 거의 소실되고, 예언서 부분이 남아 있다. 구약성서 전체를 포함하고 있는 사본은 1008년에 완성된 레닌그라드 사본이다. BHK, BHS, BHQ가 이것을 기본본문으로 사용했다.

b. 사마리아 오경

사마리아 오경은 히브리어 본문의 교정판이다. 여기에 사용된 글씨는 "페니키아 고대 히브리어 글씨" 혹은 "팔레오 히브리어 글씨"로 씌어 있다. 마소라 본문의 오경과 비교할 때, 약 6,000 곳에서 차이가 있으며 주로 철자상의 차이가 있다. 특히 사마리아 사람들의 신학을 반영하는 고의적 변경이 눈에 띈다. 출애굽기 20장 17절에 그리심 산에 성소를 지으라는 말이 첨가된 것이 좋은 실례이다.

c. 쿰란 사본(Q)

쿰란 사본이 발견되기 전까지는 이집트에서 발견된 기원전 150년경의 나쉬 파피루스가 가장 오래된 사본이었다. 여기에는 십계명과 신명기가 기록되어 있다. 그러나 1947년 이후 유대광야의 여러 동굴에서 가죽과 파피루스에 쓴 두루마리들이 발견되어 현재까지 180여 종의 서로 다른 구약성서 사본들이 공개되었다. 이것들은 주로 기원전 3세기나 2세기에 작성된 것으로 보인다. 쿰란 사본은 에스더서를 제외하고는 구약성서의 모든 사본 단편들을 간직하고 있었다. 유대 광야의 쿰란 사본 외에도 기원후 73년에 붕괴된 유대인의 요새 마사다와 무라바아트, 나할 레베르 등에서 여러 가지 구약성서 사본들의 단편들이 발견되었다.

2) 역본

a. 아람어 타르굼(T)

기원전 5, 6세기경부터 페르시아 제국은 아람어를 공식 언어로 사용하였고, 팔레스틴 사회와 디아스포라(여러 나라로 흩어져 사는 유대인들) 사이에서도 아람어를 쓰게 되자, 유대인 회당에서는 예배 시에 히브리어를 아람어로 통역하였다. 처음에는 구두로 통역되다가 후에 기록으로 정착하게 된 것이 타르굼이다. 율법서 타르굼에는 "온켈로스 타르굼"으로 알려진 「바빌로니아 타르굼」이 있다. 주로 랍비들의 주석, 설교, 교훈 등이 번역에 많이 첨가되어 있다. 또, "요나단 타르굼," 사마리아 오경을 번역한 타르굼, 그리고 예언서 타르굼도 있다. 타르굼은 대체로 엄격한 문자적 번역이 아니라, 주로 의미를 풀어서 설명한 의역(paraphrase)이 특징이다.

b. 그리스어 칠십인역(LXX)

히브리어 구약성서를 그리스어로 번역한 것이다. "아리스테아스의 편지"에는 이집트의 프톨레미(Ptolemy, B.C. 140년) 2세 필라델푸스(Philadelphus, B.C. 285 - 246년)가 요청하여 예루살렘의 유대교 학자들이 와서 히브리어 율법서를 그리스어로 번역한 사정을 묘사하고 있다.

전설적으로 이스라엘 12지파에서 나온 70명 혹은 72명의 번역자가 번역했다고 해서 "칠십인역"이라고 하지만, 실제로는 여러 번역자들이 100년 이상 걸려서 번역한 것이다. 칠십인역이 사용한 히브리어 원본은 지금 전해지고 있는 히브리어 마소라 본문과 다르다. 칠십인역의 히브리어 원본은 지금 남아 있지 않다. 칠십인역 성서는 한편으로 유대교를 이방세계에 알리는 통로가 되었으며, 다른 한편으로는 기독교의 전파에 필수적인 요소가 되었다. 칠십인역과 히브리어 본문은 서로 성서 배열도 다르고 특정본문의 경우, 장의 배열이나 절수에 있어서 상당한 차이를 보인다. 예레미야서의 칠십인역의 경우, 마소라 본문보다 2,700단어가 적고, 순서도 히브리어 본문의 46장부터 51장이 25장 13절의 전반부 다음에 나오며 내용상의 순서도 다르다.

그 외의 그리스어 역본들도 전해진다. 기독교가 칠십인역을 자기들의 성경으로 받아들이자 유대교는 칠십인역을 버리고 자기들의 히브리어 본문성서를 다시 다듬는 작업을 했는데, 그 결과가 아퀼라역(α'), 테오도션역(θ'), 심마쿠스역(σ') 등이다. 그 외에도 230-240년경에 오리겐이 히브리어본문, 히브리어본문의 그리스어 음역, 아퀼라역, 심마쿠스역, 칠십인역 테오도션의 개정역을 평행으로 편집하여 비교한 「헥사플라: 여섯 본문대조 성서」도 있다.

c. 라틴어 불가타역(V)

신학적 토론과 예배의식에서 통일된 라틴어 본문이 필요하여 다마수스(Dama년, 304 - 384)가 제롬(일명, 유세비우스 히에로니무스)에게 요청하여 이루어진 본문으로서, 제롬은 주후 390년에 시작하여 405년에 번역을 완성했다. 이 번역은 주후 8세기에 이르러서 비로소 "라틴어 불가타"(라틴어 보통말 번역)가 되었고 종교개혁 때까지 서방교회의 성서로 자리 잡았다. 1546년에 트렌트 종교회의(Trent Council)에서 불가타역을 공인 성서로 선포하였고, 개정본의 필요에 따라 1592년에 교황 클레멘트(Clement) 8세가 간행한 판본이 공인 불가타이다.

d. 시리아어 페쉬타(P)

시리아교회가 갖고 있는 성서를 페쉬타("단순한 번역")라고 한다. 본래 기원후 1세기경에 번역된 것 같고, 메소포타미아의 아리아베네 지역의 유대인 사회에서 번역하여 사용한 것 같다. 페쉬타의 문체는 다양하고 번역방식도 다양하다. 오경부분은 마소라 본문과 가깝고, 다른 부분은 칠십인역과 가깝다. 현존하는 페쉬타 사본 중 가장 오래된 것은 주후 442년에 나온 것이다.

이상의 네 가지 주요 번역들 외에도 콥트어 역본, 아르메니아 역본, 조오지아어 역본, 에디오피아 역본, 고트어 역본(슬로바키아와 불가리아 지역에 살던 족속) 등이 존재한다.

II. 구약성서 해석학

1. 해석의 정의와 장애

"해석하다"란 말의 어원은 헬라어의 동사 헤르메뉴에인(ἑρμηνεύειν)과 명사 헤르메네이아(ἑρμηνεία)에서 유래한다. 어근의 헤르메(ἑρμη-)는 "표현하다, 말하다, 진술하다"라는 뜻을 지니고 있다. 해석이란 그리스 신화에 등장하는 헤르메스 신이 최고신 제우스의 뜻을 세상 사람들에게 전달해주는 기능과 관련이 있다. 성서 해석도 이와 마찬가지로 성서에 나타난 하나님의 뜻을 신앙공동체와 세상에 전달해주는 기능과 연관이 있다. "해석"이란 말은 다시 "ⓐ 표현(진술, 말)하다 ⓑ 설명하다 ⓒ 번역하다"로 세분할 수 있다. 해석은 문자로 표현된 말씀을 하나의 언어 사건으로 표현하는 작업이다. 글이란 눈으로 읽으면 시각적 사건이 되고, 소리 내어 읽으면 청각적 사건이 된다. 또, 글을 해석하는 일은 설명하는 일이며, 그것은 대화적 과정을 통하여 "이해"를 일으킨다. 그래서 설명은 분석, 맥락, 비교, 유비, 유추, 논증 등의 방식을 동원하여 합리화와 명료화를 목적한다. 마지막으로 해석이란 번역의 의미를 담고 있다. 글이 외국어일 경우 특별히 요청된다. 번역은 뜻 새김으로 그치지 않고, 번역자의 신학적 전제가 작용한다.

해석학이란 단어를 처음 사용한 사람은 1654년 단하우어(J. C. Dannhauer)이며, 17세기부터 본격적으로 사용되기 시작하였다. 근대의 해석학은 슐라이에르마허(F. Schleiermacher)로부터 시작하였고 그를 근대 해석학의 아버지라고 부른다. 그는 해석학을 "이해의 기술"(art of understanding)이라고 정의하였다. 우리는 오늘날 "해석학"을 "이해하는 원리"(theory of understanding)이라고 정의한다. 구약성서해석학이란 구약성서를 이해하는 원리들을 말한다. 구약성서해석학의 목표는 구약성서를 정당하게(legitimately), 적절하게(relevantly), 그리고 충분하게(fully and enough) 이해하는 일이다.

이 같은 해석의 목표를 달성하기 위해서 극복해야 하는 장애요인들이 있다. 우선, 구약성서는 2,000년 전에 지중해 동부 연안에 위치한 팔레스틴 지역에서 벌어진 사건들을 중심으로 기록되었기 때문에 현대의 해석자에게 시간적으로나, 공간적으로나, 문화적인 격차를 가진 책이다. 그래서 해석자는 지리적인 차이, 문화적인 차이는 물론이고, 고대와 현대 사이의 세계관의 차이를 극복해야 한다. 둘째, 현대의 해석자들은 구약성서의 저자들이 읽혀지기를 염두에 둔 1차 독자가 아니다. 게다가 구약성서의 언어는 오늘날 더 이상 사용되고 있지 않은 히브리어와 아람어로 기록되어 있기 때문에 이 언어의 장벽을 뛰어 넘어야 성서본문이 의미하는 본래적 의미에 도달할 수 있다. 셋째, 구약성서는 고대에 사용되었던 다양한 문학 양식을 힘입어 그 뜻을 전달하고 있으므로 그들이 사용한 문학양식에 대한 사전 지식이 필요하다.

끝으로, 성서를 해석하는 방식을 일컬어 "비평"(criticism)이란 용어를 사용한다. 여기서 "비평"이란 성서의 잘못과 오류를 지적하는 작업도 아니고 하나님의 말씀의 권위를 인간의 이성과 경험으로 깎아 내리는 작업을 말하는 것도 아니다. "비평"이란 단어는 원래, ⓐ 나누다, 구별하다, 뽑아내다. ⓑ 고려하다, 생각하다, 판단하다. ⓒ 결정에 이르다, 결단하다 하는 뜻을 지닌다. 성서 비평이란 성서의 말씀을 심사숙고하여 그 뜻을 헤아리는 여러 가지 방법을 일컫는다.

2. 세 가지 범주의 해석 방법들

이상의 준비작업과 함께 성서본문을 해석하는데 있어서 고려해야 할 네 가지 변수가 있다. 그것은 본문(text), 저자(author), 독자(reader), 정황(context)의 역학관계이다. 구약성서 해석학은 해석자가 이 네 가지 변수 중 어느 것에 더 초점을 두고 어떤 방식으로 해석하느냐에 따라 크게 세 가지의 해석학으로 나눌 수 있다. 재구성의 해석학, 통합의 해석학, 그리고 해체의 해석학이 그것이다.

1) 재구성의 해석학(hermeneutics of reconstruction)

재구성의 해석학이란 본문을 과거를 이해하는 창문(window)으로 간주하고 원래의 저자가 의도했던 바(what it meant)를 가능한 한 정확히 알아내기 위해 본문 배후의 역사와 사회적 문화적 정황을 재구성함으로서 저자, 저작 과정, 저작 연대, 저작 상황과 의도를 밝히는 일에 집중한다. 이를 위해 사용하는 방법이 자료비평, 양식비평, 전승사비평, 편집비평, 본문비평 등이다. 자료비평은 성서 본문을 구성하고 있는 개별적인 자료의 출처를 밝히는 연구법이다. 양식비평은 본문이 문서로 기록되기 이전에 그 내용이 먼저 구전되었으며 그 단계에서 보편적으로 사용되던 문학양식이 있으므로 그 양식을 밝히고 그것이 사용되던 삶의 자리를 찾아서 본문의 의도를 파악하려는 연구법이다. 전승사비평은 본문의 전승이 전래되는 과정과 장소 그리고 의도를 분석하는 연구법이다. 편집비평은 본문을 구성하는 개별 문학단위들이 최종형태를 이루기까지에 개입된 편집자(들)의 의도를 탐구하는 연구법이다. 본문비평은 본문의 의미가 통하지 않을 때 이에 관한 수많은 사본과 역본의 증거들을 비교하여 원본에 가장 가까운 본문을 재구성하는 작업을 한다.

2) 통합의 해석학(hermeneutics of integration)

통합의 해석학은 과거에 작성된 본문의 지평과 현대의 해석자의 지평 사이의 격차를 하나로 통합하여 의미(significance)를 얻으려는 방식이다. 주로 사회학이나 현대의 문학 이론을 동원하여 본문의 의미에 접근하는데, 사회학적 비평, 구조주의비평, 정경비평, 신문학비평이론을 이용한 수사비평, 서사비평 등이 있다. 사회학적 비평은 본문을 사회적 산물로 보고, 본문 형성과정에 영향을 준 정치, 경제, 사회, 교육, 문화 등 모든 사회 구성요소들의 연계상태 속에서 본문이 지니는 의미를 탐구하는 연구법이다. 구조주의 비평은 이 안에 구조주의 인류학, 언어구조주의, 형식주의 등의 언어이론, 문학사상을 구사하여 본문의 구조를 이항대립 개념의 표출로 보고, 본문 구조의 심층적 의미를 연구하는 방식이다. 정경비평은 성서의 각 책이나 장과 절의 배열에는 신앙공동체의 개입과 의도가 깃들여 있는 것이므로 정경적 구조와 형태가 내포하는 의미를 찾으려는 연구법이다. 신문학비평이론을 이용한 수사비평은 본문이 청중을 설득하려는 수사기법을 찾아서 수사의 목적을 발견하려는 연구법이다. 서사비평은 이야기를 하는 기법을 근거로 본문의 의미를 추구하는 연구법이다.

3) 해체의 해석학(hermeneutics of deconstruction)

해체의 해석학은 본문에 의미가 담겨 있다는 모든 이론을 거부하고, 의미 탐구의 행위를 본문에 가해진 폭력의 결과로 간주한다. 대신에 해석을 자유로운 실험정신과 끝없는 대안으로 이루어진 놀이(play)라고 이해한다. 이 방식은 전통적인 이해의 위계질서와 구조가 간파하지 못하고 놓친 의미들을 지적하는데 힘을 쏟는다. 독자반응비평, 해체주의비평, 이데올로기 비평, 여성신학이나 해방신학 그리고 민중신학에 입각한 성서 비평법이 여기에 해당한다. 독자반응비평은 본문의 자율성과 해석자의 독서능력이 상호작용 하여 다양한 의미를 형성해 간다는 관점으로 다른 비평법과 제휴하여 사용된다. 해체주의비평은 언어의 결정불가능성을 전제로 기존의 해석이 놓친 비일관성, 불완전성, 그리고 논리적 공백을 찾아서 의미의 종결성에 저항하는 해석활동을 말한다. 이데올로기 비평은 본문과 정치, 권력이 서로 얽혀 있다고 전제하고 상호 반대적인 이데올로기들의 관계 속에서 본문을 비판하고 도전하여 어떤 해석이 신앙공동체의 정의와 평화에 기여할 수 있는지를 모색하는 연구법이다.

3. 간략한 해석의 역사

구약성서의 해석 역사는 구약성서 자체에서 출발한다. 구약성서 자체가 바로 신앙공동체가 오랫동안 해석해온 역사를 담고 있기 때문이다. 성서 자체가 곧 해석이다.

오경은 아브라함에게 주신 하나님의 약속에 대한 해석을 근간으로 기록되어 있으며, 예언서는 오경의 해석이고, 성문서는 삶 속에 나타난 하나님의 뜻과 섭리에 대한 공동체의 다양한 해석을 기록하고 있다.

구약성서가 초대교회의 주요 경전이고 아직 신약성서가 정경화되지 않았던 시절에 구약성서를 해석하는 방식은 주로 유대교 랍비들이 사용하는 미드라쉬 방식과 크게 다를 바 없었다. 사도 바울은 이스라엘 조상이 광야를 통과할 때 신령한 반석이 따라다녔고 거기서 나오는 신령한 음료를 마셨는데 그 신령한 반석이 바로 그리스도였다(고전 10:1-4)고 말한다. 이는 아주 전형적인 미드라쉬이다. 초대교회가 이집트의 알렉산드리아에 터를 잡은 이후로는 주로 알레고리적 해석(혹은 영적 해석, 영해)이 유행하게 되었다. 대표적인 학자는 오리겐이다. 이 방식에 따르면, 선한 사마리아인의 비유(눅 10:30 - 37)에서 사마리아인이 여관집 주인에게 건넨 두 개의 데나리온은 바로 구약과 신약을 뜻한다고 해석한다. 이후 종교개혁이 일어난 16세기까지 중세교회는 구약성서를 해석하는데 있어서 특별한 진전을 보이지 못했다. 그 어간의 해석은 대부분 교회의 교리를 입증하려는 목적으로만 읽혀졌다. 이런 방식을 보통 증빙 본문식(proof text) 성서해석이라고 부른다. 그러나 18세기 계몽주의 시대 이후로 구약성서 해석은 본격적인 궤도에 오르게 되었다. 과학의 발달, 세계관의 변화, 이성의 강조, 역사철학의 발전 등은 구약성서를 해석할 때 무엇보다 교리적 선입견을 배제하고 본문 자체가 지닌 역사적 의미를 파악하는데 주력해야 한다는데 관심을 갖게 만들었다. 오늘날까지 이런 방향의 해석은 부단히 발전하고 있다.

한편 종교개혁과 함께 형성된 경건주의 성서해석은 성서의 문자적 의미를 신뢰하고 그것을 개인이 영적으로 체험하는 것을 추구했다. 19세기의 자유주의 신학에 대한 반발로 유럽에서는 신정통주의 성서해석이, 미국에서는 근본주의 성서해석이 등장했다. 전자는 예수 그리스도에 초점을 두고 구약성서를 해석하기 때문에 구약 해석에 있어서는 별다른 진전을 보여주지 못했다. 후자는 성서의 문자주의 해석을 고집했다. 이러한 성서해석 경향은 한국에 기독교를 전래한 초기 선교사들 대다수가 학습한 내용이었기에 오늘날 한국교회의 성서해석 전통은 대부분 이런 근본주의 신학에 기초한 문자주의적 성서해석을 크게 탈피하고 있지 못하는 실정이다.

4. 최근의 해석 경향

기독교 신앙공동체가 최근에 구약성서를 해석하는 경향은 여러 가지로 분석할 수 있다. 오늘날은 주로 계몽주의 시대 이후에 지배적이었던 역사비평적 해석에 한계가 있다고 비판하고, 본문을 있는 그대로 놓고 해석하는 문학비평적 해석에 관심을 갖는 경향이 강하다. 한국교회는 특히 역사비평이 성서의 권위를 해친다는 잘못된 판단에 근거해서 오랫동안 이 방법의 학습을 거부하였고, 학습할 경우에도 지극히 편파적이고 부정적인 시각을 유지해 왔다. 그러나 역사비평의 공헌은 기독교 신앙의 역사성을 견고하게 해 준다는 측면에서 긍정적으로 평가되어야 한다. 이 방식은 앞으로도 지속적으로 교회가 관심을 가져야 할 분야이다. 일각에서는 역사비평이 붕괴했다 또는 사라져야 한다고 말하는데 이는 중대한 오류를 범하는 태도이다. 그것은 기독교 신앙을 비역사적(non-historical), 무역사적(a-historical)인 것으로 만들어 결국에는 기독교의 역사적 계시를 일종의 영지주의(Gnosticism, 하늘의 지식을 얻어야 구원받는다는 교리를 전파한 초대 기독교의 이단)로 전락시킬 위험을 안고 있기 때문이다. 한편, 문학비평의 경우, 역사성을 배제하는 태도만큼은 어떤 방법을 사용하든지 반드시 보완해야 할 필요가 있는 것으로 보인다.

또 다른 주요한 해석적 경향은 구약성서를 해석하는 패러다임이 주로 서구에서 수입한 외래신학에 의존해 왔다는 깨달음으로부터 나온다. 해석은 해석자의 현장에 알맞게 이루어져야 한다. 아메리카 인디언과 유럽에서 이민한 사람들의 삶의 자리가 동일할 수 없다. 아프리카와 라틴 아메리카의 원주민 역시 식민지를 통치하는 유럽 사람들과 다르며, 서구 문명의 통치를 오랫동안 받아 온 탓에 그 진가를 제대로 인정받지 못해 온 아시아 문화권의 나라들과 민족들의 경우도 마찬가지로 서구인들과 같을 수 없다. 한국의 기독교 역시 선교 초기부터 최근까지 구미의 신학을 거의 그대로 수입하거나 모방하고 있는 실정이다. 그러나 한국은 한국이라는 특수한 역사적 문화적 경험을 갖고 있다. 서구의 신학자들이 그것을 이해하는 데는 한계가 있다. 따라서 최근 한국의 구약성서 해석은 한국인의 경험과 사회 문화적 상황에 입각하여 한국인이 주체가 되는 성서 이해가 이루어져야 한다는데 입을 모으고 있다. 한마디로 한국인의 주체성과 자아의식을 갖고 한국 사회의 당면과제(통일, 외교, 교육, 환경, 경제, 문화의 창달)를 풀기 위한 성서해석이 이루어져야 한다는 각성을 하고 있다.

III. 구약신학

구약신학은 구약학의 꽃으로서 주석, 역사, 종교, 개론처럼 구약학 연구 분과의 한 분야이다. 구약신학은 성서학과 조직신학의 중간에 위치한 학문이다.

1. 구약신학의 과제

구약신학이란 연구분과는 1787년 독일의 알트도르프 대학의 조직신학부 교수로 취임한 요한 필립 가블러(J. P. Gabler)의 취임연설문에 처음으로 그 윤곽과 과제가 정의되었다. 그는 교의학과 성서신학의 분리를 주장하면서 성서신학의 두 단계 과제를 제시하였다. 첫째 단계의 과제는 성서 각 권을 철저히 주석한 결과를 역사적으로 서술하는 작업(a historical descriptive task)이며, 둘째 단계는 첫째의 결과를 비교하여 신앙의 규범이 되는 영원한 진리를 찾아내서 체계화하는 작업(a normative and systematic task)이다. 그는 조직신학을 체계화된 진리를 당대의 사상에 알맞게 교회 앞에 설명하고 응용하는 작업이라고 정의하였다.

이후 20세기 중반에 스텐달(K. Stendahl)은 가블러식 구약신학의 정의와 과제를 다시 주창하였다. 그는 올바른 성서신학을 하려면 성서본문에서 "과거의 의미"(what it meant)와 "현재의 의미"(what it means)를 정확히 구분하는 작업이 필요하다고 강조하였다. 역사적 주석 작업은 성서 본문이 과거에 지닌 의미를 탐구해야 하며, 설교자는 해석학을 이용하여 현재의 의미를 모색해야 한다는 것이다.

오늘날까지 수없이 많은 구약신학 책들이 출판되었다. 이것들은 한 마디로 성서신학의 과제를 역사적-서술적 과제라고 보는 입장과 규범적-조직적 과제라고 보는 두 가지 입장 사이에서 시계추의 진자운동을 하듯 전개되고 있다.

2. 구약신학의 양대 방법론

1) 발터 아이흐로트(W. Eichrodt)의 조직적 규범적 신학

1920년대 아이흐로트는 아이스펠트(O. Eissfeldt)와 벌인 논쟁에서 후자가 이스라엘 종교사 분과와 구약성서신학 분과를 철저히 구분해야 한다고 주장하는 입장에 반대하고 구약성서신학은 두 영역을 함께 수행해야 하고 그렇게 할 수 있다고 주장하였다. 그는 「구약성서신학」

(1: 1933, 2: 1953)에서 구약신학을 "구약성서의 신앙세계를 고대 근동의 종교와 비교하고 동시에 신약과 어떻게 통일성을 지니는지를 완전하게 도출해내는 작업"으로 정의하였다. 그는 역사적 흐름 속에 발생한 주요 사건을 바라보는 성서적 시각에는 통일성이 있다고 보고 그 사상적 통일성을 계약(언약, covenant)이라고 주장한다.

아이흐로트 식의 구약신학은 다양한 개념을 통해 숱하게 제시되었다. 예를 들어, 구약신학의 중심점에 대하여 프리젠(T. Vriezen)은 "하나님과 인간의 친교"(communion), 카이저(W. Kaiser)는 "약속"(promise), 포러(G. Fohrer)는 "하나님의 주권과 교제," 침멀리(W. Zimmerlie)는 "야웨의 자기 계시"라고 보았다.

2) 게르하르트 폰 라트(G. von Rad)의 역사 서술적 신학

폰 라트의 「구약성서신학」(1: 1957, 2: 1960)은 구약신학의 중심을 찾는 아이흐로트식 방법을 반대하여 구약성서 자체가 보여주는 서술원칙을 따르는 것이 더 중요하다고 판단하였다. 그는 구약성서가 역사 안에서 활동하시는 하나님의 구원행위에 관심을 갖는 역사책이라고 규정하고, 그 하나님의 활동에 대한 전승이 신앙고백 형태로 구성되어 있으므로 그것을 다시 말하는 일(re-telling)이 구약신학적 토론에 적합하다고 주장하였다. 그는 이런 신앙고백이 신명기 26:5b-9, 6:20-24, 여호수아 24:2b-13과 같은 역사신조에 기술되어 있음을 발견하였다. 그는 이런 구원 전승들이 사사시대의 중앙 성소에서 하나로 묶어지고 발전하였고 최종적으로는 솔로몬의 문화적 계몽시대에 이르러 궁정서기관(야휘스트)이 현재의 육경(창세기-여호수아)을 작성했다고 설명한다. 이 주장에 기초하여 그의 구약신학 1권은 육경의 역사 전승의 신학과 신명기역사(여호수아에서 열왕기하까지) 신학을, 2권에서는 이스라엘의 예언 전승을 다룬다. 그의 구약신학 작업이 공헌하는 점들은 ⓐ

역사를 강조한다. ⓑ 구약신학이 하나만 존재하는 것이 아니라 여럿이다. ⓒ 실제 역사와 구원사를 구분하면서도 하나로 통합한다. ⓓ 신약과 구약의 관계를 유형론(typology)으로 설명한다는 점 등등이다.

이후, 구약신학사상이 하나가 아니라 여럿이며 다수의 역사적 고백들로 이루어졌다는 폰 라트의 주장과 더불어 구약성서의 핵심을 한 개 이상의 변증법적 관계로 설명하려는 학자들이 등장했다. 테리엔(S. Terrien)은 "파악하기 어려운 하나님의 임재"(elusive presence), 브루그만(W. Brueggemann)은 "구조의 합법화와 고통의 포용," 베스터만(C. Westermann)은 "구속과 축복" 혹은 역사와 창조 사이의 역동적 긴장, 클레멘츠(R. E. Clements)는 "율법과 약속," 핸슨(P. D. Hanson)은 공동체 내에서 체제 유지를 도모하는 이데올로기적 다수 제사장 집단과 유토피아적 미래를 꿈꾸는 신앙체계를 지닌 묵시문학적 소수 예언자 집단 사이에 벌어지는 역동적 긴장관계를 구약신학의 축이라고 설명하는 시도들이 등장했다.

3. 위기의 성서신학운동

제2차 대전 이후 15년간 성행했던 성서신학은 주로 성서의 우위성을 강조하는 경향이 강해서 "성서신학운동"(Biblical Theology Movement)이라고 불렀다. 특별히 라이트(G. E. Wright)와 보만(T. Boman) 등을 중심으로 전개된 보수적이면서도 학문성을 높이 평가한 이 운동은 ⓐ 신구약성서의 통일성, ⓑ 히브리적 사고방식과 그리스적 사고방식의 차이, ⓒ 고대 근동의 종교와 비교할 때 이스라엘 신앙과 종교의 독특성, ⓓ 역사가 하나님의 계시 장소라는 점, ⓔ 어휘 연구 등을 강조했다. 한 때 각광을 받은 이러한 경건한 아카데미즘은 급격하게 발전한 성서학의 연구 결과에 부딪혀 크게 쇠퇴하였다. 이 운동에 대한 주요 반론은 이렇다. ⓐ 고대 근동의 종교와 이스라엘의 신앙은 유사한 점이 많다. ⓑ "역사 속에 활동하시는 하나님"이란 개념은 주관적으로 창출된 종교적 신앙고백일 뿐이지 객관적으로 발생한 사건이라고 할 수 없다. ⓒ 역사 속에서 구원을 행하시는 하나님 개념은 고대 근동 종교에 편만한 개념이다. ⓓ 새로운 고고학적 발굴결과는 성서기록의 사실성을 항상 입증해주지 않는다. ⓔ 구원사와 세속사의 구별이 모호하다. ⓕ 직선적 히브리적 사유와 순환적 그리스적 사유의 차이점에 대한 강조는 대조 항목의 선택과 비교 방식이 적절치 않다. 더구나 양대 문화는 몇 가지 공통점을 갖고 있다. ⓖ 성서의 통일성에 대한 강조점 역시 폰 라트가 지적한 대로 구약성서가 여러 가지 다양한 신학을 담고 있기 때문에 구축하기 어려운 명제이다. ⓗ 어휘와 어근을 연구할 때 맥락을 무시하고 출처와 빈도를 중시하는 연구결과는 증거 오용의 가능성이 많다.

4. 구약과 신약의 관계

구약성서와 신약성서의 관계는 초대 교회 이후 끊임없이 논의되어 온 중요한 문제이다. 특히, 바우어(G. L. Bauer)가 「구약신학」(1797)을 저술한 이래 구약신학은 신약신학과 별도로 다루어져 왔다. 구약과 신약의 관계는 연속성과 불연속성의 문제와 구약에서 출발하여 신약으로 읽을 것인지, 신약에서 시작하여 구약으로 거슬러 읽어야 하는지, 구약과 신약을 동시에 왕래하면서 읽어야 하는지의 문제를 일으킨다. 이 문제에 관한 한, 지금까지 크게 네 가지의 관계가 제시되어 왔다. ⓐ 구약과 신약을 역사적 발전단계의 틀 속에서 준비와 완성관계로 본다(preparation and completion). ⓑ 구약은 정의와 진노의 하나님을, 신약은 사랑과 용서의 하나님을 계시하므로 서로 대립 관계이다

(antithetical). ⓒ 구약의 약속이 신약에서 성취되는 관계이다. ⓓ 신약은 구약을 내포하고 있으므로 상호보완적이며 동심원적 관계이다(co-relational and concentric).

이 주장들은 구약의 가치에 대해 서로 다른 이해와 결론을 이끌어낸다. 첫 번째 주장은 구약을 신약이 완성된 이후에는 소용이 없다는 논리를 만들어내고, 두 번째 주장은 오직 구약을 신약의 입장으로만 이해할 뿐, 구약 내에 존재하는 사랑과 용서의 하나님을 발견하지 못한다. 세 번째 주장은 구원에 관한 사상적 발전의 흐름을 일방적으로만 규정하므로, 신약에서 구약을 바라보는 입장이 약하다. 특히 구원사와 동떨어진 지혜문학을 이해하는 데는 어려움이 있다. 네 번째 입장은 앞의 세 주장을 보완해 주지만, 방법론적으로 구체적이지 않다는 약점이 있다.

다수 성서학자들은 구약과 신약이 서로 구별된 역사적 실체이므로 독자적인 두 개의 성서신학을 별도로 수행할 필요가 있다고 본다. 그 이유는 다음과 같다. ⓐ 구약은 유대교 전승과 기독교 전승이 모두 똑같이 정경으로 받아들인다. 그런데 해석의 전통이 다르게 이어졌기 때문에 여전히 서로 갈등관계에 있다. ⓑ 기독교는 정경을 구약과 신약으로 구별한다. 기독교가 자신의 기준에 충실하려면 신약성서와의 관계를 설정하기 전에 구약성서를 그 나름대로 바르게 파악해야 한다. ⓒ 구약과 신약은 연속성과 일치뿐만 아니라 불일치와 부조화를 갖고 있다. 구약과 신약 중 어느 것을 먼저 다른 것의 해석적 기초로 삼아야 하는지는 아직 미정이다. 신약이 구약해석에 영향을 끼치는 것은 기독교의 역사적인 경험이지만, 구약은 기독교 이전의 경험을 묘사한다는 측면에서 볼 때, 이런 신약 중심적 해석은 시대착오와 이질적 개념을 강요하는 오류를 범할 수 있다. 따라서 구약은 구약자체로서 신약성서의 사상에 봉사하도록 별도로 연구할 수 있어야 한다.

구약과 신약은 하나의 완성을 지향하는 두 정경으로서 하나의 성경(One Bible)을 이루고 있다. 구약과 신약은 건전한 성서신학을 위해 상호 견제와 균형의 관계로 이해하는 것이 바람직하게 보인다. 이를 위해 구약은 신약에 대하여 이중적인 학습 상대로 이해하는 것이 적절하다. 일차적으로 구약이 신약에서 어떻게 성취되는지를 살펴 예수 그리스도에 대한 신앙고백을 확립하기 위해 연구한다. 그 다음으로는 이 예수 신앙의 세상적 구현을 위한 삶의 교과서로 구약성서를 다시 해석하고 신앙적 삶에 적용하는 것이다. 이럴 경우, 구약은 신앙인의 삶의 교과서로, 신약은 예수 그리스도에 대한 신앙고백을 위한 성서로 읽을 수 있게 된다. 이러한 관계를 한 마디로 정리한다면, 예수님의 성서는 구약성서였다. 그래서 구약성서는 예수를 그리스도로 만들어준 하나님의 일차 계시라는 것이다. 이런 관계 아래서 구약성서를 읽을 때 구약성서를 오해와 편견 없이 하나도 빠짐없이 각 권의 역사적 문학적 신학적 맥락에서 올바로 해석하는 길을 찾을 수 있다.

5. 구약성서의 신학

구약성서의 신학이 하나인가 여럿인가의 논의는 이미 아이흐로트와 폰 라트의 저술을 통해서 충분히 드러났다. 구약성서의 신학적 진술은 여럿이다. 그럼에도 불구하고 그런 다양한 신학들을 하나로 묶거나 검증할 표준적인 사상적 틀이 있을까? 우리는 그것을 "하나님의 통치"(혹은 하나님의 나라)라고 말하고자 한다. 물론 이것도 하나의 관점에 불과하다. 그럼에도 불구하고, 이 개념은 구약신학을 학습하는데 적용성과 포용성이 크다. 구약신학의 사상적 틀로서 하나님의 나라를 구성하는 세 가지 구약적 개념이 있는데 그것은 정의와 공평, 생명과 평화라고 말할 수 있다. 여기서 정의(הצדקה)란 "삶을 살아가는 바른 자세"

(right attitude for living)로 정의할 수 있고, 공평(מִשְׁפָּט)은 "올바른 판단"(right decision)을, 생명은 모든 인격적 존재와 비인격적 존재를 모두 포함한 생명체(חַיִּים) 존중을, 평화(שָׁלוֹם)는 "은원관계가 청산된 바른 상태"(right condition)로 정의할 수 있다. 이것들은 태초에 하나님의 형상으로 지음 받은 사람(창 1:27)이 세상을 살아갈 때 반드시 지켜야 할 규범적 가치(normative value)이다. 구약신학을 수행하는데 이 세 가지 성서적 가치들은 가장 근원적인 가르침이며 모든 상황을 판단하는 척도이기도 하다. 따라서 이 세 가지 개념적 가치를 기준으로 신앙적 결단을 내릴 수 있을 때, 비로소 그러한 판단과 생각을 하나님 나라에 합당한 삶의 자세 즉 "성경적" 자세라고 말할 수 있을 것이다.

1) 오경의 신학

오경의 내용은 창조로부터 시작해서 인간이 신이 되려는 욕망 때문에 벌어지는 죄악의 역사(창 1 - 11장) 속에서 하나님이 주도적으로 복을 주시려고 족장을 부르시는 이야기로 이어진다(창 12 - 50장). 족장들은 우여곡절 끝에 애굽에 정착하게 된다. 애굽에서 종살이를 시작한 족장들의 후손들은 모세의 인도를 받아 애굽에서 탈출하여 광야의 시내산에 도착한다(출 1 - 18장). 시내산에서 야웨 하나님과 언약을 체결한 이스라엘 백성들은 율법을 받고 성막을 지어 하나님을 예배하는 공동체로 변모한다(출 19 - 민 10장). 40년의 광야 체류 끝자락에서 모세는 가나안 땅에 들어가지 못한 채, 마지막 설교를 남기고(민 11 - 신 34장) 임종한다. 이렇게 오경은 끝난다.

오경 신학의 기초는 창조신학이다. 그리고 그것은 출애굽 사건을 통해 드러난 구원신학으로 구현된다. 창조의 하나님과 구원의 하나님에 대한 고백은 족장들에게 주신 약속과 시내 산에서 야웨 하나님과 이스라엘 백성의 언약 체결을 통해 확증된다. 약속과 언약을 근거로 야웨 하나님의 통치와 세상에 대한 이스라엘의 제사장 역할을 정의하고 있는 오경이 신앙공동체에게 기대하는 삶의 자세는 정의와 공평, 생명 존중 그리고 평화 추구이다. 그러므로 야훼 하나님을 믿는 신앙공동체는 힘 있는 권력자가 되어 세상을 폭력으로 물들이기보다 오히려 약속의 말씀을 믿고 살면서 이 세상에 하나님의 청지기 역할을 수행함으로써 하나님의 통치를 구현하며 살아야 한다. 이어지는 성서 각 부분의 신학들은 이 오경 신학의 실험, 재확인, 확대 적용하는 경우들이라고 말할 수 있다.

2) 역사서의 신학

신명기에서 제시한 언약 신학을 근거로 이스라엘이 가나안 땅에서 정착하면서 공평하게 땅을 분배하고 나라를 이루고 살다가 앗수르와 바벨론에게 멸망하기까지의 역사를 신명기역사서(여호수아, 사사기, 사무엘, 열왕기)라고 부른다. 이와 달리, 아담으로부터 시작해서 바벨론 포로생활에서 고국으로 귀환하는 것을 허락한 고레스 칙령까지 그리고 귀환 후 성전을 중심으로 살아가는 동안 벌어진 사건을 담고 있는 역사를 역대기 역사서(역대기, 에스라, 느헤미야)라고 부른다.

신명기역사서는 언약공동체가 나라를 일구고 살아가는 시험무대에서 얼마나 언약을 위배하고 하나님을 거역했는지를 보여주고 그 대가로 치른 나라의 패망과 성전의 파괴 사건을 적나라하게 해부하고 그 이유를 해명한다. 신명기역사서의 신학은 오직 야훼 하나님 한 분만을 섬겨야 할 것(one God), 오직 한 장소(예루살렘)에서만 드리는 예배를 기뻐하신다는 것(one place), 이스라엘은 나뉠 수 없는 한 민족이라는 것(one people), 삶의 지침은 오직 시내산에서 받은 율법에 따라 살아야 한다(one law)는 것을 이스라엘의 역사 속에 천명한다.

역대기역사서의 신학은 귀국 후 재건한 예루살렘에서 드리는 성전

예배가 예전에 나라가 존재할 때 드렸던 예배를 그대로 계승한 것이며, 그 예배가 공동체의 유지를 위해 얼마나 소중한지를 진술한다. 아울러, 약속의 땅을 차지하고 살 수 있는 참된 상속자는 예루살렘 성전의 예배를 중시하고 순수한 혈통을 간직하는 공동체라는 사실을 천명한다. 그래서 안식일의 준수, 이방인과의 결혼 금지를 강조한다.

3) 성문서의 신학

성문서는 장르별에 따라 시가서(시편, 아가, 애가), 지혜서(욥기, 잠언, 전도서), 역사서(룻기, 에스더), 묵시서(다니엘)로 구별할 수 있다. 이 성서들은 이스라엘 신앙 공동체가 나라를 일구어 살다가 주권을 잃어버리고 살아가면서 겪은 다양한 삶 속에서 체험한 하나님 이해와 기도, 성찰, 경험들이 기록된 글들이다. 개인과 공동체의 삶의 현장에서 체험된 하나님의 통치에 대한 심오하고도 다양하며 폭넓은 조명을 발견할 수 있다.

4) 예언서의 신학

예언서(이사야, 예레미야, 에스겔, 호세아, 아모스, 요나, 미가, 나훔, 하박국, 스바냐, 오바댜, 요엘, 학개, 스가랴, 말라기)는 크게 이스라엘 나라의 멸망을 예언한 심판신탁과 그것의 회복을 예언하는 구원신탁이라는 두 축을 중심으로 기록되어 있다. 나라가 멸망한 이유는 이스라엘이 하나님과 맺은 언약을 파기했기 때문이며, 회복과 구원을 기대하는 이유는 심판만이 야웨 하나님의 유일한 목표가 아니며, 심판은 보다 나은 미래를 위한 징계이고 그 안에서 하나님의 긍휼과 사랑을 새롭게 깨달았기 때문이다. 혹자는 예언서의 이런 신학적 이중성을 예수 그리스도의 고난과 부활에 견주어 말하기도 한다. 예언서는 대체로 오경의 신학 사상에 비추어 이스라엘 민족의 역사적 변천 속에서 하나님 나라가 어떻게 구현되어야 하는지를 선포하며, 그렇지 살지 못한 이스라엘에게 얼마나 엄중한 보응이 주어졌는지를 교훈하고 하나님의 통치가 이루어질 새 시대에 대한 희망의 신학을 담고 있다.

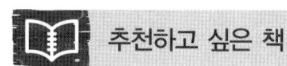 추천하고 싶은 책

1. 구약성서의 정경화

Hayes, J. H. 「구약학 입문」. 이영근 역. 서울: 크리스챤 다이제스트, 1994. 이 책은 정경화 과정에 대한 구체적 증거와 논의, 그리고 사본과 역본에 대한 기초적인 지식을 습득하는데 유익하다.

Coote, Robert B & Mary Coote. 「성서와 정치권력」. 장춘식 역. 서울: 한국신학연구소, 2000. 성서의 형성과정을 고대 이스라엘의 정치역사와의 함수관계로 본다. 사회 정치적인 파격적인 관점과 성서본문에 대한 역사비평적 합의사항에 따라 정경화 과정을 설명한다. 성서를 공부하는 초보자들에게는 조금 어렵지만, 구약과 신약 전체가 완결되는 과정을 종교와 사회의 역학 관계를 통하여 일관성 있게 설명하는 수준 높은 책이다.

2. 구약성서의 해석학

우택주 외 15인 공저. 「구약성서개론: 한국인을 위한 최신 연구」. 서울: 대한기독교서회, 2004. 가장 최근에 한국인 구약학자 16인이 참여하여 집필한 한국인을 위한 구약개론서이다. 난해한 해석학을 아주 간략하게 기초적으로 요약하고 있다. 또 각 단락마다 더 읽을 책들을 잘 소개하고 있어서 이 분야를 공부하는 초보자에게 유익한 정보를 풍부하게 제공한다.

이형원. 「구약성서비평학 입문」. 개정증보판. 대전: 침례신학대학교출판부, 2009. 구약성서 해석사를 개괄하면서 각종 성서 비평법을 잘 정리하고 있다. 성서본문 주석방법론을 이론적으로 정리하고 싶은 학생에게 유익하다.

Hayes, J. H. & C. R. Holladay. 「성경주석학」. 김근수 역. 서울: 나단출판사, 1991. 미국 신학대학원에서 주로 성서 주석학을 위한 교과서로 활용되는 책이다. 이론부터 실제까지 성서를 주석하는 과정을 쉽게 학습하도록 기술하는 안내서이다.

3. 구약신학

우택주. 「구약성서와 오늘 I」. 대전: 침례신학대학출판부, 2009. 「구약성서와 오늘 II」. 대전: 대장간, 2013. 구약성서를 오늘의 현실에 비추어 성찰한 글 모음집으로서 구약성서 전체의 사상적 흐름과 맥락을 파악하기에 좋은 입문서이다.

Hayes, J. H. & F. Prussner. 「구약성서신학사」. 장일선 역. 서울: 나눔사, 1991. 구약신학의 역사를 처음부터 최근까지 아주 탁월한 식견을 갖고 체계적으로 정리한 책이다. 이 분야에 관심 있는 학생이라면 반드시 읽어야 할 필독서이다.

Hasel, Gehard. 「구약신학: 현대논쟁의 기본이슈들」. 김정우 역. 서울: 엠마오, 1993. 구약신학을 토론하면서 발생하는 주요 이슈들(역사, 전승, 이야기, 방법론)을 주목하여 이에 관한 학자들의 다양한 견해를 제시하면서 그 해결 방안을 나름대로 모색한다.

제3장

신약성서신학

신약학 교수 | 김광수
kskim@kbtus.ac.kr

I. 서론

신약성서신학(New Testament Theology)이 무엇인가를 이해하기 위하여 우선 "신약성서신학"이란 용어의 기본적 의미를 아는 것이 필요하다. 신약성서신학이란 "신약성서의 신학" 곧 "신약성서에 나타난(포함된) 신학"을 가리키는 용어이다. 이것을 이해하기 위해서는 "신약성서"와 "신학"이란 용어 각각의 이해가 필요하다. 먼저, 신약성서에 대한 기초적 의미에 관하여 던(J. D. G. Dunn)의 설명이 유익하다. 그에 따르면, 신약성서란 두 가지 기초적 의미를 지닌다: (1) 그것은 예수와 사도들의 활동을 포함하여 기독교의 시작의 국면들을 포함한 "역사적 문서들의 수집"이다; (2) 그것은 정경 곧 기독교인들의 신앙과 삶을 위한 규범, 규칙 혹은 잣대로서 기독교 교회들에 의하여 하나님의 영감을 받은 일차적 권위의 문서들로 인정을 받은 성경이다(Dunn and Mackey, 1987, 1 - 2).

신학이란 용어의 의미는 더 복잡하고 다양한데, 그 이유는 학자들에 따라 그것의 의미를 다양하게 사용해 왔기 때문이다. 보어스(H. Boers)는 신학이란 용어의 이러한 애매하고 다양한 점들을 고려하면서, 화이트헤드(Whitehead)의 철학에 관한 정의에 근거하여 다음과 같은 잠정적인 정의를 내린다: 신학이란 "하나님과 관계시키는 문제들에 관한 우리의 경험의 모든 요소를 해석할 수 있는 일반적 개념들의 일관되고 논리적이며 필수적인 체계"이다(Boers, 1979, 13). 보어스는 이 정의에 따라, 형용사 "신학적"(theological)이란 용어도 "하나님 혹은 모든 종교적 표현에 관한 모든 진술을 포함하는 좀 더 일반적 의미"로 사용될 수 있다고 지적한다. 여기서 중요한 것은 신학은 "일관되고 논리적이며 필수적인 체계화 작업"을 포함한다는 점이다. 위 정의들을 결합하면, 신약성서신학이란 신약성서의 문서들에 나타난 하나님과 관계된 모든 개념들의 일관되고 논리적이며 필수적인 체계화의 작업이라고 말할 수 있다.

성서신학이란 성서에서 하나님과 관련되어 제시된 것들을 단순하게 알려는 것이 아니라, 그것들을 신학적 주제(theme) 혹은 화제(topic)에 따라 논리적이고 일관된 체계화의 작업을 통해 알려는 시도이다. 신약성서신학이 이렇게 신학적 작업을 포함하고 있기 때문에, 그것과 기독교 신학 일반 사이의 관계에 관한 논의는 신약성서신학의 하나의 중요한 화제가 되어 왔다. 필자는 이러한 신약성서신학을 이해하기 위하여 우선 그것이 발전해온 역사를 개관하고 그것의 방법론을 살펴보며 나아가 앞으로 그것이 발전될 전망을 살펴보고자 한다.

II. 신약성서신학의 역사

1. 가블러(Johann P. Gabler)

가블러는 "성서신학과 교리신학의 적합한 구분과 각각의 구체적 목적들에 관하여"라는 취임연설(1787)에서 성서신학을 교리신학과 구분되는 독립된 학문분야로 확립시킨 사람으로 인정된다. 그러나 그가 추구한 것은 교리신학과 결별한 성서신학이 아니라, 성서를 모든 신학의 기초에 놓으려는 목적에서 성서를 기초로 하는 교리신학 곧 성서신학이 제공한 성서적 기반 위에서 확립된 적합한 교리신학을 세우려는 것이었다. 따라서 독립된 성서신학의 확립은 그 자체가 목적이 아니라, 신학 전체를 위한 더 큰 관심의 핵심 부분이 되게 하려는 것이다. 성서신학의 주제는 성서의 종교이지만 그것의 방법론은 신학적이기 때문에, 그것은 성서의 종교를 교리신학을 위한 성서적 기초를 형성하는 신학적 체계로 변경시킨다.

이것을 위하여 가블러는 종교와 신학을 구별한다. 종교는 일상적이고 평범한 방식의 이해를 가리키는 반면, 신학은 치밀하고 정교한 방식의 이해를 가리킨다. 성서에 포함된 것은 신학이 아니라 종교이다. 성서에 포함된 이 종교는 모든 기독교인이 영생을 얻기 위하여 알아야 하고 믿어야 하며 행해야 하는 것에 대한 저술에서 전승된 신적인 교훈이다. 반면에 신학은 인간의 능력과 마음(이성)에 의해 발전된 것으로서 성서뿐 아니라 다른 영역 특히 철학과 역사로부터 취한 정보를 함께 다룬다. 신학은 기독교 종교의 범위 안에 있는 문제들뿐 아니라 기독교 종교와 관계된 모든 것들에 관심을 갖는다. 따라서 그에게 있어서, 신학은 기독교 철학 곧 기독교 종교와 관련된 모든 문제들에 관한 철학이다.

가블러는 기독교 사상 특히 기독교 신학의 기초로서 성서의 적합한 지위를 확립하기 위하여 교리신학의 영향에서 독립된 성서신학의 필요를 주장했으며, 이 필요에 따라 그는 성서신학과 교리신학 사이의 구분과 그것들의 목적의 정확한 구별을 요구했다. 성서신학은 교리신학의 기초로서 성서에 포함된 순수하고 불변하며 신적인 개념들을 체계적 방식으로 제시하는 임무를 가리키는 반면, 교리신학은 성서신학에서 제공된 기초에 따라 신적인 것에 관한 모든 문제를 철학화하는 것으로 구성된다. 성서신학과 교리신학을 구분하는 것은 전자는 성서 저자들이 신적인 것에 관하여 생각한 것을 제시하는 점에서 "역사적"인 반면, 후자는 전자에 의해 제시된 것에 기초하여 신적인 것과 관계된 문제들에 관하여 생각된 모든 것을 가르치는 점에서 "교훈적"이다. 성서신학은 성서에서 제시된 불변의 교훈을 그것의 자료로 삼는 점에서 안정적인 반면, 교리신학은 신학자의 능력, 그(그녀)의 지리적 및 역사적 상황, 그(그녀)가 속한 교단 혹은 학파에 의한 결정 등에 종속되는 점에서 가변적이다. 성서신학의 주제는 불변의 성서적 교훈(종교)이지만, 그것의 임무는 이 주제를 체계적 방식으로 제시하는 점(신학)에서 성서신학은 성서의 종교와 교리신학 사이를 중재하는 위치를 차지한다.

2. 브레데 – 슐라터 논쟁

가블러 이후 성서신학은 교리신학과 분리되어 독립적이며 역사비평적 학문분과가 되었으며 자연스럽게 구약성서와 신약성서를 따로 다루게 되었다. 신약성서신학의 발전에서 다음의 중요한 단계는 브레데(William Wrede)에 의해 제시되었다. 그는 "소위 신약성서신학의 임무와 방법에 관하여"(1897)라는 논문에서 신약성서 종교의 역사를 위한 프로그램의 윤곽을 제시했다. 그는 가블러 이후 한 세기 동안 신약성서신학이 실제적으로 진정한 역사학 분과가 되지 못했다고 주장한다. 그는 그 이유를 방법론적 오류에서 찾는다. 그는 신약성서신학의 임무가 최초의 기독교인들이 무엇을 "생각했는가"를 말하는 것에 만족하지 않고 우리가 그것을 통하여 무엇을 "생각해야 하는가"를 말해야 한다고 주장하는 신학자들의 규범적인 활동에 있다는 입장을 거부한다. 그는 신약성서신학이란 용어보다는 신약성서에 나타난 초기 기독교의 종교사로 불러야 한다고 생각했다. 그래서 신약성서신학이란 신약성서를 포함하여 초기 기독교의 문헌 전체를 사용하여 재구성된 초기 기독교 종교의 역사로 인식되어야 한다는 것이다. 이 역사는 기독교 교리의 역사를 일부분 포함하는 점에서 어느 정도 신학의 역사라고 부를 수 있지만, 그것은 그 자체로는 교리가 아니라 역사가 되어야 한다. 신약성서신학의 목적은 초기 기독교인들이 무엇을 믿었고 생각했으며 가르쳤고 소망했으며 요구했고 추구한 것을 객관적이며 올바르고 예리하게 파악하는 것이다.

브레데에 따르면, 신약성서신학은 신학이 아니라 역사가 되어야 하기 때문에, 그것은 신학적 방법이 아니라 역사적 방법을 따라 연구되어야 한다. 역사적 방법은 그 시대의 역사를 이해하기 위하여 이용할 수 있는 모든 자료들을 고려할 것을 요구한다. 또 역사적 방법론과 결과들은 교리적 선입견들에 의해 제한을 받아서는 안 된다. 정경에만 한정해서 관심을 갖는 것은 신학적 고려들에 의하여 역사적 과제를 결정하는 것이 된다. 정경이라는 교리적 규범이 초기 기독교에 관한 역사적 서술에 영향을 주어서는 안 된다. 브레데는 교회의 필요들이 신약성서신학에 대한 역사가의 서술에 영향을 미칠 수 없으며 신약성서 문헌들에 제한을 가하는 것을 정당화할 수 있다는 주장을 거부한다. 신약성서 문헌들을 그 자체로 듣는 것이 아니라 그것들로부터 신학적 정보를 강요하게 될 때, 그 문헌들의 목적과 성격은 과소평가될 것이기 때문이다.

신약성서 문서들에 대한 이러한 역사적 연구는 선재와 화육 및 부활과 승귀라는 초자연적 인과관계를 허용하지 않으며 연구자로 하여금 하나님을 믿는 것을 요구하지 않는다. 역사적 방법론의 이와 같은 무신론을 단호히 배격한 사람이 슐라터(Adolf Schlatter)였다. 슐라터는 그의 저서 「신약성서신학」(vol.1, 1909; vol.2, 1910)에서 신약성서신학이 단지 역사적 학문분과 곧 신약성서 저술들에 표현된 것들과 그것들의 기원을 탐구하는 학문이라는 것에 반대한다. 그는 신약성서신학을 교리신학으로부터 독립시키려는 것은 환상이고 허구이며 또한 계시에 기초하지 않은 순수한 역사적 서술은 신학적 작업을 근원부터 훼손하고 신앙을 심각하게 손상시킨다고 주장한다. 슐라터는 그의 동시대 학자들처럼, 신약성서신학이 역사적 작업을 포함한다는 것에 동의한다. 그러나 그에 따르면, 신약성서에는 신학과 역사가 밀접하게 연결되어 있다. 그는 기독교인으로서 역사와 계시가 상충한다는 견해를 반대한다. 역사 속에 곧 예수의 역사 속에 나타난 하나님의 계시가 신약성서의 중심이라는 것이다. 그래서 신약성서신학은 추상적 개념들을 제시하는 것이 아니라 그 역사에 기초하며 그것에 기반을 둔다. 비록 신약성서에서 역사와 신학이 서로 분리될 수 없다 하더라도, 역사는 종교사학파에 의해 조사된 것과 같은 그런 면에서 자연적인 면을 지니고 있기 때문에 역사와 신학은 구별되어야 한다는 것이다.

슐라터는 신약성서신학에 있어서 역사적 접근을 인정했지만, 그는 자기 시대에 이루어지고 있었던 신약성서의 가장 영향력 있는 역사적 탐구 곧 그런 역사적 접근을 신약성서 기독교에 반대하는 논의와 결합시키는 것을 반대했다. 그에게 있어서 신약성서의 역사적 탐구는 그의 시대의 역사적 탐구자들이 가정했던 것과 같이 중립적이지 않다. 신약성서는 그 본질에 있어서 독자들(학자들을 포함하여)의 반응을 요구하기 때문에 중립성을 허용하지 않는다. 게다가 독립적 학문분과로서 신약성서신학은 중립적 작업이 아니라 교회 교리에서 벗어나려는 시도로서 출발했다. 독립적인 역사적 학문분과로서 신약성서신학에 있어서 새로운 논쟁도 역시 특징적으로 신약성서 자체에 대한 탐구로부터가 아니라 외부로부터 왔다.

3. 불트만(Rudolf Bultmann)

신약성서신학의 역사에서 불트만은 방법론적 면에서는 물론 신학적 내용 면에서도 매우 중요한 위치를 차지한다. 오늘날 그의 신학적 작업에 대한 많은 비판이 있음에도 불구하고, 그가 제기한 신학적 질문들은 우리가 여전히 그것들을 토대로 해서 대화하며 무엇인가를 확립해 나갈 수 있는 주목할 만한 것들이다. 불트만은 그의 「신약성서신학」(vol.1, 1951; vol.2, 1955)과 일련의 다른 작품들을 통하여 브레데-슐라터 논쟁의 변증법적 해결책을 제시했다. 그에 따르면, 신약성서신학은 부분적으로는 신약성서 종교의 역사를 다루는 작업이며 또 부분적으로는 동시대의 신앙을 위한 신학적 작업이다. 그는 이렇게 역사적인 것과 신학적인 것을 통찰력 있게 결합시켰다. 그의 작업의 특징은, 간단히 말하면, 역사적 연구를 통하여 신학화의 작업을 했다는 것이다. 그에게 있어서 역사와 신학을 결합시키는 공통점은 그것들이 모두 인간 실존에 대한 관심을 두고 있다는 점이다.

불트만은 역사와 신학의 결합이라는 구도에서 케리그마적이며 신학적인 주제들이 생겨난 역사적 상황에 주목하고 그 부분들의 상호연관과 발전을 지적한다. 그가 다룬 모든 주제가 역사적인 것에 속한다고 할지라도, 그는 그것들을 동일한 중요성을 가진 것으로 취급하지 않는다. 바울과 요한이 신약성서의 케리그마적 규범을 가장 적절하게 보여 준다는 것이 그의 판단이다. 왜냐하면, 예수 안에 일어난 구원 사건은 종말론적이고 동시에 역사적이기 때문이다. 그런 점에서, 불트만에게는, 바울과 요한이 정경 속의 정경이다. 그는 역사의 이해에서도 두 가지 방식을 구분한다: *Historie*로서의 역사는 학자들에 의해 재구성되고 과거 속에 그대로 남아 있는 과거인 반면, *Geschichte*로서의 역사는 여전히 현재에 영향을 주고 있는 과거이다. 불트만에게는, 바울과 요한이 *Geschichte*이며, 그런 점에서 그들이 진정한 신약성서신학을 제공한다. 대신에 예수의 메시지는 신약성서신학의 일부분이 아니라, 그것을 위한 하나의 전제에 해당한다. 왜냐하면, 신약성서신학은 예수의 죽음과 부활에 대한 초기 기독교인들의 선포에 대한 신앙의 응답 속에 있는 이해의 요소로부터 나온 것이기 때문이다. 진정한 의미에서 예수의 죽음과 부활에 대한 선포와 그것으로 인해 일깨워진 신앙에 앞선 신학은 없다.

신약성서에서 역사적인 것과 신학적인 것을 결합하기 위하여 그는 해석학적 순환에 관심을 기울인다. 우리가 어떤 것을 완전히 이해하기 위해서는 반드시 그것에 대한 잠정적인 전이해를 미리 갖고 있어야 한다. 모든 해석은 본문에 관하여 던지는 질문들을 통하여 이루어지는데, 그 질문들은 전이해를 제공하는 삶의 정황으로부터 나온다. 해석은 항상 해석자의 경험 맥락에서 나오는 전이해를 포함한다. 이것은 전제 없는 해석은 없다는 원리와 관계된다. 그러나 전제들이 해석의 결과를 미리 결정하게 해서는 안 된다. 오히려 전제들은 어떤 지식이나 주제가 추구되어야 하는지를 적절히 통제한다. 신약성서신학이 다루는 주제의 범주는 다양한 측면들 곧 역사적 예수, 케리그마, 신앙, 그리고 신학사상을 포함한다. 그에게 있어서 역사적-비판적 방법은 필수적인데, 그것의 목표는 신학적 지식을 얻는 것이다. 그는 과거에 기록된 본문이 말하는 것을 통하여 그것이 현재 나의 실존을 위하여 어떤 이해를 제공하는가를 추구한다. 이것은 하나님에 대한 묘사가 본래의 것이 되려면 그것은 또한 인간 실존에 대한 묘사가 되어야 한다는 그의 주장에 기초한다. 그에게 있어서, 신학은 곧 인간학이다.

인간 실존의 이해에 관한 그의 관심은 신약성서에 대한 비신화론적 이해를 통하여 표현되었다. 그는 신약성서에서 표현된 하나님에 관한 언어를 신화로 이해한다. 그에게 있어서, 신화는 인간의 언어로 신을, 이쪽 편으로 저쪽 편을, 그리고 유한한 것으로 초월적인 것을 표현하는 방식이다. 공간적으로 하나님이 가장 높은 하늘에 계신다는 표현은 하나님의 초월성을 나타낸다. 시간적으로 하나님이 태초부터 마지막까지 계신다는 것은 하나님의 영원성을 가리킨다. 하나님을 묘사하는 언어가 비유적으로 채택되고, 하나님이 시간과 공간과 같은 유한한 범주들로 묘사되며, 그래서 하나님의 초월성이 약화되는 곳에서 신화가 발생한다. 신화적 표현들 속에서 신적인 것이 지상적인 것과 혼동된다. 그는 또 신화를 과학 이전의 사고방식 혹은 원시 과학으로 규정한다. 이러한 측면은 특히 세 층의 우주(하늘, 땅, 지하) 안에서 명백하게 드러난다. 그에게 있어서 신화의 목적은 우주를 있는 그대로 사실적으로 기술하기 위한 것이 아니다. 그것은 오히려 인간 실존에 관한 어떤 이해 곧 인간 존재가 그 기원과 목적을 이 세상의 가시적 실체에 두고 있는 것이 아니라, 비가시적인 초월적 실재에 두고 있다는 것을 나타낸다.

불트만은 기본적으로 신화적으로 표현된 신약성서에서 인간 실존을 위한 이해를 얻기 위해서는 이러한 신화적 표현에 대한 합리적 이해를 해야 한다고 생각하고 그 합리적 이해 방식을 비신화화(demythologizing)로 불렀다. 비신화화의 목적은 두 가지 측면을 가진다. 첫째는, 부정적인 것으로서, 신화적인 소제들은 문자적으로 사실이 아니라는 것을 나타낸다. 둘째는, 긍정적인 것으로서, 실존에 대한 신화의 본래 이해를 찾고 그것을 우리의 실존에 적합하게 해석하는 것이다. 그는 인간 실존의 이해에 있어서 신앙 이전의 인간과 신앙 이후의 인간을 대조시키기 위하여 하이데거(Martin Heidegger)의 실존 철학에서 유래한 개념들을 사용한다. 이러한 비신화화의 동기에도 두 가지 국면이 있다. 첫째는, 변증적인 것으로서, 기독교 신앙의 변증적 이해와 관계된다. 그것은 신앙에 방해되는 과학이전 사고들을 제거함으로써 신약성서의 메시지를 현대인들이 더 받아들이기 쉽게 만들기 위한 것이다. 둘째는, 건설적인 것으로서, 문자적으로 이해된 신화는 하나님의 초월성을 훼손한다는 것을 보여줌으로써 역으로 그 초월성을 지지한다. 이것은 신앙의 본질을 모험적인 결단으로 말하는 것과 연관된다. 왜냐하면, 초월적인 하나님은 인간의 시청각적 이해에서는 항상 감추어져 있기 때문이다. 이러한 하나님은 단지 신앙의 눈으로만 볼 수 있으며 결코 인간의 이성이나 감각에 의해서 조종될 수 있는 대상이 아니다.

4. 불트만 이후

불트만 이후 신약성서신학은 그의 신학적 유산의 상속과 비판을 통하여 발전했다. 예레미야스(Joachim Jeremias)는 불트만과 달리, 그의 「신약성서신학」(1971)에서 역사적 예수를 신약성서신학을 위한 매우 중요한 구성 요소로 다룬다. 그가 신약성서 전체를 포함하는 그의 신약성서신학을 완성하지 못한 점도 있지만, 그의 저술은 공관복음서들에 나타난 역사적 예수의 활동에 담긴 신학적 의미를 제시하는 데 초점을 맞춘다: ① 예수의 말씀 전승의 진정성; ② 예수의 선교; ③ 구원 시대의 태동; ④ 은총의 시대; ⑤ 하나님의 새 백성; ⑥ 자신의 선교에 대한 예수의 증언; ⑦ 부활. 예레미야스는 그의 신학을 전개하면서 두 가지 점에서 불트만과 다르다. 첫째, 예레미야스는 예수 전승을 본질에서 신뢰할만하다는 것으로 인정한다. 둘째, 예레미야스는 예수의 선포 근거를 사건 속에서 곧 설교에 앞서 일어난 예수의 삶의 경험 속에서 찾으려 한다. 그는 그 사건의 중심을 예수의 침례 받음에 둔다. 예수는 요한을 추종했고 그를 높이 평가했지만, 그에게서 침례를 받을 때 예수는 선교와 메시지에서 요한과는 다른 소명을 경험했다. 여기서 예수는 성령에 사로잡힌 바가 되고 이사야 42장 1절에 언급된 것과 같은 하나님의 종이라는 자각을 하게 되었다. 또 예수는 자기 자신이 하나님과 유일한 관계에 있는 하나님의 아들이라는 것도 알게 되었다(마 11:27; 눅 10:22). 이것은 예수가 하나님을 지칭할 때 어린아이들이 자기 아버지를 친근하게 부르는 데 사용된 용어인 아람어 "아빠"(Abba)를 사용한 것에서도 제시된다. 예수는 이 소명에서 하나님 나라의 도래를 알리는 사명을 발견했으며 정치적 메시야 직을 포기하고 고난의 메시아 직을 수용했다.

던(J. D. G. Dunn)은 신약성서 교훈의 통일성과 다양성을 제시한다(「신약성서의 통일성과 다양성」, 1977). 던은 이 저술에서 "원시 기독교에는 참 그리스도인을 규정하는 획일적인 요소가 있는가?"라는 질문에 대한 대답을 추구한다. 그는 초기 기독교의 역사적 실재에 대한 자신의 이해를 구성하기 위하여 두 가지 주제들 혹은 해석적 범주들을 채택한다. 그것들은 다양성 안의 통일성(제1부)과 통일성 안의 다양성(제2부)이다. 다양성 가운데 던이 지적한 한 예를 들면, 예수의 선포는 사람들로 하여금 하나님의 나라를 위하여 결단하도록 초청했지만, 최초 교회들의 다양한 선포는 사람들로 하여금 예수를 그리스도로 믿도록 초청했다. 이것과 유사한 면에서, 초기 기독론은 예수의 부활과 미래의 강림에 초점을 두었지만, 후기 기독론은 예수의 침례, 처녀 수태, 그리고 선재까지 포함했다. 던은 다양성 속의 하나의 통일성의 요소로서 나사렛 예수와 올리우신 그리스도 사이의 연속성을 일관되게 제시한다. 제2부에서 던은 통일성 안의 다양성의 요소로서 네 가지 기독교의 유형을 다룬다: 유대계 기독교, 헬라계 기독교, 묵시적 기독교 및 초기 공교회. 이런 다양한 기독교 집단들에게 규범이 될 수 있는 하나의 정경적 요소는 신약성서의 통일성의 원칙 곧 역사의 예수와 올리우신 그리스도 사이의 연속성이다.

최근(1990년대 이후)에 나온 신약성서신학으로 슈미탈즈(Walter Schmithals)와 스트레커(Georg Strecker)를 들 수 있다. 먼저 슈미탈즈는 그의 「초기 기독교인들의 신학」(1994)에서 초기 기독교 신학의 객관적 역사를 쓰고자 시도한다. 그러나 그는 신약성서의 전승들이 성격상 단편적이기 때문에 포괄적이고 전체적인 역사를 기록할 수 없다는 것을 인식한다. 그래서 그는 18개의 단편적인 주제들을 다루는데, 그 주제들은 일반적인 신학적 문제들을 포함한다. 그는 역사적 예수가 엄격한 의미에서 신학의 범위에 속한다는데 반대하지만(불트만의 입장), 그러나 정경의 권위는 인정한다. 그는 신약성서신학을 엄격하게 역사적으로 기술하지만, 그의 연구를 구조화하는 단위들은 신학적인 제목들이다. 예를 들면, 예수와 인자, 하나님의 나라와 그리스도의 나라, 바울의 신학적 발전 등이다. 이러한 주제들은 교리신학의 범주들보다는 신약성서에 더 가깝고, 각각의 주제는 그것의 역사적 맥락 안에서 다루어진다.

다음에 스트레커는 그의 죽음 후에 출판된 책, 「신약성서신학」(1996)에서 연대기적 관점에서 내용을 구성했다. 그는 바울을 다루는 것으로부터 시작했는데, 그 이유는 바울의 저술들이 신약성서 중에서 가장 오래되었고 바울이 조직신학적 체계를 내포하고 있는 유일한 신약성서 저자이기 때문이다. 그는 하나의 단일화된 신약성서신학을 가정하지 않는다. 왜냐하면, 신약성서에는 다양한 신학적 개념들이 존재하기 때문이다. 이 개념들은 각각 그 자체의 사고 구조와 그것의 역사적, 문학적 맥락에 비추어서 고찰되어야 한다. 강조점은 역사적 전개에 있는 것이 아니라, 몇몇 신약성서 저자들의 신학적 개념에 놓일 것이다. 그럼에도 불구하고 주제의 순서는 대략 연대순이며, 각각의 주요 구조단위는 저자나 저자의 집단, 관계된 자료를 칭하는 제목과 대개 하나의 신학적 주제를 나타낸다. 그리고 하부 주제들은 그리스도, 교회, 종말론과 같은 신학적 주제들로 구성된다.

III. 신약성서신학의 방법론

1. 객관적인 역사적 연구

신약성서에 관한 역사적 연구는 초기 기독교인들의 삶 혹은 기원후 일세기 맥락 안에서 신약성서의 의미에 대한 객관적이고 기술적 언급을 가리킨다. 신약성서를 엄밀하게 일세기 정황의 빛에서 이해하려는 학자들은 다양한 방식으로 역사적 연구를 수행한다. 비아(Dan O. Via, 2002)는 이러한 역사적 연구를 두 가지 종류로 구분한다: ① 객관적 지식을 추구하는 역사적 연구와 ② 신학적 주장을 지원하는 역사적 연구.

객관적 지식을 추구하는 역사적 연구의 대표자는 브레데이다. 그는 신약성서신학은 단순히 일련의 사건, 경험, 신앙을 연구하는 것이 아니라, 초기 기독교 역사의 발전 과정을 기술해야 한다고 주장한다. 이것을 위하여 그는 영감설과 무관하게 또 정경의 자료에만 국한되지 않고 이루어지는 엄격하게 역사적이고 객관적인 작업을 주장한다. 역사가는 자기 자신을 비롯하여 동시대인들의 관점에 의해서 영향을 받지 않아야 하며 교회나 교리신학의 관심을 지지해주는 일에 관여해서도 안 된다. 왜냐하면, 그것은 객관성을 파기하는 일이기 때문이다. 그는 초월이나 계시와 상관없는 순수한 역사적 지식 그 자체에 관심을 기울였다. 신약성서신학은 나름대로 목표를 가지며 지식에 대한 공정한 관심에 의해서 연구되어야 한다. 브레데를 비롯하여 역사적 탐구자들은 매우 객관적이고 해석자의 주관성을 피할 수 있다고 가정한다. 그러나 어느 역사가든지 이미 자신의 입장과 관점과 같은 선이해를 갖고 있기 때문에, 엄격하게 객관적 지식을 얻는다는 것이 불투명해질 수 있다.

스텐달(Krister Stendahl, 1962)은 본문이 "의미했던 것"(what it meant)과 "의미하는 것"(what it means) 사이의 차이를 구분한다. 그는 성서신학은 성서 본문이 원래 의미했던 것을 기술적으로 말하는 것이라는 기술적 작업으로서의 성서신학을 지지한다. 그는 완전한 신학적 작업은 세 단계로 이루어진다고 제시한다: ① 원래의 역사적 의미 기술; ② 해석학적 원칙의 명시; ③ 지금 여기에서 의미 탐색. 그러나 실제로 성서신학은 이 단계 중에서 첫째 단계에 국한된다. 그는 전적인 객관성이란 가능하지 않다는 데 동의하면서도, 성서신학이 해야 할 일은 "의미했던 것"을 객관적으로 기술하는 것이며 현재를 위한 의미는 포함되지 않는다고 주장한다.

라이사넨(Heikki Raisanen)은 그의 「신약성서신학을 넘어」(1990)에서 브레데의 목표를 더욱 추구한다. 그는 신약성서신학이 신학적 관심에 의해서 지배되어온 것을 비판하면서 그것이 더 역사적 작업이 되어야 한다고 주장한다. 진정한, 완벽한 객관성이 가능한 것은 아니지만, 그러나 높은 수준의 객관성에 이르는 것을 가능하다. 그에게 있어서 역사적 지식은 그 자체를 위한 것이 아니라 우리의 종교와 문화의 뿌리에 대한 이해를 위한 것이다. 그는 더 최근의 논문(2000)에서 신학적이고 실천적 입장을 표명한다. 그는 신약성서 해석의 목표를 모든 인류를 완전하고 정의로운 삶으로 해방하는 것으로 제시한다. 역사비평은 이러한 목표의 적이 아니다. 그는 상대적 객관성을 목표로 하고 재구성(과거의 의미)과 적용(현재의 의미)을 구분하려는 역사비평과 다양하고 특수한 해방신학자들의 해석 사이에 변증법적 상호작용이 필요하다고 본다.

비아는 또 다른 차원의 역사적 연구로서 신학적 주장을 지원하는 성격의 역사적 연구를 정의하고 그런 성격을 지닌 몇 학자들의 작업을 소개한다. 먼저 쿨만(Oscar Cullmann, 1959)은 이스라엘의 과거로부터 종말론적 미래에 이르기까지 진행되는 일련의 역사적 사건들에 관심을 기울인다. 그에게 있어서 이 사건들은 하나님이 자신을 나타내는 장소이며 또 실제적이고 연대 추정이 가능하다. 이 사건들의 중심에 있는 역사적 예수에 대한 그의 관심은 그가 계시를 구성하고 정당화하는 두 가지 일 모두에 역사적 추론을 사용하고 있음을 보여준다. 그에게 있어서 교회가 예수를 메시야로 믿을 수 있었던 단 하나의 정당한 이유는 역사적 예수가 자신을 그렇게 믿었기 때문이다.

케어드(G. B. Caird, 1995)는 신약성서 저자들이 원래의 맥락에서 의도했던 것이 무엇인가를 결정하기 위하여 역사적 방법을 사용한다. 비록 그는 예레미야스와 쿨만처럼 계시의 구성과 정당화를 그의 역사적 작업의 직접적인 목표로 설정하지는 않았지만, 오늘날 교회를 위한 신약성서의 권위를 인정한다. 신약성서는 모든 세대에 유효하므로 오늘날에도 의의가 있다. 그는 기술적인 역사를 주장하지만, 역사가가 자신의 현재에 비추어 과거를 재구성한다는 것을 인정한다. 그래서 그는 해석자가 역사비평을 적절하게 적용할 수 있는 토대로서 신학적 믿음, 성육신에 대한 믿음을 지적한다. 그렇지만 그 믿음은 역사적 예수에 대한 탐구를 무디게 하지 않아야 한다. 역사적 예수가 자신의 선교에 대하여 가졌던 생각은 교회가 설교해 왔던 것 곧 신학적 용어로 메시야에 가깝다. 그에게 있어서 기술적이고 역사적 해석을 위한 기준은 성서 저자들의 의도이다. 그는 저자의 의도가 정확한 해석의 기준이 되어야 한다는 일반적인 원칙을 주장하는 데서 나아가 기독교의 독특성을 주장한다. 이것은 신약성서 저자가 의도한 명백한 의미 이외에 다른 의미로 읽힐 수 없다는 것을 의미한다.

최근에 발라(Peter Balla)는 그의 「신약성서신학에 대한 도전들」(1997)에서 신약성서신학은 초기 기독교의 역사와 구분되는 신학적 노력으로 이해한다(브레데와 대조). 그러나 그 신학은 단지 교리로 이해되어서는 안되며, 하나님에 대한 초기 기독교인들의 믿음과 관련된 모든 확신, 행동들 및 경험들로 폭넓게 이해되어야 한다. 동시에 신약성서신학은 신약성서 문서들 안에 포함된 신학을 그것의 맥락에서 설명하기 위하여 역사비평의 방법을 사용해야 하는 기술적, 역사적 작업이다. 신약성서신학은 규범적이지 않으며 그것은 또 신약성서의 의미를 현재를 위한 것으로 실제화하려는 해석학적인 연구도 아니다. 그에게 있어서 신약성서의 권위에 대한 인식의 한 가지 근원은 예수가 메시야였다는 저자들의 신앙이다. 그가 직접적으로 표현한 것은 아니지만, 그는 예수 자신이 신적인 의식은 아니더라도 메시야적 의식을 가졌다고 생각한다. 그는 신약성서신학은 하나의 통일된 입장을 보여주는데, 그것은 하나님이 적극적으로 역사 과정에 개입하여 자기의 목적을 위하여 활동한다는 것을 주장한다.

2. 역사적 신학적 연구

신약성서신학은 단순히 초기 기독교인들이 믿었고 생각했으며 가르쳤고 희망했던 것에 대한 역사적 지식을 얻으려는 것이 아니라, 신약성서의 교훈들을 오늘날 기독교인들의 삶에 의미 있는 것들로 제시하려는 작업이다. 이 작업은 일세기 저자들과 독자들을 위하여 제시된 것들을 현대의 독자들에게 의미 있는 것들이 되게 하려는 것이기 때문에, 여기에는 반드시 해석학적 작업이 수반되어야 한다. 비아는 신약성서신학에서 해석학적 요소가 반드시 필요한 이유를 두 가지로 지적한다(2002): ① 신약성서 저자들 자신들도 그들이 사용한 전승들과 자료들의 원래 의미보다는 그것들이 자신들의 공동체에 의미 있는 것들이 되게 하려는데 관심을 기울였다; ② 후대를 위하여 신약성서의 권위를 확실하게 주장하려면 방법론적으로 해석학적 요소가 있어야 한다. 따라서 신약성서신학을 위해서도 해석자의 해석학적 입장이 중요한 요소로 대두한다. 그런데 "전제 없는 해석이 가능한가"라는 불트만의 지적과 같이, 우리의 해석은 기본적으로 우리의 양육과 교육, 상속받은 문화와 전통, 그리고 사회적 위치에 의해서 영향을 받는다. 그래서 던(1987)은 신약성서신학을 대화의 작업 곧 일세기의 작품인 신약성서와 오늘날 기독교인들의 대화로 이해한다.

신약성서신학이 기본적으로 해석학적 작업이 되어야 한다는 것을 가장 잘 간파했던 사람이 불트만이다. 그는 역사적인 것과 해석학적인 것을 결합했다. 이러한 특징은 전형적으로 바울과 요한의 역사적이고 신학적 위치에 대한 설명에서 제시된다. 그는 실존주의 철학의 명제를 바탕으로 바울과 요한을 해석하여 현대인들에게 의미 있는 것이 되게 하려고 노력한다. 그에게 있어서 역사와 철학과 신학을 서로 연결하는 공통점은 그것들이 모두 인간 실존에 대한 관심을 기울인다는 것이다. 그는 신약성서의 해석에서도 해석학적 순환을 적용한다. 모든 해석자는 반드시 전이해를 갖고 있다. 모든 해석은 질문을 통해 이루어지는데, 그 질문은 전이해를 제공하는 삶의 정황으로부터 나온다. 전이해를 토대로 한 해석은 전이해와 해석이 결합한 새로운 의미를 낳으며, 이렇게 해석학적 순환이 진행된다.

로빈슨(J. M. Robinson, 1976)은 불트만을 따라, 신약성서신학의 임무를 두 가지로 제시한다: ① 원시 기독교의 본문에 대한 역사적 분석을 제공하는 것(역사적 임무); ② 이 본문이 현대에 의미 있는 유용한 것이 되게 하는 것(해석학적-규범적 임무). 역사적 임무와 관련하여, 그는 브레데의 주요 논지들이 여전히 설득력이 있다고 믿는다. 그는 신약성서를 오늘날에 적합하도록 만들기 위한 신학적 작업, 예를 들어, 실현된 종말론(Dodd), 구원사(Cullmann), 그리고 신약성서 시대의 사상 세계에 대한 역사적 재구성(Conzelmann)과 같은 것들의 의미를 과소평가한다. 그러면서 그는 브레데가 강조한 것 곧 신약성서신학은 원시 기독교의 역사로 환원되어야 한다는 것을 주장한다. 해석학적 임무와 관련하여, 그는 불트만이 시작한 것을 발전시켜야 한다고 생각한다. 불트만은 인간 실존의 이해를 위하여 본문의 의식적인 사고 수준 아래로 내려가는 방법을 고안했다. 로빈슨은 신약성서의 실존 이해의 다른 차원 곧 역사, 존재론, 우주론 및 정치에 대한 이해를 열어놓기 위하여 불트만의 방법을 확장해 사용할 것을 권장한다.

도나휴(John R. Donahue, 1996)도 역사와 해석학 모두에 관심을 기울이면서 불트만의 작업을 넘어서려고 노력한다. 도나휴는 역사 인식에서 불트만의 계몽주의적 인식을 넘어서서 "신역사주의"(new historicism)를 주장한다. 불트만은 종교사학파의 주장을 따라 역사적 객관성을 지지하고 역사적 맥락의 발견을 해석의 필수 불가결한 것으로 여기며 역사 과정에서 원인과 결과의 닫힌 연속체를 인정하고 전승의 발전 과정에서 역사적 전개를 추적하는 것이 가능하다고 생각한다. 반면에 신역사주의는 역사적 결정론을 거부하고 객관적으로 입증 가능한 과거에 대한 의문을 제기하며 역사적 의미는 역사가에 의해서 발견되는 것이 아니라, 역사가 자신의 상황을 반영하는 것으로서 역사가에 의해서 구성된다고 여긴다. 해석학적 접근에서도 도나휴는 불트만을 넘어선다. 불트만은 근본적으로 역사적인 것과 실존적인 것 두 개의 선택을 고려

했다. 그러나 도나휴는 더 많은 가능성을 생각한다. 신역사주의와 함께 그는 오늘날 문학비평과 사회과학적 해석이 관련성을 갖는다고 생각한다.

펑크(Robert W. Funk)는 그의 「예수에게 솔직히」(1996)에서 역사와 해석학 사이의 관계에 대한 그 자신의 입장을 분명히 취한다. 그는 신약성서신학의 과제보다는 역사적 예수에게 신학적이며 해석학적 관심을 집중한다. 펑크는 신약성서를 포함하여 고대 교회사에서 예수에 대한 이해가 대부분 왜곡되었다고 판단한다. 그는 비평적 역사와 종교는 변증법적 상호작용 속에 있어야 한다고 주장한다. 그에 따르면, 역사적 예수 연구의 목표는 조사할 수 있고 종교적 관심과는 무관한 사실적인 정보를 얻는 것이다. 부정적으로 말해서, 그는 예수에 대한 후대의 해석들을 전복시키고 정통적인 기독론을 뒤엎으려 한다. 그는 종교적 목적에서 제시된 예수에 대한 후대의 묘사로부터 예수를 해방하고 그 해방된 예수를 개혁 교회의 규범으로 삼아야 한다고 주장한다.

라이트(N. T. Wright)는 「신약성서와 하나님의 백성」(1992)에서 신약성서신학은 역사적인 것과 신학적인 것이 결합된 해석학적인 것으로 제시한다. 그에 따르면, 신약성서에 대한 신학적 이해는 역사적이고 문학적인 해석 모두를 요구한다. 그는 비평적 현실주의라고 부르는 해석학적 과정을 통하여 우리의 인식을 설명한다. 외부 현실에 대한 우리의 인식은 항상 우리 자신의 이야기 혹은 세계관이라는 렌즈를 통하여 보인다. 그래서 지식은 항상 아는 자의 주관성에 의해서 특징지어진다. 역사 기술은 항상 사건들을 의미 있게 만들려는 해석적 관점에 의해 이루어진다. 세계관은 무엇이 궁극적으로 중요한가에 대한 인식 이전에 해석자에게 전제된 의식이며 모든 것을 바라보는 렌즈의 역할을 한다. 세계관은 이야기들을 제공하는데, 인간은 그것을 통해서 현실을 본다. 세계관은 기본적인 일련의 신념들과 목표들 속에서 분명해지며 그것들로 인해 신념과 목표들이 다시 생겨난다.

라이트에게 있어서 역사비평은 신약성서신학에서 과거와 현재를 연결하며 과거의 특수성을 보존하고 예수를 우리 자신의 이미지로 재구성하지 않기 위하여 방법론적으로 필요하다. 그것은 하나님이 역사의 과정에 개입한다는 성서적인 견해 때문에 신학적으로도 필요하다. 역사 속에서 무슨 일이 일어났는가는 신학적으로 매우 중요하다. 그는 독립된 단편적인 증거를 평가하는 양식비평적 접근을 거부한다. 그 대신 그는 증거에 대한 작은 규모의 판단들을 검증하고 또 그 판단들로 검증을 받는 광범위한 가설 혹은 큰 청사진을 세우려고 한다. 그는 해석학적 방법과 함께 신약성서의 역사적 맥락을 기술하는 것이 중요하다고 강조한다.

IV. 신약성서신학의 전망

1. 후기현대주의적 연구

현재 신약성서신학은 두 가지 방향에서 진행되고 있다. 한 가지 방향은 후기현대주의적 입장에서 초기 기독교인들의 사상과 종교에 대하여 기독교 교회의 신앙과 권위의 통제에서 벗어나 중립적으로 또 객관적으로 연구하는 것이다. 후기현대주의적으로 세계를 바라보는 기본 입장은 무엇보다도 표면 아래 숨겨져 있는 깊이의 차원 곧 초월의 차원이 없다는 것이며 그래서 세계를 불확실하고 근거 없으며 다양하고 불안정하며 확정되지 않은 것으로 본다. 그것은 깊이가 없고 유희적이며 구별을 모호하게 하는 문화 형태를 가리키기도 한다(Terry Eagleton, 1997). 그것은 또 형식/반형식, 목적/유희, 현존/부재, 깊이/표면, 결정성/비결정성, 초월/내재와 같은 서로 상충하는 특징을 가진

단어들의 대비를 통해서도 표현된다. 비아는 후기현대주의적 성서신학자로 브루그만과 아담을 대표적으로 지목한다. 후기현대주의적 성서신학의 기본 입장은 어떤 객관적인 역사적 사실들이나 신학적 주제들의 탐구보다는 독자가 중요하다고 판단되는 것에 대한 관심을 집중하는 것이다.

　브루그만(Walter Brueggemann)은 그의 「구약성서신학」(1997)에서 계몽주의에 의해서 도입된 현대주의의 종점으로서 후기현대주의를 호의적으로 수용한다. 그는 후기현대주의를 본문의 다원성과 본문에 대한 해석의 다양성과 연계시킨다. 모든 해석은 해석자의 관심을 옹호하려는 욕망 때문에 생겨나고 형성된다. 올바른 혹은 궁극적인 해석이라는 주장을 정당화시킬 수 있는 보편적인 전제들이란 없다. 우리는 단지 하나의 본문과 많은 임시적이고 경쟁적인 해석들을 할 뿐이다. 이러한 상황에서 그는 구약성서신학의 세 가지 유형 곧 정경적, 자유주의적, 역사-비평적 유형을 설명한다. 그는 특히 세 번째 유형에 대해서 비판적이다. 그는 그것을 성서의 신학적 해석에 해로운 결과를 가져온 계몽주의의 산물로 본다. 그는 계몽주의의 객관적, 과학적, 실증적 전제들과 함께 역사-비평적 구약성서신학은 얄팍하고 회의적이며 최소주의적 해석을 양산했다고 주장한다. 역사-비평적 구약성서신학에 대한 그의 비판의 핵심은 그것이 중립적 전제들을 갖고 어떤 신학적 주장도 말하지 않으면서 모든 것을 설명한다고 주장한다는 것이다.

　브루그만은 해석에 있어서 독자의 입장을 강조한다. 그는 모든 해석은 해석자가 이미 가진 관심에 의해서 형성된다고 주장한다. 그것은 필연적으로 본문이 항상 어떤 면에서 본문 외부에 있는 처지에 비추어서 이해된다는 것과 해석자는 자신이 처한 사회적, 신학적 입장을 본문에 적용하고 그것을 해석학적 입장으로 사용한다는 것을 의미한다.

만일 해석이 철저히 비평적이 되려면, 해석자는 자신의 해석학적 위치와 한계에 대한 자의식을 가져야만 한다. 본문과 외부 지평 사이의 어떤 유비적 관계가 있는지 보여주는 것이 해석자의 일이다.

아담(A. K. M. Adam, 1995)은 후기현대주의의 입장에 따라 현대주의에 기초한 신약성서신학을 비판한다. 아담이 현대주의적 신약성서신학에 대해서 비판한 주요 대상은 역사비평을 신약성서신학의 필요불가결한 토대로 삼은 점이다. 그는 한편에서 역사비평이 하는 역할을 상대화하고 다른 해석학적 접근들의 유효성을 인정해야 한다고 주장한다. 그러나 그의 실제 입장은 역사적 토대가 필요하다는 인식은 해석의 본질이나 신약성서신학 자체의 본질에 근거한 것이 아니라, 기원, 연대 결정, 새로운 해석, 기술적 전문 지식을 강조하는 현대주의 정신에 근거한다고 주장한다. 역사적 신약성서신학은 방법론적 혹은 신학적 필요에 의한 것이 아니라, 사회적이고 제도적인 필요에 의한 것이다. 역사에 근거를 둔 신약성서신학은 단지 현대주의에 머물러 있는 사람들만을 위한 것이다.

아담에게 있어서, 신약성서신학의 과제는 역사적 사실성과는 상관없이 신약성서의 의미를 아는 것이다. 그리고 그 의미는 본문이 가진 것이 아니라, 해석자가 자신에게 이미 익숙한 범주들에 비추어서 본문에 부여하는 것이다. 신약성서신학은 신약성서에 대해 이미 알고 있는 의미를 갖고 시작한다. 그러고 나서 이것을 다른 방식으로 말한다. 원래의 의미를 찾는 것이 반드시 필요한 것은 아니다. 그러나 아담은 신약성서신학의 유효성을 시험하기 위한 비판적이고 정돈된 기준들을 주장한다. 그것 중에는 다음과 같은 것들이 있다: 정경성, 조직신학적 표제, 윤리적 관심, 심미적 판단, 정치적 자유주의적 관심.

2. 역사적-해석학적 연구의 강화

신약성서신학의 발전에서 또 다른 방향은 슐라터와 불트만의 유산을 발전시켜 역사적-해석학적 작업을 통하여 신약성서에서 제시된 것들의 현대적 의미를 찾으며 특히 인간이 이룩한 종교적 과거의 일부분으로서 기독교의 주장으로 제시하는 것이다. 신약성서는 실제로 일어났거나 아니면 일어났던 것으로 믿어지지만 더는 직접적으로 파악하기가 어려운 사건들 혹은 상황들을 포함하고 있음에도 불구하고, 넓은 의미의 그리고 비전문적인 의미에서 역사적 문서들로 구성되어 있다. 또 신약성서 문서들에는 인간과 세상의 구원을 위한 하나님의 활동에 관한 신학이 담겨 있다.

라이트(N. T. Wright)는 성서를 역사적 특수성에 비추어 읽지 않고 오히려 "본문이 지금 나에게 말하는 것"으로 받아들이는 것을 그 본문의 의미의 전부가 되게 하려는 경건주의 전통이 후기현대주의의 일부 흐름과 유사하다고 지적한다. 그것은 멀리 있는 성서의 특수성이 어떻게 현재의 특수성과 혼합될 수 있는지 숙고하는 것이 성서를 오늘 우리에게 직접 의미 있게 만드는 데 방해가 된다는 신념에서 나온다. 이러한 지름길을 택하는 것은 실제로 독자의 위치를 중시함으로써 성서의 권위를 약화한다. 다른 한편에서 역사비평은 역설적으로 신학적 연구를 보강한다. 계몽주의는 부분적으로는 정통 기독교에 대한 비판에서 시작되었는데, 그것은 기독교로 하여금 자신의 뿌리가 진정으로 역사 안에 있다는 것을 상기시켜주었다. 만일 역사적 실존에 대한 우리의 실존적 인식을 지탱하는 역사적 탐구와 숙고를 포기한다면, 우리는 실존적 가능성 자체를 손상하는 것이다.

크로싼(John D. Crossan)은 역사적 예수 연구가 필수적으로 필요하다고 주장한다. 후기현대주의와 역사적 연구는 서로 상충하는 것이 아니라 밀접하게 병행한다는 것이다. 그는 후기현대주의를 근거로 상호작용주의(interactivism)를 말한다. 과거와 현재는 각각 공정하고 대등하게 서로에게 도전하면서 상호작용한다. 역사는 공적 담론 안에서 논증된 증거를 통하여, 현재에 의해 상호작용적으로 구성된 진정한 과거를 가진다. 과거가 현재의 빛에서 재구성되고 역사가들의 현재는 항상 변화하기 때문에, 역사는 항상 변화하고 학자들의 재구성은 다시 이루어져야 한다. 크로싼은 그의 책 「예수」(1994)에서 다음과 같이 역사와 신앙의 관계를 언급한다: "기독교적 신앙은 하나님의 현현으로서의 역사적 예수 안에 있는 신앙의 행위이다." 이것은 그의 역사적 고찰이 그의 신학적 연구의 구성요소라는 것을 가리킨다. 기독교적 신앙의 대상은 역사적 재구성으로 이루어진 진정한 과거에 있다는 것이다.

크로싼은 학문적으로 역사적 재구성을 하지 않을 수 없는 세 가지 이유를 제시한다(1999). (1) 역사적 이유: 예수와 그의 제자들은 단순히 거기에 있고 적합한 능력을 갖춘 사람에 의해서 연구될 수 있는 역사적 인물들이다. (2) 윤리적 이유: 복음서들은 완전히 이야기, 비유, 신학으로만 구성된 것이 아니라, 항상 역사적 토대를 주장해 왔다. 그래서 우리는 신학적인 진술들과 역사적인 진술들을 구분해야 하는 윤리적 책임을 갖는다. (3) 신학적 이유: 그것은 정경 복음서들의 성격(내용과 형식)이 지닌 규범적 가치에 근거한다. 이러한 전기적 복음서들에서 성육신은 겉모양만 아니라 진정으로 몸이 되는 것이다. 예수를 역사적으로 중요하게 만드는 것은 바로 예수의 몸이 지닌 중요성이다. 정경 복음서들은 갈릴리의 예수와 부활하신 그리스도에 대한 신앙 안에서 살았던 복음서 저자들과 그들의 공동체들의 현재 사이에 변증법을 이루고 있다는 점에서 규범적이다. 그것은 또 과거의 역사적 예수와 현재의 부활하신 예수 사이의 변증법이기도 하다. 이러한 상호작용은 기독교 역사를 통해서 반복되어야 한다. 기독교인들에게는 오직 한

분의 예수 곧 부활하신 역사적 예수만이 있다.

결론적으로 신약성서신학은 역사적인 것과 신학적인 것을 결합하여 신약성서에 언급된 것들을 오늘날 기독교인들의 신앙과 삶에 의미를 제공하는 작업이 되어야 한다. 이것을 이룩하기 위해서는 방법론적으로 본문에 대한 다각적(역사적, 문학적, 신학적) 해석이 이루어져야 한다. 역사적 해석은 본문 안에 있는 사실적 자료들에 대한 질문을 포함하여 본문의 정황과 그것이 본문에 미치는 영향을 다룬다. 역사적 해석의 목적으로 나온 사회과학적 해석은 특수한 정황에서 나온 역사적 사건들과 사람들을 이해할 수 있는 사회 체계를 제공하는 점에서 더 체계화되고 이론적이다. 문학적 이해는 본문의 내용과 구조 혹은 형식을 다룬다.

신학적 혹은 실존론적 이해는 본문의 내용 특히 하나님과 인간의 상호작용을 다룬다. 실존론적 해석은 해석학적 순환의 불가피성 곧 해석자의 입장과 전이해가 해석의 결과에 미치는 영향을 인정하면서 해석 과정에서 독자의 창조적이고 구성적인 역할을 인정한다. 실존적 상황은 개인의 내적인 삶에 초점을 두는 것에서부터 개인이 연관된 사회적 토대에 초점을 두는 것까지 다양하다. 신약성서신학은 이러한 해석을 기초하여 신약성서에서 제시된 하나님의 구원 활동의 본질과 목적을 이해하고 오늘날 기독교인들의 삶에서 실천하고 실현하는 지식과 지혜와 능력을 제공하는 작업이 되어야 한다.

추천하고 싶은 책

Boers, Hendrikus. 「신약성경신학이란 무엇인가」. 서울: 새순출판사, 1992.
Bultmann, Rudolf. 「신약성서신학」. 허혁 역. 서울: 성광문화사, 1976.
Conzelmann, Hans. 「신약성서신학」. 김철손, 박창환, 안병무 공역. 서울: 한국신학연구소, 1982.
Gnilka, Joachim. 「신약성경신학」. 이종한 역. 서울: 분도출판사, 2014.
Goppelt, Leonhard. 「신약신학 I, II」. 박문재 역. 서울: 크리스챤 다이제스트, 1992.
Hahn, Ferdinand. 「신약성서신학 I」. 강면광 외 역. 서울: 대한기독교서회, 2007.
Hasel, Gerhard F. 「현대신약신학의 동향」. 장상 역. 서울: 대한기독교출판사, 1982.
Jeremias, Joachim. 「신약신학」. 정충하 역. 서울: 새순출판사, 1990.
Kmmel, W. Georg. 「신약성서신학: 예수, 바울, 요한」. 박창건 역. 서울: 성광문화사, 1985.
Ladd, G. E. 「신약신학」. 신성종, 이한수 공역. 서울: 대한기독교출판사, 1984.
Lohse, Eduard. 「신약성서신학」. 박두환 역. 서울: 한국신학연구소, 2002.
Marshall, Howard. 「신약성서신학」. 박문재, 정용신 역. 서울: 크리스챤 다이제스트, 2006.
Schreiner, Thomas R. 「신약신학」. 홍성철 역. 서울: 부흥과개혁사, 2013.
Thielman, Frank. 「신약신학」. 우성훈, 김광복 역. 서울: 기독교문서선교회, 2008.
Via, Dan. O. 「신약성서신학이란 무엇인가?」. 김선정 역. 서울: 대한기독교서회, 2004.
Vos, Geerhardus. 「성경신학」. 원광연 역. 서울: 크리스챤다이제스트, 2005.
Zuck, Roy B. 「신약성경신학」. 류근상 역. 서울: 크리스챤다이제스트, 2004.

제4장

신약언어와 사본, 정경

신약학 교수 | **장동수**
dschang@kbtus.ac.kr

본 장의 목적은 신약성서를 공부하고자 하는 이들을 위하여 신약성서의 언어, 사본들의 현황과 전달역사, 그리고 정경형성 과정에 대하여 개관하는데 있다. 그렇게 함으로써 이 분야에 대하여 더 깊은 과정으로 들어가는 길잡이 역할을 하고자 함에 있다.

I. 신약성서의 언어

예수님과 최초 그리스도인들의 주된 언어는 아람어(Aramaic)였지만, 신약성서의 언어는 아니었다. 하나님께서는 이제 한 민족의 언어가 아니라 이미 국제어가 되어버린 헬라어(Greek)를 택하여 신약성서가 기록되고 보급되게 하셨다. 아람어는 앗시리아와 신바벨론 제국에 잡혀간 이스라엘 사람들이 그곳에서 배워온 언어인데, 히브리어와 흡사하며 예수님 당시에 팔레스타인의 언어였다. 그래서 구약의 상당부분이 아람어로 기록되었고(창 31:47; 렘 10:11; 단 2:4 - 7:28; 스 4:8 - 6:18; 7:12 - 26), 신약성서에도 아람어의 흔적이 많이 남아 있다. 주로 마가복음에 나타나는 "달리다굼"(5:41, 소녀야 일어나라), "에바다"(7:34, 열리라), "엘리 엘리 라마 사박다니"(15:34, 나의 하나님 나의 하나님 어찌하여 나를 버리셨나이까) 등과 같은 구절과, "아바"(14:36, 아버지: 비교. 롬 8:15; 갈 4:6), "골고다"(15:22, 해골) 등과 같은 어휘들 그리고 고린도전서 16장 22절의 "마라나타"(주여 오시옵소서) 등이다. 또한 복음서들의 대화체 부분이나 사도행전의 전반부에는 아람어의 관용적 표현들이 헬라어 본문에 나타나기도 한다.

구약성서의 언어인 히브리어(Hebrew)와 아람어는 셈어족(Semitic family)에 속하지만, 신약성서의 언어인 헬라어는 인도-유럽어족(Indo-European family)에 속한다. 헬라어의 자모는 페니키아의 자모에서 유래하였는데, 헬라어가 역사에 나타난 것은 B.C. 2,000-1,000년 기간에 삼차에 걸친 발칸반도 남부로의 이민이 이루어진 때부터이고, B.C. 300년대까지 여러 방언으로 존재했다. 알렉산더 대왕에 의하여 B.C. 331년에 페르시아 제국이 멸망하게 됨으로 아람어의 국제어 지위를 차지할 뿐만 아니라 신약의 언어가 된 헬라어는 다섯 단계의 변천과정을 거쳐 왔다. 즉, ① 호머이전 헬라어(B.C. 1,500 - 900), ② 고전 헬라어(B.C. 900 - 330), ③ 코이네 헬라어(B.C. 330 - A.D. 330), ④ 비잔틴 헬라어(A.D. 330 - 1453), 그리고 ⑤ 현대 헬라어(1453년 이후 현재까지)이다. 대서사시, 일리아드(Iliad)와 오딧세이(Odyssey)로 유명한 호머(Homer)를 위시하여 수많은 문필가와 철학자를 배출한 고전 헬라어 시대 이후에 출현한 코이네 헬라어는 헬라제국의 공용어가 되었다. 헬라어는 표현력이 풍부하고, 정교하며, 탄력적이어서 신약성서를 기록하는 데 아주 적합하였다.

1. 코이네 헬라어

그 의미가 "보통" 혹은 "일반"(common)이라는 뜻을 지닌 코이네 (κοινη) 헬라어는 보통 사람의 언어였지만, 헬라제국의 모든 이들이 사용하는 구어체 헬라어(colloquial Greek)만이 아니라 문어체 헬라어 (literary Greek)였다. 고전 헬라어를 구사하였던 플라톤이나 헤로도투스에게서도 우리는 이 두 요소를 다 발견할 수 있다. 코이네 헬라어는 아덴(Athens)과 그 외곽지역의 방언이었던 아틱(Attic) 방언의 특징을 가장 많이 반영하면서, 이오니아, 마게도니아, 데살로니가를 위시한 여러 지방의 방언들의 특징을 함축하고 있다. 그래서 헬레니즘 시대의 위대한 문필가인 폴리비우스(Polybius), 스트라보(Strabo), 에픽테투스 (Epictetus), 루키안(Lucian), 프루타르크(Plutarch) 등이나 유대인 문필가인 필로(Philo)와 요세푸스(Josephus)의 글들과 신약성서 사이에는 말씨나 스타일에서 유사한 점들이 많이 발견된다.

헬라어는 지중해 연안과 인도까지 점령하여 대 제국을 이룩한 알렉산더 대왕과 그 후계자들의 노력으로 코이네 헬라어와 헬라문화는 이 지역의 언어와 문화가 되었고, 소위 헬레니즘(Hellenism) 시대를 열었다. 헬라문화의 지배를 받게 된 팔레스타인도 이 헬라어 사용을 피할 수 없게 되었다. B.C. 1세기에 팔레스타인뿐만 아니라 헬라제국의 영역을 모두 다 지배하게 된 로마제국도 자국어인 라틴어(Latin)가 있었지만, 군대나 정부문서에만 라틴어가 사용되었고 헬라어가 그들의 일상어였다. 로마의 문필가 호라티우스가 말한 대로 로마가 헬라제국을 군사적, 정치적으로는 정복하였지만 헬라의 문화가 그 로마를 삼켰다는 지적은 옳다. 바울이 로마서를 쓸 때, 필요하다면 라틴어로 쓸 수 있었겠지만, 그는 헬라어로 서신을 썼다. A.D. 95년에 로마교회를 대표해서 고린도 교회에 편지를 쓴 로마의 클레멘트도 라틴어가 아닌 헬라어로 서신을 기록하였고, 3세기 초반까지 로마의 교부들도 헬라어로 글을 남기고 있다. 이같이 A.D. 50년 초반부터(데살로니가전서의 기록시기) 시작하여 1세기가 끝나기 전까지 기록된 신약성서의 모든 책은 당대의 국제어였던 코이네 헬라어로 기록되었다.

2. 신약성서 헬라어의 성격

19세기 후반까지도 신약성서의 헬라어는 하나님께서 특별히 내려주신 성령의 언어로 생각하는 학자들이 많았다. 그러나 20세기 초반에 들어서면서, *Light from the Ancient East*(1927)의 저자 다이스만(Adolf Deissmann)과 같은 학자들의 노력으로 신약성서의 헬라어는 그 당시 보통 사람들이 사용하던 일상어, 즉 코이네 헬라어와 동일한 언어임이 밝혀졌다.

신약성서는 모두 이 코이네 헬라어로 기록되었고, 그 언어의 특징을 대부분 반영하고 있다. 하지만 당대의 언어의 특징과는 구별되는 점도 없지는 않다. 바울은 구어적 요소와 문학적인 요소의 중간지점을 달리고 있다. 신약성서 중 가장 유려한 헬라어로 기록된 히브리서, 그리고 베드로전서는 문학적인 요소가 더 두드러진다. 이 두 서신을 읽으려면 고전헬라어 사전이 더 도움이 된다. 그러나 보통사람들의 대화를 많이 전해주고 있는 복음서들은 구어적인 요소가 더 많다. 누가복음과 사도행전을 기록한 누가는 셈어적 헬라어, 고전 헬라어, 코이네 헬라어의 특성을 다 보여주고 있다.

신약성서 헬라어에 셈어적 요소가 보이는 것은 복음서에 대한 아람어의 영향이 그 첫째이고, 둘째는 칠십인 역의 영향이다. B.C. 200년대에 알렉산드리아에서 히브리어 구약성서가 헬라어로 번역된 칠십인역(LXX)으로부터의 인용이 신약 내의 구약인용의 80%를 차지하고 있기 때문에, 신약성서 헬라어에 셈어적 요소가 많이 들어 왔다. 이외에도 "침례를 주다," "죄 사함," "십자가," "그리스도"와 같이 기독교화된 용어들도 많이 생겨났고, "출회" 등과 같은 신조어, "아멘," "호산나," "할렐루야"와 같이 히브리어에서 차용한 어휘나 군대용어, 화폐나 거리 단위 등의 라틴어의 영향도 상당수 있다.

3. 신약성서 언어의 중요성 및 효율적 학습방안

언어는 비단 의사소통의 도구만이 아니라, 그 언어를 사용하는 이들의 사상, 감정, 역사, 문화, 세계관, 철학 등 모든 것을 담고 있는 하나의 세계이다. 그러나 문제는 한 언어를 다른 언어로 온전하게 옮겨낼 수 없다는 점이다. 물론 신약성서를 여러 번역본으로 읽고 공부하고 가르칠 수 있다. 그러나 그 어떤 훌륭한 번역본이라도 원문으로 읽는 것을 대체할 수는 없다. 그러므로 신학생이나 목회자는 물론이고 신약성서를 진지하게 공부하고자 하는 모든 이들이 갖추어야 할 여러 가지 소양 중에서 가장 기본적이며 필수적인 것이 신약성서의 언어인 헬라어에 익숙해지는 것이다.

종교개혁 당시 마르틴 루터는 하나님께서 헬라어와 히브리어를 택하여 자신의 말씀이 기록되는 언어로 귀하게 사용하셨는데, 말씀을 사랑하는 이들이 이들 언어를 배우지 않는 것은 수치요 죄라고 하였다. 그는 더 나아가서 여러 문법서와 참고서들이 나와 있고, 또 많은 교사들이 가르쳐주겠다고 하는 상황에서 성서언어를 배우지 않는 것은 수치요 죄라고 역설하였다. 신약성서 헬라어 습득의 출발점은 무엇보다도 하나님 말씀을 사랑하는 열망에서부터 시작되어야 한다.

신약성서에 기록된 헬라어의 총 단어 수는 6,000단어 미만이다(정확하게 5,425단어). 그 중에서도 그 빈도수가 10번 이상인 단어는 1,016

단어이고, 신약성서에 한 번밖에 나오지 않는 단어 소위 "하팍스 레고메나"(ἅπαξ λεγόμενα)는 대략 2,000단어에 이른다. 만약 우리가 신약성서에 나오는 헬라어 단어를 그 빈도수가 높은 것부터 일천 단어만 외우고 나서 헬라어 신약성서를 읽어 내려간다면, 모르는 단어보다 아는 단어가 더 많다는 사실에 신기해 할 것이다. 대한민국 고등학교 영어 과목 추천단어가 6,000단어임을 감안한다면, 신약성서에 사용된 헬라어 단어 전부를 외운다는 것은 그리 어렵지 않고, 한글로 된 문법서적과 참고자료들이 많아서 영어나 독일어를 몰라도 헬라어는 얼마든지 공부할 수 있다.

II. 신약성서의 사본

이와 같이 당대의 국제어였던 코이네 헬라어로 주님의 부활 승천 이후 1세기 중반부터 기록되기 시작한 신약성서의 각 책은 그 세기가 다하기 전까지 모두 기록되어 지중해 연안의 교회들과 개인에게 보내졌다. 원본(autograph)은 파피루스에 잉크로 기록되었을 텐데(요이 12절), 빌레몬서, 요한 이서나 삼서 같이 짧은 서신은 낱장 하나에, 사도행전, 마태, 누가, 요한복음서 같은 책은 파피루스 두루마리(roll)에 기록되었을 것이다. 오늘날 영어의 종이(paper)라는 말의 어원이기도한 이 파피루스(πάπυρος, papyrus)라는 식물은 나일 강의 습지에서 대량으로 자라나는 갈대였다. 그러나 습기에 약한 파피루스는 손상되기 쉬워서, 현재는 원본이 하나도 남아 있지 않고 필사자들이 손으로 파피루스나 (양)피지에 베껴 쓴 사본(manuscript)만 남아 있다. 파피루스는 값이 싼 장점은 있었지만 부스러지기 쉽고 습기에 약하며 양면에 쓰기가 불편하다는 다는 약점이 있어서, A.D. 3-4세기부터는 본격적으로 송아지나 새끼 양 혹은 염소 등의 짐승 가죽을 세공 한 (양)피지(parchment 혹은 vellum)가 책 재료로 본격적으로 사용되기 시작하여 점차 파피루스를 대신하게 되었다.

지난 2,000년의 교회역사 속에서 인쇄된 헬라어 신약성경을 읽게 된 것은 500년이 못되었고(15세기에 인쇄기 발명이후), 약 1500년 가까이 사본을 통해서만 읽어 왔다. 에라스무스가 최초로 헬라어 신약성서를 편집하여 인쇄하게 한 시기를 기점으로 전반 1500년을 소위 사본의 시대(period of manuscript, - 1516)로 후반 500년을 인쇄된 본문의 시대(period of printed text, 1516 - 현재)로 크게 나누어 부른다. 초기에는 원본이나 사본할 것 없이 대문자로, 뛰어 쓰기도 없고, 구두점도 없이 필사되었다. 우리가 현재 사용하고 있는 신약성경의 장(chapter)은 1228년 랭돈(Stephen Langdon)에 의하여, 절은 1551년 스테파누스(Robert Stephanus)에 의하여 나뉘어졌다.

사본의 시대에는 필사자들이 일일이 손으로 필사하였기 때문에 여러 연유로 인하여 이문(different reading 혹은 variant)들이 성서본문 안에 혹은 난외주에 생겨났고, 지금은 서로 완전히 같은 사본이 둘 이상 존재하지 않는다. 그러므로 신약성서의 원문(original text)을 구축하기 위하여 사본학적인 지식과 본문비평적 노력이 요구된다. 사본학 혹은 고문서학(paleography)은 파피루스, 가죽(양피지), 종이 혹은 나무나 돌판에 새겨진 고대 글이나 문서를 연구하는 학문이다. 또한 본문비평(textual criticism)은 원본이 남아 있지 않고 사본들만 남아 있는 어느 문서든지(주로 고대문서) 그 원문을 복원하기 위한 목적으로 그 사본들을 연구하는 학문분야이고, 성서학 연구에서도 신약성서나 구약성서의 원문구축을 위해서는 필수적이다.

1. 신약성서 사본의 현황

현재 남아 있는 신약사본들은, 헬라어 사본으로는 약 5,400여 개, 번역본 사본으로는 라틴어 약 8,000여 개, 여타 언어 1,000여 개 정도이다. 신약성서의 원문을 복원하는데 중요한 6대 자료는 파피루스 사본(papyrus), 대문자사본(uncial 혹은 majuscule), 필기체(cursive) 혹은 소문자사본(minuscule), 성구집(lectionary), 교부들의 인용문(patristic citation), 그리고 고대 번역본(versions)이다. 이중에서 처음 다섯 종류는 책 재료, 글씨체, 용도 등에 따라 분류된 것인데, 모두 헬라어(라틴어를 병기한 경우도 있지만)로 기록되었다. 마지막 것은 팔레스타인을 벗어나 기독교선교가 이루어지면서 발생한 필요를 충족시키기 위하여 여러 언어로 번역된 번역본들이다.

1) 파피루스 사본: 파피루스사본은 현재 130개 가까이 발견되었다. 가장 중요한 파피루스사본은 1930-1년 사이에 알려진 체스터 베티(Chester Beatty) 파피루스로 3세기 사본들인, P^{45}(사복음서와 사도행전), P^{46}(바울서신과 히브리서), P^{47}(요한계시록)이다. 다음으로는 1954년부터 출판되기 시작한 보드머 파피루스(Bodmer Papyri)로, P^{66}(요한복음의 대부분, 200년경), P^{72}(유다서, 베드로 서신, 3세기), P^{74}(사도행전 거의 전부와 일반서신, 7세기), 그리고 P^{75}(누가복음과 요한복음의 대부분, 175-225년경) 등이 있다. 그리고 가장 오래된 파피루스사본은 요한복음 18장 31-33절과 37-38절이 포함되어 있고 1934년 세상에 알려진 P^{52}인데, 그 년대가 125년경으로 추정된다. 이 사실은 요한복음의 2세기 후반 저작설을 주장하는 이들에게는 큰 걸림돌이다.

2) 대문자 사본: 주로 양피지에 기록되었고 약 300여 개가 발견되

었다. 중요한 대문자 사본으로는, 독일의 사본학자 티센도르프(Tischendorf, 1815-1877)가 시내 산의 성 캐터린(St. Catherine) 수도원에서 1844년에 발견하여 우여곡절 끝에 1933년부터 대영 박물관에 소장되어 있는 시내사본(Codex Sinaiticus, ℵ 혹은 01, 4세기경, 신약 전부와 구약의 대부분, 바나바서와 허마의 목자서도 포함), 이 시내사본과 대영 박물관에 나란히 진열되어 있는 알렉산드리아 사본(Codex Alexandrinus, A 혹은 01, 5세기경)은 신구약의 대부분과 클레멘트 1서와 2서가 포함되어 있으며, 1481년 혹은 그 이전부터 로마의 바티칸 도서관에 소장되어 있는 바티칸 사본(Codex Vaticanus, B 혹은 3, 4세기경의 사본으로 마카비서를 제외한 외경 전부와 신구약의 대부분을 포함하고 있으나 히브리서 9장 14절 이후와 목회서신, 빌레몬서, 요한 계시록이 누락되어 있다)은 1881년에 나온 웨스트코트(Westcott)와 호르트(Hort)의 신약성서 비평판에 가장 많은 영향을 준 사본이며, 5세기경에 필사되고 12세기경에 지워진 사본으로 추정되는 에프라임 사본(Codex Ephraemi rescriptus, C 혹은 04), 종교개혁가 캘빈의 친구인 베자(Beza)가 캠브리지 대학도서관에 1581년 기증한 사본인 베자 사본(Codex Bezae, D 혹은 5, 5-6세기경의 헬라어와 라틴어로 된 사본, 복음서 전부와 사도행전의 대부분 그리고 요한 3서의 일부) 등이 있다.

3) 소문자 사본: 필기체로 쓰인 소문자사본은 약 2,800여 개 정도 남아 있는데, 현재 남아 있는 신약사본의 90%가 소문자사본이다. 중요한 소문자사본으로는 '소문자사본의 여왕'으로 불리는 사본 33(9-10세기)과, 사본 424, 579(13세기), 1881, 그리고 패밀리 1(f^1)과 패밀리 13(f^{13})을 구성하고 있는 사본들(사본 간에 일치도가 90% 이상일 경우, 본문비평에서는 '패밀리'라고 부른다), 사도행전의 중요한 사본인 1739(10세기), 565(9-10세기) 등이 있다. 소문자사본들은 몇몇을 제외하고는 대부분

9세기경부터 나타나는 후기 사본들이지만, 이 중에서 어떤 사본들은 초기의 것이며 중요한 사본들도 있다. 파피루스사본과 대문자사본에 대하여는 그 중요도와 비교적 숫자가 적은 이유 때문에 많은 연구가 이루어졌지만, 소문자사본은 그 엄청난 수량 때문에 아직도 많은 연구자들의 손길을 기다리고 있다.

4) 성구집: 성구집은 교회 예배에서 낭송하기 위하여 성서 본문을 나누고, 순서를 바꾸고, 도입문구를 삽입하여 만든 것으로, 사본으로 약 2,200개 정도 남아 있다. 이 중에서 1/4-1/3이 서신서 성구집이고, 70여 개는 복음서와 서신서를 합쳐 놓은 것이고, 나머지는 모두 복음서 성구집이다. 상당량의 성구집 사본들이 10세기 이전의 대문자 사본들이지만, 이 보다 수적으로 훨씬 더 많은 성구집 사본들은 10세기 이후의 소문자 사본들이다.

5) 교부 인용문: 헬라어 신약성서에 대한 교부들의 인용문은 아주 풍부하여 위에 언급한 사본들이 없어도 교부들의 인용문만을 가지고도 헬라어 신약성서의 본문을 구축할 정도로 방대하게 남아 있다. 교부인용문들은 주로 헬라어와 라틴어로 기록된 저술들에서 발견되지만, 시리아어나 다른 몇몇 언어로 된 저술에서도 어느 정도 발견된다. 교부 인용문은 그 출처와 연대를 추정할 수 있고(주로 교부들의 사망연도를 중요시함), 헬라어사본이나 번역본의 본문유형을 구별할 수 있어서, 아주 중요한 자료이다.

6) 번역본: 신약성서의 번역본들은 150년경부터 번역된 시리아어 번역본을 위시하여, 라틴어, 콥틱어 번역본 등 약 10개 언어의 번역본들의 사본이 대략 9,000여 개 정도 남아 있다. 이 번역본들은 물론 그

자체가 성경해석이나 주석사에 도움이 되는 것은 물론이지만, 신약성서 본문비평에서는 예상해 볼 수 있는 번역본의 저본에 더 관심을 쏟는다.

2. 본문전달의 역사

위에서 언급한 사본의 시대는 사본의 분산시기(2-3세기), 사본의 집합시기(4-8세기), 표준본문의 시기(9-16세기)로 세분되어지며, 또한 인쇄된 본문의 시대는 수용본문(Textus Receptus)의 시기(1516-1881)와 비평본문(critical text)의 시기(1881-현재)로 세분되어진다.

1) 사본의 시대(period of manuscript, -1516): 사본의 시대의 초기인 **"사본의 분산시기"(2-3세기)**에는 사본들에 이문(異問) 혹은 이독(different reading 혹은 variant)이 많이 들어 왔다. 그 이유는 구약성서와는 달리 신약성서는 전문가보다는 아마추어 필사자들에 의해 필사되었고, 핍박으로 인하여 안정된 본문전통이 형성되지 않았으며, 필사자의 정확하지 않은 암기가 이러한 이문을 만들어 내기도 하였다. 발생하게 된 요인을 따라서 이문은 크게 비의도적인 이문과 의도적인 이문으로 나누어진다.

사본의 시대의 두 번째 시기인 **"사본의 집합시기"(4-8세기)**에는 기독교에 대한 핍박이 끝나고 공적인 종교가 되면서 정확한 본문에 관심이 높아져서, 지역별 본문의 일치현상이 두드러져서 소위 본문유형(text-type, 어떤 사본그룹이 그룹들과 확인된 이문들이 70% 이상 일치하며 10% 정도 차이가 날 때 그 사본그룹을 독립된 하나의 본문유형이라 한다)이 발생하게 된다. 현재 사본학자들 간에 어느 정도 의견일치를 이루는 대표적인 본문유형 네 가지는, 서방(Western) 본문유형, 알렉산드리아(Alexandrian) 본문유형, 비잔틴(Byzantine) 본문유형, 가이사랴(Caesarean) 본문유형 등이다.

사본시대의 마지막 시기인 **"표준본문의 시기"(9-16세기)**의 특색으로는 9세기경에는 비잔틴 본문유형이 다른 본문유형을 완전히 대치해버린 점이다. 또한 이 시기에는 라틴어가 헬라어를 대신하게 된다. 5세기에 서로마는 멸망하고 콘스탄티노플만 1453년까지 남아 있게 되었는데, 그 지역 사본전통이 비잔틴 본문유형이었다. 그래서 이 시기를 소위 비잔틴 본문유형 혹은 대다수 본문유형(Majority text-type)의 시기라고 부른다. 현존하는 신약성서 사본의 95% 이상이 8세기 이후에 필사된 것이며 거의 비잔틴 혹은 대다수 본문유형에 속한다.

2) 인쇄된 본문의 시대(period of printed text, 1516 - 현재): 인쇄된 본문의 시대는 "수용본문(Textus Receptus)의 시기"(1516 - 1881)와 "비평본문의 시기"(1881 - 현재)로 세분할 수 있는데, 영국의 본문비평학자인 웨스트코트(Brooke Foss Westcott, 1825 - 1901)와 호르트(Fenton John Anthony Hort, 1828 - 92)의 업적을 기점으로 이렇게 두 시기로 갈라진다. **"수용본문(Textus Receptus)의 시기"(1516 - 1881)**는 인문주의자 에라스무스(Desiderius Erasmus, 1469 - 1576)가 최초로 헬라어 신약성서를 편집하여 시중에 나오게 된 1516년부터 시작된다. 그 후 스테파누스(Stephanus, 1503 - 1559)와 베자(Theodore Beza, 1519 - 1605)의 작업을 통하여 에라스무스의 후속 판들은 라틴어로 소위 Textus Receptus(종종 줄여서 TR이라고 하며, 영어로는 received text, 즉 수용본문이라 지칭한다)로 알려지게 된다. 그러나 이 TR의 본문은 급하게 수집된 몇 안 되는 후기 소문자 사본들에 기반을 두고 있고, 심지어 요한계시록의 마지막 장 끝 부분의 여러 구절은 헬라어 사본을 찾을 수 없어 역으로 라틴어 역본에서 헬라어로 번역해 넣기도 하였다. 하지만 1,500년대부터 19

세기 초반까지 신약성서 본문비평 분야에서의 모든 작업은 어느 정도 이 TR에 의존할 수밖에 없었다. 그 이후에 밀, 벵겔, 그리스바흐, 라흐만, 티센도르프 같은 이들의 본문비평에 대한 공헌에 의하여 TR과 결별하게 된다. **"비평본문의 시기"(1881 - 현재)**는 1881년에 영국의 두 신약성서 본문비평 학자인 웨스트코트와 호르트가 두 권으로 된 *The New Testament in the Original Greek*(헬라어 신약성서 비평판과 본문비평 이론서)을 출판하면서 시작되었고, 사본사이의 계보적인 관계를 강조한 이들의 이론은 이때부터 줄곧 신약성서 본문비평에 영향을 주었다. 1898년에 에버하르트 네슬(Eberhard Nestle, 1851 - 1913)은 포켓용 헬라어 신약성서를 출판하면서, 기존연구결과를 간략하게 그러나 깊이 있게 한 권의 본문비평장치에 종합해 놓았는데, 1927년부터 아들 어윈 네슬(Erwin Nestle)이 그 일을 이어받았고(13판부터), 알란트(Kurt Aland)가 1960년에 이 작업에(24판부터) 참여하기 시작하면서, 이 포켓용 신약성서 비평판은 네슬-알란트(Nestle-Aland, 줄여서 NA)로 불리면서 계속하여 판을 거듭하여 이제 28판(2012)을 출판하여 비평판의 역사에 새로운 전기를 마련하였다. 1966년에는 알란트, 블랙(Matthew Black), 위크렌(Alan Wikgren), 메츠거(Bruce Metzger) 등으로 이루어진 위원회와 연합성서공회(United Bible Societies, 줄여서 UBS)로 알려진 다섯 성서공회들이 합동으로 포켓 헬라어 신약성서를 출판하였고, 현재까지 제5판(2014)이 나왔다.

현재 우리가 신약성서의 원문을 가장 손쉽게 접근할 수 있는 방법은 사본들을 직접 보는 것보다는 사본들의 증거를 집적하여 원문을 구축해 놓은 신약성서 헬라어 비평판을 보는 것이다. 위에서 언급한 두 종류의 비평판(NA판과 UBS판)을 보는 일이다. 이 비평판들을 보기 위해서 우리는 본문비평 방법론에 대한 지식과 이 두 비평판을 보는 법을 알아두는 것이 필요하다.

신약성서 본문비평학자들은 위와 같은 여러 증거사본들을 면밀히 연구하여 어떤 이문이 원문이었나 아니었나를 확인하는 과정에서 크게 두 종류의 원칙을 토대로 원문구축 작업을 수행한다. 첫째는, 비교적 객관적이라고 볼 수 있는 외적증거의 원칙으로 증거사본들의 질과 연대(가장 확실하게 보존된 가장 오래된 사본들에 의하여 지지를 받는 이문이 원문일 가능성이 높다), 지리적 분포상황(가장 널리 분포된 사본들에 의하여 지지를 받는 이문이 원문일 가능성이 높다), 그리고 본문유형 등을 검토하는 과정이고 둘째는, 비교적 주관적이라고 볼 수 있는 내적인 증거의 원칙으로서 이문이 발생할 수 있는 가능성을 살피는 것인데, 필사 상에서 일어날 수 있는 가능성(transcriptional possibilities, 필사자들이 사본을 필사할 때의 여러 정황이나 심리적 과정을 역으로 추론하여 원문이었을 가능성이 높은 경우를 알아보는 것으로, 한 이문 단위에서 더 짧은 이문, 더 어려운 이문, 그리고 다른 이문들의 출현을 설명해주는 이문이 원문이었을 가능성이 높다)과 내재적인 가능성(intrinsic possibilities, 해당 책의 저자의 어휘와 문체, 인접한 문맥, 동일 저자의 다른 책에서의 용례, 그 본문의 형성과 전승에 미친 그리스도인 공동체의 영향 등을 고려하는 것)을 검토하는 것이다.

UBS 4판의 본문은 기본적으로 NA 27판과 동일하다. 하지만 본문비평장치가 NA 27판보다는 간략한 편이다. 그리고 마태복음부터 계시록까지 이 본문비평장치에 수록된 모든 이문단위(약 1,400여 개와 구두점에 관한 이문 600여 개 추가)에 대한 해설로 구성된 주석서(*A Textual Commentary on the Greek New Testament*, 2d ed., 1994)가 편집위원 중의 한 사람이었던 메츠거 교수에 의해 집필되어 출판되었고, 필자가 한국어로 번역하여 대한성서공회에서 2004년도에 출판되었다. 이 주석서의 서문을 읽으면 본문비평장치를 읽는 법이나 각 이문단위에 대한 훌륭한 해설을 볼 수 있다.

3. 신약성서 사본학의 진흥에 관한 방안

　신약성서의 원본이 남아 있지 않고 사본만 남아 있는 상황에서 성서신학, 조직신학, 설교학을 위시한 실천신학 등의 신약성서와 관련된 모든 분야의 출발점은 신약성서 원문의 구축에서부터 출발해야 한다는 사실은 자명하다. 신약성서 사본학(혹은 본문 비평학)은 가능한 한 가장 근접한 원본을 구축하게 해주는 작업이며, 신약성서의 저작연대에 관한 선을 그을 수 있게 하며, 해당본문에 대한 요긴한 주석이 될 수도 있고, 논쟁구절에 대한 상황을 짐작하여 교리사 연구에 기여하기도 한다. 그러므로 신약성서를 연구하는 이들에게는 물론이거니와 그와 관련된 여타의 연구에서도 본문의 구축을 위한 기초 작업인 본문비평연구 혹은 그 연구결과를 참조하는 일은 필수적이며, 그 가치는 아무리 강조해도 지나침이 없다.

　현재 세계 신약학계에서 이루어지고 있는 신약본문비평 분야의 다양하고 눈부신 노력과 성과에 견주어 볼 때에, 한국 신약학계의 사본학 연구는 아주 미미한 실정이다. 몇 가지 예를 들면, 첫째로, 국내에서 국제대다수본문협회(International Majority Text Society, 미국 소재)의 영향을 받아 수년 전부터 대두되어온 TR과 KJV으로의 복귀운동이 일어나 한글 개역성서를 공격해오는 현상이 일어나고 있어서 현장 목회자들이 어려움을 겪기도 하지만, 이에 대하여 적절한 대처도 없고 적극적인 대응은 전무한 형편이다. 둘째로, 이제는 시간이 많이 지났지만 비교적 최근에 한글개역성서의 개정판의 출판은 있었으나, 그 작업도 당대의 신약성서 본문 비평학 발전의 열매들이 반영되지 못하고 있는 실정이다. 이 개정판의 작업에는 NA 27판이나 UBS 4판의 본문과 거기에 실린 본문비평장치를 온전히 반영하지 못한 점이다. 세계성성공회에서는 해당 비평판들이 2012년과 2014년에 각각 28판과 5판을 출판하고 있는 점을 감안한다면 더 극명하게 비교되는 점이다. 이와 같은 시급한 현안들을 위해서도 한국의 신학생들과 학자들의 관심이 사본학 연구에 기울여져야 한다.

이뿐 아니라 지금까지는 신약성서 본문연구의 노력이 주로 파피루스사본과 대문자사본에 집중되어 왔기 때문에, 그 이외의 증거자료들에 대하여는 상대적으로 소홀한 편이다. 즉, 3,000개에 육박하는 수의 소문자사본의 비교대조연구를 위하여 소양 있는 많은 신학생들이 필요하고, 성구집, 교부 인용문, 더 나아가서는 번역본의 연구 분야에는 앞으로도 수많은 신학생과 신학자들이 참가해야 하는 자료들이 잠자고 있는 실정이다. 한국에서의 신약성서 본문비평 연구는 이제 새로운 성서번역이나 개정되어야 하는 기존의 번역 성서에 본문비평의 연구업적들이 반영되어야 하는 일이 급선무이다. 또한 외국의 학자들과 여러 프로젝트에 함께 참여하는 일도 필요할 것이다. 이를 위하여 대한성서공회 같은 곳에서 매년 외국학자들을 대거 초청하여 이루어지고 있는 향후 10년이나 15년 이후에 이루어질 성서번역을 위한 번역자 훈련 프로그램 같은 것은 아주 고무적인 시도로 여겨진다.

III. 신약성서의 정경

1세기가 지나기 전에 신약의 모든 책이 기록되어 개인이나 교회에 보내졌으며, 원본이 사라지기 전에 이 책들은 필사되기 시작하였다. 1세기 말이나 2세기 초반에는 복음서들과 바울서신의 묶음집이 나타나기 시작하였다(벧후 3:15-16). 현재 우리 앞에 놓여 있는 신약성서는 서사(narrative)로 구성된 책 5권과 서신서 21권, 그리고 예언서 1권, 이렇게 총 27권으로 구성되어 있다. 여기 27권에 들어오지 못한 책도 여럿이 있는데, 그렇다면 누구에 의하여 언제 어떻게 무슨 기준에 의하여 신약성서가 지금의 27권으로 구성되게 되었는가?

1. 신약성서 정경이란?

흔히 정경(canon)이라고 부르는 말은 신약성서에도 나오고 있는(갈 6:16; 고후 10:13, 15, 16) 헬라어 "카논"(κανών)에서 유래하였다. 이 말은 원래 똑바른 막대기 혹은 갈대 자(ruler)를 의미하였고 후에 '표준, 목표, 기준, 법칙, 범위, 일람표, 목록' 등의 의미를 갖게 되었다. 신약에서도 "규례" 혹은 "표준"(갈 6:16), "분량" 혹은 "한계" 혹은 "범위"(고후 10:13, 15, 16) 등으로 사용되었다. 2-3세기에 교부들은 이 용어를 "법칙" 혹은 "규범"으로 사용하다가, 4세기에 들면서 기독교 문서를 지칭할 때 사용되었고 드디어 구약과 신약성서의 수집을 가리켜 혹은 신구약 전체를 가리켜 "카논"이라고 부르기 시작하였다. 이렇게 그리스도인 생활의 규범이며 최종적 판단의 권위에 있는 신약성서 27권을 지칭할 때, 우리는 신약의 정경이라 부르게 되었다.

2. 정경화의 원인

초기에는 이러한 정경의 필요성이 크게 부각되지 않았다. 그 이유는 우선 주로 유대인이나 유대교로 개종한 사람들 사이에 복음이 전파되었고 그들은 이미 구약을 정경으로 받아들여 사용하고 있어서, 새로운 정경을 필요로 하지 않았기 때문이다. 또한 사도들을 위시하여 증인들이 살아 있어서 구두전승이 자연스럽게 이루어졌고, 초대교회 대부분의 그리스도인들이 예수님을 직접적으로 알고 있었기 때문이기도 하다. 뿐만 아니라 사도들의 글이 있었고, 성령의 강력한 역사가 풍성하였으며, 자신들의 세대에 주님이 다시 오실 것이라는 임박한 재림설에 기초한 강한 종말론적인 기대가 있었기 때문이었다.

그러나 다음과 같은 이유에서 신약성서의 정경화가 촉발되고 발전하게 되었다. 첫째로, 복음이 이방인들에게도 전해지자, 구약보다 더 권위 있는 예수님이 명시적으로 나오지 않는 구약성서가 그들에게는 부적합한 면이 드러나게 되었다. 이방인 출신 그리스도인뿐만 아니라 유대인 출신 그리스도인 사이에서도 구약보다는 예수님의 가르침에 더 높은 가치를 부여하게 되었다. 둘째로, 사도들과 증인들이 사망하면서, 구전의 역할이 쇠퇴해지기 시작하였다. 이와 더불어 임박한 재림에 근거한 종말론적인 기대보다는 지연된 종말론이 대두되면서, 기록의 수집과 보존이 필요하게 되었다. 셋째로, 영지주의, 마르시온, 몬타누스와 같은 이단들이 출현하게 된 점이다. 영지주의는 초대교회를 위협한 최대의 이단사상이었으며, 말시온(100-165년)은 이 영지주의의 영향을 받은 2세기의 가장 위험한 이단으로서 기독교 복음은 율법을 배제한 철저한 사랑의 복음이라고 주장하였다. 그는 구약성서를 전면부정하고 신약에서도 누가복음만 자신이 수정하여 받아들이고 열 개의 바울서신만을(목회서신은 제외하고) 받아들여 자신의 정경을 만들었다. 또한 몬타누스는 2세기 후반에 임박한 종말론을 강조하고 자신을 요한복음 14장의 보혜사라고 주장하면서, 자신을 통한 계시가 사도들의 문헌들과 동일하거나 그 이상이라고 주장하였다. 이러한 이단들은 교회로 하여금 정경에 대하여 심각하게 생각하도록 자극하였다. 넷째로, 다양한 성서적 유형의 책들이 나오기 시작했기 때문이다. 예를 들면, 허마의 목자서(the Shepherd of Hermas)는 교부들에 의하여 성경으로 인정받고 인용되기도 하여 정경의 위치를 누린 적이 있었고, 로마의 클레멘트의 서신들, 바나바서, 베드로 묵시록, 열두 사도의 가르침(Didache), 그리고 바울행전 등도 교부들에 의하여 정경의 위치에 두기도 하였기 때문에, 분명한 정경의 경계가 필요하였다. 다섯째로, 두루마리 형태가 사라지고 현대의 책과 같은 코덱스(codex) 형태가 등장하면서 한 권에 많은 양의 글을 묶을 수 있었고(한 코덱스 안에 사복음서와 바울서신을 모두 실을 수 있었다), 더 나아가 콘스탄틴 대제가 50권의 성서를 만들게 한 국가적 프로젝트도 정경화 작업에 영향을 미쳤다. 왜냐하면 성서를 만들기 위해서는 우선 여기에 포함시켜야 할 책의 범위를 정하는 것이 선행되어야 하기 때문이다.

3. 정경화 과정

신약성서의 시기는 처음에 아무 것도 기록하지 않으신 예수님의 시기를 거쳐 구두전승시기가 있었고, 이 구두전승기와 겹치면서 기록되기 시작한 시기가 있었다. 복음서나 사도행전 같은 경우는 우리가 가지고 있는 현재의 형태 이전의 자료인 약간 작은 단위의 기록물들이 있었던 것으로 보인다(눅 1:1-4). 그리고 우리가 현재 가지고 있는 27권으로 구성된 신약성서가 완성된 것은 상당히 긴 기간과 과정을 거쳐 이루어졌는데, 대략 다음과 같이 세 시기로 구분해 볼 수 있다.

1) 초기 수집과 신약성서 책들의 사용 시기(90-170): 이 시기는 현재 신약성서로 들어온 27권의 책들이 다 기록된 시기인 90년대부터 타티안이 최초의 사복음서 대조서로 볼 수 있는 「디아테싸론」(διατεσάρων, 넷을 통하여)을 완성한 시기까지를 포함한다. 이 시기는 신약성서 책들의 초기 수집과 사용 시기로 볼 수 있다. 일찍이 베드로후서가 기록될 때만 하더라도 바울서신의 모음집에 대한 암시가 있고(벧후 3:15-16), 바울은 복음서를 구약과 동등하게 인정하였다(예를 들면, 그는 디모데전서 5장 18절에서 신명기 25장 4절과 누가복음 10장 7절의 예수님 말씀을 동등하게 취급하고 있다). 약 100년경에 기록된 열두 사도들의 교

훈인 「디다케」에서는 복음서에 기록된 주님의 말씀을 권위 있는 말씀으로 인정하고 있으며, 로마의 클레멘트는 95년경에 기록한 클레멘트 1서에서 예수님의 말씀을 구약과 동등한 권위 있는 말씀으로 인용하면서, 사도행전, 로마서, 고린도전서, 디도서, 히브리서, 요한계시록 등을 인용하는가하면, 2세기 중엽에 기록한 클레멘트 2서에서는 예수님의 말씀을 성경이라고 표현하면서 신약의 책들과 구약을 동등한 위치에 놓고 있다.

사도 요한의 직제자인 폴리캅의 서신(110년경)에 신약의 책들이 많이 인용되고, 요한, 베드로, 바울의 교훈들이 많이 나타나는 것을 보면, 그가 현재 정경으로 여기는 신약의 많은 책들을 알고 있었음이 분명하다. 또한 115년경에 기록된 이그나티우스의 일곱 편지에 바울과 요한의 사상이 강하게 반영된 것을 보면, 그가 바울서신과 요한복음과 그의 서신을 알고 있었음을 파악할 수 있다. 비록 유세비우스(Eusebius)에 의한 간접적인 증언이지만, 파피아스(Papias)는 130년경에 복음서들만 분리되어 회람되었음을 암시하면서 마태복음과 마가복음의 저작에 대하여 언급하고 있다. 순교자 저스틴(Justin Martyr, 100 - 165년)은 예배에서 읽혀진 "사도들의 회고록"이라고 부른 부류에 어떤 책들이 포함되는지는 정확하게 알 수는 없지만, 그는 사복음서와 사도행전, 로마서, 고린도전서, 갈라디아서, 에베소서, 골로새서, 데살로니가후서, 히브리서, 베드로전서를 알고 인용하였다. 그러나 그가 인용하지 않은 나머지 책들을 그가 알지 못했다는 의미는 아니다. 그의 제자 타티안이 170년에 요한복음을 기조로 하여 사복음서 대조서를 만든 것은 교회가 사복음서의 권위를 인정했다는 의미이다. 이단이었던 마르시온을 140년경에 복음서 중에서는 누가복음만 그리고 목회서신을 제외한 바울서신 10권만을 가지고 자신의 정경을 만들어서 퍼뜨렸다. 그러나 그에 대하여 터툴리안이 "그는 펜을 사용한 것이 아니라 칼을 사용하고 있다"라고 한 공격에서 시사하는 바는 말시온이 만든 열한 권의 책 이외에 그 당시 교회에서 권위 있는 책으로 여겨지는 책들이 더 존재했음이 명백하다.

이 시기를 요약해 보면 다음과 같다. 일찍부터 교회에서 권위를 인정받으며 사용된 복음서들과 바울서신의 묶음집이 있었으며, 야고보서, 베드로후서, 요한 2, 3서, 유다서를 제외한 신약성서 책들의 존재에 대한 증거가 있다. 우선 교회가 사복음서의 권위를 인정하고 사용하였다는 증거가 명백하다. 그리고 복음서들을 알고 있었던 저스틴의 제자 타티안이 만든 「디아테싸론」은 그것이 완성된 170년 이전부터 교회가 사복음서의 권위를 인정하였다는 사실을 증명해 준다. 이뿐만 아니라 사도행전과 바울서신의 대부분이 교회에서 권위 있는 책으로 인정받고 사용되고 있었음을 알 수 있다.

2) 신약성서 정경의 출현 시기(180-220): 이 시기의 특징은 최초의 정경목록으로 볼 수 있는 무라토리안 정경이 180년경에 기록되었다는 사실과 리용의 이레니우스와 알렉산드리아의 클레멘트, 그리고 220년에 사망한 카르타고의 터툴리안까지 위대한 저술가 세 명이 있었다는 점이다. 이 시기는 신약성서의 정경이 출현하는 시기로 볼 수 있다. 8세기 라틴어 사본으로 무라토리 경에 의하여 발견되어 1740년도에 출판된 무라토리안 정경(Muratorian Canon)은 170-180년경 로마에서 기록된 것으로 여겨지는데, 여기에는 사복음서(앞부분이 손상되었으나 누가를 세 번째 복음서라고 부르고 있으므로), 사도행전, 바울의 13개 서신, 2-3개의 요한서신, 유다서, 그리고 계시록이 언급되고 있다(히브리서, 야고보서, 베드로서신, 요한서신 하나만을 제외하고 신약정경을 다 언급하고 있다). 무라토리안 정경은 신약정경 문제를 교회적이며 공적으로 다룬 최초의 문서로 보이는데, 위의 책 이외에 솔로몬의 지혜서

와 베드로 묵시록을 받아들이며 허마의 목자서는 배척하고 있다. 또한 정경의 두 가지 원칙인 사도 저작성 혹은 고대성과 정통성이 암시되어 있다.

이 시기에 활동하였던 위대한 교부 저술가 세 명 중에서, 소아시아 출신이고 폴리캅의 제자이며 리용의 감독이었던 이레니우스(130-202년)는 사복음서에 대하여 확신하고, 자신의 저서에 빌레몬서, 요한삼서, 유다서만을 제외하고 모두 인용하였다. 그러나 그는 히브리서는 인정하지 않고, 허마의 목자서와 클레멘트 1서는 인정하였다. 이 시기의 두 번째 교부인 알렉산드리아의 클레멘트(215년 사망)는 동방교회의 대표자였으며, 사복음서와 위복음서들을 구분하였고, 사복음서의 순서를 마태복음, 누가복음, 마가복음, 요한복음의 순서로 보았다. 그는 야고보서, 베드로후서, 요한삼서를 제외하고 24권 모두를 인용하였고, 클레멘트 1서, 디다케, 바나바서, 허마의 목자서, 베드로묵시록, 베드로행전과 바울행전을 인정하였다. 유세비우스에 의하면 알렉산드리아의 클레멘트는 일반서신 전부에 대한 주석을 썼다고 한다. 220년에 사망한 카르타고의 터툴리안은 라틴어를 처음 도입한 기독교 저자이며 서방교회의 대표자였다. 그는 빌레몬, 베드로후서, 요한삼서만을 제외하고 모두 인용하였으며, 히브리서는 바나바의 저작이라면서 제2정경으로 인정하였고, 처음으로 "신약성서"라는 말을 썼다. 그는 솔로몬의 지혜서와 허마의 목자서도 인정하였다.

180년부터 220년 사이의 정경작업을 요약해 보면, 사복음서, 사도행전, 13개의 바울서신, 베드로전서, 요한일서, 유다서, 그리고 계시록이 확고한 정경의 위치를 확립하였으나, 나머지 책들은 논란 중에 있었던 것으로 보인다. 즉, 3세기에 접어들면서, 신약성서 정경은 분명해지고 다만 그 한계에 대한 논의만 남아 있다.

3) 신약성서 정경의 확정 시기(220 - 400): 220년 이후 400년까지는 신약성서의 정경이 확정되는 시기로서, 그당시 활동했던 위대한 교부들과 여러 교회회의들이 그 역할을 감당하였다.

우선 알렉산드리아에서 활동하다가 가이사랴에 와서 253년에 사망한 교부 오리겐은 당시 유통되던 책들을 인정된 책(사복음서, 사도행전, 13개의 바울서신, 베드로전서, 요한일서, 계시록), 논란이 되는 책(히브리서, 야고보서, 베드로후서, 요한이서, 요한삼서, 유다서), 그리고 거절된 책(디다케, 바나바서, 허마의 목자서, 클레멘트 1서, 바울행전 등 나머지 모두), 이렇게 세 부류로 책을 나누었다. 264년도에 사망한 알렉산드리아의 디오니시우스는 계시록의 사도 요한 저작설은 부인하였으나 그 정경성은 부인하지 않았다. 339년도에 사망한 가이사랴의 교회사가인 유세비우스는 오리겐의 분류를 약간 수정하여 사용하였다. 즉, 허마의 목자서를 베드로묵시록, 바나바서, 디다케, 히브리복음서, 바울행전 등과 함께 거절된 책의 목록에 넣었다. 348년도에 사망한 예루살렘의 시릴은 계시록을 제외하고 현재의 정경 26권을 모두 받아들였다. 367년에 아타나시우스가 부활절 서신에서 현재의 27권을 정경이라고 처음 선언하였고, 420년도에 사망한 제롬과 430년에 사망한 어거스틴이 이 27권을 받아들였다.

363년도의 라오디게아 교회회의에서는 비정경적인 책들을 읽는 것을 금하고 계시록을 제외한 모든 신약 책을 인정하였고, 393년도의 히포의 교회회의에서는 27권을 정경으로 확인하였고, 397년의 카르타고 교회회의에서 현재의 27권을 정경으로 확정하였으며 히브리서를 바울서신과 분리하여 배열하였다.

4. 정경화의 원칙

그렇다면 위와 같이 긴 기간에 걸쳐 결정된 신약성서의 정경은 무슨 원칙과 근거에 의하여 이루어졌는가? 이상의 논의된 자료들과 과정을 종합하여 보면, 신약성서의 정경화의 기준은 다음과 같은 네 가지로 요약된다.

첫째, **사도성(apostolic authorship)혹은 고대성(antiquity)**으로서, 이는 사도가 저술하였는가의 문제이다. 이는 고대성과도 일치되는 기준이다. 마태복음이나 요한복음은 문제가 없지만, 누가복음(사도행전을 포함하여)과 마가복음은 누가와 마가가 각각 사도 바울과 사도 베드로와의 연결성 때문에 일찍부터 정경으로 인정되었다. 히브리서의 경우 동방교회에서는 바울의 저작으로 여겨 정경으로 받아들였으나, 서방교회에서는 그렇지 못했다. 둘째, **정통성(orthodoxy)**으로서, 이는 다른 말로 신앙의 원칙(regula fidei, canon of faith) 혹은 진리의 원칙(regula veritatis, canon of truth)이라고도 하는데, 바른 내용을 의미한다. 즉, 정경에 속한 모든 책은 하나님의 영감으로 되어졌기 때문에 각 책의 내용이 다른 책의 내용과 대치되어서는 안 된다는 내용의 일치 원칙이다. 디다케, 베드로묵시록, 허마의 목자서 같은 책이 이 원칙 때문에 정경에 들지 못하였다. 셋째, **수용성(universal reception)**으로서, 이는 동방이나 서방의 모든 교회에서 받아들여졌는가 문제이다. 양진영의 의견조율을 통하여 좀 지연되었지만, 일반서신들, 히브리서, 그리고 요한계시록이 정경으로 들어오게 되었다. 넷째, **영성(spiritual value) 혹은 영감성(inspiration of God)**으로서, 이는 모든 정경은 하나님의 영감성(딤후 3:16)이 있어야 한다는 원칙이다. 이렇게 볼 때 신약정경은 사람들이 노력한 산물이라기보다는 하나님의 선물이다.

5. 신약성서 정경론에 있어서의 미완의 과제

신약성서의 정경문제에 관하여는 대부분의 신학교에서 신약개론을 가르칠 때 잠깐 다루든지 아니면 그냥 넘어가는 분야이다. 그리고 정경론이 논의된다고 하더라도 후대의 학자들의 주장에만 매달리는 정경연구가 아니라 초대교회부터 정경이 완성되는 시기까지 치열하였던 이단논쟁이나 진리 사수에 목숨을 걸었던 교부들의 글과 주장에 귀를 기울이는 작업이 필요하다. 그러므로 정경연구에 참되게 임하기 위하여 그러한 교부들의 글을 읽을 수 있는 실력을 갖춘 신학도들이 많이 나오도록 도와야 한다.

정경론의 문제를 다룰 때 중요한 이슈 중의 하나는, 정경이란 권위가 있는 책들을 교회가 인정한 것인가? 아니면 권위가 없는 책들을 교회의 권위로 인정한 것인가? 하는 문제이다. 물론 전자가 맞지만, 즉 신약의 정경에 속한 27권의 각 책이 그 자체 안에 영감성과 정통성을 위시한 권위를 가지고 있기 때문에 교회나 교부들 혹은 교회회의에서 인정한 것뿐이지, 그 역으로 권위가 없는 책들을 교회나 교회회의의 권위로 인정한 것이 아니라는 사실이다. 그러므로 소수의 의견이지만, 교회회의나 정치적인 작용이나 인간의 조작에 의하여 정경이 이루어졌다는 주장은 배척되어야 한다.

정경론에서 또 다른 미완의 과제는 성경 속에 성경이 있는가? 하는 문제이다. 마틴 루터가 야고보서를 지푸라기 서신이라고 멸시하고 로마서나 갈라디아서를 더 중하게 여긴 것이나, 우리도 흔히 복음서 중에서 어느 특정한 복음서만을 선호하고 강조하는 행위 등은 지양되어야 한다. 빌레몬서를 쓸 수 있었던 바울의 저력과 배려가 로마서를 쓸 수 있었고, 교회에서 제일 사랑을 받았던 마태복음도 가장 긴 복음서인 누가복음도 공히 교회사 속에서 가장 빛을 보지 못했던 마가복음을 의지하여 기록한 것이 분명하다면(마가복음의 우선성에 기초한다면), 마가복음의 위치를 찾아주는 것도 우리가 해야 할 일이다. 바울이나 요한에게만 의지하는 신약신학의 흐름이 신약의 3대 신학자로 일컬어지는 히브리서 기자의 글인 히브리서도 강조되어야 하며, 신약학계의 의붓자식으로 일컬어지는 베드로서신도 교회에서 강조되어야 한다.

또한 신약성서 안에 언급이 되어 있지만 현존하지 않는 서신들, 즉, 라오디게아 서신이나 고린도서에 언급된 서신들이 발견된다면, 신약의 정경범위는 어떻게 되어야 하는가? 하는 문제도 남아 있다. 물론 현실적으로는 하나님의 섭리 가운데 현재 우리가 가지고 있는 27권의 신약성서를 완성된 정경으로 받아들여야 하지만, 이론적으로는 이러한 서신들이 발견된다면 이들에 대한 정경문제를 논의해야만 할 것이다. 마지막으로 소위 정경비평(canonical criticism)으로 불리는 현재의 정경형태에서 성서를 해석하고자 하는 움직임에도 주목해야 한다.

📖 추천하고 싶은 책

1. 헬라어 신약성서 비평판(UBS판과 NA판)

Aland, Barbara, Kurt Aland, Johannes Karavidopoulos, Carlo M. Martini, and Bruce M. Metzger, eds. *The Greek New Testament.* 5th rev. ed. Stuttgart: Deutsche Bibelgesellschaft, United Bible Societies, 2014. (동일 편집자들의 *Novum Testamentum Graece.* 28th ed. Stuttgart: Deutsche Bibelgesellschaft, 2012)

2. 사전

Bauer, Walter, William F. Arndt, F. Wilbur Gingrich, and Frederick W. Danker. *A Greek-English Lexicon of the New Testament and Other Early Christian Literature.* Chicago: University of Chicago Press, 1979. (신약성서와 교부의 글까지 읽을 수 있는 전문적이며 대표적인 사전)

Trenchard, Warren C. 「신약성서 헬라어 어휘사전」. 장동수 역. 서울: 은성, 1999.

3. 초-중-고급 헬라어문법

장동수. 「신약성서 헬라어 문법: 어형론과 문장론」. 서울: 요단, 1999. (초급부터 중-고문 문법까지 포함하는 신약성서 헬라어 문법책으로서, 문법의 지식이 어디에 이르렀든지 그 수준에서 읽을 수 있는 신약성서 헬라어 본문에서 많은 예문을 뽑아 수록한 점이 특징임)

Robertson, A. T. *A Grammar of the Greek of the Greek New Testament in the Light of Historical Research.* Nashville: Broadman Press, 1934. (미국 남침례교단이 자랑하는 세계적인 헬라어학자의 최대 최고의 방대한 신약성서 헬라어 문법책)

4. 석의 방법

Fee, Gordon D. 「신약성경 해석 방법론」. 장동수 역. 3rd ed. 서울: 크리스챤출판사, 2003. (20여 년간 강의 경험에서 증명된 헬라어 원전석의 방법 교과서이다. 문장구조, 본문확정, 문법-단어분석, 역사-문화적 배경, 단락분석 등 단계별로 소개하고, 각 단계에 필요한 참고도서를 소개하고 있다)

5. 사본학 및 본문비평

장동수. 「신약성서 사본과 정경: 헬라어에서 한글까지」. 대전: 침례신학대학교 출판부, 2005, 2010. (본서의 전반부는 신약성서 사본학의 정의, 사본의 현황, 사본의 전달과정, 본문구축원리 등을 비교적 자세히 설명하고 있다. 본서의 후반부는 신약의 정경에 관한 내용이다)

Greenlee, Harold. *Introduction to New Testament Textual Criticism*. Rev. ed. Peabody: Hendrickson, 1993. (한국어판 - 「신약 본문 비평의 이론과 실제」. 고영렬, 장민석 역. 서울: 기독교문서선교회, 2012)

Metzger, Bruce M. *The Text of New Testament: Its Transmission, Corruption, and Restoration*. 3rd ed. New York: Oxford University Press, 1992. (한국어판 - 「신약의 본문」. 장성민, 양형주, 라병원 공역. 장흥길 감수. 서울: 한국성서학연구소, 2009)

Metzger, Bruce M. *A Textual Commentary on the Greek New Testament*. 2nd. ed. New York: United Bible Societies, 1993. (한국어판 - 「신약 그리스어 본문 주석」. 장동수 역. 서울: 대한성서공회 성경원문연구소, 2005, 2008) (본문비평장치 해설서)

6. 정경론

장동수. 「신약성서 사본과 정경: 헬라어에서 한글까지」. 대전: 침례신학대학교 출판부, 2005, 2010. (후반부가 신약의 정경론임)

Bruce, F. F. *The Canon of Scripture*. Glasgow: Chapter House, 1988. (구약도 함께 다루고 있는 영국 학자의 정경론으로서 신약의 정경론을 종교개혁까지 인물중심으로 다루고 있는 것이 특징임)

Gambel, Harry Y. *The New Testament Canon: Its Making and Meaning*. Philadelphia: Fortress Press, 1985. (미국의 신약학자에 의하여 기록된 95쪽의 아주 간결한 정경론이다. 서론에 이어 2-4세기의 신약의 정경화 과정, 정경화의 요인과 원칙, 정경과 해석의 문제를 다룬 훌륭한 입문서)

Metzger, Bruce M. 「신약정경형성사」. 이정곤 역. 서울: 기독교문화사, 1996. (신약의 정경론에 있어서 가장 전문적인 책으로서, 신약정경론의 연구 상황, 사도교부들의 노력, 정경화의 요인, 동방과 서방교회에서의 정경화 과정과 정경 확정, 외경문헌, 신약정경의 신학적인 문제 등이 진술됨)

제5장

복음서와 사도행전

신약학 교수 | 김선배
kseonbae@kbtus.ac.kr

I. 복음서

예수는 특정한 지역의 역사적인 상황 속에서 인간의 몸으로 출현하셨다. 이 출현은 바로 '나사렛 예수는 그리스도이시다'라는 선포이다. 마태복음, 마가복음 누가복음, 요한복음이 이 선포(케리그마)를 전하는 복음이다. 세월이 흐르면서 예수가 선포했고, 증인들이 전하던 복음이 문서로서의 복음서 형태로 전승되었다. 따라서 복음과 복음서의 관계에 대한 탐구는 복음의 연속성과 입체성에 대한 이해를 확장시킬 것이다.

1. 복음과 사복음서

인류의 역사 속에는 수많은 선언이 있었다. 이 선언들은 한때 시대의 등불처럼 보이기도 했지만, 역사의 진행 과정에서 안개처럼 사라지며 지속성을 갖지 못했다. 그러나 그중에 지속성을 가지며 생명력을 부여하는 선언이 있다. 바로 '나사렛 예수는 그리스도이시다'라는 선포이다. 희생이 깃든 죽임이 승리라는 역설이 기독교 복음의 핵심이다. 이때 예수 칭호 앞에 '나사렛'이란 지리적 수식어를 붙이는 것은 어떤 특정한 시기와 지역에서 실존했던 '그 예수'를 지칭하는 것이며, 이 예수가 헬라어로 그리스도이며 히브리어로는 메시아이다.

사복음서(마태복음, 마가복음, 누가복음, 요한복음)에서 예수는 자신이 주체인 복음을 선포하며(막 1:14 - 15), 사도행전에서는 제자들이 이 예수를 선포한다. 예수 자신이 복음의 알파와 오메가인 것이다. 여러 가지 상황과 환경의 변화로 인해 구두로 전해지던 복음이 문서로 전해지기 시작했다. 마가복음 1장 1절에서처럼 복음은 복음서 전체가 되며("하나님의 아들 예수 그리스도의 복음의 시작이라"), 복음의 전승 과정은 누가복음에서 구체적으로 제시된다. 누가복음은 예수가 그리스도이신 복음이 어떤 과정을 거쳐서 문서로 형성되어 전승되는지를 밝혀준다. "우리 중에 이루어진 사실에 대하여 처음부터 목격자와 말씀의 일꾼 된 자들이 전하여 준 그대로 내력을 저술하려고 붓을 든 사람이 많은지라 그 모든 일을 근원부터 자세히 미루어 살핀 나도 데오빌로 각하에게 차례대로 써 보내는 것이 좋은 줄 알았노니"(눅 1:1 - 3). 나사렛 예수의 증인들이 전해주던 복음이 문서로 기록되기 시작했고, 이 복음은 누가복음에서 제시하듯이 "차례"를 따라 정리되었다. 다른 복음서와 마찬가지로 누가복음 기자는 예수의 생애와 교훈을 기록하면서 누가복음만의 관점과 순서를 가지고 기록했다. 이렇게 누가복음 기자가 의도한 차례, 즉 관점이 바로 누가복음의 신학이다. 이 차례로 인해서 각 복음서는 고유하고도 독특한 특징을 가진다. 이 특징들이 각 복음서의 신학이다.

어떤 문학 작품이든지 간에 그 사회에서 통용되는 특정한 문학 장르에 속하게 된다. 바꾸어 말하면 우리 시대 대부분의 문학 작품은 시, 수필, 소설, 전기 등의 특정한 장르에 속해서 그 성격이 규정된다. 복음서는 하나의 문학 양식이다. 복음이 글로 기록되어 전달되기 때문에 문학의 형태를 가진다는 의미이다. 성경은 사상의 결집이나 표출인 소설이나 산문과 같은 문학작품이 아니다. 하나님의 계시가 인간 세계에서 통용되는 글의 형태로 전달되기 때문에 사회적인 약속 형태인 문학의 성격을 가진다. 어떤 문학 작품이 위인들의 전기인지 아니면 작가의 창의적인 소설인지에 따라 해석이 달라지듯이, 문학 작품은 그 작품이 속한 장르에 따라 해석이 결정될 수 있다. 그래서 복음서가 고대 세계의 어떤 문학 장르에 속하는지에 대한 많은 연구가 있었다. 신학자들이 복음서를 고대 세계의 영웅담, 전기, 회고록 등 많은 문학 장르와 비교했지만 복음서는 어떤 장르에도 속하지 않는 독특성을 가진 새로운 장르라는 결론에 도달했다. 바꾸어 말하면 복음서는 복음서만의 특징 속에서 이해할 수 있는 창의적인 작품인 것이다. 복음서는 비록 지나간 인물에 대한 기록이지만, 이 분에 대한 회상이나 그의 생애를 보존하려는 기록이나 그의 영웅적인 행적에 대한 찬양이 아니라 그 인물이 지금도 생존하면서 그의 말씀과 행적을 읽는 독자의 현재적 결단을 촉구하는 독특한 성격을 갖는다.

복음서는 역사성을 가지면서 동시에 신학성을 갖는다. 예수가 그리스도가 되신 역사적인 사실이 네 가지 복음서 신학으로 표출되어 전달된다. 그래서 복음서를 '신학화된 역사'(theologized history)라고 부른다. 복음서는 네 복음서 기자들이 각자의 신학적인 관점으로 복음을,

역사를 바라본 결과물이다. 따라서 한 분 예수 그리스도를 다양하게 전하는 각 복음서의 독특한 신학은 네 복음서 이해의 기초가 된다.

2. 한 분 예수, 네 복음서

마태복음서, 마가복음서, 누가복음서를 일반적으로 공관복음서(共觀福音書, The Synoptic Gospels)라고 부른다. 이 복음서들의 유사한 내용은 각 복음서 기자들의 공통된 관점에 기인한 것이며, 이를 요한복음서와 구별하는 입장에서 공관복음서라고 부른다. 물론 이러한 주장의 일면은 타당성이 있다. 그런데 공관복음서와 요한복음서의 차이 못지않게 처음 세 복음서 사이의 차이도 분명하게 존재한다. 처음 세 복음서를 공관복음서라고 부를 수 없을 정도로 그 차이가 명백하다. 한편, '공관복음서 문제'(The Synoptic Problem)라는 연구 주제가 있다. 이 주제는 공관복음서 간의 유사점과 차이점을 해결하는 데 목적이 있다. 즉, 공관복음서 간의 유사점과 차이점의 원인과 해결 방법에 대한 연구를 의미한다. 우리는 이러한 과정을 뛰어넘어 공관복음서 간의 문제뿐 아니라 네 복음서 간의 차이점을 통해서 각 복음서의 특징을 이해할 필요가 있다.

현재의 네 복음서는 기록 연대순으로 배열되지 않았다. 일반적으로 마가복음이 제일 먼저, 요한복음이 제일 나중에 기록된 것으로 받아들여진다. 그 결과 '마가복음의 우선성'이란 주제가 등장하기도 한다. 그러나 이 기록 순서를 복음서 형성 과정을 밝히는 주요 근거로 삼기에는 부족하다. 기록 연대를 전제로 해서 어떤 한 자료나 성경이 다른 성경의 기초가 되었다고 간주하기보다는 각 성경은 각각의 다른 환경 속에서 성경으로 자리매김되었고 여기는 것이 타당하다. 한때 마가복음은 마태복음의 압축 본이라고 간주하여 소홀히 취급되기도 했다. 마가복음 대부분의 내용이 마태복음에 등장하기 때문이다. 그렇지만 이러한 내용의 중복도 단순한 사건의 배열이 아니라 성경 기자들의 세밀한 의도에 따른 관점의 차이이며, 결과적으로는 각 성경 기자들의 전인격을 사용하시는 성령에 의해 의도된 것이다(딤후 3:16, "모든 성경은 하나님의 감동으로 된 것으로 교훈과 책망과 바르게 함과 의로 교육하기에 유익하니"). 마가복음이 비록 네 복음서 가운데 가장 짧지만, 그렇다고 해서 그 안에 담긴 내용이나 사건이 다른 성경의 압축본이라거나 또는 이와 반대로 다른 복음서가 마가복음을 확대한 것이라고 단언할 수 없다. 복음서의 길이가 짧든지, 길든지 간에 각 복음서의 특징이 복음서 간의 유사점과 차이점의 문제를 극복하게 한다. 성경 기자는 예수의 생애와 교훈을 의도와 목적 없이 기계적으로 기록한 것이 아니라 특정한 지향점을 가지고 나름의 '차례'를 따라 기록했다. 사건이 발생한 순서의 '논리성'보다는 목적을 지향하는 '가치성'에 비중을 두어 예수의 생애와 가르침을 기록한 것이다. 이 목적 있는 차례로 인해서 네 복음서의 차이가 발생했고, 그 차이가 각 복음서의 특징적인 신학을 형성한다.

네 복음서는 어떻게 예수 그리스도를 각각 다른 방식으로 묘사하고 있을까? '나사렛 예수가 그리스도이시다'라는 케리그마는 다양한 방식으로 전개된다. 본질은 같으나 전달 방법의 다양성을 의미한다. 네 복음서는 한 분 예수 그리스도를 입체적으로 그려낸다. 이 그림은 기계적인 사진 촬영이 아니라 화풍을 가진 묘사와 같다. 각 복음서 기자가 동서남북에서 예수를 바라본 장면을 통해서 우리는 그 예수를 입체적으로 대면하게 된다. 복음서들은 처음부터 서로 구별되어 지금과 같이 '마태복음' 등으로 불리지 않았다. 이러한 저자 표기 방식은 AD 2세기경부터이며, 이는 각 복음서의 독특성을 반영한 결과이다. 이러한 네 복음서 각각의 신학적인 특징을 이해하기에 앞서 어떻게 네 복음서가 서로 다른 내용을 가졌는지 개략적으로 살펴보겠다. 내림차순의 마태복음과 오름차순의 누가복음의 족보 차이는 잘 알려졌다. 예수의 시험 사건의 순서도 마태복음과 누가복음이 차이를 보인다. 마가복음은 이 시험 사건을 자신만의 독특한 방식으로 간략하게 소개한다. 마태복음에는 산상수훈이 집합적으로 소개되는데, 누가복음에는 이 교훈이 여기저기에 흩어져 있다. 성전정화 사건이 요한복음에는 다른 복음서와 달리 예수 생애의 전반부에서 소개된다. 유월절 최후의 만찬에 대한 구체적인 소개가 요한복음에는 빠져 있다. 간략하게 몇 가지만 우선 소개해보았다.

　네 복음서는 각기 다른 신학적인 목적 달성을 위해서 한 분 예수를 서로 다른 관점, 즉, 다른 방향에서 바라본 예수를 소개한다. 만일 네 복음서 기자들이 모두 같은 관점에서 바라본 예수를 소개한다면 굳이 네 개의 복음서가 필요 없을 것이다. 복음서를 네 복음서로 인식하는 순간이 신학적 사고의 출발점이다. 영국 옥스퍼드대학교의 한 신약학 교수가 자신의 신학 여정에서 경험한 재미있는 고백을 했다. 그는 사복음서를 읽으면서 혼란스러웠다. 같은 내용이 여기저기 산재해 있고, 때로는 모순처럼 보이는 내용과 사건 배열들로 인해 네 복음서의 존재에 대해 깊은 회의를 느꼈다. 그래서 그는 헌책방에 가서 성경을 여러 권 구입한 후 예수의 생애를 순서대로 정리하면서 가위로 성경을 오려내어 편집하기 시작했다. 네 복음서의 내용을 나름대로 하나의 순서로 정리하려고 시도한 것이다. 그러나 얼마 못되어 그는 포기하고 말았다고 한다. 그가 포기한 바로 그 지점에서 그의 '신학'의 세계가 열리기 시작한 것이다. 누구나 한 번쯤은 복음서를 읽다가 위의 신학자와 같은 생각을 해 보았을 것이다. 왜 비슷비슷한 내용으로 채워진 네 복음서가 필요할까? 한 권으로 축약하거나 아니면 종합할 수는 없을까? 이러한 의문들이 네 복음서를 입체적으로 볼 수 있게 만드는 동력이다.

예수를 중심으로 전개되는 복음서는 바로 '그 예수'라는 공통성 속에서 '네 복음서'라는 다양성을 가진다. 그 다양성에 대한 이해를 통해서 이천 년 전의 예수를 입체적으로 체험할 수 있게 된다. 네 복음서 기자가 체험한 예수를, 증언하는 예수를, 선포하는 예수를 우리는 네 복음서를 통해서 동일하게 체험하고, 증언하고, 선포하는 것이다.

II. 네 복음서

'예수가 그리스도이시다'라는 복음의 핵심은 네 복음서를 통해서 다양하게 표출된다. 한 복음이 네 개의 복음서로 구조화된 것은 각 복음서의 다양성과 통일성에 기초한 것이다. 따라서 네 복음서의 특징적인 주제를 택해서 각 복음서의 전체적인 신학 특징을 다양성과 통일성 속에서 파악하고자 한다.

1. 마태복음

신약성경의 제일 처음에 등장하는 마태복음은 구약과 신약을 자연스럽게 연결해준다. 구약의 성취를 강조하는 마태복음이 신약과 구약의 가교 역할을 해주면서 예수의 출생이 구약의 성취임을 밝힌다. 예를 들어, 예수는 '하나님이 우리와 함께하시다'는 의미인 '임마누엘'이신데, 이 예수의 출생은 이미 선지자를 통해서 예고된 일이다(1:22, "이 모든 일이 된 것은 주께서 선지자로 하신 말씀을 이루려 하심이니 이르시되 보라 처녀가 잉태하여 아들을 낳을 것이요 그의 이름은 임마누엘이라 하리라 하셨으니 이를 번역한즉 하나님이 우리와 함께 계시다 함이라"). 구약을 알고 있던 독자들에게는 구약과 신약의 자연스러운 연결이고, 구약을 모르는 독자들에게는 구약에 대한 흥미를 유발하는 구절이다. 그렇다면 구약의 성취를 이루는 마태복음은 다른 복음서들과 구별되는 어떤 신학적인 특징을 가지고 있을까?

마태복음은 시작부터 독특하게 '가르침'의 성격을 내포한다. 1장 1절은 '마태복음'이라는 표제가 붙기 전부터 마태복음의 특징에 대한 방향성을 제시했다. 1장 1절부터 시작하는 족보는 그 나름의 신학적인 특징을 가진다. 우선, 여기에서는 이 족보의 신학적인 특징보다는 마태복음의 전체적인 성격을 살펴보고자 한다. 1장 1절에 등장하는 첫 단어는 헬라어로 '비블로스 게네세오스'이다. 이 표현을 한글개역개정판은 '계보,' 공동번역은 '족보,' NIV(New International Version)는 'A record of the genealogy'로 표현한다. '비블로스'는 '책'을 의미한다. 헬라어 성경은 제일 처음에 '책'이란 단어를 등장 시킨다. 복음을 책으로 형성한 마태복음은 정착된 교회를 향해서 체계화 한 예수의 생애와 교훈을 구약의 성취라는 관점에서 전달한다. 책을 사이에 두고 선생과 제자가 마주 앉아서 가르침을 주고받는 장면을 연상할 수 있는 복음서가 마태복음서이다. 마태복음의 이러한 성격 때문에 마태복음은 교회의 교육용으로 사용하기에 매우 적합한 복음서이다.

특히 네 복음서 가운데 '교회'(에클레시아)라는 단어가 사용된 복음서는 마태복음서가 유일하다(16:18; 18:17). 복음이 선포되며 교회가 설립되는 과정을 보여주는 사도행전과 달리 네 복음서는 그 복음의 기원을 보여주는데, 마태복음은 바로 교회의 뿌리가 '복음'이라는 것을 전해준다. 유명한 베드로의 고백이 바로 교회의 시작인 것이다. 물론 이러한 베드로의 고백을 오해하여 베드로가 교회의 기초가 된다는 잘못된 인식을 할 수도 있다. 그러나 마태복음에서 예수는 교회가 베드로라는 한 개인이 아니라 예수를 그리스도이시며 살아계신 하나님의 아들로 고백하는 바로 그 신앙 위에 세워짐을 밝힌다.

마태복음의 전체 구조는 예수의 가르침과 사역의 절묘한 정렬이다.

예를 들어 산상수훈이 5장부터 7장까지 집합적으로 등장한다. 이 산상수훈이라는 예수의 가르침에 뒤이어 8장과 9장은 예수의 사역을 소개한다. 이러한 전개의 절정은 13장을 통해서 확인된다. 13장은 천국 주제와 관련한 비유들로 형성된다. "천국은 이와 같으니…"와 같은 표현이 반복적으로 등장하면서 천국에 대한 가르침을 제공한다. 13장은 구조적으로 마태복음 전체의 중심축을 형성하는 동시에 마태복음 신학의 구조를 이끈다. 천국은 추상적인 관조의 세계가 아니라 '지금 여기'에서 겪는, 생활 속에서 이루어지는 실체임을 가르치는 것이다. 천국은 '이미 와 있고, 또 올 것'이라는 이중의 의미를 가진다. 13장의 가르침을 지지하는 산상수훈도 생활윤리라고 할 수 있다. 그렇지만 이 생활 윤리는 일상생활의 가르침을 뛰어넘는 천국 윤리이다. 달리 표현하면 '역설의 가르침'이다. 예수를 따르는 것은 전인격적인 존재의 변화이며, 이 변화는 미래의 천국을 오늘 경험하는 것이며, 오늘 경험하는 천국은 바로 생활 속에서 이루어진다는 것을 가르치는 것이다. 이러한 현재적 체험을 가르치는 산상수훈 일부를 아래와 같이 소개한다 (마 5:3 - 10).

> 심령이 가난한 자는 복이 있나니 천국이 그들의 것임이요
> 애통하는 자는 복이 있나니 그들이 위로를 받을 것임이요
> 온유한 자는 복이 있나니 그들이 땅을 기업으로 받을 것임이요
> 의에 주리고 목마른 자는 복이 있나니 그들이 배부를 것임이요
> 긍휼히 여기는 자는 복이 있나니 그들이 긍휼히 여김을
> 받을 것임이요
> 마음이 청결한 자는 복이 있나니 그들이 하나님을 볼 것임이요
> 화평하게 하는 자는 복이 있나니 그들이 하나님의 아들이라
> 일컬음을 받을 것임이요

의를 위하여 박해를 받은 자는 복이 있나니 천국이 그들의 것임이라

마태복음의 종결은 그리스도인들에게 잘 알려진 지상 명령으로 끝난다(28:18-20, "예수께서 나아와 말씀하여 이르시되 하늘과 땅의 모든 권세를 내게 주셨으니 그러므로 너희는 가서 모든 민족을 제자로 삼아 아버지와 아들과 성령의 이름으로 침례를 베풀고 내가 너희에게 분부한 모든 것을 가르쳐 지키게 하라 볼지어다 내가 세상 끝날까지 너희와 항상 함께 있으리라 하시니라"). 예수의 정체는 '임마누엘'이며 그리스도인들과 항상 함께하시는 하나님으로 마태복음의 시작에서 이미 소개되었다. 마태복음 기자는 이 임마누엘을 복음서의 종결에서도 지상명령 속에 포함하여 언약으로 보증한다. 때로는 일부에서 이 지상명령과 언약을 교회 설립을 부정하며 복음만 전하면 된다는 이분법적 내용으로 오해하기도 한다. 그러나 이 명령과 언약은 복음과 교회를 분리하는 이분법적 가르침이 아니라 교회 공동체에 대한 사명 부여이다. 마태복음은, 선교는 교회가 수행하는 것이며 선교의 결과는 교회설립으로 입증되는 것을 가르친다. 특히 이 지상명령과 언약에서 주목할 것은 지상명령 수행의 동력이 바로 예수께서 부여받은 '권세'라는 점이다. 즉, 예수께서 이 권세를 우리와 공유하신다는 전제가 포함된다. 그리스도인들은 항상 함께하시는 임마누엘 예수가 소유한 권세를 받아서 지상명령을 수행할 수 있다.

마태복음은 예수의 출현과 사역이 구약의 성취라는 구조 속에서 교회 공동체에게 천국 복음을 전하면서 이 복음을 오늘의 일상생활 속에서 체험하도록 가르친다. 이 가르침을 받은 그리스도인들은 항상 함께하시는 선생이신 임마누엘 예수의 가르침을 받으면서 지상명령을 수행할 수 있다. 마태복음은 책을 펼쳐 든 선생 예수의 모습을 떠오르게 한다.

2. 마가복음

마가복음은 네 복음서 가운데 가장 짧아서 소홀히 취급되기도 했다. 마가복음의 내용 대부분이 마태복음에 등장하기 때문에 마가복음은 마태복음의 축소 복음서로, 때로는 마태복음이 마가복음의 확장 복음서로 간주되기도 했다. 그러나 비록 마가복음이 다른 복음서들에 비해 짧다고 할지라도 그 내용속에 오히려 더 긴 사건 소개도 있으며(비교, 막 2:1-12; 마 9:1-8; 막 6:30-44; 마 14:13-21), 전체적으로는 마가복음 기자의 독특한 시각이 반영된 독립된 복음서이다. 다른 복음서들과의 자료 연계성 속에서 마가복음의 내용을 파악하기보다는 다른 복음서와의 차이를 통해서 마가복음의 독자적인 신학을 이해하려는 시도가 필요하다.

마가복음은 처음부터 명백하게 구두로 전해지던 복음을 문서 형태로 제시한다. 1장 1절은 문서화된 복음의 시작을 밝힌다(1:1, "하나님의 아들 예수 그리스도 복음의 시작이라"). 마가복음은 '하나님의 아들'이라는 표현을 통해서 범상치 않은 예수 그리스도의 존재성을 선포한다. 그리스도를 대망하던 팔레스틴 문화권에서는 '예수 그리스도'라는 표현 자체가 하나의 복음 선포이다. '나사렛 예수가 그리스도이시다' 라는 압축된 선포의 형태가 '예수 그리스도'라는 표현이다. '예수는 하나님의 아들로서 그리스도이시며, 이 분이 복음이며, 이 복음에 대한 소개를 시작할 것이다'라는 선언이 바로 마가복음의 시작 내용이다. 마가복음서의 시작이 선포되었으니 이 복음을 충분히 이해하기 위해서는 끝까지 이 복음서를 읽어야 한다.

마가복음을 일관하며 활동하시는 예수는 십자가에서 돌아가신다. 십가가에서 돌아가시는 예수를 향한 백부장의 고백은 1장 1절의 성취를 보여준다(15:39, "예수를 향하여 섰던 백부장이 그렇게 숨지심을 보고 이르되 이 사람은 진실로 하나님의 아들이었도다 하더라"). 백부장의 고백은 단지 백부장만의 고백으로 끝나지 않는다. 마가복음을 처음부터 읽는 독자는 시작부터 도전을 받는다. 예수가 어떻게 그리스도이시며, 이 예수 그리스도가 어떻게 하나님의 아들인지에 대한 도전이다. 결과적으로 이방인 백부장의 고백은 이방인 독자들의 고백을 상징한다. 예수를 지켜보던 백부장처럼, 마가복음의 예수를 지켜보는 독자들은 십자가의 예수를 바라보면서 백부장과 같은 고백을 한다. 예수는 그리스도이시며 하나님의 아들이라는 고백이다.

그렇다면 마가복음에서는 어떤 예수의 모습을 그리고 있을까? 다른 복음서들과 비교할 때 예수의 어떤 특징이 강조되고 있을까? 마가복음에서 소개하는 예수는 행동하는 예수이다. 마태복음이 선생 예수의 상을 제시한다면, 마가복음은 열정적으로 활동하는 '행동하시는 예수'의 상을 제시한다. 비유적으로 표현한다면, 마가복음은 중고등학교의 체육 선생과 같은 정열적인 모습의 예수를 그리고 있다. 직접 운동 시범을 보이면서 학생들이 따라서 하도록 앞장서 달려가시는 예수, 유대인과 이방인 사이의 커다란 장벽마저도 훌쩍 뛰어넘어가면서 달음질하는 예수의 상을 마가복음이 힘 있게 그려내고 있다.

마가복음의 시작은 마태복음이나 누가복음처럼 예수의 출생 장면을 제시하지 않는다. 예수의 출생 장면 묘사나 족보 제시는 마가복음의 분위기와는 어울리지 않는다. 예수의 출현은 굉장히 극적이다. 광야에서 외치는 자인 침례 요한의 출현에 뒤이어서 예수의 사역이 바로 전개된다. 예수는 침례를 받으신 후 회개의 복음을 선포하시면서 제자들을 부르시고 귀신을 축출하는 신비스러운 기적과 함께 온갖 병자들을 치유하시면서 그의 사역을 전개한다. 마가복음 1장은 마태복음이나 누가복음의 시작과는 매우 다르게 예수의 신속한 공생애 시작과 신속한 사건들의 전개를 보여준다. 예수의 가르침보다는 그의 사역이 매우 빠르게 전개된다. 마가복음에서 예수의 시험사건도 독특하다. 마태복음이나 누가복음이 예수의 세 번의 시험의 순서를 자세하게 묘사하는 것과 달리 마가복음은 그러한 시험의 종류와 순서에는 관심이 없고 대신에 광야에서 시험받으시는 예수의 신비스러운 모습을 제시한다 (1:12-13, "성령이 곧 예수를 광야로 몰아내신지라 광야에서 사십 일을 계시면서 사탄에게 시험을 받으시며 들짐승과 함께 계시니 천사들이 수종 들더라." 비교, 마 4:1-11; 눅 4:1-13).

마가복음은 복음이 팔레스틴 문화권을 벗어나서 이방 세계에 전파될 때 장벽이 될 수 있는 이방인과 유대인 사이의 담을 헐어버린다. 복음의 전진 과정에서 예수는 율법이 이방인과 유대인을 구분하는 장애가 될 수 없다는 것을 행동으로 보여준다. 마가복음은 사상이나 이론이 아니라 예수 자체를 통해서, 그 예수가 그러한 사회 구조의 한계 속에 머무는 분이 아닌 초월적이며 신비한 분으로 묘사하면서 인종의 구분을 뛰어넘어 모든 사람을 수용하는 복음을 전개한다.

3. 누가복음

누가복음의 서문은 예수의 생애와 교훈의 전승 과정을 밝혀준다 (1:1-3). 구속사의 관점에서 이 시대를 관조하는 누가복음이기 때문에 이러한 전승 과정에 대한 제시는 성경에 대한 신뢰성 보증이면서 동시에 성경을 통해서 계시되는 예수의 생애와 사상의 적합성에 대한 보증이다. 복음이 문서로 전달되지만, 이 문서는 최초의 증인 기능을 수행하면서 체계화된 신학으로 우리에게 전승된 것이다.

누가복음은 사도행전의 전편이다. 누가복음은 구속사의 관점에서 이 시대를 성령시대, 즉 교회시대로 규정하면서 예수의 생애와 가르침을 전한다. 사도행전이 '영'으로 오신 예수의 사역을 전개하는 것과 달리 누가복음은 '육'으로 오신 예수의 생애와 가르침을 제시하면서 사도행전의 영으로 오신 예수, 즉 성령과 중요한 대비를 이룬다. 누가복음은 신약성서 안에서 네 복음서 가운데 하나로 기능을 하는 동시에 사도행전과의 관련성으로 독특한 주목을 받는다. 성령과 관련한 누가복음과 사도행전은 상호 보완적이다. 누가복음과 사도행전은 공통적인 구속사의 시대 구분 속에서 성령의 역할에 대해서는 상호 다르면서도 보완적인 내용을 제시한다. 누가복음은 성령의 능력 속에 인격성을 내포하며, 사도행전은 성령의 인격성 속에 능력을 내포한다. 누가복음에서는 나사렛 예수의 인격으로 인해 성령의 능력이 강조되며, 사도행전에서는 지상 예수의 부재로 인해 성령의 인격성이 강조되는 것이다. 이러한 이유로 인해 누가복음은 이 시대를 성령시대로 강조하면서도 그 능력에 비중을 두는 것이다.

누가복음은 성령, 기도, 이웃에 대한 구제와 보살핌 등 현실적으로 직면한 문제 해결에 대해 강조한다. 특히 기도에 대한 강조는 성령에 대한 강조와 더불어 누가복음의 주요한 특징을 이룬다. 바리새인과 세리의 기도, 강청하는 과부의 비유 등에서 알 수 있듯이 누가복음은 교회 시대에 적합한 기도를 강조한다. 예수의 출생과 관련해서 등장하는 인물들도 한결같이 기도하는 사람들이다. 이러한 누가복음의 기도 강조는 성령시대의 특징을 반영하는 것으로서 모든 계층의 사람들에게 공통으로 적용할 수 있는 신앙의 요소이다.

누가복음에서 예수의 출생은 '성령'과 밀접하다. 성령의 존재성과 기능성에 대해서는 요한복음과 누가복음을 비교할 때 더욱 뚜렷해진다. 요한복음의 성령은 예수의 부활 이후에 본격적으로 그 존재성이 강조된다(요 7:38 - 39; 20:22). (물론 이 존재성은 기능성을 내포한 것이다). 그러나 누가복음의 시작은 성령의 존재성을 강조하여, 이 성령은 침례 요한뿐 아니라 예수의 출생에서 중요한 역할을 수행한다. 즉, 누가복음은 이 시대를 교회시대인 성령시대로 간주하기 때문에 성령의 존재성이 처음부터 강조되는 것이다. 그러나 누가복음에서 성령의 존재성은 나사렛 예수의 출현으로 대치되면서 대신에 능력이라는 기능성으로 전환되어 강조된다.

  누가복음은 복음이 유대인과 이방인이라는 장벽을 뛰어넘을뿐더러 이에 더하여 모든 계층의 사람들에게 전파되는 것을 보여준다. 낮고, 높고, 귀하고, 천하고의 구분 없이 각계각층의 사람들에게 스며드는 복음의 위력을 누가복음이 구체적으로 제시한다. 인종이나 지리적인 구분에 의한 제약을 뛰어넘는 복음의 돌파력은 누가복음에서 모든 계층에게 제시되는 복음을 통해서 위력을 발휘한다. 그래서 십자가에 달린 예수를 향한 누가복음의 백부장의 고백은 마가복음의 '하나님의 아들'과는 다른 "정녕 의인이었도다"이다(눅 23:47). 이에 대해 부연하겠다. 모든 계층에게 전파되는 복음인 예수는 당대의 개념으로 죄가 없으신 의로운 분이어야 했다. 로마 당국에 의해 죄인으로 처형된 예수가 아니라 아무런 죄가 없이 인류의 죄를 대신하여 돌아가신 분이어야 했다. 그래서 누가복음은 반복적으로 예수의 무죄를 선언한다. 빌라도는 세 번 반복해서 예수가 죄가 없다고 선언하고, 헤롯도, 심지어 십자가에 달린 강도마저도 예수의 죄 없는 죽음에 대해 진술한다. 최종적으로는 로마의 백부장이 예수의 죄 없음을 선언한다. 누가복음의 백부장이 표현한 '의인'은 도덕적으로 무죄함을 칭하는 표현이다. 하나님의 뜻을 행할 때 일컫는 마태복음의 의나, 율법과 비교되어 하나님의 선물로서 그렇지 않음에도 불구하고 하나님이 의롭다고 칭하는 로마서의 의와는 달리 누가복음의 의는 사회적 덕목인 의를 말한다. 결국, 누가복음은 모든 계층에게 다가가는 복음의 주체인 예수에 대해 교회시대에 적합한 전달 방법을 채용한 것이다. 결과적으로 누가복음은 이 시대를 성령시대인 교회시대로 규정하면서 예수 그리스도의 복음이 모든 사람에게 전파되는 평등성을 제시한다.

4. 요한복음

요한복음의 시작은 광대한 요한복음의 전개 방향을 예고한다(1:1). 마태복음이나 누가복음과 같은 예수의 출생기사나, 마가복음과 같은 예수의 갑작스러운 역사 속의 출현과 같은 차원을 훨씬 뛰어넘는 초월적인 선재성(先在性, pre-existence)과 출현이 요한복음에 등장한다. 혹자는 요한복음을 공관복음서와 달리 영적인 복음서라고 주장하기도 한다. 그러나 이러한 주장은 표면적으로만 요한복음을 이해하기 때문이다. 요한복음을 개관해보면 요한복음은 영(프뉴마)과 육(사르크스)의 절묘한 균형 속에서 전개되는 복음서임을 알 수 있다.

요한복음의 시작 구절은 요한복음서 전체의 방향성을 예시한다: "태초에 말씀[로고스]이 계시니라 이 말씀[로고스]이 하나님과 함께 계셨으니 이 말씀[로고스]은 곧 하나님이시니라"(1:1). 이 구절의 '태초'는 창세기 1장 1절의 태초와 구별된다. 요한복음의 '태초'는 '영원'을 의미한다. 요한복음의 영원은 창세기의 태초를 훨씬 뛰어넘는 무한이며 인간의 제한된 시공간 개념으로는 가늠할 수 없는 영원성이다. 영원 전부터 계시던 로고스(말씀)가 인간이 가늠할 수 있는 창세기 1장 1절의 "태초"와 "천지"라는 시간과 공간의 문을 연다. 헬라어 '로고스'는 '말씀'으로 번역할 수 있지만 이 직역은 오해를 불러일으킬 수 있다. 로고스는 우리가 일반적으로 인식하는 말씀으로서보다는 초월적인 존재성을 의미한다. 헬라 세계의 사람들은 해와 달과 별이 일정한 법칙에 따라 운행하고, 자연환경이 일정하게 변화하는 것을 보고 그 배후에는 이를 움직이는 힘과 원리가 있다고 보았다. 그 힘과 법칙의 의인화가 바로 로고스이다. 요한복음은 최고의 신인 하나님을 이해시키기 위해 초월적 존재 개념인 '로고스'를 활용한 것이다. 이러한 로고스를 '말씀'이라고 직역하기 때문에 혹시라도 로고스를 인간의 언어

구조 속에서 발설하는 '말'이나 그 '언어 행위'로 인식해서는 안 될 것이다.

로고스와 관련하여 요한복음은 처음부터 심각한 질문을 제기한다. '로고스가 하나님이시고 이 하나님이 육신이 되었다'라는 뜻밖의 선언이다. 영원 전부터 존재하시던 로고스가 하나님이시라는 선언은 이 로고스와 육화된 하나님과의 일치성에 대한 질문을 낳을 수 있다. 이에 대한 의문과 해답은 요한복음의 전개 속에서 병렬을 이룬다. 요한복음 1장 1절에서 출현한 로고스가 14절에서 육신이 되었다는 충격적인 선언으로 포문을 연다. 인간이 신이 되는 것은 고대 세계에서 긍정의 효과가 있지만, 반대로 신이 인간이 된다는 것은 상상할 수 없는 초라한 개념이다. 독수리가 공중에서 선회하다가 순식간에 급강하하듯이 초월적인 존재에서 땅의 존재로 전락하는 '말씀이 육신이 되었다'는 선언은 요한복음의 최초의 독자들의 마음을 흔들어 놓았을 것이다. 게다가 '육신'(사르크스)이란 표현은 '영'(프뉴마)과 비교되어 인간의 연약한 측면을 일컫는다.

요한복음은 초월적 존재로서 육신을 입은 나사렛 예수의 생애와 교훈을 우리에게 제시한다. 예수의 수난과 죽음은 이러한 '하나님'의 정체 확인 선언으로 촉진되고 가속된다. 아브라함이 나기 전부터 자신이 존재했다는 예수의 선언(8:58), 하나님과 자신은 하나라는 예수의 선언(10:30)은 그의 수난을 짐작하게 한다. 예수와 하나님의 일치성은 그 예수가 육을 입은 존재이기 때문에 되레 신성모독으로 간주될 수밖에 없었다. 그런데 대담하게도 예수는 자신이 하나님이라는 선언을 하는 것이다. 요한복음 기자도 정확하게 이러한 예수의 선언을 기록하며 자신이 기록한 1장 1절의 입증 과정을 제시한다. 결국, 예수의 부활 후에 그는 1장 1절의 성취로 그의 제자에 의해, 요한복음 기자에 의해 하나님으로 선포된다. 도마는 일반적으로 의심 많고 계산적인 제자로 알려졌지만 부활하신 예수를 만난 그의 고백은 요한복음 1장 1절의 성취를 보여준다(20:28, "도마가 대답하여 이르되 나의 주님이시요 나의 하나님이시니이다"). 보이는 인격을 향해서 하나님이라고 칭하는 것은 유대인들에게 충격일 수밖에 없다. 도마의 고백은 예수의 정체 확인에 대한 절정이라고 할 수 있다. 부활하신 예수를 통해서 요한복음 기자가 의도했던 것은 예수의 몸에 나타난 십자가 죽음의 흔적을 뛰어넘어 그분이 바로 하나님이시라는 선언이다. 1장 1절과 14절에서 초월적 존재였던 로고스가, 하나님이 바로 육신이 되셨고, 그 육신의 죽음과 부활이 이 지구 상에 남긴 하나님의 흔적이 되었고, 도마는 바로 그렇게 활동하시던 분이 하나님이시라는 것을 고백한다. 이를 통해서 요한복음 기자는 요한복음 전체의 구성을 예수가 누구이신가에 대한 해답으로 제시하는 것이다.

요한복음은 그 깊이와 넓이에서 인간의 상상을 초월하는 범위로 전개된다. 예수는 영원한 하나님이시지만 제한된 시간과 공간 속으로 육신을 입고 오셨고, 피를 흘리셨고, 다시 영원한 하나님으로 정체를 밝히신다. 그렇다면 이 하나님은 위로 올라가시는 것으로 사명과 역할을 끝냈을까? 이에 대해 요한복음은 다른 복음서들과 달리 보혜사 성령의 도래를 선언한다. 예수도 보혜사이시며 성령도 보혜사이시다(14:16). 육으로 오신 예수 시대를 지나서 영으로 오신(실) 예수가 성령이시다. 부활하신 예수의 첫 번째 명령도 "성령을 받으라"는 선언이다. 보혜사 성령에 대한 강조는 나사렛 예수의 생애와 사역의 지속성을 보증하는 선언이기도 하다. 그가 와서 예수께서 가르치시고 말씀하신 모든 것을 생각나게 할 것이다(14:26).

III. 사도행전

사도행전은 성령행전으로 불린다. 성령에 대한 이해는 사도행전 이해의 초석이다. 성령의 인격과 사역을 통해서 사도행전 전체를 살펴볼 때 우리는 사도행전에서 펼쳐지는 복음의 전개와 확장의 흐름을 파악할 수 있다. 이를 위해서 사도행전에서 특징적으로 발생한 대표적인 성령 사건을 중심으로 사도행전의 내용전개를 살펴보고자 한다.

1. 역사화 된 신학

우리가 그리스도의 몸의 한 지체로 속한 교회의 기원을 어디에서 찾을 수 있을까? 지금의 현대 교회는 성서적 기원을 가지고 있을까? 이 시대의 교회와 신약교회는 서로 관련성을 가질까? 이러한 질문에 답을 주는 성경이 사도행전이다. 사도행전은 네 복음서의 '예수가 그리스도이시다'는 복음이 전파되며 교회가 설립되는 과정을 보여준다. '사도행전'이라는 표제가 내포하는 것과 달리 사도행전은 모든 사도의 행적을 제시하지 않는다. 대표적으로 베드로와 바울의 행적이 사도행전의 주를 이루지만, 이마저도 이들 생애의 일부분일 뿐이며 단지 사도행전의 기록 목적에 적합한 부분만이 기록되었다.

사도행전은 연대기적으로 배열된 사도들의 행적이 아니라 역사 형태의 신학이다. 그래서 사도행전을 역사화된 신학(historicized theology)이라고 부른다. 복음서는 예수가 그리스도가 되신 역사를 네 명의 관점에서, 즉 네 가지 신학적인 관점에서 풀어내며, 사도행전은 다양한 사건들을 역사적인 기록 방식으로 진술했다는 특성을 가진다. 이러한 사도행전의 특성으로 인해 베드로의 사역이나 바울의 생애를 연대기적으로 재구성하려는 시도는 무의미할 수 있다. 사도행전 기자의 기록 목적에 따라 연대기적인 부분은 부차적인 성격이기 때문이다.

2. 성령행전

사도행전은 '성령행전'이라고 불릴 정도로 복음 전파와 교회 설립 과정에서 나타난 성령의 인격적 활동을 소개한다. 누가복음의 성령의 능력성과 달리 사도행전의 성령은 인격성이 특징이다. 네 복음서의 지상의 예수와 비교되어 사도행전에서는 승천하신 예수의 활동이 등장한다. 부활하신 예수의 승천 장면과 더불어 특히 스데반의 순교 사건에서는 승천하신 예수의 활동적인 장면이 구체적으로 나타난다. 그 승천하신 예수의 현재성을 바로 성령이 보증하면서 독자들에게 성령의 활동을 지상 예수의 현존성과 일치시키는 것이다.

사도행전은 비록 누가복음의 후속편과 같은 성경이지만, 그 성격은 누가복음과는 다르다. 물론 사도행전은 누가복음의 교회시대라는 관점을 유지하면서도 이에 더하여 교회시대에 대한 실제의 상황을 그리고 있다. 그래서 시작부터 예수의 승천장면에 대한 세밀한 묘사를 통해 나사렛 예수 시대와 도래한 성령시대를 명확하게 구분하고 있다. 승천 장면을 통해서 보여주는 확실한 지상 예수의 부재 선언은 성령시대 도래의 선포이다. 승천하신 예수의 장면에 뒤이은 오순절 성령 강림 사건은 구속사의 한 획을 긋는 중요한 사건이다. 이 성령강림은 사도행전 전체 내용의 예고이며, 이 사건 직전에 이루어진 성령침례와 예수의 명령인 땅끝까지 복음을 전파하라는 사명 수행의 완결판이다 (1:5, "요한은 물로 침례를 베풀었으나 너희는 몇 날이 못되어 성령으로 침례를 받으리라 하셨느니라"; 1:8, "오직 성령이 너희에게 임하시면 너희가 권능을 받고 예루살렘과 온 유대와 사마리아와 땅끝까지 이르러 내 증인이 되리라

하시니라"). 부활과 승천 사이에 이루어진 예수의 주옥같은 두 명령이 바로 2장에서 발생한 성령강림 사건에서 성취된 것이다. 예수의 명령이 성취되었다고 하는 것은 오순절 성령강림 사건이 하나의 상징성을 갖기 때문이다. 2장의 성령강림이 어떻게 해서 상징성을 가지면서 예수의 명령에 대한 성취일까?

사도행전에는 다섯 번의 중요한 성령 사건이 기록되어 있다. 2장의 오순절 성령강림, 8장의 사마리아인들의 성령체험, 9장의 바울의 성령체험, 10장의 고넬료 성령체험, 19장의 에베소에 있는 제자들의 성령체험이다. 다섯 번의 성령 사건은 하나의 패턴으로 규정할 수 없는 다양성을 갖고 있다. 그럼에도 불구하고 2장은 이 모든 성령 사건의 전형이며 모본이라는 성격을 가진다. 따라서 대표적으로 2장의 성령 사건에 대한 이해를 시도하고자 한다. 예수께서 제자들이 몇 날이 못되어 성령으로 침례를 받을 것을 예고(1:5)하신 후 실제로 몇 날이 못되어 제자들은 이른바 '오순절 성령강림'의 체험을 한다. 사도행전은 구체적으로 어떤 사건이 성령으로 침례를 받는 것인지에 대해 제시하지 않는다. 단지 성령침례 예고 후 발생한 첫 번째 성령강림 사건을 사도행전 기자는 성령으로 충만한 체험이라고 설명한다. 따라서 1장 5절의 예고가 2장에서 성취된 것이기 때문에 성령침례와 성령충만을 인위적으로 구분하는 것은 의미가 없다. 물론 성령침례와 성령충만은 성령으로 침례, 성령으로 충만하게 되는 것이다. 성령 침례는 물침례와 비교점을 가지며, 물침례의 외형적인 현상을 성령체험과 비교하는 표현 방법이다. 2장의 성령 사건은 가시적인 체험을 수반했다. 이 체험은 단지 영적인 체험이라거나 혹은 물질적인 현상이라고 단언할 수 없으며 오히려 영과 육의 한계를 초월하는 보고, 듣고, 느끼는 체험이었다.

이러한 체험 속에 2장은 두 가지 특징적인 현상을 소개한다. 최소한 언어가 다른 15개 이상의 지역에서 온 사람들이 각기 자기 지역의 언어로 복음을 들었다. 15개 이상의 지역에서 왔다는 것은 복음이 15개 이상의 지역으로 전파된 것을 상징한다. 복음이 문화의 장벽을 뚫고 땅끝까지 전파되는 상징적인 현상이 발생한 것이며 1장 8절의 성취를 (권능을) 보여준다. 또한 언어 사건인 외국어 현상에 앞서 성령으로 충만한 제자들이 방언을 말하기 시작했는데, 이때 표현이 '각기 다른 방언들'이다(2:4). 신비한 언어 현상인 방언은 고린도전서 12장과 14장에서도 소개되며, 이 방언의 종류도 다양하다(참조, 고전 14:18). 물론 이때 방언은 일상 언어나 외국어와는 구별된다. 사도행전의 방언과 고린도전서의 방언이 다르다는 주장은 사도행전의 방언 현상에 대한 오해 때문이다. 비록 사도행전에서 언어 사건인 외국어가 말해졌다고 해도 이는 권능의 표로서 행해진 현상이다(1:8). 2장에서 발생한 신비한 언어인 방언 사건은 10장의 고넬료의 성령체험이나 19장의 에베소 제자들의 체험에 비추어 보아서도 충분히 받아들일 수 있는 현상이다.

　사도행전은 베드로와 바울의 사역 일부분을 통해서 복음의 확장을 원색적으로 보여주면서 모든 시대의 좌표로 삼을 수 있는 복음의 전파 과정을 제시한다. 이 과정에서 성령은 사도행전의 참모습이면서 모든 세대의 교회에 통일성을 안겨주는 핵심 요소이다. 사도행전에 대한 이해는 성령에 대한 이해이며, 성령에 대한 이해의 기초는 성령체험이다. 동일한 성령으로 인해서 모든 시대의 교회는 성령공동체로서, 교회의 영속성 속에서 사명을 수행할 수 있다. 사도행전은 성령행전이다.

📖 추천하고 싶은 책

김선배.「성령님과 함께 걷는 신약성경 올레길」. 서울: 요단출판사, 2012.
김선배 외.「성서입문」. 대전: 침례교신학연구소, 2007.
_____. "네 복음서에 나타난 '복음'의 전개와 확장성."「복음과 실천」, 54집 (2013. 가을): 41-61.
_____. "사도행전에 나타난 성령침례의 신학적 의미."「복음과 실천」, 45집 (2010. 봄): 37-60.
_____.「상징으로 읽는 요한복음서」. 대전: 침례신학대학교출판부, 2010.
김광수.「마가 마태 누가의 예수 이야기」. 대전: 침례신학대학교출판부, 2003.
_____.「요한복음 다시 읽기」. 개정판. 대전: 침례신학대학교출판부, 2013
Blomberg, Craig L.「신약성경의 이해」. 왕인성 역. 서울: 기독교문서선교회, 2005.
Burridge, A. Richard.「네 편의 복음서, 한 분의 예수」. 김경진 역. 서울: 기독교 연합신문, 2004.
Dunn, J. D. G.「신약성서의 통일성과 다양성」. 김득중, 이광훈 역. 서울: 솔로몬, 1988.
Fitzmyer, Joseph A. *The Acts of the Apostles. The Anchor Bible.* Vol. 31. New Haven: Yale University Press, 1998.
Marshall, I. H.「누가행전」. 이한수 역. 서울: 엠마오, 1993.
Nickle, K. F.「공관복음서 이해: 차이점과 공통점」. 이형의 역. 서울: 대한기독 교출판사, 1994.
Stanton, Graham N.「복음서와 예수」. 김동건 역. 서울: 대한기독교서회, 1996.
Stein, Robert H.「공관복음서문제」. 김철 역. 서울: 솔로몬, 1995.
Wenham, David and Steve Walton.「복음서와 사도행전」. 박대영 역. 서울: 성 서유니온선교회, 2007.

제6장

서신서와 계시록

신약학 교수 | **신인철**
incheolshin@kbtus.ac.kr

I. 서론

신약성서 27개문서 가운데 서신으로 분류할 수 있는 문헌은 21개이다. 신약성서에 서신으로 분류된 문서가 이렇게 많은 것은 종말론적 신앙에 입각한 초기 기독교 공동체가 적극적으로 복음을 전했기 때문이다. 바울은 소아시아와 유럽 지역까지 복음을 전하면서 곳곳에 많은 교회를 세웠다. 이렇게 세워진 신생 교회들은 어느 정도 기독교 정체성을 확립하고 있었다. 하지만 새롭게 세워진 교회들은 내외적으로 많은 문제들에 직면할 수밖에 없었다. 내적으로는 다양한 갈등, 윤리적 문제, 서로 다른 신앙을 지향하려는 욕심들로 혼란에 빠져 있었다. 더욱이 헬라 철학과 영지주의 사상의 침투로 전통 신앙과 이단을 구분해야할 필요성도 제기되었다. 신생 기독교 공동체는 외부로부터 박해를 받기도 했다.

따라서 바울서신과 공동서신은 교리적인 가르침을 위해 기록된 것이 아니라 신생 교회에서 일어난 문제를 해결할 목적으로 보낸 권면의 서신으로 보아야 한다. 1세기 지중해 사회는 교통수단이 발달하지 못했기 때문에 문제가 발생한 교회를 빠른 시일에 직접 방문할 수가 없었다. 따라서 편지는 아주 중요한 의사소통 수단 가운데 하나였다.

요한문헌으로 분류되는 요한서신과 요한계시록은 서신의 형식을 따랐지만, 설교와 묵시문학으로 분류한다. 요한서신은 사랑을 중심으로 형성된 기독교 공동체로서 그들을 방문한 외부 전도자들을 어떻게 대접할 것인가를 다루고 있다. 요한계시록은 박해 아래 있는 성도들에게 예수 그리스도가 재림하면 현실의 모든 고난은 해결될 것이라며 궁극적인 미래의 승리를 말한다. 이러한 배경에서 기록된 바울서신, 공동서신, 요한서신, 요한계시록의 내용과 주요 신학 주제들을 간략하게 살펴보자.

II. 서신의 분류와 서신의 형태

신약성서의 서신은 수신자에 따라 세 부류로 나누어진다. 교회 공동체나 개인에게 보내는 서신이 있다. 교회 공동체에 보내는 서신의 목적은 수신 교회가 당면한 내외적 문제의 갈등을 해결하려는 것이다. 개인에게 보낸 서신의 목적은 대부분 사적인 권면과 목회적 격려를 담고 있다. 바울서신(Letters/Epistles)은 이처럼 수신 교회와 수신인이 분명하다. 반면에 수신자를 특정한 교회나 개인이 아닌 전체 그리스도인으로 설정한 서신을 공동서신(Catholic Epistles/Letters)이라고 한다. 물론 히브리서를 서신으로 분류하기는 어렵지만 전통적으로 공동서신 앞에 편재시켰기 때문에 공동서신을 다룰 때 함께 살펴보는 경향이 있다.

특이하게도 베드로전서는 특정지역에 흩어진 자들에게 편지를 보낸 것으로 보이고, 요한서신은 특정 인물을 수신자로 지칭한다. 요한계시록은 묵시문학으로 분류되지만, 소아시아 지역 교회들에게 보내는 서신이기도 하다.

신약성경의 서신들은 다음과 같은 방법으로 배열되었다. 먼저 바울서신을 배열하고 이어서 공동서신을 배열하였다. 요한서신과 요한계시록은 신약성서의 마지막에 배열했다. 바울서신의 배열은 교회공동체에 보내는 서신을 앞쪽에 그리고 개인에게 보내는 서신을 뒤쪽에 배열하였다. 교회공동체에 보내는 서신은 길이가 긴 것부터 앞쪽에 배열하였다. 개인에게 보내는 편지도 길이가 긴 것부터 앞쪽에 배열하였다. 공동서신은 갈라디아서 2:9에 명기된 세 사도의 이름인 야고보, 베드로, 요한 순으로 배열했다.

1세기 지중해 사회에는 다양한 서신들이 존재했다. 물건을 사고받는 영수증을 비롯하여 짧은 글에서부터 긴 내용의 편지까지 아주 다양한 의사소통 문서가 있었다. 아주 간단한 서신은 형식을 갖추지 않았지만, 대부분의 공식 서신은 헬라의 편지 양식을 따랐다. 헬라 편지 양식은 서론, 본론 그리고 결론으로 구성되었다. 편지의 서론에는 발신자, 수신자, 문안 인사, 감사, 기도 등의 내용이 담긴다. 서신의 본론은 수신자나 수신 공동체의 문제를 해결하려는 목회적 권면이나 가르침이 나타난다. 결론 부분은 대부분 문안인사로 끝이 난다. 반면에 공동서신은 서론과 결론부분에서는 서신의 양식을 취하기도 하지만, 그 내용은 논술이나 설교의 형태를 지닌 교훈, 권면, 성명서로 구성되어 있다.

III. 바울서신

사도행전 다음에 배열된 13개(로마서, 고린도전서, 고린도후서, 갈라디아서, 에베소서, 빌립보서, 골로새서, 데살로니가전서, 데살로니가후서, 디모데전서, 디모데후서, 디도서, 빌레몬서)의 서신을 바울서신(Pauline Letters)이라고 한다. 이미 주지한 것처럼, 바울서신은 수신자가 분명했다. 바울은 특정한 지역에 있는 교회나 개인에게 편지를, 바울서신은 다음과 같이 분류된다. 1) 교회 회중에게 보내는 서신은 로마서, 고린도전서, 고린도후서, 갈라디아서, 에베소서, 빌립보서, 골로새서, 데살로니가전서, 데살로니가후서이다. 2) 바울의 4대 서신은 로마서, 고린도전서, 고린도후서, 갈라디아서이다. 3) 목회서신은 디모데전서, 디모데후서, 디도서이다. 4) 옥중서신은 에베소서, 골로새서, 빌립보서, 빌레몬서이다. 5) 빌레몬서는 옥중서신이지만 개인서신이기도 하다. 역사비평 방법이 신양성서 본문 해석에 도입되면서 바울서신을 진정 서신과 후기 바울 학파의 서신으로 구분했다. 바울의 진정서신은 로마서, 고린도전서, 고린도후서, 갈라디아서, 빌립보서, 데살로니가전서, 빌레몬서이다. 반면에 에베소서, 골로새서, 데살로니가후서, 디모데전서, 디모데후서, 디도서는 바울 학파의 서신으로 분류된다.

1. 로마서

로마서는 바울서신에서 가장 중요하고 가치 있는 서신으로 알려져 있다. 발신인은 바울이며 수신인은 로마에 있는 교회다. 바울은 3차 전도여행 중 고린도에 3개월 정도 머물 때 로마서를 쓴 것으로 보인다. 하지만 로마서는 바울이 직접 개척한 교회가 아니라 로마 교회를 방문하려는 목적에서 보낸 서신이다. 로마 교회가 정확히 언제 세워졌는지는 알 수가 없다. 아마도 예루살렘의 유대 기독교인이 로마로 이주하면서 교회가 세워진 것으로 보인다. 아니면 로마에 거주하던 유대인들이 예루살렘을 왕래하면서 복음을 듣고 돌아와 세운 자생 교회일 것이다.

로마서의 기록 목적은 두 가지로 보인다. 첫째는 로마교회 안에 벌어진 갈등의 문제를 해결하려는 것이다. 로마교회는 유대인 기독교인과 이방인 기독교인이 갈등하고 이었다. 바울은 보편 복음을 반대하는 유대계 기독교인의 신앙 정체성을 교정하기 위해 로마서를 기록했다는 것이다. 둘째는 바울의 선교사역 관점에 기인한 견해다. 바울이 로마서를 기록할 당시 그는 로마제국의 동쪽지역의 선교사역을 마무리한 상태였다. 소아시아 지역과 유럽까지 선교사역을 마무리한 바울은 새로운 선교 지역을 찾아야 했다. 더욱이 바울은 예루살렘 교회와 선교 사역 문제로 갈등하고 있었다. 바울은 로마서를 로마에 있는 교인들에게 보내려고 기록했지만, 사실 바울이 전한 복음을 부정하는 유대화주의자들과 그의 복음을 오해하고 있는 예루살렘 유대그리스도인을 염두에 두고 쓴 것으로 볼 수 있다.

로마서의 전체 내용은 하나의 연결점을 가지고 있지만, 서로 다른 내용들의 연합으로 볼 수도 있다. 1) 1-4장은 이신칭의(以信稱義)를 말한다. 물론 복음과 칭의는 3-4장에 집중적으로 나타난다. 하지만 로마서 1-2장은 유대인이나 이방인 모두가 죄인임을 먼저 언급한다. 3장은 하나님의 관점에서 모든 사람은 죄 아래 있다는 선언이다. 그리고 4장은 예수 그리스도를 믿음으로 의로워짐을 강조한다. 2) 5-8장은 믿음으로 의로워진 사람들의 삶에 대해서 말한다. 5장은 하나님의 진노를 벗어난 신자의 하나님과 화목한 삶을 말한다. 6장은 죄의 세력에서 해방됨을 말한다. 7장은 율법으로부터 해방되어야 함을 언급한다. 8장은 죽음에서 해방된 성령의 삶을 말한다. 5-8장은 성화의 삶을 다룬 것이다. 3) 9-11장은 구원사적 관점에서 바라본 이스라엘의 운명이다. 하나님의 선택을 받은 이스라엘 백성들은 메시아 예수 그리스도를 거부한다. 그러나 하나님은 이방인을 먼저 구원하고 마지막으로 이스라엘을 구원한다는 것이다. 11장에서는 하나님은 이방인을 먼저 구원하지만, 이스라엘을 구원할 계획도 가지고 있음을 말한다. 따라서 하나님은 이스라엘과 이방인 모두를 구원하기 원하는 분으로 묘사한다. 4) 12-13장은 그리스도인의 윤리적 삶을 교회, 가정, 그리고 사회생활에 어떻게 적용해야 하는지를 말한다. 특별히 바울은 국가관에 대해서도 피력하고 있다. 5) 14-15장은 로마교회의 약한 자와 강한 자의 갈등을 다루었다.

로마서의 중요한 신학 주제는 '칭의'와 '하나님 의' 그리고 '로마서의 집필 목적'이다. '의'는 윤리적 용어가 아닌 법정 용어다. 이것은 하나님의 의가 어떤 의미인가를 질문한 것이다. 하나님의 의는 단순히 잘못된 것을 바로잡는 행동을 의미하지 않는다. 이것은 인간은 의로워질 수 없지만, 하나님의 의는 법정에서 인간을 의롭다고 선언한 것과 같다는 것이다. 로마서의 집필 목적은 로마서 해석의 중요한 역할을 하는데, 바울이 로마서를 선교의 목적으로 기록했는지 아니면 예루살렘 교회의 유대화주의자들에게 던진 도전인지를 확인하는 것이다.

2. 고린도전서

고린도전서의 발신인은 바울과 소스데네이며, 수신자는 고린도에 있는 하나님의 교회다. 고린도는 동서와 남북을 연결시켜주는 중요한 교통의 요지로서 수많은 이민자들이 모인 국제도시였다. 고린도 인구의 절반은 로마의 시민권자들이었다. 바울은 2차 전도여행 때 마게도냐를 거쳐 고린도에 도착하여 교회를 세웠다. 고린도전서는 제3차 선교여행 중 에베소에서 썼다.

고린도전서의 기록 목적은 교회 문제 해결이다. 바울이 고린도교회에서 1년 6개월 동안 사역을 한 후 그곳을 떠나자 교회에는 여러 문제들이 야기되었다. 다원 문화 사회의 고린도 교회는 신생교회에서 발생할 수 있는 갖가지 문제들이 일어난 것이다. 바울은 고린도 교회의 상황을 두 가지 방법을 통해 들었다. 첫째는 고린도전서 1-6장의 내용은 글로에 집 사람들이 바울에게 구두로 전해준 것이다(1:11). 그 내용은 고린도교회 내부에서 일어난 악행이다. 고린도전서 7-15장에 제기된 문제들은 고린도교회가 스데바나와 브드나도 그리고 아가이고를 대표로 바울에게 보내어 서면으로 질의한 것이다(고전 16:17). 그 내용은 고린도교회 성도들의 일상생활과 교회생활을 어떻게 해야 하는지에 대한 질문이다.

고린도전서의 구성은 교회의 문제점 해결을 제시한 바울의 권면 내용들을 따라 구분할 수 있다. 1) 고전 1:10 -3:23은 특정 인물을 내세워 공동체의 주도권을 장악하려는 파당의 싸움이다. 사람들은 당시 사회의 미디어인 수사학을 통해 자신들을 자랑하며 주도권 싸움을 하였다. 2) 4장은 지식인들이 교만한 마음을 가지고 있었음을 말한다. 3) 5장은 음행에 대해서 말하는데, 특별히 근친상간에 대해서 질책한다. 바울은 아버지의 재산을 차지하기 위해 계모와 동침한 형제의 사건은 당시 사회의 인간의 탐욕이 얼마나 강했는지를 보여주는 절정이다. 4) 6장은 성도간의 소송과 윤리적 비행, 방종과 음행에 대해서 말하는데, 이것은 기득권을 보유한 교회 지도층이 가난한 성도들의 재산을 탈취하려는 부정한 민사 재판에 대한 경고와 권면이다. 5) 7장은 결혼과 독신 이혼에 대한 권면이다. 6) 8-10장은 우상숭배 문제를 다루면서 제사 음식에 대한 논쟁이다. 바울은 모든 것을 하나님의 영광을 위해서 하라고 말한다. 이 단락은 사도의 권한을 강조한 것이 아니라 믿음이 강한 자들은 믿음이 약한 자들을 고려하여 자유와 권리를 양보하라는 것이다. 7) 11장은 주의 만찬에 임하는 성도의 자세를 권고한다. 고린도교회는 빈부의 차이로 인하여 주의 만찬을 함께 먹지 않음으로 주님의 몸에 동참하는 연합을 이루지 못했다. 8) 12-14장은 성령의 은사를 말한다. 은사 가운데 가장 중요한 것은 사랑이다. 9) 15장은 부활에 대한 확신과 부활의 몸에 대해서 성도들에게 권면한다.

3. 고린도후서

고린도후서는 바울과 디모데가 마케도니아에서 고린도에 있는 하나님의 교회와 온 아가야에 있는 모든 성도들에게 보낸 편지다(고후 1:1). 고린도후서 해석의 핵심은 고린도전서를 보낸 후 고린도후서가 기록될 때까지 고린도 교회에 어떤 일이 일어났는지를 확인하는 것이다. 바울이 떠난 후 고린도교회는 반 바울 사상이 강하게 일어났다. 예루살렘에서 내려온 대적들에 의해 바울은 거짓 사도로 몰렸고, 고린도교회는 바울을 비난하게 되었다. 아마도 고린도에서 내려온 자칭 사도라는 자들은 유대화주의자로 보인다. 또한 그들은 유대교와 헬레니즘 요소가 혼합된 종교혼합주의자라는 주장도 있다.

고린도후서의 기록 목적은 이전에 보낸 눈물의 편지에 대한 성도들의 반응을 확인하는 것이다. 그리고 참된 하나님의 일꾼인 사도가 누구인지를 아는 것이다. 바울은 자신과의 관계가 회복된 고린도 교회에 예루살렘 교회를 위해 연보를 요청한다. 마지막으로 바울은 자신이 다시 고린도를 방문하면 대적들을 그냥두지 않을 것이라고 회개를 촉구한다.

고린도후서의 내용구성은 다음과 같다. 1) 1:12-7:16은 사도직에 대한 변론이다. 바울이 사도직에 대해서 변론을 제기한 것은 바울과 고린도 교회가 화해를 이루었음을 의미한다. 바울은 특별히 사도직의 성격을 통하여 일꾼의 자세로서 자신을 변호한다. 2) 8-9장에서는 예루살렘 교회를 위한 모금을 독려한다. 8장에서는 고린도교회에게 모금을 독려하기 위해 모금 추천장을 보낸다. 9장에서는 아가야의 모든 성도들에게 보내는 모금 추천장이다. 그러나 8장과 9장의 내용에는 별 차이가 없다. 3) 10-13장은 바울이 적대자들과 논쟁하는 모습이 그려졌다. 바울은 고린도 교회를 장악한 대적들의 비방에 대해서 반박한다. 그리고 고린도 교인들에게 마지막 권면을 한다.

고린도후서의 신학 주제는 다양하다. 첫째, 바울의 복음과 사도직의 본질에 대한 연구다. 사도는 하나님과 인간의 사이를 화해로 인도하는 새 언약의 일꾼이다. 그러므로 사도는 그리스도를 알리는 향기를 뿜어야 한다. 이것은 10-13장에서 참 사도의 모습을 보여주었다. 둘째, 고린도후서에 나타난 바울의 대적이 누구인지에 대한 정체성에 대한 연구는 여전히 해결해야 할 과제이다.

4. 갈라디아서

갈라디아서의 발신자는 바울과 함께한 형제들이며, 수신자는 갈라디아 여러 교회들이다. 갈라디아는 도시가 아니라 행정 구역을 나타내는 주(州)거나 지방의 명칭으로 보아야 한다. 남부 갈라디아 가설을 받아들인다면, 바울이 갈라디아를 방문한 것은 1차 전도여행 기간일 것이다. 그러나 바울은 2차 전도여행 기간 동안에 갈라디아 지역을 지나면서 전도사역을 했다. 바울은 3차 전도여행 기간 동안 에베소에 머물면서 갈라디아 지역을 순회하며 사역했을 가능성도 있다.

갈라디아서의 기록 목적은 복음을 들은 성도들의 변질을 방지하려는 것이다. 갈라디아 교회는 복음을 들었지만 어떤 사람들이 갈라디아 교인들을 교란하여 다른 복음을 듣게 하였다. 아마도 이들은 유대화주의자들이었을 것으로 보인다.

　갈라디아서는 논쟁이 중심인 전반부와 권면이 중심인 후반부로 구성되었다. 논쟁부에서는 바울이 자신이 전한 복음은 올바른 것이며, 적대자들이 전한 것들은 거짓임을 논박한다. 바울은 자신이 전한 복음의 정당함을 자신의 과거 유대교 시절을 회상하며 설명한다. 권면부에서는 신학적 논증을 통해 적대자들의 가르침이 잘못되었음을 공박한다. 1) 1:13-2:21은 바울이 자신의 과거 경험인 다메섹과 아라비아, 무명의 10년 사역자 시절, 사도회의와 안디옥에서 외식하는 베드로를 질타한 사건을 회상한다. 2) 3:1-4:31은 갈라디아 교인들의 경험을 근거로 하여 아브라함의 칭의를 설명한다. 갈라디아 교인들은 율법에 현혹되어 복음을 상실할 위기에 처해 있었으며, 바울은 아브라함의 두 아들의 사례를 통해 복음의 본질을 논한다. 3) 5:1-6:17은 율법의 종이 되지 말고 사랑으로 서로 종노릇하라고 권면한다. 이러한 삶을 위해 성도는 성령을 따라 살아야 한다.

　갈라디아서의 신학 주제는 법정 수사학을 통한 본문 분석이다. 바울은 일인 삼역을 통해 피고, 검사, 변호사 역할을 한다. 법정 소송 비유를 통해 복음을 저버린 자들을 신앙으로 회복시키려는 것이다. 이런 의미에서 갈라디아서의 법정 수사학은 여전히 연구의 핵심 과제이다. 갈라디아서의 또 다른 신학 주제는 바울의 대적의 정체를 확인하는 것이다. 이들의 정체는 할례를 강요한 것으로 보아 '유대주의자'이거나 '율법주의자'로 보인다. 그리고 바울의 생애를 재구성하는 자료로서 갈라디아서는 중요한 가치가 있다.

5. 에베소서

　에베소서의 수신자들은 에베소에 있는 성도들과 예수 안에 있는 신실한 자들이다. 수신인을 다양하게 묘사한 것으로 보아 소아시아 지역 교회들을 위한 회람서신으로 보려는 경향도 있다. 에베소서의 기록 장소는 정확하게 알 수는 없지만, 소아시아로 생각된다. 하지만 분명한 것은 에베소서가 옥중서신이라는 것이다.

에베소서의 기록 목적은 성도들 간의 화해다. 에베소서의 수신자를 이방인 그리스도인으로 보지만, 유대인과 이방인이 함께 모인 교회로 보아야 한다. 즉 소아시아 지역의 이방인과 유대인 그리스도인이 갈등을 넘어 함께 하나의 몸을 이루길 원하는 목적으로 기록했다(엡 2:14). 따라서 에베소 교회 성도를 서로 화해시켜 연합된 교회를 이루고자 한 것이다.

에베소서는 크게 두 부분으로 나누어지는데, 전반부는 구원받은 신자들의 현실을 다루며 이방인과 유대인 신도들이 하나 될 것을 요구한다(2:1 - 3:21). 후반부는 교회가 하나 됨을 실현하라는 권면이다(4:1 - 6:20). 에베소서는 교회의 연합인 교회론이 핵심이다. 그리고 에베소서는 교회의 직분의 종류를 통해 교회 구조의 발전을 보여준다(4:11).

6. 빌립보서

빌립보서는 바울이 2차 전도여행 중 마게도냐에 최초로 세운 교회이다. 빌립보서는 바울이 옥중에서 쓴 편지임이 확실해 보인다(빌 1:13 - 14). 따라서 빌립보서의 발신인은 바울과 디모데이고 수신인은 빌립보에 사는 모든 성도와 또는 감독들과 집사들이다. 빌립보서의 발신지를 아시아 지역으로 설정하려는 주장도 있지만, 여전히 로마 감옥에서 기록했을 가능성도 제기된다. 빌립보에는 로마 사람이 절반이었고 그리스와 마게도냐 출신을 합친 사람이 절반 정도였다. 얼마나 많은 유대인이 거주했는지에 대한 충분한 자료는 아직 없다.

빌립보서의 기록 목적은 감옥에 갇힌 자신에게 사랑과 후원을 베풀어준 빌립보 교인들에게 감사를 표함과 동시에 교회의 갈등해결을 권면하기 위해서이다. 빌립보서의 전반부는 바울이 자신의 감옥 생활에 대한 설명과 자신의 안전을 알린다(1:3-3:1). 그리고 빌립보 성도를 권면하고 그들을 방문할 계획을 밝힌다. 후반부는 이단자들과 교회 내부의 갈등에 대한 권면이 나타나고, 다시 한 번 후원해줌에 감사를 표한다(3:2-4:20). 빌립보서의 중요한 신학 주제는 '기쁨', '우주적 그리스도론'(2:6-11), '칭의론'(3:3-11), 그리고 빌립보 교회에 나타난 적대자의 정체를 확인하는 것이다.

7. 골로새서

골로새서는 바울이 세운 교회가 아니라 에바브라에 의해 세워졌고(2:1), 회람서신의 경향을 보인다. 교회는 다수의 이방인과 소수의 유대인으로 구성되었다. 골로새 교회는 거짓 교사들이 침투하여 혼란을 겪고 있었다. 이들은 천사숭배와 음식 정결 법을 주장한 것 같다. 골로새서에는 바울의 신학 주제들과 상이한 부분들이 있어 학자들로부터 주목을 받고 있다. 우리에게 '세상 초등학문'으로 알려진 세상 원소들이 천사숭배와 달력 준수에 기인한 종교혼합주의인지에 대한 연구가 활발히 진행 중이다.

8. 데살로니가전서

바울의 초기 서신으로 알려진 데살로니가전서의 발신인은 바울, 실루아노, 디모데이며 수신인은 데살로니가 사람들의 교회이다. 데살로니가 교인들은 살아 있는 동안 예수가 재림할 것이라는 기대를 가지고 있었는데, 그들 가운데 재림 이전에 죽은 사람들이 생기자 바울에게 재림 전에 죽은 자들이 어떻게 될 것인가를 질문한다. 즉 임박한 재림을 기다리는 데살로니가 성도들에게 그리스도 안에서 죽은 자들의 부활에 대해서 설명하고, 그리스도 안에서 죽은 자들은 재림 때 먼저 부활하여 예수와 함께 올 것이라고 권고한다(4:14, 16). 재림의 정확한 시기는 알 수 없지만 불시에 닥칠 재림을 준비하기 위해 깨어 있으라고 말한다(5:1-11). 신학적으로 구약과 유대교에 존재하지 않는 용어인 육, 죄, 죽음, 자유, 생명이라는 단어의 어원이 활발하게 연구된다. 데살로니가 성도들의 천년 왕국 사상에 대한 문화사적 연구도 관심을 끌고 있다.

9. 데살로니가후서

데살로니가후서는 거짓 그리스도교 예언자들이 나타나 주의 재림이 이미 이르렀다고 주장함으로 교회를 혼란과 불안에 빠지게 했음을 보여준다. 이들은 바울의 가르침을 근거로 자기들의 주장을 제시했기 때문에 데살로니가 성도들은 더욱 혼란에 빠질 수밖에 없었다. 더욱이 성도들은 재림을 기대하며 무절제한 생활을 했다. 바울은 재림을 핑계로 생업을 포기한 생활을 하는 자들에게 예수 그리스도의 재림은 이처럼 급박하게 임하는 것이 아니라고 권면한다. 즉 데살로니가후서에는 지연된 종말론이 나타난다. 그리고 재림의 지연에 대해 설명하면서, 주의 강림이 일어나게 되면 나타날 현상들에 대해 설명한다. 먼저 '배교'하는 일이 나타날 것이다. 그리고 하나님을 '대적하는 자'가 나타난다. 하나님을 대적하는 자는 자신을 신이라고 주장하는 자들을 의미한다. 그리고 이러한 현상들이 나타나야 비로소 주의 재림이 임박했음을 알 수 있다고 권면한다. 바울은 종말론에 열광하고 있는 데살로니가

교회를 안정시키고 성도들이 일상생활로 복귀하라고 권면한다.

10. 목회서신

디모데전후서, 디도서를 목회서신으로 부른다. 이 세 문서를 목회서신으로 부른 이유는 교회를 이끌어 갈 지도자들의 목회 직분 지침이 담겨있기 때문이다. 물론 디모데후서는 급박한 상황에서 남긴 바울의 유언으로도 보기도 한다.

목회서신의 수신자는 바울의 동역자인 디모데와 디도이다. 저자는 목회현장에서 사역하는 디모데와 디도에게 교회 내부에 침투한 거짓 교설에 대항해 싸울 것을 권면한다. 이방인 출신과 유대교 출신 성도로 혼합된 교회는 교회에서 자생한 거짓 교설에 동조하지 말고, 견고한 신앙을 지키라고 권면한다. 따라서 목회서신의 권면은 개인적인 권면이라기보다는 소아시아 지역 전체 교회들에게 보내는 교훈으로 보인다.

목회서신의 수신자들은 다양한 사회 계층 사람들이 모인 교회로 보인다. 그리고 급료를 지급받는 사역자도 있었고(딤전 5:17 - 18), 가난한 자들에 대한 구제도 이루어지고 있었다(딤전 5:16). 목회서신의 연구 방향은 거짓교사들의 정체를 확인하는 것이다. 그들은 율법과 전통을 중요시 여기는 유대화주의자들로 보인다. 또한 유대 그리스도교적 영지주의 사상을 가진 자들로 보기도 한다. 목회서신의 특징은 교회 조직 구성의 발전된 모습이다. 그리고 1세대 기독교 공동체의 형태를 벗어나 속 사도시대 교회의 모습이 반영된 것이다. 목회서신은 가정 교회의 형태를 벗어나 조직화되었고, 감독과 장로가 교회를 다스리고 말씀을 선포하는 사역을 담당했다.

11. 빌레몬서

빌레몬서는 바울과 디모데가 빌레몬과 그의 가정에서 모이는 교회와 압비아 그리고 아킵보에게 보내는 편지이지만, 빌레몬에게 보내는 개인 서신이기도 하다. 빌레몬서는 바울서신 가운데 가장 짧다. 그러나 이 짧은 서신은 당시 사회의 노예제도에 대한 법률과 그들의 삶을 연구할 수 있는 아주 중요한 자료이다.

바울이 옥중에서 낳은 아들이라고 칭한 오네시모는 빌레몬의 종이었다가, 주인에게 피해를 입히고 도망친 것으로 보인다. 바울을 통해 그리스도인이 된 오네시모는 회개하고 주인에게 돌아가 용서를 구해야 하는 입장이었다. 바울은 오네시모를 빌레몬에게 돌려보내면서 그를 용서해줄 것을 간청한다. 그러므로 빌레몬서는 단순한 그리스도인이 된 노예 이야기가 아니라, 하나님의 구속의 역사를 대언한다. 오네시모는 죄인인 인류를 상징하고, 바울은 인간의 죄를 위해 십자가에 달린 그리스도를 상징한다. 그리고 빌레몬은 인간의 모든 죄를 용서하실 하나님을 상징한다.

Ⅳ. 히브리서와 공동서신

지금까지 히브리서와 공동서신은 기독교 공동체로부터 그 중요성을 인정받지 못하는 경향이 있었다. 히브리서는 연대기적으로 공동서신과 같이 배열하는 것이 용이할 것 같아서 바울서신 다음에 배열한 것이다. 공동서신은 야고보서, 베드로전서, 베드로후서, 요한 1, 2, 3서, 그리고 유다서가 있다. 요한서신은 저술의 편의를 위해 이곳에 배정한 것이다.

1. 히브리서

전통적으로 히브리서의 발신인을 바울로 주장했지만, 현대 학자들은 익명으로 보려는 경향을 보인다. 수신인이 누구인지를 정확하게 알 수는 없지만, 로마의 가정교회 중 유대 그리스도인에게 보낸 것으로 보인다. 하지만 히브리서는 전체를 한 번에 읽지 않으면 이해하기 어려운 책이다. 수준 높은 헬라어로 쓰였으며, 다양한 수사학적 표현이 넘쳐나고 있다. 히브리서의 문학 장르는 서신, 설교, 권면으로 분류하기도 하는데, 히브리서를 권면의 설교로 보는 것이 무방할 것 같다.

히브리서의 기록 목적은 이미 성령의 비침을 통해 구원을 받은 자들이 배교하고 유대교로 돌아가려는 마음을 가지자 그들을 권면하려는 것이다. 이들은 재산을 빼앗기고 감옥에 갇히는 핍박을 받았다. 그러나 이제 이 보다 더 큰 박해가 다가오고 있었다(히 12:4; 13:13). 그래서 히브리서 기자는 독자들에게 과거에 경험한 박해를 회상시키며, 현재 당면한 박해의 어려움에서도 신앙을 지키며 배교하지 말라고 권면한다. 수신자들에게 단순한 경고를 던진 것이 아니라 예수 그리스도를 인격적으로 만나야 함을 강조한 것이다.

히브리서의 내용은 다음과 같다. 1) 천사보다 뛰어난 예수님(1-2장). 2) 모세보다 뛰어난 예수님(3장). 3) 안식에 들어가기 위해서는 대제사장 되신 예수를 붙들어야 한다(4장). 4) 대제사장은 어떤 자질을 가져야 하는가를 설명한다. 결과적으로 예수님이 대제사장임을 말한다(5-7장). 5) 하늘의 실체인 대제사장 예수가 행한 일을 설명한다. 그리고 믿음으로 현실을 능히 이겨내라고 권면한다(8-10장). 6) 위기의 현실을 극복할 힘은 바로 믿음임을 강조하면서 신앙 선조들의 믿음의 삶을 소개한다(11장). 7) 예수 그리스도의 십자가 고난을 기억하며 현실을 인내하고 극복하라고 권면한다(12장).

히브리서의 신학 주제는 다양하다. 첫째, 특별히 예수의 신성을 강조하는 고(high)기독론이 나타난다. 물론 예수의 인성을 강조하는 명칭(예수)도 많이 나타나지만, 인류의 구원자인 예수의 완전성을 강조하는 신성을 함의한 명칭이 히브리서 전체 내용을 지배하고 있다. 둘째, 히브리서에는 유대와 헬라 세계의 이원론이 함께 나타난다. 즉 직선적 이원론인 현세와 내세의 개념이 그리고 공간적 이원론인 하늘의 세계와 땅의 세계가 함께 나타난다. 셋째, 성화의 삶을 살아야 하는 성도의 견인을 다룬다. 순례자의 삶을 사는 성도는 하늘의 소망을 바라보며 현실의 고난을 견뎌야 함을 강조한다. 마지막으로 히브리서에 인용된 구약에 대한 연구가 활발하게 진행되고 있다.

2. 야고보서

야고보서는 저자를 하나님과 주 예수 그리스도의 종이며, 수신자는 "흩어져 있는 열두 지파"로 밝힌다. 하지만 발신자와 수신자가 누구인지는 아직 정확하게 밝혀지지 않고 있다. 그러나 저자는 헬라의 철학과 수사학에 상당한 지식을 갖춘 지식인 일 것이다. 저자의 뛰어난 헬라어 실력은 그가 교육받은 사람임을 보여준다.

야고보서의 독자들은 핍박 가운데 있는 것으로 보인다. 저자는 아마도 지중해 연안에 흩어져 있는 유대 기독교인들에게 믿음을 굳건히 지켜 행함과 실천이 있는 신앙생활을 하라고 권면한다. 야고보서의 핵심 가르침은 믿음과 행함이다. 바울서신이 믿음을 강조했다면, 야고보서는 행함이 없는 믿음은 죽은 믿음이라고 했다. 야고보서는 구원받은 자들의 삶을 강조한다.

야고보서는 교훈을 위한 권면으로 구성되었기 때문에, 구조를 나누기가 상당히 어렵다. 동일한 주제를 반복적으로 언급한 것으로 보아

지혜의 전승들을 서로 연결시켜 교훈집을 만들었다는 느낌이 든다. 야고보서에는 구약, 헬라, 예수의 가르침, 초대 교회 지혜전승 등의 가르침이 나타난다. 이러한 지혜의 전승들은 하나님과의 친밀한 관계를 형성해야 함을 의미한다. 그러므로 성도들은 세상의 지혜를 따르지 말고 하나님의 지혜를 따라 살아야 한다.

야고보서에는 많은 신학 주제들이 있지만, '믿음과 행함'에 대한 해석이 지대한 관심을 끌었다. 그러나 야고보가 말하는 믿음은 구원 받기에 필요한 믿음을 의미한 것이 아니다. 야고보는 예수 그리스도를 믿음으로 구원을 받아 하나님의 자녀로써 이웃을 사랑하고 섬기는 믿음의 실천을 말한다. 그리스도인의 믿음은 그 행동과 일치해야 한다.

3. 베드로전서

베드로전서의 저자는 사도 베드로이며 수신자는 소아시아에 있는 교회다. 하지만 이러한 전통적 견해는 현대 학자들로부터 많은 도전을 받고 있다. 베드로전서를 위서라고 주장하는 학자도 있지만, 아마 베드로의 감독 하에 실루아노가 쓴 것으로 보인다. 베드로전서의 기록 목적은 지역의 그리스도인들이 박해의 위기를 믿음으로 잘 견뎌내기를 격려하기 위함이다. 그러나 베드로전서에 나타난 고난이 지역 사회로부터 받은 지엽적인 박해인지 아니면 국가적인 박해인지에 대한 논쟁은 여전히 진행 중이다. 이 땅에서 나그네 인생을 사는 그리스도인들은 윤리적으로 자신이 속한 신앙 공동체에서 정체감을 분명히 하여 형제들과 서로 사랑하며 이방인들에게도 모범이 되는 생활을 해야 한다고 권면한다.

베드로전서의 문학 장르는 침례 예식을 위한 예전, 설교, 권면이 나타난다. 그러나 베드로전서를 하나의 문학 장르로 보기 보다는 권면을 위한 설교로 보는 것이 타당해 보인다. 현재 베드로전서를 연구하는 학자들은 박해를 행한 주체가 누군지를 연구 중이다. 그리고 지속적인 연구 분야는 베드로전서 3:18-20에 나타난 그리스도가 사후에 음부에 내려갔다는 것에 대한 해석이다. 그리스도가 음부에 내려간 것이 전도의 목적이냐 아니면 악의 세력에 승리하고 그 세력을 멸하기 위한 것이냐를 두고 논쟁 중이다.

4. 베드로후서

베드로후서는 베드로의 고별사로 보이지만 발신인을 명확하게 확증하기는 어려워 보인다. 수신인은 소아시아 지역의 여러 교회다. 베드로전서의 기록 목적은 수신자들에게 몰래 교회로 들어온 거짓 선생들을 대항에 싸울 것을 명령한 것이다. 즉 율법 폐기주의자들이나 영지주의 자들의 가르침에 대항해서 믿음을 굳건하게 지키라는 권면이다. 베드로후서의 신학 논쟁은 베드로후서와 유다서의 문학적 관계를 규명하는 것이다. 베드로후서 2:1-3:3은 유다서 4-18과 주제, 언어, 역사적 예증이 거의 동일하기 때문이다. 이것은 두 서신이 서로 문학적인 의존 관계를 규명하는 작업으로 진행되고 있다. 베드로후서에 나타난 이단의 정체를 확인하는 것도 중요한 논점이다. 이들은 그리스도의 재림을 거부하는 영지주의 사상에 매료된 쾌락주의자일 가능성이 있다.

5. 유다서

유다서는 묵시 문학적인 성향이 강한 옛 이야기를 담고 있는 서신으로 보인다. 유다서는 베드로후서와의 유사성 때문에 베드로후서와 같이 연구되는 경향이 있다. 유다서는 저자를 야고보의 형제 유다라고 밝힌다. 그러나 위서라는 주장도 있다. 수신자에 대한 언급은 없다. 하지만 수신자는 주로 유대 그리스도인으로 구성된 교회인 것 같다. 유다서는 교회에 가만히 들어온 거짓 교사들과 싸우면서 변증적인 측면을 들어내고 있다(4-19). 유다서에 언급된 위경과 거짓 교사의 정체에 대한 연구가 활발하게 진행되고 있다.

6. 요한 1, 2, 3서

요한서신의 저자는 사도 요한, 장로 요한, 익명 등으로 주장되고 있다. 아마도 당시 교회에서 장로는 상당히 유력한 교회의 사역자로 보인다. 요한서신은 사랑의 서신이다. 그러나 요한 1서는 서신의 형식을 따르지 않은 것으로 보아 설교이거나 회람용 문서로 보기도 한다. 요한1서는 주제가 일괄적으로 정리되어 있지 않아 내용 파악이 상당히 어렵다. 그리스도인들이 빛 안에서 행해야 함을 강조한다. 더욱이 이러한 윤리적 삶이 서로 사랑하는 모습으로 나타나기를 소망한다. 요한 2서는 실제 고대 편지의 형식을 따랐고, 분리된 교회의 상황을 다루고 있다. 교회가 분리로 치닫는 위기 상황에서 서로 사랑하라고 권면한다. 요한 3서는 편지의 형식을 따라 방랑 선교사에게 사랑을 베푸는 내용이 담겨있다. 요한서신과 요한복음에 공통적으로 언급된 용어에 대한 연구가 활발하게 진행 중이다.

7. 요한 계시록

요한계시록은 "요한"의 이름으로 기록되었다. 하지만 "요한"이 누구인가에 대한 질문은 여전히 논쟁 중이다. 그러나 전통적인 견해를 따라 사도 요한을 저자로 보는 것이 좋을 것 같다. 요한계시록은 박해의 위기에 처한 그리스도인들에게 예수 그리스도가 이룬 종국적인 승리처럼, 이 땅에서 하나님의 통치와 믿음을 지킨 그리스도인들과 교회도 궁극적으로 승리할 것임을 말한다.

요한계시록은 편지 형식을 띠고 있는 예언 묵시 문헌이다. 소아시아 일곱 교회에 보내는 편지의 내용은 그들이 당면한 우상숭배와 로마제국으로부터 받는 박해를 믿음으로 이겨내라는 경고와 책망 그리고 격려이다. 예언적 측면에서는 구약의 예언서처럼 교회의 윤리와 영적 타락을 경고하며 믿음을 지킬 것을 권면한다. 묵시로서 요한계시록은 핍박과 환란을 배경으로 하고 있다. 현재 당하는 극심한 핍박과 환난이 현실적으로 극복이 불가능하다고 느낄 때, 그 희망을 미래의 영광과 승리에 둠으로 현실을 극복하자는 문학 형태를 말한다. 묵시 문학의 특성은 상징이며 꿈, 환상, 천상 세계로의 여행 등이 있다.

요한계시록의 해석은 다음과 같은 기준을 따라야 한다. 첫째, 당시 소아시아 교회가 직면한 문제에 초점에 맞추어야 한다. 즉 미래의 문제는 그들이 처한 현재 상황을 배경으로 해석해야 한다. 둘째, 상징들의 해석은 당시 사회의 문화적인 관습을 바탕으로 한 해석이 이루어져야 한다. 지나치게 구체적인 의미를 부여하는 것은 해석에 큰 오류를 범할 수 있다. 그리고 지나친 문자적 해석은 지양하지 말아야 한다. 셋째, 요한계시록은 일부가 아닌 전체를 연결시켜 해석해야 한다. 당시 로마제국과 사탄의 세력은 파멸되고 그리스도와 교회가 궁극적으로 승리한다는 관점에서 해석해야 한다. 이러한 틀을 벗어난 해석은 위험하다. 마지막으로 요한계시록의 종말론 사상을 성경의 다른 문헌의 종말론 사상과 혼합해서 해석하지 말고 요한계시록 안에서만 해석해야 한다.

요한계시록 구성은 다음과 같다. 1) 일곱 교회에 보내는 편지다(1:4-3:22). 교회의 당면한 문제와 상황에 대해 격려하고 권면한다. 2) 묵시의 서론이다(4:1 - 5:14). 이 부분은 묵시의 서론으로 하늘보좌에 앉으신 하나님께 예배하는 것과 어린양 그리스도가 두루마리와 일곱 인을 떼는 묵시의 기록이다. 3) 일곱 인을 떼어내는 내용이 나타난다(6:1 - 8:1). 4) 일곱 나팔은 종말을 나타낸다(8:2 - 13:18). 5) 어린양과 십사만 사천 명이 나온다. 바벨론의 멸망이 나타나고 추수와 심판이 나타난다. 6) 일곱 대접은 일곱 천사가 가져온 일곱 재앙으로 마지막 하나님의 진노를 의미한다(15:1 - 18:24). 7) 바벨로의 심판 받음이 마땅함을 말하고 전능하신 하나님의 통치가 선포된다(19:1 - 10). 8) 백마를 탄자가 내려와 짐승과 땅의 임금들을 심판한다. 짐승과 거짓 선지자는 불과 유황으로 타는 못에 던져지고, 천사가 하늘에서 내려와 용을 잡아 천년 동안 감금한다. 순교자와 짐승의 표를 받지 않은 자들은 그리스도와 함께 천년 동안 왕 노릇한다. 천년 후에 사탄이 잠시 풀려나지만 결국 하늘의 불이 내려와 마귀를 불과 유황 못에 던져 영원히 고통을 받게 한다. 이제 죽은 자들은 백 보좌 심판을 받게 된다(19:11 - 20:15). 9) 새 하늘과 새 땅이 생기고 새 예루살렘이 내려오며, 새로운 하나님의 백성은 더 이상 고통 없이 세세토록 왕 노릇하게 된다(21:1 - 22:5). 10) 그리스도의 재림을 예언하며, 그분은 사람의 행위대로 갚을 것이다. 따라서 교회는 예수님이 속히 다시 온다는 사실을 기억하며 기다려야 한다(22:6 - 12).

추천하고 싶은 책

권오현. 「공동서신」. 서울: 대한기독교서회, 2006.

신인철. 「바울의 생애와 신학입문」. 대전: 침례신학대학교 출판부, 2015.

신인철. 「고뇌하는 목회자를 위하여: 고린도후서 연구」. 대전: 엘도론, 2008.

Kumuyi, W. 「배교의 시대를 사는 순례자: 체계와 주해로 풀이한 히브리서 연구」. 신인철 역. 대전: 엘도론, 2010.

Thiselton, A. C. 「고린도전서: 해석학적 & 목회적으로 바라본 실용적 주석」. 서울: SFC, 2006.

제2부

역사신학

제7장
교회사 • 남병두

제8장
기독교사상사 • 김용국

제9장
침례교회사 • 김승진

제10장
한국교회사 • 장수한

제7장

교회사

역사신학 교수 | **남병두**
bdnam@kbtus.ac.kr

I. 들어가는 말

　공부하는 학생들은 대체로 역사라는 말만 들어도 골치 아파하고 지긋지긋하게 생각한다. 그들에게 역사는 역사이기 이전에 역사과목이기 때문이다. 역사에 대한 흥미를 가져보기도 전에 시험 공부하기에 부담스러운 과목이라는 강박관념이 앞서면서 역사라는 과목은 그들에게 별로 밝지 않은 이미지를 형성해 준 것이 아닌가 한다. 초등학교부터 대학에 이르기까지 학생들이 역사과목에 대해서 가지는 부담은 한 마디로 외울 게 너무 많다는 데서 비롯된다. 고대부터 현대에 이르기까지 일어났던 수많은 사건들, 인물들, 그리고 연도들 앞에서 지레 질리는 것은 인지상정이리라. 역사에 대한 관심을 가지기 위해서는 가장 먼저 외워야 한다는 강박관념에서 벗어나는 것이 좋을 듯하다. 소설을 읽을 때 외워야 한다는 강박관념을 가지지 않듯이, 그래서 편안한 마음으로 그 소설 속의 인물들과 만나고 흥미진진한 사건들에 대한 기대감을 가질 수 있듯이, 역사도 이와 비슷한 마음을 가지고 대할 때 의외로 흥미와 관심을 가져볼만한 과목이 될 수 있다. 역사를 하나의 이야기(story)로 읽으면서 그 이야기의 전체적인 줄거리와 맥락을 천천히 잡아나갈 때 역사는 쉽고 친근한 과목이 될 수 있다.

그러나 역사는 관심과 흥미가 생길 때에 비로소 들여다보는 정도보다는 좀 더 중요한 의미를 가지고 있다. 관심이 있든 없든 역사 공부는 필요하다. 한 개인이나 공동체가 시간과 공간 안에서의 자기 존재의 정체성을 확인하고 분명한 역사적(시공간적) 지표를 확보하는 일은 대단히 중요한 일이다. 만약에 현재 시점에서 자신이 기억상실증에 걸렸다고 생각해 보라. 한 개인의 과거 역사가 기억 속에서 지워져 버렸다면 그는 과연 현재의 삶을 온전하게 살 수 있을 것인가? 그의 미래에 대한 설계는 얼마나 가능할 것인가? 과거의 나는 현재의 나와 무관할 수 없으며 유기적으로 연관되어 있기 때문에 과거가 지워졌다면 현재 자신이 어디 있는지, 어디로 가야 하는지, 혼란에 빠질 수밖에 없다. 이것은 공동체에 있어서도 마찬가지이다. 그 공동체의 시작과 흘러온 역사를 모른다면 그 공동체의 존립 목적 자체를 모르는 것이며 또 어떤 방향으로 나아가야 할지도 모르는 것이다. 학문의 경우에도 마찬가지다. 철학을 하더라도 철학의 역사를 살펴보는 것이 가장 기본적이고 우선적으로 해야 할 일이며, 과학을 하더라도 과학의 역사를 아는 일이 그 다음 작업에 대한 발판이 될 것이다. 현재 시점에서 어떤 특정한 학문의 지표와 방향을 가늠하는 일은 그 학문의 과거로부터 흘러온 역사를 앎이 없이는 가능하지 않다.

신학하는 일도 예외는 아니다. 신학은 결코 진공관 속에서 이루어지지 않았기 때문에 진공관 안에서 이해되어서는 안 된다. 신학의 형성과 발전이 다양하고 복잡한 역사적 현실 안에서 이루어졌기 때문에 역사를 떠난 신학의 이해란 가능하지 않다. 어떤 신학이든지 – 조직신학을 포함하여 – 역사와 무관한 신학이란 존재하지 않는다. 삼위일체론이나 기독론의 신학을 이해하기 위해서는 그 주제에 관한 논쟁들이 실제로 진행되었던 시대의 역사적 배경과 그 논쟁을 해결하기 위하여 열렸던 초기의 공의회들(church councils)을 반드시 살펴보아야 할 것이며, '신자들의 교회'(believers' church)를 이해하기 위해서는 16세기의 재침례교와 17세기의 침례교가 어떤 역사적 배경에서 시작되었는지 살펴보지 않고는 가능하지 않다. 오늘날 개신교에 소속된 자는 누구든지 "이신칭의"를 기독교 구원론의 중요한 한 개념으로 당연시하고 있지만 이것이 역사적으로 16세기 종교개혁가들에 의해 재발견되고 회복된 사실을 아는 것 역시 중요한 일이다. 역사의 과거를 함께 호흡하는 일이 없다면 현재 누리고 있는 신앙적 유산에 대한 전반적 이해와 공감이 이루어지지 않을 것이다.

이러한 신학의 이해와 아울러 총체적인 기독교 신앙의 유산은 교회 역사를 통해 이해되어야 한다. 교회가 어떻게 시작되었고 오늘날에 이르기까지 어떠한 역사를 만들어 왔는지를 보지 않고는 교회의 의미와 정체성, 나아가서는 교회가 어떠한 방향으로 나아가야 할지를 알 수 없기 때문이다. 여기서 교회라 함은 교회 그 자체뿐만 아니라 기독교의 신앙적 유산을 이어가는 모든 실체들을 포함하는 개념으로 이해해야 한다. 교회사를 공부하는 일은 과거 교회의 모습들을 통해 오늘날 교회를 총체적으로 이해하고 반추할만한 단서를 제공할뿐만 아니라 역사적으로 나타난 교회의 모습들을 신약성서에 나타난 교회 이상에 비추어보는 일을 통해 교회 타락의 실체를 확인하게 하고, 교회개혁의 발상을 제공하는 동시에, 미래로 나아가야 할 방향을 가늠하게 할 것이다.

II. 역사에 대한 기본적 이해

교회사는 학문적으로는 역사학의 범주 안에 있다. 그러므로 교회사 역시 역사학의 학문적 방법론을 따르는 것을 원칙으로 한다. 어떤 역사든지 역사학의 일반적 방법론과 범주를 벗어나서는 역사라고 할 수 없으며 이는 교회사도 예외가 될 수 없다. 그러므로 교회사를 이해하기 위해서는 역사에 대한 일반적 이해를 필요로 한다. 역사(history)라는 말은 원래 헬라어로 탐구(inquiry), 조사(investigation)라는 뜻을 가진 '히스토리아'(historia)라는 말에서 기원한다. 고대 그리스의 역사가 헤로도토스(Herodotos, B.C. 484 - 425)는 「역사」(Historia)라는 책에서 이 용어를 사용하면서 역사를 "탐구한 바"를 기록한 것이라고 하였다. 즉, 역사란 실제로 일어난 일을 탐구하여 기록한 것을 말한다. 실제로 일어난 일을 기록을 통해 그대로 전달하려고 한다는 의미에서 역사는 필연적으로 객관성을 추구한다. 역사의 기록이 객관적이라고 말하기에 앞서 역사는 객관적이고자 하는 데 의의가 있다는 말이다. 여기서 중요한 것은 역사란 결국 역사의 기록을 말한다는 것이다. 역사적 사건은 그 사건을 목격(witness)했거나, 탐구한 자에 의해 기록으로 증언되는 것이며, 그 기록된 증언이 곧 역사라는 것이다. 일어난 그대로의 사건은 시간의 경과에 따라서 그대로 재현될 수 없기 때문에 오직 그 사건에 대한 기록만이 역사로 남아 있는 것이다. 즉, 일어난 그대로의 역사는 사실상 개념으로만 존재하는 것이며 역사의 기록만이 실질적으로 역사가 되는 것이다. 역사는 결국 역사의 기록이다. 그러므로 역사를 연구한다는 말은 역사의 기록을 다루는 일이다.

학문으로서 역사의 연구는 정확성(preciseness), 객관성(objectivity), 증거주의(evidence for conclusion)의 원칙을 요구한다. 자료를 수집하고 분석하는 일에 있어서 정확성이 요구되며, 수집된 자료에 대한 객관적 해석과 판단이 필요할 뿐만 아니라, 결론적 평가에 대하여는 반드시 객관적 증거를 근거로 해야 한다. 역사가의 작업은 대체로 다음의 세 단계를 거쳐서 이루어진다. 첫째는 사료의 발견(discovery)의 과정이다. 어떤 사건을 탐구할 때 그 사건에 관련된 다양한 사료를 수집하는 과정이다. 우선 그 사건을 파악하고 평가하기에 충분한 자료의 확보가 필요하며 자료의 취사선택에 있어서도 객관적 자세가 요구된다. 즉, 사료의 수집은 사료의 신빙성과 객관성을 가늠하는 사료 비판의 작업을 필요로 한다. 사건에 대한 편파적 시각을 가지고 있는 자료에 대해서는 유보적이어야 하며 자료로 채택되더라도 그 비중의 경중에 차별을 두어야 할 것이다. 사료에는 다루는 사건에 대한 직접적 설명을 제공하는-대개는 사건이 일어난 동시대에 기록된-문헌으로서 1차 자료가 있으며, 사건에 대한 간접적 설명을 제공하는 2차 자료가 있다. 예를 들어 루터의 생애에 관해서 연구한다고 할 때 루터가 태어난 곳의 민적(民籍)이나 루터가 직접 쓴 문헌은 1차 자료가 될 것이며 후대에 누군가가 루터의 생애에 대하여 쓴 문헌이 있다면 그것은 2차 자료가 될 것이다.

둘째는 채택된 자료들의 상관관계(correlation)를 연구하는 과정이다. 각 자료들에 대한 개별적 분석과 비중의 검토가 이루어지면 자료들을 비교하고 상호 연관성을 살피면서 각 자료들의 차이점과 공통점을 정리하고 사건의 인과관계를 따지면서 사건을 재구성하게 된다. 셋째는 역사의 서술(narration) 과정이다. 자료 발견의 과정과 자료의 상관관계를 통하여 재구성된 사건을 특정한 형식을 가지고 기술하는 과정이다. 역사의 기술은 분석적이고 논리적인 체계를 가지고 서술되어야 하고 설명(description)의 형식을 가져야 하며 궁극적으로는 해석(interpretation)을 포함한다. 넓은 의미에서 해석은 자료를 수집, 분석, 기술하는 모든 과정에서 역사의 작업자들에 의하여 필연적으로 행해지기 마련이다.

그러나 좁은 의미에서 해석은 재구성된 역사에 대한 의미 부여와 평가를 말하는 것이다. 해석에는 어차피 주관적 요소가 개입되기 마련이지만 나름대로의 논리성을 갖추어야 하며 증거(evidence)에 기반을 두어야 할 것이다.

역사는 결국 역사의 기록을 말하는 것이며 학문적 질서와 원칙을 중시하지만 과연 얼마만큼 객관적일 수 있는가 하는 질문은 여전히 유효하다. 역사학은 본질적으로 역사를 다루는데 있어서 객관적이고자 하지만 과연 그것이 어느 정도 가능한 일인가를 묻는 질문이다. 19세기 독일의 역사학자 레오폴드 폰 랑케(Leopold von Ranke, 1795-1885)는 역사란 "실제로 어떠했는가"를 보여주는 것이라고 정의하면서 역사를 확인된 사실들을 모아놓은 것으로 이해하였다. 그러나 문제는 역사적 문헌에 대한 과신의 태도이다. 그 문헌 자체가 객관적 가치를 지녔는지를 평가하고 판단하는 일이 여전히 남아 있으며 또 그 사료들의 진위여부와 그에 대한 해석의 여지가 남아 있음을 간과한 것이다. 또한 그 이전에 어떤 사건을 재구성하고 평가할만한 충분한 사료가 확보되었는지를 판단하는 문제가 있으며, 때로는 방대한 사료들을 종합적으로 정리해 내는 일에 대한 인간적 한계성의 문제도 있다. 사료의 정리만으로 역사의 작업은 끝나지 않으며, 사료 자체만 가지고 볼 때도 객관성의 확보는 여전히 요원한 문제인 것이다. 어떤 역사의 기록이라도 완전히 객관적일 수 없는 것은 기록자의 관점과 주관적 판단이 없을 수가 없기 때문이다.

에드워드 카(Edward H. Carr)는 역사의 사실들은 순수한 형태로 존재하지 않으며 또한 존재할 수도 없기 때문에 우리에게 순수한 것으로 다가서지 않는다고 말한다. 역사의 사실들은 기록자의 마음을 통과하면서 굴절된다는 것이며 역사는 결국 기록자의 해석일 수밖에 없다는 것이다. 또한 역사가는 자신이 다루고 있는 사람들의 마음, 그들의 행위의 배후에 있는 생각을 상상적으로 이해(imaginative understanding)할 수밖에 없는 한계성을 가지고 있다고 말한다. 역사의 과거 인물들을 직접 만나는 것이 아니라 기록을 통하여 만나기 때문에, 기록으로 충분히 전달되지 못하는 부분에 대하여 의도적이든 아니든 간에 어느 정도의 상상적 이해가 불가피하게 일어날 수밖에 없다는 것이다. 또 과거는 오로지 현재의 눈을 통해서만이 조망되고 이해될 수밖에 없다고 말한다. 역사가도 그 시대의 사람이며 당대의 시각으로 과거를 보게 된다는 말이다. 그래서 그는 "역사란 역사가와 그의 사실들의 지속적인 상호작용의 과정, 현재와 과거의 끊임없는 대화"라고 정의한다.

카의 역사에 대한 정의를 어느 정도로 수용할 것인가는 둘째로 치더라도 그의 설명은 역사의 기록으로서의 역사는 결코 객관적일 수 없음을 시사하는 것이다. 만약에 실제로 일어난 그대로의 역사를 원역사라고 한다면 원역사와 기록으로서의 역사 사이에는 측정 불가능한 틈새가 있을 수밖에 없다. 역사의 작업은 역사의 기록으로 존재하는 역사를 통하여 원역사를 재구성하는 것이지만 완전한 재구성은 항상 불가능한 일이다. 역사의 기록은 원역사를 지시하지만(pointing to) 끝내는 도달하지 못한다. 역사의 기록은 원역사를 드러내기도 하지만 동시에 가린다. 역사의 기록이 원역사를 왜곡시킬 수 있는 가능성은 언제든지 있기 때문이다. 이러한 사실을 전제로 하지 않는다면 역사의 작업은 심각한 오류에 빠질 수 있다. 오히려 이러한 전제를 할 때 역사의 작업은 한층 의미 있는 일이 된다. 역사의 기록에 대한 이중적 이해는 역사학이 섣부른 결정주의에 빠지지 않게 하고 학문으로서의 가능성을 역동적으로 열어가게 한다. 이런 의미에서의 역사는 고정적이지 않고 항상 재해석과 재평가의 여지를 가지고 있으며 계속 역사를 역사되게 할 것이다. 결정주의적 역사관은 역사를 비역사화하기 때문이다.

III. 교회사에 대한 기본적인 개념들

    신약성서에 나타난 교회라는 단어의 문자적 의미를 살펴보면 교회에 대한 기본적 정의를 내릴 수 있을 것이다. 성서에 나오는 교회라는 의미의 헬라어 원어는 "에클레시아"(ecclesia)라는 말로 표현되었다. 그 단어를 문자 그대로 해석하면 "부름 받은 자들"(the called-out ones)이라는 뜻이다. 좀 더 의미를 부여하면 세상으로부터 구별되어 따로 부름을 받은 자들이라는 뜻이며, 교회는 그러한 자들의 모임이라는 기본적 정의가 가능하다. 이 뜻은 구약의 이스라엘 백성들이 이방 백성들 가운데서 구별되어 부름을 받은 민족이었다는 점에서 "하나님의 백성들"이라는 의미를 가진다. 하나님과의 관계에 있어서 구약의 이스라엘 백성의 위치에 신약의 "부름 받은 자들의 공동체"가 대치될 수 있다고 본다면 여기에는 분명히 구약과 신약의 연속성(continuity)이 있다. 하나님의 구원사의 관점에서 구약시대에는 하나님께서 이스라엘 백성들이라는 하나님의 공동체를 통하여 열방을 하나님의 축복으로 인도하려 하였고 신약시대에는 그리스도의 교회를 통하여 그 일을 이루고자 하였다는 것이다. 이것을 구약과 신약의 "구원사적 연속성"이라고 표현한다. 그러나 구약의 이스라엘 백성의 개념과 신약의 교회 개념 사이에는 분명한 단절성(discontinuity)이 동시에 있다. 구약의 하나님의 백성은 이스라엘이라는 나라로 부름을 받았다면 신약의 교회는 예수 그리스도의 성육신 실체로서 예수를 주와 그리스도로 고백하는 각 개인들이 모인 공동체라는 점에서 분명히 다른 속성을 가지고 있다. 교회는 한 나라 혹은 민족에 속한 모든 자들이 포함되는 개념이 아니라 그리스도를 통하여 하나님과의 구체적인 관계를 수립한 각 개인들로 구성된다는 점에서 그 정체성이 다른 것이다. 하나님의 구원사 안에서 그리스도의 성육신 사건은 그 이전까지의 하나님의 구원사적 섭리와는 확연하게 다른, 하나님 나라의 선포가 이루어진 새로운 출발을 의미하는 것이며, 그 역사적 실체로서 교회가 존재한다고 말할 수 있다. 그래서 교회사는 이스라엘의 역사는 포함하지 않으며 사도행전에 나타난 초대교회에서 시작하여 오늘날 교회에 이르기까지를 포함한다. 이 역사는 무엇보다도 믿음으로 "부름을 받은 사람들"의 역사이다.

교회사가 일반 역사와 다른 점이 있다면 그것은 구원사라는 점일 것이다. 구원사라 함은 역사를 하나님의 인간 구원의 활동의 장으로 이해하고 그러한 관점에서 역사를 재구성하고 평가한다는 것을 의미한다. 독일어에는 역사라는 뜻의 단어가 두 개가 있다. 하나는 "*Historie*"라는 단어이며 다른 하나는 "*Geschichte*"라는 단어이다. 전자는 헬라어 "*historia*"(탐구)에서 왔고 후자는 독일어 "*geschechen*"(일어나다, 생기다)이라는 말에서 왔다. 이 두 단어는 우리말로 모두 역사라고 번역될 수 있지만 그 의미는 차이가 있다. 전자는 사실의 기록으로서의 역사, 혹은 연대기적인 역사이고 후자는 사건 의미의 관점에서 보는 역사이다. 교회사는 모든 역사가 그러하듯이 사건들의 사실적 기록을 근거로 하는 역사이기도 하지만 그것이 가지는 독특한 관점에서 의미가 부여되고 재구성된 역사일 수밖에 없다. 교회의 총체적인 역사적 진행에 대하여, 또는 어떤 특정한 시대의 교회 모습을 바라볼 때 그 역사 가운데 활동하시는 하나님의 임재를 전제하고 구원사의 관점에서 평가하고 의미를 부여하게 된다. 그런 의미에서 교회사는 "*Historie*"보다는 "*Geschichte*"의 역사이다. 교회사는 구원사(Heilsgeschichte)로서 가지는 독특한 관점으로 보는 역사이며 신앙공동체로서 교회가 가지는 독특한 의미로 보는 역사이다. 그렇기 때문에 일반사를 보고 평가하는 기준과 교회사를 보고 평가하는 기준은 서로 다를 수밖에 없을 것이다.

시간의 개념에 있어서도 교회사는 크로노스(*kronos*)적 시간의 개념보다는 카이로스(*kairos*)적 시간의 개념으로 이해해야 할 것이다. 크로노스의 역사는 시간의 순서에 따라 역사적 사실들을 나열한 역사이지만 카이로스의 역사는 어떤 특정한 관점에서 의미를 가진 역사이다. 어떤 특정한 시대에 일어난 교회사적 사건이든지, 그것이 긍정적이든 부정적이든, 하나님의 구원사적 관점에서 시대적 의미를 가질 것이며, 그에 따르는 평가를 받게 될 것이다. 어떠한 사건도 시간의 흐름에 따라 우연히 일어난다고 보지 않으며 하나님의 섭리 안에서 원인과 결과의 관계로 해석될 수밖에 없다. 그러므로 카이로스적 시간으로 역사를 이해한다는 것은 역사 안에서의 하나님의 활동을 인정하는 것이며 그 사실이 역사의 의미를 생각하는 관점이 되어야 함을 말한다. 갈라디아서 4장 4절에서 "때가 차매 하나님이 그 아들을 보내사"라고 한 것처럼 역사의 사건은 우연이 아니라 하나님의 섭리의 관점에서 의미가 부여되고 해석되어야 한다는 것이다. 여기서 하나님의 섭리라 함은 역사가 크로노스적 과거의 시간에 이미 결정되었다는 의미가 아니라 역사 안에서의 하나님의 역동적 임재, 혹은 하나님과 역사의 역동적 관계성으로 이해해야 할 것이다.

IV. 교회사를 공부하는 이유

교회사를 공부하는 이유는 우선적으로 기독교의 유산을 역사적 흐름 안에서 총체적으로 이해하기 위함이다. 기독교의 신학적, 신앙적 유산들을 역사적 시각으로 조명을 해 보는 일이 중요한 것은 기독교의 역사가 결코 그 자체로 독립된 것이 아니라 일반 역사 안에서 진행되어 온 역사이기 때문이다. 교회사는 일반 문화사와 끊임없이 상호적 관계를 가지고 서로 영향을 주고 받으면서 진행되어 왔다. 좀 더 정확하게 말한다면 교회사와 일반사를 구분하는 것 자체가 불가능하다고 말할 수 있다. 어떤 특정한 교리나 신학적 명제도 역사적 배경 없이 진공관 안에서 이루진 경우는 없으며 그렇기 때문에 역사적 이해 없이는 그에 대한 완전한 이해도 힘들다. 예를 들어서, 초기 기독교의 신학이 형성되는 과정을 이해하기 위해서는 그 시대의 사상과 세계관을 지배하고 있었던 헬라 문화와 라틴 문화를 이해해야 하는 일이 필수적이다. 설사 종교회의에서 결정된 문건이나 신조에 대하여 연구한다고 할지라도 그 시대의 정치 사회적 배경과 정황들을 이해하는 일은 대단히 중요한 일이다.

교회사를 공부하는 일은 또한 기독교의 역사적 발전에 영향을 미친 다양한 인물들을 만나는 기회를 제공한다. 교회사 안에는 기독교의 전통을 형성하는 일에 영향을 주었던 교부들, 신학자들, 교회 운동가들, 개혁자들, 심지어는 이단으로 정죄 받은 자들에 이르기까지 기독교의 신학적, 신앙적 유산들을 이해하기 위하여 만나야 할 수많은 인물들이 있다. 그들의 삶, 사상, 업적 등을 공부하면서 그들이 살았던 시대와 교회의 상황을 이해할 수 있는 단서들을 발견하게 될 것이며 그들과의 만남을 통하여 오늘날의 신앙인들이 새로운 문제의식과 영적 각성의 도전에 직면할 수 있을 것이다. 그들의 영향이 긍정적이든지 부정적이든지 할 것 없이 교회 역사의 과거 인물들은 오늘날의 교회 현실과 무관한 자들이 아니다. 한 가지 중요한 일은 역사적 인물을 만날 때는 어떤 특정한 시각에 의하여 굳어진 그 인물의 이미지에서 탈피해야 한다는 것이다. 긍정적이든 부정적이든, 객관적이고 중립적인 위치에서 그 인물을 다시 보고 공정하게 보고 평가하라는 것이다. 때로는 그 시대에 정통에 서 있었던 인물이라 하더라도 비판할 수 있어야 하며 그 시대의 이단이었다 하더라도 새로운 역사적 평가를 할 수 있는 마음의 여지를 가져야 한다는 말이다.

교회사는 기독교 역사 안에 나타난 다양한 신학 사상과 논쟁들을 살펴보는 기회를 제공한다. 기독교 사상은 한 성서를 읽음에서 비롯되었다고 말할 수 있지만 시대와 인물에 따라 그 성서에 대한 다양한 해석이 있어 왔다. 성서 해석의 다양성 및 차이는 때로는 격렬한 신학적 논쟁을 불러일으켰으며 그 결과로 교회의 분열과 새로운 교단의 형성이 이루어지기도 하였다. 교회사는 한 마디로 신학적 논쟁의 역사라고 해도 과언이 아닐 것이다. 기독교 사상사는 다양한 신학적 입장들이 시대가 바뀌어가면서 어떻게 변천 혹은 발전되어 왔는지를 보여줄 것이다.

교회사를 공부하는 일은 기독교 역사 안에 나타난 여러 가지 문헌들과 문학들에 접할 수 있는 기회를 제공한다. 지난 2,000년 동안의 수많은 기독교 문헌들은 오늘날에도 필요한 다양한 자료들을 제공해 준다. 교리적 문헌, 역사 문헌, 신학적 문헌, 신앙고백서, 신조, 설교문 이외에도 다양한 장르의 기독교 문학은 오늘날의 기독교를 이해하는 지식과 지혜의 보고 역할을 한다. 이러한 역사적 문헌들은 설교의 자료로서도 그 가치가 높이 평가된다.

교회사를 공부하는 일은 또한 주요 공동체나 교단들의 기원과 그 역사적 배경, 그리고 그들의 신학적 특성들을 접하는 기회를 제공한다. 교회사에 나타난 다양한 공동체들이 어떠한 역사적 배경과 상황에서 시작되었고 발전해 왔는지 살펴보는 일은 대단히 중요한 일이다. 특히 이러한 다양한 공동체들의 특성들을 비교하면서 신학적 혹은 교리적 차이점들을 살펴볼 수 있는 동시에, 그럼에도 불구하고 그들이 같은 기독교 공동체로서의 동질성을 가지고 있음을 확인할 수 있다. 또 그러한 공동체들이 어떻게 다르게 교회를 이해하고 정의해 왔는지를 살펴보는 일도 중요하다. 초대교회 이후 역사적으로 교회는 다양하게 정의되어 왔다. 이러한 교회에 대한 다양한 해석과 그 형태들을 살펴보고 신약성서에 나타난 교회 모습에 비추어보는 일은 오늘날의 교회를 이해, 평가하고 그 나아갈 방향을 가늠하는 일을 가능하게 할 것이다.

이것은 곧 교회개혁의 중요한 단서가 되는 동시에 기준이 될 것이다.

교회사 공부는 역사 속의 다양한 인물들, 신학 사조들, 공동체들, 혹은 교단들을 살펴봄을 통하여 다른 견해에 대한 관용심을 배우게 한다. 다른 사람 혹은 공동체가 왜 다른 견해와 입장을 가지게 되었는지를 역사를 통하여 봄으로써 그들을 이해하는 폭을 넓힐뿐 아니라 그들을 인정하고 포용하는 정신을 함양할 수 있는 것이다. 다른 사람의 역사적 정황을 모른 채 그 사람의 견해만 접할 때는 그 사람과 그 사람의 견해를 이해할 수 있는 폭이 좁아질 수밖에 없다. 역사 공부를 통하여 어떤 개인이나 공동체의 시대적 상황이나 관심사, 또는 삶의 정황에 대하여 알게 될 때 그 개인이나 공동체의 입장을 보다 잘 이해하게 될 것이다.

끝으로 교회사 공부는 역사와 세상 안에서 일하시는 하나님을 보는 창을 열어 준다. 교회사에 나타난 사건들과 인물들의 역사를 통하여 하나님의 사역을 목격하면서 세상 안에서의 하나님의 현재적 임재를 확인하게 된다. 과거 역사에 활동하셨던 하나님을 보면서 오늘날의 역사적 정황에서 활동하시는 하나님을 발견하고 그에 대한 신뢰와 기대를 가지게 된다. 하나님의 사람들이 역사 속에서 체험한 것이 지금 또 다시 가능한 체험이 될 수 있다는 사실이다. 역사는 하나님의 계시 활동의 배경이라는 것을 이해할 때 역사를 통하여 하나님을 이해하는 신학적 틀을 만들어갈 수 있을 것이다.

V. 교회사의 개요: 무엇을 공부하는가?

교회사는 예수 그리스도께서 역사 속으로 오셔서 교회를 선포하신 이후로부터 지금까지의 총체적인 교회의 역사를 포함한다. 교회는 그리스도의 사역과 죽음, 그리고 부활 사건 이후에 그리스도의 명령을 근거로 한 사도들의 복음전파 사역으로 처음에는 유대지방에서 시작하여 당시 로마제국의 전역으로 확장되어 갔다. 사도행전 1장 8절은 사도들의 복음사역이 확장되어 나가는 이정표의 역할을 했다고 볼 수 있다. 복음은 참으로 "예루살렘과 온 유대와 사마리아와 땅 끝까지"의 순서로 확장되어 갔고 복음이 전파된 곳에는 교회가 시작되었다. 사도행전에 나타나는 사도들에 의하여 설립된 초대교회들에 대한 공부는 신약개론에서 주로 다루어질 것이다.

교회사개론은 신약의 교회들이 시작되었던 당시의 문화적 배경을 살펴보는 것으로 시작한다. 우선 신·구약성서와 사도들의 직접적 문화적 배경이 되었던 히브리 문화의 배경을 이해하는 일이 필요하다. 특히 교회사의 한 부분은 아니지만 신구약 중간사에 대한 이해는 교회가 시작된 신약의 시대를 이해하는 데에 필수적인 일이다. 또한 당시 알렉산더 대왕 이후 각 문화권에 압도적인 영향을 끼치면서 당시 세계의 문화의 주도적 역할을 하였던 헬라 문화권에 대하여도 공부해야 한다. 신약성서가 헬라어로 기록되었다는 사실과 초기의 기독교 신학이 형성되는 과정에 헬라 사상의 영향이 있었다는 사실은 헬라 문화의 이해가 반드시 필요함을 말해 준다. 또 교회가 시작되었던 당시는 정치적으로 로마의 시대였기 때문에 헬라문화를 수용하여 새로운 그리스 로마 문화를 창출하였던 라틴 문화권에 대한 이해도 필요하다. 간략하게나마 교회가 시작된 이러한 문화권들에 대하여 공부하는 일은 초대교회의 여러 가지 상황들을 이해하는 데에 직접적인 도움을 줄 것이다.

교회사는 크게 초대교회사, 중세교회사, 종교개혁사 그리고 근현대 교회사로 나누어서 공부하게 된다. 초대교회사와 중세교회사를 구분하는 일은 쉬운 일이 아니다. 두 시대를 분명히 구별할 수 있는 기준이 모호하기 때문이다. 서로마 제국의 몰락(476년)을 전후하여 서유럽에 새로운 정치적 개편이 이루어지기 시작한 시기를 기점으로 두 시대를 구분하는 것도 타당성을 가지지만 아우구스티누스의 신학을 대체로 수용, 정리하고 중세교회의 특징을 이루는 신학과 제도를 예견한 교황 그레고리 1세(590-604, 재임)의 때를 기점으로 삼을 수도 있다. 전자가 유럽의 정치적 변동의 관점에서 시대 구분의 기준을 잡았다면 후자는 교회의 신학적, 제도적 관점에서 기준을 잡았다고 하겠다. 좀 더 광범위하게 보면 전자에서 후자에 이르는 시기를 대체로 초대교회에서 중세교회로 넘어가는 과도기의 때였다고 말한다면 별 무리가 없을 것이다. 중세와 종교개혁의 시대를 구분하는 것도 단순하지 않다. 종교개혁 시대를 이전 시대와는 무관한 완전히 새로운 시대로 이해할 수 없기 때문이다. 중세후기의 정치, 사회, 종교의 다양한 변화가 전제되지 않은 종교개혁 시대란 없다. 그러나 루터(Martin Luther)가 비텐베르크(Wittenberg)에서 면죄부의 문제점을 지적하면서 95개 조항을 내걸었던 일이 개신교 종교개혁이 실질적으로 촉발된 해로 보는 시각에 따라 대체로 1517년을 상징적으로 종교개혁의 원년으로 본다. 종교개혁기와 근현대를 구분하는 기점으로는 대략 종교개혁 이후 정치적으로 유럽의 종교 지도의 윤곽을 결정하였던 베스트팔렌 평화조약(Peace of Westfalen, 1648)이 거론된다. 그 시기를 전후하여 근대적이라고 규정될 만한 소위 계몽주의적 철학사상들이 대두되기 시작했다는 것도 눈여겨 볼 점이다. 그러나 어떤 한 사건이 시대와 시대를 분명히 구분지을 수 있다는 생각은 경계해야 하며 그 시대를 구별하는 상징적 의미 정도만을 부여해야 할 것이다. 어떤 시대이든지 그 전후 시대와 구별되는 것이 있다면 상당히 장기간에 걸친 변천 과정이 있었다는 것을 염두에 두어야 할 것이다.

초대교회사는 우선 주님의 부름을 받은 사도들과 또 이름 없는 수많은 성도들이 "가서 모든 족속으로 제자를 삼으라"는 주님의 명령에 따라 로마 제국의 상황에서 어떻게 교회를 확장해 갔는지를 살피는 것으로 시작한다. 그 과정에서 그들이 어떻게 혹독한 외부적 박해의 상황을 이겨냈는지, 교회의 내부에서 교회와 복음의 근본을 흔들어 놓았던 잘못된 가르침에 대하여 어떻게 대처했는지를 또한 살피게 될 것이다. 로마 제국은 기본적으로 현지 종교를 인정하는 등 종교관용의 정책을 견지했지만 기독교는 제국으로부터 공인받지 못한 종교였기 때문에 항상 박해의 가능성에 놓여 있었다. 더군다나 기독교의 독특한 교리와 삶의 방식으로 인하여 항상 로마 사람들에 의하여 이질적인 종교로 질시와 오해를 받아야 했다. 그러나 "순교자의 피는 교회의 씨가 되었다"는 테르툴리아누스(Tertullianus)의 말처럼 교회는 제국 안에서 꾸준하게 성장하였다. 교회를 위협하는 일은 오히려 교회 내부에서 더 심각하게 다가왔다. 다양한 이단들의 가르침들이 그것이었다. 교회는 이들에 대항하여 신앙의 정통성을 지키려는 노력의 결과로서 기독교의 교리와 신학을 세워갔을 뿐만 아니라 교회의 가시적 제도화를 이루어 가기 시작하였다.

초대교회사는 또한 교회의 초기 지도자들이었던 교부들의 삶과 사상을 공부한다. 대체로 니케아공의회(Council of Nicea, 325년)를 기준으로 니케아 이전의 교부와 니케아 이후의 교부로 나누어서 그들의 사상이 초기의 기독교 신학에 어떠한 영향을 끼쳤는지, 또 교회가 체계화되어 가는 과정에서 어떠한 공헌을 했는지를 살펴 본다. 수백 년을 두고 이루어진 초기의 대공의회들(Ecumenical Councils)을 보면서 기독교의 삼위일체론과 기독론이 어떻게 결정되었는지 살피는 일도 중요하다. 또한 콘스탄티누스 황제의 군림으로 국가와 교회가 공생관계에 들어가는 중세적 제도교회의 모습을 갖추기 시작한 과정들을 살펴보고 그 전후의 교회의 모습을 비교해 보는 일은 대단히 중요한 일이다. 교회가 국가교회의 형태로 탈바꿈하는 과정에서 교회의 세속화는 급속도로 일어나게 되었고 교회와 사회(혹은 문화)의 구별이 희석되었다. 한편으로 이러한 교회의 모습에 염증을 느끼고 보다 구별되고 진지한 신앙생활을 위해 속세를 떠나는 사람들을 중심으로 수도원운동(Monasticism)이 전개된다. 물론 수도원운동은 세속교회에 대한 반발과 회의의 결과로 활발하게 되었지만 그 이전부터 광야의 은자들을 중심으로 이루어졌던 또 하나의 독특한 기독교 신앙운동의 한 중요한 유형으로 이해된다. 수도원운동은 기독교의 영성운동에서와 학문의 발전에서 중요한 역할을 감당하였기 때문에 그것이 기존 교회와 어떻게 서로 영향을 주고 받으며 발전해 왔는지 살피는 일은 매우 중요한 일이다.

분명히 구분할 수 있는 기준은 모호하지만 중세교회는 국가교회의 틀 안에서 제도교회로서의 특성이 뚜렷하게 나타난다는 점에서 초대교회와는 분명히 차별화 된다. 로마감독의 위상이 종교적인 영역에서뿐만 아니라 정치적 영역에까지 확대되어 가면서 서방교회는 로마 가톨릭교회로 발전되어 갔다. 8세기에 이르러는 프랑크왕국이 서유럽의 새로운 주도적 정치권력으로 떠오르면서 신성로마제국의 개념이 확립되기 시작했고, 곧 교황과 세속군주 간의 협력과 갈등 관계가 중세교회의 특징으로 자리를 잡게 된다. 중세교회사의 전반부에서는 신성로마제국의 형성 과정과 그러한 정치적 상황에서 로마 가톨릭교회가 유럽 전역으로 확장되어 가는 모습이 소개될 것이다. 11세기에 교회는 교황 개혁운동이 전개되면서 정치적으로 새로운 전기를 마련한다. 교황권의 회복은 향후 수세기 동안 각 지역의 세속군주와의 관계에 있어서 대결국면을 예고하는 것이었다. 11세기 말에 시작하여 향후 200년간 일어났던 십자군 전쟁은 동서방의 다양한 교류를 가능하게 하면서 서유럽의 정치, 경제, 문화, 학문에서 새로운 변화들을 초래한다. 봉건주의가 서서히 몰락하면서 각 지역에서 중앙집권적 왕권이 신장되기 시작하였고 대학과 학문의 발전이 이루어졌다. 중세후기 가톨릭 신학을 이해하기 위해서는 토마스 아퀴나스(Thomas Aquinas)로 대변되는 스콜라주의 신학에 대한 이해를 필요로 한다. 14세기 이후로는 고전과 예술의 부활이라는 문예부흥기를 맞으면서 인간과 자연에 대한 관심이 고조되었던 한편, 기독교 인문주의의 등장과 함께 새로운 신학적 반성과 영성운동이 전개되었다. 같은 시기에 로마 가톨릭교회라는 제도교회에 대하여 염증을 느끼고 교회개혁과 쇄신의 정신을 가지고 나름대로 대안적 신앙형태를 추구한 무리들이 나오기 시작하였다. 그들은 그 시대에는 제도교회반대자들(dissenters) 내지는 이단으로 몰리기도 하였지만 성서의 중요성을 인식하고 하나님과의 직접적이고 개인적인 관계를 중시하는 등 향후 있을 교회개혁의 가능성을 열었던 무리들이었다. 그 외에도 중세후기의 새로운 다양한 변화들은 16세기 종교개혁의 시대를 예고하는 것이었으며 넓게는 근대적 정신의 밑바탕을 이루었다.

  종교개혁사는 중세후기의 시대적 변화와 밀접한 관계를 가지고 있지만 마르틴 루터가 "95개 조항"을 발표한 1517년을 시작의 해로 잡는 것은 그 사건을 16세기의 종교개혁을 촉발한(precipitating) 직접적인 사건으로 보기 때문이다. 그래서 종교개혁사는 루터와 루터교회(Lutheran Church)의 종교개혁을 공부하는 것으로 시작된다. 16세기 종교개혁에 있어서 루터의 역할은 누구와도 비견할 수 없는 것이었으며 루터의 영향을 받지 않은 종교개혁가는 없었다고 말해도 과언이 아닐 것이다. 비슷한 시기에 스위스의 각 도시에서는 울리히 츠빙글리(Ulrich Zwingli)를 비롯한 기독교 인문주의자들의 개혁교 전통(Reformed Tradition)의 종교개혁이 진행되고 있었다. 위의 두 전통은 16세기 개신교 종교개혁의 주류를 형성하였다. 이들은 국가교회의 틀 안에서 세속권력과 손을 맞잡고 개혁을 진행하였기 때문에 관료 의존적 종교개혁가들(Magisterial

Reformers)로 분류된다. 같은 시기에 국가교회의 틀을 깨고 신자의 교회를 추구하면서 세속권력의 도움을 의도적으로 배제하는 무리들의 종교개혁이 있었다. 근원적 종교개혁가들(Radical Reformers) 혹은 아나뱁티스트들(Anabaptists)로 불리는 자들이었다. 이 무리들은 그 동안 주류 종교개혁사가들에 의하여 오해되거나 무시되어온 경향이 있었다. 20세기 중엽 이후로 이러한 경향은 반전되고 있으며 근원적 종교개혁은 자유교회 운동(Free Church Movement)의 전통을 세웠다는 의미에서 종교개혁사의 중요한 한 부분으로 인식되어야 한다. 개혁 2세대의 대표주자로서 요한 칼뱅의 제네바 종교개혁은 개혁교 전통을 완성하는 역사적 역할을 담당하였으며 국제적으로 가장 성공한 종교개혁이었다. 영국에서는 16세기의 왕들과 여왕들이 집권하는 과정에서 영국적인 독특한 중도적 종교개혁이 이루어졌고 영국의 왕이 영국 교회의 최고 통수권자가 되는 영국국교회(The Church of England)가 형성되었다. 개신교의 종교개혁에 대하여 가톨릭교회에서도 내부적 개혁의 바람이 일어났다. 가톨릭 종교개혁(Catholic Reformation)은 개신교 종교개혁에 반응하면서 일어났다고 해서 때로는 반동종교개혁(Counter-Reformation)이라고도 불린다. 새로운 수도회의 형성(예수회, Jesuits)과 공의회(The Council of Trent) 개최 등을 통해 가톨릭교회의 내부적 개혁을 도모하는 한편 중세 가톨릭 신학을 재확인하면서 개신교의 확산을 막는 노력들을 하였다.

근현대 교회사는 종교개혁 이후에 합리주의 철학, 경험주의 철학, 이신론 등으로 대변되는 계몽주의 사상과 근대 시민사상이 대두되었던 시대를 필두로 현재까지의 교회사를 포함한다. 우선 17세기 말부터 등장하는 경건주의 운동(Pietist Movement)과 18세기 전반부터 일어났던 메소디스트 운동(Methodist Movement), 그리고 미국의 대각성 운동(The Great Awakening Movement)에 관하여 공부하게 될 것이다. 특히 근현대사는 미국 기독교의 역사를 중요한 한 부분으로 포함한다. 또 근대의 사상적 사조들과 영향을 주고 받으면서 형성되었던 다양한 신학 사조들을 이해하는 일도 필요하다. 여기에는 슐라이어마허(Schleiermacher)로부터 시작되는 근대 개신교의 자유주의 신학 사조와 이에 대하여 반기를 든 신정통주의 신학(Neo-orthodox Theology) 및 복음주의 신학(Evangelicalism)이 포함될 것이며 가톨릭교회 내부의 보수주의(conservatism)와 현대주의(modernism)의 갈등구조 안에서 가톨릭 신학이 어떻게 변천되어 갔는지 간단히 살피게 될 것이다. 이 기간의 기독교 신학은 대체로 현대주의(Modernism)라고 하는 새로운 정치적, 경제적, 사회적, 사상적 환경 속에서 그것을 때로는 거부하고 때로는 수용하면서 발전하였다. 18세기 말부터 바람이 일었던 개신교 선교운동 역시 근현대사의 중요한 한 부분이 된다. 다극화 혹은 다원화의 시대로 이해되는 20세기에는 기독교 역시 다원화되어가는 양상을 보여주었다. 가톨릭교회는 제2차 바티칸공의회(Vatican council)를 거치면서 시대적 변화를 절감케 하였고 개신교 역시 다양한 형태의 신학과 신앙 운동들을 표출하였다. 20세기 중반 이후 기독교는 포스트모던주의(Postmodernism)라는 거대한 시대적 물결 속에서 새로운 갈등과 변화에 반응해 가는 양상들을 보여주고 있다.

📖 **추천하고 싶은 책**

김호연. 「역사란 무엇인가」. 울산: 울산대학교출판부, 2002. 이 책은 역사에 대한 기본적인 내용들을 간결한 형태로 망라했다는 점에서 역사학의 입문서로 권할만한 책이다. 저자는 역사의 개념 문제에서부터 사료를 다루는 문제에 이르기까지 역사적 예증을 들어가면서 쉽게 설명하였다.

Carr, Edward H. 「역사란 무엇인가」. 김택현 역. 서울: 까치, 1997. 카는 19세기 이후의 실증주의적 사관을 비판하고 역사학의 초점을 역사의 과거를 그대로 복원할 수 있다는 객관적 가능성에 두지 않고 오히려 과거를 현재와의 긴밀한 관계 속에서 이해하는 데에 두었다. 이 책은 20세 이후의 역사학의 흐름을 이해하는 데에 좋은 안내서가 될 것이다.

Gonzalez, Justo L. 「초대교회사」, 「중세교회사」, 「종교개혁사」, 「현대교회사」. 서영일 역. 서울: 은성, 1995. 원제는 *The Story of Christianity*이며 총 두 권으로 써진 책인데 한국어로 변역될 때 시대별로 4권으로 출판되었다. 딱딱한 교회사를 이야기 식으로 기술하였으며 쉽고 재미있게 읽을 수 있는 책이다. 내용의 충실성이 돋보이며 역사적 문맥을 잘 짚어가기 때문에 교회사의 전체적 윤곽을 이해하는 데에 좋은 도움을 준다. 교회사 개론서로서 탁월한 책이다.

Shelley, Bruce. 「현대인을 위한 교회사」. 박희석 역. 서울: 크리스챤 다이제스트, 1993. 원제는 *Church History in Plain Language*이며 누구든지 쉽게 읽고 이해할 수 있도록 써진 초보자에게 적합한 책이다. 초대부터 현대에 이르기까지 교회사의 중요한 사건들과 신학 사상들을 간결하게 설명하면서 교회사의 전체적 흐름을 한 눈에 볼 수 있게 하였다. 복잡한 설명보다는 평이한 설명으로 넓은 독자층을 대상으로 쉽게 이해할 수 있도록 써진 책이다.

Walker, Williston. 외 3인. 「기독교회사」. 송인설 역. 서울: 크리스챤 다이제스트, 1993. 원제는 *A History of the Christian Church*이며 1918년에 첫 출판된 이후로 오랫 동안 미국 등지에서 교과서로 각광을 받아왔던 교회사 개론서이다. 저자인 워커는 타계한 지 오래 되었지만 후학들에 의하여 내용이 계속 업데이트 되면서 수차례 개정되었다. 이 책은 많은 내용을 담고 있으면서도 함축적 표현과 균형 있는 설명이 돋보이는 책이다. 함축성으로 인하여 초보자들에게는 다소 어려운 감이 없지 않지만 교회사 개론서로서 손색없는 책이다.

제8장

기독교사상사

역사신학 교수 | **김용국**
yongkim@kbtus.ac.kr

I. 과목 소개

1. 기독교사상사 연구 분야

　기독교사상사는 예수 그리스도 교회의 교리와 신학의 역사를 연구한다. 본 과목은 교회 공동체들의 신조와 신앙고백의 발전과정을 살펴보는 교리사를 비롯하여, 신학자들의 신학과 영성, 철학, 이단사상 등 광범위한 내용을 다룬다. 먼저 교리는 교회 공동체가 함께 믿고 공인한 신앙이라는 점에서 개별 신학자들의 신학과는 구분되지만, 신학자들의 사상이 교리의 형성에 영향을 끼쳤기 때문에 서로 완전히 분리될 수 있는 것은 아니다. 즉 교리를 올바로 이해하기 위해서는 신학자들의 사상도 함께 연구해야 하는 것이다. 그럼에도 불구하고 학문의 방법론적인 측면만을 본다면 교리사는 주로 공인된 신조와 신앙고백서의 역사를 주로 다루지만, 기독교사상사는 교리사를 포함하여 위에서 언급한 기독교 사상에 영향을 끼친 모든 분야를 연구의 대상으로 삼는다는 점에서 차이가 있다. 기독교사상사의 주된 두 가지 분야의 연구 내용에 대해서 좀 더 자세히 살펴보자.

1) 교리사 연구

기독교교리사는 교회 공동체의 신조와 신앙고백서의 형성과 변화의 과정을 살펴보는 것이다. 교리란 교회공동체가 진리로 믿고 가르쳐 왔던 것이라고 정의할 수 있다. 교리의 성격에 대해 중세시대 가톨릭 신학자 레린의 빈센트(Vicent of Lerins)는 "어디서나 언제든지 모든 사람들에게" 믿어져 왔던 신앙이라고 하였다. 교리란 보편적 진리로서 결코 변화되거나 수정될 수 없는 것이라는 생각은 중세 가톨릭교회의 기본적인 입장이었다. 보편적 진리에 해당되는 교리로는 창조론, 삼위일체론, 기독론과 같은 기독교 기본교리들(cardinal doctrines)이 있다. 사실 이러한 교리들을 영원불변한 진리로 믿는 사람들이 기독교인들이며, 이들 교리 없는 기독교 신앙이란 불가능한 것이다.

그렇다면 다른 교리들 역시 영원불변한 것일까? 기독교사상사를 연구해 보면 위의 기본교리들과 달리 구원론이나 교회론 같은 교리들은 변화하여 왔다는 것을 금방 알 수 있다. 예를 들면 종교개혁은 교리의 급격한 변화를 일으킨 사례이다. 마르틴 루터는 가톨릭교회의 성례전을 통한 구원교리를 하나님의 은혜와 믿음으로 인한 구원으로 바꾸어서 가톨릭교회의 구원론과 교회론을 근원부터 변화시켰다. 또 다른 예로서 개신교 교단들의 '신앙고백'의 역사를 살펴보면, 모든 '신앙고백'은 분명히 변화의 과정이 있었음을 알 수 있다. 이런 점들을 감안하면, 예수회 학자 데네훼(A. Deneffe)의 주장 즉, "교리란 형식적으로는 하나님에 의해 계시되어 교회에 의해 관례적으로 또는 순차적으로 정의되어진 진리"라는 정의가 교리에 대한 적절한 설명이라고 할 수 있다.

교리의 구체적인 예로는 "325년 니케아 신조"(the Creed of Nicaea), "451년 칼케돈 신조"(the Creed of Chalcedon), 그리고 "1530년 아우구스부르크 신앙고백서"(the Augsburg Confession) 등이 있다. 위의 교리들은 일반적인 기독교 사상과 달리 적어도 일단의 기독교 공동체가 진리로 받아들인 권위가 부여된 사상이라는 공통점이 있다. 가톨릭교회뿐만 아니라 개신교회도 그들의 교리 결정사항들에 대해 큰 권위를 부여하였던 것은 역사적인 사실이다.

2) 신학자들의 사상 연구

기독교 사상사는 교리사 연구뿐만 아니라 개별 신학자들의 신학과 영성도 살펴본다. 예를 들면, 아타나시우스의 신학과 영성은 어떠했으며, 그것들은 기독교 교리의 확립과정에 어떠한 역할을 했는지를 연구하는 것이다. 신학자들의 신학을 정확하고 객관적으로 이해하기 위해서는 그들의 조직신학적 저술뿐만 아니라 성서주석이나 신학논제 등도 함께 살펴보아야 한다.

2. 기독교사상사를 연구하는 이유와 그 유익함

기독교 신앙은 성령의 영감을 통해 쓰인 오류 없는 하나님의 말씀인 성경에 의해서 생겨났다. 성경은 신학과 교리에 대한 최종적인 판단의 근거라는 것이 개신교회의 확고한 입장이다. 그렇다면 성경을 연구하면 됐지 교리와 신학을 다루는 사상사가 왜 필요한 것인가라는 질문이 가능하다. 이에 대한 답은 '필요하다'이다. 왜냐하면 만일 모든 사람들이 성경을 동일하게 해석하면 사상사가 필요치 않겠지만, 문제는 사람들마다 성경을 다르게 해석한다는 사실이다. 성경은 개인, 지역, 그리고 교단에 따라서 약간씩 다르게 해석되어 왔으며, 심지어 이단들도 성경을 사용하여 자신들의 교설을 퍼뜨렸다. 이러한 혼란과 다양성은 성경에 오류가 있어서가 아니라, 성경을 해석하는 사람들의 이해의 틀 즉, 각각의 관점과 신앙에 따라 성경을 해석하였기 때문이다. 사상사는 성경해석의 원리라고 할 수 있는 신앙과 신학을 파악하는 것이다. 따라서 사상사에 대한 충분한 지식이 없으면 진정한 기독교 신앙의 관점으로 성경을 해석하는 데 어려움을 갖게 된다. 즉 비기독교적인 가르침을 기독교 진리로 오인할 수 있다는 것이다.

기독교사상사를 연구할 때 얻어지는 유익한 점들은 구체적으로 어떤 것이 있을까? 첫 번째, 성경을 이해하는 능력을 향상시킬 수 있다. 신학과 교리에 대한 지식은 성서 메시지의 중심을 명료하게 이해하게 하므로 올바른 성서해석을 가능케 해 준다. 사상사는 어떤 의미에서는 과거 신앙인들의 성경이해의 역사라고 할 수 있기 때문에, 사상사 연구를 통하여 역사의 과정을 거치며 정제된 성경해석의 원리를 파악할 수 있고, 결과로 하나님의 말씀에 대한 폭넓은 이해를 얻을 수 있게 된다.

두 번째, 사상사에 대한 연구는 정통과 이단의 차이를 식별할 수 있는 능력을 제공해 준다. 사상사에 관한 지식이 없으면 정통신앙과 이단사상의 차이점을 분명하게 구분할 수 없게 된다. 특히 대부분의 이단들은 성경을 사용하여 자신들의 믿음을 정당화하므로, 사상사적인 지식은 올바른 믿음 생활을 위해서도 필수적이라 할 수 있다. 특별히 성도들을 가르치고 신앙으로 인도해야 하는 교회 지도자들은 반드시 교회의 정통신학에 대한 이해와 안목이 있어야 한다.

세 번째, 사상사는 기독교 정체성에 대한 분명한 이해를 제공해 준다. 교리는 교회 공동체의 정체성을 형성하는 핵심적인 요인이다. 예를 들면, 가톨릭과 개신교가 서로 분리된 상태로 오늘날까지 존재하게 된 원인은 서로 다른 교리를 믿기 때문인데, 이것은 교리가 신앙공동체의 가장 정제되고 축약된 신앙표현이며 정체성의 핵심이라는 것을 단적으로 보여주는 것이다. 기독교 사상사를 연구하면 기독교의 정체성이 무엇인지 혹은 자신이 속한 교단의 정체성이 어떠한지 등에 대한 답변을 얻을 수 있다. 따라서 사상사는 과거의 신학에 대한 공부만이 아니라 오늘날 우리의 신앙이 무엇인지도 알게 해 주는 유익도 제공해 준다.

네 번째, 사상사는 과거의 신학적인 오류들을 살펴봄으로 오늘날 올바른 신학을 할 수 있는 기초를 제공해 준다. 우리는 과거의 축적된 신학들에 대한 연구 없이 결코 올바른 신학에 대한 이해를 가질 수 없는데, 사상사는 정통과 이단, 그리고 오류 등을 가르쳐 줌으로써 미래의 신학을 위한 통찰을 갖게 한다. 이와 같이 기독교 사상사는 여러 가지의 유익한 점들을 제공하므로 반드시 연구해야 할 필요가 있는 학문인 것이다.

II. 전체 개관

기독교 사상사는 크게 네 가지 시대로 구분될 수 있으며, 각 시대별로 연구해야 할 내용은 다음과 같다.

1. 고대시대(주후-451년까지)

기독교 사상사의 관점으로 볼 때, 고대시대는 예수님 탄생 이후부터 451년 칼케돈종교회의(The Council of Chalcedon)까지로 보는 것이 타당하다고 여겨진다. 왜냐하면 칼케돈회의 때까지는 동·서방 교회가 명확하게 분리되지 않았으며, 칼케돈 기독론의 정의도 동·서방의 교회가 대등한 위치에서 긴밀한 논의를 통해 이루어냈기 때문이다. 이 시대에 중점적으로 연구해야 할 과제는 다음과 같다.

1) 기독교 정통교리의 확립

고대시대에는 기독교가 신학적으로 기본체계를 세우는 기간으로 기독교 기본교리들, 즉 창조론, 삼위일체론, 기독론 등이 완성되는 과정을 연구하는 것이 무엇보다 중요한 과제이다. 이러한 정통교리들은 기독교의 정체성을 보여주는 객관적인 기준이 되었다. 즉 정통교리들은 기독교를 철학, 이교, 그리고 이단들로부터 분명하게 구별시켜 주는 준거가 되었던 것이다. 정통교리들을 믿는 자는 기독교인이고, 믿지 않는 자는 이교도였으며, 정통교리들을 왜곡시키는 자들은 이단이었다. 정통교리들은 기독교인들이 초대교회 때부터 믿어 왔던 신앙이었는데, 이단들의 도전으로 인해 정립되고 성문화되는 과정을 겪게 되었다.

위의 교리들 중에서 삼위일체론과 기독론은 고대시대에 가장 첨예하게 논쟁되었던 신학 주제들이었다. 하나님은 "성부, 성자, 성령의 세 위격으로 존재하시는 한 분 하나님"이라는 삼위일체 교리는 제1차 세계종교회의인 325년 니케아종교회의(the Council of Nicaea)를 통해서 일차적으로 완성되었지만, 4세기 카파도키아 교부들에 의해서 신학적인 용어로 보다 더 상세히 설명되었고, 제2차 세계종교회의인 381년 콘스탄티노플종교회의(the Council of Constantinople)를 통해서 최종적으로 확립되었다.

예수 그리스도는 진정한 하나님이면서 동시에 진정한 인간으로서, "신성과 인성의 두 본질을 가지고 계신 한 분 주님"이라는 정통 기독론은 제4차 세계종교회의인 451년 칼케돈종교회의를 통하여 확정되었다. 사상사는 이러한 교리들이 정립되어 가는 과정을 살펴보는데, 이것은 큰 유익을 준다. 왜냐하면 위의 교리들의 최종적인 정의만 보고, 확정되는 과정을 알지 못하면 그 교리들의 내용을 분명하게 이해할 수 없기 때문이다.

2) 철학과 이단

고대시대에는 기독교회가 자신의 신학을 체계화하는 과정에서 철학을 사용하기도 하였고, 반대로 철학과 신앙이 서로 다르다는 것을 밝히는 작업도 하였다. 특히 플라톤주의는 당시에 가장 광범위하게 퍼진 대표적인 철학사상으로 기독교에 많은 영향을 끼쳤다. 플라톤주의는 정통 신학자들인 교부들뿐만 아니라, 이단들에 의해서 사용되기도 하였다. 이것은 플라톤주의 철학이 기독교와 본질적인 면에서는 관련이 없고, 단지 신학을 체계화하는데 있어 방법론을 제공한 것이 주요 역할이었음을 보여주는 것이다. 그럼에도 불구하고 플라톤주의는 기독교 신학의 발달과정에 상당한 역할을 하였기 때문에 주의 깊게 살펴보아야 한다.

고대시대에는 이단들이 많이 등장한 시대였다. 대표적인 이단들로는 구약의 율법을 준행해야 구원받을 수 있으며, 예수는 하나님이 아니며 율법을 온전히 지켰던 위대한 선지자였다고 주장했던 유대주의(Judaism)와, 육체에 감금되어 있는 신적인 본질인 영을 신령한 지식을 통해 육체로부터 해방시키는 것이 구원이라고 믿었던 영지주의(Gnosticism)가 있었다. 또한 새로운 계시를 받았다고 주장하는 몬타누스주의(Montanism), 유일신론을 극단적으로 강조하며 삼위일체의 위격의 구분을 인정하지 않아서 성부수난설을 믿게 된 군주신론(Monarchianism)이 있었다. 그 외 예수님의 온전한 신성을 부인한 아리우스주의(Arianism), 예수님의 인성과 신성의 완전한 혼합을 주장하여 예수님의 인성을 파괴해버린 아폴리나리우스주의(Apollinarianism), 예수 그리스도의 신성과 인성의 구분을 지나치게 강조하여 두 본성의 분리를 발생시킨 네스토리우스주의(Nestorianism) 등이 있었다. 이들 이단의 출현은 교회로 하여금 정통교리를 성문화시키는 과정을 밟게 하였다.

3) 주요 교부들의 신학과 영성에 대한 연구

고대시대에 반드시 연구해야 할 대표적인 교부들은 다음과 같다. 먼저 1세기 후반부터 2세기 초반까지 인물들인 사도적 교부(속사도)들의 신학을 살펴보아야 한다. 현재까지 8개의 저작물이 사도적 교부의 글로 인정되었는데, 그것들은 당시 교회의 상황과 신학에 대해 알아볼 수 있는 귀중한 자료이다. 다음으로는 2세기 리용 교회의 감독이며 영지주의 허구성을 잘 드러낸 이레네우스(Irenaeus)와, 삼위일체라는 용어를 가장 먼저 사용한 교부 터툴리안(Tertullian)의 신학을 살펴보아야 한다. 3세기에는 정통과 이단 모두에게 영향을 끼쳤던 천재신학자 오리겐(Origen)과 가톨릭 교회론의 기초를 세운 키프리안(Cyprian)에 대해 살펴보아야 한다. 4세기에는 불굴의 의지를 가지고 정통교리를 보존하였던 위대한 교부 아타나시우스(Athanasius)와 삼위일체론을 최종적으로 체계화한 세 명의 카파도키아 교부들 즉, 대 바질(Basil the Great), 나지안주스의 그레고리(Gregory of Nazianzus), 그리고 니싸의 그레고리(Gregory of Nyssa)의 신학과 영성을 연구해야 한다. 5세기에는 기독론 논쟁과 관련하여 중요한 역할을 한 네스토리우스(Nestorius)와 키릴(Cyril)의 신학을 분석해 보고, 끝으로 고대시대 신학을 집대성하였으며 중세 가톨릭 신학의 기초를 세운 위대한 교부 어거스틴(Augustine)의 신학과 영성을 살펴보아야 한다.

2. 중세시대(452-1516)

사상사적 관점에서 중세시대는 451년 칼케돈 종교회의가 끝난 이후부터 마르틴 루터가 종교개혁을 시작한 1517년까지로 볼 수 있다. 이 시대에 기독교회는 크게 서방의 로마 가톨릭과 동방의 그리스 정교회로 구분되어졌다. 가톨릭교회는 교황을 정점으로 하는 교회체제를 발전시켰고, 고대시대로부터 내려온 기독교 정통교리들과 교황 그레고리의 신학을 기초로 가톨릭 정통교리를 확정하기 시작하였다. 이와 같이 교회체제가 확립되자 새로운 교리를 세워나가는 것은 거의 불가능하게 되었으며, 신학이 역동적으로 발전하는 것 역시 상당한 제약을 받게 되었다. 따라서 중세 가톨릭 신학자들은 정통교리들을 보다 더 완벽하게 체계화하는 작업에 심혈을 기울이게 되었다. 한편 동방교회는 기독론과 성상숭배에 관한 신학적 논쟁이 오랜 기간 지루하게 이어져 오면서, 사상적인 측면에서 커다란 진전을 이루어내지 못하였다. 중세시대에 중점적으로 연구해야 할 과제는 다음과 같다.

1) 로마 가톨릭 교리의 확정

고대시대의 교회로부터 정통적인 신론, 삼위일체론, 그리고 기독론을 물려 받았던 중세시대의 가톨릭교회는 구원론과 교회론을 보다 더 체계화하였다. 먼저 구원론과 관련해서는 어거스틴 사후 어거스틴주의자들과 반펠라기우스주의자들 사이에서 논쟁이 발발하였다. 인간의 전적인 타락으로 말미암아 구원에서의 무능력을 주장하는 어거스틴주의와, 구원에 있어서 인간의 참여를 확보하려는 반펠라기우스주의(Semi-Pelagianism) 사이의 갈등은 529년 오렌지공의회(The Council of Orange)가 완화된 어거스틴주의를 채택함으로 일단락되었다. 한편 그레고리 교황은 오렌지공의회에 기초하여 중세 가톨릭 정통교리를 체계화하였다. 그레고리는 구원은 인간이 지은 죄에 대해 하나님께 만족할 만한 대가를 지불해야 된다고 주장하여, 구원의 과정에서 인간의 선한 행위가 중요한 요소가 되도록 하였다. 그레고리는 가톨릭 구원론을 교회론과 연계시켜서 펠라기우스주의가 구원론에 어느 정도 포함되게 하였던 것이다.

2) 스콜라 신학과 유명론

서방은 11세기부터 플라톤주의에서 벗어나서 아리스토텔레스 논리학과 변증법을 신학적 진리를 설명하는 방법론으로 사용하기 시작하면서, 인간의 이성으로 하나님과 기독교 진리를 밝혀보려는 스콜라 신학을 발전시켰다. 스콜라 신학은 크게 세 시기로 나눌 수 있는데, 캔터베리의 안셀름(Anselm)으로 대표되는 초기와, 토마스 아퀴나스(Thomas Aquinas)의 중기, 그리고 둔스 스코투스(Duns Scotus)의 후기로 나눌 수 있다. 스콜라 신학자들은 이전부터 믿고 간직하여 온 가톨릭 교리들을 아주 자세한 부분까지 설명함으로 누구나 이해할 수 있는 교리를 세우고자 하였다. 중세 말기 시대의 오캄의 윌리엄(William of Ockham)은 유명론이라는 새로운 신학을 창안하였다. 그는 이성적이고 합리적인 신학을 추구하는 스콜라주의의 전제라고 할 수 있는 '공통의 본성들'이라는 보편자의 개념을 부인하고 오직 개별적 사물만이 참된 실체라고 하였다. 따라서 신학주제들은 체험에 의해 알 수 없으므로 신학은 이성보다는 계시와 믿음에 근거를 두어야 한다고 주장하여 중세의 통합을 무너뜨리고 종교개혁 신학의 원인을 제공하였다.

3) 신학논쟁들과 주요한 사상가들

중세 로마 가톨릭 내의 신학논쟁들과 주요한 신학자들의 사상을 살펴보아야 한다. 논쟁들로는 라드베르투스(Radbertus)와 라트람누스

(Ratramnus)의 성찬에서의 그리스도 임재 방식에 대한 논쟁, 고트샬크(Gottschalk)와 힝크마르(Hincmar)의 예정론 논쟁 등이 있다. 주요한 신학자로서는 클레르보의 베르나르(Bernard of Clairvaux), 안셀름, 피터 아벨라르(Peter Abelard), 피터 롬바르드(Peter Lombard), 토마스 아퀴나스, 요한 둔스 스코투스, 오캄의 윌리엄, 요한 에크하르트(John Eckhart), 그리고 요한 타울러(John Tauler) 등이 있다.

4) 동방교회 신학

중세시대 동방교회의 신학은 주로 논쟁들을 통해서 살펴볼 수 있다. 신학논쟁은 상당히 오랜 기간 동안 진행되었고, 황제들이 직접 개입하였으므로 전 제국적인 문제가 되었다. 먼저 대두된 것은 기독론 논쟁이었는데, 그것은 5세기 중반부터 시작하여 680년까지 약 2백년 이상 계속되었다. 논쟁의 핵심은 칼케돈 신조에 만족하지 못한 단성론자들과 칼케돈 지지자들 사이의 논란이었으며, 결과는 칼케돈 신조를 재확인하는 것으로 끝나게 되었다. 이 논쟁은 동로마제국 내에 단성론을 주장하면서 민족적인 기반을 가진 독립 교회들을 탄생시키는 결과를 가져오기도 하였다. 기독론 논쟁이 끝나자, 726년부터 화상파괴논쟁이 동로마제국을 휩쓸었고, 843년 동방교회 회의를 통하여 화상숭배를 정통으로 인정함으로 일단락지었다. 동방교회의 위대한 신학자 다마스쿠스의 요한(John of Damascus)은 화상숭배를 동방교회의 전통으로 세우는데 결정적인 역할을 하였다.

3. 종교개혁시대(1517-1689)

1517년 마르틴 루터(Martin Luther)에 의해 시작된 종교개혁은 서방세계를 중세에서 근대로 나아가게 하였고, 서방교회를 가톨릭과 개신교로 나누는 획기적인 사건이었다. 개신교는 다시 루터교회와 개혁교회, 그리고 재침례교회 등으로 나누어졌고, 영국에서는 또 다른 여러 신생 교단들이 나타나게 되었다. 신생교단들은 오랜 기간 신앙의 자유를 위하여 고난을 당해야 했고, 결국 1689년 영국 의회가 관용법(The Act of Toleration)을 통과시킴으로 신앙의 기본적인 자유를 얻게 되었다. 1689년은 루터로부터 시작되었던 종교개혁의 대단원이 일단 마무리된 시점이라고 볼 수 있다. 종교개혁시대에 중점적으로 연구해야 할 과제들은 다음과 같다.

1) 인문주의운동과 에라스무스

종교개혁자들의 신학에 광범위하게 영향을 끼친 인문주의 운동과 에라스무스(Erasmus)의 사상을 살펴보는 것은 개신교 신학의 배경을 이해하는데 중요한 작업이다. 특히 재침례교도들과 개혁주의에 영향을 끼친 에라스무스의 신학을 연구하는 것은 필수적이다.

2) 종교개혁자들의 신학

개신교 전통을 세운 주요한 개혁자들의 신학을 살펴보는 것은 종교개혁사상 연구에 있어 가장 중요한 과제이다. 먼저 마르틴 루터의 칭의론, 십자가 신학, 교회론, 성례론 등을 연구해야 한다. 그리고 스위스 개혁주의의 창시자인 울리히 쯔빙글리(Ulrich Zwingli)의 예정론, 율법과 복음과의 관계, 교회론 등도 살펴보아야 한다. 또한 쯔빙글리의 계승자인 하인리히 불링거(Heinrich Bullinger)의 언약신학과 재침례교도들의 독특한 교회론을 연구해야 한다. 종교개혁 신학을 집대성하였으며 개혁주의 신학을 체계화한 존 칼빈(John Calvin)의 성서론, 인간론, 구속론, 의인론, 성화론, 예정론, 교회론, 성례론 등을 살펴보아야 한다. 영국의 종교개혁 신학의 특성을 알기 위해서는 토마스 크랜머

(Thomas Cranmer)의 사상과 성공회의 신앙고백서 등을 살펴보아야 한다.

3) 가톨릭 종교개혁의 신학

종교개혁시대의 가톨릭교회는 개신교도들에 반발하여 가톨릭 전통을 강화시켰다. 그 시대의 가톨릭 신학은 트랜트공의회(1545-1563)를 통하여 집대성되었으며, 결과로 근대 가톨릭교회의 특성이 되었다. 따라서 트랜트공의회의 신학을 이해하는 것은 종교개혁 시대의 가톨릭 신학을 이해하는데 있어 가장 중요한 과제이다. 또한 그 시대에 활동한 가톨릭 신학자들의 신학도 연구해야 하며, 신학논쟁들도 살펴보아야 한다. 특히 은총, 예정, 자유의지와 관련된 논쟁에서 인간의 자유의지를 강조한 예수회 신학자 루이스 데 몰리나(Luis de Molina)의 신학을 살펴보아야 한다. 예수회는 당시에 가톨릭 신학과 정책에 주도적인 영향력을 끼친 그룹이었기 때문에 몰리나의 신학에 대한 연구는 중요한 의미를 지니고 있다. 한편 얀센주의라는 별칭을 얻기도 했던 코넬리우스 얀센니우스(Cornelius Jansenius)의 엄격한 어거스틴주의도 살펴볼 가치가 있다.

4) 개신교 정통주의 확립과정

루터와 칼빈의 종교개혁은 각각 루터교회와 개혁교회라는 개신교 교단을 형성하게 되었고, 각각의 교단은 정통주의 신학을 체계화하는 과정을 거치게 되었다. 먼저 루터교회는 루터의 신학전통을 엄격하게 지키려는 사람들과 필립 멜랑히톤의 완화된 루터주의를 지지하는 사람들 간에 논쟁이 발생되어서 루터파의 통일성이 약화되는 현상을 보였다. 이러한 이유로 인해 루터교회는 전체교회가 함께 공통적으로 믿는 신앙신조를 세우려는 노력을 기울이게 되었으며, 결국 1577년에

"협화신조"(Formula of Concord)라는 신앙고백문을 만들게 되었다. 따라서 루터교 정통주의를 알려면 협화신조까지의 신학적 논쟁들과 협화신조의 결정을 살펴봐야 한다. 루터교회 신학자들은 협화신조를 기초로 17세기에 들어서서 보다 더 정교한 루터교회 신학을 세워 나갔으며, 이로 인해 루터교 정통주의는 완성이 되었다.

개혁교회는 칼빈 사후 피터 마티 버미글리(Peter Martyr Vermigli), 제롬 잔키(Jerome Zanchi), 테오도르 베자(Theodore Beza) 등을 통하여 개혁주의 정통신학을 확립해 갔다. 특히 아르미니우스주의와의 논쟁과 관련하여 개혁교회는 도르트공의회를 통하여 자신들의 신앙을 확정지었다. 한편 영국에서는 웨스트민스터 신앙고백서가 1647에 스코틀랜드에서, 1648년에는 잉글랜드에서 받아들여지므로 개혁주의가 굳건히 자리잡아 가게 되었다.

5) 개신교 주요 교단들의 신학발전과정

영국에서 성공회를 반대했던 청교도 중의 일부는 분리파 교회들을 세우며, 개신교 내에서 다양한 교단의 시대를 열었다. 장로교, 회중교, 침례교, 독립교 등이 발생하였고, 내면적이고 영적인 신앙을 극단적으로 추구한 퀘이커 교회도 등장하였다. 이들은 1689년 관용법이 영국 의회를 통과하므로 기본적인 신앙의 자유를 획득하게 되었는데, 이들 교단들의 신학적 특성을 살펴보는 것 역시 중요한 과제이다.

4. 근·현대시대(1690-현재)

종교개혁시대를 거치면서 기독교는 로마 가톨릭, 개신교회, 그리스 정교회 등으로 구분되었고, 개신교회는 다시 여러 교단들로 나누어졌다. 근대시대는 신앙의 자유가 보다 더 보편화되었으며, 이러한 토양

위에서 개신교회들은 비약적인 발전을 이루게 되었다. 이 시대에 중점적으로 연구해야 할 주제는 다음과 같다.

1) 독일 경건주의 운동과 웨슬리 운동

17세기 독일 경건주의는 개신교단의 엄격한 정통주의에 반발하여 발생하였다. 대표적인 개신교 경건주의자들로는 필립 야콥 슈페너(Philip Jakob Spener), 아우구스트 헤르만 프랑케(August Hermann Francke), 그리고 니콜라우스 루드비히 진젠도르프(Nikolaus Ludwig Zinzendorf) 등이 있다. 경건주의 운동에 영향을 받은 존과 찰스 웨슬리(John and Charles Wesley) 형제는 성결을 강조하는 부흥운동을 일으켰으며, 그 결과 감리교회가 탄생되었다. 오늘날 개신교 내에서 가장 큰 교단들 중의 하나인 감리교회의 신학과 영성을 연구하는 것은 중요한 과제이다.

2) 합리주의 철학, 자유주의, 신정통주의

17세기부터 시작된 프랑스의 합리주의와 영국의 경험주의 철학은 이성에 대한 신뢰를 증가시켰다. 이러한 영향으로 인해 기독교를 합리적인 원리로 만들고자 하였던 이신론(Deism)이 출현하게 되었다. 그리고 19세기에 들어오면서 기독교는 프리드리히 슐라이에르마허(Friedrich Schleier macher), 알브레히트 리츨(Albrecht Ritschl) 등의 영향으로 자유주의 신학(Liberalism)을 갖게 되었으며, 20세기에는 칼 바르트(Karl Barth)가 자유주의 신학을 반대하는 신정통주의 신학(Neo-Orthodoxy)의 장을 열었는데, 이러한 신학사조들을 살펴보아야 한다.

3) 근본주의와 복음주의

자유주의 신학에 반대하여 19세기 후반부터 발생한 근본주의 신학(Fundamentalism)은 성경의 무오교리와 그리스도의 재림에 대한 믿음을 강조하였다. 근본주의의 보수주의 신학을 계승하면서도 열린 보수주의를 추구한 복음주의(Evangelicalism)도 이신칭의, 성경의 권위 등 전통적인 개신교 신학을 주장하였는데, 이러한 근본주의와 복음주의 신학의 특성을 살펴보아야 한다. 특히 20세기 후반부터 미국을 중심으로 복음주의가 다시 부흥하는 경향을 띠고 있는 점을 감안하면, 현대 기독교의 주류사상의 흐름 중 하나인 복음주의에 대한 연구는 필수적이다. 또한 근·현대시대의 로마 가톨릭교회와 동방교회의 신학도 함께 살펴보아야 한다.

III. 좀 더 생각해야 할 문제

1. 신학의 토착화 문제

기독교 사상사의 임무 중에 하나는 기독교회가 원래의 신앙을 상실하지 않았는지를 묻는 것이다. 앞의 서론에서도 언급하였지만 교리는 변화의 과정을 거쳤다. 물론 기독교 기본교리들인 창조론, 삼위일체론, 그리고 기독론 등은 초창기부터 현재까지 본질적인 변화 없이 유지되어 왔지만, 구원론이나 교회론 같은 교리들은 변화를 거쳐 왔다. 이러한 변화에는 외부적인 환경이 교리형성에 일정한 영향을 끼친 결과였다. 사실상 기독교 신학은 여러 가지 요소들에 의해서 영향을 받아 왔다. 예를 들면, 고대 교회에 있어서는 희랍철학이, 중세기에 와서는 로마의 정신이, 종교개혁시대에는 루터로 인하여 독일사상이 교리형성에 영향을 끼쳤음을 발견할 수 있다. 이러한 현상은 신학이나 교리는 토착화의 과정을 거치게 된다는 것을 보여주는 것이다. 기독교 신앙이 어느 지역에 들어갔을 때 발생되는 토착화는 자연스러운 일이라고 할 수 있다.

그런데 토착화에는 여러 문제들이 발생된다. 예를 들면, 토착화의 과정에서 발생될지 모르는 기독교 교리의 변질에 대해서 어떻게 대처해야 하는가? 혹시 기독교 신앙이 저급한 형태의 사상으로 변질되는 것은 아닐까? 기독교가 사실상 자신의 본질을 상실한 외래적인 종교가 될 수 있지 않을까? 등과 같은 우려는 발생 가능한 것들이라고 할 수 있다. 사상사는 이러한 문제들에 대해 대처하는데 상당한 공헌을 할 수 있다. 왜냐하면 사상사는 진정한 기독교적 믿음과 가르침이 무엇이었는지를 보여주려는 노력을 늘 기울이기 때문이다. 따라서 사상사는 토착화가 어느 정도까지 가능한가에 대한 안내서 역할을 할 수 있다. 또한 사상사는 기독교로 하여금 죽은 전통주의(Dead Traditionalism)에 빠지지 않으면서도, 그 나라와 지역에 복음을 보다 더 호소력 있게 전할 수 있는 교리적인 기초를 제공해 줄 수 있다. 기독교 사상사는 토착화가 진행되는 곳에서 특히 더 관심을 갖고 연구해야 할 과목이다.

2. 종교다원주의와 에큐메니컬 운동

현대는 딱딱한 교리가 호응을 받지 못하는 시대이다. 이러한 현상은 절대주의를 거부하고 상대주의 가치를 숭상하는 포스트모던 사상이 큰 위력을 발휘하고 있기 때문인 것으로 보인다. 상대주의가 발달한 현 시대에서 종교다원주의는 매력적인 대안이 될 수 있다. 사실 종교다원주의는 기독교를 이미 위협해 왔으며, 갈수록 위세를 떨칠 것으로 예상된다. 기독교사상사는 이러한 시대에 기독교 신앙의 본질에 관한 질문을 항상 묻기 때문에 기독교의 정체성을 지키는데 특별한 공헌을 할 수 있다. 사상사는 또한 상대주의 가치관이 지배하는 사회에 존재하는 여러 가지 사상들에 대해 기독교가 포용할 수 있는 한계가 어느 정도인지에 관한 통찰력도 제공해 준다.

교회연합운동(Ecumennical Movement)은 현대 기독교계의 하나의 커다란 주제이다. 교회는 원래 하나였지만 시간이 흐르면서 여러 가지 다양한 교단으로 나뉘어졌는데, 교회의 분열은 주로 교리와 신학의 차이로 인해 발생된 것이었다. 물론 창조론, 삼위일체론, 기독론 등과 같은 기본교리들은 교회들이 보편적으로 믿고 있지만, 그 외의 교리들은 분파와 교단에 따라서 다르게 믿어 왔다. 교리와 신학은 교회 공동체의 정체성을 이루는 핵심적인 요소이므로 교리와 신학의 일치가 없으면 진정한 의미에서 에큐메니컬 운동은 불가능하다고 볼 수 있다. 그러나 교회들은 전체적인 통합은 어렵더라도 부분적인 연합은 가능한데, 그것은 기독교 신학에는 서로가 공통적으로 받아들일 수 있는 부분이 있기 때문이다. 사상사는 2,000년 기독교 신학의 발전과정을 연구하기 때문에, 다양한 신학 전통들 간에 공통점과 차이점이 무엇인지에 대한 분명한 지식을 갖도록 해준다. 따라서 사상사는 교회연합운동의 정당성에 대한 판단력, 현실적이고 실현가능한 교회연합운동의 범위, 그리고 교회연합운동을 위한 방법론 등에 대한 통찰력을 제공해 줄 수 있다.

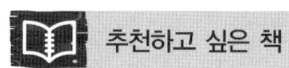 추천하고 싶은 책

1. 개론서

Bromiley, Geoffrey W. 「역사신학」. 서원모 역. 서울: 크리스챤 다이제스트, 1999. 이 책은 기독교 사상사에 관해 지식이 전혀 없는 초보자들을 위한 가장 적절한 저서 중의 하나이다. 저자는 고대부터 현대까지 시대별로 가장 중요한 신학자들을 선정하여 그들의 신학적 특성을 설명하였는데, 가급적이면 일차자료를 많이 사용하여 독자들로 하여금 신학자들의 사상을 직접적으로 파악하도록 구성하였다. 이 책은 분명하고 간략한 형태로 신학자들의 사상을 파악할 수 있게 하였고, 적절하게 일차자료를 사용한 것이 큰 장점이다. 또한 기독교 역사의 전 분야에 걸쳐서 대표적인 신학자들의 신학을 총망라한 것과 분량이 많지 않고 간략하게 서술한 점이 장점이다.

Gonzalez, Justo L. 「기독교 사상사 I, II, III」. 이형기, 차종순 역. 서울: 한국장로교출판사, 1988. 고대부터 근대까지 기독교 사상의 흐름을 연대기적인 순서로 설명하였다. 이 책의 수준은 신학의 각 분야를 본격적으로 공부해야 하는 신학생들의 기독교 사상사에 대한 입문서 정도이지만, 중요한 신학자들의 신학과 교리논쟁들에 대하여 자세히 잘 설명되어 있어서 기독교 사상에 대한 기본적인 지식을 충분히 쌓을 수 있는 책이다. 연대기적인 배열은 독자들로 하여금 기독교 사상의 발전과정을 이해하는데 있어서 각 시대별로 꼭 알아야 할 부분을 인식하도록 해 주는 장점이 있다. 이 책의 단점은 근대와 현대 시대의 기독교 사상에 대한 설명이 부족하다는 점이다.

_____. 「그 세 가지 신학의 유형으로 살펴본 기독교 사상사」. 이후정 역. 서울: 컨콜디아사, 1992. 곤잘레스는 이 책에서 기독교 사상을 크게 세 가지 유형의 전통으로 나누고, 각 전통이 신학주제들에 대하여 어떠한 입장을 가져

왔는지를 설명해 주었다. 이것은 기독교 사상사 연구에서 매우 독창적인 연구방법이다. 이 책은 개괄적인 설명보다는 기독교 사상을 보는 안목을 갖게 해 주는 장점을 지니고 있으며 책의 난이도는 중간 정도이다.

Lohse, Bernhard.「기독교 교리사: 각 시대별로 본 입장」. 구영철 역. 서울: 컨콜디아사, 1998. 로제는 시대별로 가장 중요하고도 논쟁이 많았던 신학적 주제들을 쉬운 언어로 잘 설명해주었다. 이 책은 교리의 성격에 대한 일반적인 내용을 다룬 서론에서부터 최근의 교회연합운동 사상까지 간결하게 잘 설명해주었다. 짧은 시간에 중요한 교리의 발전과정을 일목요연하게 볼 수 있는 매우 유용한 책이다.

Neve, J. L. and Heick, O. W.「기독교 교리사」. 서남동 역. 서울: 대한기독교서회, 1992. 니브와 헤이크는 고대부터 종교개혁시대까지 기독교 사상의 발전과정을 쉬운 언어로 설명하여 주었다. 이 책은 전형적인 개론서로서 각 시대별로 다루어야 할 내용들을 간략한 형태로 요약하여 설명하였으며, 일차자료의 사용도 적절한 수준이다. 또한 저자들이 일차자료를 잘 해석하여 독자들로 하여금 쉽게 이해하도록 도움을 주었다.

Clendenin, Daniel B.「동방 정교회 신학」. 주승민 역. 서울: 도서출판 은성, 1997.
_____.「동방 정교회 개론」. 김도년 역. 서울: 도서출판 은성, 1996. 가톨릭, 개신교와 더불어 기독교의 한 축인 동방교회의 신학에 관한 개론서들로서 정교회 신학의 중요한 주제들에 대해 잘 설명해 주고 있다. 신론, 성례전, 성상과 성화, 성서와 전승, 구원론 그리고 부정의 신학과 삼위일체론 등에 관하여 그 분야의 대표적인 동방 정교회 신학자들의 논문들을 수록하고 있다. 동방 교회의 역사와 전통 그리고 신학을 이해하는데 매우 유익하며, 개신교도들에게는 잊혀진 기독교의 전통의 한 분야를 보여주는 저서이다.

Frank, Karl Suso.「기독교 수도원의 역사」. 최형걸 역. 서울: 도서출판 은성, 1997. 사상사는 아니며 역사이지만 기독교 사상사의 중요한 한 분야인 기독교 영성의 발전과정을 연구하는데 있어서 매우 유용한 책이다. 수도원 운동은 기독교 영성의 대표적인 위치를 차지해 왔기 때문에 수도원의 역사에 대한 이해는 기독교 사상사 연구에 있어서 필수적이다.

2. 고대시대

Campenhausen, Hans Freiherr von.「희랍 교부 연구」. 김광식 역. 서울: 대한기독교출판사, 1977.
_____.「라틴 교부 연구」. 김광식 역. 서울: 대한기독교출판사, 1979.
캄펜하우젠은 위의 두 권의 책을 통하여 고대시대의 대표적인 동·서방 교부들의 개괄적인 전기를 간략한 형식으로 제시하였다. 각각의 교부들의 사상의 가장 핵심적인 부분을 쉬운 언어로 설명하고 있으므로 초보자들을 위한 교부학 입문서로 사용하기 적합하다.

Kelly, J. N. D.「고대기독교 교리사」. 김광식 역. 서울: 도서출판 한글, 1980. 고대시대 교리사의 기본서의 위치를 점하고 있는 책으로서, 성서론부터 종말론까지 각 조직신학의 주제들을 고대교회가 어떻게 이해하고 발전시켰는지를 보여주고 있다. 이 책은 기본적으로는 대표적인 신학자들이 신학주제들을 어떻게 이해하였는지를 살펴보았지만, 연대기적인 측면도 함께 고려하였다. 방대한 원자료를 사용하였고, 자료들을 그대로 인용하기보다는 저자가 자료를 분석하고 해석하는 방법을 취하였으나 객관성을 유지한 역작이다.

Pelikan, Jaroslav.「고대교회 교리사」. 박종숙 역. 서울: 크리스챤 다이제스트, 1995. 펠리칸은 기독교 초기부터 600년까지의 기독교 교리의 역사를 신학적 주제별로 다루었다. 이 책의 특성은 각 주제와 관련 있는 여러 신학자들의 저작물 즉, 일차자료를 다양하고 풍부하게 사용하되 꼭 필요한 부분만을 직접 언급하는 형식을 취하였다. 따라서 독자로 하여금 지루한 감을 주지 않고 다루고 있는 주제에 대해서 속도감 있게 파악하게 한다. 이 책은 초보자를 위한 것이 아니고, 교리사에 대해 어느 정도 사전지식이 있는 사람이 읽어야 제대로 이해할 수 있다.

3. 중세시대

Seeberg, Reinhold. 「기독교 교리사: 중·근세편」. 김영배 역. 서울: 도서출판 엠마오, 1985. 개신교 신학자인 제베르그는 중세기와 종교개혁기의 가톨릭과 개신교 신학의 발전과정을 설명하였다. 이 책의 특성은 가급적 많은 일차자료를 분석하고 책의 본문에 그대로 기록하려고 노력하였다는 점이다. 따라서 독자들은 당시 신학자들의 믿음과 생각을 생생하게 전달받을 수 있다. 이 책은 또한 복잡한 중세신학을 쉬운 언어로 설명하고 있는데, 중세기 사상사의 입문서로 매우 적절하다고 여겨진다.

이나가키 료오스케. 「토마스 아퀴나스」. 정종휴, 정종표 역. 서울: 도서출판 새남, 1995. 도미니쿠스 수도회뿐만 아니라 중세시대를 대표하는 신학자이며, 스콜라 신학의 집대성자인 토마스 아퀴나스의 생애와 사상을 다룬 전기로서 매우 쉬운 언어로 설명해 주고 있다. 따라서 초보자에게 매우 적합한 책이다. 토마스와 동시대의 인물들이 토마스에 관해 쓴 저작들을 참고하고, 적절히 일차자료를 사용하여 균형 있으며, 흥미롭게 아퀴나스에 대해 말해 주고 있다.

Celano, Thomas. 「아씨시의 성 프란체스코의 생애」. 프란치스꼬회 한국관구 편. 왜관: 분도출판사, 1986. 프란체스코 수도회의 창시자이자 중세 가톨릭 영성을 대표하는 아씨시의 프란체스코의 전기이다. 저자 첼라노는 프란체스코와 동시대 인물로서 수도회의 일원이었으며 프란체스코의 최초의 전기 작가였다. 이 책은 공인된 전기서라고 볼 수 있는데, 프란체스코의 생애뿐만 아니라 프란체스코 수도회의 모습에 대해서도 자세히 기록되어 있어서 중세 가톨릭 영성과 신학에 엄청난 영향을 끼친 종단을 이해하는데 매우 유익하다.

Riche, Pierre. 「최후의 교부 성 베르나르도」. 고봉선 역. 서울: 성바오로출판사, 1992. 중세 가톨릭의 대표적인 신비주의 신학자 클레르보의 베르나르도에 관한 전기이다. 이 책은 베르나르도의 생애에 대한 간략한 서술과, 그의 작품들 중 일부 내용을 발췌하여 인용한 부분으로 구성되어 있다. 이 책은 시토 수도원들의 생생한 모습을 보여주며, 12세기 가톨릭 신학과 영성을 이끈 베르나르도의 생애와 신학에 대해 쉬운 언어로 설명되어 있어서 초보자들에게 특히 유익하다.

4. 종교개혁시대

McGrath, Alister E. 「종교개혁사상 입문」. 박종순 역. 서울: 성광문화사, 1992. 맥그레스는 종교개혁신학의 특성을 포괄적으로 이해할 수 있도록 신학의 내용뿐만 아니라, 개신교 신학형성의 신학적·사회적 배경도 함께 분석하였다. 중세후기 교회와 사회의 상태, 인문주의, 그리고 스콜라주의와 같은 종교개혁사상을 이해하는데 필요한 기초적인 배경들을 먼저 다루었다. 그리고 은총론, 성서론, 교회와 성례론, 교회와 국가의 관계 등과 같은 종교개혁신학의 핵심적인 주제들에 관하여 설명하였다.

Althaus, Paul. 「루터의 신학」. 이형기 역. 서울: 크리스챤 다이제스트, 1994.
루터의 신학의 특성을 낱낱이 분석하고 쉬운 언어로 표현하여 루터의 신학에 대한 입문서로서 적절하다. 이 책의 특징은 간혹 아주 제한적으로 2차 자료를 참조하기도 하였지만, 거의 1차 자료만 사용하여 루터의 신학을 분석하였다는 점이다. 이 책은 루터 신학의 전 분야를 빠지는 부분이 없이 거의 다 다루었기 때문에, 루터 신학을 연구하려는 초보자들에게 매우 적절하다.

Lohse, Bernhard. 「마틴 루터의 신학: 역사적, 조직신학적 연구」. 정병식 역. 서울: 한국신학연구소, 2002. 루터의 신학을 통합적으로 이해하기 위한 목적으로 저자는 루터의 신학적 특성에 대한 분석뿐만 아니라, 루터의 신학적 발전과정과 당시의 교회와 신학의 상황 등도 함께 다루었다. 즉 역사적 연구와 조직신학적 연구를 함께 사용하여, 루터의 신학을 보다 더 포괄적이고 객관적으로 이해할 수 있게 하였다. 주로 1차 자료를 분석하였지만, 2차 자료 역시 적절하게 사용하여 객관성을 갖춘 좋은 책이다.

Niesel, Wilhelm. 「칼빈의 신학사상」. 기독교 학술연구원 역. 서울: 기독교문화사, 1997. 존 칼빈의 신학적 특성을 주제별로 나누어서 쉬운 언어로 설명하여 준 개론서로서 특히 초보자에게 적절한 책이다. 이 책의 특성은 신학주제들에 대해서 칼빈이 중요시 했던 문제점이나 생각이 무엇이었는지에 대해서 살펴보고자 애썼다는 점이다.

McNeill, John T. 「칼빈주의 역사와 성격」. 양낙흥 역. 서울: 크리스챤 다이제스트, 1990. 칼빈주의 신학의 발전과정을 역사적인 관점에서 분석한 역작이다. 16세기 스위스 개혁주의 운동부터 칼빈의 생애와 신학, 그리고 현대시대까지 칼빈주의의 세계적인 발전과정을 한 눈에 볼 수 있는 칼빈주의 운동에 대한 안내서이다. 이 책은 4부로 구성되어 있는데, 1부는 개혁주의 신학의 출발이라고 할 수 있는 스위스 종교개혁을, 2부는 칼빈의 종교개혁 활동과 신학, 3부에서는 유럽과 미국에서의 칼빈주의 발전과정을, 그리고 4부에서는 근·현대 시대의 칼빈주의 모습을 다루었다.

5. 근·현대시대

Grenz, Stanley J. & Roger E. Olson. 「20세기 신학」. 신재구 역. 서울: 한국기독학생회출판부, 1997. 19세기 후반부터 20세기까지 주요한 기독교 신학의 사조들을 이끌었던 사상가들의 신학을 하나님의 초월성과 내재성이라는 해석학적 도구를 사용하여 분석하였다. 자유주의, 신정통주의, 과정신학, 해방신학, 현대 가톨릭 신학, 설화신학, 복음주의 신학 등의 신학사조들과 주도적인 신학자들 즉, 프리드리히 슐라이에르 마흐, 알브레히트 리츨, 칼 바르트, 에밀 부르너, 루돌프 불트만, 라인홀드 니버, 폴 틸리히, 디트리히 본회퍼, 위르겐 몰트만, 볼트하르트 판넨베르그, 칼 라너, 한스 큉, 칼 헨리, 버나드 램 등의 신학을 쉬운 언어를 사용하여 분석한 개론서이다.

Bloesch, Donald G. 「복음주의 신학의 정수 I, II.」. 이형기, 이수영 역. 서울: 한국장로교출판사, 1993. 미국의 대표적인 복음주의 신학자 중의 한 사람인 도날드 블러쉬는 각각의 신학주제들에 관하여 복음주의가 믿고 있는 바가 무엇인지를 일목요연하게 설명해 주고 있다. 복음주의 신학이 정확하게 무엇을 의미하며, 어떤 것을 믿는지에 관하여 보다 더 명확하게 정의하려고 시도하였음으로 복음주의 신학을 이해하고자 하는 사람들에게 개론서로서 매우 적합하다.

Marsden, George M. 「근본주의와 미국문화」. 박용규 역. 서울: 생명의말씀사, 1997. 19세기 후반부터 발생하고 20세기 초에 강력한 세력을 형성한 미국 근본주의 운동에 대하여 신학적·사회적 특성과 배경을 분석한 책이다. Earnest R. Sandeen, *The Roots of Fundamentalism: British and American Millenarianism 1800-1930* (Chicago: The University of Chicago Press, 1970)는 주로 미국 근본주의의 신학적 뿌리와 발전과정을 기술하였다. 따라서 이 두 책을 함께 읽으면 미국 근본주의 운동의 신앙적 동기와 사회적 배경을 이해할 수 있다.

제9장

침례교회사

역사신학 교수 | 김승진
sjkim@kbtus.ac.kr

I. 들어가는 말

　신학(神學, Theology)이란 신(神), 즉 하나님에 관한 학문이다. 성경에 계시되어 있는 하나님과 그 분의 성품과 활동, 그리고 인간들을 향해 가지고 계신 그 분의 뜻, 특히 타락해서 잃어버려진 상태에 있는 인간들을 찾아 구원하고자 하시는 그 분의 뜻에 관하여 공부하는 학문이다. 하나님에 관해 공부하고자 할 때 다양한 접근방법들이 가능한데, 그 중의 하나가 역사적 접근이다. 교회역사를 통해서 하나님께서 교회와 하나님의 백성들을 어떻게 다루어 오셨는지를 살핌으로써 그 분을 더 잘 알아가는 방법이다. 제한된 이성과 사고를 가진 인간이 하나님과 그 분의 뜻을 전부 그리고 완전히 알 수는 없는 것이 사실이다. 그래서 하나님과 그 분의 역사하심에는 신비스러움(Mystery)이 있다.

그렇지만 우리 각자에게는 하나님께서 허락하신 이성과 사고할 수 있는 능력이 주어져 있다. 신학이 학문이라면 어떤 체계를 형성해야 하는데, 그러한 신학적 체계를 형성하는 것이 신학 작업이다. 그리고 신학 작업에는 인간의 이성을 총동원해야 하는데, 세상 학문과 다른 점은 하나님의 도우심과 성령의 인도하심을 받아야 한다는 점이다. 역사신학/교회사는 2,000여 년의 기독교 역사 속에서 하나님께서 어떻게 활동해 오셨는가를 성령의 도우심을 통해 그리고 우리 인간의 이성을 활용하여 살펴봄으로써, 하나님 자신과 교회와 하나님의 백성을 향해 가지신 그 분의 뜻을 공부하는 학문분야이다. 간단히 말해서 역사적인 접근을 통해 하나님을 알아 가는 학문분야인 것이다.

역사를 한 마디로 정의하기는 쉬운 일이 아니지만, 필자는 과거의 사실들(Facts)과 그 사실들에 대한 해석(Interpretation)이라고 말하고 싶다. 사실들이 매우 중요한 것을 부인할 수는 없지만 사실들을 단순히 나열만 했다고 해서 그것을 역사라고 말하지는 않는다. 그것은 연대기(Chronicle) 혹은 연표일 뿐이다. 과거의 사실들에 대한 적절한 해석이 깃들여져야 비로소 의미 있는 역사가 되는 것이다. 그런데 해석이 신빙성 있는 사실들에 근거하지 않은 채 이루어진다면 그러한 해석 역시 엄밀한 의미에서 올바른 역사라고 말할 수 없다. 그것은 신화(Mythology)이거나 역사 소설(Historical Fiction)일뿐이다. 이렇게 볼 때 사실들의 신빙성(Credibility)과 정확성(Accuracy), 그리고 그 사실들에 대한 해석의 공정성(Impartiality)과 객관성(Objectivity)은 역사서술에 있어서 매우 중요한 요소라 말할 수 있다.

침례교회사는 세계침례교회의 역사 속에서 하나님께서 침례교회와 침례교인들을 어떻게 다루어 오셨는가를 살펴보는 과목이다. 그러나 시간의 제약 상 세계 모든 민족의 침례교회들의 역사를 다룰 수는 없는 것이고, 단지 영국과 미국 그리고 우리나라의 침례교회 역사를 다루게 된다. 덧붙여 침례교회란 무엇이며 침례교 신앙의 특징이 무엇인지도 살펴보게 된다.

필자의 강의계획서에 언급되어 있는 침례교회사 과목설명은 다음과 같다:

> "본 과목은 침례교회의 형성, 성장, 발전의 과정을 역사적으로 조망하는 개론과목(Survey Course)이다. 본 과목은 주로 영국의 일반침례교회와 특수침례교회의 형성과 성장, 미국에서의 침례교회의 정착과 발전, 침례교의 남북 분열과 그 전개, 그리고 미남침례교 총회의 주요기구와 사역 등을 다룬다. 끝으로 한국 침례교의 전신인 동아기독교의 역사와 미남침례교와의 제휴, 교단의 분열과 합병, 그리고 한국 침례교의 성장과 발전 등에 관해 공부한다."

II. 침례교회의 특징

1. 국가교회와 자유교회

침례교회의 역사를 다루기 전에 침례교회란 무엇이며 침례교 신앙의 특징은 무엇인지를 먼저 살펴본다. 2,000여 년의 교회역사 속에서 형성된 국가교회(State Church) 혹은 교구교회(Parish Church)의 개념과 자유교회(Free Church) 혹은 신자들의 교회(Believers' Church)의 개념을 상호 비교하면서, 침례교회는 자유교회의 전통 속에 있는 대표적인 교회임을 밝힌다.

2. 침례교 신앙의 특징

기독교에는 통일성(Unity)과 함께 다양성(Diversity)이 있다. 모든 건강한 교회들과 그리스도인들은 그리스도 안에서 하나이면서 동시에 이 지상에서는 다양하게 각 교파와 각 교회가 독특한 특징을 가지고 있는 현실을 이해하여야 한다. 통일성의 가치와 함께 침례교신앙이 다른 교파 교회들의 신앙과 어떻게 다른지, 그리고 침례교 신앙이 특별히 강조하는 특징이 무엇인지를 공부한다. 필자는 침례교인들은 다음과 같은 신앙을 주요 특징으로 가지고 있다고 생각한다.

＊침례교인들은 성경 66권을 최종적이며 유일한 권위라고 믿는다. 교리나 전통이나 헌법이나 탁월한 지도자의 신학적인 체계 등이 성경의 권위를 대신할 수 없다고 믿는다. 침례교인들은 인간들이 만들어낸 신조들(Creeds)을 배격하며, 일정한 시대에 일정한 지역에서 한시적으로 유효한 신앙고백들(Confessions)을 만들어 왔다. 침례교인들은 "그 책의 사람들"(People of THE BOOK)이다.

＊침례교인들은 구원은 오직 회개하고 예수를 믿음으로써 받게 된다고 믿는다. 여기서 "믿음"이란 나의 모든 죄를 담당하시고 나를 대신하여 십자가에서 못 박혀 돌아가시고 3일 만에 부활하여 다시 살아나신 예수 그리스도를 나의 마음 속에 "나의 구주요 나의 주님으로"(My Savior AND My Lord) 모셔 들이는(Receive) 것을 의미하고 그 분께 나의 인생을 전폭적으로 맡기는(Trust) 것을 의미한다.

＊침례교인들은 교회(Church)란 교회당(Church Building)과 구별되며, 예수 그리스도를 믿는 신자들의 공동체라고 믿는다. 신앙고백을 할 수 없는 불신자들이나 유아들에게 침례를 베풀어서는 안 되고 오직 신자들에게만 베풀어야 한다고 믿는다(신자의 뱁티즘, Believer's Baptism). 침례교인들은 교회는 그리스도로 말미암아 거듭난 신자들로

교회회원을 삼아야 한다고 믿는다(Regenerate Church Membership).

＊침례교인들은 "죽음과 장사와 부활"(Death and Burial and Resurrection)을 상징하는 성서적인 뱁티즘의 방식인 침수례(Immersion)에 의한 침례를 베풀어야 하며, 주의 만찬(Lord's Supper)도 상징적인 의미로 예수 그리스도의 십자가 죽음을 기념하는 의미로 베풀어야 한다고 믿는다. 따라서 신앙고백에 근거한 신자의 뱁티즘을 받은 자들에게 주의 만찬의 떡과 잔을 베풀어야 한다고 믿는다.

＊침례교인들은 교회와 국가는 분리되어야 한다고 믿는다. 다른 말로 하면 세속권력과 결탁된 시교회(City Church)나 국가교회(State Church)를 배격한다. 교회는 세속권력과 무관한 예수 믿는 신자들의 영적인 공동체(Spiritual Body of Believers in Christ)여야 한다고 믿는다. 침례교인들은 세속권력과 교회가 결탁을 선언했던 313년의 밀라노 칙령 이전의 교회 즉 신약성서적인 교회(New Testament Church)를 이상으로 한다.

＊침례교인들은 교회에는 우주적 교회(Universal Church)와 지역교회(Local Church)가 있는데, 각 지역교회는 독립성(Independence)과 자치권(Autonomy)을 가진다고 믿는다. 교제와 협력을 위하여 지방회와 총회가 필요하다고는 여기지만, 이러한 기관들이 지역교회 위에 군림하여 지역교회의 문제에 개입하거나 간섭하거나 치리하거나 권력을 행사해서는 안 된다고 믿는다. 지방회나 총회 차원의 사업에 동참하는 것은 강요나 강제의 방법에 의해서가 아니라 지역교회들의 자발적인 참여(Voluntary Participation)의 방법에 의해 이루어져야 한다고 믿는다.

＊침례교인들은 모든 신자들의 제사장직분(Priesthood of All Believers)

의 원리를 믿는다. 제사장은 하나님과 백성 사이에 "다리를 놓는 자"(Bridge-builder)다. 오늘날 이 원리는 모든 교회회원들이 성령님의 인도를 받고 담임목사님의 지도를 받아 교회의 목회사역에 기꺼이 자발적으로 동참하는 것을 의미한다. 모든 교회회원들은 예수 그리스도의 주님 되심을 믿고 따르되, 책임감과 주인의식을 가지고 담임목사의 목회를 적극적으로 돕는 사역자들이 되어야 한다.

＊침례교인들은 지역교회의 정치와 행정은 "그리스도 중심적인 민주적 회중주의"(Christ-centered Democratic Congregationalism)의 원칙에 따라야 한다고 믿는다. 사람들만의 다수결에 의한 결정이 아니라 교회의 머리되시는 예수 그리스도를 중심으로 교회회원들이 성령님의 인도하심을 받으며 하나님의 참 뜻을 찾기 위해 기도하며 결정하고 운영해야 한다고 믿는다. 침례교인들은 외부기관들, 예를 들면 국가나, 시나, 다른 교회나, 기독교단체나, 심지어 교단 내의 지방회나 총회의 간섭을 받지 않고, 오직 교회의 주인 되시는 예수 그리스도만을 바라보며 자신의 지역교회 문제를 자율적으로 결정하고(self decision-making) 운영해야 한다고 믿는다. 하나님이 통치하시는 신적인 민주주의(Theo-democraticism)에 의해 교회는 운영되어야 한다고 믿는다.

＊침례교인들은 중생하기(거듭나기) 위해서는 "개인적으로" 예수 그리스도를 만나는 체험을 해야 함과 동시에, 성화되기 위해서는 교회를 통하여 "공동체적으로" 성령님의 인도하심에 순종해야 한다고 믿는다. 침례교인들은 예수 그리스도의 복음을 들었을 때 성령님의 감동을 통해서 최소한 "예" 혹은 "아니오"라고 반응할 수 있는 능력(ability to respond)이 있다고 믿는다. 이를 "영혼의 유능성"(Competency of the Soul)이라고 말한다.

＊침례교인들은 주일학교와 성경공부반을 통한 새신자의 양육과 제자훈련의 중요성을 인식하고 실천해야 한다고 믿는다. 무엇보다도 성령충만함을 사모하며 부지런히 기도에 힘써야 한다고 믿는다.

＊침례교인들은 영혼구원(전도)과 선교를 교회가 감당해야 할 가장 우선적이고 긴박한 사명이라고 믿는다. "근대선교운동의 아버지"라는 별명을 가진 윌리엄 캐리가 영국침례교 목사였다는 사실을 인식하고 국내외의 잃어버려진 영혼들을 예수 그리스도께 인도하는 사역에 전력을 기한다. 침례교인들은 "너희는 가서 모든 민족을 제자로 삼으라"는 예수님의 유언을 매우 심각하게 받아들이고 실천하는 사람들이다.

III. 영국침례교회사

1. 침례교회의 기원

침례교회는 언제부터, 누구에 의해 시작되었는가? 침례교회는 예수님이 열두 제자들을 부르시고 그들에게 침례를 베푸심으로 세워졌고 그렇게 베풀었던 침례가 오랜 세월 동안 현재까지 지속되어 왔다(Succession of Immersion)고 믿는 것이 "침례교회 전승설"(Baptist Church Successionist Theory)이다. 이 학설에 의하면 침례교회는 종교개혁 시대 이전에도 존재했었기 때문에 프로테스탄트(개신교) 교회라고 볼 수 없다고 주장하기도 한다. 침례교회 내에서 20세기 초까지도 정설로 통했던 이 학설의 문제점에 대해서 살펴본다.

최근 들어 근원적 종교개혁(Radical Reformation)의 역사에 관한 관심이 고조되면서 유럽대륙의 아나뱁티스트들(Anabaptists)이 침례교회의 직접적인 조상들이라는 주장이 제기되기도 하는데, 이것이 "아나뱁티스트 영혈설"(Anabaptist Spiritual Kinship Theory) 혹은 "아나뱁티스트 영향설"(Anabaptist Influence Theory)이다. 이 학설이 설득력을 가지기 시작한 배경을 살펴보고 동시에 이 학설의 한계에 대해서 공부한다.

침례교회는 영국의 국교회로부터 분리되어 나온 넓은 의미의 청교도들 가운데 좌파, 즉 영국분리주의자들(English Separatists)로부터 연유했다고 하는 주장이 있는데, 이것이 "영국분리주의자 후예설"(English Separatist Descent Theory)이다. 이러한 학설을 주장하는 대표적인 학자들은 누구이며 그들의 주장의 근거는 무엇인지 살펴본다.

2. 영국의 일반침례교회와 특수침례교회의 기원

영국 분리주의자들의 한 교회였던 게인즈보로 교회(Gainsborough Church)의 한 무리가 핍박을 피해서 네델란드로 이주하게 된 경위와 그 곳에서 네델란드 아나뱁티스트들의 일파인 워터랜더파(The Waterlanders)와 접촉하게 된 사실, 1609년에 존 스마이드(John Smyth) 목사가 신자의 뱁티즘에 근거하여 최초의 일반침례교회(General Baptist Church)를 창립한 과정, 그리고 1611년 토마스 헬위스(Thomas Helwys)와 그 추종자들이 영국 런던으로 귀환한 내용과 그들이 핍박 속에서도 종교의 자유를 위해 투쟁하며 교회를 세워 나갔던 역사를 공부한다.

또 다른 영국 분리주의자들의 한 교회였던 JLJ 교회에서 유아세례가 비성서적임을 주장하며 뛰쳐나온 존 스필스버리(John Spilsbury)와 그 추종자들이 1638년경 칼빈주의적인 구원관인 제한속죄설(특수속죄설)에 입각하여 특수침례교회(Particular Baptist Church)를 창립했던 경위를 공부한다. 일반침례교회와 특수침례교회의 성장 발전의 역사를 살펴본다. 특히 그 당시 발표되었던 여러 신앙고백들을 통해서 그들이 주장했던 신앙의 강조점들이 무엇이었는지 공부한다.

3. 영국침례교회의 영적인 침체와 부흥을 위한 노력

1689년에 영국에서 소극적인 의미의 신교자유령인 "용인법"(Toleration Act)이 공포되기까지, 침례교회들이 핍박을 받으며 고난 속에서 영적인 활력과 순교적인 신앙을 고수하고 있었다. 그런데 용인법 이후 18세기 초에 영국침례교회는 신학적인 극단화 현상이 일어나면서 영적인 침체를 경험하게 되었다.

일반침례교회는 신학적인 자유주의로 말미암아 예수 그리스도의 신성을 경시하였고 속죄에 대해 보편구원설(Universalism)의 신앙을 받아들였다. 다른 한편 특수침례교회에서는 칼빈주의 신앙의 극단화, 즉 고등칼빈주의(Hyper-calvinism) 신앙이 지배하면서 인간의 자유의지와 하나님의 계시에 대한 인간의 자발적이고 자유스러운 반응이 무시되게 되었다. 전자의 경우에는 예수 그리스도의 십자가 구속의 의미가 쇠퇴되었고, 후자의 경우에는 도덕폐기율 혹은 운명론적인 신앙이 지배하게 되었다.

이러한 영적인 침체에 대한 반작용으로서 일반침례교회에서는 댄 테일러(Dan Taylor)와 같은 인물이 등장하여 영적인 부흥운동을 주도하였고, 특수침례교회에서는 아브라함 부스(Abraham Booth), 로버트 홀(Robert Hall), 앤드류 풀러(Sr. Andrew Fuller) 등과 같은 인물이 등장하여 복음적인 칼빈주의 신앙운동을 일으켰다. 결국 윌리엄 캐리(William Carey)가 인도선교사로 자원하면서 근대선교운동을 창도하였던 과정을 살펴본다.

1813년에 영국 특수침례교회는 조직을 재정비하여 "침례교연맹"(Baptist Union)이라는 이름으로 교단을 창단하였고 1891년에는 일반침례교회들을 흡수 합병하여 영국 내에서 단일의 침례교총회를 형성하였는데, 그 과정에 대해 살펴본다. 특히 1905년에 영국 런던에서 결성된 "침례교세계연맹"(Baptist World Alliance)이 창립된 경위는 어떠했는지, 그 기구가 전 세계 침례교인들을 어떻게 결속시키고 있으며 어떤 사역을 감당하고 있는지, 그리고 이 기구와 기독교한국침례회는 어떤 관계를 맺고 있는지 등에 관해 살펴본다.

IV. 미국침례교회사

1. 미국침례교회의 태동

1620년경 미국 뉴잉글랜드 지역에 정착했던 영국의 청교도들의 신앙적 성격, 그들이 신대륙에 세웠던 회중교회(Congregational Church)와 메사추세츠만 식민정부(Massachusetts Bay Colony)와의 관계를 살펴보고, 정교일치의 신정정치(Theocracy)에 반발했던 로저 윌리암즈(Roger Williams)의 생애와 신앙적인 확신 등을 공부한다. 그가 로드 아일랜드 주의 프라비던스(Providence, RI)에 세웠던 최초의 침례교회에 대해 살펴본다. 그리고 1600년대에 미국 동해안의 중부지방과 남부지방에 침례교회들이 세워진 과정에 대해 공부한다.

2. 제1차 대각성운동과 침례교회의 확산

18세기 초 신대륙이 영국의 식민지로 있었을 당시에 일어났던 최초의 대각성운동의 배경과 과정, 주요인물들을 살펴보고 그것이 미국민들의 자유와 독립을 향한 각성에 어떤 영향을 끼쳤는지 그리고 침례교회의 개척과 확산에 어떻게 기여했는지를 공부한다. 특히 당시 노스

캐롤라이나(North Carolina)를 비롯한 남부지방에서 교회개척과 서부 개척지역에 선교의 불을 당겼던 분리침례교회(Separate Baptist churches)의 영적 부흥에 관해 살펴보고 그들의 신앙적인 특징에 관해 공부한다. 미국의 독립 직후에 침례교인들이 신앙과 종교의 자유를 위한 헌법적인 보장(1789년의 연방헌법과 1791년의 제1차 수정헌법)을 확보하기 위해 어떤 노력을 경주했는지에 대해 공부한다.

3. 침례교 전국총회의 결성과 침례교의 남북 분열

침례교선교협회(Baptist Missionary Society)로부터 인도로 파송을 받은 영국 침례교 선교사 윌리엄 캐리의 활발한 선교활동이 미국 기독교계에 알려지면서, 미국의 침례교회들도 세계선교를 향한 눈을 뜨게 되었다. 결국 1814년에 해외선교를 최우선적인 목적으로 미국 최초의 침례교 전국총회인 "일반선교총회"(General Missionary Convention)가 필라델피아에서 결성되었다. 당시 조직방법을 놓고 북부지역 침례교인들이 선호했던 협회체제(Society System)와 남부지역 침례교인들이 선호했던 총회체제(Convention System) 사이에 갈등이 있었는데, 결국 양자 사이에 적절한 타협을 이루면서 전국총회를 결성하였다. 양 체제의 정의와 강조점 그리고 장단점 등에 관해 살펴 본다.

또한 19세기에 들어오면서 미국 사회에 노예제도(Slavery)를 놓고 남북 간에 격렬한 논쟁이 일고 있었는데, 결국 노예제도를 옹호했던 남부지역의 교회들과 노예제도의 철폐를 주장했던 북부지역의 교회들이 거의 모든 개신교단들에서 대립하게 되었다. 특히 미국침례교회의 남북 분열의 배경과 원인 그리고 그 과정에 관해서 공부하고, 남북전쟁(Civil War) 이후에 북부와 남부의 침례교회들이 각각의 피폐한 상황으로부터 어떻게 위기를 극복해 나갔는지에 대해 공부한다.

4. 북침례교회와 남침례교회의 전개

미국 침례교회의 남북분열은 오늘날까지도 고착이 되어 있다. 북침례교회는 신학적으로 자유주의로 기울게 되었는데, 그 이유는 북부지방에는 다양한 배경을 가진 이민자들이 유럽으로부터 대량 유입되었고 북부지방의 주요 도시들에서는 산업화가 이루어져서 노동인구가 급증하게 되었으며, 따라서 대도시의 중심부에는 빈민들이 우거하는 등 각종 사회문제들이 야기되었다. 북부지역의 침례교회들은 산업화와 도시화로 인한 현실적인 사회문제들에 대해 목회적인 대응을 할 필요가 대두하였는데, 월터 라우센부쉬(Walter Rauschenbusch)와 같은 침례교 목사/신학자에 의해 사회복음운동(Social Gospel Movement)이 일어났다.

또 20세기 초에는 북부지역에서 근본주의(Fundamentalism) 운동과 자유주의(Liberalism) 운동 간의 신학적 갈등이 첨예화되었는데, 당시에는 자유주의적인 노선이 근본주의를 누르고 교단을 장악되게 된 배경에 대해 공부한다. 그리고 북침례교회는 총회 명칭을 여러 차례 변경하면서 총회의 정체성을 수정해 갔는데 그 내용을 살펴보고, 오늘날 교단 내의 주요 기구들과 교단 신학교들에 대해 공부한다.

남부지역의 침례교회는 복음적인 신앙으로 부흥회식의 전도방법을 통하여 교인들의 수적인 증가를 도모하였고, 특히 남부지방에서는 해방된 흑인노예들의 영적 현실적 필요에 대해 어떻게 적절한 목회적 대응을 했는지 살펴본다. 특히 20세기에 들어오면서 남침례교는 급속한 부흥을 이루어 세계최대의 개신교 교단으로 우뚝 서게 되었다. 이러한 급성장의 주요 요인으로 협동 프로그램(Cooperative Program, 1925년) 제도의 창안과 실행을 들 수 있겠는데, 이 제도의 기원과 발전 그리고 탁월한 성과에 대해 공부하며, 이 제도를 한국 침례교회의 목회현실에 어떻게 적용할 것인지 그 방안에 대해서도 모색한다.

동시에 1979년 이후 미남침례교 총회 내의 근본주의적 보수주의 운동(Fundamentalistic Conservative Movement)의 추이를 살펴보고 그 운동의 장단점에 대해서 공부하면서 한국 침례교 신앙의 정체성을 정립하는 데 도움을 얻는다. 마지막으로 미남침례교 총회 내의 주요 기구들을 살펴보며 각 기구의 고유한 사역과 역할에 대해 공부한다.

V. 한국침례교회사

1. 한국침례교회의 태동과 대한기독교회 시대(1906-1949)

한국침례교회의 역사는 대체로 캐나다 출신의 평신도 선교사 말콤 펜윅(Malcolm C. Fenwick)이 한국 땅에 들어와 선교를 시작했던 1889년으로 소급한다. 그의 선교사로서의 준비와 그의 신앙적인 배경에 대해 공부한다. 보스턴 클라렌돈 스트리트 침례교회에서 설립된 "엘라 씽 기념선교회"(Ella Thing Memorial Mission)의 성격과 한국에서의 선교 사역에 대해서 살펴본다. 1906년에 강경에서 펜윅 선교사가 "대한기독교회"(Church of Christ in Corea)라는 이름으로 독립된 교단을 창단하였는데, 당시 천명했던 새 교단 창립의 목적과 정체성 등에 대해 공부한다.

대한기독교회의 선교전략, 만주와 시베리아 지역으로의 해외선교활동, 교단의 조직과 직분자들, 일본 식민정부 통치 하의 핍박과 항거, 급기야 교단의 순교자적인 해체 등에 관한 역사를 공부한다. 특히 일본의 강압정책에 맞서면서도 지혜롭게 명맥을 유지하며 오지지역에 교회들을 개척하고 선교사역을 감당하기 위해 교단명칭을 여러 차례 바꾸어간 과정 등에 대해서 공부한다.

2. 대한기독교침례회 시대(1949-1968)

해방 후 해체되었던 교단을 재건하고자 노력했던 과정과 미남침례교 해외선교부(Foreign Mission Board, SBC)와 제휴를 하여 도약을 위한 발판으로 삼았던 경위에 대해 공부한다. 초창기 미남침례교 해외선교사들의 활약상을 살펴보고 한국전쟁 기간 동안에 그들의 구제, 의료, 교육선교 사역 등에 대해 살펴본다. 제2세대의 젊은 선교사들과 동아기독교의 원로 지도자들 사이에 있었던 신앙적인 갈등과 선교협력의 마찰 등을 살펴본다. 결국 교단이 약 9년 동안 대전파와 포항파로 분열하는 아픔을 겪었는데, 분열 후의 각 교단의 활동 상황과 그리고 통합을 위한 노력 및 과정에 대해 공부한다.

3. 기독교한국침례회 시대(1968-현재)

분열되었던 교단이 1968년에 통합되고 미남침례교 선교부와 기독교한국침례교회 총회가 적극적으로 긴밀하게 협력하기 시작하면서 한국의 침례교회는 비약적인 발전을 거듭하게 되었다. 특히 한미연합전도대회를 연례적으로 개최하면서 남침례교 목회자들과 평신도들이 자비량으로 한국 땅에서 전도와 선교의 모본을 보여준 것이 한국 침례교인들에게는 큰 도전이 되었다.

특히 한국침례교회의 주요 목회자들이 부흥사로서의 역할을 감당하면서 교단에 큰 활력을 불러 일으켰고, 많은 목회자들이 간절한 기도와 말씀 묵상으로 영력을 얻으면서 오직 모든 자원을 소유하고 계신 하나님만을 의지하며 목회사역에 헌신하였다. 그럼으로써 2013년 9월 현재 3,067개 교회, 123개 지방회, 침례교인수 약 850,000여 명, 인준받은 목회자수 10,233명(전도사 5,001명, 안수받은 목사 5,232명),

해외선교지 64개국에 파송된 해외선교사 682명의 교세를 가진 교단으로 발전해 온 과정 등에 대해 공부한다.

VI. 앞으로 풀어야 할 과제

침례교회사를 공부하고 가르침에 있어서 아직 해결되지 못한 쟁점들과 보다 집중적으로 다루어져야 할 영역들이 남아 있는데, 그 가운데 몇 가지를 제시하면 다음과 같다.

*침례교 기원 문제를 논함에 있어서 대륙의 아나뱁티스트들과 그들의 신앙이 영국침례교, 특히 영국의 일반침례교회에 끼친 영향이 어느 정도인가에 관한 것이다. 영국에서 활동했던 아나뱁티스트들에 관한 문헌적인 기록물들이 부족하기 때문에 그들의 역사적 신앙적 유산을 평가하기가 쉽지 않다. 특히 영국의 분리주의운동(Separatist Movement)이 대두하게 된 배경에 아나뱁티스트들이 어떻게 어느 정도 깊숙이 역할을 했는지를 규명하는 노력이 더 필요하다고 생각한다.

*영국의 특수침례교회가 칼빈주의적 구원론을 수용해서 오직 하나님의 예정과 선택을 받은 자들만을 위해서 예수님이 십자가에 피 흘려 돌아가셨고 그들만이 구원받게 된다는 입장을 취하였다. 그런데 이러한 구원관은 침례교의 기본적인 교회론, 다시 말하면 교회는 오직 신자들만으로 구성되고 교회회원이 되기 위해서는 신앙고백에 근거한 신자의 침례를 받아야 한다는 입장과 갈등을 빚고 있다. 그렇다면 특수침례교인들의 칼빈주의 신앙과 개혁교회(Reformed Church) 교인들의 칼빈주의 신앙 사이에는 어떤 유사점과 차이점이 있는지가 규명되어질 필요가 있다.

＊미국 기독교계에서 오늘날 일부 근본주의자들이 기독교 국가로서의 미국을 회복하자는 운동이 일어나고 있는데, 미국연방헌법(Federal Constitution, 1789)과 제1차 수정헌법(The First Amendment, 1791)의 근본적인 취지는 무엇이었으며 침례교가 강조하는 교회와 국가의 분리(Separation of the Church and the State) 원칙은 어떻게 정의해야 하는가 하는 점이다. 교회의 정치참여의 한계는 무엇이며 공적인 직분을 가지고 있는 그리스도인 지도자들의 정치적인 발언의 한계는 무엇인지도 진지한 고민을 요구하고 있다.

＊한국침례교회의 경우, 미남침례교와 제휴를 하여 그들의 선교적인 노력에 많은 도움을 입었는데, 이제 기독교한국침례회는 미남침례교 총회와 어떤 관계를 설정해야 할 것인지도 중요한 과제이다. 1990년 이전까지만 해도 교회개척과 교단의 부흥발전을 위해 한국침례교 선교부(Korea Baptist Mission)의 역할이 컸었고 어떻게 보면 한국은 미남침례교의 피선교지였다고 해도 과언이 아니지만, 이제 21세기가 전개되면서 한국침례교는 또 다른 선교국으로 발돋움하였고 현실적으로 지역에 따라서는 미남침례교 국제선교부와 선교협력까지 하고 있는 상황이 되었다. 그렇다면 한국침례교는 신학 면에 있어서나 관계 면에 있어서 미남침례교와 독립적이며 자주적인 입장을 가지고 있는가, 그리고 그들과 대등한 동반자적인 위치를 가지고 있는가를 진지하게 물어야 하겠다.

＊특히 미남침례교 총회가 침례교세계연맹(Baptist World Alliance)을 탈퇴한 마당에 그들과 어떠한 협력 체제를 형성해야 할 것인지, 그들의 근본주의적 신학성향에 대해 한국침례교는 무조건 맹종만 해야 할 것인지에 대해 진지하게 고민하고 자문해 보아야 할 때가 되었다고 생

각한다. 동시에 한국침례교가 지금까지는 주로 남침례교와만 선교적인 협력관계를 맺어 왔는데, 침례교세계연맹(BWA)에 속한 다양한 나라와 그 나라의 침례교단들과의 협력문제도 이제 진지하게 고려해야 할 때가 되었다고 생각한다. 다시 말해서 기독교한국침례회가 피선교국이라는 의존적인 태도를 청산하고 국제사회에서 당당한 독자적인 목소리를 낼 수 있는 위상을 정립하는 것도 중요한 과제라고 생각한다.

＊1925년부터 제도화되었던 미국 남침례교의 협동선교프로그램(Cooperative Program)을 한국침례교회에 도입하여 정착시키는 방안에 대해 심도 깊은 논의가 있어야 하겠다. 기독교한국침례회에서 총회 차원의 협력체제를 구축하여 국내 및 해외선교를 위해 한국침례교회들의 자원을 최대한 활용할 수 있는 방안을 적극적으로 검토하여 시행할 때가 되었다고 본다. 교단 차원의 공감대가 형성되고 목회자들 사이에 신뢰가 구축되는 것이 급선무일 텐데, 서서히 그러나 꾸준히 한국적인 상황 속에서 우리 나름의 협동선교체제를 만들어 가야 한다고 생각한다.

＊한국 침례교 신학의 정립이란 문제도 중요한 과제로 남아 있다. 한국의 침례교 신앙과 신학은 어떠한 특징을 가지고 있는지를 규명하는 것도 중요한 과제이다. 무엇보다도 영혼구원을 위한 신학, 세상을 향해 사회적 책임을 충실하게 감당하는 신학, 세계선교를 위한 신학을 형성하는데 한국의 침례교 신학자들이 어떤 책임감과 사명감을 가져야 할 것인지도 진지하게 고민해야 할 과제라고 생각한다.

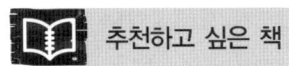 추천하고 싶은 책

1. 침례교회사와 관련된 주요 개론서

김승진. 「침례교회와 역사: 침례교회사의 주요 논제들」. 대전: 침례신학대학교출판부, 2009. 영국과 미국의 침례교 역사에 등장하는 중요한 인물들과 사건들을 다루고 있는데, "침례교회사의 주요 논제들"이라는 부제가 암시하듯이 신앙적으로 신학적으로 그리고 역사적으로 의미 있는 논제들을 심도 있게 다루고 있다. 영국침례교회사에서는 침례교회의 기원, 초창기 영국 침례교지도자들의 종교의 자유를 위한 투쟁, 아르미니우스주의와 칼빈주의가 극단으로 치우쳤을 때의 문제점, 앤드류 풀러와 근대선교운동의 아버지 윌리엄 캐리 등을 다루고 있다. 미국 침례교회사에서는 최초의 침례교 설립자 로저 윌리암즈와 종교의 자유를 위한 그의 기여, 미국의 대표적인 침례교신앙고백들, 미국 침례교회의 분열과 남침례교 총회(SBC)의 태동, "모든 사람들을 위한 종교의 자유"를 위한 투쟁에 기여했던 아이작 백커스와 존 리랜드, 지계석주의, 협동프로그램, 남침례교 총회 산하의 주요기관들 등의 주제를 다루고 있다.

Estep, William R. 「왜 침례교인인가?: 침례교인의 신앙과 역사적 유산」. 김승진 역. 서울: 요단출판사, 2014. 원제목은 Why Baptists?인데, 싸우스웨스턴 침례신학원 교수였던 윌리암 이스텝 박사가 대학생들과 평신도지도자들을 염두에 두고 평이하게 쓴 침례교 역사와 신앙에 관한 책이다. 침례교인들은 자유교회 사람들임을 전제로 하면서, 그들의 예배와 삶, 그들이 주장하는 믿음의 본질, 침례교회의 정의와 목적, 교회와 국가와의 관계, 그리고 침례교인들의 역사를 이야기 형식으로 서술하고 있다.

김승진. 「근원적 종교개혁: 16세기 성서적 아나뱁티스트들의 역사와 신앙과 삶」. 대전: 침례신학대학교출판부, 2011. 이 책은 근원적 종교개혁가들(Radical Reformers) 가운데 성서적 아나뱁티스트들의 역사와 신앙과 삶을 다루고 있다. 16세기 종교개혁운동에 대한 개관, 아나뱁티스트운동의 출현 배경과 확산 과정, 주요 아나뱁티스트들(콘라드 그레벨, 펠릭스 만쯔, 발타자르 휩마이어, 마이클 자틀러, 필그람 마펙, 메노 시몬즈 등)의 생애, 활동, 신학과 신앙 등에 관해 진술해 주고 있다. 아나뱁티스트 신앙의 정수는 무엇이며, 그들의 신앙과 삶이 오늘날 한국교회와 한국의 그리스도인들에게 주는 역사적인 교훈 등을 설명해 주고 있다. 또한 아나뱁티스트들과 뱁티스트들 간에는 어떤 유사점들과 차이점들이 있는지를 분석해 주고 있다.

McBeth, H. Leon. 「침례교회의 역사와 유산, 상」. 김용국, 남병두, 장수한 역. 대전: 침례신학대학교출판부, 2013. 원 제목은 *The Baptist Heritage: Four Centuries of Baptist Witness* (Nashville: Broadman Press, 1987)인데, 싸우스웨스턴 침례신학원의 역사신학 교수 레온 멕베스 박사가 쓰신 방대한 역작이다. 원 사료에 충실하고자 노력한 저술이며, 침례교 400년의 역사를 각 세기별로 영국과 미국의 침례교 역사를 다루고 있으며, 마지막으로는 전 세계 각 나라의 침례교 역사를 간단히 요약해서 정리해 주고 있다. 각 단원마다 제시되고 있는 서론적인 개관을 잘 읽으면 단원의 전체 내용을 파악할 수 있어 책 읽기의 어려움을 많이 덜게 된다.

Torbet, Robert G. 「침례교회사」. 허긴 역. 대전: 침례신학대학교출판부, 1980. 원제는 *A History of Baptists* (Philadelphia: Judson Press, 1972)이다. 1950년경 초판이 출판된 이 책은 북침례교 역사신학자의 관점에서 본 세계침례교회사이다. 침례교의 기원을 영국의 분리주의운동에서 연유하는 것으로 보고 있으며, 각 시대별 신앙생활의 특징들에 대해 기술해 주고 있다. 주로 영국과 미국의 침례교 역사를 다루고 있는데, 특히 북침례교(American Baptist Churches in U. S. A)의 20세기 중반까지의 역사를 상세히 기술하고 있다.

2. 한국 침례교 역사와 관련된 저술

이정수. 「한국침례교회사」. 서울: 침례회출판사, 1985. 한국 침례교의 역사를 캐나다 평신도 선교사 말콤 펜윅(Malcolm C. Fenwick)으로 소급하여 기술하면서 일제시대의 동아기독교(Church of Christ in Corea)의 역사를 비교적 상세하게 다루고 있다. 그러나 연대기적인 기술이 많고 단순히 역사적인 사실들을 열거하는 수준에서 한국 침례교 역사를 진술하고 있다. 교단이 대전파와 포항파로 분열되었던 연유와 분열기간 동안의 양 교단의 활동 그리고 통합의 과정을 비교적 상세히 기술하고 있다.

허긴. 「한국침례교회사」. 대전: 침례신학대학교출판부, 1999. 이 책은 저자가 한국 침례교 선교 100주년을 마무리한 작업으로 1889-1989년의 100년 역사를 다루고 있다. 방대한 양의 원사료들을 동원하여 사실들에 근거한 객관적인 역사진술을 위해 애쓴 노력이 돋보인다. 남침례교의 초창기 한국선교와 선교부와 한국침례교총회와의 갈등과 협조 등에 대해 박진감 있게 진술하고 있다. 교단통합 후의 한국침례교회의 발전과 부흥, 특히 한국 침례교 부흥사들의 성령운동에 의한 교회성장, 1970년대 이후의 최근 동향과 앞으로의 전망에 대해 적절한 역사적 평가를 내리고 있다.

김용국. 「한국침례교사상사, 1889-1997」. 대전: 침례신학대학교출판부, 2005. 이 책은 기독교한국침례회의 전신인 "대한기독교회"(Church of Christ in Corea)의 창시자인 말콤 C. 펜윅 선교사의 생애와 신학형성 배경을 진술한 후, 그의 신학을 조직신학적인 접근으로 분석하고 있다. 펜윅 신학의 기저에는 근본주의적 세대주의적 보수주의가 깔려 있으며 성경의 영감과 문자적 해석에 집착했던 선교사였다고 평가하고 있다. 나아가서 한국에서 사역을 했던 남침례교 선교사들의 신앙과 신학의 배경은 어떠했으며, 특히 침례신학대학교의 초창기 선교사 조직신학 교수였던 알버트 게미지 박사의 신학을 분석하고 있다. 마지막으로 한국침례교회의 신학적인 정체성은 무엇이며 미래의 한국 침례교신학 정립을 위해서 어떤 노력이 필요한지를 제언해 주고 있다.

3. 침례교 신앙 및 신학과 관련한 저술들

Charles W. Deweese 편, 「21세기 속의 1세기 신앙」. 김승진 역. 대전: 침례신학대학교출판부, 2007. 원제목은 Defining Baptist Convictions: Guidelines for the Twenty-first Century인데, 이 책은 다양한 배경을 가진 21명의 저명한 침례교 학자들이 "역사적 침례교신앙의 특징들"(Distinctives of Historic Baptist Faith)에 관해서 각기 다른 주제로 서술해 주고 있는 책이다. 오늘날 유행하고 있는 편향적인 신학들(극단적인 보수주의와 극단적인 자유주의)을 극복하고, 잃어버려진 영혼을 살려내는 예수 그리스도 중심의 복음적인 침례교 신앙을 회복하기 위해 치열하게 노력하는 필자들의 열정을 읽을 수 있다. 독자들로 하여금 침례교 신앙의 특징들을 잘 이해하여 "침례교인됨의 정체성"(Baptist Identity)과 자긍심을 갖도록 하는데 큰 도움을 받을 수 있다.

Hobbs, Hershel H. 「침례교 신앙과 메시지」(The Baptist Faith and Message). 김용민, 임형모 역. 대전: 엘도론, 2011. 오늘날 남침례교인들의 신앙적인 강조점이 무엇인지를 잘 보여주고 있는 저술이다. 1963년에 채택된 미남침례교의 신앙고백서를 각 항목별로 해설해 주고 있다. 특히 서론에서 신앙고백(Confession)이란 무엇인지, 그것이 신조(Creed)와는 어떻게 다른지에 대해 설명해 주고 있고, 침례교의 신앙고백이 신조로 전락해 버릴 위험성에 대해서도 경고하는 일을 잊지 않고 있다.

김승진. 「침례교 신앙의 관점에서 본 요한 칼빈: 그의 교회론은 신약성서적인가?」 대전: 침례신학대학교출판부, 2007. 이 책은 한국 기독교계에서 다수를 차지하고 있는 개혁교회의 창시자 요한 칼빈의 교회론을 침례교 신앙과 신약 성서적 교회관의 관점에서 서로 비교하여 살펴보고 비판한 내용이다. 칼빈이 위대한 개혁가요 신학자이지만, 그의 신학이 성경과 대등한 위치에 설 수는 없다는 것을 전제로 하면서, 그도 역시 "16세기의 아들"로서의 인간적인 한계를 가지고 있었던 점을 지적하고 있다. 특히 그가 자신의 개혁주의적 교회론에 따라 만든 제네바의 시 교회(City Church)는 교회와 국가권력이 분리되어 있던 신약 성서적 교회(New Testament Church)와는 본질에 있어서 큰 차이가 있었다고 분석하고 있다. 침례교 교회론과 교회와 국가의 분리 원칙을 이해하는데 큰 도움을 얻을 수 있다.

Basden, Paul. 「침례교 신학의 흐름」. 김용복 외 역. 대전: 침례신학대학교출판부, 1999. 원제는 Has Our Theology Changed?: Southern Baptist Thought since 1845 (Nashville: Broad and Holman, 1994)이다. 미남침례교의 신학이 어떻게 변천되어 왔는지를 주제별로 다루고 있다. 특히 미남침례교 총회 산하의 6개 침례신학원(Baptist Seminaries)의 신학교수들의 저술들을 중심으로 그들이 중요하게 붙잡았던 신학적 주제들은 무엇이었으며 그들이 강조해 왔던 신앙적인 자세는 무엇이었는지, 그리고 그들의 신학이 남침례교회와 교인들에게 어떤 영향을 미쳤는지에 대해 설명해 주고 있다.

Shurden, Walter B. 「침례교 신학논쟁」. 김용복, 김태식 역. 서울: 서로사랑, 2000. 원제는 Not A Silent People (Nashville: Broadman Press, 1972)이다. 미남침례교 역사에서 전개되었던 각종 신학적인 논쟁들을 중심으로 논쟁의 역사적인 배경과 과정 그리고 그 결과에 대해 설명해 주고 있다. 이러한 뜨거운 논쟁들을 통해서 오늘날의 남침례교 신학과 신앙이 형성되어 왔음을 시사하고 있다. 특히 개정판에서는 최근 약 20여 년간 남침례교 내의 근본주의적 보수주의자들과 온건한 보수주의자들 사이에 벌어져 왔던 논쟁에 대해서도 상세하게 다루고 있다.

Shurden, Walter B. 「침례교의 정체성」. 김태식 역. 서울: 서로사랑, 1999. 원제는 *The Baptist Identity: Four Fragile Freedoms* (Macon: Smyth & Helwys Publishing, Inc. 1993)이다. 침례교 신앙의 핵심을 '자유'(Freedom)라고 전제하면서 성경, 교회, 개인, 국가 등의 영역에서 침례교인들은 "침해받기 쉬운 자유"를 지켜내기 위해 어떻게 투쟁해 왔는지를 역사적으로 조명해 주고 있다. 침례교인들의 소중한 신앙적인 가치인 '자유'란 무엇이며 왜 그 자유는 침해받기 쉬운지, 그리고 그러한 침해에 대해 침례교인들은 어떻게 반응해 왔는지를 잘 진술해 주고 있다.

배국원 외. 「침례교회 정체성: 역사·신학·실천」. 대전: 침례신학대학교출판부, 2014. 이 책은 침례신학대학교의 개교 60주년기념 학술논문집으로 만들어진 것인데, 21명의 교수들과 침례교 목사들이 필진으로 참여하여 한국침례교의 정체성을 확립하기 위해 쓴 논문들이다. 제1부 침례교회의 독특성과 신앙적 정체성, 제2부 침례교회의 역사와 신학적 정체성, 제3부 침례교회의 실천적 정체성으로 구성되어 있다. 역사, 신학, 실천의 분야에서 침례교 신앙과 신학의 정체성을 이해하는데 많은 도움을 받을 수 있다.

제10장

한국교회사

역사신학 교수 | **장수한**
sogno@kbtus.ac.kr

I. 무엇을 위해서 한국교회사를 공부하는가?

   한국교회의 역사를 배우는 첫 번째 목적은 기독교의 복음이 한반도 주민들에게 어떻게 받아들여졌고, 그 수용 계층은 사회적으로 어떻게 변화되었으며, 첫 신앙공동체를 설립한 이래 교회가 어떻게 사회 속에 정착하였으며, 그 교회가 어떤 성장 과정과 변화를 경험했는지에 관한 지식을 습득하는 데 있다. 다시 말하면, 일반 역사를 통해 장기 지속적인 변화 과정에 대해서 배우는 것과 마찬가지로 한국교회의 초기 역사부터 현재에 이르기까지 장기 지속적인 변화 과정을 배우는 것이 중요 목표의 하나이다.

   역사학은 장기적 변화를 관심의 대상으로 삼는다는 점에서 다른 학문과 구별된다. 역사학은 단지 어느 한 시대의 인물이나 그 사람의 주장과 활동만을 다루지 않는다. 한 인물이나 주장에 집중하더라도 그 인물이나 주장이 장기 지속적인 변화 과정에서 어떤 의미가 있는지에 관심을 기울인다. 역사를 보면, 한때 진리로 받아들여지던 것이 시간이 지나면 오류로 밝혀지는 사례가 있는가 하면, 반대로 완전히 틀린 것으로 배척당했던 것이 오히려 진실에 가까운 것으로 드러나는 사례가 드물지 않다. 예컨대, 재침례교도들은 16세기에는 이단으로 정죄되었지만 지금은 침례교의 기원이라는 평가가 설득력을 얻고 있다. 한때 교회의 가장 효율적인 조직 형태로 받아들여지던 것이 시대가 지나 비효율적인 것으로 변해버리는 사례도 흔하다. 그래서 한국교회사 역시 장기 지속적인 관점을 통해 관찰할 필요가 생긴다.

역사학의 장기 지속적인 고찰이 갖는 장점은 여러 가지이다. 우선 한 국면에 집중함으로써 갖게 될 편견을 넘어서는데 중요하게 이바지할 수 있다. 나아가 장기 지속적인 변화를 다룸으로써 모든 것이 역사 속에서 변한다는 사실을 분명히 알 수 있다. 이를 통해서 우리는 스스로 역사의 변화 내지는 변혁을 이룰 가능성을 크게 확장할 수 있다. 역사사회학자인 엘리아스의 '경기모델'이 보여주는 바대로, 끊임없이 갱신되어 온 마라톤 기록을 아는 사람은 그 기록을 단축하려고 노력하게 된다. 어떤 사람이 자신이 당면하고 있는 상황이 영원하다고 생각하면 그 사람은 변화를 이루려는 노력에 최선을 다하기 어렵다. 반대로 반드시 변할 것이라고 믿는 사람은 스스로 그 변화를 끌어내려고 노력하게 된다. 그래서 장기 지속적인 변화에 대한 관심은 더 나은 역사를 만들어내려는 희망을 품게 하고 그것을 실현하는데 이바지하게 된다.

한국교회사를 공부하는 목적도 이와 다르지 않다. 예컨대 초기에 기독교를 한반도에 전하거나 받아들인 사람들은 기독교가 진리라는 사실을 인지했을뿐 아니라 그 진리가 반드시 이 땅에 뿌리를 내릴 것이라는 확신을 했다. 하지만 기독교는 아주 긴 시간 동안 한반도 주민들에게 알려지지 않았다. 18세기에 서학을 연구하기 시작한 시기를 시작점으로 본다고 하더라도 2세기 반에 미치지 못하고 더구나 개신교의 수용은 약 120년 전에야 이루어졌다. 잘 아는 대로 조선 사회는 종교적으로 말하자면 유교 사회였다. 유교의 가르침이 사회를 이끄는 도덕이었고 사람들의 행동 지침이 되었던 사회였다. 조선 후기 사회에 들어와 비로소 소수 지식인들을 중심으로 기독교를 받아들이는 사람들이 생겼다. 그리고는 머지않아 많은 사람들이 성경을 읽고 예수 그리스도를 믿게 되면서 기독교는 점차 대중 속에 뿌리를 내렸다. 1995년 현재 약 865만여 명에 이르는 한국인들이 기독교 신앙인이라는 사실은 그 사이에 얼마나 커다란 변화가 일어났는지를 웅변해 주고 있다.

그러나 이러한 변화가 그냥 주어진 것은 아니었다. 많은 신자들이 조선 사회로부터 그리고 그 이후에도 오랫 동안 한국 사회로부터 인정을 받지 못했고 수많은 박해에 시달려야 했다. 만약 이들이 용기를 잃고 신앙을 지키려고 노력하지 않았다면, 이러한 변화는 일어나지 않았을 것이다. 한국교회사를 장기 지속적으로 보면 우리의 신앙 선배들이 어떻게 이런 변화를 이루었는지 이해할 수 있게 된다. 그리고 이러한 이해는 나아가 앞으로 한국교회의 변화와 변혁을 이끌어 갈 힘을 배양시켜줄 것이다.

한국교회사를 통해 장기 지속적인 변화 과정을 배움으로써, 우리는 다른 기독교 분파에 대한 편견을 뛰어 넘어서 성경의 가르침을 실현하기 위해 서로 연대하려는 의지와 힘을 얻을 수도 있게 된다. 역사 속에서 새로운 평가를 받는 신앙집단들이 존재한다는 사실에서 관용을 배울 수 있고 또한 분열과 배타보다는 연합이 기독교의 확산에 도움이 된다는 사실을 알게 되기 때문이다.

한국교회사를 배우는 두 번째 목적은 특히 오늘날 우리가 가진 신앙 내용과 기독교 사상이 어떤 과정을 거쳐서 오늘의 신앙과 사상이 되었는지를 아는 데 있다. 그리스도의 복음은 변함없는 진리라는 점에서 기독교 신앙의 내용이 어디에서나 같은 내용이어야 한다고 생각하기 쉽다. 그러나 역사를 보면 모든 인간 집단은 어떤 사상이나 신념이든 주체적으로 자기의 것으로 만들어 왔다. 한국의 신학자들과 기독교 지도자들은 처음에는 일찍이 기독교가 발전한 유럽과 미국으로부터 신학과 기독교 사상을 받아들이고 소개하는 일을 시작하였다. 그러나 한국교회가 점차 발전하면서 한국의 신학자들 역시 독자적으로 성경을 이해하고 해석해보려 했으며, 그것을 바탕으로 독자적인 주장을 펴기도 했다. 이는 역사와 문화가 다른 한국에 기독교 신앙과 사상을 구체적으로 실현하는 과정에 생길 수밖에 없는 자연스러운 현상이었다.

그 결과로, 세계 교회사에서 중요한 쟁점이 되었던 것이 한국교회에서는 그다지 중요성을 띠지 못하게 된 것이 있고, 반대로 다른 문화권에서는 별로 중요하지 않았던 주장들이 중요하게 되는 사례도 있었으며, 같은 기독교 사상이라 하더라도 한국에 와서 강조점이 달라진 사례들도 생겼다.

한국교회는 1930년대에 이미 '창세기 모세저작 부인 사건'이나 '여권문제 사건' 등으로 갈등을 빚은 역사를 경험했다. 이런 논쟁은 한국교회가 신학적 입장을 정리하는 한 과정으로서, 오늘날 우리의 신앙 내용에도 영향을 미치고 있다. 이와 같은 견해의 차이는 신학이 각 교파 중심의 신학으로 발전하는데 영향을 미쳤다. 미국의 기독교 분파들이 한국에서 그대로 재현된 경우가 많지만, 그럼에도 불구하고 예컨대, 같은 감리교라 하더라도 미국의 감리교와 한국의 감리교 사이에 신학적 주장이나 신앙 행습에서 약간의 차이가 있다. 또 다른 사례로, 기독교 반공주의가 한국교회에서 다른 무엇보다 압도적으로 중요한 자리를 차지해 왔다고 할 수 있다. 반공주의는 한국교회에서 마치 신앙을 변별하는 리트머스 시험지 같은 역할을 해 왔고 지금도 그런 경우를 종종 보게 된다. 그러나 세계 교회사의 차원에서는 반공주의는 중요하기는 했지만, 한국교회에서처럼 결정적인 의미를 갖지는 않았다.

한국교회가 일반적으로 공유하고 있는 신앙 내용과 사상적 특성은 어떤 역사적 과정을 거쳐서 형성되었는지를 이해하기 위해, 신학자들 사이의 학문적 논쟁이나 새로운 사상 경향과 신앙운동, 평신도들이 관심을 두었던 문제들 등을 검토하는 것이 한국교회사의 주요 내용에 속한다. 이 땅에서 구체적으로 가르쳤고 배운 기독교의 신앙내용과 사상을 알아봄으로써, 그것이 세계교회사에 나타난 신앙과 가르침에 비추어 어떤 점에서 특수하고 또 우리에게 의미가 있는지를 생각해 보게 된다.

한국교회사를 배우는 세 번째 목적은 한국에 정착한 예배양식과 교회조직의 변화를 이해하는 것이다. 우리가 드리는 예배의 순서와 양식, 우리가 부르는 찬양, 우리가 익히 알고 있는 교회의 외형적 모습과 조직 등이 어떤 과정을 거쳐서 이런 모습과 내용을 띠게 되었는지를 알아본다. 예컨대, 한국교회에서 흔히 부르는 찬송가들은 중세 가톨릭의 찬송가와 다를뿐 아니라 현재 유럽 교회에서 자주 부르는 찬송가와도 다른 경우가 많다. 우리가 부르는 찬송가와 교회음악은 어떤 과정을 거쳐서 오늘날과 같은 내용과 형식을 갖게 되었는지 그 역사적 변화 과정을 추적해 보게 된다.

이런 과정을 통해 우리는 한국교회가 기독교 신앙과 사상을 어떻게 표현해 왔는지를 이해할 수 있을 것이고, 우리가 드리는 예배가 좀 더 '신령과 진정으로 드리는 예배'에 가까워지고 나아가 한국교회라는 신앙공동체를 초기 기독교 신앙공동체와 같은 신앙공동체로 거듭나게 하는데 도움을 얻을 수 있을 것이다.

한국교회사를 배우는 네 번째 목적은 한국교회가 한국사회의 역사적 변화와 어떤 '관계'를 맺으면서 발전해 왔는지를 배우는 데 있다. 널리 알려진 바대로 역사학은 "관계를 규정하는 학문"이다. 다시 말하면 역사란 정치·경제·사회·문화 등의 인간생활의 모든 분야가 서로 관계를 맺고 상호 작용을 함으로써 만들어진다. 한국교회의 역사 역시 한국의 역사로부터 동떨어져 있지 않다.

초기 한국교회에는 국기를 달았다. 나라를 사랑하고 국가에 충성을 다한다는 표시였다. 당시 교인들은 무군무부, 즉 임금도 아비도 모르는 사람들이라는 의구심을 받았기 때문에 그것을 불식시키기 위해서 그렇게 했다. 또 초기 한국교회에서는 한 식구라 하더라도 남녀가 따로 떨어져 앉았다. 남녀를 엄격하게 구별하는 한국사회의 전통적인 관습을 거스르지 않으려는 배려에서 그랬다. 그러나 이런 풍경들은 한국사회가 변함에 따라 이제 한국교회에서 사라졌다.

한국교회는 특히 한국사회의 근대화 과정과 밀접한 관련을 맺으면서 발전해 왔다. 사람들은 한글 성경을 통해 한글을 깨우쳤고 기독교가 세운 근대 학교에서 새로운 학문을 배움으로써 신분질서와 전통에 묶이지 않은 근대적인 인간으로 변화했다. 그래서 한국교회사는 교회가 한국인들의 개인적인 심성과 행동 양식에 미친 영향을 알아보고, 거꾸로 이런 요소들이 한국교회에 미친 영향에 관심을 기울인다.

나아가 한국교회는 한국 사회의 정치적 변화와 밀접한 관계를 맺으면서 발전해 왔다. 한국교회의 지도자들과 교인들은 독립협회 활동이나 3·1 운동에서 중요한 역할을 했다. 근대적인 국가를 건설하는 일에 크게 이바지하였다. 다른 한편 한국의 정치 문화는 교회 내의 관계와 역할에도 영향을 미쳤다. 예컨대, 회중주의를 교회 행정의 기본 원칙으로 삼고 있는 침례교 역시 한국에서는 성직자와 평신도의 평등보다는 질서를 더 중요시하는 경향을 보이고 있다.

한국 기독교는 해방 후 한국사회의 산업화에도 아주 중요한 영향을 미쳤다고 할 수 있다. 노동을 천시한 유교와 달리 한국교회는 노동을 하나님의 명령으로 받아들이도록 가르침으로써, 산업화에 반드시 필요한 노동의욕을 길러주었고 이러한 사회적 태도는 산업화는 물론이고 산업화 이후의 한국사회의 발전에도 영향을 미쳤다. 한국교회는 산업화와 시장경제 같은 경제 부문뿐만 아니라 한국의 사회 구조와 그 변화, 민주화와 같은 사회운동 등에도 영향을 미쳤고, 또 그것으로부터 영향을 받으면서 발전해 왔다.

이밖에도 한국교회는 한국의 문화 내용, 군사적 위기와 대응 등에 영향을 주었고 거꾸로 그것들로부터 영향을 받기도 했다. 그 사례들을 모두 거론하기 어려울 정도이다. 만약 한국교회가 한국사회의 변화에 아무런 영향을 미치지 못했다면 한국교회는 한국사회에서 현재와 같은 존재감을 획득하지 못했을 가능성이 매우 높다. 이런 상호작용을 하는 과정을 거쳐 한국교회 역시 발전해 왔으며, 동시에 부정적 영향을 받아들이기도 했다. 예컨대, 한국사회가 이른 바 '성공'을 개인과 사회의 평가 기준으로 삼는 것과 마찬가지로 한국교회 또한 '성공'을 가치 판단의 준거로 삼고 있는 경우가 그런 사례라 하겠다. 따라서 한국교회사는 단지 교회 내부의 문제에만 관심을 두지 않는다. 한국사회 전체의 변화 과정에 지대한 관심을 기울여, 교회와 사회의 '관계'를 규명하고 둘 사이에 일어난 상호 작용을 밝히는 데 힘쓴다.

한국교회사는 위에서 밝힌 몇 가지 목적을 실현함으로써, 앞으로 한국교회가 어떻게 변화하는 것이 바람직하며 그것을 어떻게 이룰 수 있을지, 미래에 대한 전망을 열어준다. 물론 역사학은 과거를 다루는 학문이고 미래에 대해서 말하지는 않는다. 이 점에서 '역사적 전망'은 예언이나 예측과는 다른 성격을 띤다. 그럼에도 불구하고 장기 지속적인 변화를 다루는 한국교회사의 학문적 특성에 의해, 장기 추세를 전망하는 데 다른 어떤 학문보다도 유리한 위치에 있는 것은 사실이다. 한국 사회라는 특정한 역사적 조건과 상황 속에 임재하시고 역사해 주신 하나님의 임재와 역사가 오늘의 임재와 역사가 되기를 열망하고, 그것을 우리 자신이 스스로 실현해 내려는 의지를 다지는 기회가 된다는 점에서 한국교회사는 한국교회의 미래에 전망을 열어준다고 할 수 있다.

II. 한국교회사는 무엇을 공부하는가?

한국교회사에서 배우는 구체적인 내용은 무엇인가를 살펴볼 차례이다. 역사를 공부하는 손쉬운 방법은 장기 지속의 변화과정을 몇 개의 시대로 구분하여 살펴보는 것이다. 물론 이런 구분이 절대적인 기준이 될 수는 없지만 특정한 시대의 특징을 찾아내어 그것을 중심으로 역사를 서술하는 것이 편리하기 때문이다. 그러나 한국교회사는 시대 구분을 위한 뚜렷한 기준을 아직 마련하지 못하고 있다. 그것은 한국교회의 역사가 비교적 짧은 탓이기도 하지만 한국교회사 연구에 많은 노력이 기울여지지 않은 탓이기도 하다.

한국교회사의 시대를 몇 개로 구분하기 위해서는 역사가들이 각자 자신이 중요하게 생각하는 역사 사실을 선택하여, 한 시대의 특징을 찾아내고 거기에 의미를 부여한 다음 그 시대 구분이 타당한지를 두고 토론을 벌여야 한다. 그런 토론과정을 거치면서 자연스럽게 시대 구분의 기준이 생기고 대체적인 동의를 얻을 수 있게 되는데, 한국교회사 연구자들 사이에 아직 이런 토론이 충분히 이루어지지 않았고 겨우 상당한 수준의 시각의 차이가 있다는 사실이 확인되었을 뿐이다.

그래서 필자는 잠정적으로 한국교회사의 시대들을 크게 세 부분으로 나누어 보려고 한다. 첫 번째 시기는 한국이 기독교를 수용하는 시기이다. 대체로 18세기 후반부터 1910년 일본이 조선을 강점하는 시기까지를 이 시대로 볼 수 있다. 조선 봉건체제의 박해를 무릅쓰고 신앙을 받아들인 초기 신앙인들의 노력이 돋보이는 시기이다. 두 번째 시기는 1910년부터 1945년까지 기독교가 수난을 당하던 시기이다. 이 시기는 일본 제국주의가 한반도를 지배하던 시기이면서 동시에 기독교 역시 각종 탄압을 받은 시기이다. 이 시기에 일제가 가한 탄압은 초기 수용기의 박해와 달리 신앙의 훼절을 요구한 것이었다. 세 번째 시기는 해방 후 기독교가 재건된 후부터 현재까지 한국교회의 발전기이다. 이 시기에 한국 사회가 산업화와 민주화에 성공하였고 기독교 역시 폭발적이라 할 성장을 이룩했다. 기독교는 양적 성장만 이룬 것이 아니라 내용 면에서도 내실을 기했지만, 동시에 갈등과 분열 그리고 문제점을 드러내기도 했다.

1. 기독교 수용기(1780년대-1910년대)

한국의 기독교 수용은 천주교의 전래로부터 시작되었다. 일본과 중국을 통해 천주교를 접해 오던 조선에 자생적인 천주교 신앙공동체가 창설된 것은 1780년대였다. 그로부터 약 100년 후인 1876년부터 1884년에 걸쳐 개신교 선교 또한 활발하게 이루어졌다.

그러나 기독교의 수용은 그다지 순조롭지 않았다. 우선 천주교의 수용을 살펴보면 숱한 박해가 잇따랐다. 17-18세기는 조선의 봉건사회가 커다란 위기에 직면한 사회적 변동의 시기였다. 전제적 봉건 사회에서 주변부 지식인 계층이 주로 서학에 관심을 가지면서 소개되기 시작한 천주교는 자연히 봉건적 사회체제에 대한 대안으로서 주목을 받았다. 이처럼 일부 지식인들로부터 근대화의 방편으로 환영을 받은 기독교는 봉건 지배 세력을 비롯한 기득권층뿐 아니라 관습에 젖어 있는 사람들에게는 체제와 윤리 자체를 위협하는 위험한 사상으로 보였다.

기독교의 복음이 가진 생명력과 사회 변동을 추동하는 힘이 이런 대응을 불러왔다. 모든 인간이 하나님의 창조물이라는 신앙은 개인을 혈통에 따라 나누는 신분제 사회를 흔들어 버릴 수 있는 강력한 동력이 될 수 있었기 때문이다. 처음에는 소수 지식인들이 기독교에 관심을 가졌지만, 시간이 지나면서 중인 이하의 하층민들이 기독교를 열정적으로 믿게 된 데에는 이런 이유도 작용했을 것으로 보인다. 초기에 천주교를 믿은 몇몇 양반들이 기독교 신앙을 받아들인 후 조상의 위패를 모시지 않았던 일을 기화로 천주교에 박해가 잇따랐다.

1801년 신유박해로 시작된 천주교 박해는 병인박해(1866-73)에 이르기까지 봉건세력의 몰락기까지 계속되었다. 이 시기에 한국 천주교인들은 죽음을 무릅쓰고 신앙을 지키고자 하였으며 신앙공동체를 위해 헌신과 희생을 마다하지 않았다. 이러한 신앙심은 이후 한국 천주교의 발전에 중요한 자산이 되었다.

한편 한국 개신교는 처음에는 일본과 만주를 통해 기독교를 받아들였다. 이 시기에 주목할 것은 이미 만주와 일본에서 성경을 번역했고 그것을 한반도에 반포했다는 사실이다. 그 후에 한글로 번역된 성경이 신자들에게 널리 읽히면서 한국 개신교가 성경 중심의 신앙을 지켜가는 전통이 만들어졌다.

개신교가 수용되는 과정에 미국 선교부 역시 중요한 역할을 했다. 선교가 자유롭지 않은 상황에서 미국인 선교사들은 의료와 교육을 선교의 방편으로 삼았는데, 이 방법은 정부와의 갈등을 최소화하고 근대화에 적극적인 개인의 역량을 길러주는 데 이바지했다. 이와 같은 '문화선교'는 나아가 개신교가 한국 사회의 근대화에 이바지할 수 있는 토대를 마련했다고 할 수 있다. 개신교 초기 선교 과정에 선교사들 사이의 불화와 신·구교 간의 갈등이 불거지기도 했으나 선교를 저지할 정도로 심각하지는 않았다. 곧이어 터진 청일전쟁과 조선의 위기는 대중을 교회로 불러들였고 지식인 중에 기독교에 입교하는 사람들이 늘어나게 했다. 이때부터 한국 개신교 내에 민족적 각성이 싹트기 시작했다.

1907년의 부흥운동은 한국 개신교의 교세가 크게 확장되는 중요한 계기로 작용했다. 부흥회의 결과로 개신교의 교세가 무려 270% 가까이 증가하였고 교인들의 신앙이 확고해지고 도덕성이 크게 높아졌다. 그러나 동시에 이 부흥운동은 일제가 서서히 조선을 강점하는 역사 상황을 도외시하여 사회적 책임을 망각하게 했다는 비판에서 자유롭지 않다. 곧이어 시도한 백만구령운동의 실패는 교회와 사회의 관계를 돌아보게 하는 일이었다.

그럼에도 불구하고 부흥운동 이후 한국교회는 조직을 정비하여 그 후 일제의 탄압에도 살아남을 수 있는 사회 기관이 되었다. 한국 기독교는 교육기관, 언론, 성경의 보급 등을 통해 서서히 민족운동으로 눈을 돌렸다. 1905년 이래 1910년 '합방'이 획책되기까지 일제의 침략에 항거한 애국계몽운동과 항일독립투쟁이 다양하게 전개되기는 했으나, 일제가 한반도 강점에 성공하자 기독교 역시 수난의 시기를 맞게 되었다.

2. 기독교 수난기(1910년대-1945년)

일본이 한국을 정치적으로 지배한 시기는 한국교회의 수난기였다. 그러나 이 시기의 한국교회는 그저 수난을 당하고만 있지는 않았다. 한국교회의 지도자들과 평신도들은 비록 한계는 있었지만 열악한 상황에서도 신앙을 지키고 교회를 더 탄탄하게 만들기 위해서 그리고 다른 한편으로는 한국의 독립을 위해 끊임없이 노력했다.

'105인 사건'을 비롯하여 일제는 기회가 닿는 대로 한국교회를 탄압했다. 그러나 이런 와중에서도 기독교인들은 신앙을 성숙시켰을뿐 아니라 민족의식을 높였다. 일제의 종교교육에 대한 탄압이 계속되었음에도 기독교계 학교는 전체 사립학교의 대부분을 차지할 정도로 교육기관으로서 중요한 역할을 담당했다. 기독교인들 중 항일무장 투쟁을 펼친 사람들은 수가 적었지만, 안중근과 같이 신앙을 토대로 민족독립을 위해 적극적으로 나선 사람들도 있었다. 한편, 민족기업의 설립이나 국채보상운동처럼 경제적인 항일운동을 펴기도 했다.

특히 1919년 3·1 운동에서 기독교는 독립만세운동의 구심점이 되었다. 민족 대표 33인 가운데 절반 가량이 기독교 인사이기도 했지만, 당시 약 20만 명에 이르던 기독교인들은 전국에서 일어난 독립운동에 앞장섰다. 3·1 운동 후에 교회가 받은 많은 피해는 이를 증명해 준다. 아마도 한글 성경, 학교교육, 기독교 언론 등을 통한 민족의식의 고취가 이런 결과를 낳았을 것으로 보인다. 비록 교회가 더 많은 피해를 입었지만 불교와 천도교 등 다른 종교를 신앙하는 사람들과 함께 민족운동을 펼치는 과정에 서로 더 깊이 이해할 수 있었던 것이 그 후 한국사회에서 종교간 평화와 공존을 이루는 경험이 된 것으로 풀이된다. 3·1 운동 이후 기독교 내에 초월적 신비주의 운동이 나타났지만, 현실적 계몽주의 운동도 전개되었다. 이 계몽 운동의 전통은 애국계몽운동이 되어 기독교 민족운동의 주류를 형성한다.

1920년대 들어 한국교회는 사회주의 진영으로부터 많은 비판을 받기도 했지만, 연합운동에 힘쓴 결과 1924년 '조선예수교 연합공의회'를 창립하여 기독교의 연합활동에 한 이정표를 마련했다. 그리고 문서선교 운동을 펼쳐 다종의 기독교 관련 잡지들을 발간하는 등 출판 사업의 진흥에도 힘을 쏟았다.

그리고 장로교와 감리교의 발전을 계기로 점차 교파별 교회로 성장한 것도 이 시기의 주요 특징들 중 하나이다. 국내에서 신앙 활동이 제약을 받자 일찍이 해외선교가 시작되었고 또 일제의 탄압을 피해 해외로 나간 동포들이 세운 해외 한인교회들도 나타났다. 아직 교세가 그다지 크지도 않았고 또 신앙생활이 자유롭지도 않았던 어려운 시기에, 해외 선교에서 이룩한 성과는 후일 한국교회의 선교 역량의 강화에 좋은 자산이 되었다.

1926년에서 1935년에 이르는 시기에 한국 기독교는 교파와 교회들 사이, 신학 노선의 보수와 진보 사이, 또 서북지방 교인들과 중부지방 교인들 사이에 갈등과 분쟁을 겪었다. 이른바 '여권 문제사건'(여성목사 안수를 둘러싼 논쟁), '창세기 모세저작 부인사건'(창세기가 모세의 저작이 아니라는 주장을 둘러싼 논쟁), '아빙돈 성경주석사건'(아빙돈사의 성경주해서 번역출판의 적합성 논쟁) 등의 신학적 논쟁이 일어난 것도 이 시기였고 장로교와 감리교 사이에 교파 갈등을 일으킨 것도 이 시기였다. 선교사 배척운동이 일어난 이 시기에 김교신은 진보적인 신학을 수용하는 한편 '조선적 기독교' 수립을 주창했다. 한계가 없는 것은 아니었지만, 기독교는 일제에 맞서 민족운동, 사회운동 그리고 문화운동을 꾸준히 모색했다.

1936년부터 해방을 얻기까지 일제가 전시체제에 돌입하면서 기독교에 가해진 탄압 또한 대단히 격렬해지기 시작했다. 일제가 국민을 전쟁에 동원하기 위해서 '천황제' 이데올로기를 전면에 내걸었고 심지어는 교회에 '신사참배'를 강요하기에 이르렀다. 이는 기독교의 교의에 전적으로 배치될 뿐만 아니라 민족독립 정신과도 상반되는 것으로 기독교는 일제의 요구를 받아들일 수 없었다. 따라서 한국교회는 저항과 투쟁을 계속하였다. 그러나 일제의 강요를 이기지 못하고 일부 지도자들이 친일로 돌아서면서 장로교 총회가 신사참배를 결의하였고 뒤이어 대부분의 교단들이 일제에 굴복하였다.

이와 같은 교회의 변질을 막고 신앙을 지키기 위해 끝까지 투쟁하다가 순교하거나 옥고를 치른 이들도 적지 않았다. 그래서 이 시기의 한국교회는 교회와 사회 앞에 이중의 유산을 물려주었다. 한편으로는 청산해야 할 배교와 친일이라는 과거를 물려주었고, 다른 한편으로는 숭고한 신앙의 모범이자 굴하지 않는 민족 사랑을 보여주기도 했다.

3. 기독교 발전기(1945-현재까지)

해방과 함께 기독교계는 곧바로 교회 재건에 나섰다. 그러나 식민지 시대 배교와 친일 행위를 했던 교계 지도부를 향한 자숙 요구는 반성과 성찰로 이어지는 대신 오히려 분열과 갈등만을 낳고 말았다. 그래서 통일된 기독교 연합 조직을 만드는 일에도 실패하고 말았다. 그러나 한국을 떠났던 선교사들이 재입국했고 폐쇄되었던 신학교들도 다시 문을 여는 등 기독교에 새로운 시대가 시작되었다.

남한에서는 미군정의 우호적인 정책에 힘입어 기독교적 국가 건설을 모색하는 등 교회가 활기를 찾았으나 북한에서는 사회주의 정권이 성립하면서 자발적인 기독교 활동이 위축되는 사태가 벌어졌다. 남북 분단이 고착화하자 이어서 6·25 전쟁이 일어났고 교회 역시 엄청난 피해를 당하였다. 그렇지만 한국교회는 시민들을 위한 구호활동을 펼쳤다. 6·25 전쟁의 혹독한 경험은 한국교회에 반공주의가 화석화되는 계기로 작용했을 뿐 아니라 기도원의 난립과 신비주의적 신앙으로 경도되는 상황이 전개되었고, 이 때 전도관과 통일교가 나타났다.

1950년대에 나타난 중요 현상의 하나는 교회 안의 일제잔재 청산, 신학 노선의 차이, 교권 다툼, 지역적 배경과 인맥 등의 복합적인 원인으로 각 교단이 분열을 거듭한 것이었다. 한국교회 최대의 교파로 자리 잡은 장로교가 세 차례에 걸쳐 대분열을 겪었고 감리교 역시 분열과 통합의 과정을 거쳤다. 성결교와 침례교도 내분을 경험했으며 새로운 교단들이 설립되기도 했다.

1960년대부터 1980년대까지 한국교회는 세계 교회사에 유례가 없을 정도로 눈에 띄는 양적 성장을 이룩했다. 이 시기는 한국 사회가 산업화를 통해 경제적 도약을 이룩한 시기이기도 했는데, 1990년까지 약 30년 동안 한국교회는 약 7배 이상 증가하였다. 이러한 교회 성장은 산업화와 함께 나타난 인구성장과 도시화, 분단과 사회적 혼란 등을 배경으로 기독교가 부흥운동과 교세 확장에 적극적으로 나섰기 때문이었다. 이 시기부터 선교도 조금씩 활성화되기 시작했다.

　교회의 양적 성장은 교회 활동의 다양화로 이어졌다. 성경과 찬송가 발행이 활기를 띠었고 신학 교육도 활발해졌다. 기독교의 언론 활동이 활력을 찾았고 학술연구단체들도 설립되는 등 기독교 문화가 사회 전반으로 확산되었다. 사회적 변동이 급격하던 이 시기에 한국교회는 신학적으로 이에 답하고 사회적 책임을 다하려는 노력을 보였다. 기독교의 복음을 한국의 전통문화와 연결하여 이해하려는 토착화 신학이 태동하였고 서남동, 안병무, 현영학 등으로 대표되는 민중신학이 나타나 산업노동자 계층의 등장과 남북분단에 대응하는 한국의 독자적인 신학을 지향했다. 이 시기에 남미의 해방신학이 소개되었고 여성의 사회진출이 활기를 띠면서 여성신학에 대한 관심도 크게 높아졌다.

　이 새로운 경향에 대해 보수적인 신학계와 교계는 우려를 표명했고 견해의 차이가 서서히 굳어지는 양상을 보이기 시작했다. 보수 진영은 기독교 세계관 운동을 펼치면서 기독교적 대안 문화를 창출해 보려고 애썼고 사회 참여에도 나름대로 관심을 기울였다. 산업화가 낳은 문제들이 심화하면서 기독교의 한편에서는 노동자와 빈민을 위한 도시산업선교와 도시빈민선교 그리고 농민선교는 물론이고 인권운동과 민주화운동 그리고 통일운동을 줄기차게 전개해 갔다.

　그러나 북한 교회의 사정은 대단히 달랐다. 북한에서는 주체사상이 형성되어 곧 수령중심주의로 나아갔기 때문에 교회의 활동은 한계를 가질 수밖에 없었다. 그럼에도 불구하고 대외 교류의 창구로서 북한 교회는 남한교회와 만날 수 있었는데, 그 후 북한 기독교는 사회주의적 기독교로 정착하였다.

III. 한국교회사의 쟁점은 무엇인가?

역사란 과거에 일어난 사건들 가운데 역사가에 의해 기록된 것이다. 역사가들은 누구나 자신의 역사 서술이 가장 객관적이라고 주장하지만, 실제에서 모든 '기록된 역사'는 역사가의 사료 비판과 선택, 그리고 서술의 결과물로서 역사가 자신의 개인적 역량과 처지, 그리고 동시대 및 사회적 입장을 반영한다. 따라서 역사가의 역사 서술은 또 다른 역사가와 독자들의 해석을 위한 자료의 성격을 띠게 된다.

한국교회사 역시 기록된 역사라는 점에서 비판에 열려 있다. 더구나 아직도 발굴하고 정리해야 할 역사 자료들이 많고 연구자들의 논의를 기다리고 있어서 한국교회사를 보는 다양한 관점들이 허용되어야 한다. 그런 관점들 중 쟁점이 되는 것은 어떤 것이 있을까?

1. 선교사관의 비판

한국인들이 기독교를 받아들이게 된 데에는 선교사들의 역할이 컸다. 그래서 한국교회사 1세대 연구자들 가운데 많은 이들이 선교사들의 활동을 중심으로 초기 교회사를 서술해 왔다. 그러나 "한국교회 쪽의 고백과 증언"이 없다면 그것을 한국교회사라고 부르기는 어려울 것이다. 실제로 한국의 초기 기독교인들은 스스로 기독교를 받아들이려는 적극성을 보여주었다. 그래서 선교사들의 역할을 중심에 두는 이른바 '선교사관'을 비판하면서 기독교의 주체적 수용을 강조하는 역사

인식이 나타났다.

2. 민족사관과 민중사관

한국교회사 2세대 연구자 중 민경배 교수는 "교회가 민족에 대해 가지고 있는 에큐메니칼한 사명을 전제하고, 그 성립과 전개에서 민족의 교회로서 구형된 정신과 과정을 주체로 역사를 일괄하는 것"을 자신의 역사 방법론으로 삼았다. 이와 같이 한국교회가 민족문제에 어떻게 대응했는가를 중심으로 교회사를 서술하는 입장을 '민족사관'이라고 한다. 이런 입장은 주체적 역사인식이라는 점에서 의미가 크다.

그러나 이럴 경우 한국교회사가 지나치게 엘리트·지식계층 중심으로 서술될 수 있다. 이에 반해 민중신학의 영향 아래 민중계층의 평신도와 무명의 헌신적 기독교인들을 그 주체로 보아야 한다는 주장이 제기되었는데 이를 '민중사관'이라고 한다. 민중사관에 입각하여 한국교회사를 서술한 좋은 사례들이 거의 없다는 아쉬움이 있기는 하지만, 기층교인들의 활동과 주변부 단체와 인물들로 교회사 연구의 폭을 넓혀야 한다는 자극을 주고 있다는 점에서 민중사관 또한 관심의 끈을 놓지 말아야 할 역사인식의 태도라 하겠다.

3. 교단 및 교파적 역사인식의 극복

신앙인들은 자신이 속한 신앙집단에 대한 충성심과 다른 신앙집단에 대한 배타성을 갖기 쉽다. 역사 서술에도 이런 경향이 자주 나타나서, 교단이나 교파에 따라서 역사적 평가를 달리하는 사례들이 흔하다. 그러나 교파적 역사 이해는 역사를 편향되게 볼 위험을 초래할 뿐 아니라 자칫 자기 교단이나 교파만이 기독교의 진리를 지켜왔다는 독선에 빠질 위험마저 낳는다. 특히 한국교회사는 현재의 교단 및 교파가 과거 역사에 활동하던 주요 인물들의 영향 아래 있는 경우가 많아 독자들이 역사 이해를 하면서 교파적 독선에 빠질 위험을 경계할 필요가 있다.

4. 진보적 역사인식과 보수적 역사인식의 갈등

기독교 신앙은 성경의 이해와 해석을 통해 서로 다른 신앙 태도와 실천 방안을 끌어낼 수 있다. 특히 신앙인의 사회 참여는 어느 사회에서나 논쟁의 대상이었다. 최근에는 여성문제, 자연과 인간의 관계에서 불거진 환경문제 등에서 평등주의적 시각으로 보느냐 아니면 남성 혹은 인간 중심적 시각으로 보느냐에 따라서 입장이 서로 달라진다.

교회사를 공부하는 자세와 시각 역시 이 연장선에 있다. 정확한 것은 아니지만, '평등주의적' 입장을 '진보적' 시각이라고 할 수 있고 개인이나 인간과 자연 사이의 차별을 당연한 것으로 보는 입장을 '보수적' 시각이라 할 수 있다. 한국교회의 양적 성장과 부흥운동, 기복신앙, 성직자 중심주의, 반공주의 등과 같은 사안에 대해서 서로 다른 평가를 하는 것은 이런 입장의 차이에서 오는 경우가 많다. 하나의 입장을 자신의 견해로 확실히 하는 것은 교회사에 대한 이해를 높이는 좋은 방법이지만, 다른 견해를 전적으로 배제하는 것은 독선에 빠질 위험을 높인다는 점에서 주의를 요한다.

📖 **추천하고 싶은 책**

한국기독교역사학회. 「한국 기독교의 역사 I」. 서울: 한국기독교역사연구소, 2009. 한국교회사 연구자들의 집단 저작으로서 이전에 나온 책들에 비해 훨씬 더 많은 사료를 동원하였고 그 출처를 밝혀주고 있어 후속 연구를 자극한다. 다양한 시각을 배제하지 않고 서술함으로써 연구자와 독자들이 더 깊이 있게 스스로 공부할 수 있도록 배려한 점도 돋보이는 장점 중 하나이다. 제1권은 기독교의 전래부터 3·1 운동 이전 시기까지를 다루고 있다. 기독교 수용의 과정과 초기 선교활동, 교세의 확장과 기독교 민족운동에 이르는 과정은 하나의 파노라마를 연상시키는 생동감을 준다.

한국기독교역사학회. 「한국 기독교의 역사 II」. 서울: 한국기독교역사연구소, 2009. 이 시기는 3·1 운동으로 나타난 민족 운동의 과정에 기독교가 한 역할과 그 이후 기독교 민족운동과 사회·문화 운동에 관한 서술을 거쳐, 일제 강점기에 교회 내에서 일어난 신학적 갈등 및 기독교의 새로운 모색들을 살펴본 다음 무엇보다 일제 말기에 이르러 강화된 일제의 기독교 박해와 기독교인들의 투쟁을 주요 내용으로 다룬다. 이 시기의 기독교 신앙과 민족운동은 해방 이후의 친일청산과 관련하여 논자에 따라 크게 다른 평가를 하기도 해서 우선 역사 사실을 충실히 이해할 필요가 있다.

한국기독교역사학회. 「한국 기독교의 역사」III. 서울: 한국기독교역사연구소, 2009. 해방 후 기독교의 재건 과정, 6·25 전쟁과 교회, 교단분열과 새 교단의 탄생, 1960년대 이래 나타난 교회의 성장과 발전, 다양해진 교회 활동, 북한 교회, 민중신학을 비롯한 새로운 신학의 모색, 선교의 새로운 지평 등을 주요 내용으로 한다. 우리 시대와 아주 가까운 시기를 다루고 있지만 비교적 객관적인 서술이라는 평을 얻을 만큼 어느 한 신학 경향으로 기울어지지 않았다는 점이 커다란 장점이다. 한국교회와 한국 사회의 역사 그리고 세계교회사의 변화까지 고려하고 있다는 점 또한 이 책의 가치를 높이고 있다.

김양선. 「한국기독교해방10년사」. 서울: 대한예수교장로회총회 종교교육부, 1956. 이 책은 해방 이후 10년 동안 한국교회에서 전개된 교회 재건운동의 과정을 비교적 객관적으로 서술하고 있다. 남부대회의 무산과 '한국교회재건 기본원칙'을 둘러싼 서로 다른 대응들, 그리고 장로교의 친일 청산과 경남노회의 분리 등을 자세히 기록하고 있어 해방 후 한국교회의 지도부가 구성되는 과정을 여실히 보여준다.

민경배. 「한국기독교회사(개정판)」. 서울: 대한기독교출판사, 1982. 이 책은 저자가 교회사 교수로서 봉직한 연세대학교 출판부에서 2007년에 '한국 민족교회 형성과정사'라는 부제를 달아 다시 발행되었다. 한국교회사를 '민족교회'의 형성이라는 일관된 시각으로 서술해 '민족교회사관'이라는 새로운 역사방법론을 구현한 역저이다. 저자는 신앙의 '내연'이 저절로 나라, 겨레 그리고 사회에 '외연'되어 나간 과정을 포착하여 전개하고 있다. 따라서 책의 곳곳에 기독교 신앙에 토대를 둔 민족적 에토스가 보인다.

이만열. 「한국기독교와 민족통일운동」. 서울: 한국기독교역사연구소, 2001. 한국기독교역사연구소장을 지낸 저자는 「한국기독교와 역사의식」(1981), 「한국기독교 수용사연구」(1998) 등의 저서를 냈으며 국사편찬위원장을 지낸 역사학자이자 교회사학자이다. 이 책에서 저자는 남북문제와 관련하여 기독교계에서 발표한 "민족통일과 평화에 대한 기독교회선언"의 역사적 의미를 되짚고 있으며, 말미에 '한국기독교사 연구의 어제와 오늘'을 첨부하여 기독교 역사 연구사를 정리해 좋은 길잡이가 되도록 하고 있다.

강인철. 「한국의 개신교와 반공주의」. 서울: 중심, 2007. 종교사회학을 전공한 저자는 한국 개신교 반공주의의 연원과 실체 그리고 그 변화를 자세히 탐구하고 있다. 한국 개신교 반공주의의 역사적 형성 과정은 물론이고 그것이 가히 '종교화'라고 할 수준으로 굳어지는 계기와 제도들, 반공주의를 통해서 이익을 얻는 집단과 침해를 당하는 집단, 그 주체와 조직을 밝혀준다. 특히 월남한 개신교 지도자들이 반공주의자가 되는 과정과 개신교 보수주의 형성에 미친 영향 등에 대해 많은 정보와 새로운 시각을 제공하고 있어 한국 개신교의 정치적·사회적 지향을 이해하는 데 대단히 유용하다.

류대영. 「한국 근현대사와 기독교」. 서울: 푸른역사, 2009. 책의 제1부는 초기 기독교 지식인들의 근대화에 대한 입장을 담았고 제2부에서는 기독교와 사회주의, 나아가 북한의 기독교에 대한 연구 결과를 드러내고 있으며 제3부에서는 개신교 보수주의의 사회참여와 친미주의 그리고 뉴라이트의 이념과 세계관을 다루고 있다. 한국교회와 사회의 관계를 다룬 저서가 흔치 않은 한국교회사 연구 상황에서 이 책의 가치는 충분하다. 특히 복음주의적 견해를 유지하면서도 교회가 사회에서 어떤 역할을 해왔는지를 살펴봄으로써 앞으로 교회가 한국 사회 속에서 어떤 역할을 해야 할지를 시사해 준다.

강만길. 「고쳐 쓴 한국현대사(개정판)」. 서울: 창비, 2006. 고려대 사학과 교수로 근무했던 저자의 이 책은 1984년 출간 당시부터 학계와 독서계의 주목을 받았으며 2006년에 개정판으로 다시 나왔다. 역사 자료들을 폭넓게 인용하면서도 균형을 잃지 않은 시각을 유지하고 있다는 점이 커다란 장점이며, 일제 강점기부터 문민정부의 등장까지를 다루고 있는데, 정치, 경제, 사회, 문화 등 다양한 측면들을 자세히 서술했다. 이 시기에 교회사에 등장하는 주요 사건들과 변화들을 알 수 있어 한국교회사 참고서로서 아주 유용하다.

박찬승. 「한국 근현대사를 읽는다」. 서울: 경인문화사, 2014. 한양대 교수로 있는 저자는 강만길 교수에 비해 다소 젊은 중견 한국사학자이다. 그래서 관심대상 역시 약간 새로운 측면을 보여주는 이 책은 개항기를 시작으로 1980년대를 거쳐 현재의 남북관계와 통일운동까지를 다루고 있어 한국 기독교의 시작부터 현재까지 전 시대를 한 권의 책으로 이해할 수 있다는 점이 큰 장점이다. 나아가 한국 역사학계의 진보적인 시각을 일관되게 보여준다는 점에서도 이 책은 한국교회사를 읽는 시각에도 도움을 준다.

제3부

∙
∙
∙

체계신학

제11장
조직신학 • 근광현

제12장
침례교신학 • 김용복

제13장
현대신학 • 윤원준

제14장
종교철학 • 정승태

제15장
철학적 해석학 • 김종걸

제16장
기독교 윤리학 • 김병권

제11장

조직신학

조직신학 교수 | **근광현**
kkhinhs@kbtus.ac.kr

I. 조직신학이란 무엇인가?

오늘날의 "조직신학"(Systematic Theology)은 다양한 신학이론들을 하나의 체계로 통일하려는 임무를 수행하는 기독교신학의 한 분야이다. 그렇기에 조직신학의 과제는 다른 신학분과의 내용을 바탕으로 논리 정연하게 기독교 신앙을 이야기하는 것이다. 하지만 누가 언제부터 "조직신학"이라는 용어를 사용했는지에 대해서 명확하게 규명할 수 없다. 침례교신학자 그렌즈(Stanley J. Grenz)에 의하면, 중세 초기의 사상가들은 "신학"을 "교의학"(dogmatics)나 "거룩한 교리"(sacra doctrina)로 표현하였다. 이때 신학은 하나님에 관한 교리를 주제로 삼았다. 본래 "신학"이라는 용어는 그리스어로 신을 표현하는 "θεος"와 말 혹은 가르침을 의미하는 "λογος"의 합성어에서 나왔다. 그래서 신학이란 어원적으로 "신에 관한 가르침" 또는 "신에 관한 연구"를 뜻하였다. 어거스틴(Augustine)은 신론과 삼위일체론을 다루는 것이 신학이라 했고, 루터(Martin Luther)는 그리스도를 주제로 삼는 학문이 신학이라고 정의했으며, 칼빈(John Calvin)은 신학을 "하나님에 관한 지식"으로 정의하였다. 그러나 침례교의 멀린스(E. Y. Mullins)는 교리란 "하나님과 인간 사이의 모든 관계에서 일어난 사실을 과학적으로 설명하여, 기독교인의 체험을 탁월하게 제공하는 것"이라고 말했다. 멀린스가 조직신학을 "하나님과 인간 사이에서 체험되어진 신학의 진리" 안에서 찾은 점은 독특한 견해라 할 수 있다. 아울러 그렌즈는 그리스도인 각 개인의 신앙은 하나의 신념체계를 포함하고 있기 때문에, 모든 그리스도인이 신학자라고 말한 점도 침례교신학의 독특성을 살필 수 있게 한다.

조직신학 방법론은 신앙과 이성의 관계를 통해서 취할 수 있다. 신앙과 이성의 관계는 크게 세 가지 형태이다. 첫째는 신앙의 우위를 강조하며 이성을 도외시하는 경우이다. 터툴리안(Tertullian)은 이성의 한계를 들어(롬 1:22; 고전 1:21), "나는 불합리하기 때문에 믿는다"(Credo, quia absurdum est)고 말했다. 둘째는 신앙과 이성을 대등한 위치에 두는 경우이다. 져스틴(Justin Martyr)은 "이성을 따라 산 사람은 기독교인"이라고 말했다. 셋째는 신앙의 우위를 강조하면서 이성도 인정하는 경우이다. 어거스틴(Augustine)은 초기에 이성적 사유를 즐겼으나, 후기에는 신앙적 사유로 전환하였다. 그는 "나는 알기 위해 믿는다"(Credo, ut intelligam, 사 7:9)는 유명한 사유방식을 남겼다. 오늘날에는 반틸(Cornellius Vantil)이 "이성은 계시를 위해 봉사하며, 이 계시의 조명(illumination)을 받아야 한다"고 적절하게 표현하였다.

그러므로 신학도들이 조직신학 연구를 잘 할 수 있으려면 조직신학의 1차 자료인 성경을 다독해야 하며(요 5:39; 10:35; 고전 4:6; 엡 3:3 - 6; 갈 1:6 - 9; 딤후 3:16), 2차 자료인 일반계시(a general revelation, 행 14:17;

17:22-34; 롬 1:19-20)와 체험과 신조(creeds)를 적절하게 활용할 수 있어야 한다. 침례교의 성경적 조직신학자 무디(Dale Moody)에 의하면, 기독교신학의 최종 권위는 항상 신구약 성경이었다. 뿐만 아니라 신학도들은 기본적으로 하나님과의 인격적인 만남의 체험이 있어야 한다(출 3:13-16; 고후 7:8-11. 13:5). 하나님은 산 자의 하나님이기 때문이다(마 22:32; 막 12:27; 눅 20:38). 따라서 파스칼(Blaise Pascal)이 "기독교의 하나님은 철학자의 신(a divinity)이 아니라, 아브라함과 이삭과 야곱의 하나님"(God)이라고 변증한 것은 의미가 있다.

II. 조직신학의 내용

침례교 조직신학은 하나님의 주권을 강조하여 신론을 앞세우는 장로교와 달리, 계시론을 앞세우는 경향이 있다. 그 이유는 성경 안에서 하나님의 주권과 뜻과 계획 등을 온전히 발견할 수 있다고 보기 때문이다. 조직신학자 멀린스(E. Y. Mullins)나 스티븐즈(W. W. Stevens)와 밀라드 에릭슨(Millard J. Erickson)은 계시론을 우선적으로 취급하였다.

1. 성경과 계시(啓示論)

계시(revelation)란 무엇인가? 데일 무디(Dale Moody)는 어원적 접근과 신약의 사용 및 신학적 의미에서 계시의 뜻을 찾았다. 계시는 어원적으로 그리스어 "αποκαλυψις"의 명사형으로써, 이는 "베일을 벗기는 것," 즉 "드러내는 것"을 말한다. 그리고 계시는 신약성경과 신학적으로 계시자와 수납자인 인류를 위한 하나님의 자기표명(self-manifestation)이다. 구약에서 "צלה"(창 35:7)는 "나타나셨음"(appearance)을 뜻한다. 또한 신약의 "αποκαλυτειν"은 "가면이나 껍질을 벗어버리고 드러내는 것"(manifest)을 의미하며, "γνωριξειν"은 "인간의 힘으로 도달할 수 없는 것이 인간에게 전달되는 것"을 뜻한다(transmission). 이밖에도 "φανερουν"은 "보이게 하는 것"(show)을 말한다.

계시의 종류는 일반계시(The general revelation)와 특별계시(The special revelation)가 있다. 침례교신학자 가렛(James Leo Garrett)은 "일반계시는 모든 인간 존재를 위해서 창조된 우주 곧 자연과 인간의 내적 본성인 양심을 통해서 하나님을 나타내 주신 것"이라 하였다(창 1:26 - 27; 시 19:1 - 6; 전 3:11; 행 14:17; 17:26 - 28; 롬 1:18 - 32; 2:14 - 16). 하지만 일반계시는 하나님을 인격적으로 만날 수 없는 한계점을 지니고 있다. 브룬너(Emil Brunner)는 인간의 타락으로 인해 일반계시만으로는 하나님을 알 수 없다고 말했다.

그리고 특별계시에 대해서 멀린스는 "예수 그리스도께서 우월적 계시"라 하였다. 즉 예수께서 특별계시라는 뜻이다. 그런가 하면 데일 무디는 특별계시란 하나님이 특별한 장소, 특별한 사람, 특별한 역사를 통해 사람들로 하여금 하나님을 수용할 수 있도록 드러내신 것이라고 정의하였다. 따라서 특별계시는 성경과 예수 그리스도를 가리킨다(요 1:18; 히 1:2). 물론 특별계시의 목적은 영원한 생명과 그리스도에 대한 증언(요 5:39; 눅 24:27, 44; 롬 3:21 - 22)과 성도들을 올바로 교훈하기 위한 것이다(딤후 3:17).

그런데 이 특별계시인 성경은 성령의 역사에 의해 기록되었다(삼하 23:2; 겔 2:2; 8:3; 11:1, 24; 행 1:16; 4:25; 28:25; 딤후 3:16; 히 3:7; 9:6 - 8; 10:15; 벧후 1:21). 신학적 용어로 이를 "영감설"(inspiration theory)이라 부른다. 영감은 성령께서 성경 기록자들이 하나님의 말씀을 오류 없이 기록할 수 있도록 하나님의 숨을 불어넣은 것을 말한다(요 14:26; 고전 2:10; 딤후 3:15 - 16; 벧후 1:20; 계 1:10; 4:2). 일반적으로 교회에서 수용할 수 있는 영감설은 모든 말씀이 하나님께서 불러준 그대로를 기록자가 받아

썼기에, 글자 한 자 한 자가 다 영감받았다는 구수설 혹은 축자영감설 (Theory of the plenary verbal inspiration, 벧후 1:21)과 기록자의 인격적 특성 및 체험과 사상이 영감받았다는 역동설(Theory of dynamical inspiration) 두 가지이다(벧후 1:16 - 19). 그리고 조명(illumination)이 있는데, 이는 성경을 읽는 독자들에게 성령께서 주신 영적 통찰력을 뜻한다.

멀린스는 성경계시의 특징을 다음과 같이 열 가지로 규정하였다. 첫째, 성경계시는 역사적이고 체험적이다. 둘째, 성경계시는 중생적이며 도덕적이다. 셋째, 성경계시는 발생적이다. 넷째, 성경은 점진적 계시이다. 다섯째, 성경계시는 통일성을 가지며 목적적이다. 여섯째, 성경계시는 인간의 지적이고 종교적인 생활과 일치한다. 일곱째, 성경계시는 예수 그리스도에 의한 완전한 계시로서 초자연적이다(요 1:18; 14:9). 여덟째, 성경계시는 모든 종교 목적을 충족하며 최고의 권위를 갖는다(딤후 3:15 - 17). 아홉째, 성경은 과학자들을 위한 참고서가 아니라, 인간의 구속에 관한 생명의 말씀이다(고전 2:1; 갈 3:8, 22). 열 번째, 성경계시는 이미 신구약 66권으로 종결되었다는 것이다.

2. 성경과 하나님(神論)

신론은 하나님의 존재와 인격과 사역을 취급한다. 성경은 하나님의 존재를 전제한다(창 1:1). 속사도 교부와 교부들도 하나님의 존재를 증명하려고 시도하지 않았다. 그러나 중세기에 이르러 안셀름(Anselm)의 존재론적 논증(Ontological Argument)과 토마스 아퀴나스(Thomas Aquinas)의 우주론적 논증(Cosmological Argument)이 시도되었다. 이는 인간의 이성으로 하나님의 존재를 알 수 있다는 자연신학(Natural Theology)에서 비롯된 것이다.

하나님은 자신과의 관계에서 삼위일체(三位一體, Trinity)로 존재하신다. 삼위일체란 성부(聖父), 성자(聖子), 성령(聖靈)은 삼위(세 인격, προσωπον, persona, person)로 존재하지만, 그 본질(essence)은 하나라는 교리이다. 즉 한 분 하나님은(왕하 19:19; 마 23:9; 막 12:32; 요 8:41, 10:30; 고전 8:4-6; 갈 3:20; 딤전 2:5; 약 2:19; 유 1:4, 25) 세 위격(인격)으로 존재하시며 활동하신다는 것이다(마 3:16 - 17; 28:19; 고전 12:4-6; 고후 13:13; 벧전 3:18). 그런데 삼위일체론 교리는 유대교의 가부장적 군주론(Monarchianism)과 영지주의(Gnosticism)와 종속설(subordinationism) 극복을 위해 교부들이 제시한 교리이다. 특히 삼위일체론은 4세기에 북아프리카 히포 레기우스의 감독이었던 어거스틴이 정립하였다. 그는 "상호침투"와 "상호내재"(요 1:1 - 4; 14:10 - 13; 17:21 - 23)와 "관계" 개념을 가지고 "하나의 본질과 세 위격"이라는 존재방식을 제시하였다(요일 5:8). 여기서 "관계"란 창세전에 하나님이 가졌던 존재론적 관계를 말한다. 그리고 어거스틴은 성령께서 성부와 성자로부터 출원했다는 이중출원설(Filioque)을 제시했고, 또 나무가 "뿌리-줄기-가지"로 구성되고, 한 사람의 인격이 "지-정-의"로 구성되었듯이, 삼위일체론도 이런 방식으로 설명할 수 있다고 말했다. 성경은 하나님의 통일성과 위격의 복수성을 여러 곳에서 보여준다(창 1:1 - 3; 26; 3:22; 11:7; 48:15 - 16; 민 6:24 - 26; 사 6:3; 단 9:19; 요일 5:8; 요 1:1-3; 10:30; 마 3:16-17; 28:19; 고전 12:4-6; 벧전 1:2; 3:18; 고후 13:13). 특히 신약은 "성부-성자-성령" 하나님의 동일하심을 보여준다(마 1:22 - 23; 요 1:1 - 4; 10:30; 20:28; 딛 2:13 등).

하나님의 명칭은 구약에서 "엘"(אֵל), "야훼 혹은 여호와"(יהוה), 그리고 "아도나이"(אֲדֹנָי)로 호칭되고 있다. "엘"은 가장 널리 사용된 어휘로서 강함과 능력을 소유하신 통치자를 지칭한다(창 1장). 그리고 "야훼 혹은 여호와"는 탁월한 하나님의 고유 명칭으로(출 3:15) 이는 언약의 신실성과 이스라엘 백성에게만 사용되는 명칭이다(창 2장; 출 6:4 - 5). 또한 "아도나이"는 주님 혹은 남편의 뜻을 가진 칭호로서(사 54:5; 렘

3:14; 31:32; 고후 11:2; 마 25:1 - 6; 계 18:23), 이는 "재판하다, 지배하다"라는 어휘에서 유래되었다. 또한 신약에서는 "엘"과 같이 일반적인 하나님 칭호로 "θεος"를 사용하였고, 또 예수께서 법적 권한을 가진 통치자로서 주가 되신다는 뜻을 가진 "κυριος"가 있으며, 창조주 하나님을 뜻하는 "πατηρ"가 있다(고전 8:6; 엡 3:14 - 15; 히 12:9). 특히 신약은 한 분 하나님이 성부와 성자와 성령 하나님으로 사역하는 것을 명확하게 보여주고 있다.

그리고 삼위일체 하나님은 "무로부터의 창조"(creatio ex nihilo)를 하셨다. 이 개념은 데오빌루스(Theophilus)가 두 신 개념을 주장하는 영지주의자 바실리데스(Basilides)를 비판하기 위해 최초로 제기한 신학적 개념이다. 성경은 성부께서 만물의 근원자이시며(창 1:1; 고전 8:6), 성자께서는 창조의 실행자이시고(창 1:1; 요 1:1 - 3; 롬 11:36; 고전 8:6; 골 1:16; 히 1:2), 성령께서는 생명을 부여하시는 창조의 적용자임을 보여주고 있다(창 1:2; 욥 26:13, 33:4; 시 104:30; 사 40:12 - 13). 존 월부우드(John F. Walvoord)는 "성부께서는 설계자이시며, 성자께서는 설계를 진행하시고 조력하시며, 성령께서는 이 설계를 완성하시고 종결하시는 분"이라고 말하였다. 따라서 우리는 삼위 중 한 위만이 아니라, 삼위일체 하나님이 창조사역에 관여했음을 인식해야 한다.

하나님은 영적 존재인 천사를 창조하였다. 성경은 천사가 언제 어떻게 창조되었는지 명확하게 증언하고 있지 않지만, 예수 그리스도께서 자신을 위해 창조한 것으로 증언하고 있다(골 1:16). 성경은 거룩한 천사(막 8:38; 눅 9:26; 행 10:22; 딤전 5:21)와 범죄한 천사(벧후 2:4; 유 6절)로 구분하고 있다. 이는 처음부터 그렇게 창조된 것이 아니다. 범죄한 천사는 교만과 욕심을 가지고 자신의 위치를 떠나 하나님께 대적한 천사들이다(창 3:1 - 5; 사 14:12 - 20; 겔 28:12 - 18; 요 8:44; 벧후 2:4; 유 6; 계 12:7 - 9). 거룩한 천사들은 하나님이 부리시는 영이지만(히 1:14), 범죄한 천사들은 하나님을 대적하고(대상 21:1; 욥 1:6 - 12; 2:1 - 7; 슥 3:1) 하나님과 인간 사이를 이간질하며(신 32:16 - 17; 마 4:1) 천하를 미혹하고(계 12:9) 사람들로 하여금 불신앙의 죄를 짓게 하여 사망에 이르게 하는 죽음의 세력을 잡은 자들이다(히 2:14). 또한 범죄한 천사는 천하를 미혹하는 사탄마귀와 그를 따르는 사자들로 구성되어 있다(계 12:7 - 9). 칼라스(James Kallas)는 신약성서신학이 사탄을 제대로 취급하지 않거나 무시함으로써, 신약의 중요한 교리를 왜곡시키거나 부정했다고 말하였다.

그리고 하나님은 물질계를 창조하셨다. 창세기 1장 8절의 "욤"(יוֹם)은 하루 24시간을 말한다. 하나님께서 안식일을 제정하실 때 창조의 날수인 칠일을 기준으로 정하셨기 때문이다(출 20:9 - 11). 물질계는 하나님의 말씀에 의해 창조되었다(창 1:3 - 9). 하지만 사람은 하나님께서 친히 자신의 형상과 모양대로 창조하셨다(창 1:26 - 28; 2:7). 이와 같이 하나님이 영적 존재와 물질계와 사람을 창조하신 목적은 하나님을 송축하며 영광 돌리게 하기 위함이었다(시 103:19 - 22). 그런데 만물을 창조하신 하나님은 피조계를 떠나 홀로 계신 분이 아니라, 우주의 전 피조계를 통치하신다. 조직신학은 이를 가리켜 하나님의 섭리(providence)라 한다. 섭리는 하나님이 자연, 개인, 가정, 교회, 국가 안에서 행하시는 보존(保存)과 통치(統治)와 협동(協同) 사역이다. 하나님은 섭리를 통해 피조물이 공유할 수 없는 비공유적 속성(非共有的 屬性)인 전지성(Omniscience), 전능성(Omnipotence), 편재성(Omnipresence), 그리고 영원성(Eternity)을 계시하셨다. 하지만 사람들은 공유적 속성인 거룩함(Holiness)과 의(Righteousness)와 사랑(Love)과 호의(affection)를 소유하고 있다.

3. 성경과 인간(人間論)

인간은 하나님의 형상으로 창조되었다. 그런데 하나님의 형상으로서의 인간(Imago Dei, 창 1:26 - 28)에 대한 몇 가지 견해가 있다. 로마 가톨릭교회는 하나님의 형상과 모양을 구분한다. 이들은 아담의 타락으로 인해 신적 능력인 하나님의 모양은 사라졌지만, 이성의 능력인 하나님의 형상은 그대로 남아 있다고 가르쳤다. 그러나 개신교는 하나님의 형상과 모양을 통합적인 것으로 간주하였다. 루터는 하나님의 형상과 모양을 하나님과 인간 사이의 온전한 관계를 유지하고 있는 전인적 존재로 인식하였다. 하지만 그는 아담의 타락으로 인해 인간의 자유의지는 완전히 상실되어 그 잔재만 남게 되었다고 말했다. 칼빈 역시 인간의 타락 이후에도 하나님의 형상은 남아 있지만, 이는 부패로 인해 기형물이 되었다고 가르쳤다. 즉 인간은 타락으로 인해 초자연적 형상인 믿음의 빛과 의는 상실했지만, 자연적 형상인 정치, 가정생활, 기술, 문화, 양심, 이해력, 신을 찾는 경향 등은 남아 있다는 것이다. 침례교신학자들도 비록 인간이 타락했지만, 하나님의 형상의 잔재는 남아 있는 것으로 간주하였다. 뉴포트(J. P. Newport)는 하나님의 형상을 가리켜 인간의 자의식, 자기결정, 도덕적 식별, 지성, 피조물에 대한 지배, 사회관계, 그리고 하나님과의 친교라 하였다. 20세기 신학자들은 하나님의 형상을 관계적 관점과 기능적 관점에서 이해하였다. 바르트(Karl Barth)는 한 분 하나님 안에 세 인격이 상호관계 속에 존재하듯이, 인간은 이웃과의 관계 속에 존재하는 하나님의 형상이라고 이해하였다. 그래서 그는 창세기 1장 27절의 "남자와 여자"를 "나-그것"의 비인격적 관계가 아닌, "나-너"의 인격적 만남의 관계로 해석하였다. 스네이드(Norman Snaith)는 기능적 관점에서 하나님의 형상을 세상에 대한 인간의 통치권(sovereignty)으로 파악하였다.

전통적으로 인간의 구성요소는 세 가지 관점으로 설명되었다. 하나는 단일설(Monism)이다. 스티븐즈(W. W. Stevens)는 성경이 인간을 그 전체로 본다고 말했다. 다른 하나는 가장 폭넓은 지지를 받고 있는 이분설(Dichotomism)이다. 이는 인간은 영혼과 몸으로 구성되어 있다는 이론이다. A.D. 381년 콘스탄티노플 회의가 이분설을 채택한 이후 서구신학자들이 이를 지지하고 있다(창 2:7; 마 10:28; 요 20:30 등). 또 다른 하나는 인간이 영과 혼과 몸으로 존재한다는 삼분설(Trichotomism)이다(살전 5:23; 히 4:12). 그런가 하면 에릭슨(M. J. Erickson)은 영혼과 몸이 조건부적인 통일성을 이루고 있다는 입장을 취하였다.

그렇다면 영과 혼과 몸은 구체적으로 무엇을 뜻하는가? 영(רוּחַ, πνευμα, Spirit)은 하나님께로부터 나오는 생명의 근원이고(창 1:2; 2:7; 눅 8:55; 요 4:24; 6:63; 비교 말 2:15), 혼(נֶפֶשׁ, ψυχή, soul)은 혈육과 결합되어 있는 생명의 주체이다. 그런데 이 혼은 죽음과 부패에 종속되어 있기 때문에(고전 15:42-50), 혼이 범죄하면 죽음에 처하게 된다(겔 18:4, 20). 그리고 몸은 구약에 나타나 있지 않으나, 신약에서는 σῶμα(body)로 묘사되어 있다. 다만 구약에서는 죄 있는 인간을 지칭하는 "육체"(בָּשָׂר, σαρξς, flesh)가 있다. 하지만 신약에서 몸은 긍정적 의미를 갖는 성령의 전으로 표현되었다(고전 3:16; 6:19). 특히 사도 바울은 "육체"를 하나님의 법을 거역하는 윤리적인 자리로 해석하였다(롬 8:1-11; 갈 5:16-17). 뿐만 아니라 널리 수용되고 있는 영혼의 기원설은 영혼 유전설이다. 이는 모든 인류가 한 혈통이라는 사실(창 10:32; 행 17:26; 롬 5:14)과 죄의 보편성에 근거한 것이다(시 51:5; 창 6:5; 롬 1:18-32; 5:12).

그런데 성경이 말하는 죄는 하나님에 대한 인간의 불신앙과 불순종을 가리킨다. 구약에서 죄를 뜻하는 "חָטָא"는 표적 및 목표에서 빗나감을 말하며(창 4:7; 20:9), 이는 의도적인 불순종을 지칭하는 말이다(삿 20:16; 잠 19:2). 신약에서도 죄는 인간의 불신앙을 말한다(요 16:9; 롬

14:23). 예컨대, 죄를 뜻하는 ἁμαρτάνω는 "חָטָא"를 70인 역으로 번역한 것으로서, 이는 "표적을 맞추지 못하다"의 뜻을 갖고 있다. 또한 명사형 ἁμαρτια도 하나님께 대항하는 죄와 하나님이 세우신 표적과 기준을 맞추지 못한 것을 뜻하는 어휘이다. 멀린스는 인간의 죄가 인간의 자유 의지적인 선택에 의해 비롯된 것이지만, 이는 사탄이 인간을 타락하도록 유혹한데서 비롯되었다는 점을 강조하였다(창 3:1-14; 계 12:9; 20:2).

그 결과 아담의 죄가 후손들에게 전가(imputation)되어, 모든 인류도 타락하게 되었다(롬 5:12-14). 죄의 전가방식에 대해서는 죄 자체가 전가 되었다는 칼빈주의의 직접 전가설과 부패성향 및 죄 성향만 전가되었다는 아르미니우스주의의 간접 전가설이 있다. 터툴리안은 최초로 죄의 전가를 유전(heredity)에 의한 것으로 규정하였다. 나아가 죄의 전가설은 전적인 타락(Total depravity)과 부분적인 타락에 관한 논의로 이어졌다. 여기서 구원론 전개 방식에 대한 다양한 견해들이 나오게 된 것이다.

4. 성경과 구원(救援論)

개신교의 구원론은 종교개혁 이후, 칼빈주의자들과 아르미니우스주의자들에 의해 제시된 5대 강령을 축으로 전개되고 있다. 일명 TULIP 이론이다. 이는 전적타락(Total inability), 무조건적 선택(Unconditional election), 제한속죄(Limited atonement), 불가항력적 은혜(Irresistible grace), 그리고 성도의 견인(Perseverance of saints)이다. 이와 달리 멀린스는 "주 예수 그리스도"를 구원론의 기본 틀로 삼아 "하나님 편과 인간 편"으로 구분하고, "하나님의 주도권"과 인간의 "영혼의 역량"(soul competency) 개념을 통해 "하나님의 인간 선택"과 "인간의 하나님 선택"으로 풀어가면서, "인간의 선택의지"와 "강권하는 은혜"(constraining grace)를 도구로 삼아 침례교의 "중도적 구원관"을 제시하였다. 그럼에도 불구하고 미남침례교 구원관은 칼빈주의(J. P. Boyce)와 중도주의(E. Y. Mullins), 그리고 아르미니우스주의(Dale Moody) 세 입장으로 제시되고 있다.

침례교는 구원의 조건을 "회개와 믿음"으로 간주한다(막 1:15; 행 20:21). 이는 1925년에 작성된 미남침례교 신앙고백에도 나타나 있다. 에릭슨은 회개(μετάνοια, repentance)가 회심(conversion)의 소극적 측면인 "죄로부터 돌아서는 것"이라면, 믿음(πίστις, faith)은 그리스도의 약속들과 사역을 붙잡는 적극적 측면이라 하였다. 그래서 그는 우리가 믿음을 통해 하나님의 은혜를 받을 수 있기 때문에, 믿음은 복음의 진정한 핵심이라고 말하였다. 즉 믿음(saving faith)은 구원을 가져다주는 결정적인 요소라는 뜻이다. 그런데 구약은 믿음을 명사형 대신에 동사형으로 사용함으로써, 믿음은 누군가가 갖고 있는 어떤 것이라기보다는, 누군가가 활동하며 행하는 어떤 것임을 보여주었다(창 15:6-7; 22:1-12; 히 11:17-19). 신약에서도 믿음은 명사형 πίστις와 더불어 동사형 πιστεύω가 함께 사용되었다. 여기서도 믿음은 누군가가 참된 것을 믿는 것이자(요일 4:1), 동시에 단순한 신앙이나 신념과 구별되는 인격적 신뢰를 의미하였다(요 1:12, 17:3; 요일 4:16 - 21; 5:10). 그렌즈는 믿음을 "지-정-의" 세 요소로 설명하였다. "지"는 인간이 복음진리를 듣고 아는 지식의 단계이고(롬 10:17), "정"은 인간이 자신의 죄 때문에 하나님을 의존할 수밖에 없다는 사실을 동의하는 단계이며(시 106:12 - 13; 롬 10:10), "의"는 그리스도를 구주로 시인하며 신뢰하는 단계라고 설명하였다(롬 10:10; 고전 12:3). 나아가 성경은 구원적 믿음의 대상이 무엇인지 명확하게 보여주고 있다. 그것은 바로 "하나님께서 예수를 죽은 자 가운데서 살리신 것을 마음으로 믿고 입술로 주라 시인하는 것"이다(롬 10:9 - 10; 요 11:25 - 26).

뿐만 아니라 성경에는 구원과 관련된 몇 가지 용어들이 있다. 멀린스는 다음과 같이 용어들을 정의하였다. 첫째, 회개는 인간의 영혼이 죄에서 돌아서서 그리스도에게로 향하는 것이다. 둘째, 믿음은 구속자와 주로서의 그리스도를 신뢰하는 것이다. 셋째, 회심은 외적변화로서 그리스도인들에게 요구되는 의무적인 생활이다. 넷째, 중생(regeneration)은 그리스도의 도덕적 형상을 성도의 영혼 속에 재생시키는 것이다. 다섯째, 칭의(justification)는 그리스도와 새로운 관계를 갖는 신자의 영혼에 새로운 상태를 부여하는 하나님의 선언적 행위이다. 여섯째, 양자(adoption)는 오직 그리스도 안에서 믿는 자만을 진정한 영적 아들로 인정하는 것이다. 일곱째, 그리스도와의 연합(union)은 성도들이 그리스도와 함께 시작하는 신앙생활의 처음과 지속에 관한 모든 것이라고 정의하였다.

이밖에도 구원은 성화(sanctification)의 삶과 영화(glorification)로 이루어져 있다. 그렌즈는 성화를 지위적(positional) 차원과 상태적(conditional) 차원으로 설명하였다. 지위적 성화는 성도들이 그리스도 안에 있는 새로운 관계에 의해 거룩하다고 일컬어지는 것을 말하며(고전 1:2), 상태적 성화는 성도들의 지위로부터 생겨난 거룩함이 점진적으로 성도들의 삶의 특징으로 나타나는 도덕성이라 하였다(빌 3:12-14; 고후 3:18; 엡 4:14; 벧전 1:15-16). 특히 그는 성도들의 성화의 삶 속에서 가장 중요한 것은 성령께서 죄악된 본성과 싸움을 수행하는 것이라고 말했다(갈 5:17). 아울러 그는 성령께서 유혹(고전 10:13)과 죄(롬 8:12-14)를 이기는 데 필요한 능력을 신자들에게 제공하는 성화의 궁극적 주체이지만, 신자의 인격적인 협력을 요구한다는 점을 강조하였다(벧후 1:5-11; 엡 6:10-18). 나아가 그렌즈는 성화를 위한 성령의 목표는 성도들이 그리스도를 닮아 그리스도의 장성한 분량에까지 도달하는 것이라고 말하였다(엡 4:14). 하지만 우리는 성경이 보여주는 성화의 도덕적 이상은 개인의 성화(롬 7 - 8장)를 넘어 교회의 성화(롬 12장)와 사회공동체 안에서의 성화(롬 13 - 14장)를 지향하고 있다는 사실을 인식해야 한다.

마지막으로 영화는 부활하신 그리스도께서 변화된 몸을 가지셨듯이(요 20:14 - 15, 19, 26), 장차 그리스도께서 재림하실 때에 성도들이 부활의 몸을 입게 되는 상태를 말한다. 사도 바울(고전 15:51 - 54; 빌 3:21)과 사도 요한도 이 사실을 증언하였다(요일 3:2 - 3).

5. 성경과 그리스도(基督論)

기독론(Christology)은 그동안 "위로부터의 방법"과 "아래로부터의 방법"으로 연구되어 왔다. 전자는 소위 "케리그마적 그리스도"(Kerygmatic Christ)로서, 이는 예수의 독특성과 그리스도 곧 메시아 되심을 강조하였다(마 16:13 - 17). 후자는 "역사적 예수"(Historical Jesus) 연구로서, 이는 팔레스타인이라는 특정한 지역에서 태어난 인간 예수, 즉 목수의 아들로서 갈릴리에서 사역했던 인간 예수에 중점을 두었다. 그런데 문제는 역사적 예수 연구를 시도하는 신학자들 대다수가 예수의 신성을 약화시켰다는 점이다.

종교개혁자들은 예수 그리스도의 신성과 인성을 동시에 강조한 칼케돈회의(The Council of Chalcedon)의 기독론을 채택하였다. 루터는 예수의 인격 안에서 연합된 신-인성과 이 두 신-인성 사이의 속성교환(屬性交換)을 주장하였다. 이는 예수 안에 있는 신성과 인성은 뗄 수 없는 한 인격이지만, 무한한 신성과 유한한 인성 사이에 속성교환이 있었다는 것이다. 그러나 칼빈은 인격의 통일성과 각 성질의 온전함을 강조하면서, 그리스도의 선지자직과 제사장직 그리고 왕직을 연구과제로 삼았다. 일찍이 초기교회사에서 예수의 신-인성에 관한 이단들이 등장하였다. 예컨대, 그리스도의 성육신(Incarnation)을 부정한 가

현설(Docetism)과 그리스도의 신성을 부인한 에비온주의(Ebionism), 그리고 예수를 최초의 피조물로 간주한 아리안주의(Arianism)이다. 하지만 예수 그리스도는 선재하셨다(요 1:1-3). 그는 창세전에 아버지 하나님과 함께 그의 피로 말미암는 영원한 속죄사역을 계획하셨고(엡 1:4-14), 이를 성취하기 위해 성육신하셔서 십자가에 못 박혀 죽으시고 삼일 만에 부활하심으로써, 창세전 구속사역을 성취하셨다. 물론 그리스도의 구속사역의 동기는 하나님의 사랑에 의한 것이었다(요 3:16; 롬 5:8).

나아가 예수께서 죽으신 후 삼일 동안 어디에 계셨는지에 대한 비성경적인 견해가 있다. 이는 베드로전서 3장 19절의 "옥"을 "음부"로 해석하거나, 천국에 가지 못한 성도의 임시 거처라는 "림보"(Limbus)로 해석하는 경우이다. 하지만 "옥"은 φυλακῇ이며, "음부"는 ᾅδης이고, "지옥"은 γέεννα(마 5:22; 막 9:43-47; 눅 12:5; 약 3:6)와 ταρταρόω(벧후 2:4)로 되어 있다. 무엇보다 예수 그리스도는 사망과 음부의 열쇠를 가지신 분이다(계 1:18).

특히 예수 그리스도의 십자가의 죽음과 부활은 강력한 효력을 지니고 있다. 첫째는 부활로 말미암아 안식일이 주의 날로 전환되었다(호 2:11; 마 12:8; 막 2:27-28; 눅 6:5-11; 요 20:1, 19; 행 20:7; 고전 16:1-2; 계 1:10; 골 2:11-17). 둘째로 부활하신 그리스도께서 성령을 보내주시며 메시아 통치를 수행하고 계신다(행 2:29-36 비교, 갈 3:13-14; 마 3:11; 막 1:8; 눅 3:16; 요 1:32-34; 벧전 3:22; 골 1:13). 셋째는 그리스도께서 부활하심으로 죽음의 세력을 잡은 자 마귀를 멸하셨다(히 2:14; 비교, 골 2:14-15). 넷째로 부활은 죄 사함의 근거(요 11:25-26; 롬 4:23-24; 10:9; 고전 15:3, 17)일 뿐만 아니라, 구속사의 핵심 축으로(벧전 1:3, 20-21; 엡 1:20), 이는 신약교회 설립의 유일한 근거라는 점이다(마 16:16-18; 행 2:32-36; 요 2:19-22; 행 20:28).

이 밖에도 예수의 인격과 사역에 관련된 중요한 칭호인 주(κύριος)와 그리스도(χριστος)와 하나님의 아들 칭호가 있는데, 이 세 가지 칭호는 예수께서 십자가에 못 박혀 죽으시고 삼일 만에 부활하심으로써 확고하게 인정되고 선포된 메시아 칭호이다(행 2:31 - 36; 롬 1:4). 즉 예수께서 우주의 주인이시며, 통치자이시고, 만왕의 왕이신 하나님이라는 뜻이다.

6. 성경과 성령(聖靈論)

구약에서 성령은 바람(רוח, 창 8:1; 출 10:13), 숨, 호흡(겔 37:1 - 10)의 뜻을 갖는다. 이러한 기본적인 의미로부터 루아흐 곧 성령은 생명의 원리를 가리키는 존재로 인식되었다(창 6:1 - 3, 17; 7:15, 22). 성령은 선재하셨고, 또 창조사역을 담당하셨다(창 1:2; 욥 26:13; 27:3; 33:4; 시 33:6; 104:30; 행 4:12 - 14). 그렌즈는 성령께서 하나님의 창조 활동의 대리인이자, 하나님이 세상을 붙드시는 대리인이라고 말했다(창 1:2; 시 18:15). 그리고 구약시대의 성령은 특정한 개인, 즉 선지자, 제사장, 왕, 레위인, 기타 성전 봉사자들에게 내주하시는 하나님의 초자연적인 권능이었다. 그래서 하나님은 이들을 통해 언약백성과 함께 하시며, 하나님의 임재를 백성들에게 보여주셨다. 특히 구약에서 성령의 임재는 언제나 일시적이었지만(창 6:1 - 4; 삼상 16:14), 하나님은 모든 백성들이 성령을 받아 다 선지자가 되기를 원하셨다(민 11:29).

비로소 이 사실은 선자자들의 예언(겔 11:19 - 20; 36:26 - 26; 39:29; 욜 2:28 - 32)과 예수 그리스도의 십자가 죽으심(갈 3:13-14)과 부활승천을 통해 성취되었다(행 2:32 - 33, 38). 따라서 신약의 성령은 또 다른 보혜사(요 14:16; 15:26; 16:7, παρακλετος, counselor), 진리의 영(요 16:13), 성결의 영(롬 1:4), 생명의 성령(롬 8:2), 양자의 영으로서(롬 8:15) 죄인들을 중생케 하시고(요 3:3 - 5), 신자들의 마음 안에 내주하시면서(고후 1:22) 성도들에게 은사를 수여할 뿐만 아니라(롬 12:6 - 8; 고전 12:4 - 11; 엡 4:1; 벧전 4:11), 그들의 마음을 조명하시는 분이시다(요 14:16 - 17; 16:13 - 14; 고전 3:16; 엡 1:17 - 18). 이를 통해 성화를 주도하시는 성령께서는(롬 8:2 - 17; 27-30; 갈 5:16 - 27), 성도들을 가르치고, 위로하며, 인도하신다(요 14:16 - 17, 26; 15:26; 16:7). 게다가 성령께서는 죄와 의와 심판에 대하여 세상을 책망하시며(요 16:7 - 11), 주님의 몸인 교회를 세우고(고전 12:13), 일꾼들을 파송하신다(행 1:8; 13:1 - 9).

그런데 1900년 초에 등장한 오순절 성령운동은 "성령침례"(Baptism by Spirit)를 중생한 사람이 체험해야 할 제2의 은혜라고 주장하면서, 그 것을 방언과 신유에 연결시키는 오류를 범하고 있다. 그러나 성경은 성령침례에 대해서 '약속과 성취와 교리'라는 세 관점에서 보여주고 있다. 예컨대, 약속 구절(마 3:11; 막 1:8; 눅 3:16; 요 1:33; 행 1:5)은 성령으로 침례를 주는 주체가 예수 그리스도임을 보여주고, 성취 구절(행 2:1-4; 11:15 - 17)은 오순절 성령강림 때에 이미 성취되었음을 보여주며, 교리적 구절(고전 12:12 - 13)에서는 성령침례가 구원받은 성도들이 그리스도와 한 몸으로 연합되는 것임을 보여주고 있다. 그리고 성경은 성령충만($\dot{\epsilon}\pi\lambda\acute{\eta}\sigma\theta\eta\sigma\alpha\nu$, 눅 1:15; 4:1, 67; 행 2:4; 4:8, 31; 6:5; 7:55; 9:17; 13:9, 52)은 일회적인 성령침례와 달리, 성령 내주의 외적 증거로서 성도의 삶 속에서 지속적으로 일어나는 현상임을 보여준다. 그래서 성령충만은 항상 헌신한 성도들에게 주어졌다(행 2:4; 4:8, 31; 6:3; 7:55; 9:17; 11:24; 13:9, 52). 원어적으로 성령충만은 "어떤 감정의 상태가 가득한 상태"를 말한다. 즉 성령충만은 성도가 성령께 사로잡힌 상태에서 성령이 원하시는 일을 행하는 것을 말한다(눅 4:1; 행 20:22). 누가는 이를 잘 증언해주고 있다(눅 1:1 - 3; 4:1, 14; 10:20; 행 1:2; 10:38). 하지만 니이브(J. L. Neve)가 "교회사는 계속 성령을 무시해 왔다"고 언급했듯이,

오늘날에도 성령께서 무시당하고 있는 것처럼 여겨질 때가 있다.

7. 성경과 교회(敎會論)

토마스 네틀스(Thomas J. Nettles)는 침례교인이 된다는 것은 삼위일체론과 기독론에서 정통적(orthodox)이고, 구원론에서 복음적(evangelical)이며, 교회론에서 분리주의적인 사람(separatist)이 되는 것이라고 말했다. 그의 말은 침례교가 교회론에서 이웃 교단과 차이를 갖고 있다는 말이다. 침례교의 독특한 교회관은 기독교 한국침례회 총회 규약에서 표현된 침례교의 이상과 주장에 잘 나타나 있다. 첫째, 교회는 예수 그리스도께서 창설하시고 친히 머리가 되시며 그 입법자이시다. 둘째, 교회의 교리와 생활의 유일한 권위와 표준은 성경뿐이다. 셋째, 교회의 의식은 침례와 주의 만찬이며, 이는 상징적 기념일 뿐 구원의 조건은 아니다. 넷째, 교회의 직분은 목사와 집사이며, 이들은 교회를 섬기는 이들이다. 다섯째, 교회의 정치는 민주정치로서 행정만 할 뿐 입법은 하지 않는다. 여섯째, 교회회원은 하나님의 말씀과 성령으로 거듭난 신자들의 모임으로 구성된다. 일곱째, 교회회원의 의무는 신앙고백을 통해 침례를 받고 신약성경의 명령에 순종하는 것이다. 여덟째, 모든 교회는 행정적으로 독립적이나 복음전도 사업은 협동한다. 아홉째, 교회와 국가는 상호 분리되어 있다. 열 번째, 신앙의 자유는 절대적이라는 것이다.

그리고 침례교회는 마태복음 16장 13-21절에 나오는 신약교회의 기초인 반석(rock)을 베드로로 해석하는 로마 가톨릭교회와 달리, "예수 그리스도" 혹은 "주는 그리스도시요 살아 계신 하나님의 아들이니이다"라는 베드로의 고백으로 해석한다. 로버트슨(A. T. Robertson)에 의하면, "petra"(rock)는 베드로의 고백이거나 예수 그리스도를 뜻한다(고전 3:11). 왜냐하면 "petros"는 "petra"에서 깨어져 나온 작은 돌(a stone)이기 때문이다. 그래서 침례교는 "εκ"(~로 부터)와 "καλεω"(부르다)의 합성어인 "εκκλησια"가 바로 이 신앙고백을 통해 세상으로부터 부르심을 받아 나온 거룩한 회중들의 지역교회 공동체(local churches) 임을 강조한다(고전 1:2; 엡 1:1 - 10).

특히 침례교는 침수례(immersion)를 강조한다. 게인스 다빈스(Gaines S. Dobbins)에 의하면, 침례는 그리스도의 죽음과 부활을 가리키는 "역사적 기독교"를 의미하고, 침례는 중생한 사람들이 그리스도와 함께 새 생명으로 살아가기 위한 "살아 있는 기독교"를 말하며(롬 6:3 - 11; 골 2:12; 벧전 3:21), 또한 침례는 최후에 있게 될 몸의 부활을 가리키는 "예언적 기독교"를 의미한다. 그리고 침례교는 주의 만찬(Lord's Supper)을 로마 가톨릭의 화체설(transubstantiation)과 마틴 루터의 공재설(consubstantiation)이 아닌, 존 칼빈의 영재설(spiritual presence theory)과 츠빙글리(Ulrich Zwingli)의 기념설(commemoration theory)을 선호하며, 이를 그리스도의 죽으심을 전하는 일에 적용한다(고전 11:25 - 25).

8. 성경과 온전한 하나님의 나라(終末論)

인간은 언젠가 죽음을 맞이하게 되어 있다. 그렇다면 죽음은 무엇이고 그 이후에 무슨 일이 일어나는 것일까? 성경은 인간의 죽음을 새로운 세계로의 이전으로 묘사한다. 멀린스에 의하면, 사람이 죽으면 낙원(παραδείσῳ, 눅 23:43; 참조, 빌 1:20 - 24; 고후 5:1 - 19; 11:4; 계 2:7)과 음부(שׁאול, ᾅδης, 눅 16:23; 행 2:27, 31; 벧후 2:9; 계 1:18; 6:8; 20:13) 둘 중 어느 한 곳으로 가 있다가, 후에 천국(βασιλεία)과 지옥(γέεννα)으로 들어가게 된다. 신약신학자 예레미아스(J. Jeremias)도 음부는 불신자들의 영혼만 일시적으로 거하는 곳이지만, 지옥은 불신자들의 영혼이 최후에 재결합한 몸을 갖고 거하는 곳이라 하였다.

그래서 예수 그리스도는 재림신앙(A Second Coming)을 약속으로 주신 것이다(행 1:11; 히 9:28; 계 22:20). 일반적으로 재림에 대한 세 가지 학설이 있다. 첫째는 천년통치 이후에 예수께서 재림한다는 후천년설이다(post-millenialism). 둘째는 예수 재림 후에 천년왕국이 도래한다는 전천년설인데(pre-millenialism, 마 24 - 25장; 살전 4:13 - 18; 살후 2:1 - 12; 고전 15:20 - 24; 계 20:1 - 6), 이는 세대주의 전천년설(dispensational premillenialism)과 역사적 전천년설(historic premillenialism)로 나누어진다. 전자는 주께서 7년 대환난(great tribulation) 이전에 비밀리에 오셔서 성도들을 부활시키시고, 살아 있는 신자들과 함께 공중에 들어올리는 "은밀한 휴거"(secret rapture)가 있다는 것이다(살전 4:14, 17, 스코필드 관주 성경). 후자는 비밀휴거를 부정하고, 교회는 환난 가운데 적그리스도의 7년 통치를 받게 된다는 입장이다(George E. Ladd). 셋째는 무천년설이다(Amillennialism). 이는 천년왕국이란 그리스도께서 교회를 통해 지배했던 과거의 특정한 시기나, 교회시대의 영원성을 상징하는 것이기 때문에, 천년왕국은 교회 전체의 체험이거나 개별 신자의 체험차원이라는 견해이다(Augustine, John Calvin, E. Y. Mullins, 박형룡). 하지만 무천년설은 요한계시록 20장 5-15절의 첫째 부활과 둘째 사망과 성도들의 죽음 이후의 거처에 대한 설명이 불분명하다는 비판을 받았다.

III. 침례교 조직신학의 지향점

지금까지 살펴본 바와 같이 조직신학은 성경을 토대로 하여 하나님과 인간 사이에 일어난 생명과 사랑과 의에 관한 사건들과 이야기를 조직적으로 제시하는 신학임을 알 수 있다. 그러기에 조직신학은 철학적이기보다는 성경적이어야 할 필요성을 느끼게 한다. 다시 말해 조직신학은 인간의 참 존재와 생명과 사랑 그리고 의 이야기이기 때문에 따뜻한 신학이어야 한다는 것이다.

특히 우리는 침례교가 부활하신 그리스도와의 인격적인 만남과 삼위일체 하나님에 대한 체험적 신앙을 강조한다는 사실 뿐만 아니라, 다양한 구원관을 가졌음에도 불구하고 부활하신 예수를 마음으로 믿고 입술로 주라 시인하여 구원받은 사람들이 침례를 받아 중생자 교회 회원이 되어, 지역교회 공동체를 이루며 살아가는 신약교회관을 소유하고 있다는 사실을 알 수 있다.

따라서 신학도들은 침례교 조직신학이 신학적으로 "다양성 지향적인 신학"과 예수 안에있는 구원의 자유를 누리는 "가치 지향적인 신학" 그리고 주 예수 그리스도 안에서 신약교회를 세워나가는 "목적 지향적인 신학"을 추구하고 있다는 점을 알아야 한다.

추천하고 싶은 책

도한호. 「이야기로 풀어가는 조직신학: 평신도를 위한 조직신학」. 서울: 대한기독교서회, 2012. 이 책은 조직신학의 내용과 다양한 주장을 핵심적으로 요약하여 총 52장으로 구성하였다. 그리고 이 책은 책 제목과 같이 이야기로 풀어가기 때문에 독자들로 하여금 조직신학을 쉽게 익힐 수 있도록 기술한 좋은 책이다. 특히 이 책은 교회에서 매주 한 장씩 가르칠 수 있는 성경공부 교재로서 그 활용도가 높을 것으로 기대된다.

Stevens, William Wilson. 「조직신학개론」. 허긴 역. 서울: 요단출판사, 1979. 이 책은 특히 저자가 성서신학과 성서 헬라어를 강의한 교수로써 평신도의 요구를 담아 쓴 신학서이기 때문에 성경적 조직신학을 공부하는 데 좋은 책이다. 그리고 이 책은 저자가 밝히고 있듯이, 설교자나 교회학교 교사와 교회 지도자들이 신학의 다양한 개념들을 보다 쉽게 이해할 수 있도록 쉬운 언어로 기술한 좋은 안내서이다.

Mullins, Edgar Young. 「조직신학원론」. 권혁봉 역. 서울: 침례회출판사, 1984. 멀린스는 우월적 계시인 예수 그리스도를 조직신학의 기본 틀로 삼아 성경적 그리스도인들의 체험을 강조하면서 그의 조직신학을 전개하였다. 이 책은 다소 어려운 문장으로 기술된 부분도 있지만 성경에 익숙한 신학도라면 한 차원 높은 신학지식을 배울 수 있는 유익한 책이다. 특히 이 책은 저자가 저자 서문에서 밝히고 있듯이, 칼빈주의가 인간의 자유의지를 강하게 주장한 아르미니안주의에 맞서 하나님의 주권을 강조하다가 극단적인 결론으로 나아갔기 때문에 이 두 주의를 벗어나야 한다고 비판하면서, 미남침례교의 정체성 확립에 기여했던 멀린스의 신학과 방법론을 접할 수 있는 소중한 책이다. 아울러 그가 왜 칼빈주의와 아르미니안주의는 기독교 진리를 조직화하는 데 있어서 성경적 방법보다 철학의 원리에 흥미를 가졌다고 비판했는지 그 이유를 학문적으로 탐구해 보도록 권하고 싶다.

Erickson, Millard J. 「복음주의 조직신학: 상·중·하」. 신경수 옮김. 서울: 크리스챤다이제스트, 1996. 이 책은 신학과 다른 학문들에서 나타나고 있는 새로운 시도들에 대해 응답할 목적으로 저술되었다. 그래서 이 책은 구약성경과 신약성경의 내용과 기독교 역사에 대해 익숙한 학생들이 현대 인식을 가지고 공부할 수 있도록 길잡이 역할을 해주는 좋은 책이다. 그리고 이 책은 현대의 다양한 문제들을 취급하면서도 자유주의에 기울지 아니할 뿐만 아니라, 현대의 언어와 감각을 가지고 복음주의 신학을 잘 정립하였다.

Grenz, Stanley J. 「조직신학」. 신옥수 옮김. 서울: 크리스챤다이제스트, 2003. 저자 그렌즈는 세 번째 천 년을 맞이하는 기독교 공동체에 지적 자산을 제공해주기 위한 목적으로 이 책을 저술하였다. 그는 이 점에서 다른 조직신학들과 관점(perspective)의 차이가 있다. 무엇보다 저자는 "공동체"(community) 개념을 가지고 조직신학의 모든 내용을 기술하고 있다는 점에서, 다른 조직신학과 차이점을 보여주고 있다. 본래 이 책의 제목이 「하나님의 공동체를 위한 신학」(Theology for the community of God)이듯이, 저자가 이 책을 통해 제시한 21세기에 적합한 교회관이 무엇인지 살필 수 있는 좋은 책으로 필독을 권하고 싶다.

제12장

침례교신학

조직신학 교수 | **김용복**
ybkim@kbtus.ac.kr

I. 들어가는 글

교단신학으로서 "침례교신학"(The Baptist Theology)이 존재하는가 하는 물음은 침례교신앙의 정체성을 확립하는 데 대단히 중요한 질문이다. 왜냐하면 유일한 권위를 가지고 있는 교단신학의 존재여부는 침례교신앙의 본질을 가늠하는 하나의 시금석이 되기 때문이다. 물론 신학이 뒷받침되지 않은 신앙이나 신학적 체계가 없는 신앙훈련이 바람직한 것은 아니다. 하지만 그동안 침례교회들은 신앙과 신학의 유일한 규범으로 작용하는 교단신학을 인정해온 적이 없었다. 이 사실은 침례교신학을 이해하는 데 간과될 수 없는 중요한 역사적 교훈이다. 따라서 이 글에서 사용되는 "침례교신학"이라는 단어는 침례교회들의 신앙을 대변하는 신학체계를 말하는 것이 아니라, 침례교회들이 표방하는 다양한 신학적 입장이나 신학적 태도를 지칭하는 의미에서 이해되는 것이 좋다. 엄밀한 의미에서 "침례교신학"은 "침례교인들의 신학"(Baptists' Theology) 혹은 "침례교회들의 신학"(Theology of Baptist Churches)이다. 그 점에서 침례교신학은 침례교인들과 침례교회들이 궁극적으로 신학태도와 방향을 정립하는 데 도움이 되는 하나의 신학적 반성으로서 기능을 한다.

사실 침례교회는 그 기원부터가 단순하지 않다. 여러 가지의 침례교 기원설이 제기되는 것도 어쩌면 침례교회의 다양성을 엿보게 하는 중요한 현상일 수 있다. 침례교회들은 하나의 총회(convention) 안에 속해있을지라도, 그 안에서 다양한 신학적 입장들을 대체로 허용해온 독특한 역사를 가지고 있다. 그러므로 어떤 의미에서 하나의 유일한 침례교신학을 구성하려는 것은 무모한 일이며, 또 불가능한 일이다. 다만 우리는 도대체 "침례교인들"이 어떤 사람들이었는가? 그리고 침례교인으로서 어떤 신학적 정체성을 가지고 있어야 하는가 하는 질문에 답하기 위해서 노력한다.

1. 침례교신학의 학습 목적과 대상

한국 침례교회는 아직 이렇다 할 침례교의 신학적 혹은 교리적 정체성을 총회 차원에서 체계적으로 세워본 일이 없다. 교단을 대표하는 침례교신학을 확립하려는 의도를 가져서는 안 되겠지만, 한국 침례교회들이 침례교의 신학적 정신과 전통을 바르게 이해하는 일은 대단히 중요하다. 이는 오늘날 우리가 다시 한 번 찰스 드위즈(Charles W. Deweese)의 표현처럼 "침례교신앙을 정의하는 일"(Defining Baptist Convictions)이 필요하기 때문이다. 물론 그렇다고 해서 침례교신앙을 정의하는 일이 침례교의 건강한 유산을 보존하고 지키는 일보다 그것을 미화시키거나 부풀리는 일이 되어서는 안 된다는 것은 분명하다.

따라서 우리는 다음과 같은 목적과 태도로 침례교신학이나 그 정신의 특징을 배우고자 한다. 첫째, 침례교신앙의 성경적, 역사적, 신학적, 실제적 기초를 이해하기 위함이다. 이는 자신의 좋은 전통을 계승하기 위한 것이며, 자기의 뿌리를 알고 자긍심을 가지기 위해서다. 둘째, 배타적 이기심이나 엘리트의식에 사로잡히기 위함이 아니다. 그보다는 반대로 상대적인 열등감에 사로잡히지 않기 위해서다. 셋째, 침례교회의 전통과 가치관에 어긋나는 오늘 우리의 현실을 반성하고 침례교회의 유산과 전통을 되살리기 위함이다. 넷째, 21세기 한국 상황에서 침례교회의 방향성을 정립하고 그 경쟁력을 높이기 위함이다. 다섯째, 궁극적으로 하나님의 나라를 위해서, 그리고 예수 그리스도의 사역을 이 땅에서 효과적으로, 침례교적으로 수행하기 위함이다.

침례교신학을 학습하기 위해서 우리가 다루어야 할 주제들은 대체로 다음과 같다. 첫째, 우선 침례교의 역사적 배경을 알아야 한다. 침례교회들이 어떤 시대적 배경 속에서 출현했는가 하는 것을 이해하는 일을 침례교회의 특징을 파악하는 데 결정적이다. 특히 침례교회의 기원 문제를 신학적 관점에서 다루는 일은 대단히 중요하다. 그리고 침례교회들이 역사 속에서 어떤 결정을 했고, 어떤 방향으로 성장해왔는가를 배우는 일 또한 필요하다.

둘째, 침례교회의 특징을 이해하기 위해서는 침례교인들이 생각하는 신앙의 원리, 교회의 본질을 이해해야 한다. 침례교인들에게 무엇보다도 더 중요한 관심사는 어느 특정한 신학체계를 받아들이느냐 하는 것보다 어떤 종류의 교회공동체를 이루고자 하는가 하는 문제였다. 그래서 침례교인들이 때때로 투쟁하지 않을 수 없었던 것은 성경에서 제시하는 교회의 이상과 본질을 구현하기 위해서 기존의 교회체제와 질서를 거부할 수밖에 없었기 때문이다.

셋째, 침례교회들이 내놓은 다양한 신앙고백서를 이해하는 일도 필요하다. 강제성이 없는 신앙고백이 얼마나 가능한가 하는 것은 별개의 문제라 하더라도, 침례교회들이 자유롭게 자신들의 신앙고백을 발표하고 신앙의 공감대를 이루려고 노력했던 것은 사실이다. 또한 어떤 교회들은 특정한 신학체계 안에서 신앙고백을 했던 사례가 있지만, 그것이 전체 침례교회들을 통제하거나 유일한 권위로 작용된 예는 없었다. 신학주제에 따라서 어떤 것은 다양한 입장들이 침례교인들 사이에서 공존해왔고, 또 어떤 것은 쉽게 일치를 보았던 사례들을 우리는 신앙고백서들을 통해 확인할 수 있다. 따라서 신앙고백서들을 살펴보면 침례교회들이 어떤 유형의 신앙형태를 받아들였고, 그 공통점은 무엇인지를 확인할 수 있다.

넷째, 교회의 본질을 추구하려는 침례교회들의 특징이 자연스레 부각되면서 중요하게 취급되는 주제는 역시 교회론이다. 침례교회를 제대로 이해하려면 교회론에 대한 연구가 필수적이다. 적어도 교회론은 침례교인들에게 공통분모를 제공해온 분야였다. 구원론에 대해서는 침례교인들이 복음주의 전통 안에서 다양한 신학해석을 허용할 수 있었지만, 교회론에 대해서는 일치된 태도를 보여주었던 것이 침례교회의 역사적 특징이었다.

2. 침례교신학의 정체성 문제

침례교신학은 단순히 칼뱅주의나 아르미니우스주의로 재단(裁斷)되어서는 안 된다. 침례교신학은 결코 어느 하나의 신학 전통, 혹은 체계에 사로 잡혀 있지 않았다. 그런데 어떤 사람들은 침례교신학을 칼뱅주의와 아르미니우스주의라는 두 개의 안경으로만 보려고 했기 때문에, 침례교회의 독특성을 제대로 이해할 수 없었다. 하지만 이제는 침례교회의 정체성을 이해하는 인식의 틀을 넓힐 필요가 있다. 특히 한국 침례교회의 신학전통을 세우기 위해서는 세계 침례교회의 신학특성과 동아기독교의 신앙유산, 그리고 미남침례교의 신학전통을 함께 고려해야 한다.

II. 침례교의 기원 문제

침례교회는 다른 교단과는 달리 특정한 창시자가 없는 분파운동으로 시작됐다는 점에서 독창적이다. 그 때문에 침례교회의 기원을 단정하기는 쉽지 않다. 지금까지 알려진 침례교회의 기원설은 크게 세 가지 혹은 네 가지로 분류된다. 로버트 토베트(Robert G. Torbet)는 다음과 같은 세 가지 학설을 소개했다: "계승설"(the Successionist theory), "아나뱁티스트 영혈설"(the Anabaptist spiritual kinship theory), "영국 분리주의 후예설"(the English Separatist descent Theory). 이에 비해 리언 맥베스(H. Leon McBeth)는 네 가지 견해를 제시했다: "침례교회 계승설"(the succession of Baptist churches), "성경적 교훈 연속설"(the continuation of biblical teachings), "성경적 아나뱁티스트 영향설"(the influence of biblical Anabaptists), "영국 분리주의 결과설"(the outgrowth of English Separatism). 결국 맥베스의 견해는 토베트의 영국 분리주의 후예설을 성서적 아나뱁티스트 영향설과 영국 분리주의 결과설로 나눔으로써 논점을 세분화했다.

침례교회의 기원은 역사적으로 볼 때, 영국 분리주의자들로부터 출발한다고 말하는 것은 문제 삼을 필요가 없다. 다만 여기서 아나뱁티스트들과의 관계를 어떻게 이해하는가 하는 것이 중요하다. 분명 아나뱁티스트들은 지금의 침례교회와는 다른 그들 나름의 역사적 계보를 가지고 있어서 지금의 침례교회와는 다른 계보를 가지고 있는 것이 사실이다. 문제는 역사적 침례교회가 아나뱁티스트들로부터 받은 영향과 공유하고 있는 신앙의 정신을 간과할 수 있겠는가 하는 것이다.

그러므로 현재 침례교회의 직접적인 역사적 뿌리는 영국 분리주의 후예로, 신앙과 정신의 특징적 영향은 이전의 분파운동과 아나뱁티스트들로부터 이어받았다고 보는 것이 무난하다. 그렇게 볼 때, 교리 측면에서 침례교회와 아나뱁티스트가 서로 많은 부분에서 다른 입장을 취해왔다는 것은 눈여겨볼 필요가 있는 대목이다. 어쩌면 이런 차이점은 관심사의 차이에서 비롯된 것일 수 있다. 아나뱁티스트들은 좀 더 철저하게 삶의 개혁과 신학의 혁명을 추구했다. 윤리문제를 강조했고, 전통교리 문제는 대개 무시하는 경향이 강했다. 성경 그 자체보다는 성령의 음성에 더 민감한 면도 있었다. 그러나 교단으로서 침례교는 어디까지나 제도권 안에서 국가와 교회의 분리를 강조했으며, 기존의 정통교리들을 대체로 수용했다. 그런 점에서 침례교인들은 아나뱁티스트들에 비해서 덜 근원적이었고, 분리주의자들보다는 더 근원적이었다.

우리의 관심은 교단으로서 침례교의 뿌리 그 자체에 있는 것이 아니다. 그보다는 모든 침례교회의 뿌리가 될 수 있는 정신과 이상을 추구하는 데 있다. 그러기 위해서는 역사적 근거라는 구실로 영국 분리주의자들로만 침례교회의 기원을 한정하고, 아나뱁티스트들과의 관계를 끊을 필요는 없다. 침례교신학에 관심을 있는 사람들은 좀 더 열린 자세로 침례교회의 기원에 대한 가능성을 인정할 필요가 있다.

III. 침례교회의 기본정신과 원리

1. 자유: 침례교회를 침례교회답게 하는 기본 정신

침례교회의 신앙은 어떤 특징을 가지고 있는가? 침례교회는 기본적으로 침례교인들만이 믿는 독특한 신론이나 기독론, 혹은 삼위일체론이 있는가? 그렇지는 않다. 그 대신 침례교신앙 안에서는 침례교인들이 일반적으로 인정하고 실천하는 침례교인들의 주장들(Baptist Affirmations), 태도들(Baptist Attitudes), 행동들(Baptist Actions)이 있다. 이 세 가지 요소들을 파악하는 것은 침례교회의 신앙을 이해하는 마중물이 될 수 있다. 월터 셔든(Walter B. Shurden)은 이 세 가지를 다음과 같이 설명했다. (1) 침례교회의 주장들: 자원주의, 그리스도의 주되심, 성서의 권위, 전신자 제사장직 원리, 신앙의 자유, 교회와 국가의 분리, 신자의 교회, 회중정치 등. (2) 침례교회의 태도들: 국교체제 반대, 믿음의 개념을 신뢰로 해석하는 것, 회중정치 체제에 협력하는 것, 다양성을 용인하는 것. (3) 침례교회의 행동들: 선교와 전도, 교육, 인간의 평등성, 언론의 자유, 사회 정의 강조.

이 모든 세 가지 요소들을 관통하는 하나의 정신이 있다면, 단연코 그것은 "자유"(freedom) 정신일 것이다. 침례교회들은 이 자유를 지키기 위해 타협하지 않고 투쟁했던 역사를 가지고 있다. 특히 종교의 자유를 위해 싸웠던 침례교인들의 역사는 인류 역사에서도 그 빛이 역력하다. 이 자유정신은 침례교회를 침례교회답게 하는 기본 정신이라고 할 수 있다.

2. BAPTISTS의 자모음을 풀어서 본 침례교회의 기본 원리

자모음을 풀어서 설명한 이 원리들에는 위에서 말한 신앙의 자유정신이 기본적으로 포함되어 있고, 그밖에 그로 인해 파생된 침례교회의 독특한 특징들이 함께 설명되어 있다. 이 기본 원리는 믿음의 대상이 아니라 신앙의 방식과 삶의 방식을 의미한다.

	1차 의미 (원리)	2차 의미 (적용)	반대되는 사상	약점
Biblicism (Bible Freedom)	성경은 유일한 권위다!	성경의 무오성 성경해석의 자유 신앙고백 강조	신조주의	문자주의
Autonomy of the Local Church (Church Freedom)	독재와 획일성을 반대한다!	회중정치 협동사업	독재정치 감독정치 장로정치	개교회의 이기주의
Priesthood of All Believers	나는 신앙의 주체다!	전신자사역 형제단 전통	성직자 계급제도	리더십의 약화
Testimony of Gospel and Missions	나는 깃발이다!	선교/복음전도 제자도의 실천	공적(功績)주의 반선교사상	사회적 책임 약화
Individual (personal) experience	체험 없이 신앙 없다!	중생한 신자의 교회회원권 신자의 침례	관념주의 유아세례	주관적 해석의 위험성
Soul Competency (Soul Freedom)	나는 자유자다!	하나님의 형상 선택과 책임성 강권적 은혜	불가항력적 은혜	윤리적 종교로 편향 가능성
Teaching and Training in Sunday School	교육 없이 성숙 없다!	신앙과 이성의 조화 제자훈련	신비주의 교조주의	성령의 은사 약화/소홀
Separation of Church & State (Religious Freedom)	타협하지 않는다!	종교와 양심의 자유	국교주의	탈정치 성향

1) 성경중심주의(Biblicism)

성경중심주의라는 말은 성경을 삶(신앙과 실천)의 가장 우월한(궁극적) 권위로 인정하는 것을 의미한다. 성경중심주의가 제대로 발휘되기 위해서는 세 가지 기억해야 할 문제가 있다. 첫째, 성경은 그리스도를 중심으로 해석되어야 한다. 둘째, 성경 해석의 자유를 인정해야 한다. 셋째, 성경을 특정한 교리체계를 지지하는 수단으로 사용해서는 안 된다.

성경중심주의로 산다는 것은 신조주의(creedalism)를 반대한다는 것을 의미한다. 침례교인들이 비신조적이었다는 사실에 대해서 윌리엄 럼킨(William L. Lumpkin)은 다음과 같이 확신있게 주장했다: "침례교 운동은 전통적으로 조직의 공식적인 기초와 정통에 대한 확신으로서 신앙에 대한 권위적인 고백을 만들지 않는다는 의미에서 비신조적이었다. 개인, 교회 또는 보다 큰 단체에 하나의 신앙고백을 강요하는 교권이 없었고, 비록 신앙고백을 강요하는 권위가 존재했을지라도 통일성을 이루려는 요구가 결코 고정된 신조의 채택을 보장할 만큼 강력하지 않았다… 미국의 신앙고백들은 훈육과 전파의 목적이 최우선적인 것이었다. 논쟁과 위기의 시기에 침례교 신앙고백이 많이 만들어졌고, … 어떤 신앙고백도 영속적으로 개인, 교회, 협회, 총회 또는 침례교인들 사이의 연합을 속박할 수는 없다."

2) 지역교회의 자율성(Autonomy of the Local Church)

침례교회들은 지역교회 위에 군림하는 어떠한 기관도 인정하지 않는다. 이는 지역교회의 자치권과 독립성을 철저히 보장한다는 의미다. 이 정신이 침례교회의 회중정치와 개교회주의의 원리가 된다. 침례교회에서 "교회는 예수 그리스도의 주되심 아래 민주적인 진행을 통해 운영되는 자율적인 몸이다."

침례교회의 회중정치는 어떤 점에서 볼 때 침례교회의 교회운영에서 가장 중요한 특징이라고 할 수 있다. 이것은 전신자 제사장직의 원리와 중생한 교회회원의 원리가 충실하게 반영된 것이다. 이 회중정치가 잘 정착되면 교회는 한 사람 혹은 소수에게 권력이 집중되는 것을 막을 수 있다.

 회중정치와 지역교회의 자율성을 강조하는 침례교회가 제 기능을 하려면, 무엇보다도 개교회의 이기주의에서 벗어나야 한다. 이것 역시 목회자와 성도들의 의식과 신앙의 성숙 여하에 따라 결정된다. 침례교회는 제 교회만 성장하면 된다는 식의 이기주의에서 벗어나 서로 협동하는 것이 필요하다. 개교회가 하나님의 일을 하기 위해 뜻을 모으고 협동하는 것은 침례교회가 보여줄 수 있는 중요한 특징 가운데 하나다. 큰 교회 하나가 하는 것보다 작은 교회 열이 모여서 협동 사업하는 것이 더 성경적이다.

3) 전신자 제사장직(Priesthood of All Believers)

 전신자 제사장직 사상은 모든 신자가 하나님께 다른 사람의 중재 없이 단독으로 직접 나아갈 수 있다는 것을 의미한다(히 4:16; 요 14:13-14; 요일 1:9 참조). 모든 신자는 신앙생활을 할 때 영적으로 누구에게도 종속되지 않는다. 그리스도만이 유일한 중재자이다. "그리스도인은 누구라도 하나님께 즉시, 평등하게, 충분하게 나아갈 수 있다. 하늘나라의 왕좌는 누구에게나 열려 있다. 하나님의 귀는 가장 비천해 보이는 신자의 기도와 찬양이라 하더라도 언제나 열려 있다."

 로마 가톨릭의 사제 중심이나, 개신교의 목사 중심은 바람직한 교회 모습이 아니다. 전신자 제사장직을 존중하는 교회는 성직자 중심의 교회가 아니다. 성직의 계급제도도 인정하지 않는다. 목사의 영적 권위와 지도력은 존중되어야 하지만, 성도 위에 군림하는 목사는 반(反) 침례교적이다. 목사는 기능상 성도를 인도하는 역할을 할 뿐이다. 따라서 목사는 이정표의 역할을 해야지, 자신이 목표지점이 되어서는 안 된다.

4) 복음의 증거와 선교(Testimony of the Gospel and Missions)

침례교회는 선교하는 교회상을 확립하는 데 주력했다. 침례교회가 교단(denomination)이 아니라 총회(convention)로 모인 목적도 복음을 전하기 위함이었다. 침례교회는 위대한 선교의 유산을 가지고 있을 뿐 아니라, 효과적인 선교를 위한 협력 사업에 대한 노하우를 많이 가지고 있다.

침례교회의 복음전도는 복음주의에 기초한 사회봉사의 책임까지 포함한다. "침례교인의 신앙과 메시지"(BFM)에서는 다음과 같이 선언하고 있다: "모든 그리스도인들은 자신의 삶과 인간 사회에서 그리스도의 뜻이 궁극적인 것이 되게 하기 위해서 노력할 의무를 진다. 사회의 개선과 인간들 사이의 정의의 실현을 위해 사용되는 수단과 방법은 그리스도 예수 안에서 하나님의 구원하시는 은혜에 의한 개인의 중생에 뿌리를 둘 때만 참되고 항구적인 효과를 지닐 수 있다. 그리스도인은 그리스도의 정신 안에서 모든 형태의 탐욕과 이기심과 악행을 반대해야 한다. 그리스도인은 고아와 궁핍한 자와 연로한 자와 의지할 데 없는 자와 병자에게 [필요를] 공급하기 위해 노력해야 한다. 모든 그리스도인은 기업과 정부와 전체로서의 사회가 정의와 진리와 형제애의 원리들에 의해 통치되도록 만들기 위해 노력해야 한다."

5) 개인적이고 인격적인 체험(Individual/Personal Experience)

침례교회는 체험신앙을 중요하게 생각한다. 모든 신자는 개인적으로 하나님과 인격적 체험이 있는 사람들이다. 교회에 출석하는 것 자체가 그리스도인을 만들지 않는다. 하나님의 은혜는 인격적으로 그것을 받아들이는 인간의 반응이 있을 때 비로소 유효하다. 하나님은 계시하시고 인간은 "믿음으로" 반응한다. 이것은 침례교신학의 중요한 강조점이다. 여기서 신자침례와 중생한 신자의 교회회원권 개념이 나온다.

신자침례(Believer's Baptism)는 침례를 통해 구원을 받는 것이 아니라, 구원받은 자(개별적인 사건)의 표로 신앙고백과 헌신의 의미로 침례를 받는다는 것을 의미한다. 이는 침례교회의 중요한 교회론적 특징이다. 중생한 신자의 교회회원권(membership of regenerated believer)은 인격적인 믿음의 결단을 통해 구원의 경험이 있는 신자만이 교회의 회원이 될 수 있다는 원리다. 따라서 이 원리는 국가교회를 거부한다. 개인의 인격적 체험을 강조하고, 신앙의 다양성을 인정하지만, 이것이 극단적 개인주의나 이기주의로 흐르는 것은 경계한다. 교회는 어디까지나 공동체요, 지체이기 때문이다.

6) 영혼의 역량(Soul Competency)

에드가 멀린스(Edgar Y. Mullins)는 "하나님 아래에서 신앙문제에 관해 영혼의 역량 교리는 침례교인들에게 가장 두드러진 역사적 특징"이라고 말했다. 영혼의 역량 개념은 감독제도, 유아세례, 대리자에 의한 종교 등과 같은 간섭을 배제한다. 오직 신앙은 하나님과 인간 영혼 사이의 개인적 문제다.

영혼의 역량은 중생의 개인주의를 넘어서서 예배와 복음전도뿐 아니라, 사회질서를 위한 사회적 영적 필요를 채우기 위해서 사회적 영역에도 참여하게 한다. 종교적 권위는 비가시적 교회, 교황, 감독 등에 부여되지 않는다. 따라서 영혼의 역량 개념은 전신자 제사장직 개념을 요청하고(하나님과의 관계에서 표현된 영혼의 역량), 동시에 지역교회의 자율성을 요구한다(교회 생활 차원에서 표현된 영혼의 역량).

7) 교회학교의 교육과 훈련(Teaching and Training in Sunday School)

교회학교의 신앙교육 목적은 자율적 신앙(성숙한 신앙)을 기르는 데 있다. 그래서 성도들로 하여금 그리스도에 대한 지식을 자라나게 하고, 그리스도인으로서 성화된 삶을 살게 하는 것이 필요하다. 동시에 훈련을 통해 전신자 제사장직을 감당할 수 있는 성도들을 키워야 한다. 이를 위해서는 주입식 교육이 아니라 자신의 종교체험을 존중하고 다양성을 인정하는 교육이 필요하다.

교육을 위해서는 아낌없는 교회의 지원이 필요하다. "그리스도의 나라에서의 교육의 대의명분은 선교와 일반적인 구제의 대의명분과 상응하며, 선교와 일반적인 구제의 명분과 함께 교육의 명분을 위해서도 교회들은 아낌없는 지원을 해야 한다. 그리스도의 사람들을 위한 완전한 영적 프로그램을 위해 기독교 학교의 적절한 제도가 필요하다"(BFM, 제12장 교육). 선교와 구제와 교육은 교회 투자의 3대 영역이다.

8) 교회와 국가의 분리(Separation of Church and State)

교회와 국가의 분리는 신앙의 자유를 위한 기본 신념이다. 신앙의 자유를 얻기 위한 투쟁은 영국 침례교회와 미국 침례교회의 대표적 유산이다. 신앙의 자유를 획득하기 위해서 침례교회의 선조들은 수많은 핍박과 순교를 당했다. 그래서 어떤 신학자는 "가톨릭과 개신교는 둘 다 박해를 가했던 부끄러운 유산을 가지고 있다"고 말하기도 했다.

교회와 국가의 분리 정신은 근본적으로 국가교회를 반대한다. 국가가 특정 종교를 강요할 수 없고, 특정 종교에 세금 혜택을 주거나 국고로 지원할 수 없다. 동시에 국가는 교회에 세금을 부과할 수 없다. 반대로 교회들은 자신들의 교리를 지탱하고 변호하기 위해 국가의 권력을 이용해서도 안 된다. 하지만 이 사상이 국가와 교회 사이의 무관계성이나, 상호 배타성을 주장하는 것은 아니다. 사실 국가와 교회는 상호 책임이 있다.

이상 8대 원리들을 우리는 현장에서 활용하고 적용하는 데 최선을 다해야 한다. 끊임없이 개혁하고 비판하는 정신을 가지지 않으면 쉽게 고착화되고 부패하기 쉬운 것이 인간의 일이다. 원리와 목표를 바라보며 잘못된 것은 바로 잡고, 잘 된 것은 계속 이어나가는 일이 필요하다.

IV. 침례교신앙고백서에 나타난 교리와 신앙의 특징

1. 신앙고백(Confession)과 신조(Creed)의 차이

침례교회의 신학적 특성을 파악하기 위해서 침례교회들의 신앙고백서는 반드시 검토되어야 할 역사적 자료다. 비록 침례교회들이 어떤 특정한 신앙고백이나 신조에 얽매이거나 속박을 받는 것은 아니지만, 언제나 침례교회들은 자유롭게 자신들의 신앙내용을 고백하는 일을 마다하지 않았다.

침례교회가 다양한 신앙고백을 가지고 있다는 말은 어떤 의미에서 신앙고백이 가질 수 있는 부정적 측면을 경계하려는 의지가 있음을 반영한 것이다. 이는 달리 말해서 신앙고백의 신조화를 용납하지 않았다는 뜻이다. 신앙고백이 신조화되면 대체로 다음과 같은 네 가지 특징이 나타난다. 첫째, 신앙고백의 내용을 고정된 틀에 가둠으로써 우리의 신앙을 경직케 하는 형식성이다. 둘째, 신앙고백이 자신이 믿는 바를 표현하는 단계를 넘어서서 다른 사람의 신앙을 통제하는 강제성이다. 셋째, 신앙의 다양성을 인정하지 않는 획일성이다. 넷째, 신앙고백에 성경보다 높은 권위를 부여하는 우위성이다.

침례교회들이 사도신경을 예배 때 암송하지 않는 이유도 바로 신앙고백이 지나치게 권위적이 되고 강제성을 띠게 될 위험을 알고 있기 때문이다. 실제로 사도신경을 암송하지 않는 교회를 이단교회로 간주할 정도로 한국교회는 사도신경을 통해 획일적 신앙고백을 강요해온 셈이다.

2. 신앙고백 선정기준

침례교회의 신학특성을 이해하기 위해 대표되는 신앙고백을 선정하는 일이 필요하다. 많은 신앙고백들이 있지만 그 가운데 영국 침례교회의 초기 두 흐름을 가장 잘 반영하고 있는 신앙고백, "화란 암스테르담에 남아 있는 영국인들의 신앙선언서"(1611/ 일명 "토마스 헬위즈의 신앙고백" 혹은 "27개조 신앙고백")와 "제1차 런던신앙고백"(1644)은 침례교회의 기원과 관련해서 가장 중요한 자료다. 이 두 신앙고백은 각각 신학특징을 반영하는 초기의 대표 신앙고백이다.

또한 중도 성향을 띠고 있는 미국의 남침례교 신앙고백서, "침례교인의 신앙과 메시지"(1925, 1963, 1998, 2000)도 빼놓을 수 없는 중요한 신앙고백서다. 이 고백서는 필라델피아신앙고백(1742)이나 뉴헴프셔신앙고백(1833)을 거쳐서 오늘날 남침례교의 신앙고백의 전형을 이루고 있다는 점에서 역사적 의의가 크다.

3. 신앙고백의 특징 비교

세 신앙고백의 차이점을 가장 분명하게 보여주는 대목은 구원론과 하나님의 은혜에 대한 항목이다. 세 신앙고백서의 신학특성은 다음과 같다.

	27개조	제1런던신앙고백	침례교인의 신앙과 메시지
속죄론	보편속죄	제한속죄	보편속죄
견인배교론	배교	견인	견인
신학사조	아르미니우스주의	칼뱅주의	중도주의

위 표에서 본 바와 같이, 27개조는 아르미니우스주의를, 제1런던신앙고백서는 칼뱅주의를, 그리고 남침례교 신앙고백서는 그 중도를 가는 신학특성을 보여주고 있다. 특히 남침례교의 신학이 아르미니우스주의와 칼뱅주의 신학의 중도가 되는 데 크게 기여했던 인물은 멀린스(E. Y. Mullins)였다. 그는 「기독교의 교리적 표현」(The Christian Religion in Its Doctrinal Expression) 서문에서 칼뱅주의와 아르미니우스주의의 방법론을 지양하고 성경에 가장 가까운 신학적 방법을 추구하고자 한다고 밝혔다. 멀린스의 사상에서 침례교신학을 다른 신학과 구별해주는 중요한 특징은 "강권적 은혜"(constraining grace) 개념이다. 이 강권적 은혜는 하나님의 인격적 섭리 방식에 가장 잘 어울리는 개념이다. 이것은 침례교신학을 칼뱅주의와 아르미니우스주의의 중도로 갈 수 있도록 해주는 이론적 근거라고 할 수 있다.

V. 교회론적 특징

침례교회의 교회론적 특징 가운데 가장 중요한 주제는 신자침례(Believer's baptism)과 회중주의(Congregationalism)로 집약될 수 있다. 역사적으로 볼 때 침례교인들은 신자침례가 교회의 본질을 구현하는 데 가장 중요한 요소로 인식했으며, 그것을 토대로 회중에 의한 교회행정을 수행해왔다. 따라서 신자침례와 회중주의는 동전의 양면과 같다.

1. 침례(Baptism)

침례교회는 두 가지 이유로 침례의식을 행한다. 첫째는 예수님이 직접 침례를 받으시고 베푸셨으며, 또 침례를 주라고 명하셨기 때문이다(마 3:13-15; 요 4:1; 마 28:19). 두 번째는 침례의식이 초대교회에서 입교를 나타내는 관행이었기 때문이다(행 2:41; 8:12; 8:38; 9:18; 10:48; 16:15; 16:33; 19:5; 롬 6:1-11; 고전 1:13-17; 벧전 3:21 등).

침례교회는 침례의 약식인 세례(洗禮)가 대다수 교회들이 해오던 관행이라는 것을 인정하지만, 그것을 받아들이지 않는다. 왜냐하면 침례는 물에 잠기는 침수례(immersion)가 성경적이라고 믿기 때문이다. 그 성경적 근거는 의식의 형태를 그리스도의 장사와 부활로 비유한 로마서 6장 3-7절과 골로새서 2장 12절에서 찾을 수 있다. 또한 침례교인들은 침례를 받아야만 구원을 얻을 수 있다는 "침례중생"(Baptismal Regeneration) 사상을 거부한다. 오직 신자의 침례가 있을 뿐이다. 그러므로 침례를 받았기 때문에 구원을 받는 것이 아니라, 구원을 받은 사람이기 때문에 침례를 받는 것이다. 다시 말하면 이는 신자에게만 침례를 행한다는 것을 의미한다.

침례교회가 신자침례만을 주장한다는 것은 유아세례를 거부한다는 뜻이다. 그 이유는 "그리스도에게 속하게 되는 이런 종류의 신비적인 침례는 예수 그리스도를 향해 신자들이 믿음으로 헌신하는 가운데 내적인 삶의 영역에서 일어난다. 외적인 의식의 유효성은 내적 체험에 의존"하기 때문이다.

2. 교회직분

회중주의와 관련해서 민감하게 대두하는 것은 교회행정체제와 연결되는 직분 문제다. 본래 초대교회에서는 지금과 같은 형태의 성직자와 평신도 개념이 존재하지 않았던 것으로 보인다. 최소한 지금처럼 1인 담임목사제도는 존재하지 않았던 것이 분명하다. 처음에는 사도와 동역자들을 중심으로 순회목회가 이루어졌고, 시간이 지나면서 장로들이나 감독들에 의한 복수 형태의 목회가 병행되었던 것 같다.

물론 초대교회의 직분이 하나의 단일한 체제로 확립되어 있지 않은 상황에서 하나의 입장을 고집하는 것은 무리가 따른다고 볼 수도 있다. 그러므로 원칙적으로는 어떤 직분을 사용하든지 그것이 복음 자체를 위협하지는 않는다. 다만 우리가 분명히 말할 수 있는 것은 침례교회는 역사적으로 볼 때 2직분제(목사와 집사)를 선호해왔다는 것이다. 그리고 이 2직분제는 침례교회의 정체성과 밀접한 관련이 있다는 것에 주목할 필요가 있다. 침례교회의 직분 문제는 단순히 직분 이상의 의미를 가지고 있다. 그것은 침례교회의 기본정신인 회중주의와 전신자 제사장직이 반영된 최소한의 행정체제를 유지시키는 가장 적절한 방식이기 때문이다.

VI. 결론: 한국 침례교회의 신학과제

1. 정체성 확립의 문제

한국 침례교회는 우리의 신학 입장과 태도를 분명히 밝히는 작업을 범교단적으로 이루어야 할 과제가 있다. 그러기 위해서는 찰스 드위즈가 남침례교의 전통을 회복하기 위해 제안한 다음과 같은 세 가지 사항을 눈여겨볼 필요가 있다: 첫째, 신앙의 기초를 위협하는 요소들을 제거해야 한다. 둘째, 자유롭고 신실한 침례교회의 미래를 꿈꾸자. 셋째, 열정으로 침례교 신앙을 주장하자. 한국 침례교회도 신앙의 기초를 지키고 침례교회의 미래를 가꿔나갈 준비를 해야 한다. 우리만의 신학적 정체성을 확립하고 발전시키는 일은 반드시 필요한 일이다. 이처럼 주체적 침례교신앙을 우리 스스로 마련하는 일은 가능할 뿐 아니라 반드시 해야 할 우리의 역사적 과제다.

2. 한국 침례교신학의 유산과 미래

이제 한국 침례교회는 다양한 신학적 배경과 전문성을 기초로 21세기의 장을 열어나갈 때가 되었다. 이를 위해 신학 경쟁력을 갖추는 노력이 필요하다. 하지만 그 과정에서 신학논쟁이 정치수단으로 이용되어 이권 다툼이나 정치적 권력을 추구하는 데 오용되지 않도록 주의해야 한다. 신학논쟁은 때에 따라 필요한 것이지만, 무엇보다도 그것은 순수하고 건설적이어야 한다. 그리고 한국 침례교회는 동아기독교의 복음에 대한 열정과 비타협정신, 그리고 남침례교의 보완적이고 조화로운 "하나님-인간 중심"의 신학전통을 포괄적으로 검증하여 우리에게 맞는 한국 침례교회의 전통을 세워 나가는 일에 뜻을 모아야 한다.

📖 추천하고 싶은 책

Basden, Paul 편. 「침례교신학의 흐름: 1845년부터 최근까지」. 펜윅신학연구소 옮김. 대전: 침례신학대학교출판부, 1999. 이 책은 미국 남침례교단이 태동한 1845년부터 최근까지 자신들의 교리적 신앙과 사상이 어떻게 변해왔는가를 조직신학적 관점에서 평가한 것이다. 1장은 성경에 대한 남침례교의 입장이 어떻게 변해왔는가를 다룬다. 2장은 예정 교리에 대한 남침례교의 견해를 역사적으로 추적한다. 3장은 속죄에 대한 남침례교의 논쟁점을 분석한다. 4장은 견인과 배교에 대한 남침례교의 입장을 규명한다. 5장은 그리스도인의 삶, 즉 구원에 대한 남침례교의 입장을 다룬다. 6장은 교회에 관한 남침례교의 특징적인 입장을 정리한다. 7장은 교회의 지도자들이란 제목으로 교회의 지도력과 관련된 문제를 다루고 있다. 8장은 전신자 제사장직에 관한 남침례교의 사상을 역사적으로 추적한다. 9장은 천년왕국에 대한 남침례교의 이해가 얼마나 다양하며 어떻게 변화되었는가를 설명하고 있다. 10장은 종교철학에 관한 남침례교의 수용과 전개과정에 관하여 서술한다. 11장은 남침례교의 윤리학과 그것에 관련된 문제들을 소개한다. 12장은 종교의 자유에 관한 남침례교의 입장과 태도를 설명한다. 이상과 같이 열 두 주제를 다룬 뒤에, 편집자 바스든은 결론적으로 남침례교의 신학 안에서 칼뱅주의 신학의 영향이 감소되어왔다고 전제하고, 19세기 후반에 칼뱅주의 해석을 받아들였던 교리들이 20세기 동안에 "아르미니우스주의화" 되었다고 주장한다.

Bush, L. Russ and Thomas J. Nettles. 「침례교인과 성경」. 노창우 역. 서울: 요단출판사, 1986. 이 책은 "역사적 관점에서 본 성서 영감과 신앙의 권위에 관한 침례교의 교리"라는 부제가 달려 있듯이, 침례교의 입장에서 역사적으로 성경의 영감설과 신앙의 권위 문제를 침례교를 대표하는 신학자들과 신앙고백서들을 분석해서 다루었다. 특히 이 책은 성경의 창세기에서 딴 제1장 "하나님의 신이 수면에 운행하시니라"로부터 시작해서 제18장 요한계시록의 "이 책의 말을 지키는 자들에게"라는 말로 끝나는 3부 18장으로 구성되었다는 점에서 특색이 있다. 제1부와 제2부에서는 성경의 역사 전개와 연관시켜 영국과 미국 침례교 신학자들을 소개했고, 제3부에서는 중요한 침례교의 신앙고백서들을 분석했다. 이 책을 통해 저자는 침례교인들이 얼마나 성경에 충실한 삶을 살아왔는가를 보여주고자 했다.

George, Timothy and D. S. Dockery, eds. 「침례교 신학자들」. 상·하. 대전: 침례신학대학교출판부, 2008, 2010. 이 책은 침례교 신학자들의 생애와 신학사상을 간략하게 정리한 것이다. 32명의 침례교 신학자들에 의해, 영국의 존 번연으로부터 미국의 클락 피노크에 이르기까지 모두 33명의 침례교 신학자들이 소개되었다. 각 사람마다 전기, 사상해설, 평가, 참고문헌 등의 순으로 편집되어 일관성을 갖추었다. 특히 어떤 특정 주제에서 접근한 것이 아니라 각 신학자들의 사상을 종합적으로 약술했기 때문에, 이 책은 침례교와 침례교 신학을 이해하는 데 매우 유용한 자료가 될 것이다.

Hobbs, Herschel H. and E. Y. Mullins. 「기독교신앙의 6대 공리: 침례교의 신학적 유산」. 김용복 옮김. 대전: 침례신학대학교출판부, 2005. 이 책은 허셀 홉스가 멀린스의 책(1908년)을 기초로 새롭게 정리한 것으로, 침례교인들이 가장 중요하게 생각하는 신앙의 원리를 설명한 것이다. 여기서 강조되는 "영혼의 역량" 개념은 모든 사람이 하나님과 직접 만나야 한다는 사상의 기초를 이루고 있다. 저자들은 이 개념에서 파생된 6대 신앙의 공리들을 다음과 같이 선언한다: (1) 신학적 공리: "거룩한 사랑의 하나님은 주권을 가진다." (2) 종교적 공리: "모든 영혼은 하나님께 직접 접근할 동등한 권리를 가진다." (3) 교회적 공리: "모든 신자는 교회 안에서 동등한 특권을 가진다." (4) 도덕적 공리: "책임적인 존재가 되기 위해서는 영혼이 자유로워야 한다." (5) 시민적 공리: "자유로운 국가 안의 자유로운 교회." (6) 사회적 공리: "네 이웃을 네 자신과 같이 사랑하라." 이 책에서 주목할 만한 문장은 "신앙 안에서 영혼의 역량은 신앙 안에서 영혼의 책임을 수반한다"는 말이다.

Shurden, Walter B. 「침례교의 정체성」. 김태식 옮김. 서울: 서로사랑, 1999. 이 책은 역사 속에서 침례교회들이 가장 중요하게 생각하며 그것을 지키기 위해 분투했던 자유의 문제를 다루고 있다. 저자는 이것을 성서의 자유, 영혼의 자유, 교회의 자유, 종교의 자유로 구분한다. 이 네 가지 자유는 침례교인의 정체성을 위한 필요조건이다. 저자는 이 책에서 네 가지 자유를 말하지 않고 침례교의 정신을 말할 수 없다고 말하면서, 역사적인 침례교의 정체성은 통제보다 자유, 강요보다 자원주의, 패거리 의식보다 개인주의, 대리종교보다 개인적 종교, 획일성보다 다양성이라는 원리로부터 조성되어 왔다고 주장한다. 그런데 이 자유는 "깨지기 쉬운" 자유다. 그래서 부제가 "깨지기 쉬운 네 가지 자유"(four fragile freedom)다. 따라서 이 자유를 지키기 위해서는 침례교회들이 자유를 포기하게 만드는 세력들이 있음을 알고 더욱 더 자유를 추구해야 한다고 말한다. 부록에는 모두 9편의 침례교의 신앙고백서들이 수록되어있다.

Shurden, Walter B. 「침례교 신학논쟁」. 김용복, 김태식 옮김. 서울: 침례회출판사, 2000. 이 책은 「침묵하지 않는 사람들: 남침례교단을 형성한 논쟁들」(*Not a Silent People: Controversies That Have Shaped Southern Baptists*, 1995년 증보판)을 완역한 것이다. 저자는 이 책에서 미국의 남침례교는 어떤 논쟁들을 통해 형성되었는가? 그들이 가지고 있는 역사적 유산과 침례교 정신은 무엇인가? 하는 질문에 대한 답을 정리한다. 특히 저자는 지난 150여 년의 남침례교 역사 속에서 일어났던 교단의 논쟁들을 통해 오늘날 남침례교 총회의 형성배경과 그 특징을 설명하면서, 오늘날 남침례교 총회의 모습을 신근본주의라고 규정한다. 저자는 이 책을 통해 남침례교 총회가 신학적으로나 이념적으로 근본주의화되었고, 교회적으로는 중앙집중화되었으며, 문화적으로는 남성우월주의화되었고, 교단적으로는 탈-침례교화되었다고 비판한다. 그리고 그는 계속해서 남침례교는 과거의 전통적인 침례교 정신으로 돌아가야 할 것을 강력하게 촉구한다. 아마도 그가 기대하고 있는 전통적인 침례교의 정신이란 다름 아닌 민주적인 회중정치, 반신조주의, 신앙의 자유, 정교의 분리, 전신자 제사장직 원리 등을 지키고 존중하는 태도일 것이다.

김용복. 「침례교신학: 침례교인의 신앙과 신학적 유산」. 대전: 침례신학대학교출판부, 2005. 이 책은 침례교회의 신앙적, 신학적 정체성을 반성하고 정리하기 위한 목적에서 쓰인 침례교신학의 입문서다. 이 책은 침례교회의 기원 문제로 시작해서 침례교신앙의 기본원리와 특성들, 주요 침례교신학자들의 생애와 사상, 아나뱁티스트들의 신앙적 특성, 침례교신앙고백서 분석과 새로운 패러다임 모색, 미국 남침례교의 조직신학전통과 주요 신학논쟁, 침례교회의 직분과 의식, 끝으로 한국 침례교회의 독특한 역사와 신학적 전통 등으로 구성되었다. 이 책을 통해 침례교인의 신앙과 신학의 특성을 파악하는 데 필요한 다양한 기초 정보들을 얻을 수 있을 것이다.

제13장

현대신학

조직신학 교수 | **윤원준**
meeyun@kbtus.ac.kr

    종교개혁 이후에 기독교 신학은 18세기까지 교파마다 각자의 정통 교리들을 조직하고 세밀화하며 고수하는데 노력을 기울였다. 개신교 내에서는 루터파와 칼빈파 사이의 치열한 논쟁은 법칙과 신조 그리고 거대한 교리체계를 만들어내게 되었는데 이른바 개신교 스콜라주의가 그것이다. 또한 가톨릭에서는 그들 나름대로 개신교에 대항하는 그들의 교리를 고수하려고 하였다. 새로운 비전과 변화의 모습보다는 신학적 정체가 계속되었던 것이다. 교리를 중시하였던 스콜라주의에 반대해서 18세기에 일어났던 경건주의는, 교리체계를 세우는 것에는 관심이 없었고, 성서 연구를 통해서 경건의 삶과 영적 생명을 부흥시키고자 노력하였다. 경건주의는 주관주의적이고 율법주의적인 위험성을 내포하고 있었음에도 불구하고, 기독교를 교리의 체계로 이해하려고 했던 정통주의를 효과적으로 견제할 수 있었다. 그러나 계몽주의와 합리주의의 물결이 휩쓸고 지나가는 서구에서는 이전까지의 전통적인 기독교 교리와 기독교의 관습들이 이제는 이성의 법정에서 재판을 받아야 한다는 사고가 팽배하게 되었다. 지금까지 교회와 계시의 권위로 주장했던 성례전, 기적, 그리스도의 신성, 십자가의 속죄 등의 교리들이 이성적으로 받아들여져만 하는가라는 질문들을 하기 시작했던 것이다. 이러한 세상 사고의 변화에 따른 신학적 위기 상황과 함께 19세기가 시작되었다. 그 시대상황에 대응하기 위한 기독교 신학의 새로운 모습이 교리적 자유와, 풍부한 신학적 전통과, 엄밀성을 추구하는 독일의 토양에서 시작되었다. 독일의 19세기 신학자들은 "기독교 신학이 이 시대에 세상을 향해서 아직도 의미가 있는가?"라는 질문에 답하기 위해서 갈등했다. 그러나 "만일 아직도 기독교 신학이 의미가 있다면 무엇 때문에 그리고 어떻게 의미가 있는가?"에 대한 대답은 학자들마다 달랐다.

이전의 모습과는 대립되는 그 시대의 독특한 신학적 모습 때문에, 현대신학(혹은 근현대신학)에 대한 고찰은 19세기 자유주의 신학부터 시작하는 것이 가장 타당할 것으로 보인다. 본 글에서는 19세기 신학자들 중에서는 자유주의 신학의 선구자였던 슐라이어마허와 리츨 그리고 트뢸취의 생각들을 간단하게 살펴볼 것이다. 20세기에 들어서 자유주의신학에 대항해서 새로운 신학의 모습들이 나타나게 되었는데, 본 글에서는 바르트, 부룬너, 불트만, 틸리히 그리고 과정신학의 중심 되는 주장들을 고찰해 볼 것이다. 20세기 후반에 나타났던 신학자들 중에서는 몰트만, 판넨베르그 그리고 해방신학의 간략한 내용들을 기술해 볼 것이다. 그러나 이야기 신학, 반기초주의 신학, 해석학적 신학, 해체신학 등은 근현대의 시간대에 포함시키기보다는 탈근대(포스트모던)에 포함시키는 것이 더욱 타당한 것으로 보여서 이번 순서에서는 제외시켰다.

1. 프리드릭 슐라이어마허(Friedrich Schleiermacher)

슐라이어마허는 자신을 '새로운 기독교의 산파'라고 불렀다. 사실 그가 기독교 신학에 미친 영향은 마치 칸트가 근대 철학에 준 것과 비교될 수 있다. 이제까지의 중세의 dogmatism의 고리를 부수고 철학을 새로운 단계로 이끈 자가 칸트라면, 슐라이어마허 역시 이전까지의 신학의 모습에서 벗어난 새로운 국면으로 진입하는 역할을 담당하게 되었다. 그는 이전에 있던 기독교와 신앙의 카테고리들을 다시 생각하고 새 시대를 위한 역동성을 부여하기 시도했다. 인간의 이성과 과학이 새로운 시대를 열어나가는 근대에 기독교 신앙을 그 시대의 정신에 맞게 재구성하는 역할을 담당해야 한다고 생각했기 때문이다. 이전까지의 교회에 중요시하고 가르쳤던 신에 관한 교리와 신조적 명제들은 과학과 이성에 눈뜨기 시작한 근대의 지성인들에게는 설득력을 잃어가고 있었다. 즉 종교적 지식이 과학적 이성과 지식에 대항할 힘을 잃어가고 있었던 것이다. 이러한 기독교의 위기적 상황을 벗어나기 위해서 슐라이어마허가 주장하는 것은 종교(기독교)는 지식이 아니라는 것이다. 기독교는 정통이라고 불리는 지식이 아니라 인간의 경험에 기초를 두어야 한다는 것이다. 그러므로 기독교는 정통적이라고 불리는 교리나 이론의 권위주의적인 체계가 아니라 하나님과의 직접적인 관계라는 것이다. 슐라이어마허가 보기에는 이전의 정통주의는 신학을 초자연적으로 계시된 진리들에 대한 성찰로 보았기 때문에 신학이 권위적 신학이 되었으며 교회의 교의와 하나님 자신을 혼동하는 결과를 만들었다고 생각했다. 그래서 그는 신학을 인간의 경험에 대한 성찰로 변환하기를 시도했다. 기독교 신학은 그러므로 초자연적으로 계시에 대한 명제들을 조직하는 것이 아니고, 인간들의 종교적 경험을 설명하는 것이어야 한다는 것이다. 그러나 그는 칸트와 같이 기독교를 도덕이나 윤리로 이해하고자 하는 시도를 원치 않았으며, 또한 기독교를 순수이성에 복종하는 과학과 같은 모습으로 받아들이기를 원치도 않았다. 오히려 슐라이어마허는 지식이 아니라 인간의 경험에 기초를 둔 신학을 정립하려고 했다. 이러한 인간 경험 중에서 슐라이어마허가 중요시 하는 것은 모든 인간에게 보편적으로 있는 인간감정이다. 그래서 기독교의 본질은 절대의존의 감정이라고 주장한다. 이러한 절대의존의 감정은 계몽주의적 이성과 과학, 그리고 합리주의자들과 기독교의 명제적 정통교리 사이의 화합할 수 없는 간격을 연결해 줄 수 있다고 슐라이어마허는 생각했다. 동시에 절대의존의 감정을 통해서 종교는 과학이나 도덕과는 다른 고유의 영역이 있음을 보여주려고 했다. 그의 이러한 경향은 어려서부터 받았던 경건주의적 교육과 낭만주의의 영향이 있었기 때문이었다. 슐라이어마허에 의하면, 성경은 중요한 역할을 하지만 절대적이거나 권위적이지는 않다. 성경은 초기 기독교 공동체의 종교적 경험을 기록하고 있다는 점에서 중요하고 특별한 것이다. 신학적 교리들은 전적으로 성경에서만 도출되는 것이 아니고, 신앙인들의 내적 경험으로부터 추출되어야 한다고 생각했다. 슐라이어마허는 성경이 초자연적으로 영감되었거나 무오하다고 생각하지 않았다. 오히려 성경 안에는 진정한 기독교적 경건과 반대되는 것처럼 보이는 부분들도 있다고 생각했다. 또한 구약성경은 신약성경에 비해서 규범적 위엄이 부족하다고 생각했다. 성경에 있는 하나님에 대한 진술들은 하나님 그 자체를 묘사한 것이 아니고, 하나님에 대한 인간의 경험에 대한 이야기일 뿐이라고 주장했다.

슐라이어마허에 의하면, 하나님은 모든 것의 궁극적 원인이며, 모든 것을 결정하는 실재라고 생각했다. 그러므로 하나님은 선과 악의 원인이며, 죄와 악의 창시자라는 결론을 내렸다. 만일 하나님이 악의 창시자가 아니라면, 하나님의 전능성이 제한될 것이라고 주장했다. 또한 하나님은 객체가 될 수 없으며, 모든 것 안에 내재하는 초인격적 능력으로 생각했는데, 이것은 그의 신론이 만유재신론적인 것을 보여준다. 슐라이어마허는 삼위일체론이 인간의 종교적 의식과는 상관없는 가치 없는 교리로 생각했다. 그리고 예수의 두 본성에 관한 전통적인 교리들은 비논리적인 교리라고 배척했다. 두 본성이 한 존재 속에 동시에 존재할 수 없다는 것이다. 이러한 예수에 대한 이해는 전통적인 예수의 신성에 대한 주장을 무시하고 오직 예수의 인성만을 부각시킨다. 슐라이어마허는 예수가 그리스도로서 인류에게 '속량'을 가져온 자라고 말했다. 그러나 슐라이어마허가 말하는 속량이란 더 높은 자기의식으로 나아가는 것 정도로 생각되었다. 예수는 완전한 하나님 의식을 자지고 있으며, 그것을 다른 사람들에게 공유시키며 교류시킬 수 있는 무한한 능력을 가진 자로 생각했다. 이러한 의미에서 예수는 그리스도이다.

　슐라이어마허의 신학은 성경이나 교회의 권위로부터 시작하는 '위로부터의 신학'이 아니고, 인간의 경험, 직관, 절대의존의 감정으로 시작하는 '밑으로부터의 신학'적인 방법론을 보여준다. 이러한 슐라이어마허의 신학에 대한 이해는 신학이 문화적이며 역사적인 성격을 가지고 있다는 것을 보여준다. 신학은 어떠한 시대에 국한된 것이므로, 영속적인 가치를 주장할 수 없다는 것이다. 신학은 그러므로 기독교 공동체의 변화하는 양상에 따라서 개혁되어야 하며 비판적 성찰에 의해서 새로이 표현되어야 한다고 주장했다. 신학의 한계성에 대해서 슐라이어마허가 유익한 통찰을 제공한 것은 사실이다. 그러나 그의 신학은 성서적 계시에 기초한 신앙과는 너무나 거리를 두고 있었다. 그의 신학은 하나님의 움직임에 대한 느낌에 대해서는 말할 수 있을지는 모르나, 하나님께서 말씀하시는 것을 들었다고 말할 수는 없는 신학이었다.

2. 알브렉트 리츨(Albrecht Ritschl)

슐라이어마허가 절대의존의 감정으로 기독교를 설명하려고 했다면, 리츨은 기독교를 윤리로서 이해하였다. 그러므로 리츨의 신학적 방법론은 칸트의 실천이성을 따르고 있다. 슐라이어마허처럼 리츨도 19세기의 기독교가 처한 위기의 상황을 감지하고 있었다. 한편으로는 과학과 세속적 학문들의 발전이 특정한 기독교의 교리적 주장들에 도전하고 있었다. 리츨은 세상의 학문과 기독교의 충돌과 갈등은 과학의 유형과 종교의 유형이 다른 것을 구분치 못함으로 인해서 발생하였다고 생각하였다. 과학은 객관성을 추구하는 것이고, 종교는 주관적이며 가치판단에 관한 것이므로, 종교와 과학을 구분하는 것이 리츨이 택한 해결책이었다. 종교로서의 기독교가 추구하는 가치판단은 최고선을 추구하며, 그것은 그리스도 안에 계시된 하나님의 나라, 즉 공동체에서 발견된다고 리츨은 주장한다. 그러므로 기독교의 신학적 관심은 하나님이 어떤 분인가, 혹은 하나님의 속성이 어떠한가와 같은 이론적이고 지식적이며 형이상학적인 논의는 필요가 없고, 그리스도 안에 계시된 하나님의 나라에 대해서 집중되어야 한다고 생각하였다. 하나님 나라는 죄인의 죄가 용서됨, 즉 칭의와 윤리적인 삶과 이웃을 향한 사랑의 실천을 포함해야한다고 생각했다. 비록 내세의 구원을 부인하지는 않지만, 리츨의 주된 관심은 윤리적 행동을 통한 이 땅 위에서의 하나님 나라의 실현이었다.

예수의 신성과 인성에 대한 전통적인 신조들은 리츨이 보기에는 형이상학적인 논의일 뿐이었다. 리츨에 의하면 예수는 하나님 나라를 인간 세상에 구현한 분이다. 이 소명은 예수 그리스도에게만 주어진 독특한 것이며 인류의 최고선을 실현한 분이다. 예수의 죽음의 의미도 하나님 나라라는 최고선을 위한 전적인 순종으로서의 의미가 있는 것이지, 세상의 죄를 위한 속죄의 죽음이라는 의미는 아니다. 죽음을 통해서 예수는 하나님 아버지에 대한 절대적 순종을 보여주었고, 하나님 나라에 합당한 삶을 극명하게 보여주며 성취했다는 것이다. 이러한 죽음을 통해서 인간이 어떠한 삶으로 세상을 변혁시켜야 되는지 보여주었다는 것이다. 리츨의 생각에는 이러한 하나님 나라로서의 최고선이 기독교의 핵심이며 동시에 사도들이 성경을 통해서 말하고자 하는 진정한 요점이라고 주장하였다. 이러한 성경속의 기독교 핵심은 예수의 생애에 대한 역사적 연구에 의해 밝혀질 수 있다고 생각했다. 그러나 리츨의 역사적 연구는 구약과 예수 이전의 역사를 고려하지 않았다.

3. 에른스트 트뢸취(Ernst Troeltsch)

리츨이 구약과 다른 종교들을 그의 고려의 대상에 넣지 않았던 반면에, 트뢸취는 기독교를 일반 종교사 중의 한 부분으로 이해하였다. 즉 기독교는 일반 종교들의 발달과정의 한 부분이라고 주장하였다. 그러므로 리츨과 같이 역사적 연구를 강조하지만, 접근방법은 전혀 달랐다. 트뢸취는 헤겔이 주장하는 변증법적인 발전이 모든 것을 설명한다는 것을 받아들이지는 않았지만, 헤겔과 비슷하게 모든 사물의 과정은 초월적 실재가 시간과 공간 안에서 내재하여 작용하고 있으며, 결국은 모든 것 속의 내재적 힘 때문에 발전을 통해서 완성에 이를 것이라고 생각했다. 이러한 발전의 과정이 역사다. 또한 이러한 역사의 발전과정 속에는 정신적인 것과 물질적인 것의 갈등과 충돌이 있다고 생각했다.

트뢸취에게 기독교 역사는 일반 종교사의 한 부분에 불과했다. 그러므로 종교들이 역사 안에서 발전 진화하는 가운데 기독교는 지금까지 알려진 종교 중에서 가장 높고 가장 영적인 종교일 뿐이다. 기독교의 신학은 이러한 종교사적인 기반과 철학적인 근거 위에서 세워져야 한다고 주장했다. 전통적으로 특별계시라고 여겨졌던 성경이 유일한 계시로서의 권위를 가지는 것이 아니고, 트뢸취에 의하면 계시라는 것은 인간이 가지는 실재에 대한 직관이라는 것이다. 그러므로 이러한 직관은 종교생활을 하는 사람은 누구든지 다 경험할 수 있는 것이다. 기독교는 유일한 계시의 담당자는 아니고, 인간을 하나님께로 이끄는 모든 계시와 속량들의 최종점일 뿐이다. 일반적 종교들 속의 인간의 내적 경험으로서의 계시는 기독교의 유일한 계시를 대체해 버린다. 결국은 종교들은 발전적 통일로 향하게 되기 때문에, 기독교는 선교보다는 교육에 집중할 것을 주장했다. 즉 예수 그리스도의 유일성과 속량을 전하는 대신에, 이방인이 가지고 있는 이념에 기독교적인 모범을 더 첨가해 주는 정도가 기독교의 선교가 해야 할이라는 것이다. 그러므로 예수 그리스도는 위대한 종교가이지 영원한 하나님이 될 수가 없다. 예수께 순종하며 그 분의 사랑의 감화 안에 머무르는 것이 트뢸취가 생각하는 신앙의 모습이다. 그리고 모든 것은 영원히 존재하는 것이 아니고, 궁극적으로는 하나님 안에 재흡수 된다고 생각했다.

4. 칼 바르트(Karl Barth)

19세기 자유주의 신학에 가장 커다란 반발을 했던 칼 바르트는 두 가지 이유에서 자유주의 신학과 결별하게 되었다. 첫째는 설교를 하던 자신의 목회자 입장에서 볼 때에 자유주의 신학이 쓸모가 없었다는 것이고, 두 번째는 독일 제국주의 지도자인 카이저 빌헬름의 전쟁 정책에 그의 은사였던 자유주의 신학자들이 동조하고 나섰기 때문이었다. 그래서 시작된 자유주의 신학에 대한 바르트의 공격은 그의 로마서 주석이 출판되면서 시작되었다. 자유주의 신학이 복음을 인간적이고 종교적인 메시지로 바꾸어버리는 인간 중심적 신학이라고 비판하면서, 바르트는 하나님의 계시에 의존하는 '위로부터의' 신학을 주창하였다. 바르트의 신학이 여러 가지 명칭으로 불리지만, 그 중의 하나가 '하나님 말씀의 신학'이다. 바르트는 자유주의 신학이 하나님 말씀을 등한시하고 '인간의 말'에 치중했다고 생각하였고, 가톨릭의 신학은 하나님 말씀보다는 교회와 전통들에 치중했다고 비판하였다. 그러나 바르트가 언급하는 '하나님 말씀'은 전통적으로 이해하는 말씀과는 조금 다른 개념이다. 바르트는 말씀과 계시를 구분하여서 생각했다. 계시는 하나님의 나타나심 혹은 드러나심이다. 그러므로 계시는 일회적인 사건이다. 성육신 하신 예수 그리스도가 하나님의 나타나심, 즉 계시이다. 전통적으로 일반계시라고 일컫는 것을 바르트는 계시로서 인정하지 않는다. 그러므로 다른 종교나 철학 등에 대해서 바르트의 신학은 가장 배타적인 모습을 가진다. 바르트에 의하면 계시의 나타남은 삼위일체적으로 나타난다. 즉 계시사건 속에는 계시의 주체, 매개체, 계시 자체로서 성부, 성령, 성자가 있는 것이다. 그러나 계시와는 달리 말씀은 일회적이 아니고, 반복되는 것이며, '하나님이 말씀하신다'는 의미가 포함되어 있다. 하나님은 계시(성육신)를 통해 말씀하시며, 성경을 통해 말씀하시며, 그리고 설교를 통해 말씀하신다. 그러므로 예수 그리스도는 계시된 말씀이고, 성경은 기록된 말씀이고, 설교는 선포된 말씀이다. 여기서 문제가 되었던 것은 '성경이 계시인가'라는 것이다. 바르트는 성경을 계시와 일치시켜서는 안 된다고 주장했다. 하나님의 계시는 하나님 자신이어야 하기 때문이다. 그러나 바르트에게는 성경은 하나님 말씀이다. 그래서 바르트는 성경을 교회를 위한 유일하고 절대적인 권위로서 취급한다.

바르트의 신학은 그리스도 중심적이며 삼위일체적인 구조를 갖는다. 하나님의 계시는 하나님 자신이다. 예수 그리스도는 하나님의 탁월한 자기 계시로서, 하나님과 동일하시다. 그러므로 예수는 진정한 인간이며 또한 신이다. 예수 그리스도는 삼위일체에서 위격이라는 말보다 양태라는 말을 선호했다. 만일 예수가 다른 위격(인격. person)이라면 성부의 자기 계시일 수가 없다고 생각했기 때문이다. 예수는 하나님의 두 번째 존재 양태이고, 성부 자신의 인격이 그대로 반복되어 나타난 것으로 이해했다. 바르트의 신론에서 중요한 점 또 하나는 그가 하나님을 '자유로이 사랑하는 분'으로 정의한 부분이다. 바르트에 있어서 자유와 사랑의 균형은 하나님을 이해하기 위해서 필수적인 것이다. 그러나 바르트는 하나님에게는 세상을 향해서 필연적인 것이 아니며, 세상을 사랑치 않더라도 여전히 하나님은 사랑이라고 주장한다. 세상을 필연적으로 사랑하는 하나님은 신성을 박탈당할 것이라고 생각하는 것이다. 균형을 유지하려는 노력이 있었으나, 결국 바르트의 생각 속의 사랑과 자유 사이의 균형은 유지되지 못하고, 하나님의 자유에 더 큰 비중을 두게 되었다. 바르트의 선택교리는 그리스도 일원론적 모습을 가진다. 그에게는 예수 그리스도가 선택과 저주의 유일한 대상이기 때문에, 전통적인 칼빈주의에서 말하는 이중예정을 받아들이지 않는다. 모든 인간은 선택하시는 하나님이면서 동시에 선택받는 인간인 예수 그리스도 안에 포함된다. 예수는 그러므로 배척당하는 자이며 또한 배척하는 하나님이다. 비록 자신은 보편구원을 명시적으로 지지하지는 않지만, 이러한 바르트의 선택교리는 저주받고 또한 선택하는 예수 안에서 모든 인간이 구원받을 수 있을 가능성을 내포하고 있다.

5. 에밀 부룬너(Emil Brunner)

19세기 자유주의 신학에 대항한 바르트와 같이 에밀 부룬너 역시 인간 이성이나 철학을 통해서 하나님을 파악하려는 시도들을 공격했다.

그런 점에서 부룬너는 바르트와 불트만의 동맹자라고 할 수 있다. 그러나 부룬너는 자신의 신학을 바르트의 신학과 구별하기 위해서 노력했다. 부룬너의 신학은 유대인 철학자 마틴 부버의 생각에 커다란 영향을 받게 되었고, 그 결과로서 성경속의 '하나님과 인간의 만남'의 통찰을 발견해 내었다. 이러한 통찰로 발전되는 것이 부룬너의 '성경적 인격주의'였다. 인격주의적 사고를 통해서, 주체-객체의 이원론적인 사고구조 속에서 하나님을 생각하는 것을 피할 수 있을 뿐만 아니라, 인격적인 하나님을 이해할 수 있는 가능성을 가지게 되었다고 부룬너는 생각했다. 이러한 인격적인 관계로서의 하나님 이해는 하나님을 지식의 대상으로 여기는 비인격적인 이해를 극복할 수 있다는 것이다. 부룬너에게 계시와 진리는 인격적 만남으로서의 사건이지, 명제적 지식이 될 수가 없었다. 부룬너에 의하면, 성경은 계시와 동일시 될 수 없다. 예수 그리스도 자신이 계시이고, 성경은 계시에 대한 일차적 증거이다. 또한 성경은 축자적으로 영감된 계시가 아니며, 무오한 명제적 진리가 아니기 때문에, 계시의 매개체일 뿐이다. 그러나 성경은 하나님과 인격적 관계를 위한 도구로서 기독교 교리의 기초와 규범이 되는 권위를 지닌다.

    부룬너와 바르트와의 유명한 논쟁의 초점은 일반계시에 관한 부분이었다. 부룬너에 의하면 인간은 타락에도 불구하고 하나님의 말씀을 받아들일 수 있는 최소한의 능력은 남아있다고 주장했다. 즉 은혜를 은혜로 알 수 있기 위한 필수불가결의 접촉점이 인간에게 있다는 것이다. 바르트는 부룬너의 이러한 일반계시의 가능성에 대한 주장에 즉각적으로 거부의사를 표했다. 바르트는 부룬너의 신학이 자유주의 신학이나 가톨릭 신학과의 타협을 하는 쪽으로 기울고 있다고 생각했다. 반면에 부룬너는 바르트의 신학 속의 선택의 교리의 불합리성과 만인구원설의 위험성을 공격하였다.

6. 루돌프 불트만(Rudolf Bultmann)

　19세기 자유신학의 인간중심주의 대한 반발에는 마부르그의 신약학자 불트만도 동참하였다. 바르트와 같이 불트만은 인간이 하나님을 알 수 있는 것은 하나님 말씀에 대한 반응으로써만 가능하다고 생각했다. 그러나 불트만은 하나님 말씀을 바르트와는 전혀 다른 방식으로 이해했다. 불트만은 말씀을 전적으로 실존주의적 해석을 통한 의미로서 이해했다. 성경의 실존주의적 해석을 통한 의미를 하나님 말씀, 즉 케리그마라고 주장했다. 이전에 있었던 역사적 예수에 대한 연구 결과가 예수의 역사성을 부인함으로써 기독교 신앙 자체를 흔들 것이라는 우려와는 다르게, 불트만은 주장하기를 신앙은 역사적 예수에 의존하는 것이 아니라고 생각했다. 그러므로 신앙은 예수의 역사성보다는 오히려 현재 우리가 그리스도와의 인격적 대면, 즉 실존주의적 의미를 가질 수 있는가에 달려있다고 생각했다. 그러므로 역사성에 대한 논의는 불트만에게는 의미 없는 논의가 되어 버렸다. 신약성경 속의 신화적 표현들에 대해서 자유주의 신학자들이 신화의 제거를 주장했다면, 불트만은 신화를 제거하는 것이 아니라, 신화의 재해석을 통해서 진정한 의미를 꺼낼 수 있다고 생각한 것이다. 성경의 신화적 진술로부터 실존주의적 의미를 도출해 내는 이러한 재해석 작업을 불트만은 비신화화라고 불렀다. 불트만은 이러한 비신화화 작업을 통해서 하나님의 절대적 초월성을 지킬 수 있다고 생각했다. 또한 고대의 텍스트인 성경이 고대와는 다른 세계관을 가진 현대인들에게 하나님의 말씀으로 다가오기 위해서는 이러한 비신화화 작업을 통해서만 가능하다는 것이다. 비신화화 작업을 통해서 복음이 올바로 전해질 수 있다는 확신이 불트만에게는 있었다. 그러나 하나님의 초월성에 대한 강조와 시대를 뛰어넘는 하나님 말씀의 의미를 찾으려는 불트만의 실존주의적 해석은 역사적 사실성을 희생시킨 터 위에서 만들어질 수 있었다.

7. 폴 틸리히(Paul Tillich)

독일 프랑크푸르트 대학에서 철학을 가르치다가 나치 정권의 위협 때문에 미국으로 건너갔던 폴 틸리히는 미국에서는 신학적 사고에 많은 노력을 기울였다. 그의 신학에는 철학자로서의 사고구조가 깊게 영향을 주었음을 보여준다. 틸리히가 특별히 그의 신학에 이용했던 철학 분야는 실존주의적 존재론이다. 그러므로 신학은 필수적으로 철학적 사고를 포함해야만 한다고 생각했다. 틸리히에 의하면 실존주의적 존재론은 존재와 비존재에 대한 질문을 제기하므로 신학에 필수적인 사고구조이다. 그리고 이러한 질문들에 대하나 답은 신적 계시의 상징들로부터 얻을 수 있다고 틸리히는 주장한다. 질문과 답에 대한 이러한 이중적 구조로서의 신학적 방법론은 신학은 변증적이어야 한다는 그의 주장을 뒷받침해준다. 이러한 변증적인 신학은 근본주의나 신정통주의 신학이 주장하는 일방주의적인 교리나 계시선포의 방식을 배척한다. 그러므로 틸리히의 방법론은 존재의 상황으로서 문화, 예술, 정치, 경제적인 면들을 중요하게 생각한다. 이러한 상황들로부터 존재는 질문하기 때문이다.

틸리히에 의하면, 존재는 항상 비존재에 대한 불안과 비존재로부터의 위협에 직면한다. 그리고 존재는 비존재의 위협으로부터 존재의 근거에 대한 질문을 하게 된다. 존재로서의 인간은 비존재로부터 자신을 유지시키는 힘의 근원을 존재자체 혹은 존재의 근거라고 부른다. 성경적으로 말한다면 하나님이 될 것이다. 이러한 틸리히의 신에 대한 이해는 만유재신론적 요소를 강하게 보여준다. 존재는 현실로서 본질로부터 이탈한 혹은 소외된 것이라고 틸리히는 말한다. 그리고 본질은 아직은 현실화되지 않은 잠재적인 완전의 모습이다. 본질로부터 소외된 존재인 인간은 여러 모습의 갈등과 모순의 모습 속에 머문다. 갈등 속의 존재는 이탈된 본래의 본질적 구조와 재결합하고자 하는 열망을 하게 되고, 결국은 그 자체를 초월하는 계시에 대한 필요성을 가지게 된다. 계시는 존재가 다시 본질로 돌아가는 것을 가능케 한다는 것이다. 존재가 다시 본질과 재결합하는 것이 틸리히가 말하는 구원이다. 틸리히에 있어서 계시는 명제나 정보나 지식이 아니다. 오히려 계시는 경험이다. 그러므로 성경 역시 계시자체는 아니고, 다만 성경은 예수 그리스도라는 궁극적 계시에 대한 기록이다. 성경은 궁극적 계시에 대한 기록으로서 계시를 가능케 하며, 계시 경험에 참여한다. 그리스도는 본질과 존재의 차이를 극복하는 새로운 존재에 대한 상징이다. 그러나 예수라는 한 명의 역사적 인물이 원래 본질적으로 그리스도였다는 것은 아니다. 오히려 존재와 본질 사이의 소외를 극복했다는 의미에서 그리스도가 되었다는 것이다. 이것은 예수가 하나님의 아들, 즉 성자로서 성육신했다는 것과는 다른 의미이다. 틸리히의 생각 속에 나타나는 양자론적 혹은 가현론적 기독론의 모습이다.

8. 과정신학

20세기 서구에서 만들어진 형이상학들 중에서 가장 독특한 것 중에 하나가 화이트헤드의 과정철학이다. 고대 희랍철학 전통이 파르메니데스로부터, 플라톤, 아리스토텔레스, 데카르트, 칸트 같은 사람들이 실재라고 여기고 생각했던 것들이 정적인 것이었다면, 화이트헤드는 고대 희랍의 이단아 헤라클리투스를 따라서 실재를 동적으로 생각하는 사상적 체계를 구성한다. 만일 야구공이 날아간다면, 물질적인 야구공이 실재라기보다는, 날아가는 사건이 화이트헤드가 보기에는 실재이다. 한 순간의 날아감 사건은 바로 전 과거적 사건의 영향을 받지만 과거로부터만 결정되어지는 것은 아니다. 각 사건(actual entity, actual occasion)은 하나의 주체로서 그것과 연결되어 관계성을 가지고 있는 모든 주위상황을 포착(prehension)한다고 화이트헤드는 주장한다. 이러한 모든 포착행위는 자체의 주체적 형식을 가질 뿐 아니라, 자신만의 자유를 가지고 있다. 이러한 포착행위를 통해서 바로 다음에 일어날 사건을 스스로 결정해 나가는 것이다. 한 순간 모든 사건이 주위의 수많은 다른 사건들과 그물처럼 연결되어서 만들어 내는 전체적인 하나의 조직을 연계체(nexus)라고 부른다. 유주라는 거대한 연계체 안에서 수없는 사건들이 스스로 자유를 가지고, 또한 다른 사건들에게 연결되어서 변해가는 것이다.

　화이트헤드에 의하면 신도 하나의 사건이다. 그러므로 신도 순간순간 포착한다. 동시에 신은 끝없이 변하며 끝없이 증가한다. 그리고 신은 우주 속에서 출현하는 모든 사건들에게 자신들의 형성에 적합한 가능성들을 제공하며 이용할 수 있게끔 해준다. 그러나 각 사건들에게 제공만 하는 것일 뿐이지 그들의 자유로운 선택을 거슬러 강요할 수는 없다. 또한 모든 사건들에 의해서 선택되었던지 혹은 선택되지 않았던지, 모든 가능성들은 신은 자신 속에 포함한다. 신도 과정 중에 있으므로 사건들의 자유 앞에서는 신은 무력하며 완전치 않은 모습으로 남아있다. 그러나 신은 모든 사건들의 가능성을 알고 직시하기 때문에, 순간순간 사건들의 사라짐과 함께 세상 속에서 같이 고통을 받는 자이다. 화이트헤드에 의하면 모든 사건들과 가능성들은 신속에 기억되며, 또한 신속에서 통합된다고 한다. 모든 것을 신속에 일체화시키는 일원론적인 구조를 보여준다. 화이트헤드의 형이상학은 기독교 신학자들에게도 영향을 주어서, 존 캅, 찰스 하츠혼 등과 같은 유명한 과정신학자들이 나타났다. 과정신학자들은 나름대로 기독교적 개념들을 화이트헤드의 형이상학과 조화시킴으로서 기독교의 신학적 내용들을 나름대로 확장시키려고 노력했다.

9. 위르겐 몰트만(Jurgen Moltmann)

2차 대전과 포로수용소에서의 경험은 몰트만에게 기독교 신앙이 새로운 삶의 희망으로 다가오게 하였다. 그리고 그 희망의 힘이 무엇인가를 탐구하기 시작했다. 몰트만의 신학은 종말론적 희망의 신학이라고 부를 수 있다. 그는 하나님을 미래의 힘으로 생각했다. 미래 즉 아직 오지 않은 것이 과거와 현재를 변화시키며 움직여가는 힘이라는 생각은 철학자 블로흐의 희망의 철학에서 배웠다. 그러나 블로흐의 무신론적 희망은 환상일 뿐이라고 몰트만은 생각했다. 몰트만에 의하면 기독교적 희망은 하나의 환상이 아니라 그리스도의 부활로 인해서 역사 속에 실체를 제공할 뿐만 아니라, 인간의 역사 속에 가능성과 변혁의 힘을 제공한다고 한다. 과거에서 현재가 발달해서 나아가는 것이 아니라, 종말과 미래의 희망이 현재를 이끌어나가면 변화시킨다는 것이다. 그러므로 신학이라는 학문의 과제는 세상과 계시에 대한 해석에 머무는 것이 아니고, 미래를 향한 희망의 관점을 가지고 세상을 변혁시키는 것이다. 그러므로 몰트만의 신학은 항상 실천적인 관심을 보였다. 이러한 실천적 관심들은 해방신학자들에게도 커다란 영향을 미치게 되었다.

계시에 대한 몰트만의 이해는 하나님의 미래에 대한 약속으로 본다. 성경은 축자영감된 것은 아니지만, 하나님 약속의 미래에 대한 증언이다. 그리고 계시는 이미 존재하는 진리를 드러내 보인다는 것보다는, 약속된 미래에 대한 묵시로서 이해하였다. 몰트만에게 하나님은 삼위일체의 하나님이다. 십자가 사건은 하나님이 역사 속에서 삼위일체이심을 확립하는 모습이다. 십자가에서 하나님은 하나님을 버리며, 동시에 하나가 되신다. 세분이면서 동시에 하나라는 삼위일체의 모습은 십자가와 떨어져서는 이해될 수가 없다. 동시에 십자가 사건은 하나님과 인간 사이의 사건일 뿐 아니라, 하나님과 하나님 사이의 사건인 것을 보여준다. 하나님의 사건이 인간 역사의 사건과 분리 될 수 없다는 것이다. 즉 내재적 삼위일체와 경륜적 삼위일체가 다르지 않음을 주장한다. 몰트만의 생각 속에서는 하나님은 사랑의 하나님이며 자기 제한의 하나님이다. 하나님의 사랑은 하나님의 자유를 초월할 수 있으며, 자신을 제한하도록 선택하신다. 하나님의 자기 제한은 하나님의 의지와 관계없이 부과되는 본성은 아니므로, 필연적인 것은 아니다. 하나님은 자기 제한을 하심으로써 창조를 가능케 하시며, 또한 세상을 구속하신다. 그리고 자기 제한을 통해서 하나님은 세상의 아픔과 고통에 동참하시며 그것들을 정복하신다. 몰트만의 후기의 작품들은 하나님의 초월성보다는 내재성 쪽으로 무게 중심이 기울어진다. 그래서 하나님의 주되심, 심판 등의 요소가 강조되지 않고 있다. 종말에 세상은 멸절되는 것이 아니라, 갱신되는 것으로 이해한다. 이러한 갱신은 새로운 창조를 의미한다. 그때에는 하나님이 창조 세계에 오시며, 그곳에 거하실 것이라고 주장했다. 몰트만의 신학 역시 만유재신론적인 요소를 강하게 포함한다.

10. 볼프하르트 판넨베르그(Wolfhart Pannenberg)

판넨베르그에 의하면 역사적 연구에 의해서 역사적 사실 자체가 도전을 받기 시작한 이후로는 신앙의 역사적 근거가 의문시되었다. 그래서 역사적 사실보다는 인간의 주관적 경험에 의존하는 신앙으로 변모

되어 갔다. 판넨베르그가 보기에는 신앙을 주관적으로 만든 대표적인 예가 불트만의 실존주의적 신학이다. 그래서 판넨베르그는 신학을 다시 역사적 사실에 기초한 합리성의 신학으로 되돌리기를 원했다. 그에 의하면, 인간은 일상생활 속의 유한성을 경험하면서 무한자에 대한 종교적 통찰을 갖데 된다고 한다. 그러나 이러한 무한자에 대한 통찰이 하나님에 대한 지식으로 저절로 발전하는 것은 아니다. 이전에 가졌던 무한자에 대한 통찰은 종교적 역사 과정을 알게 될 때에 하나님에 대한 지식으로 연결된다고 한다. 하나님은 역사 속에서 자신을 보이시기 때문에, 신학자는 역사 전체가 하나님과 연결되어 있으며, 역사 전체가 하나의 통일성을 가진 것이라는 것을 관찰할 수 있어야 한다고 한다. 이러한 통일성은 종말에 밝히 드러날 것이며, 종말로서의 최초의 사건은 예수의 부활이다. 판넨베르그에 의하면, 바로 이 부활 사건 속에서 역사의 전체 의미가 드러난다고 한다. 그러나 마지막 때가 이르기 전까지는, 모든 진리는 부분적이며, 완전하지가 않다. 신학은 성경에만 집중해서 역사성과 진실성을 증명하려고 해서는 안 된다고 주장한다. 왜냐하면 그러한 방법은 보편적 진리를 잃어버리게 되기 때문이다. 구속사는 보편사와 연계되어서 다루어야 하며, 신학은 다른 학문과 연계되어야만 한다. 그러므로 신앙과 신학도 이성적이어야 하며, 세상 학문과도 이성적 대화를 해야 한다. 기독교는 맹목적 믿음을 버려야 하고, 이성적 증명이 필요하다. 만일 이성적 고찰이 믿음의 기반을 흔들어 버릴 때에는 어떻게 되는 것인가? 판넨베르그의 대답은 역사 속에 계속될 연속적 계시에 대한 믿음을 가지고 종말 때까지 기다려야 한다는 것이다. 역사를 통한 계시를 중시하는 판넨베르그는 신에 대한 이해는 경륜적 삼위일체에서 시작해서 내재적 삼위일체로 움직여간다. 삼위의 하나님은 세분의 서로 상대에게 의존하고 있다고 생각한다. 이것이 삼위일체의 종속론을 피할 수 있는 방법으로 생각하는 것이다.

신학이라는 학문의 주제로서의 하나님이라는 단어는 하나의 가설로서 받아들여야지, 현실에서 직접적으로 경험되는 사물과 같이 생각해서는 안 된다고 판넨베르그는 주장한다. 만일 가설로 받지 않는다면, 종교적 주관주의나 혹은 도그마틱한 실증주의에 빠지게 될 것이다. 그러므로 인간은 하나님께 오직 간접적으로만 다가갈 수 있다. 가톨릭의 자연신학의 원래적 의도가 신의 본성이라는 철학적인 개념에 적합한 종교적인 신 진술에 있는 것이라면, 판넨베르그에 의하면, 어떠한 자연신학적인 신존재 증명이나, 신학적 비평들도 신학적 기반으로서 정당화되기 힘들다. 그렇다고 바르트와 같이 직접적인 신계시를 주장하고 싶지도 않은 것이다. 여기서 빠져나갈 길이 있는가? 판넨베르그 생각에는, 하나님이 세상과 인간의 존재의 기반이라고 받아들이는 모습의 자연신학은 가능할 것이라고 생각하는 것이다. 이성에만 기반을 둔 자연신학은 아닐지라도, 자연적인 신지식이 가능하다는 것은 인간 삶의 실제적 특성이기 때문에 가능하다는 것이다. 몰트만과 같이 판넨베르그도 미래가 현재를 이끌어가는 힘으로 생각한다. 미래는 하나님의 초월성이 세상과 만나는 지점이다. 성령은 이성과 의지를 가진 존재이기보다는 하나의 장, 즉 인식할 수 없는 무한한 장으로 이해한다. 그리고 예수는 로고스이다. 그러나 고대 희랍적 의미로서의 로고스, 즉 우주적이고 추상적인 원리로서 로고스가 아니고, 메시야로서 피조물과 창조주의 적합한 관계를 밝힌 자로서 로고스이다. 즉 초월적 로고스가 아니고, 역사 안에서 나타나는 로고스이다.

계시는 하나님에 대한 진리의 드러남으로 이해해서는 안 된다고 판넨베르그는 생각한다. 계시는 하나님 자신이 드러남으로만 이해되어야 한다. 바르트와 같이 판넨베르그는 주장하기를 신적인 계시에서는 하나님이 주체이며 동시에 매개체인 유일하고 독특한 계시여야만 한다. 그러나 바르트와는 달리, 하나님은 자신을 말씀을 통해 직접 드러내시지는 않으신다고 판넨베르그는 주장한다. 오히려 하나님은 역사 속에서 그 분의 행위를 통해서 '간접적으로' 드러내신다는 것이다. 엄밀한 의미에서 하나님의 드러내심으로서의 계시는 역사상의 하나의 사건이다. 사건들의 연속으로가 아니고, 오직 종말에 완전히 드러내신다. 그러한 완전한 계시는 나사렛 예수라는 역사적 인물을 통해서 선취적으로(proleptically) 현실화되었다고 한다. 특히 예수의 사건 중에서 부활을 통해서 예기되었다. 이전까지는 특정한 사람들에게만 하나님의 역사상의 행위가 국한되어 보였지만, 예수의 부활 사건 후에는, 모든 사람들이 그들의 눈으로 종말에 있을 완전한 계시의 예고편을 볼 수 있게 되었다는 것이다. 즉 하나님의 간접적인 계시가 모든 사람에게 가능하게 된 것이다. 예수의 부활은 역사적 사건으로서 빈 무덤에 대한 다른 어떤 설명보다 더욱 큰 확률을 가진다. 예수의 부활은 예수의 신성을 확증하는 가장 중요한 사건일 뿐 아니라, 예수의 인간으로서의 운명을 보여주는 사건으로서 예수의 진정한 인성을 또한 보여준다. 형이상학적인 설명으로 시도하는 예수의 두 본성(신성과 인성)에 대한 이론들은 판넨베르그가 보기에는 가치 없는 것들이다. 그러한 이론들은 결국은 하나의 본성으로 융합되든지, 혹은 둘로 나누어진 본성을 주장할 수밖에 없다는 것이다. 판넨베르그에 의하면, 전통적인 두 본성 논의 대신에, 예수는 아버지께 향한 절대적 순종을 통해서 아들로서의 자신의 신성의 모습을 확립시키며, 이러한 순종으로서의 예수는 또한 한명의 역사상의 인간으로서의 실존에 근거하고 있다. 그러므로 기독론에서의 예수 그리스도와 성부와의 하나인 관계를 위한 부활의 주장뿐만 아니라, 인간 예수 안에서의 인간의 운명의 성취라는 판넨베르그의 주장 역시 판넨베르그의 인간론에 대한 그의 관심을 보여준다. 인간의 하나님께 향한 개방성과 인간의 운명의 마지막으로서의 부활이 기독교적인 인간론을 대변해 준다는 것이다.

11. 해방신학

해방신학은 1960년대 이후 라틴 아메리카와 제3세계 나라에서 시작된 신학의 모습으로, 억압받고 가난한 자들에 대한 신학적 관심과, 기독교적 바른 실천을 추구한다. 대표적 해방신학자들로서, 구스타포 구티에레즈, 레오나르도 보프, 호세 미란다, 후안 루이스 세군도, 혼 소브리노, 미구에즈 보니노 등이 있다. 해방신학 내에서도 다양한 목소리가 있지만, 대략적인 해방신학의 공통적 특성을 살펴 볼 수 있다.

해방신학자들은 신학은 상황적이어야 한다고 생각한다. 신학은 결코 보편적이지 않고 상황적이기 때문에, 신학은 특정한 사회, 문화적 환경과 관계되어야 하며, 또 그것들에 의해서 형성되어야 한다는 것이다. 상황에 조건적인 신학은 그 자체의 조건적 한계 때문에 상황과 현실을 극복하는 것이 불가능할 것이라는 해방신학에 대한 비판을 해방신학자들은 받아들이지 않는다. 오히려 그 상황 속에 포함된 지배 계급의 조건화된 지식과 이데올로기를 비판적 의식과 변증법적 사고를 통해서 뛰어넘을 수 있다고 해방신학자들은 확신한다. 주어진 환경의 조건에서 벗어날 수 있을 때에 진정으로 신학은 상황적이 될 수 있다는 것이다. 그러므로 해방신학자들은 서구중심의 신학이나 '위로부터의 신학'을 거부한다. 그것들은 상황적이지 않기 때문에 라틴 아메리카와 같은 상황에는 부적합하다는 것이다. 해방신학은 국가나 사회의 빈곤에 대한 문제의식을 강하게 가진다. 특별히 해방신학자들이 문제시하는 빈곤의 모습은 외적 요인에 의해서 부과된 빈곤의 모습이다. 권력과 국내외의 억압과 착취로 인한 빈곤은 인간의 존엄성 기본적인 인간의 자유와 자율의 권리마저 박탈하게 된다고 보는 것이다. 이러한 제도화된 폭력과 국제적 자본주의의 산물로서의 빈곤 앞에서는, 신학이 정치에 개입할 것인가 아니가 라는 것이 문제가 아니고, 이러한 혁명적 상황에서 신학이 어느 편을 택할 것인가 라는 문제만 남아 있다고 생각한다.

해방신학자들은 하나님이 가난한 자들의 편이기 때문에 신학과 교회는 억압받고 가난한 자들과 함께 운명을 해야 된다고 주장한다. 그러나 하나님이 가난한 자들을 우선적으로 선택하신다는 의미는, 하나님이 편파적으로 행동하시며 편견을 가지셨다는 뜻은 아니다. 하나님은 모두를 사랑하시지만, 부자들의 불평보다는 가난한 자들의 부르짖음에 귀 기울이시며, 가난한 자들과 동화되시며, 특별한 방법으로 가난한 자들의 편에 서신다는 뜻이다. 그리고 해방신학에 의하면, 신학은 하나님의 말씀의 빛 안에서 기독교적 프락시스, 즉 실천을 비판적으로 성찰하는 것으로 이해한다. 이론적 성찰은 일차적 행위인 프락시스에 뒤따르는 이차적 행위가 되어야 한다는 것이다. 가난한 자들을 위한 행동적 헌신이 해방신학의 프락시스이다. 진리는 환경과 분리된 것이 아니기 때문에, 행동에 대한 반성으로서 진리를 찾고자 하는 것이다. 그리고 하나님에 대한 지식은 헌신의 행동을 통해서만 획득하게 된다고 주장한다. 그러므로 프락시스는 성찰을 앞선다. 성찰은 하나님 말씀은 하나님 말씀을 가져다가 프락시스의 의미를 보여주고, 프락시스의 방향을 잡아준다는 것이다. 이러한 성찰과 프락시스 사이의 상호순환적인 관계는 계속되어 일어나야 된다고 주장한다. 해방신학은 프락시스의 보조수단으로서 마르크스주의를 도입한다. 마르크스주의를 이용한 사회분석을 통해서 극한의 빈곤의 원인을 발견해 낼 수 있다는 것이다. 해방신학자들이 생각하는 구원은 총체적이고 완전한 해방이다. 이전의 교회들은 양적인 측면에서만 구원을 생각했다고 주장한다. 그러나 해방신학은 사회변혁을 통한 질적인 구원도 포함시키는 총체적 구원으로서 구원이 재해석되어야 한다고 주장한다. 순전히 개인적이고 영적인 구원만을 구원으로서 생각하는 것이 아니고, 개인과 사회, 그리고 양적이며 또한 질적인 면을 전부 포함시키는 총체적 해방을 구원으로 이해한다.

추천하고 싶은 책

Mcintosh, H. R. 「현대신학의 선구자들: 슐라이어마허에서 바르트까지」. 김재준 역. 서울: 대한기독교서회, 1994.

Grenz, Stanly J. & Roger E. Olson. 「20세기 신학」. 신재구 역. 서울: 한국기독학생회출판부, 1997.

김영한. 「바르트에서 몰트만까지: 현대신학사상의 개혁주의적 조명」. 서울: 대한기독교출판사, 1982.

F. Ford, David. 「현대 신학과 신학자들」. 류장열 외 3인 역. 서울: 기독교문서선교회, 2005.

맹용길 편. 「현대신학사상 I」. 서울: 성광문화사, 1980.

Tillich, Paul. 「19-20세기 프로테스탄트 사상사」. 송기득 역. 서울: 대한기독교서회, 2004.

Moltmann, Jürgen. 「신학의 방법과 형식: 나의 신학 여정」. 김균진 역. 서울: 대한기독교서회, 2001.

Pohlmann, Horst. G. 「교의학」. 이신건 역. 서울: 한국신학연구소, 1989.

제14장

종교철학

종교철학 교수 | **정승태**
stchung@kbtus.ac.kr

I. 들어가는 말

종교철학은 이성적 논증에 근거하여 믿음과 신념, 종교와 신학 등을 자세히 검토하고 비판하는 영역이다. 그래서 종교철학은 이러한 철학적인 방법론이나 비판적 탐구를 적절히 수용한다. 대체로 신학적인 것을 포함한 종교적인 내용은 철학적인 방법에 의해 재구성되거나 해석되기 때문에, 종교철학이라는 학문은 단순히 서술적 형식이 아닌 논증적 형식에 의해서 전개된다. 그런데 논증적 형식이 갖는 의미는 우리가 기독교 신앙에서 당연하게 받아들여 왔던 믿음이나 신념들을 타당성, 진리성 혹은 오류성의 근거를 통하여 비판되고 의문시되기도 한다. 이런 맥락에서 종교철학을 이해하려면 그다지 독자의 생각은 산만하지 않을 것이다.

II. 종교철학이란 무엇인가?

어느 학문이든 학문은 기원을 찾으려고 한다. 종교철학도 예외는 아니다. 그럼에도 종교철학이란 용어가 주는 인상은 다소 낯설고 이질감이 있다. 따라서 우리는 종교철학의 접근방법에 한정하여 종교철학을 정의해 보는 것이 좋을 듯싶다. 가장 일반적인 의미에서 종교철학은 "신학과 종교의 철학하기"(philosophizing of religion and theology)로 정의할 수 있다. 간단히 말해, 종교철학은 신학과 종교와는 구별되지만, 내용적인 측면에서 신학과 종교를 철학적으로 전개하는 것이다.

클레어몬트 대학의 D. Z. 필립스는 종교철학을 정의하기를 주저한다. 그 이유는 그의 책 「기도의 개념」에서 종교철학의 선명한 이미지가 없기 때문이다. 그에 의하면, 종교철학은 마치 바벨탑을 쌓는 것과 같다. 바벨탑을 쌓는 것은 공허하고 헛된 노력이라는 것이다. 이처럼 사람들은 종교철학을 철학적 논증이나 사변적 논증의 벽돌을 무의미하게 쌓는 것으로 여기고 있다. 그렇지만 아리스토텔레스에 의해서 "진리에 관한 학문"으로 정의된 이후, 철학은 우리의 일상과 분리할 수 없는 사유의 패턴이다. 따라서 철학은 여러 가능한 대안 중에 극단적인 위협에서 해방하는 사유의 조건들을 고려하여 판단하는 학문으로 인식된다.

이런 맥락에서 종교철학의 기능은 크게 두 가지로 분류된다. 하나는 분석적인 기능이고, 다른 하나는 종합적인 기능이다. 분석적인 기능은 비판적인 기능이다. 지성적 도구들과 사유 과정에 대한 비판적 분석은 철학자의 가장 우선된 기능으로 여긴다. 철학자는 언제나 뛰어난 비판가의 역할을 감당하지 않으면 안 된다. 다시 말하면, 철학자가 된다는 것은 비판적 인식능력을 갖추지 않으면 안 된다는 것이다. 그러므로 종교철학은 사고의 성격, 논리와 일관성의 법칙들, 우리의 개념들과 실재 사이의 관계들, 진리의 특성 그리고 진리의 정당성을 분석적으로 탐구해야 할 임무를 지녀야 한다.

또한 종교철학의 또 다른 기능은 종합적이어야 한다. 종합적인 기능은 건설적인 기능이라고 부른다. 종합적 기능은 무엇인가를 파괴하는 것을 의미하지 않는다. 그것은 무엇을 세우는 생산적인 기능을 행한다. 일반적으로 종합적이란 말은 분석적이란 말의 정반대적인 의미로 사용되는데, 그것은 예시적이고 구체적인 사례를 통하여 보편적인 진리에 도달하려는 기능이다. 구체적으로 말하면, 철학의 종합적 기능은 전개된 방법들이나 도구들에 대한 것보다는 오히려 예시된 결과들에게 초점되어 있다고 볼 수 있다. 고전 철학에서 이러한 기능은 만일 철학이 가장 고상한 목적을 성취한다면 분석 철학만큼이나 중요한 것이 된다. 종합적 기능은 실재의 특성, 삶의 목적, 기원, 의식의 상태나 운명 그리고 그와 같은 궁극적인 물음들에 관해 가장 포괄적 견해를 고려하면서 취급하려는 하나의 탐구 기능이다. 그러므로 종교철학에서 종합적 기능의 목적은 하나의 완전한 세계관, 즉 실재의 공간적 유형을 암시하는 세계관이어야 한다.

III. 종교철학의 인식론적 범주들

모든 철학적인 방법론은 대부분 인식론적 관점에서 출발한다. 인식론에 대한 관점은 철학의 성격과 내용을 결정한다. 우리의 사유와 믿음의 성격이 인식론의 성격을 결정하고, 결국 그것이 우리의 행위에 영향을 미친다. 다시 말해, 우리가 무엇을 믿는가 하는 것이 결국 우리의 인식론을 결정하고 그것에 의해서 세계를 이해한다.

그런데 인식론은 크게 두 가지 범주를 가지고 있다. 하나는 정초주의이고, 다른 하나는 반/비정초주의이다. 이것은 철학의 한 분야로서 지식의 본성과 그 영역이 이루어지는 전제 조건들과 근거를 말한다. 정초주의적 인식론(foundational epistemology)은 일반적으로 객관주의적 성향을 갖는 반면에 반/비정초주의는 상대주의적 성향을 가지고 있다. 만일 그가 객관주의적 인식론을 가지고 있다면, 모든 면에서 명증한 원칙이나 이성적 사고의 틀을 강조할 것이고, 만일 그가 상대주의적 인식론을 가지고 있다면, 그는 보다 해석적 혹은 상황주의적 견해를 강조할 것이다.

정초주의는 절대주의, 근본주의, 객관주의 및 개혁주의 인식론 등이다. 철학에서는 정초주의가 경험론(empiricism)과 합리론(rationalism)으로 대표된다. 로크, 버클리, 흄에 의해 지지되어온 경험론은 우리들의 모든 지식이 경험으로부터 나온다고 주장하고, 데카르트와 라이프니쯔에 의해 지지되어온 합리론은 경험에 의해 아는 것 이외에도 경험으로부터 독립해 있는 본구관념(innate idea)의 지식이 있다는 것이다. 경험이든 사유이든 그것들은 부정할 수 없는 명백한 인식적 체계인데, 그들이 인식하는 절대적 진리는 경험이든지 아니면 사유이든지 어떤 명백한 진리에서 출발한다는 확고한 확신에 서 있다. 그런 점에서 경험론이나 합리론은 명백한 지식의 근원을 찾으려는 측면에서 정초주의적 인식론이라고 할 수 있다.

반면에 반/비정초주의는 주관주의, 상대주의, 비합리주의, 회의주의, 자유주의 인식론 등으로 나타난다. 오늘날 반정초주의의 출현은 철학에 대한 부정에서 시작되었다기보다는 철학의 그릇된 접근 방식에서 오는 비판에서 시작된다. 이처럼, 반/비정초주의는 유용한 철학적 취사선택이 아니라 오히려 정확한 철학적 접근의 실패에서 나온 결과다. 그래서 철학은 하나의 관점에서 이해되기 때문에 철학을 판단하는 행위에서 정확하고 객관적으로 이해되지 않고, 방법론적으로 이해되는 것이다. 어느 철학도 객관적으로 판단되는 것은 없다. 그래서 철학은 다양한 학문 중의 하나에 불과하다는 것이다.

그런데 우리가 이 두 가지 인식론적 접근을 자세히 들여다보면, 결국에는 객관주의와 상대주의의 인식적 방법론으로 귀착된다. 철학자 리처드 번스타인은 「상대주의와 객관주의를 넘어서」에서 객관주의와 상대주의의 인식론을 적절히 비교했는데, 서구의 지식, 언어, 철학 그리고 해석학은 언제나 "양자택일"(either/or), 즉 이것이냐 저것이냐 하는 선택을 하도록 강요한다는 것이다. 전통적으로 진리는 어떤 객관적인 기초가 있어야 한다는 것이고, 우리의 세계와는 분리된 어떤 무시간적 인식에 기초해 있어야 한다는 믿었다. 이것이 객관주의(Objectivism)다. 그래서 객관주의는 합리성이나 인식, 진리, 실재, 선, 옳음 등의 본성을 결정하는 데 궁극적으로 호소할 수 있는 영원하고 초역사적인 어떤 기반이나 구조 틀이 존재하며 존재해야 한다는 기본적인 확신이다. 그것은 어떤 인식의 정초나 기반이 있어야 한다는 믿음에서 출발한다. 마치 수학으로 말하면, 아르키메데스 지렛대가 반드시 존재해야 한다는 것이다. 즉 진리란 합리성(rationality)의 기준에 맞게 판단되어야 한다.

반면에 상대주의(relativism)는 합리성, 진리, 실재, 옳음, 선, 규범과 같은 개념들이 모두 특수한 개념적 도식이나 이론적인 구조 틀, 패러다임, 삶의 양식, 사회, 문화에 따라서 상대적인 것으로 이해 가능하다고 믿는다. 기본적으로 상대주의는 모든 사물이 절대적이지 않고 상대적으로 이해되고 평가된다는 것이다. 다시 말해, 한 이론이 다른 이론보다 우월하다는 것을 판단할 수 있는 합리성에 대한 보편적이고 초역사적인 기준이 없다는 것이다. 어느 것이 옳으냐 하는 문제는 전적으로 개인이나 공동체에 의해 결정되는 문제이지 진리의 문제로 여기지 않는다. 왜냐하면, 진리의 성격은 인식 주체의 활동이나 가치가 포함되어 있기 때문이다.

이러한 인식론적 범주를 받아들이고 있는 종교철학도 명백한 이 두 가지 구조 틀 속에서 작업하고 논증하고 있는 것처럼 보인다. 우선 종교철학에서 말하는 인식론적 범주는 절대 전제가 무엇인지를 이해하려는 데서 시작한다. 사람들은 대체로 절대 전제(absolute presupposition)를 가지고 있다. 신의 존재 문제를 예로 든다면, 한편에서는 신이 존재한다는 절대 전제에서 출발하고, 다른 한편에서는 신이 존재하지 않는다는 어떤 절대 전제에서 출발한다. 이처럼 우리가 어떤 절대 전제들을 분석하게 되면, 그들의 입장이나 논증들의 주장들을 더욱 쉽게 이해할 수 있게 된다. 이것은 그들의 인식론적 입장이 어디에 있느냐 하는 것을 파악하는 일련의 과정이다. 따라서 우리는 이들의 절대 전제가 상대주의로 아니면 객관주의로 빠져들게 하는 조건을 검토하는 일이 우선적임을 기억해야 한다.

IV. 종교철학의 주제들

1. 신앙과 신존재 증명

신은 존재하는가? 만일 신이 존재한다면, 어떻게 알 수 있는가? 신존재 증명은 종교철학 분야에서 오래된 주제 중의 하나다. 신을 증명하는 방식에는 크게 두 가지로 분류된다. 하나는 아프리오리(apriori) 논증과 아포스테리오리(aposteriori) 논증이다. 아프리오리 논증은 선험적 논증으로서 존재론적 논증을 말하고, 아포스테리오리 논증은 후험적 논증으로서 우주론적 논증과 목적론적 논증을 말한다.

첫째로, 아프리오리 논증은 존재론적 논증의 형식으로서 가장 오래된 것이다. 이 논증은 11세기의 켄터베리의 주교였던 안셀무스(Anselmus Cantaberiensis, 1033 - 1109)에 의해 처음으로 체계적으로 전개되었다.

그 이후에 임마누엘 칸트, 르네 데카르트에 이르기까지 상당 기간 동안 중요한 종교철학의 주제로 인식되어 왔다. 이 논증은 매우 전문적인 형식으로 이루어진 논증방식으로 인해 사람들에게 진부하고 사변적인 논증 거리 정도로밖에는 생각할 수 없었다. 그럼에도 불구하고 신학자들과 철학자들은 이 논증은 "모든 시대에 걸쳐서 가장 위대한 지성적 발견"이나 "철학사에 나타난 가장 매력적인 논증 중의 으뜸가는 논증"으로 간주하고 있다. 메마른 이 철학적 신 존재 증명을 매력적이게 하는 것일까? 무엇보다도 이 논증이 갖는 여러 장점 중 하나가 연역적 사유의 형식으로 이성과 논리의 사용을 통하여 증명하기 때문에 철학의 논리적 형식을 많이 배우게 하는 장점이 있다는 데 있다. 이 논증은 경험적 사실에서가 아니라 신 개념 그 자체의 분석에서 신의 존재 여부를 추론하려는 방식이다. 매우 체계적인 논증의 형식을 가진 안셀무스, 데카르트 그리고 하츠혼의 존재론적 논증들이 가장 대표적인 것들이다.

안셀무스는 신을 "그보다 더 위대한 분을 생각할 수 없는 존재"(a being that which nothing greater can be conceived)라고 믿는다. 그것은 존재하는 것 중의 가장 좋은 것, 가장 큰 것, 가장 높은 것이 존재한다는 것이다. 여기에서 최상의 존재는 상상의 최종적인 단계에서 가장 좋고, 가장 위대하고, 가장 높은 존재를 의미하며, 이가 바로 기독교 전통 유신론의 신이다. 즉 최종적으로 인식된 그 신은 그보다 더 큰 분을 상상할 수 없는 실재이며, 따라서 더는 인식될 수 없는 존재가 가장 위대한 실재가 된다.

안셀무스가 죽은 지 약 500년이 지나서 르네 데카르트(Réne Descartes)도 자신의 철학에 신 존재의 문제를 매우 중요한 사유의 방식으로 채택했다. 데카르트는 신의 존재를 논증하기 위해 이성의 근원적 지식에서 시작한다. 그에 의하면, 인간의 지식은 경험에 의한 지식도 있지만 인간의 경험과 무관한 지식이 존재한다는 것이다. 데카르트는 인간 경험과는 다른 형태의 지식을 본구관념(innate idea)이라고 불렀다. 이 본구적 관념으로부터 데카르트는 신 존재 증명을 위한 사유의 토대를 건설하려는 기획(企劃)하려고 애썼다. 경험주의의 논의와 대비를 하는 그는 이성적으로 혹은 선험적으로 신 존재를 논의했다. 삼각형의 예증을 통해 우리가 수학적 지식에 이르고 있듯이, 그는 신 존재도 선험적으로 존재해야 한다는 결론에 도달하게 되었다.

둘째로, 아포스테리오리 논증으로서 우주론적 논증과 목적론적 논증이 있다. 이것은 신 존재 증명의 또 다른 유형이다. 앞의 존재론적 논증이 신의 개념이나 정의가 아프리오리 상황에서 출발하는 반면에 우주론적 논증은 세계에 대한 하나의 경험적 사실(an empirical fact)인 아포스테리오리 상황에서 출발한다. 이 논증은 왜 우주가 없지 않고 있느냐?(Why is there something rather than nothing?)고 묻는다. 다시 말해, 왜 무가 아니라 어떤 무엇이 존재하고 있는가? 하는 것이다. 무엇이 존재하는 이 현실적 존재는 논리적 체계에 의해서 필연적인 것으로 설명 가능하다는 것을 암시한다. 즉 무엇이 이미 존재한다는 것은 어떤 설명이나 해명을 하도록 요구받는다. 우리가 사물을 볼 때에 그 일어난 사건에서 하나의 논증의 시작으로 이해한다. 이를테면, 만일 우리가 산 정상에서 우연히 크나큰 TV를 목격했다고 하자. 이 TV를 본 사람들은 이렇게 말할 것이다. "누가 이 높은 정상에 TV를 가져다 놓았을까?" "어떤 목적으로 이 TV를 운반했을까?" 이것은 모든 인간이 합리적이고 이성적인 동인들(agents)로서 당연히 받아들이는 합리적이고 이성적인 물음이며, 그것에서 어떤 해답을 추구하게 된다는 것을 전제로 한다. 간단히 말하면, 우주론적 논증은 우주나 세계에 대한 합리적인 이유나 근거를 제시하려는 논증이다. 요약하자면, 우주론적 논증은 세계(혹은 우주)는 시작을 가지고 있다는 가정에서 시작한다. 무엇이든지 그것을 존재하도록 만들지 않는 한, 어떤 존재이든지 그것은 시작을 가지지 않는다. 이것은 존재하는 것은 하나의 시작을 가지고 있다는 의미이다. 즉, (1) 존재하기 시작하는 모든 것은 그 존재의 한 원인을 가지고 있다. (2) 그 우주는 존재하기 시작했다. 단순히 있는 것이 아니라 존재하기 시작했다는 것이다. (3) 그러므로 우주는 그 존재의 한 원인을 가지고 있다. 지금 존재하고 있는 것에 대한 설명이나 원인을 규명하는 논쟁방식을 의미한다.

2. 신앙과 이성

"아덴과 예루살렘은 무슨 관계가 있는가?" 이것은 교부 신학자인 터툴리안(Tertullianus, 160 - 220)이 물었던 물음이다. 일반적으로 아덴(아테네)은 이성을 대표하고, 예루살렘은 신앙을 대표한다. 전통적으로 믿는 사람들은 성경에 비추어서 철학과 신앙은 물과 기름처럼 서로 조화를 이룰 수 없다고 생각했다. 그들은 성경의 기록처럼 "누가 철학과 헛된 속임수로 너희를 노략할까 주의하라"(골 2:8)와 "세상 학문으로서의 초등학문"에 대해 비판적이었고, 그래서 터툴리안은 철학을 수용하지 않았다. 터툴리안처럼 사람들은 이성에 근거된 철학을 신앙에 매우 위험한 요소로 간주했다. 철학이 신앙을 미신적이거나 신비적 요소로서 간주했기 때문에 이를 받아들이지 않은 것처럼 보인다. 이를테면 이성에 바탕을 두게 되면 성경의 나오는 모든 기적 이야기들과 사건들을 받아들일 수 없는 것이 된다. 이는 그것들이 인간의 합리성으로서는 이해할 수 없는 것들이기 때문이다. 이와는 달리 신앙에 바탕을 둔 사람들은 신앙이나 계시를 통해서만 그러한 기적의 이야기와 사건들을 받아들일 수 있다고 믿는다. 그러면 이 둘은 서로 상충하는 것인가? 어떤 대안은 없는 것인가?

이성과 신앙의 문제에서 우리는 이성이나 신앙의 한편만을 추구하는 극단주의를 피하는 것이 지혜로운 것이다. 왜냐하면, 진리란 항상 한편만을 요구하지 않기 때문이다. 우리의 신앙에서 이성의 역할은 매우 중요하다. 성경이 그러한 생각을 뒷받침해 준다. 구약성경에서 "너희는 마음을 다하고, 목숨을 다하고, 성품을 다하고, 뜻을 다하여 주 너희 하나님을 사랑하라"는 여호와의 명령에서 우리는 무조건 믿는 맹신적 순종이나 행위보다는 우리의 의지와 우리의 이성에 근거한 자유 결정적 사유를 통하여 믿음에 접근하는 것이 필요하다. 잘못하면 우리의 신앙이 "실컷 울고 누가 죽었는지 묻는 격"이 될 수 있다. 그것이 무엇인지 모르고 맹목적으로 믿는다면 우리의 신앙은 위험천만한 일일 수 있을 것이다. 특히 위의 성경 구절에서 "뜻"이란 말은 "누스"(nous)란 말인데, 즉 이성을 가리키는 용어이다. 이것은 우리의 신앙이 맹신적인 것이 아니라 합리적으로 타당하고 이치에 맞는 것이어야 함을 암시한다. 종종 우리는 성경의 가르침이 우리의 상식 이하의 것을 가르치고 있는 것이 아니라 상식 이상의 것을 가르치고 있다. 흔히 우리는 신앙은 초월적이고 비이성적이라고 생각하는 경향이 있지만, 지극히 위험스러운 발상이다. 상식선에서 생각해도 이해되는 것을 신앙의 이름으로 상식 이하의 행동을 하는 경우가 많이 있다. 이것은 좋지 못하다. 우리의 신앙이 이성에 의해서 검토될 때에 우리의 신앙은 더욱 확고한 신앙이 될 수 있을 것이다. 이 장에서는 이성과 신앙의 갈등적 부분들을 해소하고자 두 가지 서로 다른 역사적인 측면을 고려해 볼 수 있다.

첫째로 우리는 인식의 그리스적 방식을 아덴이라고 말한다. 그리스(헬라)는 지식의 길로서 "이성"(reason)과 "객관성"을 강조했다. 실재는 주로 사고의 대상으로서 간주했다. 그들은 논쟁적 추론들을 통하여 도달된다고 믿었다. 모든 현상적인 것들은 하나의 합리적이며 이성적이다. 따라서 이성(nous)은 우주에 널리 퍼져 있으며 모든 사물들에 정합성(coherence)을 제공하고 있다. 이러한 맥락에서 플라톤과 아리스토텔레스는 신의 존재 증명을 위해서 이러한 논리적이고 이성적인 논쟁을 형성했다. 이들은 모든 것들은 이성의 논쟁을 통해서 가능성을 지적한다. 이성적으로 이해되지 않는다면 모든 것이 진리가 될 수 없다는 것이다. 그래서 신은 언제나 이성의 논리 속에 속박됨으로써 역동적이거나 인격적 활동이 아닌 고정적 비인격적 존재가 되었다.

둘째로, 우리는 인식의 히브리적 방식을 예루살렘이라고 부른다. 예루살렘은 신앙을 대표하는 메타포이다. 히브리인들은 어떻게 세계와 신지식이 도달하는지에 대하여 아덴과 다른 방식을 강조한다. 그들은 모든 지식을 "인격적 조우"(personal encounter)로서 이해한다. 개인적이고 주관적인 요소인 신앙에 의해서 모든 사물을 파악한다. 이들은 합리적이거나 이성적인 것에 의해서 신을 알 수가 없고 오직 주어진 삶의 구체적인 상황과 정황 속에서 개인적이고 인격적인 만남에 의해서 알 수 있다고 주장한다. 히브리인들은 사변적이거나 추상적인 것을 반대한다. 따라서 모든 신비적인 요소들은 바로 인격적인 만남에 의해서 이해되기 때문에 가장 높은 지식은 객관성에 의해서가 아니라 "주관성"(subjectivity)에 의해서 얻게 된다고 보았다. 아덴의 인식방법과는 달리 히브리적 인식방법은 신이 인식적 주체자로부터 개인적이고 인격적인 응답을 요구하는 한 역동적이며 계시적 힘(revelatory power)이 된다. 즉 지식의 주체자로서 신은 우리의 정신과 이성에 의해서 인지될 수 있는 정적인 존재가 아니라 역동적인 존재가 된다. 따라서 궁극적인 존재인 신은 인간의 구체적인 결단과 신뢰, 혹은 행동을 통하여 인식되기 때문에 신은 논쟁의 목적이 아니라 삶의 모든 전제가 되는 것이다.

3. 신앙과 과학

오늘날 널리 받아들여지고 있는 생각 중 하나는 과학적 지식은 입증된 지식인 반면에 종교는 주관적이고 감정적 지식이라는 것이다. 현대는 과학을 높이 평가하는 시대이다. 알렌 차머스(Alan Francis Chalmers)가 지적한 대로, 과학에는 개인적인 의견이나 선호, 사변적인 상상이 개입될 여지가 없다. 과학은 객관적이다. 과학적 지식은 객관적으로 증명된 지식이기 때문에 믿을 수 있는 지식이다. 한편에서는 과학이야말로 객관적, 보편적, 합리적으로 관찰된 입증에 근거가 되어 있다고 주장한다. 다른 한편에서는 종교가 주관적, 편협적, 감정적이며 그리고 서로 일치하지 않은 전통들이나 권위들에 근거가 된 것이라고 주장한다. 그러면 과학과 종교에 관한 일반적인 태도들은 어떤 것이 있는가?

첫째로, 과학과 종교의 관계를 보는 상충적인 관계(conflict relationship)가 있다. 과학과 종교의 경쟁이나 갈등은 그것들의 대상, 목적 그리고 방법이 서로 일치하지 않을 때에 주로 일어난다. 신학의 탐구 대상이 과학이 탐구하는 대상과 일치하지 않으며, 그것들의 서로 다른 주장들이 경쟁 국면에 접어들게 한다. 이와는 마찬가지로 신학이 자연의 대상과 사건들에 대해 과학적인 방식으로 설명을 시도할 때에 갈등이나 경쟁적인 상태로 나타난다. 더욱이 과학과 종교는 서로 다른 방법론을 가지고 있기 때문에 상충적인 관계가 될 수밖에 없는 필연적인 결과를 예측한다. 간단히 말하면, 과학은 종교가 아니며, 종교는 과학이 아니다.

둘째로, 과학과 종교의 관계를 보는 독립적 관계(dependence)가 있다. 과학과 종교는 그 대상과 방법 그리고 목적에서 현저하게 다르다. 이 관점은 과학과 종교 간의 갈등을 피하는 또 다른 방식으로서 두 개의 기획들 혹은 분야를 서로 독립적이고 자율적으로 이해하려는 시도이다. 과학과 종교의 독립적인 관계는 주로 신정통주의, 실존주의, 실증주의 혹은 일상언어철학 등에 의해서 주장되었다. 그들은 과학과 종교 양자 간의 어떠한 충돌 가능성을 배제한다. 각 분야는 두드러진 점과 방법을 가지고 있기 때문에 그것을 정당화할 방법을 찾는다. 과학과 종교는 서로의 방식과 성격에 근거가 되기 때문에 이러한 영역은 갈등이나 상충하지는 않지만 서로 독립적이라는 전제에서 출발한다. 그들의 언어는 하나가 아니라 두 개의 언어다. 다시 말하면, 이 방식은 종교적인 언어(religious language)와 과학적 언어(scientific language)가 서로 다르다는 사실을 명시적으로 표현하고 있다.

셋째로, 과학과 종교를 보는 대화적 관계(dialogue)가 있다. 과학과 종교를 이해하고 접근하는 입장에서 대화적인 방식은 독립적인 관계보다는 다소 진일보한 입장이라고 볼 수 있다. 그것은 서로 상충하거나 독립되어 있지 않고 상호 대화가 가능한 영역들로 이해한다. 이 입장이 가지고 있는 기본적인 전제는 과학이나 종교 모두가 해명적(explanatory)이라는 데 있다. 과학이 자연이나 실재를 설명하는데 일차적인 목적이 있는 것처럼 종교도 실재인 신을 설명하는데 일차적인 목적이 있다. 즉 과학과 종교의 목적은 한마디로 말해 사물의 궁극적인 요소를 설명하기 위해서 존재한다. 과학도 실재에 대해 탐구하여 설명하는 목적을 가지고 있고, 종교도 마찬가지이다. 그런데 여기서 설명적이라고 할 때에는 그것이 해석학적 상황과 같은 말로 통용된다. 즉 과학과 종교는 둘 다 해석적 물음을 전제로 하고 있다. 간단히 말하면, 합리적인 탐구인 과학도 우리의 생각과는 달리 해석적 과제에 종속되어 있다는 점이다. 과학은 어떤 가설이나 가정에서 출발하고 있으며, 가설이나 가정 속에는 이미 어떤 물음들이 전제되어 있다. 이것은 과학이 절대로 객관적이거나 절대적인 진리에 근거가 되어 있는 것이 아니며, 결국 과학도 어쩔 수 없이 하나의 가설적 이론을 받아들이고 출발할 수밖에 없는 상황이라는 것이다.

마지막으로, 과학과 종교의 관계를 보는 상보적 혹은 통합적(integration)인 관계가 있다. 과학과 종교와의 관계에 대한 해명에서 마지막 집단의 저자들은 통합이 두 영역의 가능성을 지적한다. 주로 자연신학(Natural Theology)에서 신의 존재는 자연의 계획의 증거들로부터 유추할 수 있다고 주장한다. 이와 유사하게 과학도 자연에 대한 증거들을 통해 유추된다. 상보적 관계나 통합적 관계를 옹호했던 사람들은 과정 철학자 떼야르 드 샤르댕(Theihard de Chardin, 1881-1951)과 칼 하임(Karl Heim)에서 찾는다. 떼야르 드 샤르댕과 하임은 기독교적 세계관 속에서 새롭게 발견된 자연 과학적 결과들을 자신들의 신학적 사유와의 통합을 시도했다. 특히 그들은 기독교적 종말론의 자연 과학적 상황에 관심을 보였다. 떼야르 드 샤르댕은 과학과 종교의 유기적인 통일을 강조하면서 양자 간의 밀접하고 조화로운 관계의 필요성을 역설했다. 고생물학자이면서 과정 철학자인 떼야르 드 샤르댕은 진화의 사상과 기독교 신앙을 하나의 통일체로 여기고, 이를 통하여 과학과 신학의 만남의 가능성을 발견했다.

오늘날 이러한 통합적인 대안은 이안 바부어(Ian Barbour), 존 폴킹혼(John Polkinghorne)과 아더 피콕(Arthur Peacocke)에 의해서 제시되었다. 신학에 의해 훈련을 받은 사람들이 아니라 이론 물리학에 의해서 훈련을 받은 사람들인 이들은 "top-down"(위에서 아래로)의 방식이 아니라 소위 "bottom-up"(밑에서 위로)의 접근 방식을 제시한다. 그들이 가지고 있는 하나의 기본 가정은 신이나 자연이나 모든 것이 설명되어야 한다는 것이다. 구체적으로 말해, 종교와 과학의 주된 전제는 진리와 지식의 탐구가 관련한다는 것이다. 그들이 주장하는 접근 방식인 "상-하"(top-down)의 방식이 아닌 "하-상"(bottom-up)은 사물 속에 있는 모든 관련된 것들을 다 고려한다. 따라서 주어진 경험들을 고려하면서 진리와 지식에 도달하게 된다. 종교의 진리 주장은 종교의 영역 속에서 일어난 모든 사건과 경험들, 가령 기적과 개종과 같은 경험들을 고려하면서 신에 대한 진리와 지식에 도달하는 반면에 과학은 일어난 귀납적 추론들을 통해서 보편적 진리와 지식에 도달하게 된다. 이때 과학은 종교의 경험이나 사건 그리고 기적들이 참이 아니라고 증명하기가 어렵다는 사실이다. 그래서 과학은 우주의 보다 총체적인 진리를 위해서는 언제나 종교의 영역도 필요하다는 것이다. 비록 이들 양자는 전문성과 권위의 기본적인 영역을 가지고 있지만 그들의 통찰력은 상호보완적이며 하나의 조화로운 전체성으로 흡수된다는 것이다. 그런 점에서 상보적 관계를 지지하는 신학자나 과학자는 과학과 종교가 상보적이지 상충적인 것들은 아니라고 말하는 것이다

4. 신앙과 악

유대 랍비인 헤롤드 쿠쉬너(Harold Kushner)는 "선한 사람들에게 나쁜 일들이 일어날 때?"라고 물었다. 우리의 삶 자체가 악의 문제로 인하여 불합리한 세계라는 것은 보여주는 하나의 좋은 실례이다. 실제로 우리의 일상은 뜻하지 않은 다양한 사건들을 경험한다. 그중에 악의 경험은 피할 수 없는 경험이다. 왜 우리 엄마는 암으로 죽어야 하나? 법 없이도 사는 그 사람이 갑자기 심장마비로 우리 곁을 떠나야 하나? 왜 우리 아빠와 엄마는 10살도 채 되지 않는 우리를 이 세상에 남기고 먼저 하늘나라로 가야 하나? 왜 제삼 세계에 거주하는 수많은 사람은 굶은 채로 죽어 가는가? 왜 악한 사람은 성공하고 선한 사람은 실패하는가? 세상은 불공평한 것인가?
신학적으로 악의 문제는 유신론자들을 괴롭히는 가장 근원적인 문

제라고 한다. 오늘을 사는 현대인들은 악의 현실성으로 인해 기독교인의 교리와 주장들이 일관적이지 않다고 말한다. 또한 악의 현실성은 하나님의 사랑과 그분의 인격과 일치될 수 없다고 생각하는 듯하다. 다시 말한다면, 사랑이 많으시고 선하신 하나님이 이 세상의 악을 막지도 못하신다는 것이다. 무엇이든지 그가 원하는 대로 다 하실 수 있는 전능하신 하나님이시라면, 악을 해결해야만 하지 않는가에 대한 비판이다. 이처럼 유신론의 하나님에 대한 가장 중대한 도전은 아마도 악의 문제일 것이다. 왜냐하면, 이 세상에는 악이 엄연히 존재하고 있기 때문이다. 이러한 악의 현실에서 비 유신론자들은 신은 전능하지도, 선하지도, 혹은 사랑이 많으신 존재도 아니라고 단정해 버리고 만다. 이런 이유에서 유신론적 신관은 논리적 측면에서 비판을 받는다. 만일 하나님이 전능하다면, 일어나는 악의 모든 문제를 해결할 수 있는 능력이 있어야 하고 또 역사 속에서 그렇게 보여주어야 한다는 것이다. 하지만 신은 그렇게 하지도 할 의향도 없다는 결론에 도달할 수밖에 없다는 것이다. 그리고 만일 신이 전지하다면, 일어날 미래의 우연적 사건들에 대해 미리 막으셔야 하는데, 신은 그렇게 하지 않았다는 것이다. 이것은 신이 미래의 사건들을 알지 못하거나 관심이 없다는 것이다. 무엇보다도 유신론의 신이 완전히 선하신 분으로 이해되고 있기 때문에 악의 현실성은 이러한 유신론적 신의 속성에 결정적으로 타격을 입힐 수 있다는 것이다. 왜냐하면, 악으로 인해 고난을 겪는 피조물들에게 신은 그의 사랑을 보이지 않았다는 것이다.

또한, 기독교 유신론에 대한 믿음은 경험적 측면에서 비판을 받는다. 많은 이들은 악의 현실성이 신을 부정하는 사례를 만든다고 주장한다. 신이 악을 막으려고 하는 데 있어서 그렇게 하지 못한 이유는 그가 능력이 없어서이든지 아니면 전능한 존재가 아니기 때문이라는 것이다. 따라서 기독교 유신론의 신은 분명히 사악한 존재임이 틀림없다고 단정한다. 게다가 기독교 유신론은 실제적인 측면에서 비판을 받는다. 악의 문제는 실제적이고 우리의 생활과 분리할 수 없으며, 우리의 신학의 분야에서뿐만 아니라, 구체적이고 역사적인 우리의 삶과도 관련되어 있다. 따라서 비 유신론자들은 구체적인 역사의 현장에서 신의 활동이 침묵했거나 아니면 없는 것이라고 비판한다.

현실적으로 우리는 이러한 비판에 무관심할 뿐만 아니라 우리의 신앙도 이기적인 생각 속에서 살아가는 경우가 많이 있다. 과정 신학자인 캅은 탄광촌의 노동자들을 예를 들면서 전통적 신관과 신앙의 맹목성을 지적하면서 우리에게 중대한 교훈을 시사한 바가 있다. 어느 탄광 마을에 폭발이 일어나 탄광이 무너진 사건이 있었다. 탄광에서 일하는 사람들 중 열 명의 노동자들이 폭발로 인해 탄광에 갇히게 되었고, 이러한 사실이 가족들에게 알려졌다. 이 소식을 들은 열 명의 부인들은 탄광 입구에서 애타게 남편들의 생사에 관심을 애타게 기다리고 있을 때에, 한 명만이 유일하게 생존해서 살아 나왔고, 다른 아홉 명의 탄광 인부들은 죽은 채로 발견되었다. 이 생존자의 부인은 그 광경에서 "오 하나님 감사합니다"라고 자연스럽게 외쳤다. 여기서 캅은 우리에게 의미심장한 질문을 던진다. 우리가 믿는 하나님이 도대체 누구이기에 아홉 명은 죽게 하고 한 명은 살게 하시는가? 이러한 신이 참된 기독교의 유신론의 하나님이신가? 캅의 반문은 참으로 우리에게 중요한 문제를 던져준다. 신앙은 이기주의적인 유산인가 아니면 타인을 위한 희생을 요구하시는가? 유신론적 믿음에 익숙한 우리는 때때로 이러한 잘못을 범할 때가 많이 있다. 우리가 믿는 하나님은 전능하시고 모든 일을 다 하시는 것으로 이해하려는 생각 때문에 우리가 의지하는 신을 그러한 존재로 투영하려는 경향이 있다.

5. 신앙과 현대 종교들

　현대종교들의 존재에 대한 물음은 쉬운 질문이지만 쉽지 않은 대답이다. 실제로 기독교 신앙을 가진 사람들에게 고통스럽고 부담스러운 주제 중 하나는 종교다원주의(religious pluralism)에 관한 문제일 것이다. 첫 번째 이유는 아마도 서로 다른 종교적 진리들과 전통들이 상충하기 때문일 것이다. 저마다 자신들의 종교가 절대적이고 진리라고 믿는다. 그리스도인들은 "예수 그리스도 외에 다른 이름을 우리에게 주신 일이 없음이니라"(행 4:12)라고 믿는다. 그래서 기독교의 전통은 그리스도만이 구원자로 인식함으로써 타 종교들을 불신앙으로 이해한다. 반면에 불교인들도 자신들의 것이 참 된다고 믿기 때문에 다른 종교들을 받아들이려고 하지 않는다. 만일 자신의 종교가 진리인지 아닌지를 분간하지 못하고 단지 맹목적으로 믿는다면 그것은 매우 어리석은 짓이라고 생각할 것이다. 그리고 만일 하나님이 한 분이라면 참되고 유일한 종교가 하나여야지 왜 수많은 종교가 이 세계에 공존하고 있는가? 하나님을 찾아가는 길이 꼭 내 종교를 통해야만 하는가? 만일 우리가 다른 종교적 문화권 속에 출생했어도 기독교 전통이나 문화를 받아들이고 다른 종교의 전통이나 문화를 배척할 수 있었을까? 종교는 하나이지만 진리를 찾는 방식은 여럿인가? 이처럼 종교의 다원성은 현대에 신앙을 살고 있는 사람들에게 중요한 문제가 아닐 수 없다.
　종교다원주의에 관해 부담스러운 두 번째 이유는 문화가 종교를 결정하기 때문이다. 종교의 태동은 문화와 불가분의 관계이다. 문화는 사람의 종교를 결정한다. 그런 점에서 종교는 후천적으로 주어지기보다는 선천적으로 주어지는 인간의 조건이다. 비록 사람이 자신의 종교를 선택하는 경우도 없지 않지만, 인류 문화적 관점에서 보면, 사람은 자신의 종교가 한 특정한 문화 속에 놓여 있음을 부인하기가 어렵다.

만일 누군가가 미국 문화 속에서 출생했다면, 그는 아마도 기독교인으로서 태어나거나 아니면 적어도 기독교 문화나 삶의 방식을 수용하면서 살아갈 것이다. 혹자는 미얀마나 스리랑카와 같은 국가에서 출생했다면, 그는 십중팔구 소승 불교인으로 태어날 것이다. 이것은 마치 인간이 종교를 자신의 임의대로 선택할 수 있는 자율성이 배제된 것처럼 보인다. 다시 말하면, 종교를 선택하는 행위는 후천적 결과가 아니다. 나중에 우리는 어떤 자율적인 선택을 통하여 다른 종교를 가지게 되거나 아니면 개종하는 경우가 일어난다. 그렇지만 종교가 우리의 문화와 깊은 관련이 있다고 이해해 본다면, 자기가 믿고 있는 종교적인 신념에 의해서라기보다는 분명히 문화적 양태 속에 있음을 부인하기가 어렵다.

이러한 문제에도 불구하고, 종교다원주의에 대한 일반적인 생각들이 있다. 우리는 그 일반적인 생각들을 세 가지로 집약적으로 말할 수 있다. 첫째로, 모든 종교가 상대적이고, 따라서 어느 하나가 다른 하나보다 더 낫거나 위대하지 않다고 생각하는 듯하다. 다양한 종교들은 단지 서로 차이만 있을 뿐이다. 이것은 모든 종교가 상대적이기 때문에 어느 종교든 제한적이고 부분적임을 말한다. 각 종교의 주장은 단지 사물을 보는 한 가지 방식일 뿐이다. 한 종교가 다른 종교보다 본질적으로 더 우월하고 훌륭하다고 주장하는 것 자체가 왠지 그릇되고 불쾌하며 편협하다고 느낀다.

둘째로, 모든 종교가 본질적으로 똑같다고 생각한다. 그들의 관점, 진리에 대한 그들의 주장, 그들이 믿고 있는 교리들과 이야기들은 서로 공통된 것들이다. 아놀드 토인비(Arnold Toynbee)가 알곡에서 가라지를 털어 내는 비유처럼, 종교의 본질을 파악하는 일은 매우 위험하다는 것이다. 다시 말하면, 종교의 본질과 비본질 간의 구분이 오히려 종교의 의미를 헤치는 결과를 초래할지도 모른다는 것이다. 종교의 본질은 똑같다는 입장은 모든 종교의 우월성을 주장하지 않는다. 왜냐하면, 우리 종교가 다른 종교보다 낫다는 생각은 잘못되었기 때문이다. 또한, 종교의 본질이 똑같다는 입장은 인류의 문화적 유산을 생각하기 때문에 본질과 비본질의 논의가 무의미하다는 것이다. 따라서 참된 종교는 자기의 힘을 포기하고 타 종교를 정복하려는 희망을 버림으로써 가장 문화적으로 양성한 종교가 될 수 있다는 것이다.

셋째로, 자기 종교만이 절대적이라는 입장이 있다. 이러한 경향은 보수주의적 신앙의 전통을 따르는 종교인들 속에 나타난 유형이다. 모든 종교는 하나이며, 기독교만이 혹은 불교만이 참된 종교이다. 따라서 자신의 종교 이외의 다른 종교들은 비진리이다. 이러한 입장은 기독교 신앙을 가지고 있는 사람들 가운데 많이 나타난다. 우리 시대에 아마도 종교의 절대적 입장을 대변하는 사람은 신정통주의 신학(위로부터의 신학, 신의 초월성, 성경의 회복운동, 인간의 유한성에 대한 의식 등을 특징으로 하는)의 대변자인 칼 바르트(Karl Barth)일 것이다. 그에 의하면, 모든 삶의 기준은 하나님의 계시에 근거해야 하고, 예수 그리스도가 하나님의 절대 계시이자 절대 기준이었다. 따라서 바르트는 오직 신을 알 수 있는 방식이 그리스도를 제외하고는 알 수 없다고 주장했다. 이것이 결국 그가 타 종교는 불신앙이라고 단정하는 결과를 만들었다. 따라서 기독교만이 절대 진리이기 때문에 불신앙 속에 있는 모든 종교를 개종할 필요가 있다고 보았다.

V. 나가는 말

종교철학은 철학적 사유와 방법을 전제로 하고 있다. 따라서 신학과 종교를 위한 학문적 기초 방법을 제공한다. 학문에서 방법론이란 하나의 기본 골격과 같다. 골격은 한 건물을 완성하기 위한 최초의 작업이

자 토대다. 살을 붙이고 모양새를 갖추는 작업은 방법론이 구성된 이후에 가능하다. 어쩌면 종교철학은 신학과 종교를 위한 구구단을 외는 것과 같은지 모른다. 우리가 구구단을 암기하지 않으면 모든 사물에 대한 셈의 과정을 잃어버리고 더 이상의 학문적 성과를 기대할 수 없는 것과 마찬가지일 것이다. 종교철학이 학문의 토대를 건설하는 일련의 과정으로 이해될 수 있다면, 우리는 종교철학은 인식론적 판단의 가치를 이해해 볼 수 있을 뿐만 아니라 신앙의 중심적인 내용을 보다 풍성하게 제공할 수 있다.

추천하고 싶은 책

배국원. 「현대종교철학의 이해」. 서울: 동연출판사, 2000. 이 책은 종교에 대한 후기 현대적(postmodern) 접근이라는 부제가 붙어 있듯이, 최근 시대사상의 기반 위에서 종교철학의 제 주제들에 접근하고 있다. 철학, 종교학, 신학 영역의 상호보완 혹은 상호협력적 전망을 통찰 받을 수 있는 장점이 있다.

정승태. 「종교철학 담론」. 대전: 침례신학대학교출판부, 2004. 이 책은 필자가 종교철학을 수년 동안 강의하며 정리한 노트를 수정하고 확장한 결실이다. 종교철학의 거의 모든 주제를 15영역으로 나누어서 다루고 있고, 특히 철학을 전공하지 않은 신학생들과 목회자들을 염두에 두고 집필하였기에 종교철학 지도의 전반을 안내할 것으로 기대되는 입문서이다.

Allen, Diogenes. 「신학을 이해하기 위한 철학」. 정재현 역. 서울: 대한기독교서회, 1999. 신학은 항상 철학의 도움을 직접 혹은 간접적으로 받고 있다. 그런 맥락에서 철학의 흐름을 간략하게 배우고자 한다면, 이 책은 그 같은 용도에 매우 적합한 책이다. 고대에서 현대에 이르는 철학의 맥락을 열거함으로써 읽는 독자들은 전체적인 흐름을 파악하게 될 것이다.

Anselmus of Canterbury. 「모놀로기온 & 프로스로기온」. 박승찬 역. 서울: 아카넷, 2002. 종교철학은 서술적이라기보다는 논증적이다. 이러한 논증의 형식은 켄터베리의 안셀름의 가장 대표적인 저작들 속에 잘 나타나 있다. 이 책은 종교철학의 신 존재 증명과 논증의 형식을 배울 수 있는 가장 훌륭한 고전이다. 따라서 신의 존재에 관한 논의를 통해 변증법적 혹은 논리적인 방식을 배울 수 있는 유익한 저서이다.

Devis, Brian. 「종교철학 입문」. 안형관, 이태호 역. 대구: 이문출판사, 1996. 이 책은 가톨릭 종교철학자에 의해서 집필된 책으로서 현재 미국 신학교의 교과서로 정평이 나 있는 저서이다. 이 책은 옥스퍼드의 기독교 철학자인 리차드 스윈번(Richard Swinburne)이나 스웨나의 필립스(D. Z. Phillips)의 주장들을 포함한 최근의 종교철학의 주제별 논의들이 언급되어 있기 때문에 종교철학의 현대적 논의를 이해할 수 있을 것이다.

Peter, Michael & Bruce Reichenbach, William Hasker, David Basinger. 「종교철학」. 하종호 역. 서울: 이화여자대학교출판부, 1997. 이 책은 종교철학에 관한 전반적인 내용을 담고 있다. 신 존재, 악의 문제, 종교다원주의 등 다양한 종교철학적 주제들을 매우 현대적인 용어로 기술하고 있다. 종교철학에 관한 궁금증은 이 책을 통해서 해소될 수 있다고 보인다. 이 책이 갖는 장점 중 하나는 필자들이 현재 미국의 소장파 종교철학자들이라는 데 있다. 그래서 독자들은 다양한 관점들을 배울 기회가 주어질 것이다.

Rust, Eric. 「종교, 계시 그리고 이성」. 정승태 역. 서울: 한들출판사, 2003. 이 책은 현재 미국 신학교에서 대학원 학생들을 위한 교재로 사용되고 있다. 종교철학에 다소 생소한 학부 학생들에게 익숙하지 않지만, 주제별로 잘 정돈된 책으로서 매우 유익한 공부를 할 수 있다.

제15장

철학적 해석학

종교철학 교수 | **김종걸**
jkkim@kbtus.ac.kr

1. 들어가는 글

해석학이란 무엇인가? 해석학이란 어떤 문제의식에 대한 전개과정, 특별히 고민스러운 부분을 애써 캐내려는 작업이다. 2,400년 전 소크라테스(Socrates)가 한 말, '너 자신을 알라'는 말은 매우 지당한 말이다. 그러나 고대의 도시 아테네라는 구체적인 시공간적 상황을 고려해 볼 때는 그렇지 않다. 이것은 매우 온당치 못한 말일 수 있다. 민주주의 체제는 각자가 옳다는 방향으로 이야기하는 구조이다. 그런데 이러한 언로가 보장된 민주주의 체제 속에서 어리석은 사람들이 세상에 대해 이야기 하는 것은 적절치 못 할 뿐만 아니라 어리석은 이야기가 된다. 소크라테스(Socrates)가 한 말은 각자가 충분히 이야기할 수 있는 체제 속에서 제한을 가하는 이야기가 될 수 있다. 철학은 그 생각이 등장한 시대의 여건이나 상황을 충분히 고려할 때 의미가 있고 이야기가 통한다. 그렇지 못할 때 철학은 이해도 안 되고 부당한 이야기가 될 수 있다. 그러므로 말이 통하지 않을 때, 말의 의미가 상황과 여건에 따라 달라질 때 반드시 해석은 필요하다.

해석학의 시작은 어디일까? 신화시대의 다양했던 그리스의 신화들을 시인들이 해석하면서 나타난 말이 해석학이다. 고대 철학자에서부터 현대 학자들까지 해석학의 첫 출발점으로 헤르메스(Hermes)를 이야기한다. 고대 그리스인들에게 헤르메스는 '건너서 넘어감'을 관장하는 신령이다. 전령(傳令)의 신이며 나그네의 수호신으로 제우스와 마이아(아틀라스의 딸) 사이에 태어난 아들로 로마신화의 머큐리(Mercury)에 해당하며 올림푸스 12신 중 하나이다. 그는 제우스의 전령이자 죽은 자를 지하세계의 왕인 하데스에게 인도하는 안내자이며 부와 행운의 신으로서 상업, 도박, 격투를 비롯한 그 밖의 경기, 심지어는 도둑질에 이르기까지 숙련과 기민성을 요하는 분야를 주관한다. 그는 부친 제우스의 사자(使者)로서 날개 달린 모자를 쓰고 날개 달린 샌들을 신고, 모습을 감춰주는 투구를 쓴 채 바람처럼 이 세상을 돌아다닌다. 또 손에는 두 마리의 뱀이 몸을 감고 있는 '뤼케이온'이라는 전령의 지팡이를 가지고 있다. 헤르메스는 교환, 전송, 위반, 초월, 전이, 운송, 횡단 등과 같은 활동에서 나타나고 있으며 이 모든 활동에는 어떤 종류의 '건너감'이 들어 있다. 이런 이유로 헤르메스는 재화의 변동, 상품의 교환, 교역의 언어와 정보, 언어의 해석, 웅변술, 작문, 바람이 사물을 한 장소에서 다른 장소로 옮길 수 있는 이유, 사후세계로 건너가는 것 등과 연을 맺고 있다. 더욱이 신화시대는 신들의 이야기를 인간들이 어떻게 이해하고 해석해서 받아들이는가 하는 문제가 자신들의 정체성과 관련하여 대단히 중요하다. 이 때문에 인간들이 신들의 말을 이해하고, 그 말을 동일한 의미로 해석하는 기술이 요구된다.

고대 그리스에 있어서 헤르메스는 다양한 신들의 메신저로서 신적인 언어를 인간들에게 전달하는 기능을 한다. 헤르메스는 신의 메시지를 인간에게 전달하는 단순한 사명뿐만 아니라 신탁을 인간이 이해할 수 있는 언어로 설명한다. 즉 헤르메스는 신들의 말을 이해하기 쉽고, 의미 있는 것으로 바꾸어 놓는 해석자로서 행동한다. 해석학(Hermeneutics)이라는 말도 여기서 유래한다.

해석학은 오랜 역사에 걸쳐 신학, 철학, 문학, 법학 등의 영역에서 다양하게 다루어져 왔다. 이제 해석학은 텍스트 이해와 해석에 관한 이론으로서 전문영역뿐만 아니라 우리의 일상생활에까지 영향을 미치고 있다. 우리는 서로 대화를 나누고 각자의 행위에 대해 이해를 구하거나 다른 사람들이 생각하고 말하는 것을 파악하고자 하며 서로를 이해하려고 노력한다. 그러나 오해는 항상 생겨날 수 있고, 우리는 많은 질문과 토론을 통해 오해를 제거하고자 한다. 해석학은 일반적으로 의미의 해석에 대한 이론이나 철학으로 규정된다. 웹스터 사전은 해석학을 해석과 설명의 방법론적 제 원리에 대한 연구라고 정의한다. 해석학자 팔머(Richard Palmer)는 해석학을 문화해석에 적합한 접근방법을 모색하는 것이라 하였다. 해석학은 서로 다르면서도 상호작용하는 두 가지 관점을 포함한다. 그 하나는 '텍스트 이해'이며, 다른 하나는 '이해와 해석은 과연 무엇인가?'라고 묻는 포괄적인 문제이다. 따라서 해석학이란 '해석의 이론, 적절한 텍스트 주석의 제 원리'라는 뜻을 함축한다.

현대 철학적 해석학의 흐름을 이해하는 데 있어 다음의 다섯 명의 현대 해석학자들은 대단히 중요하다. 그 다섯 명은 첫째, 성서 해석, 법전 해석 등의 모든 해석들이 지켜야 할 보편적 해석 원리인 해석학적 순환 이론을 정립한 슐라이어마허(F. Schleiermacher, 1768 - 1834), 둘째, 정신과학 방법론으로서의 이해의 해석학을 주장한 딜타이(W.

Dilthey, 1833-1911), 셋째, 인간 현존재의 존재, 선 이해에 토대하는 해석학적 존재론을 소개한 하이데거(M. Heidegger, 1889-1976), 넷째, 당사자의 역사성을 내세우는 현사실성의 해석학을 주장한 가다머(H. Gadamer, 1900-2002), 다섯째, 악의 상징을 드러내는 해석학을 이야기한 리꾀르(P. Ricoeur, 1913-2005)다.

2. 슐라이어마허(Schleiermacher) 해석학

슐라이어마허(Friedrich Schleiermacher, 1768-1834)의 해석학을 한 마디로 정의하면 보편해석학이다. 슐라이어마허의 보편해석학은 모든 텍스트를 해석할 수 있는 틀을 제공했으며, 해석되어야 하는 성서가 해석된 성서로 바뀐 지점을 최초로 물음으로서 성서도 역시 해석이 가능함을 보여주었다. 슐라이어마허는 성서를 특정한 부류의 책이 아닌 일반적인 책과 동일 선상에 놓고 있다. 슐라이어마허 당시의 18세기 유럽사회는 구교에서 신교로 넘어가면서 세상을 볼 수 있는 새로운 인식의 틀을 요구하고 있었다. 구교는 이미 해석되어 정해진 내용의 교리를 학습해야 하지만, 신교의 교회는 해석되어지는 성서로서 스스로의 영적 체험을 강조했다. 슐라이어마허는 그동안 닫힌 해석에 머물러 있었던 기독교의 성서해석을 하나님의 말씀 그 자체를 해석하는 것에 더해, 그것을 대하는 사람들의 생각을 반영해야 한다고 생각했다.

슐라이어마허는 해석학을 '이해의 기술'(The art of understanding)로 언급한다. 그는 '이해'가 무엇인가를 제시하기 위해 일상의 대화 속에서 언어와 사고라는 요소를 분석했다. 그에게 있어서 이해란 언어와 사고를 파악하는 것이며, 해석학은 이 언어와 사고를 파악하는 기술이다. 슐라이어마허는 이해가 언어와 사고의 종합에서만 일어난다고 주장하며, 두 가지 요소를 파악하기 위해 문법적 해석과 심리적 해석을 이야기한다.

　슐라이어마허는 문법적 해석을 "언어 안에서 언어의 도움을 받아 이야기의 올바른 의미를 찾아내는 예술"이라고 보았다. 문법적 해석은 저자와 독자 간의 의사소통을 가능케 하는 고정된 말을 이해하는 것이다. 이를 위해 그는 저자와 독자가 공유하는 언어로부터 규정된다는 것과 말들의 의미는 말을 둘러싸고 있는 것과 말 사이의 연관에 따라 규정되어야 하는 것을 이야기한다. 그러므로 문법적 해석은 언어에 대한 지식을 요구한다. 문법적 해석의 대상이 되는 언어는 객관적으로 주어져 있는 것이며 역사적으로 형성되어진 것이다. 여기서는 이해대상과 이해주체가 공통적으로 사용하는 언어에 대한 이해가 중요하다. 그는 이러한 문법적 해석을 위해 44개의 규준을 전개시켰다. 문법적 해석의 과제는 크게 두 가지다. 하나는 '주어진 어법으로부터 본질적인 의미를 결정'하는 것이고, 다른 하나는 '의미로부터 미지의 용법을 알아내는 것'이다. 문법적 해석은 표현된 단어와 문장의 단순한 의미만을 이해하는 것이 아니다. 문법적 해석은 단어와 문장이 갖는 종합적인 의미를 텍스트 전체의 맥락에서 해석한다. 그러기 위해서 슐라이어마허는 저자가 자신을 이해하는 것보다 더 잘 이해해야 한다고 이야기하고, 그러기 위해 사용한 언어를 철저히 파악해야 할 것을 주장한다. 문법적 이해는 문장에 대한 정확한 해석을 바탕으로 문장이 드러내는 정확한 의미를 이해하는 방법이다. 그러나 슐라이어마허는 문법적 해석만으로는 타자의 의도를 제대로 이해하거나 해석할 수 없다고 본다. 문법적 해석만 가지면 모든 텍스트 해석이 이해가 되는가? 텍스트를 이해하고자 할 때 문법적 해석은 한계가 있다. 실제로 문법적 해석은 저자의 사고를 드러내는 데는 어려움이 있다. 실제로 저자가 어떤 의도를 가지고 그 글을 기록하고 있는가를 알기 위해서는 심리적 요소가 필연적으로 등장해야 한다. 특히 텍스트에 나타나는 비유 등은 문법적 해석만으로는 이해가 불가능하다. 그래서 문법적 해석 말고 등장하게 되는 것이 심리적 해석이다. 심리적 해석은 인간의 말과 생각들이 언어 종속적이라고 보지 않는다. 심리적 해석은 저자의 기본 생각으로 되돌아가야 한다. 즉 저자의 의도를 제대로 이해하기 위해서는 고정된 텍스트의 말을 넘어 저자의 심적 의도까지 고려할 때 가능하다. 슐라이어마허는 심리적 해석을 "작품의 전체성과 통일성 그리고 작품을 구성하고 있는 요소들의 주요 특징을 파악하려는 작업"으로 보았다. 심리적 해석은 저자에 대한 지식, 즉 저자의 사고, 의도에 초점을 맞추고 해석한다. 심리적 이해는 저자의 시대적인 상황과 정신적이고 심리적인 상황을 저자의 입장에서 정확하게 읽어내야 하는 이해의 방법이다. 이를 위해 슐라이어마허는 직감적(intuitive) 방법과 비교적(comparative) 방법을 이야기한다. 직감적 방법은 해석자가 자신을 타인으로 변화시켜 직접 파악하는 방법이고, 비교적 방법은 이해해야 하는 것과 다른 것들을 대비하여 다른 점을 발견하는 방법이다.

 슐라이어마허는 문법적 해석과 심리적 해석 모두가 독자적이라고 주장한다. 그는 그 이유를 언어와 개인의 직관이 독자적이고 무한하다는 데 둔다. 여기서 독자적, 무한이란 말들은 상대에 의존하지 않고 스스로 존재한다는 것을 뜻한다. 문법적 해석과 심리적 해석이 독자적이라는 것은 양자가 어느 한 쪽 때문에 다른 쪽을 배제할 수 없다는 말이다. 슐라이어마허는 문법적 해석과 심리적 해석 방법의 상이성에 대해서 언급하면서도 양자가 상호 관련되어 있음을 강조했다. 문법적 해석은 문장을 통해 드러나는 사실 해석을 강조하는 객관적 해석이고, 심리적인 해석은 숨겨진 상황들을 재해석하는 주관적인 해석이다. 즉 문법적 해석은 언어의 문법적 구조를 해석하여 저자의 의도를 알아가는 작업이고, 심리적 해석은 저자의 배후에 있는 심리적 구조를 해석하여 저자의 의도를 알아가는 작업이다. 그러나 이 두 가지 해석방법은 서로의 지속적인 상호 작용을 통하여 전체적인 해석을 가능하게 한다. 철학사에서 오랫동안 논리나 언어, 문법의 소중함에 대해 얘기한 사람은 많았다. 그러나 그 누구도 슐라이어마허 이전에 진리, 체험이나 해석문제를 다룬 사람은 없었다는 사실을 주목해 볼 필요가 있다. 사람들이 우리가 옳다는 것을 찾을 때, 그동안은 논리적, 문법적인 것을 올바름의 초점으로 이해하려고 했지만, 그러나 슐라이어마허는 문법이나 논리 언어 그 자체를 보는 것뿐만 아니라 문법이나 논리, 언어가 쓰이는 그 현장의 목소리도 아울러 생각해 보려고 애쓴 것이다. 슐라이어마허의 보편해석학은 이전까지 신학과 문학에 종속되었던 해석학을 독립적 철학의 한 분야로 만들었고, 신학적 해석학과 철학적 해석학을 막론하고 현대 해석학에 끼친 영향력은 지대하다고 본다.

3. 딜타이(Dilthey) 해석학

딜타이(Wilhelm Dilthey, 1833 - 1911) 해석학은 정신과학(Geisteswissenschaften) 방법론으로서의 이해의 해석학이다. 딜타이 해석학을 정리하는 명제는 다음과 같다.: "자연 세계는 설명하고, 정신적 삶은 이해한다" 그럴듯한데 무슨 뜻일까? 이를 두고 세계는 두 개의 세계, 즉 자연세계가 있고, 정신세계가 있다고 생각하면 커다란 오해다. 그 이유는 세계는 둘일 수 없기 때문이다. 딜타이가 이와 같은 명제를 통해서 하고 싶었던 이야기는, 세계가 둘이라는 얘기가 아니라 아는 방식이 다르다는 것이다. 세상은 설명해서 아는 방식도 있고, 이해하면서 아는 방식이 있다는 것이다. 19세기 말에 딜타이가 고민했던 것은 세상을 보면서 보통은 자연세계를 아는 방식으로 아는데 그것 말고 다른 방식으로 아는 방법이 있다는 것, 특히 이해하면서 아는 방식에 대해 고민했다.

딜타이의 해석학을 이해하려면 우선 19세기 자연주의를 살펴볼 필요가 있다. 자연주의의 특징은 바로 삶에 대한 과학의 지배이다. 과학적 사고는 기계적 자연지식을 가능케 하여 경험과학을 위한 실제적인 근거를 마련했다. 특히 딜타이가 살았던 19세기 중, 후반은 자연과학이 인류를 이끌었던 시기이다. 프로이드(S. Freud, 1856 - 1938)는 인간 행동은 도덕, 선의지에 의하기보다는 근원적 충동 등에 따른다고 주장했고, 다윈(C. Darwin, 1809 - 1882)은 인간 존재도 생물 진화의 산물이라고 주장했다. 그리고 마르크스(K. Marx, 1818 - 1883)는 인간 의식이란 물적 토대의 산물이라고 주장했다. 그러나 이들 모두는 사상적으로 자연을 공통분모로 하며, 이를 토대로 그들은 각각 자연 가운데 한 측면인 '충동,' '생물,' '물질'을 보고 있다. 세상이 점점 더 자연과학적 사고로 몰려가는 시기에 딜타이는 고민하고 있었다. 그 당시 세상은 자연을 통해서 얻고 자연을 통해 아는 것을 가지고 인간의 삶이 윤택해 지는 것은 분명해 보였다. 그런데 과연 자연과학적 사고만 있을까? 딜타이는 자연을 통해 아는 것뿐만 아니라 다른 것도 있다는 얘기를 한다. 즉 인간이 알 수 있는 다른 토대가 더 있다는 생각을 하게 되고, 이 시기에 딜타이는 세계는 분명 하나인데 그 동안의 자연탐구 방식과는 다른 방식으로 인식된다는 사실을 이야기 한다. 이러한 19세기의 사상적 흐름 속에 살면서 딜타이는 칸트(I. Kant, 1724 - 1804)를 연구한다. 칸트도 세상을 하나로 본다. 그런데 하나인 세상이 인간에게는 둘로 보인다. 하나는 별이 빛나는 자연세계고, 또 하나는 내 마음 속의 도덕법이 얘기하고 있는 도덕세계다. 칸트의 과제는 인간에게 둘로 보이는 세계를 하나의 세계로 종합해나가는 것에 대한 것이었다. 딜타이는 한쪽으로 기울었던 헤겔이나 마르크스와는 달리, 두 가지 세계를 보고 있던 칸트의 이론에 더 관심을 갖는다. 칸트보다 뒤의 인물인 헤겔(Georg Wilhelm Friedrich Hegel, 1770 - 1831)은 하나의 세계로 종합해

간다는 칸트의 생각을 과도하게 밀고 나간다. 헤겔은 두 가지 세계가 존재한다는 것을 인정하기 힘들었다. 하나의 세계에 대한 열망을 가진 헤겔은 '의식'이라는 개념을 통해 하나인 세계를 만들려고 한다. 마르크스는 헤겔의 변증법 연구를 하다 마음에 들지 않는 내용이 있었다. 그 내용은 도덕이나 의식을 통해서 세계가 하나된다는 것이었다. 마르크스는 오히려 하나의 세계로 가는 토대는 도덕과 의식의 반대편에 있다고 보이는 물질, 물적 토대였다. 헤겔은 '도덕'이나 '의식'에 마르크스는 '물질'쪽에 치우치고 있다. 바로 이와 같은 세상이 어디까지 연결되어 있는가 하면 바로 딜타이가 살고 있는 19세기 말까지 연결되어 있다. 딜타이에게는 하나의 과제는 자연의 전면적인 등장, 즉 이와 같이 사상적인 흐름 속에서 살면서 딜타이가 '자연을 통해서 세상을 이해하겠다'는 것이 전반적으로 등장하게 된다. 그래서 딜타이는 칸트의 저서 「판단력 비판」을 연구하고, 여기서 자연을 이해하는 방식이 아닌 다른 방식을 구한다.

딜타이가 붙잡은 단어는 '체험'이다. 자연을 통해 아는 것 말고, 아는 것이 무엇인가 하면 '체험을 통해서 아는 것'이다. 딜타이는 '자연 방식'말고 다른 방식으로 아는 것이 있다고 보았고, 그러한 노력이 '체험'이라는 것으로 표출되었다. 기나긴 서양철학 역사 가운데 '체험'이라는 단어를 놓고 철학한 사람은 없었다. 그런데 딜타이는 어찌 보면 철학적인 주제로 안 보이는 '체험'이라는 단어를 갖고 철학을 이야기 한다. 자연과학적 인식 방식으로 보면 말도 안되는 '체험'을 통해 딜타이는 철학사상 없었던 인식이 가능함을 보여주고자 한다. 그래서 딜타이는 사람들이 특정한 시공간에 함께하면서 공유된 체험으로 세계를 아는 방식이 있다고 주장한다. 딜타이의 해석학 공식은 '체험-표현-이해'이다. 딜타이의 철학에 있어서 이들 각자의 의미는 구별된다.

딜타이는 삶을 쉼이 없는 흐름인 동시에 하나의 통일된 구조를 가진 것으로 보았다. 즉 삶의 흐름은 파악이 전혀 불가능한 것이 아니라 일정한 통일성을 갖고 있으므로 파악이 가능하다고 본 것이다. 그리고 그 단위가 되는 통일성을 체험이라고 불렀다. 즉 삶의 흐름으로부터 시간과 공간을 걸러 내는 공통된 의미의 단위가 체험이다. 딜타이가 말하는 체험은 개별적인 경우의 경험(Erfahrung)이 아니다. 그것은 특수하고 제한된 용어인 체험(Erlebnis)이다. 체험은 '시험'하는 경험과 '관찰'하는 경험을 제외한 우리가 온 몸으로 알고 있는 그 어떤 경험이다. 즉 '몸소'하는 경험을 말한다. 다른 말로 하면 인간의 실제로 살고 있던 '실존'이라고 이야기 할 수 있다. 실존이 포함되어 있던 경험을 지금 이야기 해보자면 '체험'이다. 딜타이는 체험을 누구나 동일하게 겪는 경험이 아니라고 생각하며, 그 체험은 각자마다 다르다고 보고 있다. 그러면서도 각자의 경험들이 서로 내적 연관을 맺어 삶을 형성하기에 딜타이는 삶을 하나의 구조연관으로 본다. 체험은 무엇으로 구성되었을까? 체험은 행위 그 자체이기 때문에 의식의 반성행위의 내용이 아니다. 다시 말해 체험은 삶에 대해서 취하는 태도이기 때문에 반성에 앞서 의미 속에 주어지는 것이다. 즉 삶과의 직접적인 만남이 체험이다. 삶의 체험은 개별적이지만, 개별적인 체험이 타자에게 이해될 수 있는 것은 통일성이 있기 때문이다. 이것을 두고 딜타이는 "이해란 너 안에서 나를 발견하는 것이다"라고 했다.

그렇다면 딜타이가 체험을 통해서 모색하는 것이 무엇일까? 체험이라는 개념 안에 딜타이가 잡아 놓은 것은 '직접성'과 '통일성'이다. 체험은 나의 체험이여서 직접적으로 내가하는 것이다. 내가 한 체험을 갖다가 다시 어떻게 다른 감정에서 체험할 수 있을까? 내가 직접 체험한 체험은 대체 불가능하다. 그래서 직접적이다. '그것 밖에는 없다,' '내가 직접 몸소'하는 것 밖에는 없다는 것이다. 체험이 갖고 있는 가장 강력한 뜻은 바로 직접성이다. 이때 이야기하는 직접성이라는 것은 간접체험이 아닌, 내가 '몸소'하는 것을 이야기 한다. 그리고 내가하는 직접적인 체험은 어느 한 방향, 즉 시대의 통일적으로 지향하고 있는 모습을 갖고 있다는 것이다. 이때 이야기하는 '통일성'이라는 게 어떻게 보면 시대정신이다. 그래서 딜타이의 체험개념은 두 가지 성격이 있다. 하나는 내가 '몸소 한다'는 것과 '내가 몸소 한다는 것이 나만의 것이 아니고 그 시대에 이루고 있는 근간이 된다'는 것이다.

딜타이가 말하는 삶이란 고정되고 정지된 것이 아니다. 언제든지 자기를 표현하고 객관화하므로 자기 자신을 형성해 나간다. 그러므로 표현은 삶의 객관화이다. 주관적인 체험은 표현에 의해서 드러난다. 표현은 우리 자신을 객관화하며 나아가서 삶의 객관화를 얻는다. 인간 삶의 체험은 객관화된 삶, 즉 표현을 통해 드러나며 삶을 과학적 탐구의 대상으로 삼을 수 있다. 딜타이는 표현(Ausdruck)을 감정이나 감정의 유출을 뜻하는 것으로 보지 않고, 포괄적인 삶의 표현으로 본다. 표현이란 사상, 법률, 사회형태, 언어 등을 가리키는 말로서, 감정의 상징이 아니라 인간 내면적 삶을 반영하는 것이다. 개인의 이해는 공통성의 영역 속에서 생각하고 체험하고 행동할 때 가능하다. 딜타이는 삶의 표출, 즉 감각세계에서 드러나는 정신적인 표현을 세 가지 주요 범주로 분류한다. 첫째 범주는 개념, 판단, 추리 등이다. 이것은 객관적 지식의 체계를 만들기 위해 사용되는 것들로서 하나의 공통된 성격을 가지고 있으며, 단순한 사고내용으로 쉽게 의사소통 될 수 있다. 이러한 것은 인간의 내적체험에 관한 어떤 것도 포함하지 않는다. 둘째 범주는 행위이다. 하나의 행위는 일정한 목적이 있기에 그 행위에 의도가 부여된다. 행위는 의지의 발동에 의해 무엇을 이루고자 한다. 앞서 이야기한 개념, 판단, 추리 등의 표출보다 훨씬 더 내면적인 측면을 드러내기는 하지만 전체는 아니고 본질의 일부분이다. 행위는 이처럼 해석하기가 어렵다. 셋째 범주는 체험표현(Erlebnisausdruck)이다. 딜타이는 개념, 판단, 추리나 행위보다 체험표현을 가장 중요한 것으로 본다. 딜타이는 앞의 두 범주를 삶의 표출로 간주하는 반면에 마지막 범주는 체험표현이라고 부른다. 체험표현은 정신적 삶의 직접적인 표현이다. 인간의 내면적 삶을 가장 잘 드러내는 표현이 체험표현이다.

딜타이는 체험표현, 즉 객관정신의 존재 방식은 내 의지로 표출되는 것이 아니고, 무의식적으로 표출된다고 본다. 딜타이는 체험과 체험표현, 체험과 객관정신은 쌍방 간의 구조적 연관을 맺고 있다고 본다. 그렇다면 어느 텍스트가 가장 잘 내적 삶을 드러낼 수 있는가? 체험표현은 언어로 된 예술작품에서 가장 완전하게 드러나는 대상이 된다. 왜냐하면 예술작품은 삶 자체에 관련된 것이기에 정신과학의 가장 풍요로운 대상이 되기 때문이다. 예술가는 창작을 통해 전 세계를 생체험으로 느끼도록 가르친다. 그러므로 딜타이는 내적 삶의 구조를 표현하는 예술작품에 대한 해석을 해석학이라고 주장한다.

이해(Verstehen)란 무엇인가? 이해란 자연과학에서처럼 합리적 사항에 대한 이해를 지칭하는 것이 아니라, 한 사람의 정신이 다른 사람의 정신을 파악하는 작용을 나타내는 말이다. 즉 이해란 생동적인 인간적 체험을 파악하기 위한 정신적 과정이다. 이해는 삶 자체와 접촉할 수 있는 가장 좋은 방법이다. 그러므로 이해를 통해 내면적인 세계와 만날 수 있고, 인간의 본성을 알 수 있다. 작품을 읽는 독자는 저자의 내면세계 탐구가 가능하다. 즉 언어적 표현으로 드러난 이해할 수 없는 삶들이, 바로 그 언어를 통해 내면을 이해할 수 있게 된다. 그래서 딜타이는 이해를 감각적으로 주어진 기호로부터 그 표현이 심리적인 것을 인식하는 과정으로 본다. 딜타이는 이해를 세 가지 관점으로 나누어 본다. 첫째, 이해는 직접 체험에 근거하고 유래한다. 개별적 체험들은 자기 자신과 관계를 맺고, 자기의 한 부분을 체험한다. 체험은 실재하는 원초적인 방식이기에 역사인식의 전제조건이 되며, 정신과학의 경험 자료가 된다. 둘째, 이해는 삶의 표현으로서 표현의 이해이다. 삶의 표현은 의도하는 것만이 아니라 의도 없는 것도 표현하는 것이다. 셋째, 이해는 개별적인 것의 이해이다. 이것은 타자와의 다른 삶과의 연관성 사이의 이해이다. 이러한 이해의 관점에 따라 딜타이는 이해와 체험과의 관계를 삶의 개별적인 관계가 아닌 상호작용하는 것으로 보았다.

이해는 관심 여하에 따라 다양한 수준을 보여준다. 수많은 논쟁 속에서 한편으로는 화자(話者)의 내적인 삶에 관심을 두지 않고 우리에게 중요한 핵심을 찾아내지만, 또 다른 한편으로는 얼굴 표정과 단어 하나하나에 주목하면서 화자(話者)의 내면에 들어가 객관성을 획득한다. 이런 면에서 딜타이는 이해를 "삶의 외화(外化)에 대한 예술적 이해"라고 본다. 결국 체험과 표현이 연관을 형성하듯이 이해도 동일한 연관 속에 있다. 딜타이는 이해가 당사자로서의 직접적인 체험과 객관 정신의 연관, 상호의존성 가운데 이루어진다고 보며, '체험-표현-이해' 라는 이러한 순환을 통하여 체험자는 낯선 삶의 모든 것들을 구체적으로 체험한다고 주장한다. 딜타이는 현대의 철학적 논쟁에서 해석학을 통한 정신과학의 철학적 근거를 마련하였다.

4. 하이데거(Heidegger) 해석학

하이데거(Martin Heidegger, 1889 - 1976)는 철학적 해석학을 존재론적 해석학으로서의 해석학적 철학으로 발전시켰다. 그동안의 철학자들이 당연시하며 간과하고 있었던 존재의 의미를 이해하려는 그의 노력으로 해석학은 또 다른 국면을 맞이하게 된 것이다. 20세기의 해석학은 과거의 이론이 활동했던 인식론적인 무대를 떠나, 하이데거가 '근본적 존재론'이라 이름 한 영역으로 들어섰다. 이에 따르면 이해란 전이적으로 행해지는 것이 아니다. 우리는 무엇인가를 이해하는 데 관심이 있는 것이 아니다. 이해라는 것은 우리가 세상에 존재하는 방법으로 이해되며, 인식이나 지적인 활동 이전에 우리가 존재하는 근본적인 방법인 것이다. 존재론적 해석학은 이해의 문제를 세상에 대한 지식에서, 세상에서 존재하는 문제로 바꾼 것이다.

하이데거는 딜타이와 마찬가지로 삶을 그 자체에 있어서 드러내 줄 수 있는 방법(method)을 필요로 하였다. 그는 「존재와 시간」에서 자신의 철학방법을 현상학으로 규정하며, 삶을 삶 자체로부터 이해해야 한다는 딜타이의 명제를 긍정적으로 인용하였다. 처음부터 하이데거는 서양의 존재 개념의 뿌리로 파고들 수 있는 방법, 즉 그로 하여금 존재 개념이 근거를 두고 있는 전제들을 파악할 수 있도록 해줄 '해석학'을 추구하였다. 그리고 니체에 있어서처럼 그는 서구의 형이상학적 전통 전체를 문제 삼고자 했다. 하이데거에 이르러 이해 개념은 더 이상 텍스트와의 연관성에서만 단순 조명되어지는 것이 아니라 인간 일반을 규정하는 역할이 되었다. 왜냐하면 현존재가 존재하는 세계는 '주위세계' 즉, 우리가 매일 일상적으로 만나는 삶의 세계이기 때문이다. 하이데거는 통상적으로 인간이라 부르는 존재자를 '현존재'라 지칭한다. 현존재라는 말의 의미는 아직까지 무엇으로 규정되지 않았음을 의미한다. 현존재(Dasein)라는 용어는 Da를 현(現)으로, Sein을 존재(存在)로 옮긴 것이다. 현존재란 인간 각자를 가리키는 술어이다. 하이데거의 해석학의 기본구조는 현존재(Dasein)에 의해서 특징짓는다. 현존재는 손안에 있는 도구적 존재자도 아니고 그렇다고 눈앞에 있는 사물적 존재자도 아닌, 실존에 의해서 규정된 존재자이다. 실존하는 현존재는 그의 존재에서 이 존재 자체를 문제시한다. 실존은 인간적 현존재가 관계를 맺고 있는 모든 존재를 일컫는 말이다. 그러나 현존재가 관계를 맺고 있는 존재에는 현존재 자신의 존재만이 있는 것이 아니라 다른 존재자들의 존재도 있다. 무엇보다도 그는 현존재에 관한 어떤 것을 진술하려고 시도하면서 존재의 문제에 새로운 기초를 완성하려 했다. 하이데거는 인간 현존재만의 독특한 존재 방식을 '실존'이라고 칭한다. 실존은 일차적으로 인간이라는 현존재가 '존재하고 있다는 그 사실'-이것을 '현사실성'이라고 부른다-을 지칭한다. 현사실성은 우리의 현존재가 '그때그때의 순간마다 각각 특유한 모습으로 존재한다'는 사실을 지칭한다. 하이데거는 해석학을 현사실성의 자기해석이라 규정한다. 이는 곧 인간이 인간을 해석한다는 뜻이다. 인간의 있음은 그냥 그렇게 놓여 있음이나 눈앞에 있음이 아니라 그 존재 자체가 문제가 되고 있는 존재자로, 자신의 존재를 떠맡아서 자신의 존재를 형성해 나가며 존재해야 한다. 무생물과 생물 등 객관적, 실재적 존재자는 양성적으로 보아 현실적 존재자이다. 그러나 현존재에게 지배적인 것은 가능성이다. 인간은 앞을 향해 사는 가능적 존재이므로 언제나 현실성보다 가능성이 우위에 있다. 현존재는 가능적 존재자이다. 현존재는 본래적 존재로 사는가 비본래적 존재로 사는가 하는 삶의 양식을 스스로 선택한다. 하이데거는 '현존재'를 해석학의 근거와 실마리를 제공하는 것으로 본다. 하이데거에 의하면, 현존재에 대한 이해가 문자로 확정된 텍스트의 해석과는 매우 다른 의미임을 말한다. 다시 말해 해석이란 이해된 일에 승복하는 행위가 아닌 이해에 의해 기투된 모든 가능성을 성취하는 행위다. 하이데거에게 있어서 어떤 인간 경험에 대한 총체적 이해가 선행되어야만 해석이 곧 '존재 의미'에 대한 물음을 가지게 되고 그것이 이해의 개념에 도달하게 된다.

하이데거는 현존재를 '세계-내-존재'(In-der Welt-Sein)를 통해 해석의 가능성을 보여주었다. '세계-내-존재'란 현존재의 근원적 구조를 전체적으로 가리킬 때의 명칭이다. 현존재는 존재하는 모든 것과 이미 어떠한 관계를 맺고 있는데 이 존재하는 모든 것을 세계라고 부르며

세계는 현존재의 한계이다. 그런 의미에서 현존재는 세계 안에 있다. 이는 단순히 하나의 사물이 아니며, 또한 어떤 도구적 존재도 아니다. 그것은 자기 혹은 자아를 '상실하는 비본래적인 존재'다. 이를 '현존재의 피투성'(Geworfendeit)이라 부른다. 즉 인간은 세계에 던져진 존재다. 그것은 의도된 적이 없이 단순히 세계 속으로 들어왔다. 모든 것이 우연적이다. 그리고 세계 속에 던져짐으로써 인간은 불안하다. 무엇을 어떻게 해야 할지 막연하기 때문이다. 던져짐으로서 인간은 새로운 경험을 하게 된다. 따라서 그것은 데카르트적이며 후설적인 어떤 고유하고 자신만의 독특한 '선험적 자아' 혹은 '본래적 자아'가 그대로 유지되는 것이 아니라 이러한 자아 자체가 상실되어 가는 존재로 인식한다. 이러한 현존재의 존재론적 구조는 자신의 '시간성'에서 파악된다. 하나의 현존재는 태어나서 죽는 일련의 삶의 과정을 경험한다. 인간은 죽음의 존재이지만, 삶의 과정 속에서 현존재는 언제나 자기 선택의 과정 속에 있다. 이러한 경험으로 인해 자신의 본래적인 자아가 상실하게 되는데 이때 비본래적인 자아는 언제나 또 본래적인 자아를 찾으려고 노력한다. 인간은 죽음의 존재이지만, 삶의 과정 속에서 현존재는 언제나 자기 선택의 과정 속에 있다. 이러한 경험으로 인하여 자신의 본래적인 자아가 상실하게 되는데, 이때 비본래적인 자아는 언제나 또 본래적인 자아를 찾으려고 노력한다. 이것을 그는 '실존'이라고 말한다. 따라서 한 인간의 존재 혹은 시간성을 요약적으로 세 가지로 말할 수 있다. (1) 현존재는 세계 안에 이미 존재한다. 즉 피투성으로서의 '이미 있음'을 말한다. (2) 자기는 미래의 죽음으로 향하기 때문에 현존재는 앞질러 존재한다. 이것은 인간은 이미 기투되는 존재라는 뜻이다. (3) 시간성은 한 인간이 언제나 본래적인 존재 방식을 '결단'과 '선택'에 의해서 결정되어지기 때문에 이 결단성에 의해서 '새로운 존재가 형성'된다. 이리하여 현존재는 그 시간성에 있어서 구체적으로 드러나는 존재가 된다.

하이데거는 20세기 가장 영향력 있는 철학자 중의 한 사람이다. 그의 실존론적 해석학의 영향력은 철학의 분야를 넘어 신학, 심리학, 문학에 이르기까지 폭 넓게 확산되어 가고 있다.

5. 가다머(Gadamer) 해석학

가다머(Hans Georg Gadamer, 1900 - 2002)는 1960년 출판한 「진리와 방법」에서 문헌학의 역사주의 한계를 해석학적으로 극복한다. 역사주의의 망상이란 우리의 선입견을 더 확실한 선입견을 통하여 제거함으로써 정신과학에 있어서 객관성과 같은 것을 가능케 하고자 하는 것이다. 가다머는 하이데거가 제시한 이해의 선구조를 받아들이면서 선입견의 제거가 아니라 선입견을 인정하고 해석하는 작업이 필요하다고 본다. 하이데거는 딜타이가 그동안 소홀이 다루었던 현존재에 대한 이해의 문제를 존재론적인 차원으로 해명하고자 하였다. 하이데거는 이해란 인간 현존재에 놓여있는 보편적 현상이라 파악한다. 현존재에 대한 이해는 거기(Da)라는 질문을 하면서부터 시작한다. '거기'는 상황을 지시하는데, 이것은 무엇을 향해 질문하는 것을 뜻하며, 그 질문은 존재이해를 이미 갖고 있음을 의미한다. 즉 이해는 다른 존재와의 관계 속에서 활짝 열려져 있을 때 가능하며 거기서 현존재의 역사성을 다룬다. 이런 맥락에 따라 가다머는 하이데거의 존재론적 해석학을 근거로 하여 역사성을 구체화시킨다. 하이데거의 이해가 존재이해이고 현존재의 자기이해라고 규정된다면, 인간에게 내재해 있는 선입견을 어떻게 해결할 것인가? 가다머는 선입견을 이해작용으로 관련짓고 있기 때문에 선입견은 역사를 이해하는 방해요소가 되는 것이 아니라 오히려 긍정적 의미로 받아들인다. 이해의 새로운 의미를 규명하려는 가다머의 해석학적 사유는 '모든 이해에는 항상 사건이 일어나고 있다'는 전제를 출발점으로 한다. 그는 역사를 이해하는 긍정적인 개념으로서 선입견을 받아들이고, 이해에 작용하는 선입견으로서의 역사를 영향사(Wirkungsgeschichte)라 부른다. 이러한 영향은 예술적 이해, 사회적 이해, 심리적 자기이해, 모든 형태의 과학적 이해에 이르기까지 확장된다. 이런 점에서 이해는 그 본질에 있어서 영향사적 과정이다. 영향사란 우리의 힘이나 규제 아래 있지 않다. 오히려 우리가 영향사 아래 있다. 우리가 이해하는 곳이면 어디든지 영향사가 작용하고 있다. 영향사는 모든 이해를 구성하는 심리의 기능을 갖는다. 가다머는 이해의 역사성을 두 가지 의미로서 파악하고, 역사를 이해한다. 하나는 역사적 과거의 사실과 전승된 텍스트의 의미연관을 이해하는 것이며, 다른 하나는 우리의 이해 자체가 하나의 역사적 사건으로 일어나는 것을 파악하는 것이다. 가다머는 하이데거의 「존재와 시간」(1927)에서 밝혔던 이해의 선구조를 구체화시키고 선입견의 개념을 확장시킨다. 가다머가 이러한 선입견의 개념을 사용하게 된 배경은 18세기 계몽주의 시대의 전통과 밀접한 관계를 맺고 있다. 가다머는 계몽주의적 전통 속에서 종종 나타난 이성과 선입견, 자유와 권위의 개념 등을 고찰하여 모든 이해는 선입견에 의한 것이라 본다. 계몽주의 시대에 권위의 개념은 이성이나 자유와는 정반대되는 개념으로써 맹목적인 복종을 의미하였다. 가다머의 입장에서 계몽주의는 권위에 대한 부정적 개념을 명예회복 시키는데 있었다. 그에게 있어서 권위는 억압이나 복종을 의미하지 않았고, 오히려 이것을 인정하면서 이성이나 인식과 같은 종류의 가치를 지칭하였다. 다시 말해 전통과 이성은 서로 대립적인 개념이 아니며 자유나 역사의 계기를 정립하는 근거로써 작용한다. 따라서 가다머는 계몽주의 시대에서 거부하였던 전통과 권위, 선입견의 개념 등을 역사적 이해의 조건으로 복권시키고자 하였다. 이런 관점에서 가다머는 이해의 역사성을 선입견의 개념으로 분석하였다. 이해의 역사성에 대한 가다머의 '영향사적 의식'은 무엇보다도 해석학적 상황의 의식이다. 영향사적 의식이란 인간의 의식이 반성적 사유를 통하여 전통과 선입견을 초월할 수 있는 자유로운 의식이 아니라 역사적 전통의 영향 아래서 사유하는 구체적 의식을 뜻한다. 그것은 영향사와 자신의 역사성까지 의식하는 의식이 영향사 속에서 형성되고 활동하며 이미 그 안에 속해 있는 의식을 말한다. 즉 이해에서 자신의 고유한 역사성을 함께 성찰하는 의식을 가다머는 영향사적 의식이라 부른다. 영향사적 의식은 역사의 진행과정에서 작용하며, 역사를 통해 규정된다. 따라서 해석학은 타자의 역사적 대상 속에서 자기 자신을 인식하는 이론이다. 가다머는 해석학적 인식의 핵심에 당사자의 실존성을 앉혔다. 방관자가 아닌 당사자의 시선이 있어야 한다는 것이다.

6. 리꾀르(Ricoeur) 해석학

리꾀르(Paul Ricoer, 1913-2005)는 가다머가 제시하는 '텍스트의 사실' 개념을 그의 해석학의 출발점으로 삼고 있다. 그는 현상학과 해석학을 매개하여 의지 현상학에 대한 현상학적 기술의 방법을 넓은 의미의 '이해'의 방법에 수용하고자 시도했다. 1950년 파리에서 그 첫 권이 발행된 리꾀르의 「의지의 철학」(*La Philosoghie de la vlolonte*)은 그의 초기 사상을 대변하는 대작이다. 첫 번째 책의 제목은 1950년에 「의지적인 것과 비의지적인 것」(*Le volontire et l' involuntaire*)으로서 출판되었고, 두 번째 책은 「유한성과 죄성」이며, 이것은 다시 「오류의 인간」과 「악의 상징」으로 각각 나누어져서 1960년에 출판되었다. 리꾀르는 하이데거와 가다머의 해석학적 방향을 추구하면서 실존주의적 현상학을 뛰어넘어 해석학적 현상학으로 나아갔다.

리꾀르에 의하면 현상학은 전해 새로운 세계의 발견, 곧 자연적 세계가 아니라 작품과 기관의 세계 즉 의미에 의해서 매개된 세계의 발견으로 나아가게 된다. 「의지의 철학」 2부의 첫 번째 「오류의 인간」에서 리꾀르는 현상학적 기술을 진단학적으로 적용시켜 객관적이고 경험적 기술에 함축되어 있는 지향적 의미와 구조를 드러내고, 둘째 부분 「악의 상징」에서는 현상학적 기술을 해석학적으로 적용해서 체험의 상징적이고 신비적인 표현의 함축적 의미를 드러내고자 한다. 「악의 상징」에서 리꾀르는 의지의 현상에 나타나는 종교적 체험을 기술분석하는 현상학의 차원에서 종교적 체험이 상징 언어로 표현된 것들을 해석하는 해석학의 단계로 나아간다. 리꾀르는 해석학에서 인식론과 존재론의 두 길을 하나로 묶으려는 것이다. 그러므로 "알아야 믿는다. 그러나 믿어야 안다"는 해석학적 순환을 이야기한다. 인간의 사유는 언어와 상징이라는 구체적인 전제에서 출발하며 실존 안에서 이루어진다. 신화와 상징은 선철학적 표현으로서 인간과 악의 고난에 대한 원초적인 체험을 제시해 준다. 상징과 신화를 통해 인간본성을 해명하고자 하는 리꾀르의 현상학적 해석학은 상징과 신화가 제시하는 언어의 충만성을 회복하고자 한다. '상징은 새로운 반성과 사유를 불러일으킨다.' 여기서 리꾀르는 창조적 해석의 길을 제시한다. 창조적 해석이란 상징으로부터 의미를 형성하는 사고 활동이다. 리꾀르는 인간의 진정한 이해가 관념론적인 자기 해석이나 직관에 의해서 뿐만 아니라 인간의 사고와 본성에 대한 표현인 신화나 상징의 해석을 통해서도 가능하다고 보았다.

리꾀르는 상징해석학에서 1970년대 이후부터 텍스트해석학으로 관심을 돌린다. 그렇다면, 텍스트란 무엇인가? 그에 따르면, 텍스트는 글쓰기에 의하여 고정된 모든 종류의 담화(discourse)이다. 즉 텍스트란 구조화된 작품을 말한다. 리꾀르는 해석학에 있어서의 갈등을 해결하기 위해서 "텍스트는 저자를 향해서가 아니라 그것의 내재적인 의미와 그것이 열고 드러내는 세계를 향해서 전개되어야 한다"는 텍스트 해석학을 제시한다. 리꾀르의 해석이론은 철저하게 언어로 고정된 텍스트에 기초하고 있다. 무엇보다 텍스트를 매개로 하여 인간실존에 대한 이해는 그의 해석학이 존재론적 성격을 갖게 하였다. 리꾀르는 텍스트해석학의 네 가지 범주를 언급한다. 첫째, '거리두기(소격화)'이다. 거리두기는 연구자가 연구대상과 거리를 둠으로써 저자의 주관적 의도에서 벗어나 텍스트의 객관성을 얻게 된다. 둘째, '구조화된 전체'이다. 이것은 모든 텍스트는 구조를 가지고 있는 작품이라는 의미로 텍스트는 반드시 그 구조를 통해서 설명해야 한다. 리꾀르는 이와 관련해서 설명과 이해에 대해서 설명한다. 빌헬름 딜타이(Wilhelm Dilthey)가 설명과 이해를 구분해서 사용했지만, 리꾀르는 설명과 이해를 통합적으로 사용한다. 즉 텍스트에 대한 해석은 '설명이냐 이해냐'가 아니라 '설명이면서 동시에 이해'라고 언급하면서 설명을 많이 할수록 많이 이해가 된다고 한다. 셋째, '텍스트의 세계'이다. 텍스트는 개별적인 문장이나 표현으로 오는 것이 아니다. 실제로 텍스트는 개인뿐만 아니라 모든 사람과 관련된 모든 차원을 포괄한 하나의 세계로 다가온다. 그러므로 리꾀르에게 있어서 실존적이라는 것은 개인의 영역뿐만 아니라 공동체적 및 우주적 영역을 포괄하는 것이다. 넷째, '텍스트 앞에서의 자기이해'이다. 텍스트를 해석하는 것이 자기해석으로 이어지지 않는다면 이것은 온전한 해석이 아니다. 텍스트 앞에서의 자기이해란 텍스트 세계 속에서 독자의 자기이해다. 자기이해는 인식의 차원에서 자기 파악 및 세계 내에서 새로운 존재 방식의 가능성을 획득한다. 이것은 존재론적일 뿐 아니라 가치판단을 하게 되는 윤리적인 지향성을 갖는 특징이 있다. 자기이해는 실존적인 개념으로서 낯설었던 것을 자기의 것으로 만드는 것이다.

7. 나가면서

해석학의 등장과 전개를 걸쳐서 무엇이 변화하였는지를 보면, 해석학이 등장하기 이전에는 이성이나 언어만을 보고 인간의 실제 삶은 역동적인 순간은 보지 않았다. 그러나 슐라이어마허, 딜타이를 거치며 본연에 보던 것(이성, 언어)과 함께 현장을 보았다. 슐라이어마허부터 시작해서 딜타이와 하이데거, 가다머를 거치면서 해석학은 점점 진전해 왔으며 당사자와 실존을 이야기하는 지점에 도달했다. 이성, 언어와 함께 삶의 터전의 이야기로 들어온 것이다. 삶의 터전은 가다머의 경우는 방법이란 말로 표현했으며, 리꾀르는 실존이나 상징이란 말로 쓰였다. 오랜 시간이 지난 후에 보면 이성이나 언어, 해석은 그 자체로 기능하는 것이 아니라, 삶의 터전 속에서 정당성을 확보하게 된다는 사실이다.

📖 추천하고 싶은 책

1. 해석학이란 무엇인가
E. Palmer, Richard. 「해석학이란 무엇인가」. 이한우 옮김. 서울: 문예출판사, 2001.
Ineichen, Hans. 「철학적 해석학」. 문성화 옮김. 서울: 문예출판사, 1998.
Pöggeler, Otto. 「해석학의 철학」. 박순영 옮김. 서울: 서광사, 1993.
양해림. 「현대 해석학 강의」. 서울: 집문당, 2007.
정승태. 「그까이꺼 해석학 폼나게 풀어보자」. 대전: 침례신학대학교출판부, 2009.

2. 슐라이어마허
강돈구. 「슐라이어마허의 해석학」. 서울: 이학사, 2000.
최신한. 「감동과 대화의 사상가 슐라이어마허」. 이한우 옮김. 서울: 살림, 2003.

3. 딜타이
Dilthey, Willhelm. 「체험, 표현, 이해」. 이한우 옮김. 서울: 책 세상, 2002.

4. 하이데거
소광희. 「하이데거의 존재와 시간 강의」. 서울: 문예출판사, 2003.
오용득. 「자기쇄신의 학으로서의 철학적 해석학」. 서울: 책펴냄열린시, 2005.

5. 가다머
김영한. 「하이데거에서 리꾀르까지」. 서울: 박영사, 1998.
Warnke, Georgia. 「가다머-해석학, 전통 그리고 이성」. 이한우 옮김. 서울: 민음사, 1999.

6. 리꾀르

김종걸.「리꾀르의 해석학적 철학」. 서울: 한들출판사, 2003.
Dosse, Francois.「폴 리꾀르-삶의 의미들」. 서울: 동문선, 2005.
Ricoeur, Paul.「텍스트에서 행동으로」. 서울: 아카넷, 2002.

제16장

기독교 윤리학

기독교윤리학 교수 | **김병권**
kimbg4u@kbtus.ac.kr

　이 글은, 신학을 처음 공부하는 학생일지라도 한 시간 정도 시간을 내어 읽는다면 기독교 윤리학이라는 과목의 일반적 특성에 대해 개괄적으로 이해할 수 있도록 돕기 위해 쓴 것이다. 글의 내용은 크게 다섯 주제로 나눠진다.

　첫째는 "기독교 윤리학이란 무엇인가?"라는 주제이다. '윤리'나 '도덕'이라는 단어에 내장된 어원적 의미를 먼저 설명하고, 기독교 윤리학의 정의, 과제 및 목적을 진술할 것이다. 이어서 기독교 윤리학과 일반윤리학의 차이점을 밝힐 것이다. 둘째는 "기독교 윤리학에서는 무엇을 공부하는가?"라는 주제이다. 기독교 윤리학에서 다루는 내용을 구분하는 일반적 틀을 사용하여, 기독교 윤리학 방법론, 성경윤리, 그리고 응용윤리에 대해 기본적 내용을 설명할 것이다. 셋째는 "현대 기독교 윤리학은 어떤 방향으로 전개되고 있는가?"라는 주제이다. 사상은 고정·불변하는 것이 아니라 끊임없이 생성·변화·발전하는 것이기 때문에, 사상의 한 형태를 취하고 있는 기독교 윤리학도 어떠한 전통에서 나와서 어떠한 양상으로 존재하다가 어떠한 방향으로 나아가는가, 라는 관점에서 이해될 필요가 있다는 전제 아래 현대 기독교 윤리학의 전개 방향의 특징 여섯 가지를 제시할 것이다. 넷째는 "기독교 윤리학도의 바람직한 자세"라는 주제이다. 기독교 윤리학의 취지와 목적에 충실히 살려내는 공부를 하기 위해서 학생들이 가져야 할 자세와 관련하여 열 가지 사항을 제안할 것이다. 이 글의 마지막 주제는 "추천하고 싶은 문헌들"이다. 이 글을 읽고 난 후, 여기서 언급된 주제들과 관련하여 혼자서 좀 더 공부하고 싶은 학생들을 돕기 위해 각 주제별로 짤막하게 설명을 곁들인 문헌들을 소개할 것이다.

제한된 지면에 기독교 윤리학에 대한 입론적 소개를 해야 하기 때문에 '수박 겉핥기 식'의 한계를 피할 수 없는 것이 사실이다. 그렇기 때문에 학생들이 이 글을 통해 기독교 윤리학과 관련하여 무엇이 수박이고 무엇이 호박인지를 구별할 수 있을 정도의 안목만 얻게 된다면 필자는 만족할 것이다.

I. 기독교 윤리학이란 무엇인가?

"기독교 윤리학이란 무엇인가"라는 질문에 답하기 위해서는 '윤리' 또는 '윤리학'이란 무엇이고, 그 단어들 앞에 '기독교'라는 단어가 붙음으로써 '윤리학'의 성격이 어떻게 변화되는가 하는 점들이 고찰되어야 한다. 여기서는 기독교 윤리학이 일반 윤리학과 본질적으로 다른 점이 무엇인가를 설명하는 방향에 초점을 두면서 이러한 질문들을 다루어 보겠다.

1. '윤리'와 '도덕'에 대한 어원적 이해

인간은 자연에 적응하여 살면서 사회를 형성한다. 사회를 형성하면서 사는 인간은 자신이 사는 사회를 유지·발전시키기 위해 일정한 생활 습속을 만들게 된다. 그리고 그 생활 습속은 사회 구성원에게 규범적 역할을 한다. 즉 어떤 사회에 태어난 인간은 자신이 원하든 원하지 않든지 이미 형성된 사회생활 습속에 의해 자신의 행동을 어느 정도 규제받게 된다. 윤리는 이렇게 형성된 '사회생활 습속'에 그 어원을 두고 있다.

한자에서 '윤리'의 '윤'(倫)자는 사람 '인'(人)자와 덩어리 '륜'(侖)자의 회의(會意)로서 '사람 덩어리,' '무리' 등의 의미를 갖고 있으며, '이'(理)자에는 이치·이법(理法) 또는 도리 등의 뜻을 담고 있다. 영어에서 '윤리'를 의미하는 'Ethics'는 헬라어 '에토스'에서 유래된 것이다. '에토스'는 "자연환경의 특성에 순응하고 각기 그 집단과 더불어 생활하여 온 인간이 한 구성원으로서 살아간 방식과 습속"을 의미한다. 결국 어원적으로 볼 때 '윤리'라는 개념에는, ① 인간 모임으로서의 사회 또는 공동체의 존재와 ② 그 사회(공동체)가 존재하는 과정 속에서 형성된 일정한 사회적 이치의 존재가 전제되어 있음을 확인할 수 있다.

사전적 정의에 따르면 '도덕'은 "일정한 사회 내에서 그 사회 구성원의 사회에 대한, 그리고 구성원 상호 간에서의 행위를 규제하는, 그 사회에서 일반적으로 승인되고 있는 규범의 총체를 말한다." 영어에서 '도덕'을 의미하는 'moral'은 라틴어 '모라리스'에서 유래된 것인데, 이 '모라리스'는 헬라어의 '에토스'와 같이 '사회의 습속 또는 관습'에 그 어원을 두고 있다.

따라서 '윤리'와 '도덕'은 어원적으로 보자면 큰 차이가 없다. 다만, 학문을 논하는 자리에서 사용되는 용례를 보면 약간의 차이가 있다.

즉 '윤리'라는 단어에는 사회적 관습에 대한 이론적 측면이 부각되는 반면 '도덕'이라는 단어에는 사회적 관습에 대한 실천적-실제적 행동 측면이 부각되어 사용된다. '윤리학'이라는 단어는 우리에게 익숙하지만, '도덕학'이라는 단어가 어색하게 들리는 까닭은 이러한 용례와 무관하지 않다.

'윤리'와 '윤리학'은 대체로 구별하지 않고 사용되는 경향이 있다. 영어의 'Ethics'는 '윤리' 또는 '윤리학'으로 번역된다. 국어사전에서도 '윤리학'의 준말을 '윤리'라고 정의한다. 그러나 이러한 정의는 학문으로서의 윤리학의 의미를 제대로 살려내지 못하는 약점을 갖고 있다. 즉 사회 속에서 사는 사람이 지켜야 할 도리와 규범을 '윤리'라고 하면서 동시에 그것을 '윤리학'이라고 한다면, '학문'으로서의 윤리학이 갖는 독특한 의미를 제대로 살려내지 못하게 된다. 이런 약점을 보완하기 위해서는 '윤리'와 '윤리학'을 구분하는 것이 바람직하다. 즉 '윤리학'은 '윤리'를 내용 또는 대상으로 삼은 학문으로 이해하는 것이 좋다. 이렇게 구분한다면, 윤리학을 "사회 속에서 사는 사람이 지켜야 할 도리와 규범에 대해 연구하는 학문"이라고 넓게 정의할 수 있을 것이다.

2. 기독교 윤리학의 정의, 과제 및 목적

기독교 윤리학이란 "기독교적 삶의 방식의 기원 및 내용에 대한 이론"을 연구하는 학문이라고 정의된다. 이 정의를 위에서 살펴보았던 윤리학에 대한 일반적 정의와 연결시켜 설명하면 기독교 윤리학이란 "세상 속에 거하면서, 기독교 공동체에 속해 있는 신자가 지켜야 할 도리와 규범에 대해 연구하는 학문"이라고 할 수 있다.

이러한 정의를 따른다면, '세상,' '기독교 공동체(교회),' '신자,' 그리고 '도리와 규범'이 기독교 윤리학을 형성하는 기본 요소로 들어가야 한다는 사실을 확인할 수 있다. 이 네 가지 요소들에 대해 성경이 어떻게 말하고 있는지, 살아 계신 하나님은 이 네 가지 요소들과 어떤 관계를 맺고 있는지, 그리고 이 네 가지 요소들이 서로 어떤 관계가 있는지 등을 살펴보는 것이야말로 기독교 윤리학의 주요 과제로 부각된다.

이러한 과제를 수행하는 기독교 윤리학의 목적은, 예수에게서 시작된 하나님의 통치('천국' 또는 '하나님의 나라')가 이 땅에서 온전히 이루어지도록 하기 위해 예수의 사역에 동참하는 데 있다. 예수께서 제자들을 부르실 때, "나를 따르라"라고 하신 명령은 기독교 윤리학도(倫理學徒)에게도 그대로 적용되어야 한다. 즉 기독교 윤리학을 공부하는 목적은 기독교 윤리학에 대해 이론적으로 아는 데만 있는 것이 아니라, 예수를 따르면서 하나님의 통치가 지금 이곳에서 온전히 이루어지도록 실천하는 데 있다. 본회퍼(Dietrich Bonhoeffer)의 표현을 빌리자면, 기독교 윤리학의 목적은 하나님께서 그리스도 안에서 행하고 계시는 일에 동참하는 것이다.

3. 기독교 윤리학과 일반 윤리학의 차이

기독교 윤리학은 그 출발점에서부터 일반 윤리학과는 구별된다. 일반 윤리학이 선악을 판별할 수 있는 보편타당한 기준을 찾기를 추구한다면, 성경에 기초를 둔 기독교 윤리학은 '선악을 아는 지식' 대신 '하나님께 순종하는 것'을 추구한다.

타락 전 아담과 하와는 '선악을 알게 하는 나무의 실과를 먹지 말라'는 명령을 받는다. 선악을 아는 지식은 하나님께만 속한 것이기 때문이다. 아담과 하와가 '하나님의 명령' 대신 '선악을 아는 지식'을 택하자, 그들이 선악을 아는 일에 하나님과 같이 되었기 때문에 하나님은 그들을 에덴 동산에서 축출하신다.

선악을 아는 지식을 인간이 갖는 것에 대한 이러한 부정적 표현은 '하나님의 의' 대신 '자기 의'에 골몰하고 있는 바리새인들을 비판하는 예수님의 모습에서도 쉽게 발견할 수 있다. 예수님 당시 선악을 판별하는 최고의 전문가는 바리새인이었다. 그러나 예수님은 그들을 호되게 꾸짖으셨다. 그들이 가진 의는 '자기 의'이기 때문에 다른 사람을 정죄하는 데 주로 사용된다. 반면 예수님이 제시한 의는 '구원하는 의'이고 '살리는 의'이다.

기독교 윤리학은 인간에 기원을 둔 '선악을 아는 지식'보다 '하나님을 아는 지식'을 앞세운다. 또한 다른 사람을 정죄하는 데 주로 사용되는 '자기(인간)의 의'보다 다른 사람을 살리는 예수님의 '구원하는 의'를 추구한다. 이 말에는, 인간은 하나님을 앎으로써 하나님의 뜻을 알게 되고 하나님의 뜻을 따름으로써 '선의 길'을 갈 수 있다는 의미가 내포되어 있다. 즉 인간은 선악을 아는 지식을 가짐으로써 윤리적이 되는 것이 아니라, 하나님을 알고 하나님의 뜻에 동참함으로써 윤리적이 된다는 것이다. 바로 이것이 일반 윤리학과 기독교 윤리학이 대별되는 기본 특징이다. 기독교 윤리학이 갖는 이러한 특징은 앞에서 언급한 바 있는, "기독교 윤리학의 목적은 하나님께서 그리스도 안에서 행하고 계시는 일에 동참하는 것이다"라는 기독교 윤리학의 목적 진술과 일치한다.

II. 기독교 윤리학에서는 무엇을 공부하는가?

기독교 윤리학은 크게 세 가지 분야로 구성된다. 첫째는 기독교 윤리학 방법론 분야이다. 모든 학문은 그 나름의 방법론을 갖고 있다. 기독교 윤리학도 하나의 학문으로 존재하기 위해서는 나름의 방법론을 갖고 있어야 한다. 둘째는 성경윤리 분야이다. 방법론이 기독교 윤리학의 틀 또는 형식과 관계되는 것이라면, 성경윤리는 기독교 윤리학의 내용과 관계되는 것이다. 기독교 윤리학이 '기독교'적 특성을 가지려면 성경윤리를 기본 내용으로 삼아야 한다. 셋째는 응용윤리 분야이다. 응용윤리는 방법론과 성경윤리에 기초하여 당대의 윤리적 이슈를 실제로 다루는 분야이다. 각 분야와 관련된 기본 내용을 소개하면 다음과 같다.

1. 기독교 윤리학 방법론과 관련된 기본 내용

기독교 윤리학 방법론을 형성하는 데 가장 기본적으로 작용하는 요소들은 규범적 측면, 상황적 측면, 인격적 측면으로 나누어 생각해 볼 수 있다. 이 세 가지 측면들이 각기 어떤 특징을 갖고 있고, 서로 어떤 관계를 맺고 있는지를 바로 이해하는 것은 기독교 윤리학 방법론 논의에서 매우 중요한 주제가 된다. 이러한 세 가지 요소들의 상호관계를 배려하면서 기독교 윤리학 방법론의 갈래를 이해하는 바람직한 방법 중 하나는, 인간의 윤리적 추론에 작용하는 네 가지 차원과 그 차원에 기초한 기독교 윤리학의 네 가지 접근법을 이해하는 것이다. 우리가 생활을 하면서 윤리적 판단을 하거나 행위 결정을 할 때, 그 과정을 깊이 통찰해 보면 대체로 네 가지 차원이 작용한다는 것을 알 수 있다. 즉각적 반응의 차원, 계명의 차원, 원리의 차원 그리고 마지막으로 기본적 확신의 차원이 그것이다.

윤리적 추론에 작용하는 첫 번째 차원은 즉각적 반응의 차원이다. 이 차원은 어떤 상황에 직면했을 때 어떠한 이성적 추론의 과정도 거치지 않고 즉각적으로 윤리적 판단을 내려버리는 경우이다. 일반인들뿐 아니라 윤리학자들까지도 일상생활을 영위하면서 이 차원에서 윤리적 판단을 하는 경우가 많이 있다. 예를 들면, 차를 운전하다가 갑자기 끼어드는 운전자를 만났을 때 우리는 즉각적으로 "이런, 나쁜 사람!"이라고 윤리적 판단을 한다. 이 경우 우리는 주어진 상황에 대해 이성적으로 판단한 것이 아니라, 정서적으로 반응한 것이다. 이러한 즉각적 반응 차원은 일관성과 보편성을 필요로 하지 않는다. 즉 갑작스럽게 끼어들기 한 차를 보면서, 항상 내가 "이런, 나쁜 사람!"이라고 윤리적 판단을 해야 할 이유는 없다. 간혹 내 기분이 아주 좋을 때는 "얼마나 바빴으면 저럴까?"라고 생각하면서 포용성을 발휘할 수도 있는 것이다. 또한 내가 "이런, 나쁜 사람!"이라고 반응했으니까, 다른 모든 사람들도 나와 같은 경우를 당하면 동일하게 반응해야 한다고 주장해서도 안 된다.

윤리적 추론에 작용하는 두 번째 차원은 계명이다. 계명은 해도 되는 것과 하면 안 되는 것을 직접적으로 우리에게 말해준다. 예를 들면, "살인하지 마라," "네 부모를 공경하라" 등의 계명이 그것이다. 계명이 참된 계명이 되려면 적용의 일관성과 보편성이 확보되어야 한다. 즉 한 번 정립된 계명은 모든 사람에게 일관성 있게 적용되어야 한다. 신호등의 빨간 불에서는 서야 한다는 계명은 어제나 오늘이나 동일하게 적용되어야 한다. 또한 나뿐만 아니라 다른 사람에게도 똑같이 적용되어야 한다.

윤리적 추론에 작용하는 세 번째 차원은 원리이다. 원리는 해야 할 것과 하지 말아야 할 것을 구체적으로 말해주지 않기 때문에 행위 결정이나 윤리 판단에서 직접적으로 영향을 끼치지는 않는다. 그러나 원리는 계명이나 법을 지탱해주기도 하고 교정해 주기도 한다. 그런 의미에서 원리는 계명이나 법보다 포괄적이다. 원리를 적용하는 데는 일관성과 보편성이 있어야 하지만, 행위의 동일성을 요구하지 않는다는 점에서 두 번째 차원의 계명과 다르다. 예를 들면, 위기에 처한 사람을 빨리 구하기 위해서 응급차나 소방차가 신호등을 무시하고 질주한 경우를 생각해 보자. 그 차의 운전자는 "신호등의 빨간 불에서는 서야 한다"는 계명을 어겼다. 그러나 신호등의 계명은 "사람을 보호하기 위한 것"이라는 원리에 따라 나온 것이라는 점을 염두에 두면, 그 운전자는 원리를 어긴 것은 아니다. 원리와 계명은 배타적 관계에 있는 것이 아니다. 원리는 계명의 협소함이나 제한성을 보완해 주고, 행위자에게 어느 정도의 자율성을 제공해 준다.

윤리적 추론에 작용하는 네 번째 차원은 윤리 행위자의 기본적(신앙적) 확신이다. 기본적 확신은 세계관이라고 할 수도 있고 기독교인에게 있어서는 신앙이라고 할 수도 있다. 규범의 세 번째 차원에 해당하는 '원리'는 이 네 번째 차원의 토대 위에서 형성된 것이다. 예를 들어, 앞에서 "신호등의 계명은 사람을 보호하기 위한 것"이라고 했는데, "왜 사람을 보호해야 하는가"라는 질문을 해보자. 이때 기독교 신앙을 가진 사람은 "인간은 하나님의 형상으로 창조되었기 때문"이라거나, "하나님이 사람의 생명을 존중하라고 했기 때문"이라는 식으로 답할 수 있다. 이런 식의 답은 그 개인의 '신앙적 확신'에서 나오는 것이라고 볼 수 있다.

윤리적 추론의 네 가지 차원은 기독교 윤리학 방법론의 유형을 설명하는 데 도움이 된다. 즉 네 가지 차원 중 어느 차원에 중점을 두느냐에 따라 기독교 윤리학 방법은 '상황 중심 접근법,' '계명 중심 접근법,' '원리 중심 접근법,' '기본적 확신 중심 접근법'으로 나누어진다. 이 네 가지 접근방법의 전개 과정을 좀 거칠지만 이해의 편리를 위해 정형화해 보자면, 계명 중심 접근법에 대한 비판에서 상황 중심 접근법이 나왔고, 계명 중심 접근법과 상황중심 접근법 논쟁을 극복하는 방향에서 원리 중심 접근법이 제시되었으며, 원리 중심 접근법에 내장된 한계를 극복하는 과제를 안고 기본적 확신 중심 접근법이 모색되었다고 볼 수 있다.

계명 중심 접근법은 윤리적 추론의 두 번째 차원인 계명(법)에 중점을 두고 윤리적 판단을 전개하는 방법이다. 이 접근법에서 계명 또는 법은 절대적이고 보편적인 것으로 인정된다. 스텐리 그랜츠(Stanley Grenz)는 "윤리적 삶의 기초로서 성경에서 발견되는 법에 가장 우선적으로 의존하는" 기독교인을 '복음주의 율법주의자'라고 부르고, 그 성향의 입장을 보이는 윤리 방법론을 "기독교 율법주의"라고 부른다. 만약 어떤 기독교인이, 인간들이 살면서 직면하는 모든 윤리적 문제들을 어떻게 판단하고 대처해야 하는지에 대해 성경이야말로 직접적이고 명확한 행동 계명을 제공해 주고 있기 때문에 그 계명을 찾아 순종하기만 하면 된다는 식으로 생각한다면, 그는 계명주의 접근법을 따라 생각하는 사람이다.

상황 중심 접근법은 윤리적 추론에 작용하는 첫 번째 차원인 '즉각적 반응의 차원'과 관계되는 방법이다. 이 접근법은 윤리적인 것이란 상황의 특수성에 의해 직접 결정되는 것으로 이해한다. 이 접근법은 '율법주의 접근법'이 보인 한계를 비판하면서 자신의 구체적 모습을 드러냈다. 조셉 플레처(Joseph Fletcher)는 이 접근법의 대표적인 인물에 속한다. 상황 중심 접근법은 성경의 모든 계명을 '사랑' 한 가지에 귀착시킨다. 플레처는 "상황 윤리학자들은 모든 법칙들, 원리들, 그리고 미덕들(즉 모든 보편적인 것들)을 사랑의 종들로 취급한다. 만일 이것들이 자기의 위치를 망각하고 주인의 자리를 차지하려고 하면, 이들을 집으로부터 추방해 버려야 할 종들로 취급해야 한다"라고 주장한다. 그런 다음 '사랑'을 가지고 모든 상황에 적합하게 행동하면 윤리적이 된다는 생각을 플레처는 갖고 있다.

원리 중심 접근법은 윤리적 추론에 작용하는 규범의 세 번째 차원인 원리에 중점을 두고 윤리적 판단을 전개하는 방법이다. 계명은 그 앞에 선 인간을 타율적으로 만든다. 그러나 원리는 윤리적 문제에 직면한 인간에게 윤리적 판단을 위해 적용할 수 있는 여지를 마련해 주기 때문에 인간의 자율성을 어느 정도 보장해 준다. 이런 점에서 원리 중심 접근법은 계명 중심 접근법의 한계를 일정 부분 극복할 수 있다. 또한 이 접근법은 상황 중심 접근법의 한계도 극복한다. 즉 인간이 직면한 상황에 따라 윤리적 판단을 하라고 하는 것이 아니라, 그 상황에 적용될 수 있는 계명의 원리를 제시함으로써, 상황 중심 접근법이 범하기 쉬운 윤리 판단에 있어서의 무규범적 인위성을 극복하게 해준다.

위에서 언급한 것처럼, 계명은 원리에, 원리는 개인의 기본적(신앙적) 확신에 뿌리를 내리고 있다. 따라서 윤리적 추론에 있어서 가장 근원적인 것은 윤리적 판별자의 기본적(신앙적) 확신이다. 신앙적 확신의 내용이 다를 경우, 윤리적 판별에는 차이가 날 수밖에 없다. 예를 들면, '성속(聖俗) 이원론'에 기초한 신앙을 가진 사람은, 성경책을 읽는 것은 선한 것이고 소설책을 읽는 것은 나쁜 것(또는 덜 선한 것)으로 생각하기 쉽다.

기본적 확신 중심 접근법은 바로 이 점에 착안한다. 즉 윤리학적 사고를 검토하는 데 있어서 원리나 계명보다 더 중요하게 다루어져야 할 것은 '기본적 또는 신앙적 확신'이라고 보는 것이다. 이 접근법은 개인의 기본적 확신이 형성되는 데 있어서 '공동체의 맥락'(Context)과 그 속에 흐르고 있는 '이야기'(Narrative)가 결정적인 역할을 한다고 본다. 이 접근법을 사용하는 기독교 윤리학 유형 중 대표적인 것에는 '맥락 중심 윤리학'(Contextual Ethics)과 '이야기 중심 윤리학'(Narrative Ethics)이 있다. 대표적인 이야기 중심 윤리학자 중 한 사람인 맥클랜던(James Wm McClendon, Jr.)은, 그리스도의 몸인 '공동체' 안에서 생성되는 "공통적 삶의 형태"를 발견하는 데서 기독교 윤리학이 시작된다고 본다.

그리고 그 공통적 삶의 형태를 지지해주는 공통적이고 공적인 가르침을 계속 연구하는 것이 기독교 윤리학의 중요한 과제라고 본다.

2. 성경 윤리와 관련된 기본 내용

기독교 윤리가 '기독교'라는 정체성을 가지려면, 그 윤리의 근거를 성경에 두어야 한다는 것은 재론의 여지가 없다. 왜냐하면, 리차드 헤이스(Richard Hays)가 지적한 것처럼, 기독교 윤리학에 있어서 성경은 '구성적 역할'을 하기 때문이다. 그런데 기독교 윤리를 공부하는 사람은 성경과 관련하여 최소한 아래 세 가지 문제와 씨름하게 된다. 첫째는 성경의 권위와 관계되는 문제이다. 이 문제에서는 오직 성경만으로 기독교 윤리학이 정립될 수 있는가, 성경만이 아니라 다른 것이 필요하다면 그것들과 성경의 관계를 어떻게 설정해야 하는가, 라는 것들이 중요한 쟁점으로 부각된다. 둘째는 성경에서 어떻게 윤리적 비전을 확보할 수 있는가 하는 문제이다. 이 문제는 넓은 의미에서 보자면 성경 해석과 관계되는 문제이다. 셋째는 성경에서 찾을 수 있는 윤리적 비전의 구체적 내용은 무엇인가 하는 문제이다. 그리고 그 구체적 내용을 담을 수 있는 통일성은 어떻게 확보될 수 있는가 하는 점도 간과되어서는 안 되는 문제이다. 아래에 언급된 것들은 이러한 세 가지 문제들과 관련한 기본적 -그러면서도 전문가들 사이에서는 논쟁이 끊이지 않는- 내용이다.

1) 기독교 윤리학과 성경의 권위 문제

기독교 윤리학은 예수 그리스도가 살아 계시다는 믿음과 하나님이 온 우주의 주권자이시라는 믿음 위에서 이루어진다. 예수께서 살아 계시기 때문에 우리는 그 예수를 오늘 여기서 만날 수 있다. 기독교인이 자신이 속해서 사는 믿음 공동체 안에서 살아 계신 예수를 만날 수 있다는 사실은, 그 개인의 종교적 체험 및 신앙 경험 그리고 믿음 공동체의 전통에 대해 기독교 윤리학이 열린 자세를 가져야 하는 근거가 된다. 그리고 하나님이 온 우주의 주권자이시라는 사실은, 기독교 윤리학이 일반 학문의 업적 즉 자연과학적 업적과 사회과학적 업적 그리고 인문과학적 업적에 대해서도 열린 자세를 가질 수 있는 근거가 된다.

기독교 윤리학이 이렇게 열린 자세를 가져야 한다는 것과 동시에 강조되어야 할 것은, 기독교 윤리학에서 성경이 절대적 권위를 가져야 한다는 사실이다. 그러나 이것이 의미하는 바가 기독교 윤리학자는 '맹목적 성경주의자'의 입장을 취해야 한다는 것이 아니다. 기독교 윤리학이 성경 외에 이성, 믿음 공동체의 신앙 및 도덕적 전통, 신자 개인의 종교적 체험 등을 소중한 것으로 수용하되 그것들 사이의 권위 관계를 바로 정립해야 한다는 것을 의미한다. 그 관계를 글렌 스태슨(Glen Stassen)은 태양과 위성의 관계로 적절하게 설명한다. 즉 이성, 신앙 및 도덕적 전통, 개인의 종교적 체험 등은 성경(태양)을 구심점으로 삼아 거기서 오는 구심력을 받으며 공전하는 위성들과 같은 것이라고 본 것이다. 이러한 그의 생각은 그대로 본받을 만한 것이다.

2) 기독교 윤리학과 성경 해석의 문제

기독교인은 예수를 주님으로 받아들인 사람이다. 예수를 주님으로 받아들였다는 것은, 예수를 자기 삶의 모든 영역에서 기준으로 삼는다는 것을 의미한다. 이 점은 기독교 윤리학에서 성경을 어떻게 해석하고 적용하느냐는 문제를 다룰 때도 그대로 적용된다. 즉 성경에서 예수가 구약(율법서와 예언서)을 해석하고 적용한 방법이 기독교 윤리학의 성경 해석의 지침으로 삼을 수 있다는 것이다. 예수께서 율법서와 예언서를 다루실 때 보인 모범은 아래와 같이 네 가지로 정리될 수 있다.

첫째, 예수께서는 토라를 우리가 흔히 이해하는 것처럼 '율법'으로 이해하지 않고 하나님의 은혜로운 계약으로 해석하였다. 즉 예수께서는 출애굽이 하나님 은혜의 표현이었던 것처럼 토라를 하나님의 은혜의 표현으로 이해하였던 것이다. 구약에 기록된 모든 계약들은 이스라엘 백성들에게 억압적인 부담을 부여하려고 주어진 것이 아니라, 하나님의 은혜를 나타내기 위한 것이라고 예수께서는 본 것이다. 그래서 예수께서는 율법과 선지서는 사랑(하나님 사랑과 이웃 사랑)에 대한 글이라고 압축적으로 말씀하셨다(마 22:34-40). 이러한 예수의 모범은 우리로 하여금 하나님 은혜에 초점을 두고 성경을 해석하게 인도한다.

둘째, 예수께서는 예언자적 관점을 가지고 율법서와 히브리 성경을 이해하면서, 그 속에 담겨 있는 종교적 의식의 측면보다 도덕적 측면에 초점을 맞추었다. 예수께서는, 서기관과 대화하시면서, "하나님을 사랑하는 것과 또 이웃을 제 몸과 같이 사랑하는 것이 전체로 드리는 모든 번제물과 기타 제물보다" 낫다는 서기관의 말에 대해 "네가 하나님 나라에 멀지 않았다"라고 칭찬하셨다는 사실을 통해 이 점을 확인할 수 있다(막 12:33-34). 예수의 이러한 모범은 우리로 하여금 종교적 의식의 측면보다 도덕적 측면을 부각시키면서 성경을 해석하도록 인도한다.

셋째, 예수께서는 '의'의 내용을 율법적 관점에서 이해하기보다는 예언자적 관점에서 이해하셨다. 예언자들에게 있어서 '참된 의'는 그 시대에 가장 약한 사람들에게 행하는 사랑, 자비, 정의의 행동으로 구성된다. 예수 당시 서기관과 바리새인들은 이 점을 제대로 살려내지 못하고 있었다. 그들이 갖고 있었던 의에 대한 개념은 이러한 예언자적 의보다 종교 의식적 순결에 초점이 맞춰져 있었다. 그래서 예수께서는 예수를 따르는 자들의 의가 서기관과 바리새인들의 그러한 의보다 나아야 한다고 말씀하신 것이다(마 5:20). 이러한 예수의 모범은 우리로 하여금 성경을 볼 때 약한 자를 구원하는(살리는) 의에 관심을 갖도록 인도한다.

넷째, 예수께서는 하나님께 온전하게 복종하기 위해서 마음의 중요성을 강조하셨다. 예수께서는 종교 의식이나 외면적 의에 관심 갖는 것을 탓하면서, 내면의 순결성에 관심 가질 것을 권하셨다. 밖에서 들어오는 것이 사람을 더럽히는 것이 아니라, 마음에서 나오는 것이 사람을 더럽힌다고 강조하신다(막 7:18-23). 물론, 예수의 이러한 강조가 기독교를 내면적 종교로 제한하는 전거로 사용되어서는 안 된다. 마음에 대한 예수의 강조는 우리로 하여금 하나님께 온전하게-몸과 마음을 다해-순종하도록 하기 위한 것이다. 이러한 예수의 모범은 우리로 하여금 종교적 의식의 수행보다는 삶 속에서의 온전한 순종에 초점을 맞추어 성경을 대하도록 인도한다.

3) 성경에서 찾을 수 있는 윤리적 비전의 구체적 내용

성경에서 찾을 수 있는 윤리적 비전의 구체적 내용은 다양하다. 그 다양한 것들은 '하나님 은혜의 우선성'과 '믿음 공동체의 거룩성'이라는 두 주제 안에 포용될 수 있다.

'하나님 은혜의 우선성'은 성경 전체를 관통하는 중요한 주제 중 하나다. 하나님과 인간의 관계-다른 피조물과의 관계도 마찬가지이지만-에서 주도권을 잡는 분은 하나님이시다. 그리고 하나님께서 주도권을 잡고 하신 모든 일은 인간의 처지에서 보면 은혜이다. 기독교 윤리적 삶은 어떠한 이유에서도 하나님 은혜를 앞질러 갈 수 없다. 하나님 은혜에 동참하거나 뒤따라가는 삶만이 가능할 뿐이다. 이러한 삶만이 '올바른 삶'이다. 올바름의 기준은 오직 하나님뿐이기 때문이다. 즉 하나님 밖에 존재하는 '도덕적 원리'나 '도덕적 가치'를 성경 윤리에서는 상정하지 않는다.

'믿음 공동체의 거룩성' 역시 성경에서 지속적으로 강조하는 주제 중 하나이다. 성경에서의 하나님은 기본적으로 거룩하신 분이시다. 구약의 이스라엘 백성들은 "하나님이 거룩하시니 너희도 거룩하라"라는 권면을 지속적으로 받아왔다(레 11:44-45; 19:2; 20:7). 신약에서는 교회가 이스라엘 믿음 공동체 역할을 대신한다. 교회가 그리스도의 몸이라는 정의 뒤에는 교회가 그리스도처럼 거룩해야 한다는 당위성이 전제되어 있다.

3. 응용 윤리와 관련된 기본 내용

응용윤리는 방법론과 성경윤리에 기초하여 당대의 윤리적 이슈를 실제로 다루는 분야이다. 여기에는 기독교 경제 윤리, 기독교 정치 윤리, 기독교 생태계 윤리 등 사회구조적 측면과 관계되는 윤리뿐 아니라, 혼전 성관계 문제, 이혼 문제, 낙태 문제, 안락사 문제 등 개인적 행위와 상대적으로 밀접하게 관계되는 윤리 문제들까지도 포함된다. 뿐만 아니라, 교회 행정과 관련된 윤리적 문제, 설교 윤리 문제, 목회 상담 윤리 문제 등 목회와 관련된 윤리 문제들도 응용윤리의 한 분과로 다루어진다.

응용윤리를 전개하는 데 있어서 염두에 두어야 하는 것은 방법론적으로 일관성이 있어야 한다는 점과 성경적 근거가 충실하여야 한다는 점이다. 예를 들자면, 이혼문제를 다룰 때는 '원리 중심적' 윤리학 방법론을 구사하다가, 낙태 문제를 다룰 때는 '규범 중심적' 윤리학 방법론을 사용하여 자기 주장을 펼친다면 그 사람은 기독교 윤리학도로서 일관성이 결여되었다는 평가를 받게 될 것이다. 또한 한 가지 방법론을 구사하면서 다양한 윤리적 이슈에 대해 일관성 있게 답할지라도, 그 사람의 대답에 성경적 근거가 제대로 담겨 있지 않다면 '기독교'

윤리학의 방법으로서는 부적합 판단을 받게 될 것이다.

III. 현대 기독교 윤리학은 어떤 방향으로 전개되고 있는가?

사상은 고정·불변하는 것이 아니라 끊임없이 생성, 변화, 발전한다. 따라서 모든 사상은 "어떠한 전통에서 나와서 어떠한 양상으로 존재하다가 어떠한 방향으로 나아가는가"라는 관점에서 이해되어야 한다. 사상의 형태를 취한 기독교 윤리학도 예외가 아니다. 이러한 전제 아래서 현대 기독교 윤리학의 전개 내용을 살펴보면 대략 아래와 같이 여섯 가지 특징을 보이며 전개되고 있다는 것을 알 수 있다.

첫째, 개인윤리와 사회윤리 사이의 구별이 없어지고 있다. 20세기 중반까지만 해도 기독교 윤리학에서 개인윤리와 사회윤리를 구분하는 경향이 있었다. 그러나 20세기 중반 이후 이러한 경향은 차츰 사라지기 시작했다. 최근의 기독교 윤리학자 중 이런 구분을 사용하는 학자가 거의 없다. 간단하게 두 가지 이유를 들 수 있다. 첫째는, 성경이 말하고 있는 규범이나 삶의 지침들이 개인과 사회를 구분하여 제시하지 않기 때문이다. 둘째는, 일반 학문에서도 인문과학과 사회과학 사이의 구분이 점차 허물어지고 있기 때문이다.

둘째, 현대 기독교 윤리학은 옳고 그름을 판단하는 데만 초점을 두지 않는다. 즉 윤리적 행위 결정 방법을 논하는 학문의 한계를 극복하는 방향으로 전개되고 있다는 것이다. "이 상황에서 어떻게 하는 것이 기독교 윤리적이냐"라는 데 초점을 둘 경우, 그 윤리학은 협소한 윤리학이 되기 쉽다. 그 상황에 적합한 답을 얻는 것도 쉽지 않지만, 설혹 답을 알았다고 하더라도 그것을 실천하는 것이 어렵기 때문이다. 그래서 현대 기독교 윤리학은, 살아 계신 하나님께서 지금 이곳에서 일하시는 것, 즉 지금 이곳에 일어나고 있는 하나님의 은혜로운 역사에 관심을 갖는다. 따라서 기독교 윤리학의 목적을, 선악을 판별하는 데 두지 않고, 하나님의 은혜로운 역사에 동참하는 것에 두는 학자들이 많이 생겨나고 있다.

셋째, '윤리적 행위'보다는 '됨됨이 형성'을 중요시하는 방향으로 전개되고 있다. 말하자면, '행위 윤리학'에 무게 중심을 두던 데서 '존재 윤리학'에 무게 중심을 두는 것으로 전환되고 있다는 것이다. 그러나 이러한 경향성을 현대 기독교 윤리학이 실천을 경시하고 있다는 것으로 이해해서는 안 된다. 오히려 과거보다 실천을 더 중요시 여긴다. 그것이 행위 윤리학과 다른 점은 됨됨이와 분리된 채 강조되는 윤리적 실천에 대해서 반성하면서, 됨됨이에 기초한 실천을 모색하는 경향이 있다는 데 있다.

넷째, 공동체를 중요시 여긴다. 이것은 '존재 윤리학'으로 무게 중심이 옮겨가면서 자연스럽게 생겨난 것이다. 즉 행위자의 됨됨이가 형성되는 모판으로서 공동체가 갖는 중요성을 발견하였기 때문이다.

다섯째, 공동체의 중요성과 함께, 그 공동체 속에서 형성되어 있는 '이야기(내러티브)'를 중요하게 생각한다. 일차적으로는 성경의 내러티브가 갖는 기독교 윤리학적 의미를 새롭게 부각시킨다. 뿐만 아니라 성경의 내러티브가 믿음 공동체들 안에 어떻게 스며들어 있는지, 그리고 그 내러티브에 의해 믿음 공동체의 구성원인 기독교인이 어떻게 형성되어 왔는지에 대해서 관심을 갖는다.

여섯째, 위와 같은 다섯 가지 흐름의 자연스런 귀결로, '예방 윤리학'의 경향이 나타나고 있다. 이것은 윤리적 문제가 발생하기 전에 하나님 앞에서 올바른 삶을 영위하기 위해서 우리가 어떻게 할 것인가에 대한 관심이 늘어나고 있다는 것이다. 이러한 경향은 의학에서 '치료 의학'보다 '예방 의학'을 중요시 하는 것과 같은 맥락에서 이해될 수 있다. 어떤 윤리적 문제에 직면해 있는 사람에게 올바른 규범이 약간의 도움을 주는 것은 사실이다. 그러나 그 규범이 그 사람의 행위를 결정할 가능성은 그리 크지 않다. 가야할 길(규범)과 갈 수 있는 길(가능성)과 선 자리(입장) 중에서 사람의 발걸음에 결정적으로 영향을 미치는 것은, 가야 할 길이기보다는 선 자리이기 때문이다.

Ⅳ. 기독교 윤리학도의 바람직한 자세

기독교 윤리학을 공부하는 목적은 위에서 언급했던 대로 예수님의 구원하는(살리는) 사역에 동참하는 데 있다. 따라서 기독교 윤리학은 그 근본에 있어서 사람을 살리는 학문이라 할 수 있다. 정죄하거나 죽이는 학문이 아니다. 이러한 점을 충분히 숙지하지 못한 기독교 윤리학도는 자칫 '선악을 아는 지식'을 사유(私有)함으로써 예수님 당시의 바리새인처럼 '자기 의'에 빠져 다른 사람들을 정죄하는 데 능숙한 사람으로 전락하기 쉽다. 이러한 잘못에 빠지지 않고, 기독교 윤리학의 본래 의도를 충실히 실현해 내는 기독교 윤리학도가 되기 위해서는 아래의 사항들을 염두에 두고 실천하는 것이 바람직하다.

첫째, 성경에 정통해야 한다: 성경은 기독교 윤리학의 내용 및 형성과 관련하여 구성적 역할을 하기 때문이다.

둘째, 통전적 사고를 하도록 부단히 노력하여야 한다: 삶의 전 영역에서 주님의 뜻을 이루기 위해서는 윤리학도의 사고가 통전적이 되어야 한다. 개인의 윤리적 열정이 편협한 사고에 뿌리내리고 있을 때는 독선적이고 파괴적인 폐단을 낳기 쉽기 때문이다.

셋째, 열린 자세를 견지해야 한다: 자기 방어적이 되기보다는 기꺼이 배우려는 자세가 필요하다. 비단 신학의 다른 분과뿐만 아니라, 인문과학과 사회과학 그리고 자연과학에서 이룩한 학문적 업적에 대해서도 선택적으로 열린 자세를 가질 필요가 있다. 기독교 윤리학은 타

학문과의 연계성이 매우 강한 학문이기 때문이다.

넷째, 문제의 본질을 파악하기 위해 노력해야 한다: 윤리적 문제의 원인과 결과를 혼동하지 않기 위해서는 피상적 관찰에서 본질 파악으로 나갈 수 있도록 부지런히 노력하여야 한다. 세상의 모든 윤리적 문제들은, 저마다 자기 식의 '정의'를 추구한다는 표면적 이유에 근거하여 대립되어 있기 때문이다.

다섯째, 거대 담론의 틀 안에서 생각하는 습관을 갖되, 늘 삶의 작은 현장에서 구체적 실천과 반성을 통해 얻은 지혜를 소중히 여김으로써 거대 담론의 틀에 내용을 채워나가도록 노력해야 한다: 나무는 보되 숲을 못 보는 오류를 범해서도 안 되지만, 숲은 보되 나무를 못 보는 오류를 범해서도 안 되기 때문이다.

여섯째, 선(인)/악(인)에 대한 판단이나 효과성 여부에 집중하기보다는, 어떻게 하면 공동체와 그 속에 거하는 사람들을 살려낼 것인가에 초점을 맞추어 생각하는 습관을 훈련할 필요가 있다: 주어진 상황 속에서 윤리적 판단을 올바르게 하기는 어렵다. 그러나 그 상황 속에서 나와 너를 동시에 구해내기는 훨씬 어렵다. 그런데 우리가 주님으로 모시고 사는 예수는 윤리적 판단을 하기 위해 오신 분이 아니라, 우리를 구해내기 위해 오신 분이시기 때문이다.

일곱째, 사고는 실험적 또는 진보적으로 하되, 실천 방법 또는 실천 과정에 내장된 도덕적 내용에 대해서는 우직할 정도로 보수적으로 실천할 필요가 있다: 참된 실천의 생명력과 영속성은 건강한 도덕성에서 나온다. 엄혹한 도덕성에 뿌리박지 못한 '선진적 사고,' '발빠른 이론 전개,' '입바른 비판성' 등은 지식인의 수치로 전락되는 경향이 많기 때문이다.

여덟째, 관계의 변화를 통해 상황의 변화를 추구하는 실천적 습관을 들일 필요가 있다: 관계의 변화가 배제된 상황의 변화는 표피적 변화일 경우가 많기 때문이다.

  아홉째, 혼자가 아니라, 더불어 고민하고 모색하는 습관을 키워야 한다: 모든 참된 변화는 그 본질에 있어서 공동체적으로 완성되기 때문이다. 자기 의를 과시하고자 하는 욕구가 공동체적 실천 속에서 녹아지게 하는 것이 필요하다.

  열 번째, 위인지학(爲人之學)보다는 위기지학(爲己之學)의 자세가 바람직하다: 학문을 하는 모든 사람의 자세가 그러하여야 하겠지만, 특히 기독교 윤리학도는 '자기를 변화시키기 위한 공부'(爲己之學)를 '남을 변화시키기 위한 공부'(爲人之學)에 앞세울 줄 알아야 한다. 남을 비판하거나 교정해준다고 하면서 도덕적 반사이익을 취하려는 유혹에 기독교 윤리학도는 늘 노출되어 있기 때문이다.

추천하고 싶은 책

아래에 제시한 자료들은 이 글을 읽은 학생들 중 혼자서 기독교 윤리학을 좀 더 공부하고 싶을 때 참고할 수 있는 문헌들이다.

Barnett, Henry H. 「기독교윤리학개론」. 최봉기 역. 수정증보판. 대전: 침례신학대학출판부, 1988; '기독교 윤리학 개론서'로서 모범적 서술 방식을 갖추어 구성된 책이다. 책의 1장과 2장은 '기독교 윤리학 방법론'에 해당하는 내용이라면, 3장에서 11장까지는 '성경윤리'에 해당하는 내용이고, 12장에서 17장까지는 '응용윤리'에 해당하는 내용이다. 필자의 이 글을 읽고 난 다음, 바네트의 이 책을 개괄적으로 살펴보면 기독교 윤리학의 일반적-구성적 특징을 좀 더 잘 이해할 수 있을 것이다.

Stassen, Glen & Gushee, David P. 「하나님의 통치와 예수 따름의 윤리」. 신광은 박종금 역. 대전: 대장간, 2011; 주 저자인 글렌 스타센(Glen Stassen)은 대표적인 침례교 기독교윤리학자이다. 이 책은 예수님의 산상수훈에 근거해서 기독교윤리학의 다양한 주제들을 취급한다. 저자들은, 기독교윤리학도는 예수 따름의 제자도를 실천하는 사람들이며, 하나님의 은혜로운 통치에 동참하는 사람들임을 전제하면서, 현대의 윤리적 이슈에 대해 구체적이고 성경적이며 실천 가능한 방안들을 제시해준다.

Grenz, Stanly J. 「기독교 윤리학의 토대와 흐름」. 신원하 역. 서울: IVP, 2001; 기독교윤리학의 방법론이 어떻게 전개되어 왔는지를 이해하는 데 도움을 얻을 수 있는 책이다. 윤리학 논의에서 사용되는 개념과 용어들을 이해하는 데도 도움이 된다.

Hays, Richard B. 「신약의 윤리적 비전」. 유승원 역. 서울: IVP, 2002: 327-479; 신약학 교수인 리처드 헤이스는 다섯 명의 현대 기독교 윤리학자 즉 라인홀드 니버, 칼 바르트, 존 하워드 요더, 스탠리 하우어와스, 엘리자베스 쉬슬러 피오렌자가 성경을 어떻게 사용하는지를 검토한 후, 자신의 방법을 제시한다.

Maston, T. B. 「성서윤리」. 고재식 역. 서울: 대한기독교출판사, 1982; 미국 남침례교단의 기독교 윤리학자였던 저자는 이 책에서 신구약 성경(외경, 위경, 사해사본까지 포함하여) 전반에 걸쳐 흐르는 중심적인 윤리 사상을 소개한다.

김병권. "침례교 교회윤리학 방법론." 「복음과 실천」, 54집 (2014 가을): 271-300; 기독교윤리학은 '교회윤리학'의 특성을 견지할 수밖에 없다는 점을 밝히고, 침례교의 특성을 담지한 기독교윤리학은 어떤 요소들로 구성되는지를 이해하는 데 도움을 준다.

최봉기. "성서윤리: 신앙고백적 공동체의 윤리적 특징." 「복음과 실천」, 19집 (1996): 496-528; 성경은 교리나 신조의 형식이 아니라 하나님 백성의 이야기 형식으로 우리에게 주어졌다는 전제 아래 성서 윤리를 소개한다. 이 논문의 내용은 아래 책에서 확대·심화되어 있다: 최봉기. 「한계선상의 윤리」. 대전: 침례신학대학교출판부, 2000: 75-226.

제4부

실천신학

제17장
목회학 • 이명희

제18장
설교학 • 문상기

제19장
목회상담학 • 양병모

제20장
선교학 • 이현모

제21장
선교역사 • 안희열

제22장
한국교회와 세계복음화의 남은 과제 • 최원진

제17장

목회학

실천신학 교수 | **이명희**
mhlee@kbtus.ac.kr

들어가는 말

통상 신학교는 하나님의 일, 즉 목회를 하기 위한 사람들이 공부하는 곳이라고 한다. "신학교에 왜 왔느냐?"고 물으면 모두 "목회하기 위해서 왔다"고 한다. 그런데 막상 "목회가 무엇이냐?"고 하면 우물우물한다. 목회학은 목회가 무엇이며, 왜 목회를 해야 하고, 누가 목회할 수 있는지 그리고 어떻게 목회하는 게 좋은지 등을 연구하는 신학의 한 분야이다. 그러므로 신학도라면 목회학에 대한 이해를 분명히 해야 자신의 정체성과 진로를 잘 가늠할 수 있을 것이다. 이 장의 목적은 목회학에 관한 제반 내용을 소개함으로 목회자로 부름받은 신학도들로 하여금 자신의 목회적 사명을 다시 한 번 확인하도록 돕는데 목적이 있다.

1. 목회학의 학문적 위치

신학이란 성경을 중심으로 하고 일반 학문의 연구 결과를 참고로 하여 하나님과 관련한 진리를 연구하는 것이다. 천지만물을 창조하신 하나님께서는 창조의 목적과 창조하신 세계를 어떻게 운행하시는지에 대한 하나님의 거룩한 뜻을 나타내주시는데, 하나님의 뜻을 나타내주시는 것을 계시라고 한다. 하나님의 계시에는 일반계시와 특별계시가 있다. 일반계시는 자연만물의 조화와 운행에 대한 이치를 통해 나타난 하나님의 진리로서 자연계시라고도 하고 일반학문의 연구결과를 통해 발견된다. 특별계시란 하나님의 영감된 말씀인 성경을 통해 나타난 하나님의 진리로서 성경계시라고도 한다. 신학은 일반계시를 참고하고 특별계시에 기초하여 이루어진다고 하겠다.

신학은 크게 이론신학과 실천신학으로 대별된다. 이론신학에는 성경을 연구하여 그 교훈을 찾아내는 성경신학(성서신학), 하나님을 믿는 신앙의 역사를 연구하는 역사신학, 성경신학과 역사신학의 자료들을 토대로 하여 신학의 주제들을 분류하고 그에 대한 정돈된 설명을 제시하는 체계신학(조직신학) 등이 있다. 실천신학이란 성경신학과 역사신학 그리고 체계신학이 제공하는 성경적 메시지를 개인과 사회 그리고 교회에 적용하고 실행하기 위한 원리와 방법을 연구하는 신학이다. 그러므로 실천신학은 모든 신학의 전제가 되어야 하고 결과가 되어야 한다.

목회학은 실천신학의 한 분야이다. 사실 실천신학과 목회학을 학문적으로 구분하기란 쉽지 않다. 오랫동안 거의 같은 개념으로 사용되어져 왔다. 사전에서 "실천신학"을 찾으면 "목회학을 보라"는 안내가 나올 정도이다. 이렇게 신학 분류상의 혼란이 있기도 하다. 하나의 신학 분야로서 목회학은 본래 이론신학과는 달리 교회를 섬기는 모든 일들을 실천-이론적인(praxis-therie) 차원에서 연구하는 학문이었는데, 세월이 흐르면서 목회학의 각 세부 영역들이 전문화 되어가는 과정에서 실천신학이라는 새로운 둥지 안으로 헤쳐 모이게 되었다.

목회학과 실천신학의 차이를 간단히 설명하면 다음과 같다. 목회학은 교회사역의 제 분야를 '목회'라는 관점에서 연구한다. 즉 목회학은 목회를 위한 지식과 구체적인 방법을 제공함으로써 교회를 세워나가는데 초점을 맞춘다. 반면에 실천신학은 목회학이 가지고 있는 모든 분야를 독립적으로 연구함으로써 각 분야의 학문성을 높이고 사역의 전문성을 추구한다. 그래서 실천신학에는 목회학을 위시해서 전도학, 설교학, 예배학, 교회행정학, 목회상담학, 교회성장학 등이 있고; 더 넓게는 선교학, 기독교교육학, 기독교윤리학, 기독교영성학, 기독교사회복지학, 교회음악학 등도 포함된다고 할 수 있다. 오늘 이 시대의 목회자 훈련은 실천신학의 학문적인 전문성과 목회학의 통합성을 적절하게 조화시켜야 할 필요가 있다.

2. 목회의 일반적 개념

일반적으로 목회(牧會, ministry)란 공공을 위한 봉사의 일로 이해되고 있다. 그래서 직무(職務)나 사역(使役) 또는 봉사(奉仕)라는 말과도 통용된다. 그래서 목회, 즉 사역이란 세속적인 봉사와 기독교적인 사역으로 나누어 볼 수 있다. 세속적인 봉사는 공공의 안녕과 발전을 위한 공적인 활동을 의미하며, 기독교적인 사역은 기독교적 세계관과 가치관에 입각하여 펼치는 공적인 일을 의미한다. 기독교적인 사역은 기독교 단체의 사역과 기독교 교회의 사역으로 나눌 수 있다. 기독교 단체의 사역은 YMCA 등과 같이 기독교 정신으로 세워진 사회적 신망이 있는 공적인 단체에 의해 이루어지는 봉사 활동을 의미하며, 기독교

교회의 사역은 교회의 이름으로 또는 교회에 의해 직접적으로 펼쳐지는 활동을 의미한다. 기독교 교회의 사역은 교회 전 회원에 의해 이루어지는데 통상적으로 영적인 지도자들에 의한 목회 활동과 교회 회원들에 의한 사역 활동으로 성취된다. 우리는 세속적인 봉사의 일을 포함하여 모든 목회사역 전부가 다 하나님의 손길 아래 존재한다고 믿는다. 이를 도표로 그리면 아래와 같다.

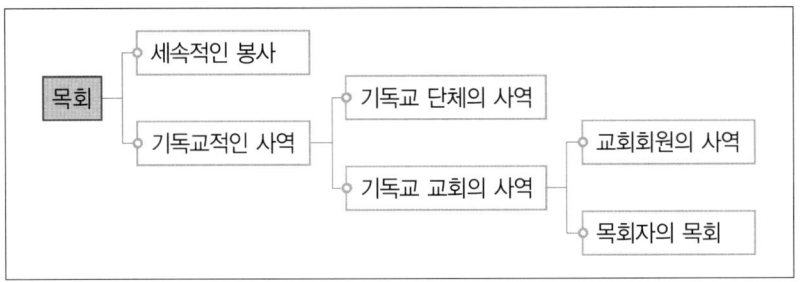

3. 목회의 성경적 배경

기독교 목회는 기독교 진리와 신앙의 바탕 위에서 이루어져야 한다.
기독교 신앙은 성경이 말하는 바대로 천지의 창조자이시며 주권자이시고 운행자이신 성부 하나님과 타락한 인간을 구원하시며 창조형상으로의 회복을 위해 일하시는 성자 예수 그리스도 그리고 모든 진리를 깨닫게 하시며 신앙을 갖도록 역사하시는 성령님을 믿음으로 형성된다. 성부, 성자, 성령, 삼위일체 하나님의 감동과 역사하심으로 하나님의 거룩한 계획이 성취되고 있다. 하나님은 사람을 통하여, 이스라엘을 통하여, 교회를 통하여, 하나님께서 쓰시고자 택하여 세우시는 사람들을 통하여 그리고 무엇보다도 친히 역사하심을 통하여 하나님의 계획을 이루어 가신다. 기독교 목회는 기독교를 기독교답게 하고,

기독교회를 교회답게 하며, 기독교인을 성도답게 하는 과정이다. 그러므로 성경적 기초가 확고해야 한다. 그러므로 목회의 성경적 배경을 먼저 생각해보는 것은 매우 의미 있는 일이다. 성경은 하나님의 천지 창조로부터 시작하여 이스라엘을 통한 구속 이야기와 예수 그리스도의 생애와 사역 그리고 사도들의 사역과 종말론적인 내용으로 기독교 목회의 원리를 잘 나타내주고 있다.

1) 하나님의 목회

목회는 하나님께서 친히 이루어 가시는 과업으로서 하나님의 창조와 연관된다. 하나님은 거룩한 목적 하에 천지를 창조하셨고 인간을 창조하셨다. 인간이 타락함으로 창조의 본래 목적에서 멀어지게 되었을 때 하나님은 구원의 계획을 통해 회복시키시며 종말적 영광을 향해 우주적 역사를 섭리 가운데 주권적으로 이끌어 가신다. 이렇게 인류를 향한 하나님의 거룩한 과업은 "창조-타락-구원-회복-영광"의 과정 속에서 이루어 가시는 하나님의 목회로 나타나고 있다. 아담과 하와가 범죄하여 두려움에 떨고 있을 때 하나님은 친히 찾아오시어 "아담아 네가 어디 있느냐"고 부르셨다. 그리고 그가 입고 있던 무화과나무 잎으로 만든 옷을 벗기시고 가죽옷을 지어 입혀주심으로 죄를 가려주셨다(창세기 1 - 3장).

여호와 하나님은 친히 이스라엘의 목자가 되셨다(시 23편). 목자이신 하나님은 항상 양인 이스라엘을 변함없이 사랑하셨고, 돌보아주셨다. 목자이신 하나님의 모습이 이사야의 예언에도 잘 나타난다. 하나님은 목자 같이 양 떼를 먹이시며, 어린 양을 그 팔로 모아 품에 안으시며, 젖 먹이는 암컷들을 온순히 인도하신다(사 40:11). 기독교 목회는 하나님을 등지고 있는 인간을 향해 나아가 그들을 불러 목자이신 하나님의 양이 되어 창조의 목적에 합당하게 살도록 안내하는 과업이다.

2) 이스라엘의 목회

하나님은 이스라엘 민족을 특별히 선택하셨다. 그렇다고 다른 인류를 외면하거나 무시하신 것은 결코 아니었다. 이스라엘을 택하신 것은 그들을 통해 온 인류를 인도하시고자 함이었는데, 이 사실을 출애굽한 이스라엘에게 말씀해주셨다(출 19:5-6). 하나님께서 이스라엘을 특별히 택하셨지만 모든 민족과 나라에 대한 하나님의 사랑과 관심은 계속되었다. "세계가 다 내게 속하였나니"라는 말씀 속에 잘 드러난다. 하나님께서 이스라엘 자손을 선택하신 목적은 그들을 "제사장 나라"로 삼으시려는 것이었다. 모든 열국을 품으신 하나님은 열방을 하나님의 구원하시고자 이스라엘 나라를 도구로 사용하기 원하신 것이다. 즉 이스라엘은 온 세상을 향한 제사장적 역할을 담당해야 했다. 그래서 이스라엘 나라가 제사장 역할을 잘 했을 때는 복을 받았지만 그렇지 못했을 때는 하나님의 징계를 받았다. 그들이 징계를 받은 것은 제사장 역할을 회복하게 하시려는 하나님의 특별한 섭리였다.

신약성경은 구원받은 하나님의 자녀들을 가리켜 "왕같은 제사장"이라고 부른다(벧전 2:9). 모든 신자가 대제사장이신 예수 그리스도(히 4:14-15), 왕이신 예수 그리스도께 속한 제사장들이다. 이것이 바로 전신자(全信者)제사장 직분 교리인 것이다. 이스라엘 나라가 제사장 나라로서 이스라엘 백성 한 사람 한 사람이 제사장이었던 것처럼 교회의 모든 성도 한 사람 한 사람이 제사장으로서 그 직분을 감당해야 한다. 제사장들은 대제사장이신 예수 그리스도의 가르침과 모범을 따라 제사장 직분을 잘 감당해야 한다.

3) 하나님의 사람들의 목회

기독교 목회는 거시적으로 볼 때 하나님의 창조 목적과 세계 구속을 향하신 하나님의 거룩한 경륜 속에서 이루어진다. 그런데 하나님께서는 하나님의 백성을 향한 하나님의 목회를 친히 역사에 개입하시고 활동하심으로 펼치기도 하시지만 대부분의 일을 사람을 통해 하신다. 대표적인 예가 아브라함과 그의 자손 이스라엘 백성이다. 하나님의 사람들은 하나님께서 불러 시키시는 일을 할 뿐만 아니라 하나님께서 그에게 건사하도록 맡겨주신 하나님의 백성들이 하나님의 뜻을 따라 하나님의 목회를 이루게 하기 위하여 일한다. 구약에 나타난 하나님의 사람들은 노아, 아브라함, 모세, 사사들, 사무엘, 다윗, 이사야, 예레미야 등등 족장들과 왕들과 선지자들과 제사장들과 지혜자 등이 포함된다.

하나님께서는 제사장 나라로 택하신 이스라엘 백성을 인도하시기 위하여 특별히 하나님의 사람들을 사용하셨다. 구약에 등장하는 하나님의 사람들 중 대표격인 사람이 아마 엘리야가 아닌가 한다(왕상 17장). 엘리야는 이스라엘 백성이 우상숭배로 아합이라는 잘못된 지도자를 따라 인하여 고통과 혼동 속에 있을 때 그들을 일깨우고 다시 일으켜 세운 영적 지도자였다. 그는 우리와 성정이 같은 사람이었지만 "하나님의 사람"으로 인정되었고 가장 위대한 선지자로 불리게 되었다. 성경은 하나님께 쓰임 받은 특정한 개인을 하나님의 사람이라고 한다. 하나님께서는 자신의 목회를 하나님의 백성을 통해 이루시며, 하나님의 사람을 통해 이루신다. 목회는 하나님께서 하나님의 사람을 통해 이루시는 영적 과업이다.

하나님의 사람들은 하나님의 부르심을 받아 세워진 일꾼들로서 이스라엘 백성이 하나님의 백성으로서의 본분을 다하도록 하나님의 말씀을 전하기도 하고, 백성을 다스리기도 하며, 가르치고 인도하는 역할을 하였다. 그런데 그들은 모두 훌륭한 지도자들이었지만 어느 누구도 완전하지는 못했다. 구약성경이 제시하는 완전한 하나님의 사람 모델은 메시아이다. 메시아는 기름부음 받은 자로서 하나님의 구원자이시며 온전한 목자의 모형으로 제시되었다.

4) 예수 그리스도의 목회

구약이 계속적으로 언급하는 "그 분"은 메시아이시고, "그 날"은 메시아가 출현하는 때였다. 때가 되었을 때 하나님의 약속된 메시아로 오신 분이 바로 예수님이시다. 예수님은 거룩하신 신적 권세와 능력을 가지신 하나님의 아들로서 사람의 몸을 입고 이 땅에 오시어 하나님 아버지께서 이루도록 하신 일을 이루심으로 하나님을 영화롭게 하셨다(요 1:14; 17:4).

예수님은 구원의 길을 여시는 완전한 목자로 오셨다. 예수님은 잃은 양을 찾아 구원하기 위해 오셨고, 목자 잃은 양 같이 방황하는 백성을 인도하시는 선한 목자로 오셨다. 예수님은 하나님 나라 복음을 선포하시고 하늘의 진리를 가르치시며 약한 자를 고치심으로 목자의 사역을 펼치셨다(마 4:23; 9:35). 예수님은 큰 목자이시고(히 13:20), 선한 목자이시다(요 10:11,14). 예수님은 친히 생명의 떡이 되시어(요 6:48) 사람들을 생명의 양식으로 먹이셨고 목마른 자들을 친히 생수로 마시게 하셨다(요 4:10). 예수님은 길과 진리와 생명이 되시어 백성들을 영생으로 인도하셨다(요 14:6).

예수님은 이 땅에 계시는 동안 많은 사람들을 이끄시고 돌봐주셨지만 특별히 열두 제자에게 집중하셨다. 예수님께서 열두 제자를 특별히 부르신 목적은 함께 하시면서 제자로 훈련하시고, 보내어 전도하게 하시며, 영적 전쟁을 수행하기 위한 영적 권세를 덧입혀 주시기 위해서였다(막 3:13-19). 예수님은 그들에게 하나님 나라의 복음을 주셨고(마 4:17), 하나님 나라의 비밀을 주셨으며(막 4:11), 하나님 나라 백성으로서 살기 위한 제자도의 진리를 주셨다(마 5-7장). 그리고 제자들에게 "서로 사랑하라"는 지상 명령(요 13:34-35)을 주시고, 교회를 세우신다는 약속을 주셨다(마 16:13-20).

예수님은 십자가 고난을 받으시고 장사지낸바 되셨다가 사흘 만에 부활하시어 제자들에게 지상 사명(마 28:19-20; 막 16:15; 눅 24:46-48; 요 20:21; 행 1:8)을 주시고 땅 끝까지 이르러 예수님의 고난과 부활의 증인이 되고 모든 민족으로 제자를 삼으라고 파송하셨다. 예수님은 지금도 제자들 속에 살아계시고, 교회의 머리가 되셔서 예수님의 목회를 계속하도록 인도하시고 역사하시고 계시며, 친히 선한 목자가 되신다(요 10:11). 예수님은 온 천하를 심판하시며 구원하시고 새롭게 하시기 위하여 정해진 때에 다시 오실 것이다.

5) 사도들의 목회

예수님은 제자들을 부르시어 그들을 가르치시고 훈련시켜 예수님을 대리하여 예수님의 사역을 계속할 사도로 파송하셨다. 사도들의 책임은 예수 그리스도를 따르고, 배우고, 닮아감으로서 예수님의 제자가 되며, 예수 그리스도의 죽으심과 장사와 부활의 메시지를 선포하는 증인이 되고 그리고 예수 그리스도의 또 다른 제자를 삼아 예수 그리스도의 교회를 세우는 것이었다. 사도들은 가는 곳마다 복음을 전하고 교회를 세웠다. 그들은 핍박을 받으며 예수 그리스도의 사역을 계속하였다.

예수님의 지상 사역은 모든 성도와 영적 지도자들의 모본이다(벧전 2:21). 그러므로 모든 주님의 일꾼들은 주님의 발자취를 따라야 하고, 주님을 본받아 살아야 한다. 그래서 사도 바울은 "내가 그리스도를 본받는 자 된 것 같이 너희는 나를 본받는 자가 되라"고 권고했다(고전 11:1). 오늘날의 목회자는 주님께서 보내시는 사람들과 그들이 있는 곳으로 가서 사도적 직분을 담당해야 한다.

바울은 비록 예수님의 공생애 중 직접 세우신 열두 사도에 포함되지는 않지만 부활하신 예수님께서 사도로 부르신 준비된 하나님의 그릇으로서 다메섹 도상에서 급격한 회심을 체험하였고 사도로 부르심을 받아 이방인에게 복음 증거 하는 사역을 성취하였다. 그는 세 차례 전도 여행을 통해 소아시아와 헬라 땅에 복음을 전하고 교회들을 세웠다. 그리고 로마를 거쳐 당시 땅 끝으로 여겨지던 서바나까지 가고자 했다. 그는 소명감과 사명감이 투철했으며, 항상 개척적인 마음으로 전략적인 생애를 살았다. 그는 신앙과 신학의 조화를 이루었으며, 고난을 통과한 사람이었다. 자족하는 신앙이 있었고, 원칙이 있으면서도 융통성이 있는 사람이었으며, 깨끗한 사람이었고, 영적인 낙천주의자였다. 사도 바울은 여러 가지 면에서 목회자로서의 훌륭한 모범을 보여준다.

사도 바울이 성령님의 감동하심으로 기록한 신약 성경에 포함된 여러 서신들은 그의 목회자로서의 면모를 잘 나타내주며 목회를 위한 원리를 제공해준다. 모든 바울 서신은 전적으로 목회적인 필요에 대한 응답으로 쓰였다. 바울 서신에 나타난 목회 원리에 의하면 목회의 목적은 "각 사람을 그리스도 앞에 온전한 사람으로 세우는 것"(골 1:28-29)이다. 그가 기록한 고린도전서에서 목회자를 하나님의 사역자, 하나님의 동역자, 지혜로운 건축자, 일꾼, 종, 믿음의 아버지 등으로 비유하였다. 바울은 많은 동역자들과 더불어 일했는데 이것은 현대 목회자들에게 매우 중요한 원리를 제시해주는 것이며, 바울이 보여준 목회적인 통찰력과 깊이는 시대를 뛰어 넘어서도 많은 공감대를 형성하게 한다.

6) 교회의 목회

우리는 예수님께서 부활 승천하시면서 자신의 거룩한 과업을 제자들의 무리 즉 교회에 위임하셨다고 믿는다. 교회는 그리스도의 몸으로서 그리스도께서 위임하신 거룩한 과업을 예수님의 이름으로, 예수님이 공급하시는 힘으로, 예수님의 영광을 위하여, 예수님 다시 오실 때까지 계속할 책임과 특권을 부여받았다. 그래서 교회는 영광스런 것이며 구별된 것이다. 교회는 예수 그리스도를 부활하신 주님으로 믿고 영접하여 구원받은 사람들이 신앙고백으로 침례를 받아 주님께 속한 제사장이 되어 성령님의 인도하심을 따라 하나님의 나라를 확장하기 위하여 자원적으로 모인 지역적이며 영적인 신앙 공동체이다. 교회는 하나님께서 세우신 영적 지도자들의 안내를 따라 예배하고, 전도하며, 교육하고, 봉사하며, 교제함을 통하여 교회의 사명을 이루어 간다.

7) 목사의 목회

목자장이신 예수님은(벧전 5:4) 제자들을 불러 동역자로 세우시고 목회의 사명을 하게 하셨다. 목사는 주님께서 맡겨주시는 양 떼를 치는 목자이고, 양들의 영혼을 지키는 감독이며, 양들을 인도하는 장로이다(행 20:28). 목사를 비롯한 교회에서 성별된 직무를 담당하는 영적 지도자들을 목회자 또는 사역자라고 부르는데, 그들은 교회가 교회로서의 본분과 기능을 다하게 하기 위하여 일하는 사람들이다. 목사는 성도를 온전케 함으로 교회를 교회답게 세우는 데 몸과 마음과 자신의 모든 것을 바치는 사람이다. 목사는 예수 그리스도를 주님으로 모시고 그분 때문에 사는 사람이다. 목사는 월요일부터 토요일까지 삶을 통해 예수님 믿고 사는 것이 뭔지를 보여주는 사람이다. 주일이면 교인들이 한 주간 자기가 본 그 목사와 함께 모여서 예배한다. 목사는 소명 때문에 사는 사람이다. 자기 결단, 헌신, 믿음 때문이 아니다. 목사는 목회 여정에서 끊임없이 소명을 받아야 한다. 매일 매일이 소명 받는 삶이어야 한다.

목사가 될 사람은 교회의 성실한 회원으로서 신앙생활을 하는 중 목회소명을 받는다. 목회 소명에 대한 내적 확신과 교회적인 동의와 인준이 있을 때 그 사람은 목회 사역을 수행하기 위한 교육과 훈련을 받아야 한다. 우리는 이것을 통상 신학 수업이라고 한다. 그래서 신학교에 간다는 말은 곧 목회자가 된다는 말과 같이 이해된다. 신학 수업은 통상 교회들의 협력체인 교단적인 체제 속에서 이루어진다. 일정한 신학수업을 받고 나서 인턴 목회자로 수습기간을 거친 후 소속 교회의 인준을 받고, 개교회에서 지방회에 위임한 시취과정을 거쳐 목사 안수를 받고, 총회적인 인준을 얻음으로 목사로서의 사역을 담당한다.

5. 목회와 관련된 용어

목회의 개념을 정의하기 전에 먼저 목회와 관련되어 자주 사용되는 몇 가지 용어들을 정의할 필요가 있다. 한국교회는 서구교회가 사용하던 용어들을 수입하여 해석하는 과정에서 많은 혼란을 겪었다. 몇 가지 대표적인 예가 목회와 목사의 칭호에 관한 것들이다.

1) 목회(牧會)

글자의 의미는 목(牧)은 '양과 소를 놓아기르다'는 의미가 있고 회(會)는 '모이다' 또는 '모으다'라는 의미가 있다. 즉 목회는 목동이 양과 소를 기르듯이 목사가 사람들을 교회라는 울타리 안으로 모이게 하고 그들을 그런 의미에서 한문으로 쓰는 '牧會'(ministry)는 목사가 교회를 중심으로 성도들을 돌보는 일이라고 할 수 있다. 목회를 사역 혹은 교역이라고도 하는데 ministry라는 단어의 어원이 '디아코니아'($\delta\iota\alpha\kappa o\nu\iota\alpha$)와 같다. 즉 목회는 목사를 포함하여 모든 교인들이 각자 자신의 은사대로 참여하는 봉사로 사역 혹은 교역이라고 할 수 있다. 교인 전체가 사역에 동참하며(전교인사역), 목회자가 전문성을 살려 교회에 봉사하는 것을 '목회'(성별된 목회)라고 한다.

2) 목양(牧羊)

이 단어는 하나님의 백성을 양으로 비유하여 "양을 먹이고 친다"(요 21:15-17)는 의미로서 하나님의 백성을 하나님의 말씀의 꼴로 먹이고 키우는 것을 말한다. 목양을 담당하는 사람을 '목사'(pastor)라고 하고, 목사가 하는 설교, 전도, 심방, 행정 등등 목사가 하는 여러 가지 사역들을 아우르는 신학을 목회학(study of pastoral ministry)이라고 한다.

3) 목회돌봄(pastoral care)

돌봄(care)이란 인간을 영혼육(靈魂肉)과 지정의(知情意)를 포함하는 전인적인 면에서 온전하게 하는 과업이다. 이 단어가 목회와 관련하여 쓰이는 말이 목회돌봄인데 특히 고통과 좌절 가운데 있는 사람들에게 마음으로부터 우러나오는 사랑과 관심을 표현하는 방식으로 이루어지며, 목자의 심정으로 고난당하는 사람을 돌아보고 위로하고 격려하며 치유하고 회복시키고 세워주는 목회라고 할 수 있다. 독일에서는 목회를 'Seelsorge'라고 하는데 이 단어는 영혼(Seele)과 돌봄(Sorge)이라는 두 단어가 합쳐진 합성명사로서 '영혼을 돌보는 일'이란 말이다. 즉 전인으로서의 인간이 겪는 모든 문제에 접근한다. 목회돌봄은 성령님의 도우심과 성경의 교훈 그리고 예전의 집행과 대화와 교제 등을 통해 보다 구체적이고 과학적으로 인간의 고통에 접근하는 목회이다. 목회돌봄을 중심으로 연구하는 신학을 목회학과 구분하여 목회신학(pastoral theology)이라 한다.

4) 목회상담(pastoral counselling)

성경적인 관점에서 인간은 하나님의 형상대로 지음 받았으나, 죄로 말미암아 전적으로 타락하였고, 예수 그리스도를 믿음으로 구원 받아 새로운 피조물이 되어야 하는 존재이다. 기독교 목회에서 이러한 인간

이해는 모든 목회활동의 기초가 되는 원칙이었다. 목회란 하나님의 구원의 역사를 인간에게 구체적으로 적용하는 것인데, 기존의 목회가 성경과 신학에 기초하였다면, 이제부터 심리학이 인간의 내면세계를 이해하는 새로운 학문으로 등장하면서 심리학을 하나 더 추가하였다. 심리학적인 지식이 확산되면서 목회학의 연구는 신학을 한 축으로 하고 심리학을 다른 한 축으로 하여 인간을 이해하고 인간이 겪는 문제를 해결하는 것을 과제로 삼게 되었다. 그래서 목회학은 목회상담학, 기독교상담학, 치유사역 등과 같은 이름으로 연구의 범위를 확장해 나갔다. 목회상담은 목사가 하나님께서 주신 바 성경, 예전, 상담 등을 방편으로 삼아 인간의 영혼육의 문제를 진단하고 해결책을 찾아 적용함으로서 인간 창조의 목적을 회복하고 하나님의 경륜에 순기능적으로 참여 하는 온전한 삶을 살도록 세워주는 목회적 과업이다.

6. 목회 분야의 주제들

목회의 개념은 목회의 유형에 따라 다양하게 내려져 왔다. 오늘날 목회는 크게 보면 네 가지 유형으로 나누어질 수 있다. 1) 목사가 하는 일이 곧 목회이다. 2) 목회는 하나님의 말씀을 청중들에게 선포하는 것이다. 3) 목회는 교회 공동체에 속한 모든 사람들이 서로 돌아보는 사역이다. 4) 목회는 전문 상담가가 내담자를 돕는 일이다. 목사와 교회의 활동을 분야별로 심도 있게 연구하는 것을 실천신학이라고 하는데 주요한 몇 가지를 소개하도록 한다.

1) 목회

가장 고전적인 목회학은 목사가 하는 모든 일을 학문적으로 연구하는 것이다. 목사는 전도, 설교, 예배인도, 교육, 심방, 상담, 행정 등 교회의 모든 일들을 잘 해 나갈 수 있는 능력과 실력을 갖추어야 한다. 목사는 이 모든 일에 있어서 전문가가 되어야 한다. 한 교회의 성공과 실패는 사실 목사 한 사람의 목회가 어떤 지에 달려 있다 해도 과언이 아니다. 그러므로 목사와 목회 후보생들은 목회의 제반 분야에 대한 올바른 이해의 바탕 위에서 실무적인 경험을 통하여 실천 능력을 배양해야 한다. 목회학 분야의 주요 주제들을 설명하면 다음과 같다.

전통적으로 목회학에서는 목회의 개념 이해부터 시작하여 목회의 성경적 배경과 역사적 배경에 대하여 연구하고, 목회자의 소명과 인격에 대해서 다룬다. 무엇보다도 목회의 주체인 목사가 하나님으로부터 목회자로 부름을 받는 것이 중요하다. 그 부르심이 어떤 형태를 취하던 간에 목사는 목회로의 소명이 있어야 한다. 목회자에게 있어서 소명은 다른 모든 조건에 우선한다. 소명의 문제가 해결되면, 그 다음으로 목회자의 인격에 대해 다룬다. 목회는 교인들과 장기간 함께 하면서 기쁨과 슬픔을 함께하는 일이기에 목회자가 인격적으로 성숙하지 않으면 사소한 문제로 교회를 혼란에 빠지게 할 소지가 많다. 그리고 목사의 인간관계와 지도력에 대하여 연구하며, 전도, 예배인도, 설교, 교육, 기관지도, 기도, 목회 돌봄, 심방, 목회상담, 행정, 선교 등의 목회활동을 펼치는데 필요한 실제적인 지식과 기술을 익히도록 안내해주어야 한다.

목사는 교회내의 여러 평신도 지도자들과 나아가 교인 전부와 동역자가 되어야 한다. 목회를 오직 목사의 전유물로만 보는 성직자 중심의 목회개념을 넘어서 목회를 '하나님의 백성' 전체의 과업으로 인식해야 한다. 더 이상 교인들을 교회 안에서 "동결된 재산" 혹은 "죽어 있는 자본"으로 머물러 있게 해서는 안 된다. 그들을 목회 대상인 수동적 존재가 아니라 다른 지체를 돌보아야 하고 세상을 향해 하나님의 영광과 존재를 증거 할 책임적인 존재라는 사실을 깨닫게 해주어야 한다.

목회학은 목회를 펼치는 지역과 대상에 따라 농촌목회, 도시목회,

학원목회, 병원목회, 이민목회, 어린이목회, 노인목회 등등 다양한 분야가 있다.

2) 전도

전도는 예수 그리스도의 중심적 과업이었으며, 제자들에게 주신 지상사명이다(마 28:19-20; 막 16:15-16; 눅 24:46-49; 요 20:21; 행 1:8). 목회의 출발은 항상 전도이다. 기존 신자들을 대상으로 한 목회도 중요하지만 예수님께서는 우리 안에 있는 양은 두고 잃어버린 양을 찾으라고 강조하신다. 전도는 구원받은 신자 개인과 교회의 가장 우선적인 과업이다. 전도학은 다음과 같은 분야가 있다.

(1) 개인전도학(Personal Evangelism)

신자 개인의 전도적 과업에 초점을 맞추어 전도의 이유와 중요성, 구원의 확신과 개인구원간증, 복음이해와 복음메시지 이해, 전도대상자 발견, 전도적 대화법, 결신시키는 법, 반대의견 다루는 법, 새신자 양육 등에 대하여 공부한다.

(2) 교회전도학(Church Evagelism)

성장하는 건강한 교회는 전도적인 분위기가 가득하며 전도적인 간증이 풍성하다. 교회적인 전도 전략과 전도 프로그램에 초점을 맞추어 교회의 본질과 사명, 전도적인 조직, 목사의 전도, 전도활동, 전도 성경공부, 전도 프로그램, 전도 집회, 전도 훈련 등을 공부한다.

(3) 대상자에 따르는 전도

전도는 복음의 주인이신 하나님, 복음의 전달자인 전도자 그리고 대상자인 사람들이 있다. 복음은 대상자의 특성에 따라 달리 증거되어야 한다. 어린이 전도, 청소년 전도, 청년전도, 노인전도, 수화전도, 통역전도, 학원전도, 군인전도, 병원전도, 방송전도, 문서전도, 맞춤전도, 노방전도, 축호전도 등이 있다.

(4) 전도설교(Evangelistic Preaching)

복음을 가장 강력하게 선포할 수 있는 자리는 목사의 강단이다. 기독교 강단은 권위의 자리이며 진리가 울려나오는 자리이다. 목사가 선포할 수 있는 가장 중요한 메시지는 복음 메시지이다. 그러므로 전도설교는 강조되어야 하고 목사는 자주 행해야 한다. 전도설교의 정의부터 시작하여 전도설교의 원리, 메시지 구성법, 청중이해, 전달법 등을 공부한다.

(5) 전도신학(Theology of Evangelism)

복음전도와 관련된 신학적인 공부를 한다. 성부-성자-성령 삼위일체 하나님과 전도, 전도의 성경적 배경, 전도의 역사적 교훈, 구원서정(order of salvation)을 중심으로 한 신학적 주제들, 교회론과 종말론, 현대사회 이해와 전도 등이 포함된다.

(6) 교회개척론(Church Planting)

세계복음화를 위하여 모든 족속을 제자로 삼는 가장 적절한 방법은 교회개척이다. 교회개척을 마음에 두고 있는 사람은 기도하며 신학 공부할 때부터 교회개척에 필요한 준비를 해야 한다. 교회와 목회의 기본 이해, 개척의 이유, 개척 대상 지역사회 선정, 개척원리, 모교회 선정, 개척 멤버 구성, 개척 전략 수립, 개척 장소, 소그룹 모임, 개척 과정, 개척과 교회창립, 개척 자원 마련 등에 대하여 공부한다.

(7) 교회성장학(Church Growth)

교회는 유기적인 생명체로서 자라나야 한다. 양적성장과 질적성장이 이루어져야 하고, 확장성장도 되어야 한다. 교회성장 원리발견, 교회성장 전략 수립, 교회진단과 평가, 교회질병 치료, 목사의 지도력 증진, 교회갱신 방안 등을 공부한다.

(8) 사명적 교회(Missional Church)

목적이 이끄는 교회 개념이 등장하면서 교회의 존재이유와 기능적 역할에 대하여 강조하게 되었다. 즉 존재지향적 교회가 아니라 사명지향적 교회가 되어야 한다는 말이다. 개척교회 상황을 벗어나기 힘들고 작은 교회들이 증가하는 추세에서 자칫 교회로 존재하기에 급급한 현실 속에서 교회가 사명적 존재가 되어야 함을 강조하는 교회론적 접근 학문이다. 현대교회의 진단, 교회의 사명 재확인, 사명적 교회의 모델, 사명적 교회의 특징, 사명적 교회로의 전환 등을 공부한다.

3) 예배

예배는 개인과 교회가 하나님과의 관계에서 최우선적으로 성취해야 할 과업이다. 인간을 창조하신 목적도 하나님의 영광을 찬송하는 것이고(사 43:7, 21), 출애굽의 목적도 하나님을 섬기는 예배였다(출 3:18). 하나님께서도 영과 진리로 참되게 예배하는 자를 찾으신다(요 4:23-24). 예배학은 예배와 관련된 제반 내용을 연구한다.

(1) 예배학개론(Introduction to Christian Worship)

예배학은 성경이 가르치는 예배의 본질을 기초로 하여, 전통적으로 실천해 온 역사적 교훈을 참고하고, 현시대에 맞는 문화적 적응방안을 수립하여 가장 효과적으로 예배할 수 있도록 안내하는 학문이다. 예배의 본질, 예배의 중요성, 예배의 성경적 배경, 예배의 역사적 교훈, 예배의 문화적 적응, 예배의 요소, 예배의 지도력 등을 공부한다. 예배의 다양한 국면을 강조하여 열린예배, 예배기획, 예배와 음악, 예배갱신, 혼합예배, 세대통합예배 등을 공부한다.

(2) 예배신학(Theology of Worshp)

예배와 연관된 신학적 주제들을 연구한다. 예배의 대상이신 하나님, 예배자인 인간, 예배의 중보자이신 예수 그리스도, 예배의 동인이신 성령님, 예배의 성경적 배경, 예배의 신학적 발전과정, 예배 요소의 신학적 이해, 문화와 예배 등을 공부한다.

(3) 예배기획(Worship Design)

예배의 본질에 기초하여 예배의 요소들을 적절히 배열하고 표현방식을 창의적으로 개발함으로 예배의 문화적 적응력을 높이고 보다 효과적인 예배사역을 성취하기 위한 방안을 공부한다.

(4) 예배갱신(Worship Renewal)

예배사역은 항상 새로워져야 한다. 성경에 바탕을 둔 예배의 본질적 개념은 불변적이라고 할 수 있어도, 예배의 실천은 달라질 필요가 있다. 예배는 문화적 특성을 내포하기 때문에 예배자들의 문화적 특성에 따라 예배 표현과 방식이 새로워져야 한다. 그러므로 예배 기획자(worship designer)들은 창의적 안목으로 예배를 생각하며 예배자들의 영적 필요를 민감하게 파악하여 예배의 전과 후가 확연히 달라지도록 강구해야 한다.

4) 설교

설교는 목사에게 주어진 특권이며 책무이다. 교회에 가는 것은 목사의 설교를 들으러 가는 것이기도 하고, 목사하면 설교자와 동일시 될 만큼 설교는 목사의 중심적 과업이다. 목사는 자신의 설교사역에 대한 중요성을 인식하고 성실하게 임해야 한다. 설교는 성경말씀을 강해함으로 그 분문을 통해 주시는 하나님의 메시지를 사람들에게 전해주는 과업이다. 목사는 성경에 대한 기본적인 지식을 가져야 하며, 성경인물, 성경주제, 성경지명, 성경사건 등을 익숙하게 알아야 하고, 성경해석능력을 배양하고, 성경묵상 안목을 가져야 한다.

(1) 설교학개론(Introduction to Christian Preaching)

설교에 관한 기본적인 사항을 공부한다. 설교의 정의, 설교의 중요성, 설교의 성경적 배경, 설교의 역사적 교훈, 설교의 원리, 설교문 작성법, 설교 전달법, 설교자의 영성 등을 다룬다.

(2) 강해설교(Expository Preaching)

성경적 설교의 기본 방식은 강해설교이다. 주제설교이든, 인물설교이든 아니면 본문설교이든 본문강해를 통해 설교해야 한다. 강해설교란 설교본문을 문법적, 역사적, 신학적으로 다루어 그 안에 들어있는 진리를 발견하고 핵심 개념에 맞추어 메시지로 정리하여 사람들에게 적용하도록 전달하는 과업이다. 본문관찰, 본문해석, 본문 중심진리 정리, 적용, 메시지 선포 등을 공부한다.

(3) 설교작성법(Sermon Building)

성경의 다양한 장르와 그 특성에 따라 설교 스타일을 달리해야 한다. 설교할 본문을 선정하고 중심진리를 정리하여 명제를 붙잡고, 그에 기초하여 설교문을 작성하는 원리와 방법을 공부한다. 성경 66권 전부를 설교한다는 마음으로 설교작성을 시도하면 좋겠다.

(4) 설교전달법(Sermon Delivery)

작성된 설교문을 적절한 전달 방식으로 사람들의 마음에 심어주고 적용하여 실천하게 하는 원리와 방안을 연구한다. 설교자의 태도, 음성, 제스추어, 언어 스타일, 눈맞춤 등을 공부하며, 반복적인 설교전달 실습을 통해 설교자로서의 능력과 기술을 함양하도록 한다.

(5) 현대설교(Contemporary Preaching)

현대의 설교론은 문화적 흐름에 따라 다양하게 전개되고 있다. 대표적인 것을 꼽아 본다면, 이야기설교, 영상설교, 드라마설교, 그림설교, 간증설교, 대화설교, 독백설교 등이 있다.

(6) 대상자에 따르는 설교

설교는 말씀의 주인이신 하나님, 말씀의 전달자인 설교자 그리고 대상자인 사람들이 있다. 설교는 대상자의 특성에 따라 달리 전해져야 한다. 어린이 설교, 청소년 설교, 청년설교, 노년설교, 수화설교, 통역설교, 전도설교, 학원설교, 병영설교, 병원설교 등이 있다.

5) 교회행정

교회행정은 교회의 사역이 규모있고 질서 있게 진행되기 위하여 필요한 원리를 연구한다. 교회의 정체는 군주제, 대의제, 회중제 등이 있는데 이 중 신약교회의 이상을 가장 잘 구현할 수 있는 방식은 회중정치라고 믿는다. 침례교회는 사무처리회를 가장 권위있는 의사결정 기구로 보며, 교회의 여러 중요사안에 대하여 토의하고 결정한다. 효율적인 사무처리회 운영을 위하여 여러 위원회를 두어 해당 사업에 대하여 연구하고 제안하고 위임된 사업을 수행한다. 또 교회의 주요 기관 대표자들로 구성된 교회협의회를 통해 결의된 사업의 진행 업무를 조정하고 점검한다. 목사는 이 모든 교회행정에 대하여 적절한 지도력을 발휘하여 효과적으로 이루어지도록 인도해야 한다.

(1) 교회행정학(Church Administration)

교회의 기본 구조, 사역 담당자들의 업무, 각종 회의법, 인선원리, 청지기진흥원리, 재산관리, 예결산관리, 재정출납, 목회지도력 함양 등을 공부한다.

(2) 목회지도력(Pastoral Leadership)

교회의 운영에 목사의 지도력이 미치는 영향은 지대하다. 교회는 목사의 지도력만큼 성장한다는 말이 있다. 지도력의 일반원리, 목회지도력의 특징, 목회지도력의 원리, 목사의 인간관계, 목사의 권위, 목사와 집사, 목사의 멘토링과 코칭 등을 공부한다.

6) 제자 훈련(Discipleship Training)

목사의 성경적 명칭은 "목사와 교사"이다(엡 4:11). 즉 목사인 교사 혹은 교사인 목사(pastor/teacher)로서 가르치고 훈련하는 일이 목사의 주된 사역이다. 가르치는 자로서의 목사의 사역은 단순히 교인을 가르치는 차원을 넘어서서 교인들로 하여금 또 다른 교사가 되게 하여 자신의 가르치는 사역이 계속적으로 배가되도록 하는 책임을 가진다. 교회는 그 본질이 교육하는 교회(teaching church)이다. 따라서 목사는 교회의 모든 활동과 조직과 구조와 프로그램이 온 교인을 제자로 훈련시키기에 적합하도록 인도해야 한다. 그러기 위해서는 자신의 목회철학을 반영한 장기계획으로 "제자훈련 커리큘럼"(Discipleship Training Curriculum)을 가져야 한다. 목사의 가르침은 단순히 강단에서 또는 강의실에서만 이루어지는 것이 아니라 삶 자체가 교육의 소재이며 방법이며 내용이 되어야 한다. 목사는 하면서 하게 하는 사람이어야 하고, 해보지 않은 것은 권할 수 없고, 하고 있지 않은 것을 가르칠 수 없다.

7) 목회상담

목사는 하나님의 대표자로서 사람들의 아픔에 동참하며 그들의 고통을 덜어주는 일에 성령님의 도구가 되어야 한다. 목회가 교회의 전반적인 일보다 사람의 문제에 국한되면서 목사의 임무에 상담이 중요한 영역으로 자리 잡게 되었다. 목사는 교회의 교인 중에 내적으로 어떤 장애를 가지고 있는 사람을 발견하면 그와 적절한 만남과 상담을 통해 그 사람이 가지고 있는 내적장애를 줄이고 궁극적으로 해소하도록 하여 개인이 성취하고자 하는 일을 할 수 있도록 도와주는 역할을 한다. 상담가로서의 목사의 역할은 전체 직무수행의 한 부분이지만 동시에 전체 목회활동을 통해 목사는 교인을 돌보는 일에 전문가로서의 역할을 담당해야 한다. 하지만 목사는 교인에게 길을 제시하지 않고 교인이 스스로 길을 찾아가도록 안내하는 사람이다.

목사는 상대방이 하는 말을 경청하고, 이해하고, 공감하고, 적절한 방향을 찾도록 도와야 한다. 대화의 상황과 흐름을 분명하게 읽고 내담자의 심리적인 상태와 변화를 정확하게 진단해 내야 한다. 무엇보다도 목사는 '목회적인 상황'에서 대화를 하고 있다는 사실을 망각해서는 안 되며, 성경과 신학에 철저하게 기초해야 하고 심리학적 도움을 참고해야 한다. 상담을 통해 교인들의 문제를 해결하도록 도와주려는 목회는 교인 개개인에게 관심과 사랑을 표현한다. 목회는 한 영혼을 귀하게 여기는 마음, 즉 잃은 양 한 마리를 소중하게 여기시는 주님의 마음을 본받는 목회라고 할 수 있다. 그러나 아무리 능한 상담이라도 복음의 능력과 성령님의 역사를 대신할 수는 없다.

나가는 말

신학도는 목회를 위하여 신학 공부를 한다는 인식 하에 목회에 필요한 수학을 하도록 관심을 가져야 한다. 목회 현장은 급격하게 변하고 있다. 다변화, 다양화, 전문화되어 가는 오늘날은 목회자 홀로 목회를 감당하기에는 역부족이다. 또한 세계적으로 인구가 폭발하고 있지만 전통적인 목회방식은 증가하는 인구를 수용하기에 너무 비효율적이다. 선구자적인 사고를 하는 이들이 셀목회 혹은 가정교회 등 소그룹 목회의 필요성을 강조하고 있다.

교회의 모든 교인들이 목회적인 의무를 가지고 있다. 이것은 성경의 기본 이념이며 각 시대의 참교회를 통해 표현된 바이다. 전통적인 목회에서는 신학훈련을 받지 않은 일반교인들이 교회적으로 아무리 중요한 일을 해도 그것을 목회라고 하지 않았다. 목회는 어디까지나 목사의 사역으로 알았다. 그러나 오늘날 새로운 목회관은 더 이상 목회를 목사의 일로만 보지 않는다. 목회는 예수 그리스도를 주로 고백하는 모든 교인의 의무이다. 이런 관점에서 우선 신학적으로 '평신도'에 대한 새로운 이해가 필요하다. 성경적이며 복음적이고 전교인이 참여하는 목회를 펼치도록 해야 한다.

추천하고 싶은 책

박영철. 「셀 교회론」. 서울: 요단출판사, 2004. 오늘날 유행처럼 번지고 있는 셀 교회 모델을 중심으로 셀 교회의 근본정신을 집중적으로 다룬다. 셀 교회의 근본정신으로 그리스도의 주권에 절대 복종하는 정신, 모든 교인이 사역하는 정신, 그리고 교회의 본질로서의 신앙가족공동체를 실현하는 정신을 주장하며, 셀 교회 형성의 실제들을 제시한다.

이명희. 「현대목회론」. 대전: 엘도론, 2010. 침례신학대학교 실천신학 선임교수인 저자가 여러 해 강의한 목회학의 중심 내용인 기독교 목회의 기본적인 원리를 잘 정리한 저술로, 기독교 목회의 성경적, 신학적 배경과 목회자의 목회활동 그리고 현대목회의 다양한 국면들을 소개하였다.

이정희. 「교회목회의 신학과 실제」. 대전: 침례신학대학교출판부, 2001. 침례신학대학교에서 28년간 목회학을 강의한 내용을 총 집약하여 목회학의 교과서로 저술되었다. 목회신학의 성경적 배경으로부터 시작하여 목회지도자의 자격과 역할, 그리고 급변하는 사회 속에서 개교회에서의 바람직한 목회방향을 잘 제시하였다.

침례교신학연구소 편. 「미래·교회·목회」. 대전: 침례신학대학교출판부, 2001. 침례신학대학교 교수들이 공저한 것으로서 21세기의 사회적 변동과 함께 교회와 목회가 어떤 양상을 띠게 될 것이며 이에 상응하는 목회형태는 어떠해야 함을 각 영역별로 서술해주고 있다.

한국복음주의 실천신학회 편. 「21세기 실천신학개론」. 서울: 기독교문서선교회, 2006. 한국복음주의실천신학회 회원 신학교의 교수들이 주제별로 나누어 집필한 책으로 실천신학의 학문적 성격과 역사 그리고 주요 신학 분야에 관하여 포괄적으로 잘 설명하였다.

한국복음주의 실천신학회 편. 「복음주의 목회학」. 서울: 기독교문서선교회, 2009. 한국복음주의실천신학회 회원 신학교의 교수들이 주제별로 나누어 집필한 책으로 목회의 개념부터 시작하여 목회와 목회자, 그리고 목회사역의 여러 분야를 복음주의적 관점에서 잘 설명하였다.

제18장

설교학

실천신학 교수 | **문상기**
skmoon@kbtus.ac.kr

I. 들어가는 말

설교학은 두 가지 영역에서 연구가 이루어지는 학문이다. 첫째는, 설교는 무엇을 전하는가에 대한 답을 찾는 것으로서 설교의 본질과 내용을 논하는 신학적인 영역이다. 둘째는, 어떻게 전달할 것인가에 대하여 초점을 두고 접근하는 것으로서 수사학을 포함한 설교방법론에 관한 것이다. 바람직한 설교는 이 두 가지 영역에서 적절한 균형을 유지할 때 가능하다. 왜냐하면, 설교의 내용, 즉 성경적 진리가 충분히 밝혀지고 하나님의 이 시대를 향한 계시의 말씀이 왜곡됨이 없이 증거되어야 하는 것이 무엇보다 중요한 반면, 잘 준비된 메시지라고 하더라도 청중에게 효과적으로 전달되지 않으면 그 말씀은 하나님의 말씀으로서 생명력을 발휘할 수 없기 때문이다.

이와 같은 관점에서 그동안 한국교회가 견지해 온 설교에 대한 이해를 면밀히 평가해 볼 때, 대체적으로 몇 가지 문제점이 지적된다. 첫째, 한국 강단의 설교는 우선적으로 하나님의 말씀을 가지고 성도들에게 감동을 주어야 한다는 목적에 지나치게 집중되어 왔다는 점이다. 즉, 설교란 어쨌든 성도들이 듣고 나면 은혜를 받았다고 하는 반응이 있어야 하는 것으로 생각하였기 때문에 많은 경우 설교는 신학적인 본질을 벗어나 인본주의적 방법론에 지나치게 얽매여 왔던 것이 사실이었다. 그러나 설교는 은혜를 주기 위한 어떤 효과적인 방편으로 있는 것이 아니다. 설교는 하나님의 진리의 말씀을 선포하기 위해 있다. 오늘날 복음이 결여된 설교가 한국 강단에 팽배해지고 있는 가장 큰 원인은 바로 여기에 있는 것으로 진단된다.

둘째, 한국교회의 설교는 일반적으로 석의(exegesis)가 약하다. 결과적으로 이것은 설교의 신학적인 본질을 무시하고 실제적인 적용에만 치중하려고 하는 결과를 불러온다. 이런 현상은 지나치게 가시적인 결과에 따라 옳고 그름을 분간하는 이 시대의 실용주의 철학과 무관하지 않다. 그러나 하나님의 말씀(설교 본문)에 충실하지 않은 설교는 스스로 설교의 권위를 실추시킨다. 왜냐하면 설교는 이미 계시된 하나님의 말씀(성경)을 취하여 이 시대를 살아가는 사람들로 하여금 여전히 말씀하시는 하나님의 말씀 앞에 직면하도록 선포하는 것이기 때문이다. 이때 선포자는 하나님으로부터 부름 받은 전령자이며 전령자의 기본 책무는 부여받은 메시지를 정확하게 전달하는 것이다. 오늘날 설교자들에게서 흔히 발견되는 자의적 성경 해석이나 청중의 실존적 상황을 지나치게 고려한 본문 왜곡은 설교 강단으로 하여금 말씀의 권위를 약화시키는 결과를 가져온다.

셋째, 설교가 교회성장의 방편으로 잘못 추구되어 온 점이다. 한국교회 설교자들에게 설교는 교회성장을 위한 하나의 도구로 시행되어 왔던 점을 지적하지 않을 수 없다. 이러한 관점은 청중으로부터 좋은 반응을 이끌어내고, 설교를 통해서 교회가 성장할 수 있다면, 설교는 얼마든지 성서적 관점에서 벗어나도 무방하다고 하는 위험한 설교관을 부추겼다. 그러나 설교는 교회성장을 위해 존재하지 않는다. 설교는 이 시대를 향해 계시하시는 하나님의 말씀을 선포하기 위해 부름 받은 하나님의 사람들에게 하나의 명령으로 주어졌다(딤후 4:1-2). 하나님으로부터 소명을 받은 하나님의 사람에게 진정한 말씀의 선포는 할 수도 있고 하지 않을 수도 있는 선택적인 사항이 아니다. 그러므로 하나님으로부터 부름 받은 신학도들에게 있어 설교는 장차 가장 핵심적인 사역이 되어야 함이 마땅하며, 나아가 모든 신학적인 학습과 훈련은 말씀선포를 위한 중요한 밑거름이 되어야 할 것이다. 성공적인 설교사역을 위하여 다음의 내용들이 모든 신학도들이 가슴에 잘 새겨두어야 할 소중한 교훈이 되기를 소망한다.

II. 설교란 무엇인가?

오늘날 강단에서 선포되는 설교가 비성서적으로 흐르는 가장 큰 원인 중에 하나는 설교자의 설교에 대한 올바른 인식의 결여이다. 설교의 의미가 분명하게 밝혀지지 않은 채, 하나의 의식으로서 예배 가운데 중심적으로 행하여진다거나 문학, 춤, 음악 또는 정치 등과 함께 결합되어 사용되고 있다는 것이 그것이다. 또한 설교자가 설교학적 훈련이 없이 단순히 기성 설교자를 모방하거나 교회 현장에서 습득한 자기 경험에 의존하여 설교를 한다면 설교는 그 기능에는 충실할 수 있으나 목적에는 부합하지 못하게 될 수 있다. 따라서 하나님의 말씀을 선포하는 것이라는 대원칙 앞에서 설교자는 설교에 대한 명확한 신학적 이해가 선행되어야 한다.

1. 설교의 본질

1) 성경을 통해서 본 설교 이해

설교자가 하나님의 말씀을 올바르게 전하기 위해서는 우선 설교의 본질에 대한 충분한 이해가 있어야 한다. 신약성경은 설교의 본질을 이해하기 위한 일차적인 자료를 제공한다. 교회는 하나님의 말씀을 온 세계에 선포하도록 명령을 받았다. 하나님은 교회 안에 특정한 사람들을 특별한 사역을 위해 분류하시는데 그 사역이 곧 설교사역이다. 비록 성경은 설교가 무엇인지 정확한 정의를 내리고 있지는 않지만 다양한 사례들과 성경 저자들에 의해 사용된 용어들을 통해서 설교를 설명하여 준다. 성경은, 설교란 사람들을 설득하여 하나님의 말씀을 받아들이며 그 말씀에 따라 순종하도록 하기 위한 목적으로 하나님께 부름받은 사람을 통한 "하나님의 말씀의 선포"임을 보여준다. 구체적으로 이것을 나열해 본다면 다음과 같다:

ⓐ 선포의 행위(Act of Proclamation): 하나님의 말씀을 구두적으로 전달하는 행위
ⓑ 하나님의 말씀(Word of God): 하나님께서 사람에 대하여 계시하신 뜻으로서, 이 시대에는 성경을 통해서 주시는 말씀
ⓒ 선포자(Messenger): 일반적으로 설교자를 가리키는 것으로 하나님께서 그의 메시지를 전하기 위하여 선택하여 세운 사람
ⓓ 설득의 행위(Act of Persuasion): 청중으로 하여금 메시지를 받아들여 그에 준하여 행하도록 설득하는 것.

2) 역사적 관점에서의 설교 이해

역사적으로 설교학이라 불리는 설교의 예술(또는 과학)은 몇 가지의

관점에서 비롯되고 발전되었는데 첫째, 히브리적 관점에서 하나님께서는 당신이 불러 세우신 사람들을 통하여 자신을 계시하신다는 것으로서 "하나님 말씀의 대언"(代言)이란 개념을 제공하고 있다. 일반적으로 선지자라 불려지는 사람들의 역할이 그것이다. 그들은 여러 통로를 통하여 하나님의 메시지를 받고 사람들에게 나아가 하나님의 메시지를 증거하고 그들로 하나님의 말씀에 순종할 것을 권면하였다.

둘째, 헬라적으로는 대중연설의 법칙 곧 "수사학"을 제공받는다. 신약시대 당시 헬라의 영향은 B.C. 4세기 알렉산더 시대부터 온 세계에 걸쳐 있었다. 이 시대의 언어는 헬라어였기 때문에 당시 교육받은 대부분의 사람들은 자기의 모국어와 함께 헬라어를 알고 있었고 특히 공적인 일에 있어서는 일반적으로 헬라어를 사용하였다. 당시 대중연설(Speech and Public speaking)에 많은 관심을 가지고 있던 헬라의 웅변가들은 특정한 연설의 법칙을 개발시켰는데 이를테면 정렬, 혹은 구성(arrangement), 스타일 그리고 전달법 등이었다. 우리가 짐작하건데 초기 신약교회의 설교자들, 이를테면 바울이나 아볼로와 같은 이들은 헬라 사회에서 교육받은 사람들이었음으로 하나님의 말씀을 전할 때 대중연설의 어떤 기술(techniques)을 활용하였을 것이다.

셋째, 설교의 핵심 주제로서 예수 그리스도 자신이 설교의 본질에 관한 이해를 제공한다. 그는 구약의 메시야에 관한 예언의 성취였으며 하나님의 궁극적 계시였다. 예수 그리스도의 죽음과 부활은 복음의 핵심이며 설교의 내용에 있어 가장 근본적인 본질을 제공하고 있다.

3) 헬라어 용법으로부터의 설교이해

설교에 대한 보다 정확한 본질적 이해는 신약성경에서 "설교"를 묘사할 때 사용된 헬라어 용어들을 살펴봄으로서 파악된다. 신약성경이 제공하는 설교의 행위를 지칭하는 용어 가운데 가장 핵심적인 것은 케루소(kerussw)이며, 그 외에 유앙겔리조(euangelizw)와 디다케(didache) 등이 있다.

(1) 케루소(kerussw, to preach)

신약성경에는 일반적으로 "설교하다," "선포하다" 또는 "선언하다"로 번역되었다. 그리고 명사형으로 사용된 "케리그마"(kerygma)는 선포라는 의미로 사용되었다. 케루소의 헬라어 어원적인 의미는 메시지를 대중적으로 공포 혹은 선포하는 것을 가리킨다. 케루소는 같은 어원에서 나온 "케룩스"(kerux)의 의미를 살펴봄으로서 보다 더 확실히 이해된다. 케룩스는 전령자(herald), 포고자(proclaimer), 또는 사자(使者)라는 의미로서 고대 문학에서 빈번히 사용되는 낱말이었다. 당시 헬라 문화권 안에서 케룩스는 정치적, 사회적, 종교적 일에 관한 공인이며 대중 선포자였다. 케룩스의 역할은 왕이나 그 밖의 권위자로부터 메시지를 부여받고 보냄 받은 장소에 가서 대중 앞에 그것을 정확히 전달하는 것이었다. 대개는 왕이 의회 앞에 특정한 사실을 전할 때나 백성들에게 법령을 선포할 때 케룩스를 등장시켰다. 케룩스와 유사한 제도는 중세시대에도 있었음은 잘 알려진 사실이다. 미국의 개척당시의 역사를 보면 "Town Crier"라는 전령자가 이와 같은 역할을 하였던 것을 볼 수 있다.

(2) 유앙겔리조(euangelizw, to preach the good news)

유앙겔리조는 일반적으로 설교하다, 전도하다, 복음을 전하다의 뜻을 가진다. 명사형 "euangelion"은 합성어로서, "eu"(good)와 "angelion"(news, message)의 뜻이 함께 어우러져 "기쁜 소식"이란 의미를 가진다. 요세프스(Josephus)에 의하면 유앙겔리온은 전쟁으로부터의 "승리의 소식"을 의미하였는데, 일반적으로 전령자(euangelos)에 의한 기쁜 소식이며, 이 용어는 빈번히 "*soteria*," 즉 "구원"이란 목적어를 취하여 사용되었다. 왜냐하면 그 기쁜 소식은 곧 구원의 소식이기 때문이다. 고대 작가 호머(Homer)에 의하면 유앙겔리온은 "기쁜 소식을 가져오는 자에 대한 상급"을 의미하기도 했다. 신약성경 저자들은 유앙겔리온을 예수 그리스도의 복음의 기쁜 소식이란 보다 전문적인 용어로 사용하였다. 한편, 복음서 안에서 유앙겔리온은 케리그마와 빈번히 동의어로 사용되었지만 케리그마는 복음을 전함에 있어 대중적이며 공적인 선포의 의미로 사용된 반면, 유앙겔리온은 보다 개인적이며 비공적인 상황에서 복음을 전하는 차이를 보여주고 있다.

(3) 디다스코(*didaskw*, to teach)

디다스코는 신약성경 안에서 일반적으로 "가르치다"의 뜻으로 사용되었지만 때로는 복음을 전하는 의미로서 케루소나 유앙겔리조와 유사하게 사용된 흔적을 찾아볼 수 있다(마 4:23; 행 28:31; 딤전 6:2-3). 디다스코의 기본적인 뜻은 "가르치다," "교훈하다" 또는 "어떤 지식이나 비밀을 전수하다" 등이다. 가르침의 목적은 신자들에게 어떤 특정한 진리를 알려주는 것이지만 믿지 않는 사람들을 복음의 진리로 인도하고 밝혀주는 것을 의미하므로 그 안에 설교적인 요소가 전혀 배제되지 않는다. 가르침은 선포된 메시지에 근거해서 이루어진다. 가르침은 선포된 메시지를 보다 구체적으로 전함으로 메시지의 내용을 확신하게 하는 것이다. 선포는 선포 자체로 끝나지 않고 선포된 메시지를 듣고 믿는 이들에게 다음과정, 즉 가르침을 통해서 연결시켜야 한다. 그러므로 가르침은 설교의 연장된 의미로 보는 것이 마땅하다.

이상에서 살펴본 신약성경 용어들은 우리에게 설교의 의미와 연관하여 다음의 사실을 보여준다. 첫째, 설교의 의미로서, 설교자가 설교를 한다는 것은 포고자 혹은 사자(使者)의 위치에서 그리스도를 선포하는 것을 의미한다. 고대의 케룩스가 왕으로부터 부여받은 메시지를 공중 앞에서 선포하는 역할을 하였다면 이 시대의 설교자는 하나님의 계시된 말씀(성경)을 대중 앞에서 선포하는 사명을 가진다(딤전 2:7; 고전 1:21). 둘째, 설교자의 임무로서(mission of preaching) 복음을 선포하는 설교자는 자기의 권위를 가지지 않는다는 것이다. 설교자는 하나님께로부터 그분의 말씀을 증거하는 임무를 부여받았으며, 그는 하나님으로부터 부여받은 말씀만을 선포한다. 셋째, 설교의 자료 혹은 범위로서(resource of preaching) 설교자는 하나님의 말씀만을 선포한다. 이때 설교자의 선포 내용은 성경에 전적으로 의존한다. 넷째, 설교의 내용으로서(content of preaching) 설교는 하나님의 인간을 향한 구속의 메시지를 전한다. 곧 구약에 예언된 하나님의 구속은 예수 그리스도의 죽음과 부활을 통하여 완성되었음을 선포하는 것이다. 다섯째, 설교의 중심주제로서(central theme of preaching) 예수 그리스도가 설교의 핵심 주제임을 증거한다. 신약성경 용어 "*kerygma*," "*euangelion*" 그리고 "*didache*"에서 관찰되는 가장 핵심적 내용은 예수 그리스도이며 예수 그리스도를 가르치고, 증거하고, 나아가 대중 앞에 선포하는 것이다. 초대교회 설교의 가장 두드러지는 특징은 그 핵심 주제가 예수 그리스도의 죽음과 부활을 핵심으로 하는 십자가의 구속의 메시지라고 하는 것이다(고전 15:1 - 7). 여섯째, 설교의 목적으로서(purpose of preaching), 설교는 새로운 가르침이나 심오한 진리를 논함으로 사람의 마음을 풍요롭게 하기 위한 것이 아니며 예수 그리스도를 통한 회개와 죄 사함, 그리고 그의 죽음과 부활을 통한 구원을 선포하는 것이다. 오늘도 하나님은 말씀의 선포를 통해서 사람들이 회개하고 돌아와 구원받기를 원하시며 이 시대에 부름 받은 사람들, 즉 설교자들을 통하여 그 일을 이루어 나가신다.

2. 설교의 목적

설교의 목적은 "우리는 한 편의 설교를 통해서 청중들의 삶 속에 무엇을 기대하고자 하는가?"라는 질문에 대한 답변을 통해서 파악된다. 그것은 하나님의 계획 안에서 인생들을 변화시키는 것이다. 만일 한 편의 설교 안에 이러한 의도가 분명하게 내포되어 있지 않다면 그 설교는 설교로서의 가치와 목적을 가질 수 없다. 토저(A. W. Tozer)는 이 점에 있어 다음과 같이 말한다:

> 성경의 교리가 그 자체만을 위하여 가르쳐지는 것보다 더 무익하고 의미 없는 일이란 없다. 삶에서 이탈된 진리는 성경적 관점에서 참된 진리가 될 수 없다. 다만 그 어떤 다른 것이 될 뿐이다. 하나님께서 태초에 천지를 창조했다는 사실을 단지 안다고 하는 것은 그리 중요한 것이 아니다. 사단도 그것을 안다. 그리고 아합도 그것을 알았고 가룟 유다 역시도 그것을 알고 있었다. 사람이 하나님께서 세상을 사랑하셔서 그의 독생자를 주시고 사람들을 구속하시기 위해 죽게 하신 것을 안다는 것은 그리 대단한 일이 아니다. 지옥에는 그와 같은 사실을 아는 수많은 사람들이 있을 것이다. 신학적 진리는 그것이 순종되어지기까지는 무익한 것이다.

이와 같은 관점에서 설교는 다음과 같은 일반적인 목적을 가진다:

1) 설교의 일차적인 목적은 전도(evangelism)이다. 설교는 사람들로 주님의 이름을 부르게 함으로 그들을 구원시키기 위한 그리스도의 복음의 선포이다(고전 15:1 - 4; 롬 10:13 - 15). 설교의 메시지는 일차적으로 구원받지 못한 사람들이 그들의 삶을 믿음으로 영적으로 구원받고 주

님에게 헌신하도록 하기 위해 선포된다. 따라서 설교의 가장 큰 목적은 그리스도 안에서 믿음을 통한 사람의 구원이다(고전 1:21). "구원"은 세상을 향한 하나님의 전적인 구원을 뜻한다. 부활하신 주님은 승천하시기 전에 제자들에게 지상 명령(The Great Commission)을 통하여 온 천하에 다니며 복음을 전할 것을 당부하셨다. 이것은 곧이어 출현할 신약 교회와 부름 받은 설교자들에게 부여된 막중한 사명이었으며 동시에 이 사명은 오늘날 이 시대의 교회와 부름 받은 하나님의 종들에게 주어진 최고의 지상 과제이다.

2) 교훈(Instruction)으로서, 그리스도의 은혜의 풍성함과 성경의 가르침을 선포하는 것이다(엡 3:8-9). 이것은 그리스도인의 삶을(christian living) 위한 것으로서 그리스도인들이 신성하지 못한 것과 세상적인 욕망을 벗어버리고 이 땅에서 의롭고 경건한 삶을 살도록 하기 위함이다(딛 2:6-15). 강조점은 그리스도인들이 믿는 이들과 세상의 본보기가 되어 하나님의 구속에 대한 간증이 되게 하는데 있다.

3) 격려와 권면(encouragement and exhortation)하는 것으로서, 설교자가 메시지를 통하여 성도를 세워주며, 격려하고, 위로하는 것이다(고전 14:1-3). 설교자는 그리스도인들이 믿음 안에 거하도록 하며 그들이 구원의 확신 속에 거하며, 날마다 그들로 그리스도와의 개인적 관계가 깊어지도록 인도하며 매일의 경건 생활과 예배에 충실하도록 격려하여야 한다(행 15:32; 롬 16:25; 요 4:23-24). 반면에 설교자는 하나님의 말씀을 통하여 성도를 꾸짖고 책망하며, 바르게 하며, 성경의 말씀으로 권면하여야 한다(딤후 3:16-4:5; 딛 2:15).

4) 헌신(dedication)이다. 헌신은 자신을 드리는 것(consecration)과 성

화(sanctification)되는 것을 포함한다. 설교를 통하여, 그리스도인들로 그들의 삶을 전적으로 주님 앞에 헌신하고(롬 12:1), 그리스도 안에서 영적으로 성숙해가도록(골 1:28) 이끌어 준다.

5) 청지기 정신과 봉사(stewardship and service)이다. 이것은 하나님에 대한 그리스도인의 책임에 관한 것으로서 그리스도인들이 각자의 인생, 시간, 재능, 재물 등을 하나님의 왕국의 일을 위하여 올바르게 사용하도록 권면하는 것이다(벧전 4:10; 딛 1:7). 설교자는 또한 하나님의 말씀으로 그리스도인들이 선한 사역을 계속해 나가도록 이끌어 주어야 한다(딛 3:8).

III. 설교와 신학

설교는 모든 신학적 활동의 결과로서 주어진다. 그것은, 설교는 하나님의 말씀인 성경에 근거하여야 하며 성경의 체계적인 연구로서의 신학은 설교의 내용과 그 권위를 제공하기 때문이다. 일찍이 18세기의 슐라이에르마허(1768-1834)는 모든 신학의 최정상에 실천신학을 두고 모든 신학적 활동은 실천적 현장에서 완성된다고 보았다. 그는 비유하기를 마치 나무가 그 뿌리와 줄기가 모든 수액을 다 빨아올리므로 말미암아 풍성한 나무가 되는 것처럼 실천신학이야말로 신학의 모든 힘을 다 끌어올린 면류관이라 할 수 있다고 하였다. 실천신학 가운데 신학이 가장 강렬하게 표출되어지는 통로는 아마도 설교일 것이다. 한 편의 설교 안에는 설교자의 성품과 인격, 학문과 지성 그리고 무엇보다도 그의 신앙과 신학이 들어 있다. 이처럼 설교가 신학의 결정체요 신학의 중대한 자리를 차지하고 있음에도 오늘날 신학 부문에서 설교는 마치 신학에서 분리된 하나의 전달적 기능으로 인식되어 온 것이 사실이다. 버나드 레이몬드(Bernard Reymond) 역시도 이 문제에 있어 신학자들은 설교를 회중에게 잘 받아들여지도록 하는 하나의 통화 기능으로서 인식한다고 밝히면서 실지로 설교는 신학에서 하나의 보조 부문 정도로 간주되어 왔다고 그 문제점을 지적한 바가 있다. 아래의 도표는 신학의 이론과 실천의 일반적인 구도를 보여줌과 동시에 두 영역의 바람직한 관계를 이해하도록 도움을 준다.

1. 신학의 구도

이론신학	실천신학
* 성서신학 　구약신학 　신약신학	* 목회신학 　목회상담학 　교회행정학
* 체계신학 　조직신학 　비교종교학 　종교철학 　기독교윤리학	* 설교신학 　설교학 　기독교교육학
* 역사신학 　기독교사상사 　교회사 　교회성장학	* 선교신학 　선교학 　전도학
이론(Theory)	실천(Practice)
우주적 진리 (Universal truth) 예수 = 영원한 말씀 (Eternal logos)	존재론적 적용 (Existential aplication) 예수 = 성육신하신 예수 (Human logos)

먼저 위의 도표에서 볼 수 있는 것은, 신학은 이론과 실천으로 구분되어 있으며 두 영역은 각각 신학적 활동을 통해서 추구하는 점이 다르다는 점이다. 이론 신학은 성경 안에 내포되어 있는 산발적인 말씀을 체계적으로 정리하며 그 뜻을 밝히는데 중요한 역할을 한다. 신학이 논하는 것은 하나님의 말씀이며 이것은 시대와 언어, 그리고 가고 오는 문화권을 초월하는 것으로서 우주적 진리이다. 이 진리의 핵심은 예수 그리스도이며 예수는 영원한 말씀으로 계신다.

그러나 실천 영역에 속하는 신학의 내용은 이론이 아니라 실천으로서 이론으로 정리된 진리가 삶의 현장에 접목되어지는 실질적인 것들이다. 여기에서는 우주적 진리가 그리스도인 개개인의 삶에 어떻게 적용되어야 하는지가 강조된다. 곧 영원한 말씀이신 예수 그리스도가 이 땅에 한 인간으로 내려오셨듯이 위대한 하나님의 진리의 말씀이 인간들의 삶의 현장에 부딪치고 경험되어질 때, 비로소 말씀은 생명으로서 각 그리스도인의 삶 속에 능력으로 나타남을 보여준다. 예수 그리스도가 영원 가운데 존재할 수만 없었듯이, 그래서 인생 가운데 현현하시고 인간들에게 경험되었듯이, 신학은 지고한 아카데미즘과 이론의 테두리를 깨뜨리고 삶의 현장으로 내려와야 한다. 신학이 이론 그 자체로만 존재하게 될 때 진정 살아 있는 학문으로 자리할 수 없다. 이는 신학활동에서 밝혀진 모든 진리의 내용이 그리스도인의 삶의 구체적 현장에 접목됨이 없을 때, 참 신학은 있을 수 없기 때문이다. 이것은 마치 영원한 말씀이신 예수 그리스도가 인간의 삶 속으로 내려오지 않았다면, 기독교의 참 생명이 있을 수 없는 것과 같은 것이다.

이와 같은 구도에서 설교를 이해할 때, 말씀의 선포가 없는 신학은 그 존재 의미를 잃어버리며, 반대로 신학이 없는 선포는 핵심을 잃어버리게 되는 결과를 낳는다. 그러므로 이론과 실천이 상호 의존적이며 상호 보완적일 때, 비로소 완성된 신학이 있을 수 있다. 그렇다면 신학과 설교는 이론과 실천으로서 어떤 실질적인 관계를 유지하여야 하는가? 신학의 결과는 말씀선포의 내용을 제공하며 설교는 신학이 밝혀놓은 진리의 말씀이 생명력과 함께 인간의 삶에 접목되어지도록 전달하는 역할을 한다. 결과적으로 이론과 실천 모든 신학의 활동은 하나님의 말씀이 인간의 삶에 접목되고 적용될 때, 비로소 참 가치를 가진다. 이런 관점에서 바르트(Karl Barth)는 신학은 반드시 설교준비를 위해서 존재하여야 한다고 말한다. 따라서 설교는 신학의 최종적인 표현이요 설교는 신학의 꽃이다.

2. 설교를 위한 신학의 역할

1) 설교의 지침서(Guidance of Preaching)

설교가 없는 신학은 목적을 잃은 공허한 진리로 전락하며, 신학이 없는 설교는 맹목적 전달기능에 빠지게 될 것이다. 모든 일에 이론과 실제가 있어야 한다면, 신학은 이론을 뒷받침해주는 것이며, 설교는 실제적인 것이다. 그러므로 실제적 행위로서 설교는 신학적 이론에 의존해야 하며, 신학은 성경을 하나님 말씀으로 다룸에 있어 설교를 위한 확실한 지침서가 되어야 한다. 신학이 없는 설교는 위험한 추상적 사변(호論)에 빠진다. 신학이 없는 설교는 자칫하면 거짓 진리를 선포하게 되고 잘못된 신학에 젖은 설교는 반기독교적이며 반복음적 사상이나 그런 집단 등을 만들어 낼 수도 있다. 성경(신학)연구의 결과로서 하나님의 말씀을 제시하는 것이 결여된다면 신학은 의미를 상실하며 한낱 결실 없는 탁상공론에 처해질 것이다.

2) 신학적 제시로서의 설교(Preaching as a Theological Presentation)

설교가 하나님께서 그의 말씀을 설교자를 통하여 계시하는 것이라고 한다면 설교는 하나님의 말씀의 연구 측면에서 신학적이지 않으면 안 된다. 오늘날 기독교회는 종교개혁 이후 가장 충실해야 할 부분에서 가장 약한 면을 보여주고 있는 점을 지적하지 않을 수 없다. 그 문제의 핵심은 바로 설교이다. 중세의 부패된 종교가 개혁됨으로 시작된 개신교회가 개혁의 핵심 모토로 삼은 것은 하나님의 말씀으로 돌아가자고 하는 주장이었다. 이것은 교권이나 형식에 묶인 하나님의 말씀을 다시금 살아 있는 말씀으로 그 권위를 회복시키기 위한 것으로서 개혁사상의 핵심이었다. 결과적으로 성경적 설교는 개혁사상의 한 중심에 위치하고 있다. 성경적 설교는 명확한 신학적 토대 위에서만 가능하다. 따라서 설교는 하나님의 말씀의 선포로서 마땅히 신학적 표현이며 신학적 제시로서 존재하여야 한다. 알버트 몰러(Albert Mohler)는 설교는 피할 수 없이 신학적 행위라고 말하면서 그것은 설교자는 하나님께서 세우셨으며 설교자는 하나님의 말씀을 선포하는 것이기 때문이라고 말했다.

역사적으로 교회가 침체되었던 시대는 언제나 설교의 쇠퇴와 연관되어 있었다. 20세기 옥스퍼드의 포사이드(P. T. Forsythe)는 기독교회는 설교와 함께 흥하기도 하고 쇠하기도 한다고 말했다. 설교의 침체는 결과적으로 신학의 부재 내지는 혼란의 결과였다. 루터나 칼빈을 비롯한 개혁자들이 하나님 말씀으로 돌아가서 설교를 하자고 주장한 것은 곧 성서적 신학의 부활에 대한 외침이며 나아가 생명력 있는 말씀선포에 대한 시대적 갈망을 표현한 것이었다. 무엇보다도 오늘날 교회는 이 점에서 다시 한 번 진지한 자기 반성과 재헌신이 요청된다. 동시에 설교자는 복음으로 하나님의 위대한 구속사역을 수행하는 이 시대의 전령자로서 교회와 세상 앞에 반듯한 신학자의 모습으로 우뚝 서서 하나님의 말씀을 담대히 선포하여야 한다. 따라서 하나님께 부름 받은 신학도들은 한 사람의 신학자요 설교자로 세움 받아 이 시대를 변화시키는 위대한 사명을 감당하여야 한다.

설교가 그렇다고 신학을 선포하는 것은 아니다. 설교가 신학을 제시한다고 하는 말은 "성경본문 안에 담겨 있는 신학적(systematic and biblical theology) 내용"을 증거한다고 하는 말이다. 다시 말해서 설교자는 주어진 본문을 신학적 관점에서 바라보고, 이해하며, 해석을 하고 그 결과를 전하여야 한다는 것이다. 하나님께서 이미 선포하신 말씀을 취하여 그 말씀이 진정 무슨 뜻이며 그 말씀이 이 시대의 청중들에게 어떤 의미를 주는지를 밝힐 때 설교는 이 시대의 살아 있는 하나님 말씀이 될 수 있다. 과거 구약의 선지자들이 하나님의 말씀을 증거할 때 백성들이 그 말씀을 생생한 하나님의 말씀으로 들었듯이, 설교자가 신학적으로 분명하고 살아 있는 하나님의 말씀을 전할 때, 과거에 증거되었던 그 계시의 말씀이 생생하고, 살아 있으며, 생명력 있는 현재적 하나님 말씀으로 증거되는 것이다.

3) 설교를 위한 신학의 영역

설교에서 신학의 역할은 인류 구속의 복음은 무엇이며, 그리스도인에게 있어 결국 믿음의 의미는 무엇인지, 나아가 믿는다고 하는 것은 그리스도인의 생활과 어떤 연관성을 가지는지 이해시키고 입증하는 노력에 있다고 할 수 있다. 신학은 설교의 핵심 메시지를 성서 본문의 해석을 통한 내용을 제공한다는 점에서 설교에 절대적으로 기여한다. 아래의 도식은 설교를 위한 신학의 영역과 그 관계를 보여준다.

(1) 조직신학

조직신학은 기독교의 진리와 가르침에 대한 모든 자료들을 체계적이며 논리적으로 개관(survey)한 것이다. 즉 조직신학은 정돈된 주제 아래서 성경에서 발견되는 신학적 내용들을 체계적으로 정리한다. 이런 점에서 조직신학은 성서신학의 자매라고 말할 수 있다. 쉐퍼(Chafer)는 조직신학은 하나님과 하나님의 하신 모든 역사하심에 관한 자료와 사실들에 대한 수집, 과학적 정리, 비교, 제시 그리고 변호하는 것이라고 설명한다.

(2) 성서신학

신학의 여왕으로서 성경이 가르치고 있는 진리를 시대별, 인물별, 주제별 관점에서 점진적으로 밝혀 나가는 것이다. 구약신학 신약신학으로 나눈다. 성서신학은 성서의 각 책들의 역사적 배경, 즉 저자와 수신자들에 중대한 관심을 가지고 있기 때문에 설교를 위한 그 역할이 매우 중요하다. 본문 해석을 함에 있어서 본문의 정확한 뜻을 밝혀주는 것이 성서신학의 설교를 위한 일차적 역할이다. 성서의 저자들은 각 책을 기록함에 있어 각각 독특한 신학을 가지고 있기 때문에 특정 저자의 신학을 이해하는 것은 그가 기록한 책의 본문을 이해하는데 매우 중요한 요소가 된다.

(3) 역사신학

역사신학은 세기를 통하여 교회와 그리스도인들이 신학에 대하여 믿어온 바 들을 개관하는 것이다. 성서신학이 성경에 대한 신학적 접근이라면 역사신학은 기독교회사에 대한 신학적 접근이다.

IV. 현대 설교 조명과 평가

　전통적인 관점에서 본다면 21세기를 살고 있는 현대교회의 청중은 사회의 빠른 변화와 함께 가치 기준의 혼란을 겪고 있다. 사회가 점차 세속화로 치달으면서 사람들은 보다 개인적이며 존재론적인 양상을 띠고 있다. 이와 같은 의식의 변화는 기독교회에 직접적인 영향을 주고 있는데, 가장 두드러진 현상이 아마도 설교에서 나타나는 것이 아닌가 생각한다. 지난 세기까지 설교란 하나님의 말씀의 선포로서 모든 사람들에게 경외와 권위의 상징으로 이해되어 왔다면 21세기 포스트모던 시대의 청중에게 설교는 보다 "나" 중심적인 관점에서 어떤 유익이나 필요를 충족 받을 때 비로써 그 가치가 인정되는 지극히 자기중심적이며 존재론적인 특성과 함께 받아들여진다.
　이와 더불어 현대의 가공할만한 테크놀로지의 발달은 전통적인 교회 체제의 변화를 주도하고 있으며 청중의 설교에 대한 이해와 기대감도 큰 차이를 보여주고 있다. 대체적으로 이 시대의 청중은 일방적으로 선포되는 설교에 대하여 냉담한 편이다. 리모콘에 익숙한 현대인들은 마치 흥미 없는 텔레비전 프로를 즉각적으로 다른 채널로 바꾸듯이 설교 역시도 흥미를 느끼지 못할 때, 그 관심을 다른 곳으로 돌려버린다. 소위 현대인들의 선택적 청취 현상이다.
　현대의 청중이 설교에 대하여 흥미를 느끼지 못하는 가장 큰 원인 가운데 하나는 전통적 설교가 가지는 전달체제 때문이다. 더 이상 청중은 일방적인 선포에 매력을 느끼지 않는다. 이것은 다름 아닌 이미지와 영상을 선호하는 현대 청중의 의식의 변화에서 오는 현상이다. 현대를 지칭하는 멀티미디어 시대는 문자 그대로 다양한 미디어를 이용한 정보전달이라는 새로운 패러다임을 조성하였다. 매체의 발달 과정에서 보여주듯이 지식과 정보의 전달은 과거의 단순히 쓰고, 읽고,

듣는 단계에서 이제는 이미지와 형상을 통하여 보는 시대가 되었다. 따라서 설교 역시도 단순히 말하고 듣는 소통 방식에서 이제는 이미지나 영상을 통하여 보여주는 것이 요청되고 있다. 이러한 현상에 교회가 만일 침묵으로 일관한다면 프랑스의 커뮤니케이션 학자 피에르 바뱅의 지적과 같이 기독교는 사람들에게 흥미를 주지 못하게 되고, 나아가 그들의 삶에 영향을 미치지 못하게 될 것이며 결국 사람들로부터 외면을 당하는 위험에 직면할 수도 있다. 이러한 21세기의 청중의 욕구를 채워주기 위한 노력으로서 현대 설교학계에서는 이야기설교 또는 영상 설교 등과 같은 새로운 설교 전달법의 개발에 많은 노력을 기울이고 있다.

1. 이야기 설교

이야기 설교는 개요설교를 비롯하여 일반적인 형태의 설교와는 달리 하나의 본문이 가지고 있는 주제를 문학적으로 재구성하거나 이야기 형태의 본문의 특성을 살려 성서적 메시지의 전달효과를 높이는 설교형태이다. 이야기 설교는 그 내용 안에 하나의 이야기를 포함한다거나 하나의 주제를 문학적으로 재구성하여 흥미를 불러일으킨다는 점에서 영상 시대를 맞이한 현대 청중들에게 매우 매력적인 설교방식이라 할 수 있다. 이야기 설교는 그 전개하는 형태 면에서 다양성을 가지고 있기 때문에 그것을 이해하는데 혼선을 야기할 수도 있다. 일반적으로 이야기 설교는 하나의 본문을 문학적으로 재구성하여 전개시키는 플롯 방법(plot method, 이야기체 설교)과 하나의 이야기를 포함하고 있는 본문을 그 특성을 살려 기승전결의 형태를 취하거나 이야기의 장면들을 설정하여 자연스럽게 전개하여 나가는 스토리텔링(story-telling method, 이야기설교)으로 구분된다.

이야기 설교를 대표하는 현대 설교학자는 프레드 크레독(Fred Craddock)과 유진 로우리(Eugene L. Lowry) 이다. 로우리는 플롯 형태 이야기체 설교의 대표적인 학자이다. 로우리가 말하는 설교의 플롯은 서론에서 모순과 갈등(conflict)을 제시하므로 청중의 관심을 불러일으킨다. 이 갈등은 설교가 진행되면서 점점 심화되어 나가다가 예측할 수 없는 해결점으로 진행되며 결국에는 문제 해결의 실마리가 밝혀지면서 청중으로 하여금 복음을 경험하게 하는 형태를 가진다. 즉 모순으로 시작된 설교는 갈등의 상승을 통하여 놀라운 반전을 예비하며 결정적인 결론으로 나아가게 한다. 이야기 설교의 결론은 청중 편에서 전혀 예측되지 않는 경우도 있고 이미 알려진 결론을 향해 전개되는 경우도 있을 수 있다. 전자의 경우는 청중의 입장에서 결론의 내용(what)이 중요시 되지만 후자의 경우는 그 결론(what)이 어떻게(how) 해결되느냐 하는 것에 관점을 두게 된다. 로우리의 플롯 설교는 후자의 경우에 속하는 것으로서 설교자는 결국 복음으로 설교의 결론을 맺지만 그 과정을 통하여 청중의 관심을 최대한 고조시킴으로서 청중을 설교의 무대로 끌어들이며 설교자의 메시지에 집중하도록 이끌어간다.

성경은 많은 부분이 이야기 형식으로 기록되었다. 특히 예수님의 말씀은 대체적으로 대중들에게 친근한 소제를 이야기 형식을 빌어 전하셨던 특징을 보여준다. 모던 시대의 청중이 이성적이며 논리적인 설교에 집중력을 보여 주었다면 포스트모던의 청중은 이미지적이며 감성적인 메시지에 보다 높은 관심을 기울인다는 점을 고려한다면, 앞으로 이야기 설교는 더욱 연구하고 시도해 나가야 할 중요한 영역이다.

2. 영상설교

포스트모던의 청중은 일반적으로 문자보다는 영상을 선호하며 듣기보다는 보기를 좋아하는 정서가 두드러진다. 생리학적으로 인간의 두뇌는 양분화되어 있는데 좌뇌는 수학이나, 추리 등 논리적인 사고의 기능이 두드러지는 반면, 우뇌는 음악, 미술 등 예술적이며 창의적 기능이 강한 특징을 보여주고 있다. 즉 좌뇌는 이성적 커뮤니케이션과 연관이 있다고 한다면 우뇌는 감성적 커뮤니케이션과 연결되어 있다고 볼 수 있다. 따라서 영상과 더불어 살아가는 이 시대의 사람들은 대체적으로 우뇌의 기능이 두드러지며 통화(communication)의 방법 또한 청각적인 것보다는 시각적인 방법에 의존하는 것이 사실이다. 이들은 면밀한 관찰과 분석, 비교, 종합의 합리적 과정을 쉽게 뛰어넘는 특징을 지니고 있다. 이들은 하나님과 세상과 외부 세계를 인식하는데 있어서도 분석적이고 이성적인 것보다 직관적이고, 감성적이며, 총체적인 것을 선호한다. 이와 같은 청중의 필요와 욕구에 부응하기 위해 현대 설교는 마땅히 이미지적 이어야 한다고 주장하는 목소리가 높아지고 있다. 즉 들려주는 설교가 아니라 보여주는 설교가 되어야 한다는 것이다.

이 시대가 선호하는 통화의 매체가 영상이라고 한다면 여기에 대하여 설교는 어떠한 신학적인 입장을 취할 것인가? 일방적으로 시대의 흐름에 편승하여 영상을 띄우고 영상으로 설교를 대신하게 할 것인가? 아니면 부분적으로만 영상을 이용할 것인가? 그리고 과연 영상매체의 이용은 설교의 통화에 긍정적인 영향을 줄 것인가? 이와 같은 질문은 현대 설교가 먼저 신학적인 입장을 견고하게 세움으로써, 긍정적으로 대처해 나갈 수 있을 것이라고 본다. 물론 이 점에 있어 기독교가 제시하고 있는 신학적인 답변은 아직까지 미미한 수준이지만 다음의 두 가지 관점을 고려할 필요가 있다.

첫째, 미디어 수용에 대한 신학적 입장이다. 그 동안 기독교가 세속적인 매체의 변화에 긍정적으로 대처해 왔다는 것은 사실이다. 구전시대에는 하나님의 말씀이 구두적으로만 전해졌다. 필사본시대에 기독교는 문자매체를 적극 활용하여 복음을 증거하였으며 성서 역시도 문자적으로 기록되었다. 그리고 텔레비전 시대가 도래하면서 교회는 텔레비전을 비롯한 방송매체를 복음증거에 효과적으로 이용하고 있다. 그렇다면 오늘날 교회는 정보화시대에 보편화되고 있는 첨단 영상매체를 어떠한 차원에서 설교에 접목시킬 것인가는 대단히 현실적이며 기술적인 문제라고 할 수 있겠다. 만일 설교에서 영상 사용을 교회가 거부한다면 지금까지 매체의 변화에 수용적이었던 역사적 전처에 역행하는 것이며, 전적으로 받아들이는 태도는 그 방법이 너무 파격적이라는 데서 문제가 도출된다.

둘째, 영상설교에 대한 신학적 문제점이다. 만일 현대교회가 영상설교에 대한 전적인 수용을 할 수 없는 입장을 취한다면 그것은 단순히 새로운 매체에 대한 생경함에서 오는 일종의 거부감에서가 아니다. 그것은 오히려 영상 자체를 띄움으로 말미암아 설교의 메시지가 약화 내지는 사장된다는 우려 때문이다. 그렇다면 복음의 메시지는 반드시 구두적 전달일 때에만 정당성을 가지는가? 또 다른 질문은 구두적 메시지 전달은 당시로서 전달 방법의 최선책이었기 때문으로 볼 것이냐 아니면 절대적인 하나님의 방법으로 볼 것이냐의 문제이다. 만일 구두적 방법이 문화적 상황에서 최선책으로 주어진 것이라면 문화의 변화에 따라 전달매체는 반드시 변하여야 할 것이다. 그러나 그것이 하나님이 선택하신 절대적 방법이라면 우리는 설교에서 영상이라는 개념 자체를 다른 각도에서 생각해 보아야 한다.

우리는 여기에서 구약의 여호와 종교는 구두적(oral) 계시의 종교였음을 생각해 볼 필요가 있다. 하나님의 인간들을 향한 계시의 방법은 특징적으로 구두적 이었다. 하나님은 자신을 인간들 앞에 계시함에 있어 구두적 이었으며 의도적으로 시각적인 것을 회피하셨다. 십계명의 제 2계명은 우상을 만들지도 말고 그것들에게 절하거나 섬기지 말 것을 명한다. 구약에서 보여주는 교훈 가운데 하나는 보이는 것은 생명이 없다는 것이다. 구약성경에 등장하는 바알과 같은 이방신은 모두 형상을 가지고 있는 반면 계시의 하나님은 형상은 취하지 않았으나 그분의 말씀은 생명으로 충만하였다. 따라서 설교는 본직적으로 구두적으로 메시지를 선포하는 것이다.

시대적 요청에 대하여 교회가 무감각해져서는 안 된다. 그러나 그렇다고 무분별적으로 반응하는 것 또한 합당하지 않다. 교회는 복음을 전함에 있어 어떠한 방법도 긍정적으로 고려할 수는 있지만 성서적 원리와 지침을 벗어나서 방법론에만 치중할 수는 없는 것이다. 하나님의 말씀은 다분히 계시적이다. 따라서 영상 자체는 설교가 될 수 없다. 다만 만일 설교의 주도자가 여전히 설교자라면 메시지의 통화 차원에서 그 효과를 높이고자 하는 보조장치로서의 영상 사용은 가능할 것이다.

V. 현대설교의 과제

그렇다면, 오늘 이 시점에서 현대설교의 과제는 무엇인가? 이에 대한 대답은 일반적으로 한국교회 설교가 직면한 두 가지 문제와 연관된다. 그중 하나는 설교가 인본주의로 흘러갔다는 지적이며, 다른 하나는 "구태의연한 전달방법을 고수"하는 문제이다. 따라서 현대설교가 직면한 과제는 첫째, 성서적 설교의 회복이며 둘째는, 포스트모던 문화에 젖어 있는 현대청중에게 다가서기 위한 전달 방법의 개발이다.

1. 성서적 설교(What) 회복

현대설교가 성서적 설교를 수행하기 위해서는 설교의 신학적 본질과 설교자의 정체성을 회복하여야 한다. 신학적 본질로의 회복은 설교가 다시금 이미 성경에 계시된 하나님의 말씀으로 돌아가는 것이다. 설교에서 수사기법은 전달을 용이하게 해주지만 그것이 결코 전달해야 할 성서적 내용을 앞설 수가 없고, 화려한 수사적 표현을 앞세운 메시지라 할지라도 그 내용의 진실성이 보장되지 않으면 그것은 살아계신 하나님의 말씀이라고 할 수 없다. 현대설교는 이제 다시금 청중과의 보다 나은 소통을 위하여 소외시켰던 신학(What), 곧 메시지의 내용으로서 하나님의 계시의 말씀을 다시금 설교의 핵심으로 환원시켜야 한다. 즉 신설교학의 한계를 직시하고 다시금 수사학에 내어준 본래의 자리에 신학을 회복시키면서 전달의 효용성 이전에 메시지의 진정성을 회복시키자는 것이다.

성서적 설교를 강조하는 학자들은 최근 "강해설교"라는 용어 대신 성서적 설교 혹은 "본문이 이끄는 설교"(Text-Driven Preaching)라는 용어를 선호한다. 왜냐하면, 강해설교라는 용어가 이미 폭넓게 이해되고 실제로 사역의 현장에서 시행되고 있으나, 많은 경우 강해설교를 지나치게 넓은 개념으로 이해하거나 잘못된 방식으로 시행하고 있는 점이 발견되기 때문이다. 따라서 "본문이 이끄는 설교"라는 용어를 드러내는 것은 "본문은 왕이다"라는 전통적 강해설교의 철학을 확고히 하면서 주어진 본문이 의미하는 바를 정확하게 밝혀내는 것에 초점을 맞추기 위한 것이다.

주님의 부활이후 이천년의 전근대기가 있었던 반면에 근대기는 수백 년에 불과했던 것처럼 후기근대기, 곧 포스트모던은 머지않아 다가올 세대에 그 자리를 내어줄 것이다. 따라서 이 시대의 청중 중심의 설교는 또 다른 유행의 물결을 타고 온 세력으로 대체될 것이다. 하나님의 말씀을 온전히 밝히는 것이 설교라고 한다면, 성경 본문 중심의 성서적 설교가 아닌 모든 형식의 설교는 그 철학과 함께 소멸될 것이다.

성경 안에 계시된 하나님의 말씀이 시대와 문화권을 초월하여 불변하시는 우주적 말씀이라면 비록 설교의 전달 방식은 각 시대에 걸맞은 옷으로 갈아입듯 변화가 불가피하겠으나, 성서적 메시지로서의 본질은 소홀히 할 수 없다.

2. 효과적 전달을 위한 방법론(How) 개발

설교에서 전달 방식의 개발이 필요하다면 그 이유는 명백하다. 설교는 내용(what)과 전달 방식(how) 두 개의 기둥을 토대로 이루어지는 하나님의 말씀의 집이기 때문이다. 좋은 전달 방식을 개발하는 것은 그 자체가 목적은 아니지만, 진리의 내용을 보다 더 청중의 가슴에 전하기 위한 것이다. 즉 설교에서 전달형식은 내용에 우선할 수 없으나 반드시 고려하여야 할 중대한 사안이다. 한국교회 설교가 하나님의 말씀의 본질에서 벗어났다는 지적은 설교의 본질에 더 충실하여야 한다는 설교자적 자각을 추궁하는 것이며 이는 이미 한국교회에 던져진 큰 도전이 되었다.

20세기 후반에 들어서면서 설교 학자들은 설교를 지칭할 때, 예술이라는 용어를 쓰기 시작하였다. 이는 설교가 이제는 구태의연한 전달 방식을 탈피하여 청중의 요구에 부응하는 다양한 전달 방식을 필요로 함을 의미하는 것이다. 굳이 그러한 필요성을 '예술'이라고 지칭하는 것은 그만큼 전달 방식의 영역은 설교자의 예술적인 감각이 내포된 다양한 형식을 필요로 하기 때문일 것이다.

1) 연역법과 귀납법

전통적 설교 방식이 심각한 문제를 가지고 있음에 대하여 프레드 크레독(Fred Craddock)은 전통설교가 가지고 있는 연역적인 논증방식을 지적하였다. 연역적 방식은 설교자가 자신이 정한 설교적 명제에 입각하여 청중의 삶에 그것을 적용시키려고 하는 것인데 설교자는 그렇게 할 수 있는 권리나 권위를 가지고 있지 않다고 말했다. 그러나 크레독의 주장이 안고 있는 문제는 3개요로 구성된 전통설교 방식을 전적으로 연역적인 방식과 동일시하고 있다는 점이다. 일반적인 설교 방식으로서 전통적 설교가 고정된 3개요 형식의 연역적 틀을 가지고 있다는 지적은 틀리지 않았다. 그러나 전통설교의 논증방식이 전적으로 연역적인 것은 아니다. 왜냐하면 설교는 주어진 하나의 설교 본문에 대한 주해를 바탕으로 파악된 계시의 말씀을 연역적 또는 귀납적으로 조직하여 그것을 청중에게 적용시키는 것이기 때문이다.

어떤 고착된 틀이나 커뮤니케이션 방식이 포스트모더니티의 청중에게 어떤 거부감을 준다면, 현대 설교자는 전달 방식을 다양화 시킬 필요가 있다. 현대설교의 문제에 대한 어떤 주장들은 귀납적 방식으로 설교를 전달하는 것이 마치 현대설교 전달의 문제를 해결하는 유일한 방책인 것처럼 강조하지만 이 시대의 청중을 위한 가장 좋은 설교 전달법이 오직 귀납적인 것만은 아니다. 헤롤드 브라이슨(Harold Bryson)은 이야기체이든지 아리스토텔레스의 논리적 형태이든지[연역적 삼단논법] 설교의 방식이 어느 한 가지 틀에 얽매이게 되면 청중은 거기에 길들여질 수 있으며 그러한 긴장감의 결여는 청중으로 하여금 실체를 놓칠 수 있는 원인을 제공할 수 있음을 지적하였다. 문제는 다양성이다. 현대 청중이 요청하는 것은 설교 전달 방식의 다양화이다. 귀납법이 연역법에 비하여 이 시대의 청중을 위한 보다 효율적인 설교 전달 방식이라고 하더라도 이것이 하나의 형식으로 고착된다면 청중은 또 다시 등을 돌릴 것이다.

2) 강해-이야기체 전달 방식

강해-이야기체 설교방식은 아직 일반화된 개념은 아니다. 이것은 성서적 설교에 충실하면서 동시에 전달 효율성을 높이고자 현대인들이 선호하는 이야기 형식을 접목시키는 일종의 혼합 방식이다. 이는 설교의 내용으로서 "what"는 강해적으로 접근하면서, 효율적인 전달 방식을 위한 "how"에는 이야기 형식을 도입하는 것이다. 이 방식은 설교의 본질로서, 메시지의 내용은 본문에 입각한 성서적 설교를 지향하면서 그 전달 양식은 풍부한 에피소드와 회화적인 표현, 나아가 센스어필적 언어 묘사를 통하여 청중을 효율적으로 설교의 무대로 이끌어가는 것을 추구한다. 여기서 말하는 에피소드란 하나의 사건 혹은 인간 경험으로서 분문과 청중의 삶을 연결시켜주는 일종의 이야기라 할 수 있다.

포스트모더니티의 청중에게 이야기가 가지는 장점은 한두 가지가 아니다. 대체로 사람들이 이야기를 선호하는 이유는 이야기가 그려내는 이미지가 그들의 상상력을 자극하기 때문이다. 이야기는 이성에 호소하기 보다는 가슴을 향하여 느낌과 그림으로 다가간다. 이야기를 들으면서 머리로 분석하는 사람은 별로 없을 것이다. 이야기는 청자에게 그들의 삶의 실존적인 면들과 대비하게 함으로써 이야기를 공감하게 한다. 그러므로 이야기는 느낌과 감정을 논리와 이성보다 중시하는 포스트모던 사람들에게 적합한 의사전달의 도구이다.

현대설교가 이야기를 도입해야 할 또 다른 이유는 세상을 구원하는 복음이 바로 이야기이기 때문이다. 복음은 창조, 죄 그리고 구속의 주제를 담고 있는 하나님의 이야기이며 이 세상을 위한 참된 이야기"이다. 사실, 성경은 시와 율법과 서신과 역사 등, 다양한 장르의 글들을 포함하고 있지만 관점에 따라서 이 모든 것은 바로 복음이라는 그 하나님의 이야기를 전해주기 위해 사용된 것으로 이해될 수 있다. 예수의 본을 따라 포스트모더니티의 강해 설교자는 심오한 신학을 감동적인 이야기에 담아 그 보따리를 참 이야기에 굶주려 있는 이 세상에 풀어놓아야 한다. 설교자가 구체적이고 생생한 이야기로 이 세상을 위한 하나님의 이야기를 풀어나갈 때 포스트모더티의 청중은 그 이야기가 실어 나르는 성서적 메시지와 직면하게 될 것이다.

3) 센스어필을 활용한 전달

센스어필이란 구두적 메시지를 전함에 있어 청중의 감각 기능을 활성화시킴으로서 청중으로 하여금 전달되는 메시지를 느끼고, 체감하며, 나아가 시각적으로 바라볼 수 있게 하는 통화를 위한 하나의 수단이다.

센스어필은 원래 인간의 감각적 체험을 설명하는데 쓰이는 심리학적 용어를 문학 용어로 전용한 것이다. 심리학에서는 인간의 의식 속에 떠오르는 감각적 지각의 대상을 센스어필이라 일컫는다. 그러나 문학에서 말하는 센스어필은 이런 심리적 현상과 구분된다. 문학적인 용어로서의 센스어필은 의식 속에 떠오르는 감각적 지각의 대상 그 자체가 아니라 감각적 대상을 환기시키는 언어인 것이다. 이렇게 감각적 대상을 환기시키는 언어는 비유적 언어인 경우가 대부분이다.

센스어필 활용에서 설교자는 직접적인 호소, 질문, 시어 사용, 상상력 발휘, 서술적 묘사 등의 생동감 있는 언어의 표현 기법을 통하여 청중의 감각에 호소하여 자신의 설교에 청중을 참여시킨다. 이와 연관하여 설교학자 브라이언 채플(Bryan Chapell)은 청중에게 지평을 보여주고, 그들의 마음을 감동시키며, 의지를 불러일으키라고 설교자들을 권면한다. 센스어필을 가장 쉽게 설명하는 말은 "그림언어를 활용하는 것"이라고 할 수 있다. 설교자가 여전히 구두적으로 말씀을 선포하면서 직유, 은유, 비유, 그 외 시적이며 형용사적 표현 등을 통하여 청중의 머릿속에 설교의 개념을 형상화, 곧 그림을 그리도록 이끌어가는 것이다.

센스어필은 멀티미디어시대의 물결을 타고 영상을 선호하는 이 시대의 청중에게 진리의 말씀을 실어나르는 도구로써 설교자가 반드시 긍정적으로 받아들여야 할 과제이다. 센스어필은 이 방면에서 설교자가 끊임없이 관심을 기울이고 열심히 연구하고 노력함으로 주어지는 결과이다. 센스어필을 형성하는 인지력, 상상력, 묘사력은 풍부한 독서가 뒷받침될 때, 얻을 수 있다. 특히 설교자의 풍부한 문학적 표현은 다양한 독서와, 그것을 종합하여 메시지화 하는 상상력, 그리고 그것을 표현할 수 있는 언어구사력에 의해 나타난다. 센스어필을 통한 설교사역이 좋은 결실을 거두려면 무엇보다도 설교자의 의식적인 연습과 훈련이 요청된다.

Ⅵ. 나가는 말

2013년 4월 27일에 있었던 한국복음주의신학회 분과 설교학회의 주제는 "한국교회의 위기는 설교의 위기"였다. 주제 강연 연사로 나선 이동원 목사는, 한국교회는 오늘 절체절명의 위기 앞에서 흔들리고 있음과 그 위기 속에서 한국교회가 놓치지 말 것은 강단의 위기임을 먼저 기억하는 일이라고 밝혔다. 강단의 위기라 함은 하나님의 말씀의 위기이다. 이러한 시대적 상황 속에서 우리는 말씀의 종으로 부름 받았다. 우리가 받은 소명의 핵심은 교회의 강단으로 하여금 하나님의 말씀을 선포하는 거룩한 장소로 다시금 세우는 것이다.

계절도 바뀌고 유행도 바뀌고 시대 풍조 또한 바뀌지만 기독교회의 설교는 변할 수 없다. 그것은 설교를 통해서 하나님은 죄 가운데 있는 이 시대의 사람들을 구원해내시며 그분의 뜻을 이 땅위에 선포하기를 원하시기 때문이다. 설교가 시대를 초월하여 변할 수 없는 것이라고 한다면 설교자의 임무 또한 변화될 수 없을 것이다. 설교자의 임무는 하나님의 말씀을 충성스럽게 전파하는 것이다. 이 사명을 충실히 감당하는 자가 진정한 설교자요 또한 목회자이다. 그러므로 충성스런 목회자는 동시에 성실한 설교자가 되어야 한다.

📖 추천하고 싶은 책

문상기. 「케리그마와 현대설교」. 대전: 침례신학대학교 출판부, 2006. 설교의 성서신학적 개념을 중심으로 설교의 본질을 확립하기 위한 목적으로 쓰여졌다. 저자는 오늘날 현대 강단에서 무수히 쏟아지는 메시지가 설교의 성서적 본질에서 벗어났다고 하는 위기 의식을 직시하면서 무엇보다 현대설교가 성서 본문에 충실할 것을 강조하면서 나아가 예수 그리스도를 중심한 구속적 설교의 필요성이 있음을 역설하고 있다. 독자들은 설교의 회복을 통해 하나님의 말씀의 생명력을 회복하자고 외치는 설교학 교수의 심정을 공감할 수 있을 것이다. 본서는 2부로 구성되어 있다. 1부는 언급한 바와 같이 성서신학적 관점에서 설교의 성서적 본질을 파악하고자 하였다. 2부는 설교의 실제적 측면에서 '어떻게 본문에 입각한 설교를 작성할 것인가'에 대한 주제를 다루고 있다. 주어진 하나의 본문에서 완성된 설교 원고 작성까지의 전 과정을 단계별로 제시하면서 풍부한 실례를 들어 설명하고 있다. 설교 학도들이 설교 작성을 위한 실제적인 도움을 받을 수 있도록 기술되었다. 설교학도들의 필독서 가운데 하나이다.

Lloyd-Jones, D. Martyn. 「목사와 설교」. 서문강 역. 서울: 예수교문서선교회, 1982. 설교학의 고전에 속하는 책으로서 지난 세기부터 설교학을 공부하는 모든 설교학도들이 반드시 읽어야 할 교과서적인 책이다. 저자 로이드 존스는 설교자로의 부르심은 이 지상에서 사람에게 주어진 모든 부르심 가운데 가장 높고, 가장 위대하고, 가장 영광스러운 것임을 강조하면서 무엇보다도 설교자의 정체성을 강조하고 있다. 이 책은 설교학의 이론을 단순히 체계화시켜 놓은 것이라기보다는 20세기의 탁월한 강해 설교자로 인정받는 저자의 설교 사역에서 경험되어진 생생한 교훈들로 가득 차 있다. 무엇보다도 그의 설교자로서의 타협하지 않는 정체성과 그의 설교를 사랑하는 마음이 책 구석구석에 녹아 있어 독자들은 깊은 감동과 교훈을 받게 될 것이다.

Stott, R. W. John. 「현대교회와 설교」. 정성구 역. 서울: 풍만, 1985. 이 책은 21세기 복음주의 신학계의 거성 중의 한 사람인 스토트의 해박한 신학이 집대성되어 있다. 저자는 이미 밝혀진 설교학의 이론들을 충분히 섭렵하고 그 토대 위에 자신의 독특한 주장과 논리를 펼치고 있다. 이 책은 Between Two Worlds라는 원제가 말하듯이 설교는 과거(Then)의 성서와 현재(Now)의 삶을 접목시키는 것이며, 이 두 세계를 연결하여 성서 안에 계시된 하나님의 말씀을 이 시대의 사람에게 똑같이 전달하는 것이 설교자의 역할임을 강조한다. 저자는 설교의 신학적 기초를 제시함으로부터 하나의 설교를 준비하는 방법에 이르기까지 설교학의 전체 윤곽을 맥을 짚듯이 설득력 있게 제시하였다. 저자는 또한 설교의 역사적인 흐름과 변천을 다루면서 이 시대의 설교자는 말씀의 세계를 알기 위하여 충실한 성서연구가 필요함을 강조하고 있다.

Mawhinney, Bruce. 「목사님 설교가 아주 신선해졌어요」. 오태용 역. 서울: 베다니, 1995. 부진한 설교 사역으로 인해 목회의 위기를 당한 한 젊은 목사를 주인공으로 하는 소설식 설교학 저술이다. 저자는 본서의 주인공으로 등장시킨 폴 앤드루스 목사의 예를 들어 어떻게 하면 설교에 신선한 바람을 넣을 수 있는지를 생생한 문체와 스토리 구성으로 흥미진진하게 엮어냈다. 누구든 손에 들면 놓고 싶지 않은 생각이 들 정도로 이 책은 독자를 깊은 감동으로 끌고 나가는 묘한 흡인력을 발휘한다. 이 책은 문학 장르 상 소설형식을 취하고 있지만 설교학의 중요한 주제들을 무리없이 다루고 있는 것이 참으로 탁월하다 할 만하다. 감성이 풍부한 독자라면 이 책을 끝내기 전에 적어도 한 두 차례는 눈물을 피할 수 없을 것이다.

제19장

목회상담학

실천신학 교수 | **양병모**
ybm@kbtus.ac.kr

목회상담이 학문적으로 정립되어 등장한 시기는 20세기 중반 즈음이기에 신학분야에서도 매우 최근에 생겨난 분야라 하겠다. 하지만 목회상담의 본질인 목회돌봄은 학문적 등장 훨씬 이전부터 모든 교회사역에 있어왔다. 즉 목회상담과 목회돌봄은 목회사역의 근본적 요소 중의 하나인 동시에 모든 목회사역의 바탕이 되는 분야라 할 수 있다. 이러한 목회상담을 좀 더 깊이 있게 알기 위해 먼저 목회상담 이해를 위한 두 가지 기본 전제를 알아야 한다.

I. 목회상담 이해를 위한 기본 전제

1. 교회사역의 핵심으로서의 목회상담

삼위일체 하나님의 본질은 사랑이시다(요일 4:16). 사랑을 구성하고 표현하는 요소들에는 여러 가지가 있다. 존경, 책임, 희생, 돌봄 등이 그것이다. 사랑을 구성하고 있는 이러한 요소들 가운데서 '돌봄'(caring)은 사랑하는 관계에서 빼놓을 수 없는 본질적 요소이다. 대부분의 경우, 진정한 돌봄의 시작은 사랑에서 출발한다. 부모의 자녀에 대한 돌봄, 스승의 제자에 대한 돌봄, 친구의 친구에 대한 돌봄, 목회자의 교인에 대한 돌봄 등이 그러하다. 이러한 사랑에 기초한 돌봄이 지니는 공통적 특징은 돌봄 주체인 부모, 스승, 친구, 목회자 등의 사랑이 돌봄의 바탕이 된다는 사실이다. 마찬가지로 돌봄 사역이 주가 되는 목회상담 역시 하나님의 먼저 찾으시는 사랑이 시작점이 된다(요일 4:10-11).[1] 그리고 '봉사' 또는 '섬김'이라는 어원적 뜻을 지닌 '사역'(ministry)에 '목회'(pastoral)라는 중동지역의 사회문화적 특성을 지닌 용어가 접목된 '목회사역'(pastoral ministry) 또는 '목양'(pastoral care) 역시 사랑이 그 본질이신 하나님을 대리하여 이러한 하나님의 사랑을 수행하는 일, 즉 '하나님의 일'(God's work)이 된다.

성경은 이러한 하나님의 일에서 가장 중요한 몇 가지 영역에 대한 가르침을 예수님께서 제자들을 부르신 이유를 밝히고 있는 부분에서

---

[1] "사랑은 여기 있으니 우리가 하나님을 사랑한 것이 아니요 오직 하나님이 우리를 사랑하사 우리 죄를 위하여 화목제로 그 아들을 보내셨음이니라"(10) "사랑하는 자들아 하나님이 이같이 우리를 사랑하셨은즉 우리도 서로 사랑하는 것이 마땅하도다"(11).

말하고 있다(막 3:13 - 15).[2] 그것은 바로 '예수님과의 교제'와 '복음을 전하는 일' 그리고 "귀신을 내쫓는 권능"으로 대표되는 '치유와 돌봄의 사역'이 그것이다. 세 번째 "귀신을 내쫓는 권능"은 마태복음에서 "더러운 귀신을 쫓아내며 모든 병과 모든 약한 것을 고치는 권능"으로 표현되고 있다. 즉 목회자가 목회소명자로서 가장 중요하게 여겨야 할 사역 중의 하나가 바로 '치유와 돌봄의 사역' 영역인 것이다. 그렇기에 목회자에게 있어서 돌봄과 상담은 선택의 영역이 아니라, 필수적인 사역이다. 즉 목회상담은 "할 것인가 말 것인가의 문제가 아니라 준비되고 훈련된 상담을 할 것인가 아니면 그냥 할 것인가"의 문제인 것이다.[3] 이러한 교회사역의 핵심인 목회상담에 대한 이해를 바탕으로 목회상담에 임하는 우리의 태도에 대하여 살펴보기로 하자.

2. 목회상담에 임하는 태도

'공동체'(community)란 동일한 이야기를 공유한 집단, 또는 사람들의 모임이라 할 수 있다. 즉 사람들의 모임인 '집단'(group)을 '공동체'(community)가 되게 만드는 핵심요소는 그 집단이 경험하거나 또는 전승되어 온 구성원들의 정체성을 대표하는 중요한 이야기를 그 구성원

---

2) "또 산에 오르사 자기가 원하는 자들을 부르시니 나아온지라 이에 열둘을 세우셨으니 이는 자기와 함께 있게 하시고 또 보내사 전도도 하며 귀신을 내쫓는 권능도 가지게 하려 하심이러라"(막 3:13-5). 비교. 마 10:1; 눅 6:12-3. 마가복음의 기록은 소명의 이유를 설명하고 있으며, 마태복음은 치유와 돌봄을 강조하고 있는 반면, 누가복음은 제자선택의 중요성과 준비를 보여주고 있다.
3) Wayne Oates, *An Introduction to Pastoral Counseling* (Nashville, TN: Broadman, 1959), vi; 서남침례신학교 목회신학자이자 상담학자인 브리스터(C. W. Brister)는 그의 저서 *The Promise of Counseling* (San Francisco: Harper & Row, 1978)에서 상담은 선택이 아니라 모든 효과적인 인간관계에서의 기초라고 강조하고 있다(xi).

들이 공유하는 것이다. 공동의 정체성을 지니고 있는 공동체인 민족, 부족 또는 가족, 교회 등이 이에 속한다 하겠다. 이러한 점에서 목회사역의 장(場)인 신앙공동체인 교회는 다름 아닌 '예수 그리스도의 삶과 죽음과 부활의 이야기를 그 신앙공동체 구성원 개개인의 정체성을 이루는 중요한 이야기로 믿고 받아들인 사람들이 모인 집단'이라 할 수 있다.

성경에 따르면 이러한 예수님의 삶과 죽음과 부활의 이야기를 자신의 이야기로 받아들여 이루어진 공동체는 거룩한 하나님의 소유이며, 또한 예수 십자가의 공동체에 속한 모든 이들은 거룩한 하나님께 속해있기에 거룩하다(벧전 2:9). 하나님께서는 자신의 소유인 이러한 공동체 안에서 생활하는 모든 사람들의 삶을 자신의 섭리와 은총에 따라 가꾸어 오신다. 따라서 목회자가 상담하는 모든 내담자의 삶은 소유주이신 하나님께서 사랑으로 애써 가꾸고 다듬어 오신 거룩한 하나님의 것이기에 모든 그리스도인 각자의 삶의 여정에서 일구어온 각 개인의 인생 또는 삶은 하나님께서 거하시는 '거룩한 터'라 할 수 있다.

그러므로 돌봄이 필요한 내담자인 교인이 하나님의 사람인 목회자에게 이야기를 통하여 자신의 삶을 열어 자신의 삶의 터로 목회자를 초대하는 행위인 상담은 목회자가 하나님의 거룩한 터로 가꾸어져온 성도 각자의 삶의 터로 초청받는 행위라 할 수 있다.[4] 그렇기에 상담에 임하는 목회자의 태도는, 하나님께서 가꾸시고 거하시는 그 거룩한 삶의 터로 초대받음에 합당한 태도와 준비를 지녀야 한다. 즉 하나님께서 친히 가꾸어 오시고 거하시는 거룩한 터로 나아가는데 필요한 내담자에 대한 존중과 겸손한 마음과 하나님의 긍휼과 자비와 은혜를 바

---

4) Eugene W. Kelly, Jr., *Spirituality and Religion in Counseling and Psychotherapy* (Alexandria, VA: American Counseling Association, 1995), 117.

라는 간절한 소망으로 상담에 임하여야 한다.

따라서 목회상담에 임하는 목회자는 하나님의 은혜로 말미암은 믿음에 기초한 '소망'(hope)을 지니고 있어야 하며, 선하신 사랑의 하나님의 주권을 인정하고 순종하는 긍정적인 자세를 지녀야 한다.[5] 그러므로 좋은 목회상담자란, 세상의 자격증을 많이 소유하고 임상경험이 많은 전문가이기보다는 우선적으로 목양의 장에서 이루어지는 만남과 관계를 선하신 하나님의 섭리로 이해하고 그 하나님의 섭리를 이루어 드리려는 사명감과 하나님의 사랑과 선하심의 증거가 되시는 예수 그리스도의 사랑을 '지금 이곳'에서 실현하고자 하는 진실된 심정을 지닌 사람이다. 이러한 마음가짐이 바로 목회상담을 하는 이의 기본자세라 하겠다.

II. 목회상담의 학문적 정체성

학문에는 두 종류가 있다. 첫째는 옳고 그름의 답이 명확히 나타나는 지식의 영역을 다루는 학문이고, 둘째는 옳고 그름의 영역이 아니라 선택의 영역에 속하는 지혜의 영역을 다루는 학문이다. 이 가운데서 목회상담의 학문적 정체성은 지혜를 다루는 신학 영역에 속한다. 신학에서 이론신학에 속한 대부분의 신학분야들이 지식의 영역에 해당된다고 할 수 있는 반면, 대체로 실천신학 영역에 속하는 신학분야들은 지혜의 영역에 속한다고 할 수 있다. 특히 그 가운데서도 인간 삶의 전 영역에 걸쳐 치유와 인도와 지탱과 화해를 통한 돌봄을 제공하는 목회상담은 삶의 상황에서 '최선이 아닌 최적의 선택'을 추구하는

---

5) Edward P. Wimberly, *Prayer in Pastoral Counseling* (Louisville, KY: Westminster/John Knox Press, 1990), 11-3.

전형적인 지혜의 영역에 속하는 학문이다. 이러한 목회상담의 '학문적' 특성을 간략하게 요약하면 아래와 같이 나타낼 수 있다.

1. 목회상담은 학문적으로 실천신학의 영역에 속한다.

교회의 세 가지 역사적인 임무는, 복음의 선포(kerygma), 믿는 이들 간의 사랑의 교제(koinonia), 회중 안팎의 사람들을 돌보는 섬김(diakonia)이다(막 3:13-5). 역사적으로 교회는 이 세 가지 과제를 중심으로 그 생명력을 이어왔다. 그리고 신학은 이러한 교회의 세 가지 과제를 설명하고 이해시키며 실천하도록 준비되고 발전되어 왔다. 시대적 상황에 따라 교회의 존재 이유와 과제를 모색해 온 신학의 궁극적 지향점은 이들 세 가지 교회의 과제를 실천하기 위하여 하나님의 뜻이 이 땅에서도 이루어지게끔 사회적 상황을 파악하고 이에 적합하게 방법적 적용점을 모색하는 것으로 열매를 맺는다.

2. 목회상담은 오랜 전통의 목회돌봄에 사회과학, 특히 그 중에서 심리학의 통찰을 적용하여 20세기 중반 새롭게 시작된 신학분야이다.[6]

사회 발달의 일반적 진행현상은 세분화 전문화라는 방향으로 나아

---

6) 목회돌봄 혹은 현대 목회상담학 출현을 역사적으로 조명하고 있는 대표적인 두 저서 존 맥닐(John T. McNeill)이 저술한 「영혼돌봄의 역사」(*A History of the Cure of Souls*)와 윌리엄 클랩쉬(William Clebsch)와 찰스 재클(Charles Jaekle)이 저술한 「역사적 관점에서 본 목회돌봄」(Pastoral Care in Historical Perspective)에 따르면 목회돌봄과 목회상담의 차이는 목회돌봄의 영역에 심리학적인 통찰이 더해지면서 구별되어 발전한 것으로 설명하고 있다. Jaekle and Clebsch, *Pastoral Care in Historical Perspective*, 81; Holifield, *A History of Pastoral Care in America*. 찰스 거킨(Charles Gerkin)은 그의 저서 *An Introduction to Pastoral Care*에서 목회상담은 1950대와 60년대 목회돌봄의 특화된 형태로 발전되었다고 설명하고 있으며 시워드 힐트너(Seward Hiltner), 하워드 클라인벨(Howard Clinebell) 등의 견해도 거킨의 견해와 다르지 않다.

가고 있다. 신학을 비롯한 다른 학문 역시 마찬가지 방향으로 발달하고 있다. 이러한 관점에서 실천신학의 주요 분야인 목회학을 보면, 제일 먼저 설교학이 일찍부터 독립된 신학 영역으로 분화해 나갔으며, 다음으로 예배학, 목회상담학, 교회행정, 교회성장학, 전도학 및 선교학 등으로 세분화되어 분화 발전되어 왔다.[7] 사실, 목회상담의 전신인 목회돌봄(Pastoral Care)은 그 역사적 기원을 하나님께서 인간을 창조하시고 돌보시는 창세기의 창조기사에까지 거슬러 올라가기도 하기에 목회상담의 기원은 기독교 역사에서 가장 오래된 교회사역의 영역 가운데 하나이다.[8] 하지만 신학의 한 영역으로서의 목회상담이 현대 신학의 한 분야로 출발하게 된 계기는 19세기 말과 20세기 초에 급속히 발달한 사회과학, 특히 심리학의 발달로 인한 인간이해 확장이었다.[9]

초기 목회상담의 학문적 출발에 깊은 영향을 끼친 종교심리학이나 정신분석학 등의 심리학으로 인하여 목회상담은 심리학과 신학이란 두 학문영역의 스펙트럼을 오가면서 여러 연구와 저술들이 생겨났다. 특히 새로운 심리학이론들의 등장에 발맞추어 목회상담 역시 그 영역을 넓혀갔다. 이러한 목회상담의 태동적 특성으로 말미암아 목회상담의 학문적 정체성 이슈는 늘 목회상담학의 주된 관심이 되어 왔다. 신

---

[7] 치유(Healing), 지탱(Sustaining), 인도(Guiding), 화해(Reconciliation)의 기능을 통해 하나님의 백성을 돌보는 실천신학의 한 분야.
[8] 교회의 목회돌봄의 역사에 관한 더 자세한 연구는 Charles Jaeckle and William A. Clebsch, *Pastoral Care in Historical Perspective* (Englewood Cliffs, NJ: Prentice-Hall, 1964); E. Brooks Holifield, *A History of Pastoral Care in America: From Salvation to Self-Realization* (Nashville, TN: Abingdon Press, 1983); John T. McNeill, *A History of the Cure of Souls* (New York: Harper & Row, 1951)을 참조하시오.
[9] 인간이해는 모든 신학의 출발점이 되는 요소로 목회상담 역시 인간이해에 대한 획기적인 이론적 틀을 제공한 심리학의 발달에 힘입어 새로운 학문분야로 출발하였다 하겠다.

학영역인가 아니면 심리학 혹은 심리치료의 영역인가? 이러한 학문적 정체성에 대한 이해는 현장목회상담의 발전 방향에 영향을 미쳤다. 신학적 전통을 강조하는 입장에서는 목회상담의 전문화, 자격증, 유료화 등에 대해 비교적 부정적인 입장을 유지하고, 심리학적 영역을 강조하는 입장에서는 목회상담의 전문화, 자격증의 발급 및 유지 여부, 유료화 등에 대해 비교적 긍정적 입장을 가지고 있다.

목회상담은 심리학의 영향을 받아 출발한 그 태생적 특징 때문에 시간이 흐르면서 신학적 전통에서 멀어지는 동시에 그 뿌리가 되는 회중적 전통 역시 간과하는 경향을 지녔다. 그렇기 때문에 목회상담학자들은 목회상담이 그 신학적 전통과 회중적(교회적) 전통에서 유리되어 심리학적 혹은 심리 분석적이며 개인적인 경향으로 흘러가는 것에 대한 공통된 우려를 지녔다.[10] 목회상담학자 하워드 스톤(Howard Stone)은 목회상담의 태동 이후 진행되어온 경향 두 가지를 지적하고 있다. 하나는 목회상담이 그 회중적 특징을 상실해오고 있으며, 또 다른 하나는 회중적 돌봄에 적용하기 힘든 장기상담(치유)를 지향해오고 있다는 점이다.[11] 1970년대 이후 이러한 목회상담학의 심리학 의존도에 대한 비판적 논의와 대안적 방향이 활발하게 논의되어 오고 있다.

3. 목회상담 관련 유사 영역

목회상담과 학문적으로 유사하거나 중복되는 영역인 목회신학, 목

---

10) 목회상담의 학문적 정체성과 관련하여 좀 더 자세하게 알고 싶으면, 「복음과 실천」, 45권에 게재된 양병모, "목회상담의 학문적 정체성 조망과 신학교육적 과제"를 참조하시오.
11) Howard W. Stone, "The Congregational Setting of Pastoral Counseling: A Study of Pastoral Counseling Theorists from 1949-1999," *The Journal of Pastoral Care*, vol.55, n.2 (Summer 2001): 184.

회돌봄, 기독교상담, 그리고 목회심리치료 등은 목회상담의 학문적 정체성을 좀 더 자세히 파악하기 위해 종종 목회상담과 같이 쓰이거나 함께 자주 거론되는 분야이다. 이에 대하여 알아보면 다음과 같다.

1) 목회돌봄, 목회상담, 목회심리치료, 목회신학

일반적으로 '목회상담'(pastoral counseling)과 '목회(적)돌봄'(pastoral care)을 엄격하게 분리해서 사용하지 않는다.[12] 왜냐하면 목회상담의 학문적 태동에서 설명하였듯이 목회상담이란 신학적 전통에서 볼 때 또 다른 분야의 사역이 아니라 기존 목회돌봄이 좀 더 기능적으로나 이론적으로 발전한 것으로 보기 때문이다. 하지만 굳이 이들 목회돌봄과 목회상담을 구분하자면, 일반적으로 목회돌봄을 좀 더 포괄적인 개념으로 받아들이고 있으며 목회상담은 심리학적인 영역들을 접목한 특화된 또는 공식화된 목회돌봄으로 인식되고 있다.[13] 물론, 학자에 따라 목회상담을 '목회돌봄' 보다 광의의 의미로 사용하고 있는 경우도 있다.[14]

---

12) A. Jones, "Spiritual Direction and Pastoral Care," *Dictionary of Pastoral Care and Counseling*, 1213-5.
13) 목회상담과 목회돌봄을 분명하게 구별하려는 입장에 서 있는 이들은 대체로 목회상담의 심치치료적 영역을 강조하며 전문화와 유료화 및 자격증 제도 등을 통하여 목회상담을 교회사역의 영역을 넘어 사회적 전문 직업영역으로 확장하려는 견해를 가지고 있다고 할 수 있다. 양병모, "웨인 오우츠," 「현대목회상담학자연구」, 한국목회상담학회 편 (서울: 돌봄, 2011), 106 (89-119); Holifield, *A History of Pastoral Care in America*; 거킨은 그의 저서 *An Introduction to Pastoral Care*에서 목회상담은 1950대와 60년대 목회돌봄의 특화된 형태로 발전되었다고 설명하고 있으며 힐트너, 클라인벨 등의 견해도 거킨의 견해와 다르지 않다.
14) 저자의 Southwestern Baptist Seminary 시절 스승 중의 한 분이었던 딕킨스 (Douglas Dickens) 박사 역시 이러한 견해를 가지고 있었다. 이재훈, "한국 목회상담의 새로운 전망," 「한국교회를 위한 목회상담학」, 기독교사상 편집부 편 (서울: 대한기독교서회, 1997), 56, 69.

미국 콜롬비아신학대학원(Columbia Theological Seminary)의 명예교수인 존 패튼(John Patton)이 「목회돌봄과 상담 사전」(Dictionary of Pastoral Care and Counseling)에 서술한 바에 따르면, '목회상담'이란 "삶에서 고통을 겪고 있으며 자신들의 고통을 표현할 수 있는 동시에 그것을 해결하기 위해 목회적 도움을 구하고자 하는 개인이나 부부 혹은 가족들에게 제공되는 특별한 종류의 목회돌봄"으로 정의할 수 있다.[15] 이러한 패튼의 정의는 목회상담을 '목회돌봄'의 특화된 영역으로 보고 있는 대부분의 목회상담과 목회돌봄에 대한 견해를 대표한다 할 수 있다. 이와 관련된 또 하나의 영역은 목회심리치료(pastoral psychotherapy)로 목회현장에서는 잘 다루어지지 않는 목회상담관련 영역으로 내담자의 변화를 위한 장기적이고 심층적인 사회 심리적 통찰을 적용한 전문화된 목회돌봄으로 이해하고 있다.[16] 하지만 목회심리치료 역시 목회돌봄이 심층심리적으로 특화된 분야이기에 목회상담의 한 영역으로 봄이 마땅하다.

끝으로 목회상담관련 유사 분야로 목회신학(Pastoral Theology)이 있다. 목회신학이란, "목양적인(shepherding) 관점에서, 교회와 목사의 기능과 실제를 연구관찰하고 이 과정에서 생기는 신학적인 질문과 그에 대한 해답을 깊이 구하는 성찰과정(reflecting)에서 얻어진 이론들을 조직화하는(organizing) 실천신학의 한 분야"라 정의할 수 있다.[17] 이러한 정의는 오늘날 미국을 중심으로 한 목회상담과 목회신학자들 사이에서는 널리 인정되고 있으나, 유럽 특히 영국이나 독일의

---

15) John Patton, "Pastoral Counseling," *Dictionary of Pastoral Care and Counseling*, 849.
16) Gary R. Collins, *Christian Counseling* (Dallas, TX: Word, 1998), 16-7.
17) "목양적 관점에서 교회와 사역자의 실제(operations)와 기능(functions)들을 연구관찰하고 이를 바탕으로 성찰(reflection)을 통해 체계적인 신학적 이론들을 도출해 내는 신학적 지식과 주장의 한 분야." Seward Hiltner, 「목회신학원론」, 4, 20.

목회상담과 목회신학을 연구하는 학자들은 목회신학에 대한 견해를 조금 달리하는 경우도 있다. 즉 목회신학을 실천신학의 대체영역으로 보거나 목회신학을 전통적인 목회학(Pastoral Ministry)인 목회전반의 영역을 다루는 학문분야로 정의하기도 한다.

2) 목회상담과 기독교상담

목회상담을 기독교 신앙 안에서 상담훈련을 받은 목회자와 도움을 필요로 하는 내담자 간의 의도된 치유적인 대화로 볼 때, 기독교상담이란 목회상담의 영역에 포함되는 분야라 할 수 있다.[18] 왜냐하면 목회상담과 기독교상담의 관계에서 목회상담은 기독교상담이 지닌 요소들 모두 지니고 있지만 기독교상담은 목회상담의 요소들 모두 포함하고 있지는 못하기 때문이다.[19] 따라서 학자에 따라 기독교 상담과 목회상담을 명확하게 구분하지 않는 경우도 있다.[20] 하지만 일반적으로 기독교상담은 신학교육을 받고 교회공동체로부터 목회지도자로 인정된 목회사역자가 아닌 기독교적 세계관에 기초한 상담이론과 상담자에 의해 이루어지는 교회 안팎의 상담이라 할 수 있다.[21] 이상에서 목회상담의 학문적 특성과 관련된 유사영역들을 살펴보았다. 이러한 이해를 바탕으로 목회상담의 학문적 정의에 대하여 살펴보도록 한다.

---

18) Daniel G. Bagby, "Pastoral Counseling in a Parish Context," *Review and Expositor*, vol. 94 (1997): 568; 김현진, 「성경과 목회상담」 (서울: 솔로몬, 2007), 19.
19) 이관직, "목회상담의 정체성," 「목회상담 이론입문」 (서울: 학지사, 2009), 17.
20) 대표적으로 풀러신학교에서 가르쳤던 사무엘 소더드(Samuel Southard)와 기독교 상담학자 게리 콜린스(Gary Collins)를 들 수 있다. 이관직, "목회상담의 정체성," 16-7.
21) 기독교상담과 목회상담을 구분하는 기준으로는 여러 가지를 고려할 수 있으나 본 서에서는 간략하게 상담자의 신분적 차이(목회자냐 아니냐)로 구분하여 설명한다.

III. 목회상담의 정의와 주요 자원

현대 목회상담학의 선구자 중의 한 사람인 남침례교 목회상담학자 웨인 오우츠(Wayne E. Oates)는 치유사역으로서의 목회상담에서 제기되는 가장 중요한 두 가지 이슈를 다음과 같이 지적하고 있다. 첫째는 치유사역에서 목회상담자가 담당하는 역할과 관련된 정체성의 이슈이며, 둘째는 목회자가 치유사역을 수행하는데 사용하는 자신만의 고유한 자원의 이슈이다.[22] 즉 목회상담의 정의를 내리는데 있어서 기준이 되는 중요한 요소를 하나님의 사역자로써의 목회자의 정체성과 상담현장에서 사용하는 성서적 자원과 기독교전통의 자원으로 보고 있다. 오우츠의 이러한 견해를 전제로 하여 목회상담의 정의를 살펴보자.

1. 목회상담의 정의

목회상담은 '상담'이란 용어에 성서적 용어인 '목회적'(pastoral)이란 단어가 부가되어 이루어진 용어로서, 목회상담의 정의는 각 신앙공동체의 신학적 전통과 성서적 해석의 차이에 따라 그리고 목회상담의 학문적 정체성에 대한 입장의 차이에 따라 조금씩 다르게 표현되고 있다.

먼저, 상담의 어원을 살펴보면, 상담의 영어말 *counseling*은 '고려하다,' '반성하다,' '숙고하다,' '조언을 구하다(받다)' 등의 의미를 지니고 있는 라틴어 'consulere'에서 유래했다.[23] 우리말의 '상담(相

---

[22] Wayne E. Oates, "The Gospel and Modern Psychology," *Review and Expositor*, vol. 46 (1949): 181.
[23] 전영복, 「기독교상담의 이론과 실제」 (안양: 잠언, 1993), 30.

談)'이란 한자어는 나무가 서로 눈을 마주하고 있는 뜻의 '상'(相)과 말씀 '언'(言)과 태울 '염'(炎)이 하나가 되어 '화롯가에 앉아 이야기를 나눈다.'는 뜻을 담고 있는 '담(談)'이 합쳐진 의미로, '서로 마주보고 깊은 이야기를 나눈다'는 뜻으로 풀이할 수 있겠다.[24] 오늘날과 같은 의미로 '상담'(counseling)이란 용어가 공식적으로 등장한 것은 학생상담에 깊은 영향력을 남겼던 상담심리학자 윌리암슨(Edmund Griffith Williamson)의 저서 *How to Counsel Students*(1939)에서였다.[25]

요약하면, 일반적으로 상담이란, "다른 사람을 돕는 특별한 종류의 인간관계"라 할 수 있다. 좀 더 자세하게 표현하면, '어떤 사람이 특별한 기법들을 사용하여 다른 사람의 개인과 개인 혹은 집단 간의 상호관계적인 문제의 해결을 돕기 위해 조력관계를 맺는 쌍방 간의 합의에 기초한 관계'라 정의할 수 있겠다.[26]

이러한 일반상담의 정의에 대한 이해를 바탕으로 목회상담을 말하면, 목양적 상황에서 사람들의 필요에 대한 반응으로 다면적 접근방법(특히 심리학을 중심으로 한 사회과학적 방법)을 사용하여 전인적 도움을 주고자 하는 목회돌봄의 한 분야라고 할 수 있다.

목회상담학자 존 패튼(John Patton)은 목회상담을 "사역을 위해 신학적으로 교육받고 목회자의 정체성과 책임성을 갖고 있는 안수 받은 사람이 행하는 일종의 목회돌봄"이라고 정의하고 있다.[27] 하지만 교회의 신학에 따라 목회자에 대한 이해가 다르기 때문에 목회상담자를

---

24) 오윤선, 「기독교상담심리학의 이해」 (서울: 예영 B&P, 2007), 16.
25) Ibid.
26) William R. Miller and Kathleen A. Jackson, *Practical Psychology for Pastors*, 2nd. (Englewood Cliffs, NJ: Prentice Hall, 1995), 3.
27) John Patton, *Pastoral Counseling: A Ministry of the Church* (Nashivlle, TN: Abingdon Press, 1983), 16.

'안수 받은' 목회자로 한정하는 정의는 자유교회전통에 속한 교회들에서는 받아들이기 어려운 기준이라 하겠다. 따라서 목회상담이란 '하나님의 사역자로 부름 받은 소명감을 지닌 자로서 사역자로 교육받고 헌신하는 사람에 의해 이루어지는 체계적인 목회돌봄'이라 할 수 있다. 신학적 전통을 중시하는 Southwestern의 목회신학자이자 목회상담학자인 브리스터(C. W. Brister)는 목회상담이란, "자신들의 삶에서 하나님께서 역사하시는 가치를 깨닫고 있는 두 사람 이상의 개인들이 성서적 신앙 공동체의 상황에서 발생하는 일들에 관하여 역동적인 차원에서 대화하는 것"이라 정의하고 있다.[28] 미국목회상담자협회(AAPC)는 목회상담에 대해 "목회상담자가 신학과 행동과학으로부터 얻어진 통찰과 원리를 활용하여 전인성과 건강을 지향하면서 개인과 부부, 가족, 그룹 그리고 사회체계와 더불어 노력하는 과정"이라 정의하고 있다.[29]

이상의 목회상담의 신학적 전통에 기초한 여러 정의들을 종합하면, 다음과 같이 목회상담을 정의해 볼 수 있다. 목회상담이란, "목회적 상황 하에서 목회자가 기독교신앙(믿음)의 기초 위에서 다양한 상담의 기법들을 사용하여 도움이 필요한 개인 또는 집단의 어려움을 돕기 위해 서로의 합의 하에 돌봄의 관계를 맺는 목회돌봄의 한 종류"이다. 이러한 목회상담은 공식 또는 비공식적 형태의 상담을 비롯하여 치유적이고, 문제해결적인 상담은 물론이고 예방적 상담까지 포함한다.

이러한 목회상담의 주요 목표는 다음의 세 가지로 요약할 수 있다.[30] 첫째, 신앙생활에서 사람들의 정서적 어려움을 도와 현실적인 도움을

---

28) C. W. Brister, *The Promise of Counseling* (San Francisco: Harper & Row, 1978), 61.
29) AAPC Membership Directory, 71, 이관직, "목회상담의 정체성," 18에서 재인용.
30) Brister, *The Promise of Counseling*, 189.

주는 일, 둘째, 인생의 위기나 중대한 결정의 시기 혹은 삶의 전환기에서 영적 도움을 필요로 하는 사람들을 돕는 일, 끝으로, 상담사역자들이 현실을 직면하며 자신의 성품을 건설적으로 변화시키며 하나님과의 친밀감을 증진하도록 준비시키는 일이다.

목회상담의 대표적 초기 학자들로는 시워드 힐트너(Seward Hiltner), 웨인 오우츠(Wayne Oates), 폴 존슨(Paul Johnson), 캐롤 와이즈(Carroll Wise) 등이 있다. 대표적 초기 목회상담학자들은 신학의 우선성과 교회전통 안에서 학문적 정체성을 유지하려고 노력하였다. 대표적으로 힐트너, 오우츠 등이 목회상담학의 신학적 전통을 강조 유지하려 애썼다.

2. 목회상담의 주요 자원

목회상담은 상담을 할 때 교회전통에서 오랫동안 전해져 내려온 다양한 자원들을 사용한다. 대표적인 자원으로는 기도, 성서, 교회전통에서 비롯된 예전 및 예식 그리고 신앙공동체와 목회자 자신의 신학과 경험 등을 들 수 있다. 이 가운데 목회상담에서 가장 중요한 자원은 바로 목회자 자신이다.

목회자가 삶의 전 과정을 통하여 경험한 지적, 정서적, 영적 체험들이 목회상담에서 가장 유용한 자원에 속한다. 흔히 말하는 '상처 입은 치유자'(a Wounded Healer)의 개념이 바로 이러한 의미를 나타낸다 하겠다. 로마서 8장 28절에 나타나 있듯이 "우리가 알거니와 하나님을 사랑하는 자 곧 그의 뜻대로 부르심을 입은 자들에게는 모든 것이 합력하여 선을 이루느니라"는 말씀은 바로 목회상담의 가장 유용한 자원으로서 목회자 자신의 삶을 설명하는 내용이라 할 수 있다. 이해되지 않고 설명되지 않지만 우리에게 닥친 혹은 우리가 경험한 모든 것들은 하나님의 선하심 아래에서 '치유자' 혹은 '돌보는 자'로서의 삶을 살아가는데 많은 도움이 된다. 비록 목회자 자신의 상처와 고통이 부정적이라 할지라도, 그것이 신앙적 성찰의 과정을 통하여 교인들을 돕는 데 유용한 자원이 될 때 비로소 목회자는 자신의 상처와 고통으로부터 자유로워지며 동시에 '합력하여 선을 이룸'에 감사하게 된다. 따라서 상담자로서의 목회자는 자신의 상처와 고통을 믿음 안에서 직시하고 직면하여 종국에는 자원화할 수 있는 믿음과 성찰의 사람이어야 한다.

IV. 목회상담의 상담적 독특성[31]

1. 목회상담은 종교적 상황의 독특성을 지닌다

목회상담은 하나님의 임재를 느끼는 가운데 하나님의 사람(representative)과 개인적으로 대화를 나누는 과정이다. 즉 일반상담과는 달리 종교적(신앙적) 상황에서 상담이 진행되며 그 과정 또한 하나님의 속성과 능력에 의지하는 상담이다. 그러므로 성령의 인도하심과 능력에 의지하여 이웃을 사랑함으로 돌보고자 하는 사람은 누구든지 상담할 수 있다. 오히려 지나치게 심리학적인 지식에 의존하여 상담하려는 시도나 상담관련 자격증이 가져다주는 자신감에 의존하여 상담하려는 자세는 목회상담에서 조심해야 할 태도이다. 때때로 상담현장에서 상담자는 상대방의 말을 경청을 통하여 들어주기만 하여도 상대방을 도울 수 있다.

---

32) Brister, *The Promise of Counseling*, 60-1.

2. 다루는 주제의 독특성

목회상담은 특정 분야를 다루기 때문에 다른 분야는 최소화한다. 즉 일반상담에서 잘 다루지 않는 신앙적 영역이나 교회문제영역 등이 주요 주제가 되며, 직장이나 학교 등의 다른 상황에서 발생하는 문제들에 대한 상담은 적거나 다루지 않는 것이 보통이다.

3. 상담 내용 깊이의 독특성

목회상담에서는 교인들이 겪는 일상에서의 여러 가지 어려움 등을 다루는 것이 보통이다. 따라서 인격의 변화나 정신이상이나 무의식의 세계를 다루는 것은 정신과 전문의나 전문심리치료사에게 도움을 청하거나 이전한다.

4. 상담 방법의 독특성

일반상담과 마찬가지로 대화를 통하여 상담을 하나 많은 경우, 어떤 종류의 종교적, 신앙적 의식이나 과정을 사용하는 경우가 흔히 있다(예를 들면, 개인 고백의 청취, 사죄의 확인 등).

5. 치유 후의 강단사역과 계속적인 관계의 특성

목회상담은 일반상담과는 달리 시작과 끝이 불분명한 경우가 많고 상담 종결 후의 내담자와의 관계가 계속된다. 그렇기 때문에 목회상담은 기술이나 기법이 우선이 아니라 관계가 본질상 우선이다. 즉 목회상담은 기술이나 기법의 숙달보다는 평소의 관계형성이 매우 중요하며 내담자와의 기존 관계형성으로 말미암아 목회상담이 일반상담보다 효과적인 경우가 많다. 상담 시작 이전부터 내담자와 상담자의 관계가 형성되어 있음으로 상담자가 내담자의 문제파악이 빠르고 효과적인 자원들을 유용하게 사용할 수 있다. 하지만, 상담이 끝나더라도 관계가 지속되기 때문에 때때로 어려움이 있을 수 있다. 특히 상담과정에서 내담자가 무의식적으로 표현하는 감추고 싶어 하는 문제들이 드러날 경우 상담 종결 후 관계의 변화에 대해 주의를 기울여야 한다.

6. 상담의 예방적 기능의 독특성

목회상담은 일반적 치유와 회복 및 변화의 목적과 아울러 목회의 독특성으로 인하여 일반상담에서는 하기 어려운 교인들의 격려, 고백의 청취, 조력, 성숙과 성장의 도우미로서 예방적 기능을 담당하기도 한다.

7. 교회공동체의 독특한 신학과 윤리로 인한 독특성과 제한성

교회와 교우들을 대상으로 한 상담이기에 상담자와 내담자 모두 자신들이 속해 있는 신앙공동체가 지닌 신앙적 특성의 영향에서 자유로울 수 없다. 그리고 이러한 신앙적 특성은 목회상담자로 하여금 상담 현장에서 기법이나 수단의 사용에 제한을 가져온다.

8. 상담에서의 자원 사용의 독특성

상담에서 내담자의 필요에 따라 개인의 믿음, 목회적 축복, 성경, 기도 혹은 공동체의 격려나 기도 등이 사용될 수 있다.

V. 현대목회상담의 당면과제와 대응방안

모든 학문과 신학이 그렇듯이 목회상담 역시 사회적 교회적 상황과 밀접하게 상호 영향을 주고받으며 발전해 간다. 특히 개개인의 문제 및 내면적 변화와 밀접한 연관을 지니고 있는 목회상담은 그 특성 상 사회적 변화에 더욱 민감하게 반응하게 된다. 따라서 오늘날 목회상담 현장에서 발견하게 되는 현대인의 공통된 문제 및 목회현장에서의 문제와 그에 대응하는 목회상담적 대응방식을 간략하게 살펴봄으로써 오늘날 목회현장의 사역자들이 좀 더 효율적으로 목회돌봄을 제공할 수 있게 하고자 현대 목회상담이 직면하고 있는 당면과제와 그 대응방안을 간략하게 살펴본다.[32]

1. 개인주의의 위협과 대응방안

일반적으로 상담은 서구 개인주의의 바탕에서 출발하였다. 이로 인해 상담은 개인적인 차원의 돌봄으로 여기게 된 경향이 있다. 하지만 교회는 전통적으로 그 지체들을 돌보는 공동체로서 존재한다. 따라서 목회상담의 개인주의는 목회상담의 회중적 신앙전통에서 유리되는 결과를 초래하고 있다.

이러한 개인주의의 위협의 해결을 위한 목회상담의 신학적 대응방안은 하나님의 거룩한 터로서의 모든 생명의 신성함과 만인제사장주의에 대한 확신이라 하겠다. 하나님의 자녀 된 모든 이들은 거룩하며

---

32) C. W. Brister, *Pastoral Care in the Church*, 3rd and exp. (New York: HarperSanFrancisco, 1992), 75-7, 79-83.

존중받아 마땅하다(시 16:3). 이러한 하나님의 사랑에 근거한 자기존중은 건강한 자기 가치와 함께 타인 존중과 그에 따른 상호돌봄에 대한 책임과 부담을 가져온다. 그 결과 하나님의 자녀된 교회공동체에 속한 구성원들은 다른 사람을 존중하는 동시에 하나님의 부름을 받은 거룩한 제사장으로서 하나님의 공동체에 대한 책임을 가지고 실천하고자 한다. 즉 믿음의 공동체에서 서로 함께 짐을 나누어야 하며, 삶의 모든 상황에서 모든 그리스도인은 지체로서 서로 사랑 안에서 섬겨야 한다. 그러므로 목회상담은 개인주의라는 세상과 일반상담의 흐름에 대응하여 공동체적인 접근이 필요하다.

2. 정체성의 혼란과 대응방안

목회상담자는 영적 지도자인 목회자인가 아니면 심리치료사인가? 즉 목회상담자가 전문목회자로서 상담을 하는 사람인가 아니면 상담전문가로서 목회를 하는 사람인가에 대한 상담자 정체성에 대한 혼란이 있을 수 있다.

이의 해결을 위한 목회상담의 신학적 대응 방안은 다음과 같다. 목회상담은 인격적인 창조주 하나님과 피조물로서의 인간과의 인격적인 대화의 한 영역이다. 주문이나 공식 혹은 도식에 근거한 기술이나 기법이 아니다. 즉 목회상담자는 영적지도자로서 사람들의 전인적 건강에 대한 책임을 지닌다. 목회상담자로서의 목회자는 단순한 기법이나 기술로서 사람들을 치유하고 고치는 기술자나 전문가가 아니라, 하나님의 사람으로서 목양관계에서의 인격적 대화의 과정을 통하여 성령께서 어루만지시고 회복시키며 치유하는 경험들을 공유한다.

3. 인본주의의 위협과 대응방안

목회상담은 인간의 필요를 충족시키는 것이 우선적인가? 그렇다면 상담에서 하나님이 서실 자리는 어디에 있는가?

인본주의의 위협에 대한 신학적 대응방안은 다음과 같다. 목회상담은 예수 그리스도의 주님 되심의 확신에서 시작한다. 상담은 인간본주의적 필요나 욕구의 충족이 그 시작이 아니라 하나님에 대한 진리, 모든 것의 주되신 그리스도의 주님 되심이 출발이 되어야 한다. 인간의 필요에 대한 응답 역시 하나님의 사랑의 대상으로서의 인간의 필요충족을 추구한다. 이 과정에서 상담은 그리스도의 장성한 분량에 까지 이르는 인간의 성장과 성숙을 방해하는 우상들을 분별하고 제거하기도 한다. 개인의 부정적 과거, 상처, 관계 등이 어떠한 것일지라도 그리스도인들이 그리스도가 자신의 (과거와 현재 미래 모든) 삶의 주인이심을 신앙 안에서 볼 수 있다면 그러한 부정적 요소에 사로잡히기보다는 새로운 이해를 바탕으로 치유와 회복의 시작을 경험할 수 있다. 한발 더 나아가서 목회상담은 성도들을 키워 우상을 분별하여 스스로 하나님께 영광을 돌리는 성숙으로 이끈다.

4. 자신감과 자격의 과제와 대응방안

어느 분야를 어느 정도로 어떻게 준비하여야 자신감 있게 상담할 수 있는가? 또한 자격증 이 목회상담자로서의 자격을 말해주는가? 등의 이슈가 오늘날 교회사역현장에서 섬기는 목회상담의 과제가 되고 있다.

이의 해결을 위한 목회상담의 신학적 대응 방안은 개신교 신학의 핵심인 이신득의에 의한 자유에서 찾을 수 있다. 즉 어떠한 상담자도 자신의 도덕적 우위나 인격적 월등함으로 상담할 자격은 없다. 오직 하나님의 은혜로 말미암은 믿음과 주신 은사와 능력에 의지하여 상담한다. 따라서 상담자는 상담에 임함에 있어서 비판단적 수용의 자세가 필요하며, 나아가 의로움이 아닌 믿음이 필요하다. 궁극적(최종적) 치유자는 하나님 한 분이심을 인정하고 상담과정에서의 하나님의 임재를 믿고 겸손하게 내담자를 상담함이 가장 중요하다.

끝으로 목회상담의 당면과제에서 살펴보았듯이 목회상담현장에서의 여러 당면문제들의 예방과 궁극적이고도 효과적인 해결을 위해서는 성서적이고도 복음적인 신학이 그 바탕이 되어야 하겠다. 따라서 목회상담에 관심을 가지고 공부하려는 학생들은 제반 신학영역의 성서적이면서 복음적인 훈련을 충실히 해 나가면서 목회상담관련 이론과 실제들을 연마하도록 하여야 하겠다.

추천하고 싶은 책

한국목회상담학회 편. 「현대목회상담학자연구」. 서울: 돌봄, 2011.

Capps, Donald. 「재구조화: 관점의 변화를 이끄는 목회상담과 돌봄 사역」. 김태형 역. 서울: 엘도론, 2013.

Gerkin, Charles V. 「살아있는 인간문서: 해석학적 목회상담」. 서울: 한국심리치료연구소, 1998.

_____. 「목회적 돌봄의 개론」. 유영권 역. 서울: 은성, 2004.

Nowen, Henry. 「상처입은 치유자」. 최원준 역. 서울: 두란노, 1999.

Switzer, David K. 「위기상담가로서의 목회자」. 김진영 역. 서울: 한국장로교출판사 2007.

Brister, C. W. *The Promise of Counseling*. San Francisco: Harper & Row, 1978.

_____. *Pastoral Care in the Church*, 3rd and exp. New York: HarperSanFrancisco, 1992.

Holifield, E. Brooks. *A History of Pastoral Care in America: From Salvation to Self-Realization*. Nashville, TN: Abingdon Press, 1983.

Jaeckle, Charles and William A. Clebsch. *Pastoral Care in Historical Perspective*. Englewood Cliffs, NJ: Prentice-Hall, 1964.

McNeill, John T. *A History of the Cure of Souls*. New York: Harper & Row, 1951.

Oates, Wayne E. *Protestant Pastoral Counseling*. Philadelphia: Westminster Press, 1962.

_____. *Pastoral Counseling*. Philadelphia: Westminster Press, 1974.

Patton, John. *Pastoral Counseling: A Ministry of the Church*. Nashivlle, TN: Abingdon Press, 1983.

제 20 장

선교학

선교학 교수 | 이현모
timlee@kbtus.ac.kr

I. 들어가는 말

한국교회는 지난 30여 년의 짧은 기간에 하나님의 특별한 은혜로 선교 분야에 괄목할 만한 성장을 하였다. 70년대 후반 수십 명도 되지 않았던 선교사 숫자가 이제는 26,000여 명을 헤아리게 되었고 전 세계에서 미국 다음으로 많은 선교사를 파송한 나라가 되었다. 점차 교계(敎界)에서도 선교사라는 직분이 지역교회 목회자나 개척교회 목회자만큼이나 비중 있고 관심이 있는 사역으로 인정되고 있다. 특히 국내 교회개척이 한계에 이르게 되자 점차 많은 신학생들이 선교사로서의 섬김을 신중하게 고려하는 시기가 도래하였다.

이런 상황에서 선교학은 이런 사역 진로를 생각하는 학생들에게 전문적인 연구와 훈련을 제공해 주는 핵심 과목이다. 선교학은 물론 선교사로서 파송될 사람들만을 대상으로 하는 과목이 아니다. 넓은 의미에서 선교는 교회의 기본 사명을 지칭하는 용어이다. 그러므로 국내에서 목회할 경우에도 선교적 사명을 이해하고 성취해야 한다. 본교에서 강의되는 선교학은 국내선교라는 영역은 배제하고 타문화권 선교만을 그 대상으로 한다. 선교학에 대해서는 일반적인 이해가 적은 편이므로 본 글을 통해서 선교학이 어떤 학문인지, 어떤 내용을 배우게 되는지, 그리고 왜 선교학이 필요한지 등을 소개하려고 한다.

II. 선교학의 역사와 정의

선교학은 다른 신학 분야들과 비교하여 볼 때 상당히 최근에 정립된 신학의 분과이다. 선교에 대한 개념과 활동은 교회역사 처음부터 존재하였지만 이러한 선교활동에 대한 이론들이 신학의 정식 한 분과로 자리 잡기까지는 상당한 시간이 걸렸다. 선교학의 뿌리를 찾아본다면 17세기 초 유럽의 본격적인 선교참여에서부터 발견할 수 있다. 초기에는 선교사 훈련 목적을 위해서 선교에 대한 연구가 시작됐다. 1702년에 할레대학이 설립되면서 선교학을 학문적 이론으로 구성해 보려는 시도가 본격화됐다.

선교학이 학문적 틀을 갖추게 된 것은 근대 선교학의 아버지라고 불리는 할레대학 교수였던 구스타프 바르넥(Gustav Warneck)에 의해서이다. 20세기 초에 랄프 윈터(Ralph Winter)가 구분하는 선교의 제1기가 끝나가고 제2기 시대로 접어들게 되면서 선교의 중심은 유럽에서 미국으로 옮겨지게 된다. 이를 따라서 선교학의 중심도 유럽에서 미국으로 옮겨가게 되었다. 1910년에 열린 에딘버러 세계선교대회는 선교학적 발전에 커다란 공헌을 하였다. 이 대회를 계기로 에큐메니칼 운동이 시작되지만 선교학은 복음주의나 진보주의의 구분을 하지 않고 국제선교협의회(IMC)를 중심으로 함께 발전하여 갔다. 그러나 1960년대에 들어서서 국제선교협의회가 세계교회협의회(WCC)와 통합되고 선교에 대한 개념이 급진적으로 변화되어가자 복음주의 선교학이 분리 형성되기 시작하였다.

1974년 로잔 대회와 이어지는 로잔 운동이 복음주의 선교학을 형성하는 중추적 역할을 하였다. 에큐메니칼 선교학은 복음주의적 선교개념에서 급격하게 멀어졌지만, 실제적으로는 복음주의 선교학에 연구 모티브를 계속 제공해 주는 역할을 하였다. 어떤 면에서는 복음주의 선교학은 에큐메니칼 측에서 제시되는 새로운 개념들에 대하여서 복음주의적 입장을 변증하는 과정에서 성장하였다고 하겠다. 다양한 주제들이 이때 제시되어졌다. 상황화 개념, 복음전파와 사회적 책임 간의 관계, 하나님의 선교와 삼위일체 선교의 개념, 선교와 문화의 관계 등이 1970년대와 80년대 주요한 선교학 주제로 부상하였다.

1990년대에 들어서면서 복음주의 선교학은 커다란 두 개의 변화를 경험하였다. 하나는 기독교의 구심점이 서구로부터 비서구 지역으로 이동함에 따라서 제2/3세계 선교운동의 발흥(勃興)으로 인한 변화였다. 제2/3세계 선교는 1970년대에 시작하여서 1980년대 초반까지도 미미한 상황이었다. 그러나 1980년대 후반에는 무시 못 할 세력이 되었고 1990년대에는 서구와 버금가는 선교의 큰 세력으로 성장하였다. 이에 따라 서구 중심적 관점으로 형성되었던 선교학에서 제2/3세계 교회들의 소리가 커지게 되었다. 점차 문화를 중시하고 메타 문화적 관점을 강조하는 범세계적 선교학(Global Missiology)의 필요성이 대두되어지고 있다. 다른 한 요소는 전 세계적으로 일어나는 선교적 부흥에 따라서 선교전략중심의 실천적 선교학의 강세였다. 이는 A.D. 2000 운동과 미전도종족 선교 등의 큰 흐름이 중심이 되었다. 20세기 후반부는 복음주의 선교학이 크게 성장한 시기였다.

선교학은 우리말로는 별 이견(異見)이 없는 용어지만 서구에서는 다양한 표현이 제안되었었다. 선교에 대한 이론적 연구는 독일이나 화란, 스코틀랜드 등에서 시작되었지만, 오늘날 선교학이라는 의미로 사용되는 영어의 missiology라는 용어는 불어의 *missiologie*에서부터 유래되었다. 라틴어에서 온 *missio*라는 말과 헬라어의 *logos*의 복합어의 형태이다. 이는 하나님의 사역을 지칭하는 개념과 인간의 논리를 합한 것으로 하나님의 선교적 사역과 현 세상을 사는 인류의 상황이 만나는 곳에서 선교학이 발생함을 의미한다고 하겠다.

선교학이란 학문에 대해서 많은 이름들이 제시되었었다. 초기 선교학의 선교자인 구스타브 바르넥은 "선교이론"(missionslebre)이라는 용어를 사용하였었다. 이어서 화란 신학자인 아브라함 카이퍼(Abraham Kuyper)는 「신학백과사전」(*The Encyclopedia of Sacred Theology*)에서 여러 가지 용어를 시험적으로 사용하여 보았다. 일반적인 선교의 의미를 강조해서 "사도학"(apostolics)이라는 용어를 제안해 보기도 하고 "증가학"(prosthetics), 혹은 "사람을 낚는 학문"(halieutics), "증가 전파학"(auxanics) 등의 용어를 사용해 보았지만 크게 활용되지는 못하였다. 마지막으로는 타종교 관점을 고려해서 "회심학"(elenctics)라는 용어도 제안하였었다. 호켄다이크(Hoekendijk)는 "사도적 임무의 신학"이라는 용어도 제안하였었다. 이러한 용어들은 오늘날 사용되지 않고 있지만, 당시 사람들이 가지고 있었던 선교학의 개념 혹은 정의를 엿볼 수 있는 용어들이다.

오늘날은 선교학을 missiology라는 용어로 사용하는 데 거의 동의가 이루어졌다. 요하네스 버카일(Johanes Verkuyl)이 이런 결론에 도달하는데 큰 공헌을 하였는데 그는 다양한 많은 선교학에 대한 용어와 개념들을 비교한 후에 missiology라는 용어를 최선의 표현으로 인정하고 있다. 노르웨이의 선교학자인 오라프 미클레버스트도 이 분야를 표현하는 최선의 용어가 missiology라는 것에 동의하고 있다.

선교학은 오늘날 다른 신학의 영역들에서 독립된 신학의 한 분과로 자리를 잡고 있지만 다른 신학의 영역들과 분리될 수 없는 긴밀한 관계를 맺고 있다. 갓프리 필립스(Godfrey Philips)는 기독교 신학과 선교학은 함께 성장하거나 함께 공멸하는 불가분의 관계를 하고 있다고 지적하였다. 신학이 쇠퇴하고 있다면 이는 선교적 사역도 쇠퇴하고 있음을 의미한다고 그는 말하였다. 왜냐하면, 선교는 교회의 단순한 한 기능이 아니라 교회 생활의 근본적 표현이기 때문이다. 그래서 마틴 케러(Martin Koler)는 "선교는 신학의 어머니이다"라는 표현을 서슴지 않았다. 에밀 브루너(Emil Brunner)도 이를 표현하기를 "불꽃이 없으면 불이 존재할 수 없는 것처럼 선교가 없다면 교회는 존재할 수 없다(The Church exists by mission, just as fire exists by burning). 즉 선교가 없다면 교회도 없고 교회와 선교가 없다면 신앙도(신학도) 존재할 수 없다"고 단언하였다.

근대 이전 시대의 신학자들은 신학이란 나누어지지 않는 총체적인 개념이라는 총체적 신학 개념을 고수하였다. 계몽주의 시대에 이르러서야 신학을 이론과 실천이라는 두 개념으로 나누게 되었다. 이러한 구분이 시작되자 점차 신학은 사중구조를 가지는 것으로 발전하게 되었다. 오늘날 흔히 나누는 데로 본문으로서의 "성서학," 발전역사로서의 "교회사," 진리의 분별로서의 "신학" 혹은 "조직신학" 그리고 적용으로서의 "실천신학"의 구조이다. 선교는 적용 부분으로 간주되어서 신학의 주요 과목으로 간주되지 않았었다.

모라비안과 윌리엄 케리(William Carey) 등에 의해서 현대 선교운동이 시작되자 선교의 열기가 유럽의 신학자들로 하여금 선교학을 신학 교과에 포함시키도록 하는 계기가 되었다. 슐라이에르마허(Friedrich Schleiermacher)가 선교학을 신학교과 중 실천신학의 한 부분으로 포함시켰다. 19세기 중엽이 되자 선교학은 독립된 신학의 한 분과로서의 자리를 요구하게 되었다. 1836년 프린스톤 대학에서 찰스 브레큰리찌(Charles Breckenridge)가, 1867년 에딘버러 대학에서 알렉산더 더프(Alexander Duff)가, 그리고 1897년 할레대학에서 구스타프 바르넥이 선교학 교수의 자리를 만들고 취임하게 되었다. 이들의 저명한 학자적 명성이 선교학을 분리된 신학의 한 분과로 자리 잡음을 가로막는 이견들을 제압하게 하였다. 로마 가톨릭 교회에서도 조셉 스미드린(Josef Schmidlin)을 뮨스터 대학의 선교학 교수로 임명하게 되었다.

이 시기에 점차 선교학도 신학의 사중구조 모형을 따르게 되었다. 성서학에 병행하는 "선교의 성서적 기초," 신학에 대비되는 "선교신학," 교회사에 대비되는 "선교역사" 그리고 실천신학에 병행되는 "선교적 실천"(선교방법 혹은 선교전략)의 구조를 가지게 되었다. 1960년대 이후로 선교학은 신학 교과에서 주요과목으로 인정되기 시작하였다. 선교가 교회의 한 활동 중 하나가 아니라 교회의 존재 자체임이 인정되어지기 시작한 것이다. 데이비드 보쉬(David Bosch)는 이것을 표현하기를 "선교에 대한 신학으로부터 신학 자체가 선교적 신학"(a theology of mission to a missionary theology)으로 발전한 것이라고 지적한다. 문화에 대한 이해가 넓어지면서 응용문화인류학의 한 분야로 선교문화인류학이 제시되고 이것이 선교학의 한 분과를 차지해 가게 되었다.

오늘날 선교학은 알렌 티펫(Allen Tippet)이 잘 지적한 것처럼 선교의 성서적 기초, 선교신학, 선교역사, 선교문화인류학, 선교전략 등의 과목을 세부영역으로 하는 독립된 신학의 한 분과로 발전되었다. 그러나 점차 학문의 각 분과가 통합되는 방향으로 발전하는 흐름에 따라서 최근에는 문화인류학, 신학, 선교학의 경계선이 없어지는 삼자상호관계로 향하여 나아가고 있다고 하겠다.

선교학의 정의에 대해서는 많은 학자들이 여러 가지 정의를 제시하고 있다. 아브라함 카이퍼의 선교학 용어에 대한 정의에서 보았듯이 카이퍼는 선교학을 "그리스도 밖에 있는 자들의 회심을 증가시키는 적절한 방법에 대한 연구"라고 정의하였다. 사무엘 에스코바는 "선교학을 선교사역을 이해하기 위한 통합 학문적인 접근"이라고 정의한다. 이러한 정의는 선교학의 위치를 실천신학의 한 영역으로 보는 견해였다. 이에 비해서 오라프 미클레버스트는 선교학을 "비기독교인 가운데서의 기독교 전파를 역사와 이론의 관점에서 다루는 학문"이라고 보았다. 이런 정의를 따라갈 경우 선교학은 크게 교회역사의 한 부분으로 간주되어지게 된다. 한편 호켄다이크는 "지상에 평화(shalom)를 세우는 것을 목적으로 하는 포괄적인 방법(comprehensive approach)"라고 하였다. 그는 교회는 세상에 평화를 건설하는 수단으로 보았기 때문이며 신학은 궁극적으로 선교학이며 선교학은 사도학의 신학이라고 하였다. 또 비르클(Birkle)은 선교학을 "이방선교에 대한 학문이라기보다는 전신자의 세계 봉사를 논하는 것"이라고 하였고 신학의 모든 분야를 현실에 상관시키는 문제를 다루는 것이라고 하였다. 이들의 정의는 에큐메니칼이 주장하는 "하나님의 선교"(missio dei) 개념을 받아들인 것으로서 복음주의 선교학에서 받아들이지 않는 정의이다.

필자는 선교학의 정의를 "예수 그리스도의 지상위임명령에 근거하여 세계 복음화가 완성되도록 하기 위하여 기독교가 비기독교인들 가운데 전파되는 사역에 관련된 모든 학문적 연구"라고 하였다. 이에는 지상위임명령이라는 하나님의 분명한 선교명령에 근거를 두고 있음을 지적하고 비기독교인에 대한 선교적 활동이 대상임을 명문화하여서 하나님의 선교적 개념과는 구별되도록 하였다. 이 선교학의 영역에는 ① 선교의 성서적 기초를 다루는 영역과 ② 선교에 관한 신학적 문제들을 다루는 선교신학의 영역, ③ 복음의 지리적 확장을 중심으로 선교의 실제와 이론의 발전을 다루는 선교역사의 영역, ④ 복음과 문화의 관계를 살펴보는 선교문화인류학의 영역, ⑤ 선교방법론에 대한 선교전략론의 영역 등 다섯 영역이 있다고 하겠다. 선교학개론은 위의 각 선교학의 영역들에 대한 개론적 지식을 제시하는 것을 목적으로 한다.

III. 왜 선교학을 배워야 하는가? 선교학에서 무엇을 배울 것인가?

목회자들에게 자주 듣는 말이 "선교학을 특별히 배울 필요가 있는가?"라는 것이다. 신학교를 졸업하고 국내에서 교회를 개척하고 목회하는 것과 다른 나라에 가서 교회를 개척하고 목회하는 것과 다를 것이 없다는 개념에서 나오는 지적이다. 그저 영어 좀 잘하고 현지어만 익히면, 국내에서 목회하는 것과 선교가 차이가 없을 것이라는 예단(豫斷)이다. 그러나 오히려 국내에서 목회하는 것과 외국에서 선교하는 것은 전혀 다른 사역이라는 개념을 가지고 접근하는 것이 안전하다. 국내사역과 선교를 같은 것이라고 간주하고 달려드는 것이 실제 불필요한 많은 시행착오를 경험하게 만드는 일이다. 이를 농사에 비유하여 설명해 보겠다.

국내에서 수십 년 동안 농사를 지어서 논농사라면 이골이 났다고 생각하는 농부가 있다고 해보자. 그는 오랜 경험으로 눈감고라도 농사를 지을 수 있다고 자신한다. 실제 그가 충청도에서 농사를 짓다가 전라도나 경상도로 이사한다고 해도 아마 별 어려움 없이 계속 농사를 지을 수 있을 것이다. 그러나 그가 농업 이민을 해서 아주 낯선 땅으로 이민을 했다고 가정 해보자. 필자가 브라질의 아마존 인근 지역에서 아주 낯선 토양을 본 적이 있다. 핏빛에 가까울 정도로 새빨간 빛깔의 알이 굵은 흙을 보았다. 이런 낯선 토양에 한국의 농부가 도착하게 되었을 때 평생에 걸친 농사 경험에도 불구하고 그는 갑자기 무엇을 어떻게 해야 할지 모르는 어린아이와 같은 상황에 빠지게 된다. 이 상황에서 두 가지 종류의 반응을 할 수 있다. 한 종류는 "믿습니다"라고 외치면서 이전에 자신이 했던 대로 통일 볍씨를 뿌리는 것이다. 물론 이런 토양에서 통일벼는 결코 열매를 맺지 못한다. 그러나 농부는 자신은 평생 그렇게 해 왔기 때문에 다른 방법은 모른다고 고집하며 계속 통일벼를 뿌릴 수 있다. 다른 한 종류의 반응은 자신의 오랜 경험을 잠시 접어두고 마치 초보자와 같이 현지에서 농사를 배워 가는 것이다. 토양을 살펴보고 기후를 살펴보고 어떤 농작물을 키우는가를 배워 가는 것이다. 아마도 농경기술도 다를 것이므로 이웃 현지인들이 농사짓는 모습에서 왜 그렇게 하는가를 연구하면서 배워가야 할 것이다. 이런 사람은 결국 이국(異國)땅에서도 농사꾼으로서 일할 수 있게 된다.

선교도 마치 이와 같은 것이다. 토양이 다르다는 것은 문화가 다르다는 의미이다. 문화가 다르다는 것은 일반적으로 생각하는 것보다 훨씬 더 큰 의미를 가지는 말이다. 선교사들은 현지에 도착한 후에 문화를 모르기 때문에 터무니없는 실수를 저지른 경험을 누구나 한두 가지 가지고 있을 것이다. 차라리 너무나 터무니없는 실수는 괜찮다고 하겠다. 선교사들은 곧 자기 의도와 다른 반응이 나타나는 것을 보고 무엇인가 잘못되었음을 인식하게 되고 그런 실수를 통해서 문화를 배워가게 된다. 그러나 문화가 전혀 다른 경우가 아니라, 약간의 차이가 있을 때 실제 현지인에게 도착한 메시지는 작은 문화적 차이 때문에 결정적 힘을 잃어버리고 밋밋한 메시지로 변질되고 왜곡되게 된다. 이런 경우 대부분의 선교사는 문화 차이를 인식하지 못하고 끝까지 자신이 제대로 전파하였다고 생각한다. 그리고 이유를 영적인 문제로 돌리게 된다. 내가 한국에서 이 메시지를 전했을 때는 놀라운 반응이 청중 가운데서 있었는데 여기서는 아무런 반응이 없으면 단지 성령의 역사(役事)

가 이곳에는 없기 때문이라고 결론짓게 된다. 그러나 실제로는 그는 문화적 차이를 제대로 인식하지 못하여서 타문화권 커뮤니케이션에서 실패하고 있다. 선교지에서 생기는 많은 실패 사례가 실제로는 영적인 문제라기보다는 이런 문화 차이를 인식하지 못하는 데서 기인한 경우이다. 문화를 신중히 고려하지 않으면 때로 한 가마니를 소출할 수 있는 땅에서 한 말 정도를 거두고 만족해야 하는 경우가 흔하다.

기후가 다르다는 것도 신중히 고려해야 한다. 모든 나라가 한국처럼 사계절이 있다고 생각하면 오산이다. 의외로 많은 나라들은 건기와 우기밖에 없다. 이런 경우 한국처럼 4월에 씨 뿌리고 10월에 추수한다는 개념에서 벗어나야 한다. 건기 우기가 있는 지역에서는 언제 씨를 뿌리고 언제 거두는가가 지역에 따라서 다르기 때문이다. 이를 맞추어야 하는데 고집을 부리면서 한국에서는 항상 4월에 씨 뿌렸기 때문에 여기서도 그렇게 할 수밖에 없다고 하면 문제를 일으키게 된다. 건기가 시작할 때 씨를 뿌리면 그 씨는 결국 말라죽을 수밖에 없다. 기후는 시시각각 변하는 것이다. 선교에서 기후에 해당하는 것은 선교지에서의 역사적 상황 혹은 정치, 경제, 사회적 여건의 변화이다. 이를 눈감고 이전의 경험에 의지하는 것은 믿음이 아니라 무책임에 불과하다.

어떤 농사를 짓는가 하는 것도 차이가 있다. 지역에 따라서는 토양과 기후의 문제로 인해서 벼농사가 안 되고 사탕수수를 경작해야 할 경우도 있다. 이럴 때 자신의 과거 경험을 접고 겸손하게 사탕수수 농사를 배워야 하는데, 나는 평생 벼농사 지은 사람이므로 어쩔 수 없다고 고집을 부리면서 논농사를 지으려 하면 실패를 자초하는 일이다. 비록 이전에는 벼농사를 지었어도 다른 환경에 도착했을 경우 다른 형태의 농사를 지을 마음의 준비가 되어야 한다. 그리고 그런 변화를 긍정적으로 받아들여야 한다. 당연히 농경기술도 바뀌어야 한다. 벼농사와 사탕수수 농사는 근본적인 차이가 있다. 이를 인정해야 한다. 그러나 이전의 경험을 변화 없이 사용하려고 한다면 불필요한 시행착오와 실패를 불러일으키게 된다.

이러한 요소들을 선교학의 용어로 바꾸어 보자. 토양에 해당하는 문화를 배우는 것이 바로 선교문화인류학이다. 기후에 해당하는 영역을 배우는 것이 선교역사다. 농사의 종류를 정하는 것은 선교신학과 관련되는 영역이다. 농경 기술에 해당하는 것은 선교 전략론이다. 바로 선교학이라는 것은 문화가 다른 상황에서 같은 영혼 구원의 사역이 효과적으로 일어나도록 여러 요소들을 학문적으로 연구하는 분야인 것이다. 그러므로 이런 선교학적인 훈련이 없이 선교사역에 뛰어들면 많은 문제를 일으키게 될 것이다. 이런 면에서 선교학이 필요함을 설명할 수 있겠다.

IV. 선교학을 공부하는 방법

위에 언급된 대로 선교학에는 크게 네 개의 각론(各論)이 존재한다. 선교신학, 선교문화인류학, 선교역사, 선교전략이다. 핵심적인 이 네 개의 각론 과목 이외에 주요한 다른 각론으로는 타 종교에 대한 이해와 선교적 접근(혹은 종교 신학), 지역선교론, 선교사역의 실제 등의 과목이 있겠다. 이 과목들에 대한 대략적인 내용은 다음과 같다.

선교학개론

위에 언급된 다양한 각론들의 내용을 개괄적으로 살펴보는 과목이다. 선교학을 공부하기 위해서는 먼저 이 개론을 배워야 한다. 지나치게 어느 한 영역에 집중해서는 안 되며 전반적인 선교학의 제 영역들을 이해할 수 있도록 해주는 것이 목표이다. 개론 과목을 통해서 각론에서 배울 내용의 개요를 알고 관심을 유발하도록 함을 지향한다. 특히 개론 과목은 단순한 지적 전달에 그치기보다는 하나님의 선교사역에 대한 관심과 헌신을 유도할 수 있도록 실제 현장의 상황을 제시하고 도전하려는 의도도 가지고 있다.

선교신학

세계선교의 움직임을 형성하여가고 있는 신학적 개념들에 대해 폭넓고 깊이 있는 연구를 하는 과목이다. 선교신학은 어느 정도 변증학적인 입장을 취한다. 선교사역에 관련된 다양한 신학적 개념들을 복음주의적 관점에서 평가하고 비평하면서 복음주의 선교학의 자리를 변증 하는 것을 목표로 한다. 이를 통하여서 세계선교의 건전한 신학적 비평 능력을 키우면서 동시에 복음적인 선교신학을 견지할 수 있는 능력을 배양함을 목표로 한다. 이 과목은 선교신학이 어떤 과정을 거쳐서 발전하였는가에 대한 역사적 조망에서 시작한다. 그리고 오늘날 선교에 영향을 미치는 다양한 선교신학의 흐름을 살펴보고 이를 복음주의 신학의 입장에서 비평한다. 주요 흐름으로는 WCC로 대표되는 에큐메니칼 그룹의 선교신학 개념, 로마 가톨릭 교회의 선교신학 개념, 오순절 교회의 선교신학 개념, 러시아 정교회의 선교신학 개념 등을 살펴보고 그 비평 기준으로서 복음주의 그룹의 선교신학 개념을 연구한다. 개념 비교에서 핵심은 "교회의 사명으로서의 선교를 어떻게 정의하고 있는가?"이며 이에 따르는 교회관, 기독론, 성령론, 교회의 전통과 사역의 특성들을 연구하게 된다. 이와 같은 각 그룹의 선교개념 이외에 오늘날 선교현장에서 제기되어지는 신학적 주제로서 "상황화" (contextualization) 및 상황화 신학, "세계화," "다원주의 논쟁," "전략적 영적전쟁"(SLSW) 등의 주제에 대해서 신학적 평가를 시도해 본다. 상황화라든지 다원주의, 영적전쟁 등의 개념들은 선교전략이나 선교문화인류학, 타 종교에 대한 접근 등의 과목에서도 다루어지는 개념이지만 이 과목에서는 신학적 분석을 중심으로 연구한다.

선교문화인류학

문화인류학은 19세기 중반에 처음 학문의 장(場)으로 형성된 상당히 새로운 영역이다. 오랫동안 문화인류학과 선교는 서로 깊은 반목(反目) 관계를 이루어 왔다. 왜냐하면, 일반 문화인류학은 인간을 진화론적 입장에서 이해하고 인간의 문화도 동물 세계의 문화 중 조금 더 진화한 것 정도로 여기기 때문이다. 이런 개념에서 종교라는 것은 문화의 부산물로 여겨지며 각자가 가지고 있는 종교는 문화적 상황 속에서 형성된 것으로 그들의 고유 종교는 고유문화의 일부분으로 간주되어진다. 이를 다른 종교로 대체시키려는 선교활동은 서구 기독교 국가의 종교 제국주의적 행동이라고 보고 선교활동을 단호히 반대했다. 선교사들도 일반 문화인류학자들을 진화론자처럼 간주하여서 문화에 대한 연구 자체에 의심과 반목의 눈길을 보냈었다. 그러나 실제 타문화권 선교 자체가 문화를 핵심 개념으로 이해하지 않으면 안 된다는 것이 점차 인식되자, 일반 문화인류학을 기독교적 세계관에서 재해석하여 구성할 필요가 생기게 되었고 그 결과 탄생한 것이 선교문화인류학이다. 그러므로 선교문화인류학은 기독교적 관점에서 문화에 대한 연구를 통하여 선교사역에서 문화를 이해, 분석, 적용, 변화시키는 효과적인 이론과 방법을 습득하도록 하는 과목이다. 선교문화인류학은 1960년 이후 발전하였는데 초기에는 성경번역사역을 하던 사람들에 의해서 출발하였고 1980년 이후로 빠른 속도로 발전하고 있는 선교학의 영역이다.

선교문화인류학에서는 먼저 신학과 인류학의 관계를 이해하도록 한다. 신학과 인류학, 선교학 간의 삼각관계는 최근 신학 이해의 변화를 전형적으로 보여주는 부분이다. 이어서 일반 문화인류학이 가지고 있는 문화에 대한 제 이론들과 그 변화 과정을 연구하고 문화의 구성, 문화의 특성, 제 요소, 세계관 등 문화의 일반적 사항들을 살펴보다. 이러한 문화의 일반적 항목들을 배운 다음에는 선교에 문화를 적용하는 핵심 사항인 타문화권 커뮤니케이션 문제와 문화적 관점에서 보는 상황화, 선교사의 문화적응 및 문화충격의 문제 등을 다루게 된다.

선교역사

교회사(敎會史)와 선교역사는 같은 역사 장르에 속하지만, 접근 방법이 다르다. 교회사는 주로 기독교회 발전의 중심 흐름을 따라가면서 교리적, 제도적, 구조적 발전을 다룬다. 이런 이유로 초기에는 유대 교회를 다루다가 속 사도 시대에는 로마 제국 내의 교회들, 이어서는 유럽 지역의 교회, 영국교회, 그리고 마지막으로 미국의 교회들을 중심으로 역사 서술을 해간다. 그러나 선교역사는 철저하게 기독교의 지리적 팽창을 중심으로 역사 서술을 해간다. 이런 관점의 차이는 역사적 사건에 대한 평가에서 적지 않은 차이점을 보이게 된다. 20세기 가장 위대한 선교역사가였던 케네스 스캇 라토레트(Kenneth Scott Latourette)는 기독교 선교를 5개의 시대로 구분하였다. 많은 경우 이런 구분을 따라서 기독교가 어떻게 새로운 지역으로 전파되었는가를 평가 비평하는 과목이다. 역사는 계속 반복된다. 오늘날 선교현장에서 부딪히게 되는 많은 문제가 역사를 살펴보면 대부분 이미 존재하였던 문제들이다. 그러므로 역사에 대해 깊은 연구는 우리로 하여금 새로운 선교 상황에 지혜롭게 접근하게 할뿐더러 불필요한 시행착오들을 줄여줄 수 있는 기능을 한다.

선교 전략론

선교 전략론은 설정된 선교목표를 성취하기 위한 다양한 전략 혹은 방법들을 연구하는 과목이다. 효과적인 전략이란 최소한의 투자로 최대한의 효과를 얻을수 있는 방법을 의미한다. 막대한 인적, 재정적 투자가 요구되는 타문화권 선교는 철저하게 전략적인 접근을 하지 않으면 적지 않은 교회 자원을 낭비하는 사역이 될 수 있다. 대부분의 전략에서 전혀 새로운 개념이 등장하는 경우는 드물다. 그러므로 본 과목은 효과적인 선교전략을 개발하기 위해서 선교역사상 이미 사용됐던 다양한 전략들을 이해하고 분석한 후 이를 현 상황에 활용할 수 있는 방안을 학습하는 과목이다. 초대교회로부터 중세교회, 가톨릭교회의 선교전략 등 근대선교 이전의 선교전략을 살펴보며, 집중적으로는 19세기 이후 발전되어진 다양한 근대 선교전략들을 연구한다.

타종교에 대한 선교적 접근

오늘날 선교현장은 기독교를 제외한 다양한 타종교들의 지역이다. 20세기 초반까지만 해도 기독교를 제외한 나머지 대부분의 세계 종교들은 체계화, 교리화가 잘 되어 있지 않았고, 서구 선교사들은 승리주의(triumphalism)적 접근 자세를 가졌기 때문에 타종교에 대한 이해가 부족하였었다. 이러한 접근은 선교 현지에 적지 않은 문제점들을 만들게 되었다. 오늘날 비록 100년 전보다 무종교인들이 늘어난 것은 사실이지만 여전히 대부분의 선교 대상자는 기독교 이외의 종교를 가진 사람들이다. 이런 종교들에 대해서 이해하고 적절히 상황화된 접근 방법을 배우는 것은 선교의 피할 수 없는 요구가 되어 있다. 타종교에 대한 선교적 접근이라는 과목은 이런 내용을 연구하는 과목이다.

지역선교론

특정 대륙이나 특정 지역의 범위 내에서 각 국가나 민족들의 지리적, 정치적, 경제적, 인구통계학적, 종교적 상황들을 살펴보고 동시에 기독교 현황, 선교역사, 선교현황들을 이해한다. 이를 근거로 해서 각 지역에 적절한 선교 접근방안을 찾아내며 선교의 기회를 발견하려는 과목이다. 선교 현지에 대한 깊은 연구와 이해를 통해서, 하나님이 자신에게 부담을 주는 선교 대상을 발견하려는 기대도 하고 있다. 지역에 따라서 아시아 선교론, 아프리카 선교론, 중남미 선교론, 유라시아 선교론, 중동 선교론 등이 있다.

V. 선교학에서 쟁점이 되는 문제들과 앞으로의 과제

오늘날 선교학은 다양한 신학적 연구들이 종합적으로 집적(集積)되는 영역이다. 성서신학과 체계신학, 특히 현대신학의 연구들이 직접 영향을 주는 영역이 선교신학이다. 문화에 대한 긍정적 이해와 성경도 문화 영향을 받은 상황화된 작품임을 복음주의가 선포한 윌로우뱅크회의 이후로, 문화 개념이 신학에 미친 영향은 지대하다. 이는 성경해석의 영역에서부터 교리화의 과정, 역사적 평가, 실천적 행동 등 거의 신학 대부분의 영역에 경계선을 긋는 변화를 일으켰다. 문화에 대해 이런 변화를 가장 예민하게 살펴보는 영역이 선교문화인류학이다. 선교역사는 최근 세계의 변화를 단순한 교리 변화로 보지 않고, 선교학적 관점에서 보게 하고 있다. 또한, 선교방법 혹은 선교전략은 1990년 이후로 비약적 발전을 하고 있다. 이런 면에서 21세기 선교학에서 주요 연구주제로 떠오는 쟁점들이나 과제들은 다음과 같다.

상황화 신학의 발전과 범세계적 선교학의 대두: 서구 신학과 서구의 선교학이 압도적이었던 시대가 지나게 되고, 1980년대를 시작으로 각기 자신의 문화적 컨텍스트에 적절한 상황화 신학의 등장 필요가 대두되어졌다. 지금까지 제시된 상황화 신학 대부분은 성경의 절대성을 인정하지 않는 자유주의나 에큐메니칼 그룹에 의해서 만들어진 것이었다. 초기에 복음주의 그룹에서는 이런 상황화 신학의 대두를 경계하였지만 윌로우뱅크 회의 이후 상황화 신학의 정당성을 인정하게 되어 주요한 관심사로 등장하였다. 그러나 복음주의 진영에서의 상황화 신학 연구는 여전히 소극적인 면을 벗어나지 못하고 있다. 일부 복음주의자들은 이것을 복음주의 특성상 어쩔 수 없는 한계라고 이해하기도 하였다. 그러나 최근 복음주의의 한계가 점차 넓어지고 있는 상황에서 복음주의 관점의 상황화 신학은 새로운 가능성을 탐구하고 있다. 복음주의 신학의 상대적 약점을 극복하면서도 제2/3세계의 필요에 적절하게 대응할 수 있는 상황화 신학은 커다란 연구 과제이다.

한편 이러한 상황화 신학의 발전에 대해서 경계의 소리가 나타나게 되었다. 즉 상황화 신학에 너무 강조점을 두다가 보면 지역신학이나 지역적 선교학이 중심이 되고, 성경의 보편성을 담고 있는 범세계적 신학(global theology)이나 범세계적 선교학(global missiology)이 위협을 받게 된다는 것이다. 이에 따라서 최근에는 상황화 신학의 발전과 동시에 범세계적 신학 혹은 범세계적 선교학이라는 주제에 대한 논의가 활발해 지고 있다. 이 두 가지는 서로 견제와 균형을 이루면서 함께 발전해야 할 영역이다.

다양한 다원주의 논쟁: 다원주의 논쟁은 20세기에 이미 활발한 논의가 됐던 쟁점 주제이다. 그러나 점차 21세기에 포스트모더니즘과 타종교가 부상되면서 이 논쟁은 새로운 차원에 들어서게 될 것으로 보인다. 종교적 다원주의 논쟁도 새로운 차원의 주장들이 제기되어질 것으로 보인다. 이를 위해서 복음주의 진영에서도 종교 신학(theology of religions)에 대한 연구가 발전을 보아야 할 것이다. 이외에도 "문화적 다원주의"에 대한 이해가 커다란 주제로 신학에 영향을 미칠 것으로 보인다. 문화의 개념이 복음주의 신학에 깊이 들어가게 되는 만큼 이전의 교리적 이해에 어쩔 수 없는 변화를 불러일으키게 될 것으로 예상되어진다. 이는 문제라기보다는 성경과 선교 대상자를 더 잘 이해하게 되는 긍정적 측면을 강조하여 접근하여야 할 것이다. "해석학적 다원주의"도 20세기에 격렬한 논쟁과 관점에 따른 학파들이 형성됐지만 금세기에도 커다란 논쟁으로 이어갈 것으로 보인다.

    포스트모더니즘과 세계화에 대한 복음주의 신학의 대처: 포스트모더니즘은 한 상태에서 다음 상태로 넘어가는 전환기적 개념이지만 이미 전 세계에 걸쳐서 엄청난 영향력을 보이고 있다. 모더니즘 시대에 인식의 방법을 규정하던 거대 담론, 혹은 보편적 진리에 대한 신뢰가 상실되면서, 새로운 인식과 질서 체계에 적응하기 위해 전 세계가 몸살을 앓고 있다고 표현할 수도 있다. 이는 복음주의에 위협을 주는 요인이 된다. 그러나 복음주의는 지혜롭게, 거부할 것과 고수할 것을 분명히 규정하는 동시에 변화된 세태 가운데서 신앙을 전파하기 위한 새로운 방안을 신학적으로 탐색하여야 할 것이다. 포스트모더니즘과 함께 새로운 사조로 영향을 미치는 것은 세계화라는 개념이다. 주로 경제나 정치 이론에서 나오는 듯한 개념이지만 신학 전반에 걸쳐서 세계화가 주는 영향도 무시해서는 안 된다. 특히 선교학에 미치는 세계화의 영향은 적지 않다. 이를 적절히 흡수, 응용하기 위한 선교적 대응이 주요한 쟁점으로 부상하고 있다.

추천하고 싶은 책

1. 선교학 전반적인 주제에 대한 문헌

이현모. 「현대선교의 이해」. 대전: 침례신학대학교출판부, 2012. 이 책은 선교학개론에 대한 교과서로 저술된 책이다. 선교의 핵심적 네 분과인 선교 신학과 선교의 성서적 기초, 선교역사, 선교와 문화의 관계, 선교전략 등을 개론적 차원에서 다루고 있다. 동시에 대부분의 선교학이 지나치게 선교 신학적인 이론 중심이 되어서 선교학 수강생들이 실제 선교적 도전을 받지 못하는 현실을 깊이 반영하여서, 실제적 선교 도전이 이루어지도록 세계 선교 현황과 선교사의 사역과 생활 부분들을 포함했다. 최근의 선교 통계들을 포함했고 최근의 선교전략 등을 추가시켜서 이전 「선교학개론」을 보완한 책이다.

Terry, John Mark, Ebbie Smith and Justice Anderson. eds. 「선교학 대전」. 한국복음주의 선교 신학회 역. 서울: 기독교 문서선교회, 2003. 원제가 *Missiology* (Nashville: Broadman & Holman Publishers, 1998)인 이 책은 부제목을 "세계 선교에 대한 기초, 역사, 전략에 대한 입문서"라고 밝히고 있는 교과서 형식의 저서이다. 우선 이 책은 독특하게 미국 남침례교 선교학자들이 모여서 저술한 선교학 교과서이다. 마크 테리는 Southern 신학교의 선교학 교수이고 에비 스미스(Ebbie Smith)와 저스티스 앤더슨(Justice Anderson)은 Southwestern 신학교의 선교학 교수이다. 기고자의 대부분이 남침례교에서 활동하고 있는 선교학자나 선교사들이다. 최근에 나온 선교학 교과서로서는 미국 내에서 상당히 주목을 받은 책이다. 전호진 박사도 "선교학 입문서로서 참고할 수 있는 최고의 책이다. 지금까지 선교학 연구의 총체적 결실로서 이보다 더 나은 책을 보지 못하였다"라고 평가하였다. 다만 편집한 형식의 책으로 일관성 있는 설명은 역시 부족한 편이다.

Winter, Ralph D and Steven C. Hawthorne. eds. 「퍼스펙티브스」. 이현모 외 4인 역. 서울: 도서출판 예수전도단, 2010. 원제가 *Perspectives on the World Christian Movement; A Reader*(Pasadena: William Carey Library)인 이 책은 선교의 네 가지 영역에 대하여 하나님의 관점을 배울 수 있도록 준비시킨다. 또한, 선교학을 공부하려는 사람들에게 개론적 교과서의 성격을 가지고 편집됐다. 선교의 성경적 관점, 역사적 관점, 문화적 관점 그리고 전략적 관점에 대해서 전 세계의 학자, 선교 실무자, 선교사들의 글 중에서 엄선된 글을 모은 책이다. 가장 유명한 선교학 교과서이지만 단점은 여러 글을 편집한 형식이어서 일관성 있는 설명이 부족한 측면이 있다. 한국에서 번역된 책은 학습 효과를 높이기 위해서 핵심 본문, 목적, 핵심 단어, 복습 부분들을 따로 표시해 놓았다. 책을 읽기 전에 책의 구성 방식을 배우고 읽으면 훨씬 도움이 된다.

2. 선교 신학에 대한 문헌

Bosh, David J. 「변화하고 있는 선교」. 김병길, 장훈태 역. 서울: 기독교 문서선교회, 2000. 원제가 *Transforming Mission; Paradigm Shifts in Theology of Mission*(Maryknoll: Orbis Books, 1991)인 이 책에서 남아프리카의 선교학자인 데이비드 보쉬는 에큐메니칼 진영에 속한 사람이지만 선교 패러다임에서 에큐메니칼 그룹의 위험성을 잘 지적하고 있다. 이 책은 1990년대 이후로 선교 신학을 공부하는 사람들에게는 필독서로 인정받고 있다. 본서에서는 13개의 다양한 선교 패러다임을 제시하고 있다. 보쉬의 선교 신학적 공헌은 적어도 앞으로 50년은 영향을 미칠 것이라고 주장하는 선교학자들도 있을 정도로 보쉬의 학문적 영향력은 현대 선교학에서 지대하다. 특히 20세기 후반부 에큐메니칼 그룹에 의해서 제기되어진 다양한 선교적 주제에 대해서는 이 책이 가장 잘 정리, 제시하고 있다고 평가하겠다.

Bevans, Steve and Roger Schroeder. 「예언자적 대화의 선교」. 서울: 크리스천헤

럴드, 2007. 원제가 *Constants in Context: A Theology of Mission for Today* (Maryknoll: Orbis Books, 2004)인데 미국선교학회(ASM)에서 강력히 추천하는 선교 신학 관련 책이다. 비록 베반스를 통해서 강하게 가톨릭교회의 신학과 에큐메니칼 신학이 드러나고 있지만 선교 신학 자체를 보는 시야를 넓혀주고 정리해 준다는 면에서 좋은 책이다. 특히 선교를 포괄적으로 이해하는 신학적 관점을 제시한 것은 중요한 공헌이라고 보인다. 조금 전문적인 책이므로 관심자들에게 권한다.

Verkuyl, Johannes. 「현대선교 신학 개론」. 최정만 역. 서울: 기독교 문서선교회, 1991. 원제는 *Contemporary Missiology: An Introduction*(Grand Rapids: Eerdmans Publishing Company, 1978)인 이 책은 네덜란드 자유대학 선교학과 교수였던 요하네스 베르카일 박사의 대표적 저술이다. 전 세계 선교 신학의 동향을 시대별, 대륙별로 조감할 수 있도록 저술한 책이다. 선교학이 발전되어 온 역사를 상세하게 서술하고 있으며 대표적 선교학자들의 사상과 신학을 잘 설명하여 주고 있다. 로마 가톨릭 교회나 에큐메니칼 그룹, 유대교 그룹 등이 오늘날 개신교 선교 신학에 미치는 영향들을 잘 분석하여 놓았다. 비록 거의 30년 전에 저술되어져서 최근의 동향을 반영하고 있지는 않지만, 선교 신학에 입문하기 위해서는 필독해야 하는 책이다.

Bevans, Stephen B. 「상황화 신학」. 최형근 역. 서울: 죠이선교회출판부, 2002. 원제는 *Models of Contextual Theology*(Maryknoll: Orbis Books, 1992)이다. 스티븐 베반스는 비록 가톨릭 사제이지만 그의 문화에 대한 이해는 탁월하다. 이 책은 상황화 신학 작업을 실제로 시행할 때 기본 틀이 되는 상황화의 모델들을 설명하고 있다. 복음주의 그룹에서는 수용하기 어려운 지나친 문화화 모델을 포함하여 여러 다양한 모델들을 제시하고 있다. 상황화 신학을 본격적으로 연구하기 위해서는 중요한 입문서이다. 쉽지 않은 주제들을 베반스는 탁월한 능력으로 쉽게 이해할 수 있도록 제시하고 있다.

3. 선교 문화인류학에 대한 문헌

한국복음주의 선교신학회 편. 「선교를 위한 문화인류학」. 서울: 이레서원, 2001. 이 책은 한국 선교학자들에 의해서 저술되어진 선교 문화인류학 책이다. 16명의 선교학자들이 각 주제에 대해서 쓴 논문 형식의 글을 모은 것으로 선교와 문화 주제에 해당하는 다양한 주제들을 설명하고 있다. 한국적 관점을 보이려는 시도는 좋았는데 내용은 역시 서구적 개념을 이용하거나 소개하는 면에 그친 것이 아쉬운 면이다. 그러나 선교 문화인류학 분야의 교과서로 사용할 만한 수준의 양서이다.

Conn, Harvie M. 「영원한 말씀과 변천하는 세계」. 최정만 역. 서울: 기독교 문서선교회, 1992. 원제는 *Eternal Word and Changing Worlds; Theology, Anthropology, and Missions in Trialogue*(Grand Rapids: Academie Books, 1984)이고 부제목으로 "신학, 문화인류학, 선교학의 삼자 간 상호 관계"를 다룬 책임을 밝히고 있다. 하비 콘은 한국에서 사역했던 선교사이며 웨스트민스터 신학교에서 평생을 섬긴 선교학자이다. 그는 인류학이 신학의 영역으로 들어오게 되는 시대적, 사상적, 신학적 상황을 설명하면서 이 양자 간의 관계가 선교학에 미친 영향을 복음주의적 관점에서 서술하고 있다. 내용이 쉬운 책은 아니지만, 미국에서 아주 높은 호평을 받은 학문적인 책이다. 전반적인 신학과 선교학의 흐름을 문화적 관점에서 보기 위해서는 중요한 저술이다.

Hiebert, Paul G. 「선교와 문화인류학」. 김동화, 이종도, 이현모, 정흥호 역. 서울: 죠이선교회출판부, 1996. 원제는 *Anthropological Insights for Missionaries* (Grand Rapids: Baker Book House, 1985)이다. 이 책은 인도에서 사역하고 미국 트리니티 신학교에서 선교학 교수로 섬긴 폴 히버트의 책으로서 선교사들이 다른 문화 속으로 들어갈 때 그 문화를 이해하고 현지인들을 이해하는데 기본적인 방법들을 제시한 책이다. 히버트 자신이 이 책을 방법을 제시한 책이라고 표현하였지만, 실제적이면서도 학문적 깊이가 있는 책이다. 실제적 측면에서 선교와 문화의 관계를 이해하기 위해서는 입문에 해당하는 책이다. 특히 서구문화에서 선교지로 떠나는 사람들을 위해서 서구문화를 이해할 수 있도록 비판적 관점을 잘 제시하고 있다.

손창남. 「선교와 문화: 영광스러운 복음, 효과적인 전달」. 서울: 죠이선교회, 2014. 인도네시아 선교사 출신이 손창남 선교사가 문화인류학의 전문용어를 거의 사용하지 않으면서도 문화의 개념을 쉽게 그러나 의미 있게 전달하는 좋은 책이다. 선교사로 헌신한 사람들에게 문화의 차이를 일깨워주는 면에서 탁월한 책으로 반드시 일독을 권한다.

4. 선교역사에 대한 문헌

Neil, Stephen. 「기독교 선교사」. 홍치모, 오만규 역. 서울: 성광문화사, 1979. 원제는 *A History of Christian Missions* (Middlesex: Penguin books Ltd., 1964)이다. 이 책은 선교라는 측면에서 기독교의 지리적 팽창을 중심으로 교회 역사를 서술한 책이다. 예수님의 복음이 완성된 때로부터 시작하여 로마 세계로 전파, 이어서 초기 유럽지역으로의 팽창, 로마 가톨릭의 신대륙 발견과 선교로 이어진다. 이후 동양과 아프리카에서의 선교와 함께 19세기 이후 이어지는 개신교 선교역사를 설명한다. 선교역사 분야에서의 대부(大父)에 해당하는 케네스 스캇 라토레트 박사의 방대한 저술이 아깝게도 1940년경까지 만을 서술한 것을 보충하기 위해서 60년대까지의 근대 선교역사를 포함하고 있다. 번역된 선교역사 저술 중에서는 입문서로 필독을 권한다.

안희열. 「세계선교 역사 다이제스트 100」. 대전: 침례신학대학교 출판부, 2013. 본교 안희열 교수님이 저술하신 책으로 선교 역사를 가장 쉽게 서술하면서도 핵심적인 선교역사의 흐름을 잘 보여주는 책이다. 선교역사에 처음 입문하고 자하는 사람들에게는 먼저 이 책에서 시작하라고 권하는 책이다.

5. 선교전략에 대한 문헌

김성태. 「세계선교전략사」. 서울: 생명의말씀사, 1994. 이 책은 부제가 보여주고 있듯이 "교회사 속에 나타난 선교전략과 사례 연구"에 대한 책이다. 선교전략에 대해서 적절한 교재가 부족하던 상황에서 나온 본서는 전략에 대한 역사적 사례들을 공부하기에 좋은 교과서이다. 선교전략을 개괄적으로 공부하기 위해서는 필독할만한 입문서이다.

Terry, John Mark and J. D. Payne. 「선교전략총론」 (2015년 출간 예정). 원제는 *Developing A Strategy for Missions: A Biblical, Historical, and Cultural Introduction* (Grand Rapids: Baker Academic, 2013)인데 모처럼 선교전략 분야를 총괄한 책으로 주목을 받고 있다. 선교 역사를 통해서 적용된 다양한 전략들을 제시하고 평가하기도 하지만 20세기 후반부에 들어서 제시된 새로운 전략들을 총망라해서 보여주고 있다. 선교 전략 분야의 교과서로 사용하기에 적절한 책이다.

제21장

선교역사

선교학 교수 | **안희열**
missionsahn@kbtus.ac.kr

I. 들어가는 말

역사는 거울을 보는 것과 같다. 거울을 통한 자신의 모습을 보고 고칠 부분은 고치듯이 역사를 통해 긍정적인 면은 살리고 부정적인 면은 되풀이 되지 않기 위해서 역사를 배운다. 선교역사도 그렇다. 앞서 간 선교사들의 영성과 인격, 삶과 사역, 제자훈련과 교회개척, 리더십과 위임을 살펴보면서 오늘날 적용할 부분을 찾고 실수를 반복하지 않기 위해서이다. 특히 세계선교역사는 6기로 나눠 설명할 수 있다: (1) 초대교회 선교; (2) 중세교회 선교; (3) 로마 가톨릭 선교; (4) 종교개혁자, 근원적 종교개혁자, 경건주의자들의 선교; (5) 개신교 선교; (6) 현대 선교. 각 시기별로 선교활동, 선교전략, 선교평가를 분석하여 오늘날 한국교회에 적용해야 할 부분을 찾는데 도움을 주고자 한다.

II. 제1기 초대교회 선교(30-476)

초대교회란 AD 30년 오순절날 교회가 시작한 때부터 서로마제국이 멸망한 476년까지를 말한다. 이 시기의 선교 특징이라면 '순교'이다. 수많은 초기 기독교인들이 그리스도의 증인이 되기 위해서 순교자의 길을 택했다. 대표적인 인물로는 스데반, 바울, 베드로, 야고보, 폴리갑, 파피튜아 같은 사람들이다. 이들은 복음을 위해 '죽으면 죽으리라'의 신앙을 지니고 있었기에 순교도 두려워하지 않았다. 그렇다보니 네로의 박해(64-68년), 도미티안의 박해(81-96년), 디오클레티안의 대박해(303-311년)도 거뜬히 이겨냈다. 초대 기독교인들은 "내가 달려갈 길과 주 예수께 받은 사명 곧 하나님의 은혜의 복음을 증언하는 일을 마치려 함에는 나의 생명조차 조금도 귀한 것으로 여기지 아니하노라"(행 20:24)의 말씀처럼 살았다. 이들은 끊임없는 박해를 피해 '집'(오이코스)에서 교회를 시작했는데 예루살렘을 뛰어넘어 헬라 전 지역까지 확장되었다. "순교자의 피가 교회 탄생의 씨앗"이 된 것이 바로 초대교회이다.

1. 초대교회는 어떻게 확장 되었을까?

초대교회가 지리적으로 확장된 것에는 몇 가지 일반적 요인이 있다. 첫째로 로마의 평화(Pax Romana)시기이다. 로마제국은 한반도의 약 15배에 달하는 323만 평방킬로미터를 무려 300년 동안 통치하며 종족 간의 갈등을 종식시키고 오랫동안 평화를 유지함으로 복음이 헬라 전 지역에 완만하게 스며들게 하는데 기여했다. 둘째로 도로 발달이다. 로마제국의 견고한 도로는 도시 발달, 상업 발달, 군사 발달을 이끌었고 이것은 복음이 쉽고 빨리 전달되는데도 큰 도움을 주었다. 셋째로 헬라어 통용이다. 당시 헬라어는 문학 언어, 사교 언어, 상업 언어로 널리 사용되었는데 BC 4세기 알렉산드리아 대왕의 헬라 세계 건설은 헬라어가 헬라 전 지역에 통용되는데 결정적인 역할을 하였고 훗날 선교에도 큰 영향을 끼쳤다. 바울과 바나바 같은 헬라파 유대인들이 새로운 지역 언어를 배울 필요 없이 마음껏 사역을 할 수 있었기 때문이다. 넷째로 헬라파 유대인이다. 이들은 디아스포라 유대인으로 로마 인구의 7%를 차지하며 이방선교의 중추적 역할을 하였다. 대표적 인물로는 바울, 바나바, 마가, 마가요한의 어머니 마리아로 복음을 확장시키는데 결정적인 역할을 하였다.

그 다음 초대교회가 확장되는데 중요한 역할을 한 것이 가정교회이다. 2세기 반에 걸친 로마의 심한 박해로 초기 기독교인들은 공공장소가 아닌 가정에서 은밀하게 모임을 가졌다. 당시 모임은 눈에 잘 띄는 '아파트나 빌딩'(insula) 집보다는 '단독형'(domus) 집에 주로 모였다. 예를 들어 마가 요한 어머니의 집(행 12:12)이나, 자주장사 루디아의 집(행 16:15)이나, 가죽 제조업자인 아굴라와 브리스가의 집(롬 16:5) 같은 곳이다. 이들의 공통점은 평신도로 헌신된 자들이며 집주인들이었다. 이들은 그리스도를 구주로 영접한 이후 자신의 집을 교회로 오픈하였다. 이들의 가정교회는 그야말로 그리스도의 사랑을 실천하는 장(場)이었다. 왜냐하면 이들은 자신의 집을 교회로 오픈한 이후 예배에 참석한 고아나 과부나 어린아이들에게 음식을 나눠주며, 종이나 여성이나 상관없이 누구든지 주의 만찬으로 떡을 떼며 그리스도 안에서 '한 몸'이라는 것을 몸소 보여주었기 때문이다. 집주인으로부터 받은 사랑이 너무 감사해 이들은 길거리에서나 시장터에서 목숨도 두려워하지 않고 그리스도의 '증인'이 되다보니 초대교회는 예루살렘을 뛰어넘어 헬라 전 지역으로 뻗어갈 수 있었다.

2. 초대교회의 주요 선교활동

초대교회 때 활동한 주요 선교사로는 바울, 폴리갑(Polycarp), 울필라스(Ulfilas), 투어스의 마틴(Martin of Tours), 패트릭(Patrick)이다. 당시의 선교특징이라면 첫째로 울필라스의 성경번역이다. 그는 젊은 시절 고트족(현재 독일)의 약탈자들에게 포로로 잡혀 험난한 인생을 걷는 중에 유세비우스(Eusebius)를 만나 새로운 인생을 걷게 되었다. 사실 유세비우스는 당대 최고의 역사학자였지만 니케아 종교회의(325년) 때 예수 그리스도의 신성을 부인함으로 이단으로 정죄된 아리우스(Arius)를 변호하다가 파면 당하였다. 울필라스는 유세비우스로부터 신앙훈련을 받으면서 그의 영향을 직접 받게 되었는데 30세 때 자기 고향인 고트족에게 복음을 전하기 위해 선교사로 파송받았다. 울필라스의 위대한 업적이라면 열왕기상하를 제외하고 성경 전권을 고트어로 번역한 것이다. 당시 문자가 없던 고트어를 문자 형태로 표현한 최초의 책이기도 하였다. 케네스 라토렛(Kenneth Latourette)는 "울필라스는 온건한 아리우스주의자"로 평가하며 울필라스의 업적을 극찬했다. 울필라스의 성경번역은 선교사로서 소명을 받은 자들에게 현지인 언어를 습득하여 현지인 중심의 커뮤니케이션을 하는 것이 얼마나 중요한 것임을 초대교회 때부터 각인시켜 주었다.

둘째로 패트릭의 영혼구령이다. 개인의 영혼을 구원시키는 것은 선교사에게 없어서는 안 될 귀한 사역이다. 하지만 선교사에게 있어서 가끔 영혼구원을 등한시 할 때도 있다. 초대교회 때 아일랜드를 복음화하기 위해 로마 가톨릭은 팔레디우스(Paledius)를 먼저 아일랜드에 파송하였다. 하지만 그는 이곳에서 비신자를 찾아 전도하기보다는 아일랜드 신자들을 돌보는 일에 중점을 두다보니 사역의 열매가 나타나지 않았고 설상가상으로 1년 채 못되어 죽고 말았다. 그래서 패트릭이

다시 아일랜드 선교사로 파송을 받게 된 것이다. 그는 16세 때 아일랜드 해적들에게 포로로 잡혀 6년간 큰 시련을 겪다가 성령의 도우심으로 피할 길을 얻어 도망한 이후 18년 동안 프랑스 남부 해안에서 조금 떨어진 레냉(Lerins) 수도원에서 수도사로 훈련을 받게 되었다. 패트릭은 기회가 주어졌을 때 그의 목표는 이교도들을 회심시키는 것이었다. 그는 자연신을 섬기는 드루이드(Druid)교 지도자들의 강력한 반발로 수 없는 위협과 박해를 받기도 했으며 때로는 중무장한 군인들의 위협을 이겨내야만 했다. 그는 이 모든 난관을 다 이겨내고 그의 생애동안 아일랜드에서 10만 명의 개종자를 얻었고 200개 교회를 개척할 수 있었다. 그래서 패트릭을 오늘날 '아일랜드의 사도'라 부른다.

3. 초대교회의 선교 평가

초대교회의 선교를 평가한다면 첫째로 가정교회(도머스교회)를 중심으로 복음이 헬라 전 지역에 확장될 수 있었다. 가정교회의 특징은 말씀과 주의 만찬이다. 67년경 바울이 순교를 당한 이후 가정교회 예배는 더욱 형식화되어서 2세기경에는 1부 성경공부(설교)와 2부 식탁교제(table fellowship)로 이루어졌다. 특히 전통적인 회당과의 차이점은 1부는 비슷한데 2부가 확연히 달랐다. 가정교회의 2부 순서는 아가페(agape)라 불리는 애찬식(love feast)과 주의 만찬식으로 이루어졌다. 애찬식은 누구든지 참석이 가능하였고 가정교회를 오픈한 집주인(세대주)의 지극한 사랑과 섬김을 경험할 수 있었다. 주의 만찬은 침례를 받은 자만이 동참할 수 있었는데 당시 신분구별이 확실한 시대에 남자나 여자나, 자유인이나 종이나, 유대인이나 헬라인은 더 이상 차별받지 않고 그리스도 안에서 떡을 떼며 '한 몸'이라는 사실을 거행하는 것은 혁명과도 같았다. 이것이 가정교회의 힘이었다.

둘째로 개인의 회심이 없는 구원은 복음 확장에 걸림돌이 된다는 사실을 깨닫게 해 주었다. AD 313년 밀라노 칙령이 발표되기 전까지만 해도 로마제국의 기독교인은 10%(약 5백만) 정도였는데 칙령 발표이후 기독교인의 숫자가 네 배로 증가하여 약 2천만 명에 이르렀다. 변두리에 있던 기독교가 중심축으로 바뀐 이후 자신의 욕망과 출세를 위해 비기독교인들이 자신들이 섬기던 다신교 신앙을 버리지 않은 채 교회에 유입되다보니 구원의 감격이 없는 크리스천들이 급속도로 증가하게 된 것이다. 그래서 교회 내에 교리가 혼탁해지고 이단들이 속출하다보니 훗날 동서로마교회가 함께 이 문제를 해결하기 위해 종교회의를 열게 되었는데 바로 니케아 종교회의(325년)와 칼케돈 종교회의(451년)이다. 니케아 종교회의와 칼케돈 종교회의는 신학 정립을 굳건히 하였고 신학 경험이 없는 평신도들에게 선교를 금하였다. 이유는 정통으로 신학을 공부하지 않은 자들에게 선교사의 자격을 주면 오히려 선교지에서 신학적, 교리적 혼선만 가중시키기 때문이다. 두 종교회의는 건강한 선교는 정통적 교리위에서만 할 수 있음을 일깨어 준 공의회가 되었다.

III. 제2기 중세교회 선교(476-1517)

중세교회의 선교는 476년 서로마제국이 멸망한 때부터 1517년 종교개혁이 일어나기 전까지를 말한다. 구체적으로 5세기 말부터 10세기 말까지를 중세전기라 부르는데 선교사역이 왕성하던 때이다. 11세기 초부터 16세기 초까지는 중세후기로 선교사역이 미약하던 때이다. 중세교회의 부패와 타락, 십자군 운동, 몽골제국의 침략이 유럽교회의 기세를 완전히 꺾어 버렸기 때문이다. 이런 어두운 시기에 몇 몇 수도원들은 중세교회의 살아 있는 촛불이 되어 교회의 자정운동(自淨運動)

을 일으킬 뿐 아니라 유럽, 북아프리카, 중동, 심지어 아시아까지 선교사를 파송한 수도원이 되었다. 대표적인 수도원으로는 베네딕트, 아이오나, 프란시스코, 도미니크 수도원이다. 이들 수도원의 공통적인 특징은 "수도원(교회)이 살아야 선교가 산다!"는 것을 일깨워 주었다.

1. 중세교회의 주요 선교활동

중세교회의 주요 선교사로는 콜롬바, 선교사 어거스틴, 아씨시의 프란시스, 레이몬드 룰, 몬테 콜비뇨의 존이 있다. 이 가운데 첫 번째로 선교사 어거스틴의 영국 선교이다. 그의 영국 선교는 그레고리(Gregory) 대제의 영향이 크다. 두 사람은 베네딕트 수도원 출신이었는데 그레고리가 교황이 되면서 "영국 선교 프로젝트"가 착수되었다. 그레고리가 영국 선교에 집중한 이유는 당시 대다수의 야만족들이 아리안주의의 이단 사상에 물들었지만 영국은 예외여서 전략지로 탁월했기 때문이다. 그레고리는 영국 선교를 위해 596년에 어거스틴을 40명의 수도사들과 함께 파송하였다. 1차 실패 후 2차에는 성공하였는데 생존자는 겨우 7명에 불과하였다. 켄터베리의 에델버트(Ethelbert) 왕은 친절히 어거스틴 일행을 맞이하였는데 이유는 그의 아내 베르타(Bertha)가 기독교인이었기 때문이다. 에델버트의 배려로 어거스틴은 켄터베리에서 "영국 선교 프로젝트"를 시행할 수 있었고 놀라운 것은 사역한지 1년이 지난 597년 크리스마스 날에 에벨버트가 회심하자 1만 명이 함께 개종하는 역사가 일어났다. 결국 "영국 선교 프로젝트"는 그레고리와 어거스틴의 합작품으로 성공하였는데 그레고리는 사람, 돈, 정책을 지원하였고, 어거스틴은 사역을 잘 감당하여 놀라운 결실을 얻게 되었다.

두 번째로 아씨시의 프란시스(Francis of Assisi)의 청빈한 삶이다. 그는 부유한 장사꾼의 아들로 태어나 한 때 방탕아로 삶을 살다가 23살에 큰 중병에 걸려 죽음 직전에 이르게 되었을 때 지난날 과거를 회개하고 하나님께로 돌아섰다. 프란시스는 회심한 이후 '자발적 가난'을 몸소 실천하기로 결정하고 "청빈"(poverty)과 결혼해 일평생동안 함께 살기로 결정했다. 이후 베드로 성당을 방문해 마태복음 10장 8절의 "병든 자를 고치며 죽은 자를 살리며 나병환자를 깨끗하게 하며 귀신을 쫓아내되 너희는 거저 받았으니 거저 주라"는 말씀을 들으며 이런 삶을 살기로 결정을 한다. 마침내 27살에 성직자가 되고 이듬해인 1210년에 '작은 형제들의 수도회'라는 탁발 수도회를 창설하게 된다. 그는 중세교회가 타락한 가장 큰 이유가 '돈'에 있다고 보고 스스로 탁발 수도회를 창설해 구걸을 통하여 생계를 유지하는 수도회는 다른 수도원들과 비교하면 혁명적이었다. 중세 수도사라면 부자, 가진 자, 높은 자, 배운 자의 상징이었는데 탁발 수도사들은 가난과 청빈의 대명사였다. 프란시스가 만든 작은 형제회는 '삶의 선교'였다. 처음에 12명으로 시작하였지만 훗날 5천 명까지 늘어나 중세교회의 어둠을 밝히는 촛불이 되어 유럽, 북아프리카, 중국까지 그 빛을 발하기 시작하였다.

2. 2%의 수도원이 중세교회를 살리다!

중세 수도원들은 교회매매와 성직매매로 타락의 끝이 보이지 않았다. 이런 영적 암흑기에 교회의 자정운동에 앞장 선 첫 번째는 베네딕트 수도원이다. 베네딕트 수도원은 살아 있는 신앙공동체로 529년에 저술된 베네딕트 규율집은 전체 73장 조항으로 수도사들을 훈련시키는 시금석이 되었다. 규율집에 따르면 게으름은 영혼의 적이라 규정하여 하루 24시간 중 매 3시간마다 8번의 예배를 드렸다. 물론 개인적으로 독서, 명상, 기도 시간도 있었다. 식사 때는 침묵해야 했고, 농담이나 박장대소하며 웃는 것은 주변 사람들의 눈살을 찌푸리기도 했다. 베네딕트 규율집은 이후 중세 수도원의 규정과 정신을 만들어 주는 씨앗이 되어 "서방 수도원운동의 규범"이 되었다. 두 번째는 아이오나 수도원이다. 아이오나 수도원은 중세교회 때 선교사 훈련과 파송의 중심지였다. 유럽대륙의 교회들이 부패하였을 때 스코틀랜드의 작은 섬에 위치한 아이오나 수도원은 "북아일랜드와 픽트족의 모든 수도원 중에서 으뜸"이 되어 유럽 전 지역에 선교사를 파송하는 수도원이 되었다. 아이오나 수도원은 공동체 내부에 갇혀있지 않고 밖으로 향하는 수도원이었고, 외부에 의존하지 않고 자립하는 수도원이었으며, 모든 수도사들이 협력하는 수도원이 되어 중세교회를 밝히는 등대가 되었다.

셋째로 프란시스코 수도원이다. 프란시스코 수도원의 특징이라면 '삶'과 '선교'이다. 당시 타락한 중세 교회와는 달리 프란시스코 수도사들은 '절대 가난'을 따라 몸소 가난, 사랑, 평화의 사도로 삶을 살다 보니 프란시스코 수도원에는 5천 명이 모이는 거대한 수도원으로 성장하였다. 한편 서방 수도원은 한 곳에 모여 자신들만의 공간을 만들어 생활하였지만 프란시스코 수도원은 아니었다. 이들의 눈길은 바깥이었다. 이들은 자신이 받은 사랑을 실천하기 위해서 모로코 선교(1212-1214년), 이집트 선교(1219년), 영국 선교(1224년)에도 직접 뛰어들어 세계 선교에 기여하였다. 넷째로 도미니크 수도원이다. 도미니크 수도원은 설교, 학문, 신학 탐구의 요람으로 유명하다. 도미니크 수도원은 이단 알비파(Albigenisian)의 급격한 성장을 막기 위해서 학문적으로 대처할 수 있는 능력을 길러내야 했기 때문에 생겨났다. 도미니크 수도사들은 프란시스코 수도사와는 달리 설교하기 위해서는 라틴어로 원고를 반드시 쓰고 난 뒤 일반인이 이해할 수 있는 언어로 다시 써야 할 정도로 훈련을 강하게 받았다. 학문적으로도 혹독하게 훈련을 받아 훗날 토마스 아퀴나스(Thomas Aquinas)와 같은 위대한 신학자가 배출돼 로마 가톨릭 신학의 기초를 닦는데 중요한 역할을 감당하였다.

3. 중세교회의 선교평가

첫째로 중세교회의 수도원이 98%가 타락하여도 2%의 수도원은 살아남아 자정역할을 톡톡히 감당하였다. 그 중심에 서 있던 자가 베네딕트, 콜롬바, 프란시스코, 도미니크였다. 이들이 세운 베네딕트, 아이오나, 프란시스코, 도미니크 수도원은 규율로, 선교로, 삶으로, 설교로 그리스도의 사랑을 그대로 실천하였다. 이들이 뿌린 눈물과 희생은 중세교회를 밝히는 등불이요 촛불이 되었다. 둘째로 11세기부터 13세기 동안 7차에 걸친 십자군 운동은 서구인의 문화우월주의가 빚어낸 참사였음을 일깨워 주었다. 사실 십자군 운동은 긍정적인 면도 있었는데 그것은 아랍의 문화 가운데 인쇄술, 폭약, 나침판 등이 서방에 유입되거나 육상과 해상의 교통로를 확대시켜주는 면도 있었다. 반면에 부정적인 면으로는 십자군 운동으로 인하여 그리스도인과 무슬림 간의 원한이 오늘날까지 남아 기독교 선교에 악영향을 미친 사실과 기독교 세계의 도덕성의 기준을 낮추게 된 것은 씻을 수 없는 과오로 남게 하였다.

IV. 제3기 로마 가톨릭 선교(1517-1792)

로마 가톨릭 선교란 1517년 루터의 종교개혁부터 1792년 윌리암 케리가 근대선교를 시작하기 전까지를 말한다. 이 시기에 로마 가톨릭은 선교황금시대를 활짝 여는데 그 중심에 예수회(The Society of Jesus)가 있었다. 예수회의 슬로건은 "어느 나라에서든지 영혼의 잘됨과 신앙의 전파를 위해서 헌신한다"에서 알 수 있듯이 선교 지향적이다. 예수회 선교사들은 "아버지께서 나를 보내신 것 같이 나도 너희를 보내노라"(요 20:21)의 말씀처럼 땅 끝까지 복음 전하는데 헌신하여 당시 파송된 선교사들의 2/3가 예수회 출신일 만큼 왕성하였다.

1. 로마 가톨릭의 선교활동

사실 16세기부터 18세기까지 로마 가톨릭의 선교는 예수회 선교로 대변할 수 있다. 개신교가 루터를 중심으로 교회개혁을 부르짖고 있을 때 로마 가톨릭 자체의 정화운동과 해외선교에 박차를 가한 수도원이 예수회이기 때문이다. 개신교의 루터와 함께 로마 가톨릭 개혁에 앞장 선 자가 로욜라(Ignatius Loyola)이다. 그는 전도유망한 군 출신이었지만 프랑스와의 팜플로나(Pamplona) 전투에서 부상을 당한 뒤 시련 중에 만레사(Manresa) 동굴에서 신비체험을 하였던 것이 그의 삶을 바꿔 놓았다. 이곳에서의 경험은 훗날 예수회 수도사를 위한 기본 교재인 「영성훈련」(*Spiritual Exercises*)을 만드는 계기가 되었다. 그는 마침내 파리 대학에서 동료 6명과 함께 1534년 8월 15일 예수회를 창설하고 가난과 정결과 순종을 서약하며 일평생동안 그리스도의 삶을 살 것을 헌신하였다. 로욜라의 예수회 정신은 세 가지로 집결되는데 영성(spirituality), 삶(life), 선교(mission)이다.

예수회에서 훈련 총책임자가 로욜라였다면 선교사의 모델은 프란시스 사비에르(Francis Xavier)이다. 그는 "아시아 선교의 아버지"란 애칭을 얻을 만큼 아시아 선교의 발판을 열어 놓았다. 그의 선교 특징은 한 마디로 순회선교이다. 당시 해상(海上) 발달은 그로 하여금 '인도→말라카 해협→일본→중국' 선교의 기틀을 다졌다. 사실 사비에르는 중국 본토에 입국하지는 못한 채 사망하였지만 그는 바울처럼 여러 지역을 순회하며 복음을 전하여 '동방의 사도'라 불리며 후대에 수많은 예수회 사제들을 선교에 헌신케 하였다. 사비에르의 중국 선교의 꿈은 마테오 리치(Matteo Ricci)에 의해 이뤄진다. 리치는 "중국 선교의 대가"로 불러지는데 사실 그가 중국에 입국할 당시 때는 명나라가 오늘날 선교접근제한지역(CAN)에 해당되어 입국자체가 거의 불가능한 시기였다. 하지만 리치는 마카오에서 중국어를 배운 뒤 황제와 중국학자들의 환심을 살 수 있는 세계지도, 대형 괘종시계, 라비코드 악기, 모래시계, 거울 등을 가져가 좋은 관계(꽌씨)를 형성하는데 성공하였다. 그는 '가서 제자 삼기'보다는 '보여서 제자삼기'로 한림원 학사인 서광계(Paul Hsü, 폴슈)를 개종시켜 그가 사망할 당시에는 개종자가 2천 명 정도였으나 서광계를 통해 1650년에는 신자가 25만 명이나 되었다.

2. 로마 가톨릭의 선교전략

16세기부터 18세기까지 로마 가톨릭의 선교는 선교 독점권이라 불리는 '파트로나토 레알'(Patronato Real)에 의해 진행되었다. 1492년 스페인 출신 크리스토퍼 콜럼버스(Christopher Columbus)의 신대륙 발견과 1498년 포르투갈 태생인 바스코 다 가마(Vasco da Gama)의 인도 발견은 세계 역사에 신기원을 이루었을 뿐 아니라 해외 선교정책에도 큰 변화를 예고하였다. 이 두 나라가 신대륙을 발견한 이후 교황 알렉산더 6세(Alexander VI)는 1494년과 1529년에 각 '영토 관할 교서'(Demarcation Bill)를 발표하여 스페인에게는 중남미와 북미를, 포르투갈에게는 브라질과 함께 아시아 및 아프리카를 독점할 수 있도록 승인하였다. 교황이 스페인과 포르투갈에게 영토 관할 교서를 부여한 것은 '국왕 교회 보호권'도 함께 준 것이다. 즉 각 왕이 성직자를 자유롭게 임명해 파송할 수 있는 권한까지 부여해준 것으로 이를 '파트로나토 레알'(Patronato Real)이라 부른다. 16세기부터 18세기까지 스페인과 포르투갈 왕은 자유롭게 '성직자 임명권'을 가지게 됨으로 선교 독점권까지 갖게 된 것이다.

해상과 무역의 발달, 신대륙 발견, 인도 발견은 과거 유럽 중심의 시대와는 다른 세상이 도래하였다. 세상의 급변한 변화에 적극적으로 대처한 수도원이 바로 예수회이다. 그래서 16세기부터 18세기까지의 로마 가톨릭 선교는 예수회 선교라 해도 과언이 아니다. 왜냐하면 당시 전체 선교사 수의 2/3가 예수회 출신으로 일본, 중국, 페루, 인도, 베트남, 티베트 선교에 탁월한 열매를 거두었기 때문이다. 그렇다면 신생 예수회가 어떤 전략으로 대처하였기에 이런 놀라운 일들을 일으킬 수 있었을까? 첫째로 예수회는 인재양성의 중심지였다. 전통적인 수도원과는 달리 예수회 사제가 되기 위해서는 11년을 공부해야만 했다. 이들은 신학과 철학뿐 아니라 시대에 필요한 지리학, 천문학, 과학, 수학, 예술, 음악, 지질학 등 다양한 학문을 공부한 뒤 파송받아 호응을 얻었다. 둘째로 도시 중심부 선교를 하였다. 농경시대에서 해상시대로 바뀐 이후 예수회는 시골과 농촌이 아닌 도시에 일차적으로 선교사를 파송하여 열매를 거두었다. 셋째로 상류층 선교를 하였다. 기존 수도회는 중하류층 선교를 하였지만 예수회는 도시 중심부 선교를 하다 보니 자연스럽게 상류층 선교에서 성공을 거두었다.

3. 로마 가톨릭의 선교평가

신대륙 발견이후 로마 가톨릭 선교를 평가한다면 첫째로 예수회 중심의 선교가 탁월하였다. 지난 1천년 동안 교회의 부패와 타락은 루터의 종교개혁까지 불러 일으켰는데 예수회란 신생 수도회가 출현하여 개신교로 하여금 보란 듯이 로마 가톨릭의 정화운동과 해외선교에 열매를 거둬 16세기부터 18세기까지 '로마 가톨릭의 선교황금시대'를 이끌게 되었다. 둘째로 이 시기의 개신교는 교리와 신학정립에 몰두하다 보니 해외선교에 큰 성과가 없었던 반면 예수회는 240년 동안이나 세계선교의 모델이 되었다. 대표적인 선교사로는 프란시스 사비에르, 발리냐뇨, 마테오 리치, 로베르토 데 노빌리 등이다. 셋째로 교황청의 문화수용정책(Adaptation)-이교도의 문화를 무조건 배척하지 않고 그 본질을 기독교화하는 것-변화는 선교사들 간에 갈등을 조장하여 자중지란(自中之亂)을 일으키게 하였다. 이 개념은 모든 물질(그림자, 허상) 안에는 사람이 발견할 수 있는 약간의 진리(이데아)가 있다고 본 토마스 아퀴나스의 이론에 기초한 것이다. 예를 들어 마테오 리치가 하나님을 유교 개념인 상제(上帝)로 번역한 것과 조상숭배를 허용한 것인데 예수회와 다른 수도회 간의 혈전과 공방은 교황청의 전략을 변경시켜 결국 선교사 추방과 교회 박해라는 고통을 당해야만 했다.

V. 제4기 종교개혁자, 근원적 종교개혁자, 경건주의자들의 선교(1517-1792)

종교개혁자, 근원적 종교개혁자, 경건주의자들의 선교는 1517년부터 1792년까지를 말한다. 이 시기에 로마 가톨릭교회는 선교황금시대를 열었지만 개신교회는 그렇지 못했다. 개신교는 로마 가톨릭처럼 '외부'에 눈을 돌릴 여유가 없었고, 오히려 '내부'의 개혁에 치중했다. 이 시기에 개신교의 선교특징이라면 성경적 선교신학을 바로 세우는 것이었다. 가장 핵심이 성직자 중심의 선교에서 평신도 중심의 선교로 패러다임을 바꾸는 것이다. 이 일에 공헌한 자들이라면 루터, 칼빈, 츠빙글리, 근원적 종교개혁자들, 스페너, 프랑케, 진젠돌프가 있다.

1. 왜 개신교회의 선교가 지체되었을까?

　16세기부터 18세기 동안 개신교회가 로마 가톨릭교회와는 달리 선교가 지체되었던 이유로는 첫째로 종교개혁자들의 주된 관심은 교회개혁에 있었지 선교에 있지 않았기 때문이다. 루터, 칼빈, 츠빙글리는 성경적인 교리를 찾아내어 정립하는데 혼신의 힘을 기울이다보니 선교가 약해질 수밖에 없었다. 둘째로 선교는 하나님의 주권이라는 선입관을 가지고 인간의 책임성을 배제한 예정론자들이 등장했기 때문이다. 칼빈은 "우리가 배운 대로 그리스도의 나라는 인간의 노력으로 발전되거나 유지되는 것이 아니며, 다만 하나님 혼자만의 일이다"고 주장했고, 루터 역시 "앞으로 100년 정도가 지나면 모든 것이 끝날 것이다. 하나님의 말씀은 그것을 전하려는 사람이 없어 곧 사라질 것이다"며 말하기도 했다. 셋째로 개신교회는 로마 가톨릭처럼 큰 세력을 지니고 있지 못했기 때문이다. 17세기부터 영국과 화란이 대(大) 해상세력으로 등장했지만 선교까지 이어지기까지는 시간이 걸렸다.
　넷째로 개신교회는 내적인 갈등으로 분열되어 선교에 참여할 여력이 없었다. 예를 들어 완고한 루터파 대(對) 개혁교회, 예정설의 칼빈파 대(對) 알미니안파, 앵글리안 대(對) 청교도와 독립파 등의 갈등과 분열이 고조되어 선교에 힘을 쏟을 수가 없었다. 다섯째는 개신교회가 로마 가톨릭처럼 아시아, 아프리카, 중남미에 대한 풍부한 정보를 갖고 있지 못했기 때문이다. 로마 가톨릭은 스페인과 포르투갈의 해상장악과 식민지 개발로 각 나라에 대한 많은 정보를 소유했지만 개신교회는 그렇지 못했다. 여섯째로 개신교회는 로마 가톨릭과 같은 종교적 질서가 없었기 때문이다. 군대식 훈련과 독신자로 살며 교황청의 명령에 절대 복종하는 예수회와는 달리 개신교회는 기혼자가 많아 가족을 돌보며 타문화권에서 선교한다는 것은 무척 힘든 일이었다. 일곱째로 개신교회는 로마 가톨릭의 예수회, 프란시스코, 도미니크 수도원처럼 선교사들을 훈련할 선교단체(sodality)를 아직 지니고 있지 않았기 때문이다.

2. 개신교와 로마 가톨릭 간에 선교 차이점은 무엇일까?

첫째로 개신교의 성경번역은 수신자 중심의 커뮤니케이션을 활짝 여는데 일조하였다. 루터는 종교개혁을 일으킨 후 발트부르크(Waltburg)성에 피신하여 1521에 독일어 신약성경 번역에 돌입해 1522년 9월 21일에 완성하였다. 이것이 기폭제가 되어 개신교 선교사들은 가는 곳마다 성경을 번역하였다. 인도의 경우 로마 가톨릭 선교사들은 1534년부터 남인도 해안지역에 상주했지만 이곳에서 성경번역은 개신교 선교사인 지켄발크가 1714년에 최초로 타밀어 성경번역을 하였다. 인도네시아의 경우도 마찬가지이다. 개신교 출신인 화란 선교사가 1688년에 신약성경을 말레이어로 번역했는데 이것은 최초로 동남아 언어로 번역된 성경이었다. 한편 로마 가톨릭은 필리핀 선교를 1564년에 시작했지만 성경번역은 3세기가 지나서야 이뤄졌다. 필리핀 방언인 팡가시난(Pangasinan)어로 신약 전권이 아닌 누가복음만을 번역한 것이 1873년에 있을 정도였기 때문이다. 이처럼 개신교 선교사들은 로마 가톨릭보다 선교 후발주자였지만 현지인들이 자신들의 언어로 성경을 읽을 수 있도록 하는데 공헌했다.

둘째로 근원적 종교개혁자들은 평신도 사역을 실천하는데 기여했다. 근원적 종교개혁자들은 "아나뱁티스트들"(Anabaptists) 혹은 "재침례교도들"이라 불리어졌는데 이들은 유아가 아닌 "성인의 침례"(adult baptism)을 강조하였다. 이들은 교회 '개혁'보다는 신앙 '회복'에 더 많은 관심을 가졌다. 예를 들어 루터는 만인제사장 직분설을 이론으로 제공했지만 아나뱁티스트들은 솔선수범하여 몸소 실천하였는데 이들은 평등주의자들로 성직자와 평신도간에 구별이 없이 평신도들도 사역자로, 선교사로 헌신하였다. 이것은 로마 가톨릭교회에서는 상상할 수도 없는 일이었다. 셋째로 경건주의자들은 평신도 선교에 모델을 제공하였다. 경건주의 운동은 교리중심의 딱딱한 신앙에서 벗어나 소그룹이 함께 모여 기도하면서 사랑을 실천하고 선교에 적극적으로 동참하였다. 예를 들자면 대학생 선교의 모델인 덴마크 할레 선교회와 평신도 선교의 산실인 모라비안 선교회가 있다. 무엇보다 진젠돌프가 세운 모라비안 선교회는 만인제사장 직분설에 근거하여 평신도들이 자비량하여 남아공, 티벳, 호주, 남미, 서인도제도, 알라스카 등지까지 복음을 전하는 일에 헌신하여 평신도 선교의 꽃을 활짝 피웠다.

VI. 제5기 개신교 선교(1792-1910)

개신교 선교는 1792년부터 1910년 에딘버러 세계선교사대회가 열리기 전까지를 말한다. 이 시기는 개신교의 "위대한 세기"(Great Century)로 선교황금시대를 이끌었다. 개신교가 로마 가톨릭보다 선교 후발 주자로 나섰지만 이 시대에 "하나님으로부터 위대한 일을 기대하고 하나님을 위하여 위대한 일을 시도하라"는 뜻에 순종한 개신교 선교사들이 대거 등장하여 하나님 나라를 확장했기 때문이다. 반면 로마 가톨릭의 선교는 쇠퇴기에 접어들게 된다.

1. 왜 윌리암 케리를 현대 선교 운동의 아버지라 부르나?

마틴 루터를 16세기 '종교 개혁자'라 본다면 윌리암 케리(William Carey, 1761-1834)는 18세기 '기독교 선교운동의 선구자'이다. 그래서 케리를 "현대 선교의 아버지"라 부른다. 이에 대해 7가지 이유가 있는데 살펴보면 다음과 같다. 첫째로 선교신학에 대한 잘못된 생각을 깨트리고 선교의 불을 지폈기 때문이다. 18세기 대다수 유럽교회는 지상명령은 사도들에게 주어졌기 때문에 굳이 이방인들에게 선교할 필요할 없다고 믿었다. 극단적 칼빈주의자인 존 라이랜드(John Ryland Sr.) 목사는 선교 준비를 하고 있는 윌리암 케리에게 "하나님께서 이방인을 개종하는 일이 기쁜 일이라 생각하실 때에 자네와 나의 도움 없이 얼마든지 하실 것일세"라며 그의 선교를 강력히 반대하였다. 둘째로 선교회 태동의 효시인 침례교 선교회(Baptist Missionary Society, BMS)가 훗날 선교회 창설의 불씨가 되었기 때문이다. 셋째로 학교를 설립해 현지인 지도자를 양성하는데 큰 공헌을 했기 때문이다. 케리는 1818년에 세람포어 대학을 설립해 인도 지도자를 세우는데 앞장섰다. 넷째로 과부를 불태우는 사티(Sati) 제도와 유아살해를 금하는 사회개혁을 단행했기 때문이다. 다섯째로 성경을 번역해 각 종족들이 자신들의 언어로 성경을 읽도록 했기 때문이다. 여섯째로 선교회와 선교사들 간의 연합과 일치를 추구했기 때문이다. 케리는 선교회가 급속히 늘어나면서 사역의 경쟁과 중복이 심해지자 1810년에 남아공 케이프타운(Cape Town)에서 초교파적인 에큐메니칼 모임을 갖기를 제안했지만 뜻은 이루지 못했다. 마지막으로 현지인 교회를 세워 토착교회의 모델을 제시했기 때문이다. 예를 들어 벵갈 지역에 최초로 세워진 토착교회는 존나가(Johnnagar) 교회로 외부의 도움 없이 자체 신자들의 후원으로 꾸려져 갔다.

2. 개신교 선교의 선교활동

개신교 선교는 영국과 미국이 주축을 이루었는데 첫 번째 인물은 윌리암 케리이다. 케리는 1792년 침례교해외선교회(BMS)를 조직한 뒤 1793년 11월 19일 인도에 도착하여 하나님을 위하여 위대한 일을 시도했다. 하지만 둘째 아들 피터(Peter)가 풍토병으로 죽고, 아내 도로시(Dorothy)마저 정신병으로 잃고 난 뒤 사역을 할 수 없었지만 소명(calling)을 포기할 수 없어서 재기에 성공을 한다. 그가 남긴 족적으로는 첫째 성경번역이다. 세람포어 선교회(Serampore Mission)는 40개 언어로 번역과 출판을 감당했는데 이 가운데 케리는 35개 언어로 성경을 번역했다. 둘째로 문서선교가 뛰어났다. 함께 하였던 인쇄공인 워드(Ward)의 도움으로 정기간행물과 신문 등을 발간해 문서사역을 활성화시켰다. 셋째로 현지인 인재양성에 앞장섰다. 케리는 1818년에 세람포어 대학을 설립해 개교 당시에는 37명의 신입생 가운데 기독교인이 19명, 비기독교인이 18명이나 되었다. 1827년에는 덴마크 왕이 세람포어 대학에 문학사와 신학사 학위 허가증을 주어 인재양성에 박차를 가할 수 있었다.

두 번째 인물은 로버트 모리슨(Robert Morrison)이다. 그는 "개신교 최초의 중국 선교사"로 청나라 말기에 중국 광동에 도착하여 사역을 하였다. 당시에는 중국 본토에 입국할 수도 없고 포교 활동도 금지된 때라 가톨릭 개종자인 중국 현지인 두 명의 조력(助力) 때문에 성경번역에 박차를 가할 수 있어서 1813년에 최초로 중국어 신약성경 번역을 완성할 수 있었다. 세 번째 인물은 아도니람 저드슨(Adoniram Judson)이다. 그는 "미국 최초의 개신교 선교사"로 원래 회중교회 선교사였지만 아내 앤(Ann Judson)과 함께 버마로 항해하던 중 배 갑판 위에서 성경공부를 하다가 "신자의 침례"(believer's baptism)가 맞는 것을 알고 침례교로 전환하였다. 인도에 도착하여 워드(Ward)로부터 침례를 받은 뒤 버마로 들어가 서구 선교사가 하던 '선교기지'(mission station)식 방법을 버리고 버마인들의 문화에 맞는 정자 개념의 자야트(Zayat)로 접근해 많은 개종자를 얻게 되었다. 무엇보다 그는 1년 반 동안 감옥살이를 하는 어려움이 있는데도 불구하고 1834년에 버마어 신구약 성경 번역을 완성하였다.

네 번째 인물은 존 네비우스(John Nevius)이다. 그는 자립선교에 성공한 중국 선교사로 잘 알려져 있다. 그는 헨리 벤(Henry Venn)의 자립, 자치, 자전의 삼자원리를 중국에서 성공시킨 뒤 1886년에 「선교사역 방법론」(Methods of Mission Work)을 출간해 폭발적인 인기를 끌게 되었다. 무엇보다 그의 네비우스 전략은 한국에 있던 언더우드(H. Underwood)의 요청에 따라 2주간 잠깐 방문하여 초기 한국장로교회를 자립시키는데 큰 공헌을 하였다. 다섯 번째 인물은 네비우스와 동시대 중국 선교사로 유명한 허드슨 테일러(Hudson Taylor)이다. 그는 하나님만을 의지하는 중국 선교사로 잘 알려져 있다. 그는 중국내지선교회(CIM)를 설립한 후 필요한 재정과 인력을 하나님께 간절히 기도하며 채워지는 은혜를 경험하면서 기도의 사람, 성령의 사람으로 각인되었다. 무엇보다 그의 신앙선교, 순회선교, 오지선교는 한국침례교 창시자인 말콤 펜윅(Malcolm Fenwick)에게 직접 영향을 끼쳐 초기 한국 침례교회의 기초를 닦는데 커다란 공헌을 하여 지금에 이르고 있다.

3. 개신교 선교의 선교전략과 평가

18세기 말부터 20세기 초까지 개신교 선교는 위대한 시대를 열었다. 이유를 살펴보면 첫째로 성경번역 때문이다. 앞서 논의 한 것처럼 개신교회는 로마 가톨릭보다 선교 후발 주자였지만 루터의 영향으로 성경번역에 탁월한 공헌을 하였다. 인도의 윌리암 케리, 버마의 아도니람 저드슨, 중국의 로버트 모리슨과 함께 여성 선교사들 가운데서도 앤 저드슨은 남편 못지않게 성경번역에 박차를 가해 다니엘서와 요나서와 마태복음을 버마어로 번역하였다. 개신교 선교사들의 수고 덕택에 현지인들은 자신들 언어로 성경을 읽고 해독할 수 있는 기회를 갖게 된 것이다. 둘째로 토착화 선교 때문이다. 당시 서구 선교사들의 고민거리는 어떻게 하면 현지인교회가 외부의 도움 없이 자립할 수 있는지 이었다. 이에 이론적 근거를 제시한 사람은 헨리 벤(Henry Venn)과 루퍼스 앤더슨(Rufus Anderson)이었다. 이들이 1851년에 제시한 삼자원리(자립, 자치, 자전)는 큰 호응을 이끌며 서구교회로 하여금 토착화 교회를 만드는데 커다란 기여를 하였다. 토착화 교회의 핵심은 선교사가 현지인에게 위임하여 자립케 하는 것이었는데 초기 한국교회가 좋은 모델이 되었다.

셋째로 여성선교 때문이다. 당시만 하더라도 선교하면 남자의 전유물처럼 여겨졌다. 하지만 이러한 선입견을 깬 여성 몇 사람이 있다. 첫 번째가 앤 저드슨이다. 남편 아도니람 저드슨과 함께 버마 선교에 큰 공헌을 하였다. 무엇보다 앤은 결혼한 지 13일 만에 남편과 함께 선교지로 떠나는 소명감은 지금도 감동을 주고 있다. 앤은 버마에 도착하여 여성 지도자 훈련과 성경번역에 큰 족적을 남기기도 했다. 두 번째가 마리아 테일러(Maria Taylor)이다. 마리아는 33년이란 짧은 생을 살면서 남편 허드슨 테일러와 함께 여성 선교사로서의 희생적 모델이 되었다. 마리아는 원래 선교사자녀(MK) 출신으로 남편과 함께 중국내지선교회(CIM)를 활성화시키는데 없어서는 안 될 귀한 일들을 감당하였다. 세 번째가 로티 문(Lottie Moon)이다. 로티 문은 키가 130cm 정도의 단신이었지만 석사 학위를 가진 엘리트로 중국 산동지역에서 복음을 전하여 1천 명이 넘는 개종자를 얻었다. 남자들도 하기 힘든 사역을 감당함으로 미국남침례교회(SBC)로 하여금 연합선교(Cooperative Program, CP)를 결성하는데 결정적인 역할을 해 오늘날 미국남침례교회 선교의 밑그림을 그리게 하였다.

VII. 제6기 현대 선교(1910-현재)

현대 선교는 1910년 에딘버러대회부터 현재까지를 말한다. 이 시기의 선교 특징은 에큐메니칼과 복음주의 그룹이 양대 산맥을 형성하고 있다. 에큐메니칼 그룹은 1910년 에딘버러대회로 거슬러 올라가는데 핵심 아이콘은 WCC(세계교회협의회)이다. '선교 = 복음전파〈사회적 책임'이란 등식으로 사회정의, 인권운동, 민중해방과 같은 사회적 책임에 관심을 갖고 참여하고 있다. 반면 복음주의 그룹은 1974년 제1차 로잔대회로 거슬러 올라가는데 '선교=복음전파〉사회적 책임'처럼 사회적 책임보다는 영혼구령에 관심이 높다. 현재는 두 진영 간에 갈등과 이념 논쟁을 피하고 서로 협력하려데 힘쓰고 있다.

1. 현대 선교의 두 가지 기둥, 에큐메니칼과 복음주의

현대 선교의 첫 번째 기둥은 에큐메니칼(Ecumenical) 그룹이다. 에큐메니칼 운동은 1910년 에딘버러대회로 거슬러 올라간다. 대회 의장인 존 모토(John Mott)는 "이 세대 안에 세계 복음화"란 슬로건을 내세우며 비기독교 복음화에 서구교회가 더 이상 경쟁과 중복 사역을 피하고 함께 연합하자는 취지로 모였다. 그래서 이 대회를 "how mission"이라 불린다. 하지만 대회가 끝난 지 몇 년 후 제1차 세계대전과 러시아 혁명을 거치면서 전쟁으로 인한 고통, 빈곤, 기아, 질병은 교회로 하여금 "왜 교회가 존재하는가?"라는 근본적인 질문을 던지면서 1928년 예루살렘대회는 "why mission"을 이루게 되었다. 이후 1938년 인도에서 열린 탐바란대회는 복음전도와 사회참여에 밀접한 관계가 있음을 선포함으로 1944년에 '확대전도'(Larger Evangelism)란 용어를 탄생시키기도 했다. 마침내 1948년 암스테르담대회에서는 WCC가 조직되어 에큐메니칼 운동에 박차를 가했고, 1968년 웁살라대회에서는 선교 목표를 인간화(人間化)에 두면서 에큐메니칼 그룹은 점차 사회참여에 집중하게 되었다. 이후 2013년에는 제10차 WCC대회가 부산에서 열려 보수와 진보 간에 큰 갈등을 겪기도 하였다.

반면 현대 선교의 두 번째 기둥은 복음주의(Evangelical) 그룹이다. 복음주의 운동은 1974년 제1차 로잔대회로 거슬러 올라간다. WCC를 중심으로 한 에큐메니칼 그룹이 급진적 선교관으로 치닫게 되자 이를 제어하기 위해 빌리 그래함(Billy Graham)과 존 스토트(John Stott)가 중심이 되어 복음주의 선교대회를 스위스 로잔에서 열게 되었다. 빌리 그래함 목사는 복음주의 교회를 동원시키는데 힘을 쏟았고, 존 스토트는 로잔언약을 작성해 복음주의 선교개념을 정착시키는데 공헌을 하였다. 그리스도의 유일성과 통전적 선교개념이 소개되며 복음주의의 사회참여가 눈에 띈다. 이후 1989년 필리핀 마닐라에서 제2차 로잔대회가 열려 마닐라 선언문을 발표하였는데 이때 한국교회가 대거 참석해 선교에 눈을 뜰 수 있었다. 2차 로잔대회는 미전도종족선교, 텐트메이커선교, 10/40창 선교, 영적전쟁, 전방개척선교 등이 소개되며 "선교전략의 보고"(寶庫)라 불릴만큼 풍성하였다. 2010년 남아공 케이프타운에서는 케이프타운 서약을 발표하면서 제3차 로잔대회가 열렸고, 2020년에는 제4차 로잔대회가 미국에서 열릴 예정이다.

2. 위대한 현대 선교신학자들의 선교전략

현대 선교시기에 위대한 선교신학자들이 대거 등장하였다. 첫째로 도날드 맥가브란(Donald McGavran)이다. 그가 1955년에 출판한 「하나님의 가교」(The Bridges of God)는 교회성장이론의 핵심이라 할 수 있다. 동질집단원리를 소개한 「하나님의 가교」는 한국교회에도 소개되면서 교회성장에 절대적인 영향을 끼치기도 하였다. 둘째로 랄프 윈터(Ralph Winter)이다. 무엇보다 윈터 박사의 미전도종족선교는 전 세계로 하여금 국가 중심의 선교에서 종족 중심의 선교로 패러다임을 바꾸는데 결정적인 역할을 하였다. 한국교회도 1990년대 이후 종족입양운동(Adopt-A-People, AAA)에 동참하면서 미전도종족선교에 열심을 다하고 있다. 셋째로 폴 히버트(Paul Hiebert)이다. 그는 인도선교의 경험을 되살려 비판적 상황화 이론을 제시하는데 큰 영향을 끼쳤다. 무엇보다 복음의 본질인 의미(meaning)를 되살려 형식(form)을 바꾸는 상황화는 지금까지 상황화와 혼합주의의 논쟁이 계속되고 있다. 넷째로 데이빗 헤셀그레이브(David Hesselgrave)이다. 그는 전달자와 수신자 사이의 문화간격을 줄여야 효과적인 커뮤니케이션이 일어날 수 있음을 주장하였는데 그 중심에 선 것이 세계관이다. 그래서 세계관 중심의 커뮤니케이션을 소개해 큰 호응을 얻고 있다.

VIII. 나가는 말

AD 30년 초대교회가 세워진 지 약 2천년의 세월이 지났다. 복음은 예루살렘에서 시작되어 로마로, 영국으로, 미국으로, 한국까지 전달되었다. 감사한 것은 현재 한국교회는 해외선교 '10-20 클럽'(사역 대상국 100개 국가, 선교사 2만 명 파송)에 가입하여 선교 강대국이 되었다. 복음이 들어온 지 130년 밖에 안 되는 나라가 복음을 '받는 나라'에서 이제는 '주는 나라'가 된 것이다. 2020년에는 '20-30 클럽'(사역 대상국 200개 국가, 선교사 3만 명 파송)에 무난히 가입할 것이고, 2030년에는 '20-50 클럽'(사역 대상국 200개 국가, 선교사 5만 명 파송)에도 가입하리라 예상한다. 하지만 지금 한국교회는 심상치 않다. 교회가 쇠퇴일로에 있고, 젊은 층이 교회를 떠나며, 선교사 숫자도 감소 추세에 있다. 더욱이 저출산 징조는 한국선교에 먹구름처럼 보이지만 한편 통일한국이 머지않아 도래할 것이라 기대하며 이 모든 것을 극복하기라 소망한다. 한국교회는 더 이상 갈등과 분열에 빠지지 말고 교회의 본질 회복운동에 앞장서 하나님이 맡겨주신 선교사명에 빛을 발할 수 있도록 힘써야 할 것이다.

추천하고 싶은 책

안희열. 「세계선교역사 다이제스트 100」. 대전: 침례신학대학교출판부, 2013. 이 책은 각 시기별로 중요한 인물, 사건, 연도 가운데 100개의 주제를 선별해 흥미롭게 심도 있게 다뤘다. 마치 구슬을 꿰듯이 100개의 주제를 시대별로 엮었기에 100개의 주제만 이해한다면 2천년의 세계선교 역사를 한 눈에 볼 수 있다. 이 책은 누구나 쉽게 읽을 수 있도록 각 주제별로 사진이 함께 곁들어져 있어서 목회자나 평신도, 선교사나 신학생, 교수나 직장인 누구든지 읽는데 흥미롭게 기술되어져 있는 것이 큰 매력이라 할 수 있다.

Kane, J. Herbert. 「기독교 세계 선교사」. 서울: 생명의 말씀사, 1997. 이 책은 이슬람, 로마 가톨릭, 개신교 등이 각각 어떻게 선교하는지를 밝히는 종파별 선교역사와 아시아, 아프리카, 남미 등지의 지역별 선교역사를 다룬 책인데 다른 책에 비해서 지역별 선교역사를 연구하는데 커다란 공헌을 하고 있다.

Larourette, Kenneth Scott. 「기독교의 역사」. 서울: 대한기독교출판사, 1994. 선교회가 선교역사에 있어서 부흥의 주축을 이루었다고 믿는 소달리티(sodality) 중심의 선교역사를 기록하였는데 선교회 특유의 응집력이 있고, 조직력이 강한 선교 모델이 어떻게 하나님의 나라를 확장시켰는지를 연구하는데 도움을 주는 책이 될 것이다.

Neill, Stephen. 「기독교 선교사」. 서울: 성광문화사, 2001. 선교단체보다는 지역교회 중심의 선교가 이루어져야 한다는 소위 모달리티(modality) 중심의 선교역사를 기록하였는데 지역교회가 하나님 나라의 지경을 넓히기 위해 어떤 역할을 감당하였는지를 이해하는데 도움이 된다.

Tucker, Ruth A. 「선교사 열전」. 서울: 크리스찬 다이제스트, 2001. 루스 터커는 인물중심으로 선교역사를 기록하였는데 선교사들의 성공뿐만 아니라 약점을 감추지 않고 동시에 기록함으로 읽기가 쉽고 흥미롭다는 것이 이 책이 지니고 있는 매력이다.

제 22 장

한국교회와 세계복음화의 남은 과제

선교학 교수 | **최원진**
nations33@kbtus.ac.kr

I. 들어가는 말

21세기에 들어서면서 한국교회는 선교의 방향과 과제에 대해 많은 논의를 하고 있다. 서구교회에 비해 상대적으로 짧은 선교역사를 가지고 있는 한국교회는 그동안 많은 시행착오를 경험했다. 그럼에도 불구하고 세계의 많은 교회들은 여전히 21세기 세계복음화를 위해 한국교회가 커다란 역할을 감당해 줄 것을 기대하고 있고, 한국교회 역시 그런 기대에 부응하려고 부단히 노력하고 있다. 이제 한국교회와 선교는 그동안의 역사 가운데 나타난 많은 문제점을 교훈 삼아 21세기 세계선교를 위한 준비를 해야 한다. 그런데 지금 세상은 너무나도 빠르게 변하고 있다. 우리가 그 변화에 적절하게 대응하지 못하면 우리는 점점 도태되거나 세상 속에서 제 기능을 발휘하지 못하는 사회 부적응자로 전락하게 될 것이다. 그러므로 한국교회와 선교는 이러한 사회의 빠른 변화에 능동적으로 대처해 나가야 한다. 왜냐하면, 어떻게 대처하느냐에 따라 그것이 위험이 될 수도 기회가 될 수도 있기 때문이다. 한국교회는 이제 전 세계복음화 현황과 그 과업의 완수를 위해 남겨진 과제가 무엇인지 점검해 보아야 한다. 특별히 지난 30여 년간 한국교회와 선교사의 선교사역과 전략을 통해 한국교회와 선교가 21세기 전 세계 복음화를 위해 앞으로 감당해야 하는 과제가 무엇인지 살펴볼 필요가 있다.

II. 한국교회와 한국선교사

현대 기독교 선교역사에서 가장 중요한 변화 중의 하나는 기독교의 중심축이 서구에서 비서구 세계로 이동했다는 것이다. 아프리카, 아시아, 라틴 아메리카의 복음주의 교회들이 급속하게 성장하면서 이들 2/3세계의 교회들이 빠른 속도로 세계선교에 동참하기 시작했다. 래리 페이트(Lary D. Pate)는 그의 책에서 비서구 선교사들의 수가 이런 속도로 계속해서 증가한다면 비서구 개신교 선교사의 숫자가 서구 선교사들의 숫자를 추월하게 될 것이라고 예견한 바 있다. 실제로 현재 비서구 출신 개신교 선교사의 숫자는 서구 출신의 선교사 숫자보다 많다. 이러한 놀라운 교회성장은 남미와 아프리카는 물론, 한국, 중국, 인도네시아, 인도, 네팔과 같은 아시아 국가에서 많이 일어났다. 이것은 아시아에 있는 개신교나 독립교회 기독교인의 숫자가 1990년에는 400만 미만이었지만, 2000년에는 1억 9,300만 명 이상으로 증가하였다는 사실로도 알 수 있다. 이러한 비서구권 국가에서의 교회성장과 함께, 비서구권 선교사들의 선교참여는 계속해서 증가해 나갈 것이다.

1. 한국교회의 선교참여

비서구권 국가에서의 교회성장과 선교사의 증가에서 가장 주목할 만한 성장과 증가를 했던 나라가 바로 한국이었다. 2014년에 한국에는 5만여 교회와 14만 명에 달하는 목회자가 있었으며, 169개국에 25,745명의 해외선교사를 파송했다. 문상철 원장은 한국이 매년 약 1,000명 이상의 새로운 선교사들을 파송하고 있다고 보고한다. 한국은 이제 선교사를 받는 나라가 아니라 선교사를 보내는 나라이며, 전 세계에서 두 번째로 선교사를 많이 파송한 나라이다. 예전보다 성장 폭이 크지는 않지만, 선교사의 숫자는 지금도 계속해서 늘고 있다. 한국은 지금까지 전 세계 복음화에 중대한 역할을 감당해 왔고 또 당분간은 계속해서 그럴 것이다. 그중에서는 기독교 한국 침례교회는 3,100개 교회 80만 성도 가운데 700여 명의 선교사를 파송했다. 숫자로 보면 비록 적은 수이지만, 교회 수나 교인 수로 대비해 보면 가장 많은 선교사를 파송한 교단이며, 한국 최초로 선교사를 파송한 교단이 바로 침례교이다.

2. 한국 선교사의 선교사역

한국의 기독교는 전 세계에서 유래를 찾아볼 수 없을 정도로 놀랍게 성장하였고, 그와 함께 세계복음화에 적극적으로 동참하였다. 지난 30년 동안 한국교회의 선교사 파송현황을 살펴보더라도, 1979년부터 1989년까지 10년 사이에 선교사의 수가 1,266.7% 성장했다. 또한, 1990년에서 2000년 말까지 1,645명에서 12,000명으로 729% 증가했다. 2009년까지 선교사의 숫자는 22,130명으로 184% 성장했다. 그중에서 교단 선교부 파송은 9,825명(43%), 선교단체 파송은 12,860명

(57%)이었다. 그리고 한국 선교사들의 사역은 주로 제자훈련과 신학교육(25%), 교회개척(24%), 캠퍼스 사역(14%)이었다. 즉, 한국 선교사들은 일반적으로 복음 중심의 전통적 사역을 지속해 왔다.

그동안 한국 선교사들은 선교전략이나 경험의 부족, 선교에 대한 이해의 부족, 불필요한 경쟁 등으로 많은 잘못과 실수를 범하기도 했지만, 아주 열정적으로 그리고 충성스럽게 선교사역을 수행해 왔다. 한국 선교사들의 성공적인 사역을 가능하게 했던 요인들은 여러 가지가 있다. 미국 남침례교 해외선교부의 전략조정 선교사(Strategy Coordinator)인 토드 자미슨(Todd Jamison)은 한국 선교사들이 성공적인 사역을 이룰 수 있었던 요인으로 서양선교사들보다 빠르게 언어를 습득할 수 있었다는 점, 같은 아시아인으로서의 사고방식(mindset), 현지인들과의 수월한 친화력, 비기독교적 종교나 제도에 대한 이해, 열정적인 기도 등을 꼽고 있다. 이외에도 여러 가지 외부적 요소들, 즉 사회, 정치, 경제, 문화, 신학, 조직, 전략적 요소들이 있었다. 이처럼 한국 선교사들의 불타는 열정과 노력, 그리고 그 땅 가운데서 이미 일하고 계셨고 지금도 일하고 계신 성령의 역사를 통해 전 세계 수많은 영혼이 주님께로 인도되었다.

한국교회가 그동안 뚜렷한 전략도 없이 현장에서 고군분투하면서 사역을 해왔음에도 불구하고 많은 사역의 열매를 맺을 수 있었던 요인에 대해서는 저마다 다른 이유를 이야기한다. 그러나 한 가지 분명한 것은 하나님께서 한국 선교사들을 들어 쓰셨다는 것과 그들의 노력을 통해 수 많은 잃어버린 영혼이 주님께로 돌아왔다는 것이다. 탐 스티븐(Tom Steffen)도 "타문화권 기독교 사역자들은 오랫동안 효과적인 사역이 하나님의 말씀에 대한 전적인 순종과 성령의 능력과 축복 모두를 요구한다고 생각해 왔다. 만약 둘 중에 하나라도 모자란다면 그 메시지를 듣는 청중은 심각한 어려움을 겪게 될 수 있다"라고 말한다.

3. 한국 선교사들의 선교전략

많은 사람이 한국교회의 세계선교를 한마디로 "3무(無)-무방비, 무대책, 무방향성-"라고 말한다. 어떤 이는 한국교회나 선교사의 사역을 "맨땅에 헤딩" 혹은 "무뎃뽀(無鐵砲)"라고 표현한다. 즉, 아무런 대책도 없이 일단 뛰어들고 본다는 것이다. 그런데 잘 살펴보면 '무뎃뽀'와 그리스도인들이 가장 강조하는 덕목 중의 하나인 '성경적 믿음' 사이에는 공통점과 차이점이 있다는 것을 발견하게 된다. 공통점은 아무런 인간적인 대책 없이 그냥 일부터 벌이고 본다는 것이고, 차이점은 '성경적 믿음'은 '무뗏뽀'와는 달리 하나님의 약속에 따라 움직인다는 것이다. 물론 상당수 한국 선교사가 성경적 믿음과 비합리적 저돌성을 구분하지 못해서 적지 않은 시행착오를 해왔던 것도 사실이다. 하지만 하나님께서는 이런 한국 선교사들의 부족함과 연약함을 들어 쓰셨다. 그 결과 서구 선교사들이 하지 못했던 사역의 열매를 한국인 선교사들은 거둘 수 있었다. 즉, 한국 선교사들이 선교현장에서 보여준 무방비, 무대책, 무방향성에도 불구하고 하나님께서는 그들의 열정과 인내, 순교자적 사명감을 들어 쓰셨다는 것이다.

이처럼 한국교회와 선교사는 그동안 잘 만들어진 전략이나 계획은 없었지만, 하나님의 말씀에 온전히 순종함으로 선교현장에서 놀라운 성령의 역사와 함께 사역에서의 축복을 경험했다. 그러나 이제는 좀 달라져야 한다. 그동안의 성과를 빌미로 계속해서 구태의연한 방법으로 일관하기보다는 불필요한 낭비를 최소화시켜야 한다. 또한, 현장 사역자들에게 성경적, 선교학적 확신을 제공해 줄 수 있는 선교학을 발전시켜야 한다. 왜냐하면, 아직도 한국 선교는 자신들의 시각으로 정립된 선교학이 아닌 서구에서 서구 교회와 선교사를 지원하기 위해 만든 선교학의 지원을 받고 있기 때문이다. 그러나 다행히도 21세기에 들어 "하나님의 백성들의 문화적 다양성을 반영하는 상관적인 성경적 선교학의 발전과 적용"을 위한 노력이 이루어지고 있다.

4. 한국선교사를 위한 전략개발의 필요

21세기 전 세계 복음화를 위한 논의를 하다 보면 한국교회와 선교사들의 역할에 대한 주제가 심상치 않게 등장한다. 그리고 한국교회가 그동안의 선교활동에서 보여 준 시행착오에 대한 비판적 성찰이나 성공적 사례들과 함께 늘 등장하는 것이 바로 선교전략에 관한 것이다. 그리고 그때마다 듣는 것이 한국 선교사는 전략이 없다는 말이다. 사실 서구에 비해 짧은 선교역사를 가지고 있는 한국교회가 선교에 대해서 본격적으로 연구하고 공부하기 시작한 것은 그리 오래되지 않는다. 교회의 급속한 성장과 함께 선교운동에 동참하긴 했지만, 한국교회는 최근까지도 전략에 대해 많은 연구와 노력을 기울이지 못했다. 어쩌면 못한 것이 아니라 안 한 것일 수도 있다. 한국 선교사들은 자신들의 문화적, 사역적 경험을 이론화, 원리화, 체계화하여 매뉴얼을 만들기보다는 오히려 감(感)에 의존하는 경향이 있기 때문이다. 그래서 매뉴얼을 만들지도 않을 뿐더러 매뉴얼이 있다 해도 그것을 참조하지 않는 경향이 있다. 그러나 이제는 달라져야 한다. 매뉴얼은 시행착오를 줄이기 위해서도 중요하지만, 한국적 선교학의 개발에도 도움이 되기 때문이다.

한국교회와 선교가 전 세계 복음화에 중차대한 역할을 감당해야 한다는 것은 자명하지만, 그동안 전략의 상당수는 서구에서 만들어졌고, 한국교회는 그 전략에 의존할 수밖에 없었다. 그러나 이제는 한국 선교사들에게 맞는 전략의 개발이 무엇보다도 필요하다. 새로운 전략이라고 해서 반드시 새로운 것이어야 할 필요는 없다. 이미 시행되어 오고 있거나 어쩌면 이미 폐기된 것일 수도 있다. 이제 더는 전략의 부재만을 탓할 것이 아니라 우리가 가지고 있는 것, 그리고 우리가 쉽게 가질 수 있는 것에서부터 출발해야 한다. 왜냐하면, 효과적인 전략은 고안되어지는 것이라기보다는 오히려 발견되어지는 것이기 때문이다. 사무엘상 17장에 보면 사울은 자신의 군복, 놋투구, 그리고 갑옷을 다윗에게 입히고 칼을 군복 위에 차게 한다. 사울왕의 군복과 놋투구, 갑옷, 그리고 칼은 이스라엘 나라에서 가장 잘 만들어졌고 가장 완벽한 것이었을 것이다. 그러나 다윗은 시험적으로 몇 걸음 걸어 보다가 익숙하지 않자 그것들을 벗어 버리고 손에 막대기와 매끄러운 돌 다섯 개, 그리고 물매를 가지고 블레셋 사람에게 나아갔다.

이제 한국 선교사들에게도 자신들에게 익숙하지 않은 무겁고 큰 갑옷과 투구, 그리고 칼이 아니라 손에 익고 항상 사용해 오던 다윗의 돌멩이 5개와 물매 같은 무기나 전략이 필요하다. 다윗은 자기보다 훨씬 크고 전쟁에 능한 골리앗과 맞서 싸우러 나가면서 자기가 평상시에 사용해 왔던 것들을 준비해서 가지고 나갔다. 그러나 결과는 그 보잘것없어 보이는 것이 가장 효과적인 도구가 되었던 것을 볼 수 있다. 이제 한국 선교사들도 다윗처럼 자기에게 익숙하고 사용하기 편한 무기와 전략이 필요하다. 전 세계 복음화라고 하는 거대한 지상 과업 앞에 서 있는 한국교회와 선교사가 우선으로 찾아야 하는 것이 바로 이것이다. 그것이 하잘 것 없어 보이고, 그것으로는 도저히 안 될 것 같은 것이라도 괜찮다. 왜냐하면, 선교는 하나님의 일이기에, 인간이 만든 완벽한 전략보다도 하나님의 말씀에 전적으로 순종하려는 선교사들의 헌신을 통해 더 많은 역사가 일어나기 때문이다. 그러므로 한국교회가 가지고 사용해 왔던 돌멩이와 물매가 무엇이었는지 살펴보는 것은 21세기 기독교 선교를 위한 전략을 개발하기 위해 매우 중요한 일이 아닐 수 없다.

III. 21세기 세계복음화를 위한 한국선교의 과제

1. 선교대상에 대한 인식의 변화

먼저, 우리가 효과적으로 선교를 감당하고 복음을 전하기 위해서는 기독교가 가지고 있는 타종교에 대한 태도나 인식의 변화가 절실히 필요하다. 예수 그리스도가 구원의 유일한 길이라는 것은 불변의 진리이지만, 너무나 극단적인 이분법적 패러다임 안에서 타종교나 선교지의 사람들을 대하는 것은 바람직하지 않다. 너무 첨예한 대립각을 세우는 것은 오히려 선교에 악영향을 줄 수 있기 때문이다. 이제 한국교회는 열방을 향한 아버지의 마음을 다시 한 번 깨달아야 한다. 그리고 선교지 영혼들을 하나님께서 구원하시기 원하시는 백성, 즉 구원의 대상으로 보아야 한다. 그러기 위해서는 우리의 태도를 보다 건전하고 열린 시각으로 바꾸어야 할 필요가 있다. 하나님께서 우리를 선교의 일에 부르신 것은 우리에게 어떤 특권을 주시기 위해서가 아니라 은혜이며, 먼저 구원받은 자로서 나가서 죄인들에게 복음을 전해야 하는 책임을 부여한 것임을 알아야 한다. 그러므로 지금까지 보여 왔던 타문화에 대한 적대적 사고방식, 기독교의 승리주의, 우월주의, 획일주의에 기반을 둔 종교적 제국주의적 사고의 틀에서 하루속히 벗어나야 한다.

2. 한국적 전략의 개발

비서구 국가 가운데 가장 많은 해외선교사를 파송한 나라인 한국이 전 세계 복음화를 위한 역할과 책임을 다하기 위해 우선으로 고려해야 할 것은 그동안의 서구식 방법에서 이제는 한국식 방법으로의 전략적 전환이다. 여기서 한국식, 서구식이라는 말에 오해가 생길 수 있지만,

이제는 한국 선교사들이 자신들에게 맞는 선교전략을 개발해야 한다. 우리는 오랜 역사와 비결을 가지고 있는 서구의 선교역사에 대해서 배웠다. 물론 아직도 그들로부터 배워야 할 것이 많이 있다. 우리가 아무리 비약적인 교회성장을 경험했고 많은 선교사를 파송했다고 할지라도 배워야 할 것은 겸손하게 배워야 한다. 그러나 이제 한 단계 더 나아가 그들로부터 배운 것을 가지고 우리가 쉽게 적용할 수 있고 우리에게 맞는 전략을 개발해야 한다. 그렇게 하지 못한다면 한국 선교사들은 또다시 불필요한 시간과 자원을 허비하게 될 것이다.

3. 한국선교사의 장점 극대화

서구 선교사들이 제국주의, 식민주의 선교라는 역사적 오명을 가지고 있지만, 한국 선교사들은 그런 부정적인 역사적 잘못을 가지고 있지 않다. 이는 한국 선교사들이 식민지화 경험을 가진 지역이나 나라에 선교사로 들어갈 때 하나의 커다란 장점이 될 수 있다. 한국은 일본에 의해 식민지화된 경험이 있기 때문에 중앙아시아의 여러 나라에서 사역할 때 커다란 유익이 되기도 했다. 그 외에도 열정적인 기도, 불타는 복음 전도의 열정, 충성스런 헌신, 한인 디아스포라 등도 커다란 장점이 되었다.

또한, 한국 선교사들은 하나님에 대한 절대적 믿음을 가지고 선교사역을 수행해 왔다. 성경은 하나님에 대해서 "우리 가운데 역사하시는 능력대로 우리의 온갖 구하는 것이나 생각하는 것에 더 넘치도록 하실 이"라고 말한다(엡 3:20). 사실 잃어버린 영혼들을 구원코자 하는 불타는 열정과 말씀의 권위에 대한 온전한 순종은 한국 선교사들의 사역을 가능케 한 중요한 원동력이었다. 전략의 부재라는 약점에도 불구하고 이것이 한국 선교사들로 하여금 많은 열매를 맺게 하였다. 앞으로도 계속해서 한국 선교사들이 가진 장점들을 극대화하려는 노력이 필요하다.

4. 약점의 인정과 영적리더십 개발

앞에서 언급한 여러 장점에도 불구하고 한국 선교사들은 또한 많은 약점을 가지고 있다는 것을 인정해야 한다. 전략의 부재, 선교의 구조적 문제점, 재정적 부담감, 선교경험의 부족, 충동적 경향, 무뎃뽀 내지는 주먹구구식 선교방법, 불화나 지나친 경쟁 등이 그것이다. 이런 약점들을 극복하기 위해서는 앞에서도 언급한 것처럼 한국 선교사들에게 맞는 복음 전도 방법을 개발해야 한다.

특별히, 한국 선교사들은 그동안 보여주었던 권위주의적 리더십을 버리고 섬기는 리더십으로 전환해야 한다. 김병윤은 "서구의 선교사들은 온정주의(paternalism) 때문에 비난을 받았지만, 한국 선교사들은 그들의 선교사역 가운데서 나타나는 권위주의(authoritarianism) 때문에 비난을 받게 될 것이다. 한국 선교사들은 현지인들을 동역자로 생각하는 것이 아니라 자신들의 방식을 강요하는 경향이 있다"고 지적한다. 그러므로 이제 무엇이 성경적 리더십인지에 대한 정확한 재조명이 필요하다. 홍영기는 "사람들은 자신의 리더가 윤리적, 영적, 사회적 우월성을 보여줘야만 따르기 마련이다. 특별히 겸손과 성실한 삶이 유교문화권에서 리더가 갖추어야 할 미덕으로 간주된다"고 말한다. 선교사는 선교지에서 진정한 영적 리더십을 개발해야 한다. 루이스 부쉬(Luis Bush)는 선교사 리더의 패러다임 전환(Paradigm Shift)을 말한다. 그는 독단적이고 권위주의적인 리더십보다는 상대방에게 영감을 주고(inspirational), 권한을 부여하며(empowering), 할 수 있도록 도와주는(enabling), 그리고 자극을 주는(facilitating) 리더십 스타일을 강조한다.

리더는 명령하려고 하기보다는 코치하고 가르치는 사람이어야 한다는 말이다. 이처럼 한국 선교사들은 예수님이 보여 주신 것처럼 성경적인 섬김의 지도력을 개발하여 몸소 실천해야 한다. 섬김이 섬김을 낳는다는 것을 명심해야 한다.

이처럼, 한국 선교사들은 자신의 약점을 겸허하게 인정해야 하며, 다른 사람과 서로 협력해야 한다. 한국 선교사들은 오랜 역사와 충분한 경험을 가진 서구 선교사로부터 배워야 할 것이 있다면 겸손하게 배워야 한다. 다른 교파, 선교단체, 파송교회, 동료 선교사와 서로 협력해야 한다. 하나님께서는 우리의 연약함을 들어 쓰시기를 원하신다. 성경은 "하나님께서 세상의 미련한 것들을 택하사 지혜 있는 자들을 부끄럽게 하려 하시고 세상의 약한 것들을 택하사 강한 것들을 부끄럽게 하려 하시며"라고 말한다(고전 1:27). 한국 선교사들이 짧지 않은 역사 동안 그들의 헌신적인 희생과 노력으로 놀라운 열매를 거둔 것이 사실이지만, 반대로 많은 시행착오와 실수들을 거듭해 온 것도 사실이다. 한국교회와 선교는 이제 이런 약점과 실수를 정확히 진단해 보아야 한다. 이제는 한국교회가 과거의 역사 가운데 행해왔던 여러 시행착오와 실수를 다시는 되풀이 하지 말아야 한다.

5. 융통성과 민감성의 개발

약 20여 년 전에 마빈 메이어스(Marvin K. Mayers)는 예전 서구 선교사들이 해왔던 형태의 선교를 되풀이하는 전통적인 선교사는 더 필요치 않다고 경고한 바 있다. 그런데 그의 경고는 이제 더는 서구 선교사만을 위한 것이 아닌 한국 선교사에게도 해당하는 경고의 소리가 되었다. 많은 나라와 사회가 종교법을 새로 개정하여 선교사의 입국과 기독교의 복음전도를 금지하고 있다. 이제는 선교사가 그런 지역 가운데 들어가기 위해서는 보다 창의적인 접근방법을 시도해야 한다. 선교사는 선교현장의 상황과 변화에 민감해야 한다. 선교사는 전문기술이나 능력, 높은 수준의 훈련, 사람들의 필요에 민감하게 반응하면서 창의적으로 사역할 필요가 있다. 즉, 창의적이고 제한적인 접근을 해야 하는 대부분의 무슬림 지역에서는 비즈니스를 통해 접촉점을 마련하거나 플랫폼을 구축하여 사역하는 것이 필요하다. 그래서 요즘 비즈니스 선교(Business As Mission, 이하 BAM), 전문인 선교, 평신도 선교, 단기선교 등이 중요하고 효과적인 전략으로 등장하고 있다. 선교사가 복음을 효과적으로 전하기 위해서는 선교현장의 필요에 민감해야 한다. 과거 기독교 선교는 선교현장의 필요가 아닌 교회나 선교사의 필요를 중심으로 이루어졌던 것이 사실이다. 이런 과거의 시행착오를 교훈 삼아 선교현장의 필요에 민감하게 반응해야만 한국교회는 효과적으로 복음을 전할 수 있게 될 것이다.

6. 열정적인 기도

선교사들은 기도와 기도중심의 영적 삶을 추구해야 한다. 초대교회는 교회의 복음전파나 성장을 방해하는 핍박과 박해에 직면했을 때 함께 모여 기도했다. 한국 선교사들은 재정적인 어려움, 비자 문제, 신변의 위협, 자녀교육, 언어적 장애, 갈등과 불화가 있을 때마다 열정적으로 기도했다. 기도는 예수님의 사역에서도 중요한 일부분이었다. 기도는 능력의 근원이며 그 어떤 전략보다 중요한 영적 무기이며, 전략이다. 바울도 "우리의 싸우는 무기는 육신에 속한 것이 아니요 오직 어떤 견고한 진도 무너뜨리는 하나님의 능력이라. 모든 이론을 무너뜨리며 하나님 아는 것을 대적하여 높아진 것을 다 무너뜨리고 모든 생각을 사로잡아 그리스도에게 복종하게 하니"라고 분명하게 말한다(고후

10:4-5). 기도의 중요성은 아무리 강조해서 지나침이 없다. 두말할 나위 없이 한국교회와 선교사의 식지 않는 열정적인 기도가 선교사역의 성패를 좌우하는 매우 중요한 열쇠임을 잊지 말아야 한다.

7. 선교사의 성육신적 삶과 성령의 능력

선교사는 겸손, 융통성, 투명성, 연합, 책임감, 담대한 복음증거, 영성, 무욕 그리고 성육신적 삶을 실천해야 한다. 성경은 "겸손하게 하나님과 함께 행하는 것"을 강조한다(미 6:8; 사 57:15; 벧전 5:5-6). 선교사는 자신의 사역이 하나님의 선교에 동참하고 있다는 사실을 깨달아야 하며 예수님께서 몸소 보여주신 성육신적 삶을 실천해야 한다. 메이어스도 "선교사는 종의 마음을 가져야 하며, 받기보다는 주는 삶을 살아야 하고, 예수 그리스도의 성육신적 삶을 살아야 한다"고 말한다. 이렇게 볼 때, 선교사는 예수 그리스도의 사랑과 섬김의 사역을 계속해서 수행해 나가야 하는 사람이다.

선교를 수행해 나가는 데 있어서 선교사의 성육신적 삶과 함께 필요한 것은 선교사가 성령의 능력에 의지해야 한다는 것이다. 바울은 "내 말과 내 전도함이 설득력 있는 지혜의 말로 하지 아니하고 다만 성령의 나타나심과 능력으로 하여"라고 하면서 성령의 능력에 의지하는 것이 선교에 있어서 중요하다는 사실을 강조한다(고전 2:4). 복음의 선포는 영적인 능력이 동반될 때 더 효과적이다. 선교사는 성령의 능력을 제한하지 말아야 한다.

8. 협력과 동역

한국 선교사들의 고질적인 문제 중의 하나는 지나친 개인주의와 동료 선교사들과의 불화이다. 이것이 한국 선교사들의 팀 사역을 힘들게 만들고, 비효율적 사역이나 재정과 인력의 중복을 초래한다. 한국 선교사는 자기중심적 영웅주의, 과도한 개인주의적 성향, 가부장적 권위주의, 우월주의, 미숙한 영성, 상호이해의 부족, 교파주의, 민족주의, 신학적 차이, 본국에서의 협력사역에 대한 경험부족, 타문화권 사역에 대한 훈련부족 등으로 선교지에서 다른 사람과 협력하고 동역하는 것을 어려워한다. 그러나 한국 선교사들은 이제 개인의 영적인 성숙, 성경적 선교 이해를 통한 협력과 동역을 통해 사역해야 한다. 물론, 협력과 파트너쉽(partnership)이 항상 효과적인 것만은 아니다. 함께 사역하는 것이 비효과적이라면 구태여 함께 사역할 필요는 없다. 그러나 전세계 복음화를 위해 우리가 극복해야 할 것 중의 하나가 바로 '중복과 경쟁'의 문제라고 한다면, 효과적인 협력과 동역은 하나님 나라 확장을 위한 하나의 커다란 동력이 될 수 있다는 것을 명심해야 한다. 이제 한국교회는 "주님의 가장 큰 계명"(막 12:28 - 34, The Great Commandment), "하나됨"(요 17:22 - 23, The Great Cooperation), "지상 대위임령"(마 28:19 - 20, The Great Commission)을 순차적으로 강조해야 한다. 왜냐하면, 지상 대위임명령만을 최우선으로 하는 선교는 과도한 선교 경쟁구조로 가는 지름길이 될 수 있기 때문이다. 이제 한국교회가 주님의 주되심에 온전히 순복함으로 진정한 협력과 동역을 통한 선교사역을 감당해 나가야 한다.

9. 성경적인 교회개척 모델의 필요

한국 선교사들은 짧은 선교역사와 함께 전략의 부재라는 한계에도 불구하고 지속적으로 성경적인 교회개척의 방법이 무엇인지를 고민하면서 헌신적으로 사역을 감당해 왔다. 그동안 한국 선교사들의 교회개척 형태를 보면 일반적으로 모(母) 교회를 통한 교회개척이었다. 즉, 선교사가 직접 현지인들을 전도하고 훈련시켜 교회를 세우고, 이 교회 안에서 성경적인 교회의 모습이 어떤 것인지를 자신이 직접 모델로 보여 주면서 현지인 지도자를 양육한 후, 그 현지인 지도자를 통해 계속해서 교회가 개척되어 나가도록 하는 형태였다. 물론 선교사가 직접 현지인에게 지도력을 완전히 이양하고 떠나는 경우도 있지만, 대부분 모 교회를 통한 교회개척을 시도하는 선교사들이 많았다. 물론 이 부분에 대해서는 많은 논란과 이견이 있다. 특별히 교회개척배가운동(Church Planting Movement) 주창자들은 한국 선교사들의 지체된 지도력 이양의 문제와 대형교회 건물을 갖는 부분에 대해서 비판의 소리를 높였던 것이 사실이다. 그러나 지금도 여전히 한국 선교사들은 선교 현장에서 주님께서 원하시는 성경적인 교회를 개척하려고 노력하고 있다.

그중에서 최근에 한국 선교선교사들이 적용하고 있는 모델이 바로 가정교회이다. 사도행전을 통해 볼 때, 초대교회는 모임을 주로 가정에서 가졌던 것을 볼 수가 있다(행 2:46; 10:32; 12:12; 16:40; 17:5-6; 18:7; 20:7; 20:20). 평균적으로 그들이 한 번에 모일 수 있었던 인원은 대략 30-35명 정도였다. 바울은 "온 교회가 함께" 모였다는 것과(고전 14:23) 가이오가 바울과 "온 교회"를 돌보아 주었다는 것(롬 16:23)을 언급한다. 이 말은 한 도시 안에 작은 소그룹의 교회와 연합체로서의 교회가 있었다는 것을 암시한다. 가정교회는 여러 개의 가정교회(House Church)를 지원하기 위한 하나의 연합체(cooperated body)를 가진 독특한 형태의 교회이다. 가정교회는 "평신도가 지도자가 되어, 가정집에서, 6-12명이, 매주 한 번 이상씩 모이는, 교회의 본질적인 기능(예배, 교육, 교제, 전도와 선교)을 다 하는 공동체"이다. 셀 교회가 크기에 중점을 둔 개념이지만, 가정 교회는 모이는 장소에 중점을 두어 부른 것으로, "영혼 구원하여 제자 삼는" 사역을 통해 신약교회의 가족공동체를 회복하는 것을 목적으로 한다. 특별히 가정교회는 가르쳐서 제자를 만드는 것이 아니라 보여서 제자를 만들려고 한다(요 13:15; 고전 11:1; 벧전 5:3). 이런 가정교회는 신약성경적인 교회로 1세기와 마찬가지로 20세기에도 효과적이었다. 중국은 1949년 모택동이 선교사를 축출하고 교회를 폐쇄한 후 덩샤오핑이 득세하여 문호를 개방하기까지 기독교인이 10-50배 증가하였다. 이처럼, 가정교회 모델은 초대교회 당시의 로마나 근대의 중국처럼 종교적 박해가 강한 나라에서 매우 효과적이었다. 또한, 선교사가 도시지역에서 처음 사역을 시작할 때도 매우 효과적이다.

그러나 아무리 훌륭하게 잘 만들어진 전략이라 할지라도 그것이 모든 상황과 현장에 들어맞는 마스터 키(golden key)가 될 수는 없다. 어떤 전략이 아무리 실용적이고 유용하다 할지라도 선교현장의 모든 문제를 해결하는 포괄적인 답을 제공해 주지는 못한다. 그렇기 때문에 우리가 어떤 하나의 전략을 실용화하기 위해서는 성령님의 인도하심 가운데 끊임없이 연구하고 수정 보완해야 한다. 세상이 워낙 빠르게 변하고 있기 때문에 그 변화에 적절하게 대처할 수 있어야 한다. 이런 점에서 효과적인 전략은 언제나 성경적이고 총체적이어야 하며 연구조사에 근거해야 한다. 선교는 하나님의 일이다. 그렇기 때문에 선교는 반드시 하나님의 방법대로 이루어져야 한다. 그리고 하나님 나라 확장을 목표로 해야 한다. 그러나 반드시 기억해야 할 것은 우리가 아무리 효율적이고 총체적인 전략을 개발한다 할지라도 모든 상황과 현장 가운데 가장 효과적으로 적용할 수 있는 최대의 전략은 바로 하나님의 말씀이라는 것이다.

IV. 나가는 말

그리스도인의 사명은 하나님 나라 복음을 온 천하에 다니며 전파하는 것이다. 이것이 하나님께서 우리를 이 땅에 보내신 목적이다(눅 4:43; 행 13:46-49). 한국교회는 그런 하나님 아버지의 마음을 잘 알고 순종하는 교회였다. 한국교회는 지난 130여 년간 놀라운 성장과 발전을 거듭해 왔으며, 그 폭발적인 성장은 자연스럽게 선교운동으로 이어졌다. 한국교회는 풍부한 인적, 물적, 영적 자원을 바탕으로 세계 복음화에 중요한 역할을 감당하고 있다. 하나님께서는 단일 인종, 단일 문화, 단일 언어를 가진 관계중심의 사회이며, 권위적이고 자기중심적이지만 다정다감하고 인내와 끈기를 가진 한국교회와 선교사를 들어 쓰셨다. 한국 선교사가 완벽하고 하나님 보시기에 흡족해서가 아니라 연약하고 보잘것없었지만 그들의 장점을 들어서 쓰신 것이다. 그렇기 때문에 한국교회와 선교사는 절대로 자만하거나 우쭐해서는 안 된다.

한국교회는 아직도 갈 길이 멀다. 아직은 더 배워야 한다. 여기서 멈추거나 자족해서는 안 된다. 패트릭 존스톤은 "세계 복음화는 실현 가능하다. 다만 희생이 따른다"라고 분명히 말한다. 이제 한국교회가 하나님 중심, 성경중심, 교회중심의 선교로 돌아가서 과감하게 다양한 접근을 시도해 볼 필요가 있다. 그러고 나서 "나는 선한 싸움을 다 싸우고 나의 달려갈 길을 마치고 믿음을 지켰으니 이제 후로는 나를 위하여 의의 면류관이 예비되었으니 주 곧 의로우신 재판장이 그날에 내게 주실 것이며 내게만 아니라 주의 나타나심을 사모하는 모든 자에게도니라"(딤후 4:7-8)라고 고백할 수 있어야 한다.

📖 추천하고 싶은 책

Allen, Roland. 「바울의 선교 vs. 우리의 선교」. 홍병룡 옮김. 서울: IVP, 2008. 과거 20세기 초까지의 서구 중심적인 자문화우월주의 사상에 입각한 선교는 많은 문제점을 지니고 한계에 다다랐다. 이 책은 이러한 선교의 한계를 깨닫고 2,000년 전 바울의 선교적 방법론을 중심으로 문제점을 파악하고 해결책을 제시하려 한 책이다. 그리고 선교사들에게 바울의 선교에 대한 환상이나 편견에서 벗어나 성경적이고 효과적인 선교적 기틀을 마련하는 데 도움을 줄 수 있는 책이다.

Coleman, Robert E. 「주님의 전도계획」. 홍성철 옮김. 서울: 생명의 말씀사, 2013. 본서는 주님이 복음을 전하기 위하여 공생애를 통하여 진행한 사역과 이를 위한 주님의 전략을 4복음서의 기록을 통하여 분석하였다. 그리고 그리스도의 행동의 일관된 기본 원리를 일깨우고 주님의 방식을 적용하게 하므로 최상의 효과적인 복음전파를 이루어 나가도록 지도하고 있다. 이 책을 통하여 많은 복음의 일꾼들이 양성되었고 출판된 지 50년이 지난 현재까지도 매우 영향력 있는 책이다.

Newbigin, Lesslie. 「다원주의 사회에서의 복음」. 홍병룡 역. 서울: IVP, 1998. 본서는 오늘날과 같은 다원주의 사회에 노출된 우리 시대의 문화와 종교적 상황에서 어떻게 '그리스도의 유일성을 주장할 수 있는가'에 대한 깊이 있는 고찰을 담고 있다. 그리고 오늘날과 같은 다원주의 사회에서 예수 그리스도만이 진리라고 믿는 우리가 어떻게 살아가야 하는지를 조심스럽게 제시하고 있다. 본서에서 저자는 기독교 신앙에 대한 합리적인 논리에 입각한 변증으로 현대 문화에 대한 예리한 분석과 함께 복음 전도에 가져야 할 태도를 담대하고도 확신에 찬 어조로 제시하고 있으며, 우리가 살아가고 있는 현대 다원주의적 세계를 분석하고 이 시대에 우리가 복음과 함께 어떻게 살아갈지에 대해 깊은 통찰력을 갖게 해준다.

Schnabel, Eckhard J. 「선교사 바울」. 정옥배 옮김. 서울: 부흥과개혁사, 2014. 선교에서 바울의 사역을 철저히 분석하기 위하여 신약성경과 배경자료들을 철저히 분석하여 연구한 책이다. 선교사역에 관한 분석이 바울에게 국한되어 있지만, 내용은 현대 선교사역에서 중요하게 다루고 있는 선교사의 소명과 선교 목표, 메시지 전략 등 모든 주제를 총망라하여 깊이 있게 설명하고 있다. 그러므로 바울의 선교를 통하여 현대 선교의 중요한 쟁점들의 적용과 접근을 가능하게 한다.

Seamands, John T. 「타문화권 복음 전달의 원리와 적용」. 홍성철 역. 서울: 도서출판 세복, 1996. 선교지에서의 타문화권 전도와 교회 개척에 사역할 전임 사역자들에게 복음주의적 입장에서 효과적인 복음 전도를 돕기 위한 책이다. 이 책에서는 타 종교인들에게 기독교 메시지를 효과적으로 전달할 수 있는 선교사를 만들기 위하여 여러 나라와 문화 현장의 예를 직접 들었다. 그리고 타 종교 추종자들에게 어떻게 예수를 지혜롭게 증거해야 할지를 도와주며, 동질 문화권 안에서 사는 세속적 사람들에게 예수를 증거할 때도 도움이 되는 책이다.

Smith, Steve and Ying Kai. 「T4T(Training for Trainer)」. 이명희 역. 서울: 요단출판사, 2012. 본서는 오늘날 모든 그리스도인의 복음을 전하지 못한 이유에 대해서 답을 제시하며 복음의 실제적 접근방법을 제시해 준다. 더 나아가 T4T는 성도들로 하여금 제자를 만들어내는 공동체를 구성하도록 하고 단시간 내에 영적으로 성장한 지도자를 세워 인도하게 하여 세대를 이어나가도록 훈련하는 순종에 근거한 제자훈련방식을 가르쳐준다. T4T의 방법은 CPM을 통한 교회개척에 긍정적이고 소망적인 영향을 주며, 복음이 닫혀 있거나 닫혀 있지 않거나 모든 추수할 지역에 하나님의 관점으로 사역을 시작할 수 있는 용기를 불어 넣어주는 책이다.

김성태. 「세계선교전략사」. 서울: 생명의 말씀사, 2010. 선교현장에서 전략은 매우 필요하지만 무시되어지는 현실에서 성경적인 전략에 대한 정의를 제시하고, 사도 바울의 성경적인 선교 전략을 소개한다. 그리고 바울 이후 초대교회의 선교전략부터 현재까지의 선교 전략을 역사적 관점에서 서술하며 각 시대의 중요한 선교전략을 설명하고 있어 선교전략을 개괄적으로 공부하기 위한 교과서로 적당한 책이다.

안점식. 「세계관 종교 문화」. 서울: 죠이선교회, 2008. 본서에서 저자는 오늘날 많은 그리스도인에게 올바른 성경적 세계관 재정립의 필요성을 강하게 강조하고 있다. 그 이유는 한국의 많은 교회를 포함한 기독교 문화가 성경적 세계관보다는 비성경적 세계관들 위에 그 뿌리를 두고 있기에 때문이라고 진단한다. 그래서 저자는 한국교회 안에 종교와 관련된 모든 문제를 다루면서 종교에 의한 문화적 토양에 비성경적 세계관이 어떤 영향을 끼치고 있는지 규명하면서 영적 전쟁으로서의 문화변혁과 상황화를 다룬다. 더 나아가 선교사에게 각 종교의 문화적 토양 위에 기초한 비성경적 세계관을 어떻게 성경적 세계관으로 상황화할 것인지를 설명한다.

전호진. 「종교다원주의와 타종교 선교전략」. 서울: 개혁주의 신행협회, 1992. 현대 사회에서 중요한 종교의 흐름으로 자리 잡은 종교 다원주의를 비판하고, 과거 2,000년 동안 기독교는 타 종교를 어떻게 생각했는지를 역사적으로 간략히 고찰함으로써 종교 다원주의에 대한 복음주의의 신학적 해답을 시도하였다. 그리고 아시아의 중요 종교인 샤머니즘, 힌두교, 불교, 유교, 회교, 신도 등을 소개하고 이 종교들의 문제점을 기독교의 입장에서 비판하고 기초적인 타종교 선교전략을 제시하였다.

필자 소개
(가나다 순)

근광현 침례신학대학교 조직신학 교수. 원광대학교 독어독문학과(B.A.), 침례신학대학교(M.Div., Th.M., Th.D.). 학위논문: "The Influence of the Christology of Gnosticism on the Formation of the Early Church Christology"(1996). 저서: 「기독교 이단 길라잡이」(누가).

김광수 침례신학대학교 신약학 교수. 서울대학교 물리학과(B.S.), 침례신학대학교(M.Div.), Southern Baptist Theological Seminary(Ph.D.). 저서들: 「신약성서 헬라어 기초문법」(침신대), 「바울서신 다시읽기」고린도후서(은성), 「마가, 마태, 누가의 예수이야기」(침신대), 「요한복음 다시읽기」상·하(침신대). 역서: 「사도바울의 기독교」(John Ziesler, 은성) 등.

김병권 침례신학대학교 기독교윤리학 교수. 중앙대학교 기계공학과(B.E.), 침례신학대학교(M.Div., Th.M.), Southern Baptist Theological Seminary(Ph.D.). 학위

논문: "Korean Reunification and Jesus' Ethic: Guidance For Korean Churches"(1997).
저서: 「기독교윤리학과 집사」(침례회출판사).

김선배 침례신학대학교(신학사, 신학석사, 신학박사), 영국 Sheffield University, Spurgeon's College에서 수학했으며, 영국 Oxford University의 객원교수, 호주 멜번 Whitley College, 시드니 Morling College의 교환교수로 연구 활동을 했다. 저서는 「상징으로 읽는 요한복음서」와 「성령님과 함께 걷는 신약성경 올레길」이며, 다수의 논문이 있다. 김선배 박사는 신약교회를 구현하며 재현하는 성령의 역사와 나타나심 속에서 기독교 영성에 뿌리 내린 지성인을 배출하는 실천하는 신학을 교육 목표로 삼고 있다.

김승진 침례신학대학교 역사신학/교회사 교수. 서울대학교 인문대학 국사학과(B.A.), 침례신학대학교 신학대학원(M.Div.), Southeastern Baptist Theological Seminary(Th.M.), Southwestern Baptist Theological Seminary (Ph.D.). 저서들: 「침례교회와 역사: 침례교회사의 주요 논제들」(침례신학대학교출판부), 「침례교신앙의 관점에서 본 요한 칼빈: 그의 교회론은 신약성서적인가?」(침례신학대학교출판부), 「근원적 종교개혁: 16세기 성서적 아나뱁티스트들의 역사와 신앙과 삶」(침례신학대학교출판부), 「종교개혁가들과 개혁의 현장들: 아직도 미완성인 종교개혁」(나침반출판사). 역서들: 「갈라디아서」(풀빛주석 시리즈), 「21세기 속의 1세기 신앙: 침례교신앙 정의하기」(Charles W. Deweese 편, 침례신학대학교출판부), 「왜 침례교인인가?: 침례교인의 신앙과 역사적 유산」(William R. Estep, 요단출판사) 등. 여러 공저들과 다수의 논문들이 있음.

김용국 침례신학대학교 역사신학/교회사 교수. The Southern Baptist Theological Seminary(M.Div., Ph.D.). 현 침례신학대학교 기획실장 및 한국복음주의역사신학회 회장. 저서들: 「한국침례교사상사 1889-1997」(침례신학대학교출판부), 「미국침례교회사」(침례신학대학교출판부). 역서들: 「침례교 신앙고백서」

(William L. Lumpkin, 침례신학대학교출판부), 「침례교회의 역사와 유산」(H. Leon McBeth, 침례신학대학교출판부). 논문: "최근 미국 남침례교회 논쟁"과 "한국 복음주의 운동의 정체성과 과제-빌리 그래함 운동을 참조하여" 등을 비롯한 다수 논문들이 있음.

김용복 침례신학대학교 조직신학 교수. 서강대학교 종교학과를 졸업하고 (1987년), 침례신학대학교 신학대학원 및 대학원에서 박사학위과정(Th.D.)을 마쳤다. 현재 침례신학대학교에서 조직신학과 침례교신학을 가르치고 있으며, 예수사랑 우리집침례교회에서 협동목사로 사역하고 있다. 저서로는 「신앙과 신학의 만남」(2004), 「침례교신학」(2006), 「김갑수 목사의 은혜의 발자취」(회고정리)(2013), 번역에는 「기독교신앙의 6대 공리」(2005), 「Malcolm C. Fenwick의 복음과 은혜」(번역·해설)(2011); 공역에는 「침례교신학의 흐름」(1999), 「침례교신학논쟁」(2000), 「침례교신앙고백서」(2008) 등이 있다.

김종걸 침례신학대학교 종교철학 교수. 침례신학대학교 신학과를 졸업하고, 숭실대학교대학원 철학과에서 해석학을 전공하여 철학박사(Ph.D.) 학위를 취득하였다. Shorter College, Columbia University, Liberty University에서 연구했으며, 저서로는 「리꾀르의 해석학적 철학」이 있다. 주요 연구 논문들은 리꾀르 해석학의 흐름, 리꾀르의 인간학적 해석학, 가다머의 칸트 미학 비판 등 해석학과 관련된 주제들이다. 아울러 발을 땅에 디딘 현실적 신앙생활을 다룬 연구 논문들은 최근의 관심사들이다. 가난, 성 이해, 장례문화, 환경문제, 주5일 근무, 여성 지도자의 역할, 안락사, 동성애, 자살, 인권, 통일 등 포장되기 쉬운 삶의 단면들을 많이 들여다봤다. 최초의 침례교 여전도인인 강요한나 여사의 후손으로 5대째 침례교신앙을 지켜오고 있고, 1992년부터 침례신학대학교 교수로 있다.

남병두 침례신학대학교 역사신학/교회사 교수. 연세대학교 신학과(B.A.),

Golden Gate Baptist Theological Seminary(M.Div.), Southwestern Baptist Theological Seminary(Ph.D.). 학위논문: "A Comparative Study of Baptismal Understanding of Augustine, Luther, Zwingli, and Hubmaier"(2002). 저서: 「기독교 교파: 그 형성과 분열의 역사」(2006).

문상기 침례신학대학교 실천신학 교수. 침례신학대학교(Th.B.), Mid-America Baptist Theological Seminary(M.Div.), Mid-America Baptist Theological Seminary(Ph.D.). 저서들: 「설교학 사전」(예배와 설교 아카데미), 「복음주의 설교학」(CLC), 「케리그마와 현대설교」(침례신학대학교 출판부).

배국원 침례신학대학교 총장 및 종교철학 교수. 연세대학교 철학과(BA)를 졸업하고 미국 켄터키주 남침례교신학대학원에서 신학석사(M.Div),「Harvard 신학대학원에서 신학석사(Th.M), 그리고 Harvard 대학교에서 철학박사(Ph.D)를 취득하였다. 종교철학이 전공으로서 특히 비교종교철학, 철학적 신학, 악과 고통의 문제에」관심을 가지고 있고 최근에는 뇌과학이 종교학에 미치는 영향에 대한 연구를 계속하고 있다. 주요 업적에는 「현대종교철학의 이해?, 「Homo Fidei: A Critical Understanding of Faith」, 「현대종교철학의 프리즘」 등의 저서와 「신의 역사」, 「현대종교학 담론」, 「종교와 과학」 등의 공역서가 있다.

신인철 침례신학대학교 신약학 교수. 침례신학대학교 신학과(Th. B), 영국 University of Roehampton(M.A.), 남아공 University of Pretoria (Ph.D.). 저서: 「요한복음 맥 잡기」(엘도론), 「고뇌하는 목회자를 위하여: 고린도후서 연구」(엘도론), 「바울의 생애와 신학 입문」(침신대). 역서: 「배교의 시대를 사는 순례자: 히브리서 연구」(엘도론) 등. 학술 논문: "Matthew's Designation of the Role of Women as Indirectly adherent Disciples" Neotestamentica 41/2(2007). "Women's strories implying aspects of anti-Judaism with Christologigal depiction in Matthew" Hervormde Theological studies 70/1(2014). "동방박사의 예수 경배 서사에 내포된 이방인 수

용의 신학적 의도" [신약논단], 18권 1호(2011).

안희열 침례신학대학교 선교학 교수. 계명대학교 영어영문학과(B.A.), 침례신학대학교(M.Div.), Southwestern Baptist Theological Seminary (Th.M., Ph.D.). 저서들: 「시대를 앞서 간 선교사 말콤 펜윅」(침신대), 「세계선교역사 다이제스트 100」(침신대), 「선교와 문화: 선교 없는 문화·문화 없는 선교」(침신대). 역서: 「1910 에딘버러 세계선교사대회 어떻게 볼 것인가」(KAM) 등. 세계선교훈련원(WMTC) 원장(7년), 한국복음주의선교신학회 회장(2010년), 한국선교신학자상(2011년), Southwestern Baptist Theological Seminary 객원교수(2012년).

양병모 침례신학대학교 신학과 실천신학(목회신학/목회상담 전공) 교수. 침례신학대학교(Th.B.), 부산대학교 (B.A.), Southwestern Baptist Theological Seminary (M.Div., Ph.D.). 저서들: 「기독교상담의 이해」(하기서원), 「목회상황과 리더십」(침례신학대학교출판부), 「목회상담: 이론과 실제」(그리심)의 저서와 한국목회상담학회 편, 「현대목회상담학자연구」(돌봄)외 여러 권의 공저가 있다.

우택주 침례신학대학교 구약학 교수. 한양대 기계공학과(B.S.), 서울신학대학교(M.Div.), 연세대학교(Th.M.), Union Theological Seminary (S.T.M.), Graduate Theological Union (Ph.D.). 저서들: 「8세기 예언서 이해의 새 지평」(대한기독교서회), 「새로운 예언서 개론」(침신대), 「요나서의 숨결」(침신대), 「모두 예언자가 되었으면」(침신대), 「구약성서와 오늘1」(침신대), 「구약성서와 오늘2」(대장간), 「구약성서개론」공저(대한기독교서회). 역서들: 「아모스서의 형성과 신학」(R.B.Coote, 대한기독교서회), 「농경사회의 시각으로 본 성서 이스라엘」공역(M.A.Chaney, 한들), 「성서이해의 새 지평」(R.B.Coote, 대한기독교서회).

윤원준 침례신학대학교 조직신학 교수, 연세대학교 (B.E.), The Southwestern Baptist Theological Seminary (M. Div., Ph.D.). 학위논문: "The Gift with / of No-Return: A Christian (De) Constructive Ethic of Alterity." Southwestern Baptist Theological Seminary, Ph.D. Diss. 1999.

이명희 침례신학대학교 실천신학 교수. 서울대학교(B.S.), 침례신학대학원(M. Div.), Mid-America Baptist Theological Seminary(Ph.D.). 저서: 「전도학개론」(보이스); 「현대설교론」, 「현대목회론」, 「현대전도론」, 「21세기 목회론「(침례신학대학교출판부); 「현대예배론」, 「현대전도설교론」, 「현대성경공부방법론」(대장간), 「안디옥교회」(Hemphill, 서로사랑), 「T4T」(Steve, 요단) 외 다수.

이현모 침례신학대학교 선교학 교수. 이현모 교수는 1993년부터 침례신학대학교에서 선교학 교수로 재직하고 있으며 그동안 선교대학원장, 목회대학원장, 기획실장, 신학과 학과장 등을 역임했다. 세계선교훈련원 원장을 역임했고 현재는 아시아태평양 침례교연맹의 선교분과 책임자로 섬기고 있다. 저서로는 「현대선교의 이해」와 「시니어 선교사」 등이 있으며 다수의 공동저술과 역서, 논문들을 출간했다.

이형원 침례신학대학교 구약학 교수, 침례신학대학교(Th.B.), Southern Baptist Theological Seminary(M.Div., Ph.D.). 저서들: 「구약성서비평학입문」(침례신학대학교출판부), 「설교자를 위한 구약지혜문학」(침례신학대학교출판부), 「설교와 목회, 구약에 길을 묻다」(하기서원), 「구약성서 해석의 원리와 실제」(대한기독교서회). 역서: 「성서적인 설교」(침례신학대학교출판부) 등.

장동수 침례신학대학교 신약학 교수. 서강대학교(B.S.). 침례신학대학원 (M.Div.). New Orleans Baptist Theological Seminary(Ph.D.). 저서들: 「신약성서 헬라어 문법: 어형론과 문장론」(요단), 「신약성서 사본과 정경」(침례신학대학교), 「히브리서 해석과 설교: 영문 밖으로 예수께 나아가자」(침례신학대학교), 「신약성서 개론·공저(대한기독교서회), 「요한서신: 설교를 위한 원문연구」(한국성서학연구소). 역서들: 「신약그리스어본문주석」(Bruce Metzger, 대한성서공회 성경원문연구소), 「바울의 공동체사상」(Robert Banks, IVP), 「신약성경 해석방법론」(Gordon Fee, 크리스챤), 「히브리서 신학」(Barnabas Lindas, 한들) 등.

장수한 침례신학대학교 역사신학/교회사 교수. 충남대 사학과(B.A. M.A.), 서강대 대학원 박사과정 수료(Ph. D. Can.), 독일 빌레펠트대학 박사과정 (Ph. D. Can.). 저서들: 「그래도, 희망의 역사」(동녘), 「독일교회사」(한울), 「유럽커피문화기행」(한울). 역서: 「산업과 제국」(Eric Hobsbawm, 한벗) 등 다수.

정승태 침례신학대학교 종교철학 교수. 침례신학대학교(Th.B.), The Southern Baptist Theological Seminary (M.Div., Th.M., Ph.D.). 저서들: 「종교철학담론」(침신대출판부), 「디펜시오 크리스티아누스」(하기서원), 「그까이꺼 해석학, 폼나게 풀어보자!」(침신대출판부), 「엇갈린 신학들의 풍경」(하기서원), 「철학에 관한 신앙적, 신학적 성찰」(침신대출판부). 역서들: 종교언어철학(Stiver, 침신대출판부), 「설득하시는 하나님」(Ford, 누가출판사), 「선하신 하나님: 도덕성의 유신론적 근거」(Bagett & Walls, CLC) 등.

최원진 침례신학대학교 선교학 교수. 충남대학교 사학과(B.A.), 침례신학대학교 신학대학원(M.Div.), Southwestern Baptist Theological Seminary(Th.M.), Southern Baptist Theological Seminary(Ph.D.). 학위논문: "An Appraisal of Korea Baptist Missions in Kazakhstan, Central Asia." 역서: 「선교학사전」(기독교문서선교회).

오직 성령이 너희에게 임하시면 너희가 권능을 받고 예루살렘과 온 유대와
사마리아와 땅 끝까지 이르러 내 증인이 되리라 하시니라

- 사도행전 1장 8절 -

신학의 순례자를 위한
신학입문

편 자	침례교신학연구소
발 행 인	배 국 원
초판발행	2004년 12월 28일
개정증보	2015년 2월 12일
등록번호	출판 제6호(1979. 9. 22)
발 행 처	침례신학대학교 출판부
주 소	대전광역시 유성구 북유성대로 190(305-358)
전 화	(042)828-3255, 3257
팩 스	(042)828-3256
홈페이지	http://www.kbtus.ac.kr
이 메 일	public@kbtus.ac.kr

값 20,000원
ISBN 978-89-93630-60-2 03230